# «Ruhe gibt es nicht, bis zum Schluß»

## Klaus Mann (1906–1949)

Bilder und Dokumente

Herausgegeben

von Uwe Naumann

Rowohlt

Abbildungen am Beginn der Kapitel:
Seite 9 bis 15: Klaus Mann in Uttwil, 1926. Fotografiert von Thea Sternheim / Seite 16: Kinderfoto Klaus Manns / Seite 54: Klaus Mann, um 1926 / Seite 84: Klaus und Erika Mann, um 1930 / Seite 104: Brief Klaus Manns an Erich Ebermayer, 2. Oktober 1930 / Seite 140: Klaus Mann. Zeichnung von Thomas Theodor Heine, 1935 / Seite 178: «Münchner Illustrierte Presse», Dezember 1933 / Seite 196: Werbezettel des Lecture-Agenten / Seite 236: Klaus Mann in New York, um 1939 / Seite 270: Als Soldat der US Army / Seite 296: Klaus Mann in Cannes, 2. Mai 1949 / Seite 336: Plakat der «Mephisto»-Aufführung des Théâtre du Soleil, 1979

1. Auflage März 1999

Bildquellenverzeichnis siehe Seite 349
Typographie und Layout Angelika Weinert / Umschlag- und Einbandgestaltung Mano Wittmann (Foto: Literaturarchiv der Monacensia, München)
Lithographie PHG Lithos, Martinsried
Satz aus der Akzidenz Grotesk und Centennial PostScript, QuarkXPress 3.32
Druck und Bindung Clausen & Bosse, Leck
Printed in Germany – ISBN 3 498 04678 0

# Inhalt

Einleitung 9

Kapitel 1
**Das verlorene Paradies. Kindheit und Jugend (1906–1924)** 17
Glückliche Geburt 18 / Familienstammbaum 1 – Die mütterliche Linie 20 / Familienstammbaum 2 – Die väterliche Linie 22 / Die Heimatstadt 24 / Kindheitsmuster 26 / Das Tölzer Landhaus 28 / Die «Poschi» 30 / Hort und Schutz 32 / Krieg 34 / Non scholae, sed vitae … 36 / Familienzuwachs 38 / Frühe Ambitionen 40 / Einflüsse und Vorbilder 42 / Die «Herzogpark-Bande» 44 / Auf der Odenwaldschule 46 / «Überall werde ich – Fremdling sein» 48 / Maskenscherz 50 / Kind seiner Zeit 52

Kapitel 2
**Vor dem Leben. Literarische Anfänge (1924–1927)** 55
Karrierestart 56 / «Anja und Esther» 58 / Bündnisse und Konstellationen 60 / «Der fromme Tanz» 62 / Anders als die Andern 64 / Unschuld und Melancholie 66 / Allerorts plakatiert 68 / Problematisches Glück 70 / Unordnung und frühes Leid 72 / Doppeltes Recht 74 / «… auf dem andren Sterne» 76 / «Revue zu Vieren» 78 / Das Jüngste Deutschland 80 / Heute und Morgen 82

Kapitel 3
**Rundherum. Abenteuer und Abgründe (1927–1930)** 85
In 280 Tagen um die Welt 86 / Bilder einer Reise 88 / «Rundherum» 90 / «Alexander – Roman der Utopie» 92 / Der große Preis 94 / Abenteuer … 96 / … und Abgründe 98 / Künstliche Paradiese 100 / Wirrnis dieser Zeit 102

Kapitel 4
**Jugend und Radikalismus. Das Menetekel (1930–1933)** 105
Wie wollen wir unsere Zukunft? 106 / Die schrecklichen Kinder 108 / Wälsungenblut 110 / Die Tagebücher 112 / Auf der Suche nach einem Weg 114 / «Treffpunkt im Unendlichen» 116 / Phantasie oder Vorbild? 118 / Kritiken und Gehässigkeiten 120 / «Du wirst nebenher vernascht» 122 / Der Selbstmord Ricki Hallgartens 124 / Abreise 126 / Nördlicher Sommer 128 / Gruß an das zwölfhundertste Hotelzimmer 130 / Forderung des Tages 132 / «… der tiefste Punkt – bis jetzt» 134 / Der 30. Januar 1933 136 / Verzweifelte Lustigkeit 138

Kapitel 5
141 **Das wirkliche Deutschland. Im Exil (1933–1936)**
Exodus 142 / Drinnen und draußen 144 / Amsterdam, Paris, Zürich ... 146 / Keizersgracht 333 148 / «Die Sammlung» 150 / «... das gefährlichste Reptil» 152 / Komplikationen und Intrigen 154 / Verführungstiefe 156 / Die Niederlage und wir 158 / Die «Pfeffermühle» 160 / Notizen in Moskau 162 / «Flucht in den Norden» 164 / Ausgebürgert 166 / Verteidigung der Kultur 168 / Homosexualität und Faschismus 170 / «Symphonie Pathétique» 172 / «... ein wahrhaft erstaunliches Buch» 174 / Woran glaubt die europäische Jugend? 176

Kapitel 6
179 **Roman einer Karriere. «Mephisto» (1936)**
Eine Karriere 180 / Zahnärzte und Künstler 182 / Der Pakt mit dem Teufel 184 / Ein Schlüsselroman? 186 / Deutsch für Deutsche 188 / «Laß den Mann nicht schwul sein» 190 / Moralische Wirkungen 192 / «Ich habe gekämpft» 194

Kapitel 7
197 **Im Zeichen des Vulkans. Vorkrieg (1936–1939)**
Im Lande Roosevelts 198 / Deutsche in Amerika 200 / Sanatorium Siesta 202 / Thomas Quinn Curtiss 204 / Ausflug ins Märchenland 206 / Die Expressionismusdebatte 208 / Politische Lektionen 210 / Die Geister scheiden sich 212 / «No pasarán!» 214 / Schlimme Tage 216 / Hotel Bedford 218 / Hoffnung auf Amerika 220 / A Family against a Dictatorship 222 / Die eigene Selbstheit 224 / Escape to Life 226 / «Der Vulkan» 228 / Engel der Heimatlosen 230 / «Lauter Schwuhle und Morphinisten» 232 / Mörderische Zeit 234

Kapitel 8
237 **Der Wendepunkt. Exil in Amerika (1939–1942)**
Der Ausbruch des Vulkans 238 / Blitzkrieg 240 / Das «Andere Deutschland» 242 / Distinguished Visitors 244 / Zwischen den Sprachen 246 / «Decision» 248 / Kritische Rundschau für freie Kultur 250 / Ein Luftmensch 252 / Die letzte Entscheidung 254 / Stunde der Konfession 256 / Konzilianz und Kälte 258 / The Turning Point 260 / Im Visier des FBI 262 / Pacific Palisades 264 / Aus dem Familienalbum 266 / «... keine Kinder, nur Bücher» 268

Kapitel 9
**Die gerechte Sache. Im Dienst der US Army (1942–1945)** 271
Flucht zu den Fahnen 272 / Auf dem Abstellgleis 274 / Der Mönch 276 / Star-Spangled Banner 278 / Tatendurst und Gottvertrauen 280 / «Deutsche Soldaten!» 282 / «Ihr wisst – also handelt!» 284 / Die Erziehung Deutschlands 286 / Hölderlin in the Barracks 288 / «The Stars and Stripes» 290 / «Evviva i liberatori!» 292 / Bitter ist die Verbannung ... 294

Kapitel 10
**Es gibt keine Heimkehr. Die letzten Jahre (1945–1949)** 297
Wiedersehen mit München 298 / Das zerstörte Elternhaus 300 / «Diese beklagenswerte, schreckliche Nation» 302 / Es gibt keine Heimkehr 304 / Honorably Discharged 306 / Das «Paisà»-Projekt 308 / Kunst und Politik 310 / Kein Ort. Nirgends 312 / «... jetzt stocke ich in zwei Zungen» 314 / Sozialismus und Demokratie 316 / Euphemismen 318 / La difficulté d'être 320 / Das letzte Jahr 322 / Wer sein Leben verliert ... 324 / Warum starb Klaus Mann? 326 / «Die Heimsuchung des europäischen Geistes» 328 / «The Last Day» 330 / Klaus Mann zum Gedächtnis 332 / «Mephisto» – und kein Ende 334

**Anhang** 337
Siglenverzeichnis 337 / Bibliographie 338 / Filmographie 343 / Namenregister 344 / Bildquellen 349 / Danksagung 351

# Einleitung

**«Es gab immer nur das Wort: Verzauberung.** Dem Zauber seines Wesens erlag jeder, der ihn nicht haßte. Nur dies Beides gab es: Verzaubert-Sein oder Bekämpfen», schrieb der Schriftsteller Erich Ebermayer 1950 über Klaus Mann, und er betont die «ungeheure, geradezu magische Wirkung», die Klaus Mann in den späten zwanziger Jahren besonders auf junge Menschen gehabt habe (KMzG, S. 39).

Ein anderer Kollege, der bayerische Romancier Oskar Maria Graf, begegnete Klaus Mann 1934 bei einem Schriftstellerkongreß in Moskau. Graf beschrieb seinen Eindruck von Klaus Mann mit den Worten: «Er war das vollendete Bild eines ‹jungen, gebildeten Mannes von Welt›: Sauber wie aus dem Ei gepellt, lässig, elegant gekleidet, schlank und rank sozusagen, mit einem gescheiten, rassigen Gesicht, mit nervösen Bewegungen und einer auffallend schnellen Aussprache. Alles an ihm schien ein bißchen manieriert, aber es wurde abgedämpft durch einen klug witternden Geschmack. Der ganze Mensch hatte etwas Ruheloses, überhitzt Intellektuelles und vor allem etwas merkwürdig Unjugendliches.» (Graf 1974, S. 27 f.)

Die Meinungen über Klaus Mann sind seit jeher auf eigentümliche Weise gespalten und widersprüchlich. Daß er mit reichen Talenten begabt war und eine höchst ungewöhnliche Erscheinung, ist unstrittig; was er daraus gemacht hat im Verlauf seines kurzen Lebens, wird dagegen sehr verschieden beurteilt. Ungeteilte Zustimmung haben seine Aktivitäten selten gefunden. Ihn selbst haben die harschen Urteile mancher Kritiker sehr getroffen, und er hat über die Gründe für die zwiespältige Resonanz, die seine Auftritte und Publikationen fanden, schon früh und ausführlich reflektiert.

Daß der Name des berühmten Vaters ein Privileg und zugleich eine Last war für den ambitionierten Sohn, liegt auf der Hand. «Der Nachteil, dem kein anderer junger deutscher Autor ausgesetzt ist, besteht in der Voreingenommenheit, mit der man sich mir naht», konstatierte Klaus Mann 1932 in seiner ersten Autobiographie. «Ich habe meine unvoreingenommenen Leser noch nicht gefunden. Nicht nur der Gehässige, auch der freundlich Gesinnte konstruiert zwischen dem, was ich schreibe, und dem väterlichen Werk instinktiv den Zusammenhang. Man beurteilt mich als *den Sohn*.» Dies sei zweifellos die «bitterste Problematik» seines Lebens – und zugleich «die höchste Verpflichtung» (KdZ, S. 195).

Das schwierige Verhältnis zum eigenen Vater zieht sich wie ein roter Faden durch die zahlreichen Schriften Klaus Manns, von den frühen Erzählungen und Dramen bis hin zu den posthum veröffentlichten Tagebüchern. Sein Leben lang kämpfte er darum, aus dem Schatten des väterlichen Ruhmes zu treten; und auch wenn ihm dies niemals gelungen ist, gehören die literarischen Spuren, die aus dem Vater-Sohn-Konflikt hervorgingen, zu den faszinierendsten Aspekten im Werk und in der Biographie Klaus Manns.

Wie aber hätte ein «Gelingen» überhaupt aussehen können? Wer bestimmt die Maßstäbe dafür, ob ein Lebensziel erreicht wurde, eine literarische Arbeit als vollendet gelten kann? Ist Klaus Mann nicht vielen Lesern gerade darum sympathisch, weil er selbst am Ende ein Gescheiterter war – wie so viele der literarischen Figuren, die er beschrieb? Die Antworten auf diese Fragen werden heute zögerlicher ausfallen als noch vor einigen Jahrzehnten, als man den großen Vater uneingeschränkt bewunderte und den Sohn als verschwendetes Talent abzutun pflegte. Die Zeit solcher einfachen Wahrheiten ist vorbei.

Klaus Mann war gewiß kein Siegertyp; er hat gelitten an den persönlichen und politischen Umständen, unter denen er lebte, und er hat vieles gewagt und ausprobiert, um das Leiden für sich erträglicher zu gestalten. Zum Beispiel suchte er Trost und Inspiration in den künstlichen Paradiesen der Rauschgifte. Wer dies vorschnell und moralisierend verurteilt, begibt sich der Chance, die Biographie von Thomas Manns ältestem Sohn wirklich zu verstehen – und er wird kaum jemals nachvollziehen können, warum Klaus Mann seit den frühen achtziger Jahren vor allem für junge Menschen zu einer Art Kultfigur geworden ist.

Von Marcel Reich-Ranicki stammt das Diktum, Klaus Mann sei ein «dreifach Geschlagener» gewesen: «Er war homosexuell. Er war süchtig. Er war der Sohn Thomas Manns.» An welcher dieser Lasten Klaus Mann am schwersten getragen habe, lasse sich nicht schlüssig beantworten. Und bei aller Beladenheit seiner Existenz habe es für ihn doch auch viele erfüllte und glanzvolle Momente gegeben: «Leid und Glück waren im Leben Klaus Manns untrennbar miteinander verquickt. Noch in seinen trostlosesten Monaten und Wochen schrieb er Briefe voll Frohsinn und Glückseligkeit. Und noch in seinen beschwingten und jubelnden Briefen bilden drohende Akkorde ein düsteres, ein acherontisches Ostinato. Ein Sonntagskind war er. Aber das unglücklichste, das man sich denken kann. Er liebte das Dasein; fieberhaft wollte er es genießen. Und doch war er von Anfang an ein Selbstmordkandidat: Kein Weltkind war je vom Tode stärker fasziniert als er.» (Reich-Ranicki 1977, S. 278)

Das abrupte Nebeneinander der widersprüchlichsten Seiten ist ein wesentlicher Grundzug der Biographie Klaus Manns. Auch der Schriftsteller Hermann Kesten beschrieb die Ambivalenzen in der Persönlichkeit seines Freundes und Kollegen Klaus Mann: «Er liebte die ganze Erde, und besonders Paris und New York, und floh vor sich selbst. Er zerrte am dünnen, flatternden Vorhang, der den Tag vom Nichts trennt, und suchte überall den Traum und den Rausch und die Poesie, die drei brüderlichen Illusionen der allzufrüh Ernüchterten. Er war voller nervöser Daseinslust und heimlicher Todesbegier, frühreif und unvollendet, flüchtig und ein ergebener Freund, gescheit und verspielt. [...] Zum Spaß war er ein Spötter, und wenn es ernst wurde, ein Idealist.» (KMzG, S. 83)

Klaus Mann war ein literarisch höchst produktiver Mensch, und er schrieb – bis ihn die Nazis aus dem angestammten Sprachraum vertrieben – seine Texte fast ohne Anstrengung. «Wie merkwürdig leicht mir oft das Schreiben fällt! Es scheint so von selbst zu gehen, wie bei anderen das Atmen!» notierte er einmal in seinem Tagebuch

(Tb 4, S. 55). Ein abgerundetes, in jedem Detail ausgefeiltes Gesamtwerk hat er dennoch nicht hinterlassen. Vielmehr könnte man zugespitzt sagen: Klaus Manns Leben war sein Werk; und die Zerrissenheit und Widersprüchlichkeit seiner Existenz macht aus heutiger Sicht gerade seine verblüffende Modernität aus.

Er war ein Außenseiter, der es liebte, Grenzen zu erproben und zu überschreiten – bis er an der Radikalität seiner Lebensführung nahezu zwangsläufig zugrunde ging. Von einer seiner Romanfiguren, der Schauspielerin Sonja in «Treffpunkt im Unendlichen», hat er einmal gesagt, sie sei «dazu verurteilt, hautlos durch dieses Treiben zu gehen» – durch das zugleich grauenhafte und verlockende Leben der großen Städte (Treffpunkt im Unendlichen, S. 110). Die Formulierung würde auch auf Klaus Mann selbst passen: seltsam ungeschützt und unbehaust hat er sein Leben gelebt; und dies nicht erst während des Exils, in das ihn die Nazi-Herrschaft trieb.

«Ruhe gibt es nicht, bis zum Schluß» – so lautet einer der letzten Sätze von Klaus Manns Autobiographie «Der Wendepunkt». Das Zitat wurde als Titel für den vorliegenden Bildband ausgewählt, weil es Klaus Manns Lebensgefühl und Problematik auf den Punkt bringt. Der Satz kennzeichnet sowohl seine persönliche Existenz wie auch sein politisches Selbstverständnis. «Auf der Suche nach einem Weg» hieß schon 1931 eine umfangreiche Sammlung seiner Aufsätze, und auf der Suche ist er bis zu seinem frühen Tod stets gewesen – ständig unterwegs, ruhelos schweifend.

In den ideologisch-weltanschaulichen Lagern seiner Zeit fand er niemals eine feste Heimat – er konnte und wollte sich nicht blindlings unterordnen und stand folglich zwischen den Fronten. Oft betätigte er sich als Vermittler und versuchte, zwischen festgefahrenen Positionen Brücken zu schlagen; und nicht selten wurde ihm dies mit Undank, ja Verleumdung gelohnt. Daß er naiv sei, war noch einer der geringsten Vorwürfe, die ihm gemacht wurden. Aus heutiger Sicht muß eine Beurteilung anders ausfallen.Vielleicht kann man sagen, daß Aufrichtigkeit die oberste Maxime seines Handelns war. Jedenfalls verdient sein Versuch, geistige Unabhängigkeit zu wahren und sich dennoch einzumischen und zu engagieren, hohen Respekt. Bequem war sein Platz zwischen allen Stühlen für ihn selber zweifelsohne nicht.

Zwei Fixpunkte ganz verschiedener Art gab es in Klaus Manns rastlosem Dasein, und beiden gebührt folglich breiter Raum im vorliegenden Buch, das sein Leben möglichst umfassend und repräsentativ dokumentieren will. Der eine Fixpunkt war seine Familie, der er sich, trotz der komplizierten Beziehung zum eigenen Vater, stets eng verbunden fühlte. Nicht von ungefähr kehrte er auch als erwachsener Mann häufig ins Elternhaus zurück und hielt sich dort für längere Zeit auf; und der intensive Kontakt mit seinen Geschwistern, aber auch mit anderen Verwandten wie dem verehrten Onkel Heinrich Mann, war für ihn von großer Bedeutung. Wer über Klaus Manns Lebensweg berichtet, muß daher nolens volens immer auch ein Stück weit die Geschichte der Familie Mann rekonstruieren – der «amazing family», wie der britische Diplomat

Harold Nicolson Ende der dreißiger Jahre nicht ohne Bewunderung geschrieben hat; eine Formulierung, die innerhalb der Familie oft und gern zitiert wurde.

Der andere Fixpunkt in Klaus Manns Leben war das Schreiben – sein Versuch, der eigenen flüchtigen Existenz etwas Bleibendes entgegenzusetzen. «Wohin er kam auf seinen beständigen Wanderungen, in jedem Gast- oder Hotel-Zimmer, war sofort eine auf Arbeit abgesehene, nette Ordnung hergestellt: ein paar Bilder gehängt, ein paar Bücher gereiht, Photographiien verteilt, und er saß an seiner Schreibmaschine», hat Thomas Mann 1950 über seinen ältesten Sohn notiert (KMzG, S. 9). In fast allen literarischen Formen und Genres fühlte Klaus Mann sich zu Hause. Er schrieb Dramen und Gedichte, Erzählungen und Reisebücher, sieben Romane, zwei Autobiographien; in unzähligen Aufsätzen und Vorträgen berichtete er über seine Begegnungen mit Menschen und Büchern, nahm Stellung zu politischen Tagesfragen und weltanschaulich-geistigen Problemen; und auch seine umfangreiche Korrespondenz läßt sich als eine Spiegelung des eigenen Lebens lesen und deuten.

Die Quellenlage für den Biographen ist also außerordentlich gut; und die Verschiedenartigkeit der überlieferten Texte erleichtert es zudem, den Selbststilisierungen, zu denen Klaus Mann neigte, auf die Spur zu kommen. Von Hermann Kesten stammt die treffende Bemerkung, Klaus Mann habe in seinen Romanen oft mehr von sich enthüllt als in seinen Autobiographien (KMzG, S. 87). In der Tat sind «Kind dieser Zeit» und «Der Wendepunkt», seine beiden autobiographischen Werke, in erster Linie als literarische Texte zu lesen: Beide Schriften sind Bekenntnisbücher, und der Leser ist gut beraten, wenn er manches darin geschilderte Detail mit anderen, historiographisch verläßlichen Quellen noch einmal abgleicht. Das Schlußkapitel des «Wendepunkts» zum Beispiel, das aus Briefen Klaus Manns an Freunde und Verwandte besteht, enthält keineswegs echte Briefschaften, sondern fiktive Korrespondenz: literarisch überformte Texte, die erst Jahre nach den angegebenen Briefdaten entstanden sind. Das mindert nicht ihre Bedeutung als Selbstzeugnisse, aber es verändert doch ihren Stellenwert.

Seit einigen Jahren gibt es nun noch eine weitere, besonders ergiebige Quelle zur Lebens- und Werkgeschichte Klaus Manns: seine Tagebücher. Daß überhaupt Tagebuch-Aufzeichnungen aus seiner Feder existieren, war lange Zeit der Öffentlichkeit völlig unbekannt. Erst 1989 wurde die Tatsache publik gemacht, und der Münchner Verleger Eberhard Spangenberg begann mit der Edition einer sechsbändigen Auswahl aus Klaus Manns Diarien. Seit 1991 liegt die Ausgabe abgeschlossen vor – und es hat sich schnell erwiesen, daß sie nicht nur über die Biographie Klaus Manns unerläßliche Informationen liefert, sondern auch über die Literatur- und Zeitgeschichte des 20. Jahrhunderts wichtige Aufschlüsse gibt.

Der Schriftsteller Klaus Mann kannte, wie man so schön sagt, Gott und die Welt. Schon im Elternhaus hatte er Umgang mit zahlreichen Prominenten und Berühmtheiten; und auch in seinem weiteren Leben begegnete er vielen Menschen von Rang und Namen.

Mit nicht wenigen schloß er Freundschaft, mit anderen blieb sein Kontakt eher flüchtig – und in einigen Fällen entwickelten sich Rivalitäten oder gar erbitterte Feindschaften. Über etliche der Zeitgenossen, die er kennenlernte, hat Klaus Mann in seinen Essays und Autobiographien geschrieben. Doch so treffend viele dieser sehr persönlich gefärbten Porträts sind – zumeist ist ihr Grundton von Verbindlichkeit und höflichem Respekt geprägt. In seinen Tagebüchern dagegen, die der Autor – soweit wir wissen – keineswegs zur späteren Veröffentlichung bestimmt hatte, notierte er seine Eindrücke von Menschen, Büchern und Ereignissen offen und rücksichtslos. Dies macht den besonderen Reiz dieser Texte aus und zugleich ihren außerordentlichen Wert als Dokument.

Über Klaus Manns eigenes Leben geben seine Tagebücher so authentisch Auskunft wie keine andere Quelle. Nirgendwo sonst spiegeln sich derart unverblümt seine Erfahrungen und Gefühle, seine Ängste, Sehnsüchte und Obsessionen. In den Tagebüchern hielt er nicht nur fest, wen er traf und was er las, wo er sich aufhielt und woran er arbeitete. Den unscheinbaren Heften vertraute er oft genug sein Innerstes an: Glück und Leid seines Liebeslebens; die bitteren Abgründe der Drogensucht; den kaum zu beherrschenden Todeswunsch; seine Hoffnungen, Träume und Alpträume. Auch über die Beziehung zum Vater finden sich in den Tagebüchern Klaus Manns zahlreiche Einträge – so unverstellt und decouvrierend, wie sich der Sohn in Briefen und Essays nur selten über den «Zauberer» geäußert hat.

Im vorliegenden Bildband können jetzt zum allerersten Mal einzelne Seiten aus Klaus Manns Tagebüchern im Faksimile gezeigt werden. Frau Elisabeth Mann Borgese, die die Genehmigung dafür erteilte, sei an dieser Stelle ein besonders herzlicher Dank gesagt. Die Tagebücher selbst bleiben auf Wunsch der Familie Mann noch bis zum Jahr 2010 für die Öffentlichkeit gesperrt; sie liegen wohlverwahrt in einem Münchner Tresor.

Wer sich mit Klaus Mann beschäftigt, stößt immer wieder auf frappierende Gegensätze. Von seiner Modernität war bereits die Rede: In mancher Hinsicht war er seiner Zeit weit voraus, indem er Konventionen brach und Regeln verletzte – ein Außenseiter, der dem bürgerlichen (wie auch dem sozialistischen) Normenkatalog nicht genügte und nicht genügen wollte. Auch die offen eingestandene politische Rat- und Hoffnungslosigkeit am Ende seines Lebens wirkt aus heutiger Sicht aufrichtiger und überzeugender als die selbstgewiß verkündeten Scheinwahrheiten vieler seiner Zeitgenossen. Die historische Entwicklung hat Klaus Manns skeptischen Diagnosen in nicht wenigen Punkten nachträglich recht gegeben.

So modern und aktuell er auf der einen Seite wirkt – so stark war er doch auch vielen Traditionen verhaftet. In mancher Hinsicht war und blieb Klaus Mann ein Abkömmling des 19. Jahrhunderts. Der Schweizer Germanist Fritz Strich hat ihn einmal als «den letzten Buddenbrook» bezeichnet (KMzG, S. 161), und in dem Aperçu steckt mehr als nur ein Körnchen Wahrheit. Die stilistischen Mittel zum Beispiel, deren sich

Klaus Mann in seinen literarischen Werken bediente, waren oft erstaunlich konventionell; und das wortreiche Pathos, das sich in vielen seiner Schriften findet, ist uns Nachgeborenen mittlerweile eher fremd. Es war nicht seine Sache, lakonisch zu formulieren; und es wäre ihm wohl nicht einmal in den Sinn gekommen, darin etwas Unzeitgemäßes zu sehen.

Der vorliegende Bildband ist ein Versuch, die komplexe und nicht selten komplizierte Welt Klaus Manns zu dokumentieren: sein Leben und Schreiben, seine Herkunft, seine Freunde und Feinde, Liebhaber und Widersacher, seine Wege und Irrwege, Triumphe und Niederlagen. Widersprüche wurden dabei nach Möglichkeit nicht geglättet, sondern als Teil der Existenz akzeptiert, die es nachzuzeichnen galt. Zahlreiche Stationen von Klaus Manns unruhigem Leben kommen ins Bild, und die wichtigsten seiner Werke werden gezeigt. Vollständigkeit wurde in keiner Hinsicht angestrebt und wäre auch nicht erreichbar gewesen.

Viele Fotos und Dokumente, die in den folgenden Kapiteln zu sehen sind, wurden noch nie zuvor veröffentlicht. Zum allergrößten Teil stammt das Material für diesen Bildband aus den Nachlässen von Klaus und Erika Mann, die im Literaturarchiv der Monacensia, Stadtbibliothek München, verwahrt und betreut werden. Aus zahlreichen anderen Archiven und aus privaten Sammlungen wurden Fotos und Dokumente zur Verfügung gestellt – eine genaue Auflistung der Leihgeber und der gebührende Dank finden sich im Anhang.

Dem Herausgeber oblag es nicht nur, aus der Fülle des Materials die geeigneten Bilddokumente auszuwählen und möglichst sinnvoll zu ordnen; seine Aufgabe war es auch, die wichtigsten Ereignisse und Entwicklungen im Leben Klaus Manns durch Textkommentare zu erläutern. Dies war keine leichte Pflicht, wenn man bedenkt, daß allein die bereits gedruckten Schriften Klaus Manns mittlerweile über 9000 Buchseiten umfassen. Die folgende Chronik ist daher, was die verbindenden Texte angeht, notgedrungen fragmentarisch. Ein hilfreicher Wegweiser sind die Kommentare hoffentlich dennoch. Und vielleicht regen sie dazu an, die Schriften Klaus Manns selbst zur Hand zu nehmen und zu lesen – dies wäre nicht der schlechteste Effekt, den ein Buch wie das vorliegende haben könnte.

Hamburg, im Januar 1999
Uwe Naumann

## Kapitel 1

# Das verlorene Paradies

Kindheit und Jugend (1906–1924)

*Wie innig wir uns auch bemühen mögen, uns zurückzuversetzen in das Paradies vollkommener Wunschlosigkeit – das Gefühl, dessen wir uns wirklich entsinnen und welches uns zu jeder Zeit beherrscht zu haben scheint, ist immer nur die Sehnsucht nach einem Glück, das mit dem Beginn unseres bewußten Lebens verlorenging. Der Kinderwagen ist das verlorene Paradies. Die einzig absolut glückliche Zeit in unserem Leben ist die, welche wir schlafend verbringen. Es gibt kein Glück, wo Erinnerung ist. Sich der Dinge erinnern bedeutet, sich nach der Vergangenheit sehnen. Unser Heimweh beginnt mit unserem Bewußtsein.*
Klaus Mann, Der Wendepunkt, S. 21

# Glückliche Geburt

Klaus Heinrich Thomas Mann, vierzehn Tage nach seiner Geburt

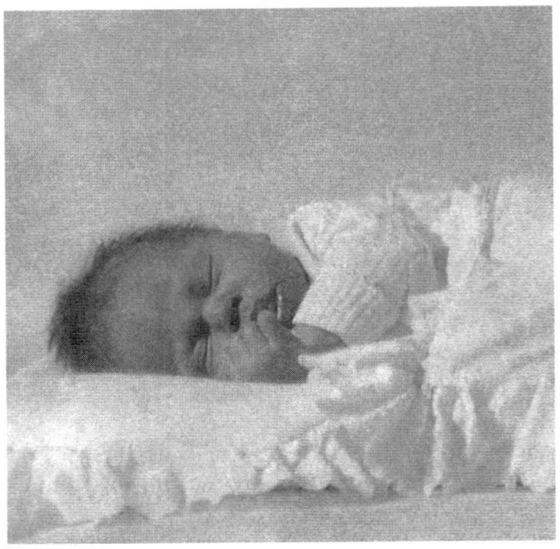

Das Geburtshaus Klaus Manns in der Franz-Joseph-Straße 2, München-Schwabing. Das Haus wurde im Zweiten Weltkrieg zerstört.

**Am 18. November 1906** wurde Klaus Heinrich Thomas Mann als zweites Kind von Katia und Thomas Mann geboren. Der Vater schrieb seinem Freund Kurt Martens:
«Vergnügten Herzens melde ich Dir die glückliche Geburt eines wohlgebildeten Knäbleins.» (TM, Briefe Bd. 1, S. 68) Katia Mann war zu diesem Zeitpunkt dreiundzwanzig Jahre alt. Thomas Mann, einunddreißig Jahre alt, war bereits ein berühmter Schriftsteller: Sein Roman «Buddenbrooks» (1901) hatte ihm hohes Ansehen in der literarischen Welt verschafft. Die Hausgeburt des Sohnes Klaus in der Wohnung des jungen Ehepaares – Franz-Joseph-Straße 2, dritter Stock – sei «ganz glimpflich» verlaufen, weiß der Biograph Peter de Mendelssohn zu berichten (1996, Bd. 2, S. 1182).

Das erste Kind, Erika, war am 9. November 1905 geboren worden. Wenige Tage nach ihrer Geburt hatte Thomas Mann seinem Bruder Heinrich in einem Brief offenbart: «Es ist also ein Mädchen: eine Enttäuschung für mich, wie ich unter uns zugeben will, denn ich hatte mir sehr einen Sohn gewünscht und höre nicht auf, es zu thun. Warum? ist schwer zu sagen. Ich empfinde einen Sohn als poesievoller, mehr als Fortsetzung und Wiederbeginn meinerselbst unter neuen Bedingungen.» (TM/HM, Briefwechsel, S. 109)
Ein Jahr später erfüllte sich also sein Wunsch nach einem Sohn. «Fortsetzung und Wiederbeginn meinerselbst» – mit diesem Anspruch dieses Vaters wuchs Klaus Mann auf…

Katia Mann mit ihrem Sohn Klaus, 1907. Das Foto entstand auf dem Balkon des Elternhauses von Katia Mann in der Münchner Arcisstraße 12.

Thomas Mann, um 1906

# Familienstammbaum

## 1 – Die mütterliche Linie

Hedwig Pringsheim
(1855 – 1942)

**Klaus Manns Mutter Katia,** geborene Pringsheim, stammte aus einer der besten Familien Münchens. Katias Vater, Geheimrat Alfred Pringsheim, lehrte als Professor für Mathematik an der Universität und war ein reicher Kunstmäzen und Sammler. Seine Frau Hedwig, geborene Dohm, hatte vor der Ehe als Schauspielerin beim Meininger Hoftheater Erfolge gefeiert. Das Haus Pringsheim in der Arcisstraße 12, erbaut im Jahre 1889, war ein prächtiges Stadtpalais im Renaissance-Stil. Prominente wie Richard Strauss, Annette Kolb und Maximilian Harden gingen dort ein und aus; große Gesellschaften waren an der Tagesordnung. Der Hausherr war bekannt als begeisterter Wagnerianer.

Hedwig und Alfred Pringsheim hatten fünf Kinder. Katia, geboren am 24. Juli 1883 in Feldafing, war das einzige Mädchen. Sie und ihr Zwillingsbruder Klaus waren die jüngsten der Geschwister. Als Thomas Mann der schönen Katia Pringsheim begegnete, war sie Studentin der Naturwissenschaften. Sie hatte mit siebzehn die Reifeprüfung glänzend absolviert – als Externe, denn ein Mädchengymnasium gab es damals in München noch gar nicht. Die junge Dame sei «ein Wunder, etwas unbeschreiblich Seltenes und Kostbares, ein Geschöpf, das durch sein bloßes Dasein die kulturelle Thätigkeit von 15 Schriftstellern oder 30 Malern aufwiegt», vertraute Thomas Mann am 27. Februar 1904 frischverliebt seinem Bruder Heinrich an (TM / HM, Briefwechsel, S. 97 f.).

Alfred Pringsheim
(1850 – 1941)

Katia Pringsheim
und ihre Brüder Klaus,
Erik, Peter und Heinz
(v. l. n. r.)

Der

Frauen Natur und Recht.

Zur Frauenfrage

zwei Abhandlungen

über

Eigenschaften und Stimmrecht der Frauen

von

Hedwig Dohm,

Verfasserin von „Jesuitismus im Hausstande“ und „wissenschaftliche Emancipation der Frau“.

Berlin, 1876.

Wedekind & Schwieger.

**Musiksaal im Palais Pringsheim in der Arcisstraße 12**

Einen besonderen Rang innerhalb der Familie nahm Hedwig Pringsheims Mutter ein: Hedwig Dohm, eine bekannte Schriftstellerin und Frauenrechtlerin. Ihr Ehemann Ernst Dohm, langjähriger Chefredakteur des satirischen Blattes «Kladderadatsch», war bereits 1883 verstorben. Hedwig Dohm lebte bis zu ihrem Tod (1919) in Berlin. Der Urenkel Klaus Mann schrieb 1939 im amerikanischen Exil einen Aufsatz, in dem er die Behauptung aufstellte, niemand anders als «die gute alte Hedwig Dohm» habe wohl «den gefährlichen Keim der literarischen Ambitionen» in seine Familie gebracht. «Ich erlebte sie flüchtig, als ich ein Kind war. Sie war imposant und hatte eine unverkennbare Ähnlichkeit mit dem Komponisten Franz Liszt, der einer ihrer Freunde war. [...] sie hatte fraglos einen sehr starken Charakter und ein weites Herz.» (KM, Zweimal, S. 134) Von Thomas Mann stammt die Bemerkung, Hedwig Dohm habe ihn, als er sich mit ihrer hochbegabten Enkelin Katia verlobte, durchaus spüren lassen, daß sie ihn «als einen Räuber an dem freien und ebenbürtigen geistigen Streben des Weibes betrachtete» (TM 1983, S. 184).

# Familienstammbaum

## 2 – Die väterliche Linie

**Thomas Mann** war der zweitälteste Sohn einer wohlhabenden, traditionsreichen Kaufmannsfamilie aus Lübeck. Sein Vater, der Konsul Thomas Johann Heinrich Mann, hatte als Senator in der Hansestadt Lübeck eine einflußreiche Position inne. Die Mutter Julia, geborene da Silva-Bruhns, war in Brasilien geboren worden und hatte auf der Fazenda Boa Vista in der Bucht von Paraty, zwischen São Paulo und Rio de Janeiro gelegen, ihre ersten Lebensjahre zugebracht. Thomas Mann hob die exotische Herkunft seiner Mutter gern hervor, um die eigenen Neigungen «zum Süden», zur Latinität zu erklären. Besucht hat er das Land, in dem seine Mutter die frühe Kindheit erlebte, jedoch nie.

«Vom Vater hab' ich die Natur, / Des Lebens ernstes Führen, / Von Mütterchen die Frohnatur / Und Lust zu fabulieren» – nach diesem Goetheschen Muster habe sich sein elterliches Erbe genau aufgeteilt, betonte Thomas Mann wiederholt (zum Beispiel TM/Agnes E. Meyer, Briefwechsel, S. 162). Die Geschichte der lübischen Patrizierfamilie Mann einschließlich ihres Niedergangs hat er dann in seinem Roman «Buddenbrooks» literarisch gestaltet.

Das «Buddenbrook-Haus» in der Mengstraße 4 in Lübeck, in dem einst Thomas Manns Großmutter lebte und sich die Konträume der Firma Johann Siegmund Mann befanden, ist durch den Roman in die Literaturgeschichte eingegangen.

**Thomas Johann Heinrich Mann und seine Frau Julia**

Klaus Mann hat zu Lübeck keine besondere Beziehung entwickelt. «Ich habe nichts mit dieser Stadt zu tun, noch verlangt es mich, sie jemals zu besuchen», heißt es apodiktisch auf der ersten Seite seiner Autobiographie «Der Wendepunkt». Im frühen Erinnerungsbuch «Kind dieser Zeit» schrieb er, er habe eine einzige Stunde seines Lebens in Lübeck verbracht (S. 187).
Große Bedeutung bekam dagegen für ihn der ältere Bruder seines Vaters, Heinrich Mann, der für den Neffen in den zwanziger und dreißiger Jahren zu einem seiner wichtigsten literarischen Vorbilder und zugleich zur politischen Leitfigur wurde.

**Die Fazenda Boa Vista in Brasilien, auf der Julia Mann ihre ersten Lebensjahre verbrachte. Foto von 1940**

**Thomas Mann (2. v. l.) mit seinen Geschwistern Julia, Carla und Heinrich (v. l. n. r.), 1889**

**Das Buddenbrook-Haus in Lübeck**

# Die Heimatstadt

*Ich bin in München geboren und aufgewachsen. Ich kenne es besser als alle anderen Orte auf der Welt. Die Bilder seiner Straßen, Plätze und Denkmäler haben sich unauslöschlich in mein Gedächtnis eingeprägt.*

*Für mich gilt eigentlich alles, was ich dort als Kind gesehen habe, als Inbegriff und Modell seiner Gattung. Der Englische Garten in München – ein ausgedehnter, herrlicher Park – ist in meinen Augen der Park «par excellence», die Quintessenz aller Gärten, sozusagen der «Park aller Parks». Dasselbe gilt für die Isar – sie ist für mich der Fluß schlechthin. Das tempelartige Münchner Nationaltheater mit seiner edlen korinthischen Säulenhalle bleibt in meiner Vorstellung stets das ideale Gebäude für musikalische und dramatische Aufführungen; dort habe ich meine ersten Eindrücke von Verdi und Wagner, Shakespeare und Molière gesammelt. Das kleinere Residenztheater – ein bauliches Juwel im reinsten Rokokostil – bildete einen vorzüglichen Hintergrund für Mozarts Opern.*

*Die beiden Türme des Münchner Doms «Zu Unserer Lieben Frau» – der Frauenkirche – ragen in meiner Erinnerung gewaltiger und ehrwürdiger in den Himmel als alle anderen Kirchtürme der Welt. Ein volkstümlicher Jahrmarkt – das bedeutet für mich das «Oktoberfest», eine riesige Kirmes, die alljährlich im Oktober auf einer weitläufigen Wiese am Stadtrand abgehalten wird. Alle waren trunken von Bier, schwindlig von zu langen Karussellfahrten und vollgestopft mit Würsten und Sauerkraut. Es war eine herrliche Sache, die sich da opulent und ausgelassen zu Füßen einer riesigen Bronzestatue entfaltete, der «Bavaria». Die Bavaria ist ein hohles Weib, 16 Meter hoch, aus feindlichen Kanonen gegossen und mit höchst eindrucksvollen Kurven ausgestattet. Es war ein unvergeßliches und erregendes Erlebnis, die steilen, engen Stufen in ihrem Inneren bis zum voluminösen Kopf emporzusteigen und durch die großen Öffnungen ihrer Augen die herrliche Aussicht zu genießen.*

*Da lag München mit seinen Türmen und Brücken. Da lag das Siegestor – eine beeindruckende Kopie des Konstantinbogens in Rom –; und da lag die Universität; und dieses düstere Gebäude dort war das Wilhelmgymnasium, wo ich Latein und Mathematik lernen sollte; und – sieh nur! – das winzige Etwas da drüben beim Fluß war unser Haus! Und ganz in der Ferne, jenseits der Stadt und des Plateaus, auf dem sie liegt, konnte man – eine ferne Fata Morgana im bläulichen Nebel – die zerklüfteten Umrisse der Alpen erkennen.*

(Klaus Mann: München.
Zuerst in englischer Sprache 1943 erschienen. Hier zitiert nach: Posten, S. 97 f.)

# Kindheitsmuster

Klaus Mann (links) mit seiner Schwester Erika

Klaus (rechts) mit Erika und dem Bruder Golo

«**Wir wuchsen vergnügt auf**, es ging uns ganz ausgezeichnet», schrieb Klaus Mann bilanzierend über seine Kindheit (KdZ, S. 73). Er selbst sei ein «pausbäckiger kleiner Narziß» gewesen, heißt es im «Wendepunkt» (S. 20). Die Pracht der seidenen Locken, die Klaus Mann auf den frühesten Fotos noch trägt, mußte nach einigen Jahren einem Pagenschnitt weichen. Mit der rund ein Jahr älteren Schwester Erika sollte Klaus zeit seines Lebens besonders eng verbunden bleiben.

Die Familie bekam schon bald weiteren Zuwachs: Am 27. März 1909 wurde der zweite Sohn Angelus Gottfried Thomas geboren, den alle von früh auf Golo nannten; am 7. Juni 1910 kam die zweite Tochter Monika zur Welt.

Zum Alltag im Hause Mann gehörte Dienstpersonal: Köchin und Hausmädchen, ein Kinderfräulein, später auch ein Chauffeur. Verantwortliche Instanz für die Kinder aber blieb die Mutter, liebevoll «Mielein» genannt: «Jede Kindheitserinnerung hat mit der Mutter zu tun, sie herrscht mit sanfter und geheimnisvoller Macht über alle.» (Eltern, S. 323) Der Vater, den die Kinder zunächst mit «Pielein» anredeten, später den «Zauberer» nannten, mischte sich in die Einzelheiten der Erziehung wenig ein.

Katia Mann mit ihren Kindern Erika, Monika, Klaus und Golo (v. l. n. r.). Um 1911

Thomas Mann mit Klaus, Monika, Golo und Erika; im Vordergrund der Hund Motz. Um 1912

*«Vater» …: das ist die kitzelnde Berührung eines Schnurrbartes; der Duft von Zigarren, Eau de Cologne und frischer Wäsche; ein sinnendes, zerstreutes Lächeln, ein trockenes Räuspern, ein zugleich abwesender und durchdringender Blick. ‹Vater› bedeutet eine freundliche, sonore Stimme; die langen Bücherreihen im Arbeitszimmer – feierliches Tableau voll geheimnisvoller Lockung! –; der wohlgeordnete Schreibtisch mit dem stattlichen Tintenfaß, dem leichten Korkfederhalter, der ägyptischen Statuette, dem Miniaturporträt Savonarolas auf dem dunklen Grund; gedämpfte Klaviermusik, die aus dem halbdunklen Wohnzimmer kommt. […] Wenn es eine schwere und delikate Aufgabe ist, das Wesen des väterlichen Mythos zu definieren, um wie vieles dunkler und zarter ist das Geheimnis der Mutter! Denn sie ist uns näher als der Vater, der dem Sohn ein Fremder bleibt. Sie ist die vertrauteste Figur, die unentbehrliche. Sie lehrt uns, zu beten und zu schwimmen und uns die Zähne zu putzen; sie macht den Speisezettel, kauft die Geburtstagsgeschenke, sieht die Schulaufgaben durch, geht mit uns zum Rodeln und zum Schlittschuhlaufen. Das mütterliche Haar ist weich und dunkel; die mütterlichen Augen sind goldbraun; die mütterlichen Hände sind zugleich zart und tüchtig: Sie können das Loch in deinem Hemd stopfen und, wenn es not tut, sogar deine Haare schneiden. Sie können strafen und streicheln, spielen und liebkosen. Vater und Mutter sind unzertrennlich und doch durchaus verschieden – ein heterogenes Doppelwesen.* (WP, S. 25f.)

# Das Tölzer Landhaus

**«Immer, wenn ich ‹Kindheit› denke,** denke ich zuerst ‹Tölz›», schreibt Klaus Mann in seiner ersten Autobiographie (KdZ, S. 13). In der kleinen Stadt am Fuße der Alpen hatte Thomas Mann 1908 für sich und die Seinen ein Landhaus errichten lassen. Bis zum Jahre 1917 (als der Dichter das Haus verkaufte, um Kriegsanleihen zu zeichnen) verbrachte die Familie viele Wochen des Jahres in der ländlichen Idylle. Für Klaus und seine Geschwister wurde Bad Tölz das eigentliche Kindheitsparadies. Es gab einen großen Garten dort und eine herrliche Umgebung mit Wiesen, Wäldern und Seen. Die Spiele und kleinen Abenteuer dieser frühen Jahre hat Klaus Mann später in seinem Buch «Kind dieser Zeit» ausführlich geschildert.

**Erika und Klaus Mann in der Umgebung des Tölzer Hauses. (Das Foto gehörte später zu Erika Manns Lieblingsbildern und stand im Kilchberger Haus lange neben ihrem Bett.)**

Das Landhaus der Familie Mann in Bad Tölz

Das Kindermädchen Betty mit Erika, Klaus, Monika und Golo in Bad Tölz, um 1913

*Wir waren vier Kinder in Tölz: Erika, ich, Golo und Monika; Erika ein Jahr älter, Golo zwei Jahre jünger als ich (Elisabeth und Michl gab es noch nicht). Erika und ich übten die grausamste Herrschaft, die Monika sich gefallen ließ, weil sie noch so klein und dumm und niedlich war, Golo hingegen aus zerknirschter Überzeugtheit und masochistischem Hang zur Demütigung. Wir waren alle vorwiegend nett, dann erst sonderbar. Golo aber repräsentierte unter uns das groteske Element. Von skurriler Ernsthaftigkeit, konnte er sowohl tückisch als unterwürfig sein. Er war diensteifrig und heimlich aggressiv; dabei würdevoll wie ein Gnomenkönig. Ich vertrug mich ausgezeichnet mit ihm, während er sich mit Erika viel zankte. Halb aus dämonischer Servilität und halb, weil ihn Neugierde und Ehrfurcht bannten, ging er stundenlang mit mir im Garten spazieren, wo ich ihm Geschichten erzählte. Ich konnte erfinden wie die listige Dame der Tausendundeinen Nacht, so endlos und so phantastisch. Was gäbe ich darum, wenn eines von diesen großen Gartenmärchen aufbewahrt geblieben wäre! Vielleicht würde es viel schöner sein als irgend etwas, was ich mir seitdem habe einfallen lassen.* (KdZ, S. 14f.)

# Die «Poschi»

**In München** zog die Familie im Oktober 1910 von Klaus Manns Geburtshaus in der Franz-Joseph-Straße nach Bogenhausen um: In der Mauerkircherstraße 13, zweiter Stock, bewohnte man gut drei Jahre lang zwei nebeneinanderliegende großzügige Vierzimmerwohnungen. Anfang 1914 war dann die herrschaftliche Villa bezugsfertig, die Thomas Mann in der Poschingerstraße 1 nach Plänen des Architekten Alois Ludwig hatte bauen lassen. Die «Poschi», wie das Haus im Familienjargon genannt wurde, war ein höchst repräsentatives Anwesen – mit drei Stockwerken, einer riesigen Wohnfläche und einem großen Garten. Bis zum Frühjahr 1933 blieb es der Wohnsitz der Familie Mann.

Die Villa in der Poschingerstraße, nahe der Isar gelegen, war zu jener Zeit «buchstäblich das letzte Haus von München», wie Peter de Mendelssohn schrieb (1996, Bd. 2, S. 1550): Hinter ihr begann die Wildnis des Herzogparks, wie sie Thomas Mann in seiner Idylle «Herr und Hund» festgehalten hat.

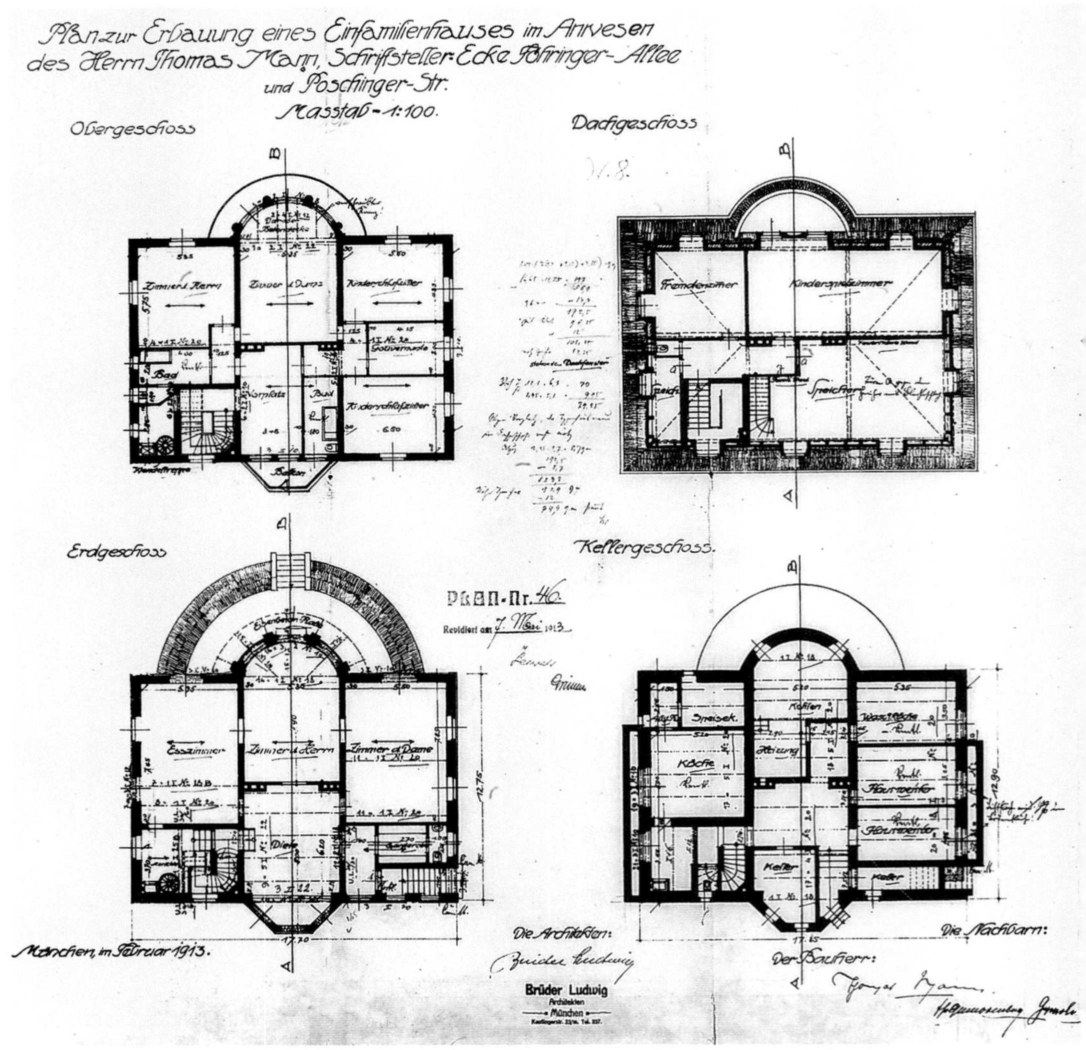


Bauzeichnungen des Architekten Ludwig

Das Haus in der Poschingerstraße 1, München (linke Seite: Südansicht, rechts: Seitenansicht)

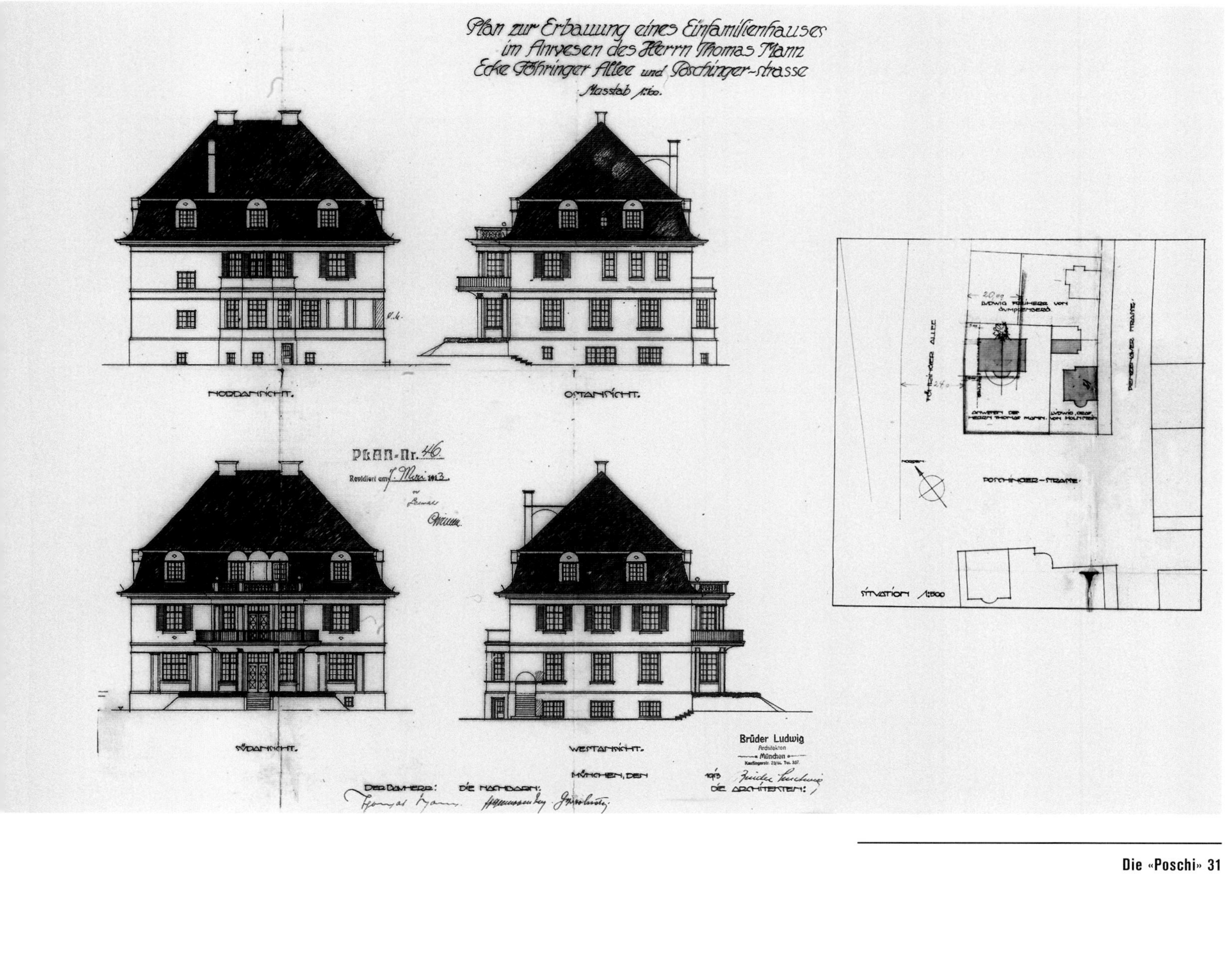

# Hort und Schutz

«**Mein Arbeitszimmer** ist ja so weit recht prächtig», teilte Thomas Mann am 7. Januar 1914 nicht ohne Stolz seinem Bruder Heinrich mit (TM/HM, Briefwechsel, S. 168). Das geräumige Arbeitszimmer des Hausherrn war ohne Frage das Zentrum der Villa in der Poschingerstraße: Es lag im Mittelteil des Erdgeschosses zwischen Salon und Eßzimmer; durch eine Flügeltür konnte man ins Freie hinaustreten und über eine Steintreppe zum Garten hinabschreiten. Der Schreibtisch Thomas Manns stand in der Wölbung eines vorgebauten Rondells, so daß er von drei Seiten Licht erhielt.

Für die Kinder war das väterliche Arbeitszimmer eine Art geheiligter Raum, den sie nur selten betreten durften. Katia Manns Raum befand sich im ersten Stock direkt über dem Arbeitszimmer ihres Gatten. Die Kinder und das Kinderfräulein hatten ihre Zimmer ebenfalls im ersten Stockwerk. Später bewohnten Klaus, Erika und Golo je einen eigenen Raum im zweiten Stock des Hauses – Klaus' Zimmer lag dann unmittelbar über dem seiner Mutter und ging auf einen Balkon hinaus, mit Blick in den Garten hinunter.

**Oben und Mitte: Thomas Manns Arbeitszimmer in der Poschingerstraße**
**Unten: Das Eßzimmer der Familie**

Erika Mann schrieb 1930 in einem launigen Essay: «Das Haus steht in München, an der Isar, in der Poschingerstraße. Es ist schwer zu finden, das Haus. Wegen der vielen Bäume und dann auch, weil die Nummer nicht ganz stimmt. Wenn einer uns besuchen will, müssen wir erst ziemlich lang reden: ja, Nr. 1, aber Sie müssen aufpassen, der Eingang ist nicht, – nein an der Isar, – das letzte Haus! [...] Hort und Schutz war das Haus. Wenn wir am Abend heimkamen, von Straße, Wind und Aufregung mitgenommen, saßen wir in den Zimmern der Eltern und konnten uns einbilden, ganz brave Kinder zu sein. [...] Zur bürgerlichen Kinderzeit wurden wir ins Bett geschickt. Wir schliefen ganz oben, ganz allein, darauf waren wir stolz. Es war hübsch, so einzuschlafen, der Klang der Musik in den Ohren und das Rauschen der Isar, die fast tut wie das Meer. Das Haus war gut bei Nacht.» (Rundum das Haus, in: EM 1996, S. 251)

**Klaus, Golo, Erika und Monika (v. l. n. r.)**

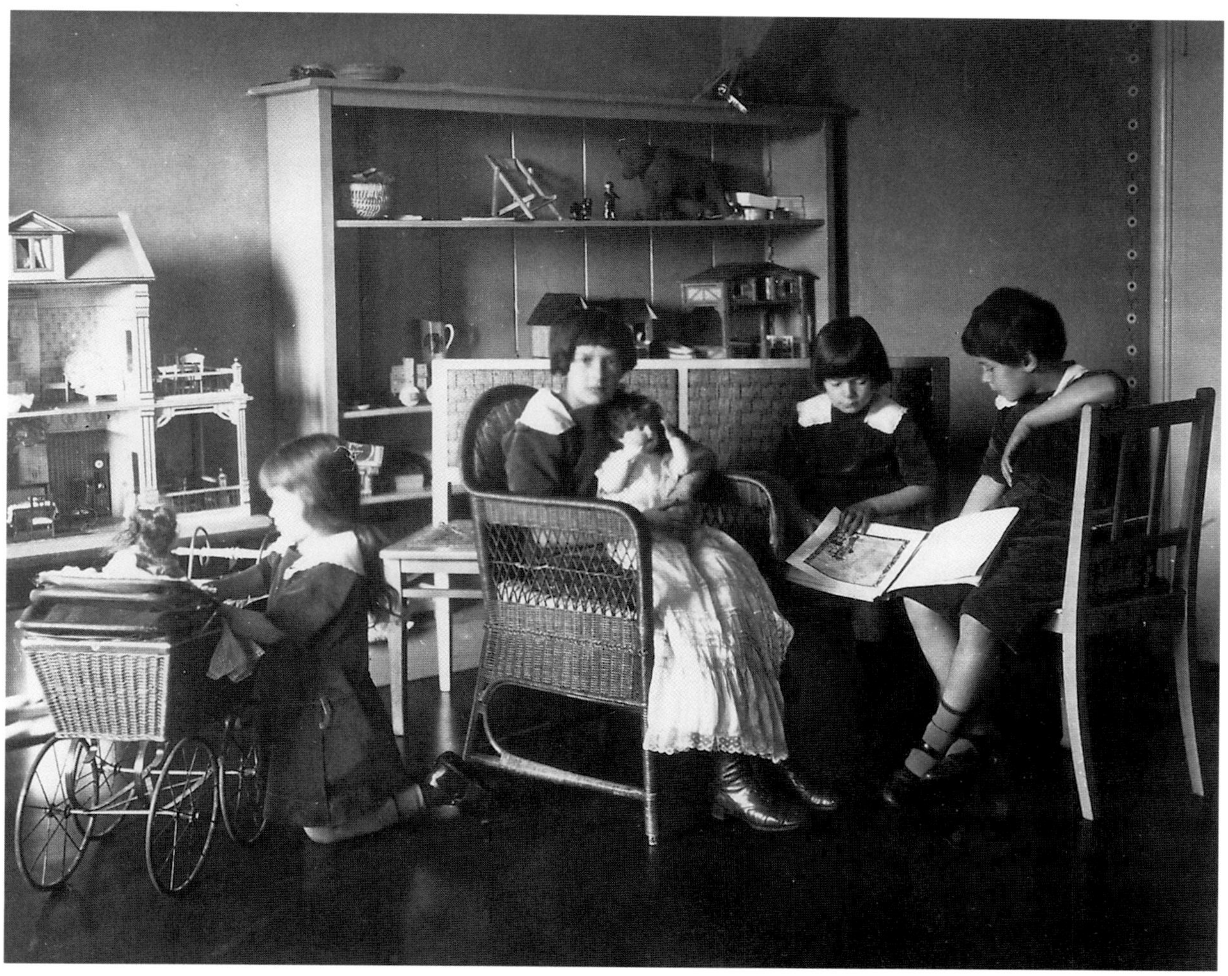

**Von den Kinderzimmern in der Poschingerstraße sind keine Fotografien bekannt. Diese Aufnahmen – mit dem inszenierten Interieur eines bürgerlichen Spielzimmers – entstanden offenbar in einem Atelier. Monika, Erika, Golo und Klaus (v. l. n. r.)**

# Krieg

**Im selben Jahr**, in dem die Familie Thomas Manns das Haus in der Poschingerstraße bezog, begann der Erste Weltkrieg. Ein patriotischer Taumel erfaßte die Menschen in Deutschland. Auch Thomas Mann begrüßte den Waffengang als einen «großen, grundanständigen, ja feierlichen Volkskrieg» (TM / HM, Briefwechsel, S. 172).
Mit dem Bruder Heinrich, dem er diese Auffassung in einem Brief entgegenhielt, kam es zum weltanschaulichen Streit, der die Brüder auf Jahre entzweite. Während Heinrich Mann sich zur Sache der Kriegsgegner bekannte, machte sich Thomas Mann an die Niederschrift seiner «Betrachtungen eines Unpolitischen», die 1918 erschienen: ein reaktionäres Pamphlet gegen sogenannte Zivilisationsliteraten wie den eigenen Bruder.
Klaus Mann erinnerte sich später, die Miene des «Kriegsvaters» Thomas Mann sei «gespannt und streng» gewesen – Güte und Ironie, «die beide so essentiell zu seinem Charakter gehören», verschwanden vorübergehend aus dem väterlichen Antlitz (WP, S. 59). Ansonsten bedeutete der Krieg für die Mann-Kinder vor allem, daß Kleidung und Ernährung knapp wurden. Selbst bei den Großeltern in der Arcisstraße, wohin die ganze Familie sonntags zu gehen pflegte, gab es bald statt «fürstlicher Mittagessen» nur noch «magere Tees» mit harten Gewürzplätzchen (KdZ, S. 54).
Ernsthaft gelitten hätten er und seine Geschwister jedoch nicht: «Wohl wußten wir, daß täglich viele brave Männer ‹fielen› und deshalb die Eltern beinah immer so ernste Gesichter machten: aber vermochten wir uns den ungeheuerlichen Vorgang dieses ‹Fallens› irgend zu realisieren? Nur als ein ganz fernes und feierliches Bewußtsein wurde diese Tatsache des täglichen Massentodes in uns lebendig. Wenn wir aufrichtig waren, gingen die Leibschmerzen, die Hund Bauschan hatte, uns mehr an.» (KdZ, S. 53)

**Kriegsausbruch, August 1914: Begeisterte Menschen in München vor der Feldherrnhalle**

**Katia Mann mit ihren Kindern Klaus, Erika, Golo und Monika (v. l. n. r.), 1915**

Die Waffen nieder!

Eine Lebensgeschichte

von

Bertha von Suttner.

Erster Band.

Fünftes Tausend.

Dresden und Leipzig.
E. Pierson's Verlag.
1892.

**Hedwig Dohm, Klaus Manns Urgroßmutter (1833–1919)**

**Das Palais Pringsheim in der Arcisstraße 12, München**

Vier Jahre dauerte die Völkerschlacht. Klaus Mann war nicht ganz acht Jahre, als der Krieg begann, und gerade zwölf, als er endete. Zum Weihnachtsfest 1917 schenkte ihm seine Großmutter ein Buch, das den Enkelsohn nachhaltig prägen sollte: Bertha von Suttners pazifistischen Roman «Die Waffen nieder!». Das Buch habe sein intellektuelles Erwachen beschleunigt, betont Klaus Mann im «Wendepunkt», und seine zunehmenden Zweifel an der offiziellen Kriegsideologie verstärkt. Das Exemplar, das ihm Hedwig Pringsheim überreichte, «hatte eine besondere Würde dadurch, daß es vor unermeßlichen Jahren – wie mir vorkam – von der Urgroßmutter Hedwig Dohm dem Onkel Erik Pringsheim geschenkt worden war. Die Widmung, die ich auf der ersten Seite fand, war von Hedwig Dohm für ihren Enkelsohn Erik geschrieben worden. Sie hieß: ‹Möge neben vielen anderen Weihnachtslichtern Dir auch das Licht dieses Buches leuchten.› Der primitiv, aber schlagend wirksam gemachte Tendenzroman hinterließ mir gewaltigen Eindruck. [...] Wie war das mit diesem Krieg? Der noch nicht Zwölfjährige beginnt sich Gedanken zu machen. Von der Urgroßmutter, deren durchgeistigtes Antlitz ich beinah nur von den Porträts und Fotografien her kenne, ist noch einmal etwas wie eine pädagogische Wirksamkeit ausgegangen.» (KdZ, S. 66)

## Non scholae, sed vitae ...

«**Unter der Schule** litt ich nicht ernsthaft, obwohl ich sie immer verachtete und oft haßte», schreibt Klaus Mann (KdZ, S. 74). Eingeschult wurde er 1912 im privaten Institut von Ernestine Ebermayer. Ab Herbst 1914 besuchte er die Bogenhausener Volksschule, ab 1916 dann das traditionsreiche Wilhelmsgymnasium. «Stumpfsinnig und bedeutungslos» sei das Leben auf der höheren Schule gewesen – «Anregungen irgendwelcher Art habe ich dem staatlichen Unterricht nicht zu verdanken» (WP, S. 76). Immerhin fühlte sich Klaus Mann noch rund zwanzig Jahre später, als er in der New Yorker Public Library arbeitete, unangenehm an die «abgestandene Luft» des Wilhelmsgymnasiums erinnert (Tb 5, S. 25).

Das Wilhelmsgymnasium um die Jahrhundertwende. Klaus Mann besuchte die Schule von 1916 bis 1922.

Das Lehrerkollegium des Jahres 1919/20

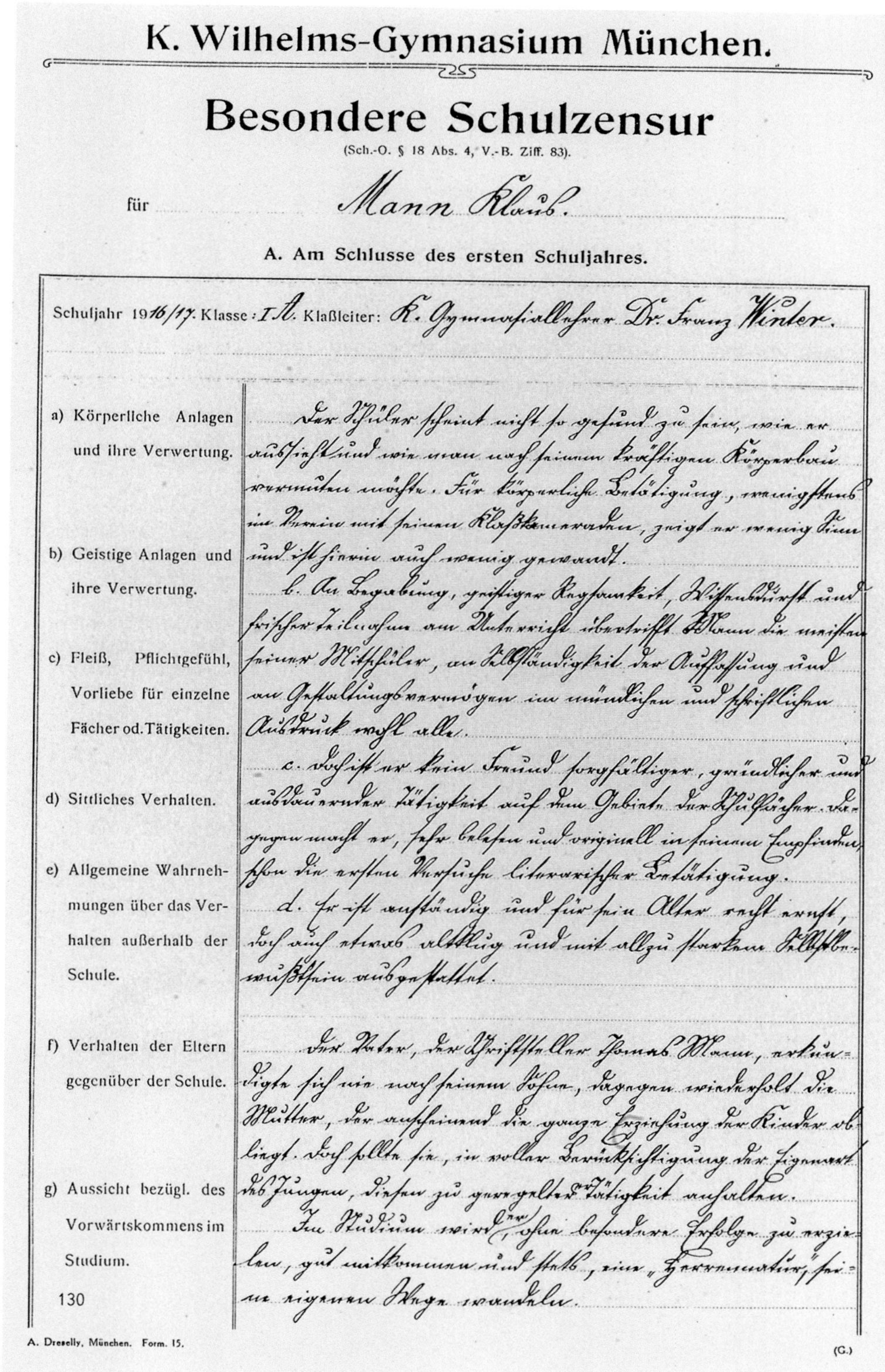

K. Wilhelms-Gymnasium München.

Besondere Schulzensur

(Sch.-O. § 18 Abs. 4, V.-B. Ziff. 83).

für Mann Klaus.

A. Am Schlusse des ersten Schuljahres.

Schuljahr 1916/17. Klasse: I A. Klaßleiter: K. Gymnasiallehrer Dr. Franz Winter.

a) Körperliche Anlagen und ihre Verwertung. — Der Schüler scheint nicht so gesund zu sein, wie er aussieht und wie man nach seinem kräftigen Körperbau vermuten möchte. Für körperliche Betätigung, wenigstens im Verein mit seinen Klaßkameraden, zeigt er wenig Sinn und ist hierin auch wenig geeignet.

b) Geistige Anlagen und ihre Verwertung. — b. An Begabung, geistiger Regsamkeit, Wissensdurst und frischer Teilnahme am Unterricht übertrifft Mann die meisten seiner Mitschüler, an Selbständigkeit der Auffassung und an Gestaltungsvermögen im mündlichen und schriftlichen Ausdruck wohl alle.

c) Fleiß, Pflichtgefühl, Vorliebe für einzelne Fächer od. Tätigkeiten. — c. Doch ist er kein Freund sorgfältiger, gründlicher und ausdauernder Tätigkeit auf dem Gebiete der Schulfächer. Dagegen macht er, sehr belesen und originell in seinem Empfinden, schon die ersten Versuche literarischer Betätigung.

d) Sittliches Verhalten. — d. Er ist anständig und für sein Alter recht ernst, doch auch etwas altklug und mit allzu starkem Selbstbewußtsein ausgestattet.

e) Allgemeine Wahrnehmungen über das Verhalten außerhalb der Schule.

f) Verhalten der Eltern gegenüber der Schule. — Der Vater, der Schriftsteller Thomas Mann, erkundigte sich nie nach seinem Sohn, dagegen wiederholt die Mutter, der anscheinend die ganze Erziehung der Kinder obliegt. Doch sollte sie, in voller Berücksichtigung der Eigenart des Jungen, diesen zu geregelter Tätigkeit anhalten.

g) Aussicht bezügl. des Vorwärtskommens im Studium. — Im Studium wird er, ohne besondere Erfolge zu erzielen, gut mitkommen und stets, eine „Herrennatur", seine eigenen Wege wandeln.

130

A. Dresslly, München. Form. 15. (G.)

**Zeugnis Klaus Manns für das Schuljahr 1916/17**

*Aus der «Besonderen Schulzensur für Mann Klaus», Schuljahr 1916/17 (siehe nebenstehendes Faksimile):*

*a) Körperliche Anlagen und ihre Verwertung*
*«Der Schüler scheint nicht so gesund zu sein, wie er aussieht und wie man nach seinem kräftigen Körperbau vermuten möchte. Für körperliche Betätigung, wenigstens im Verein mit seinen Klaßkameraden, zeigt er wenig Sinn und ist hierin auch wenig geeignet.»*
*b) Geistige Anlagen und ihre Verwertung*
*«An Begabung, geistiger Regsamkeit, Wissensdurst und frischer Teilnahme am Unterricht übertrifft Mann die meisten seiner Mitschüler, an Selbständigkeit der Auffassung und an Gestaltungsvermögen im mündlichen und schriftlichen Ausdruck wohl alle.»*
*c) Fleiß, Pflichtgefühl, Vorliebe für einzelne Fächer od. Tätigkeiten*
*«Doch ist er kein Freund sorgfältiger, gründlicher und ausdauernder Tätigkeit auf dem Gebiete der Schulfächer. Dagegen macht er, sehr belesen und originell in seinem Empfinden, schon die ersten Versuche literarischer Betätigung.»*
*d) Sittliches Verhalten*
*«Er ist anständig und für sein Alter recht ernst, doch auch etwas altklug und mit allzu starkem Selbstbewußtsein ausgestattet.»*
*f) Verhalten der Eltern gegenüber der Schule*
*«Der Vater, der Schriftsteller Thomas Mann, erkundigte sich nie nach seinem Sohn, dagegen wiederholt die Mutter, der anscheinend die ganze Erziehung der Kinder obliegt. Doch sollte sie, in voller Berücksichtigung der Eigenart des Jungen, diesen zu geregelter Tätigkeit anhalten.»*
*g) Aussichten bezügl. des Vorwärtskommens im Studium*
*«Im Studium wird er, ohne besondere Erfolge zu erzielen, gut mitkommen und stets, eine ‹Herrennatur›, seine eigenen Wege wandeln.»*

# Familienzuwachs

Klaus (rechts) und Golo

**Nachhaltige Bedeutung** hatten für den Heranwachsenden die Jugendfreundschaften, die sich nun ergaben. In der Nachbarschaft des Herzogparks wohnten die wichtigsten Gefährten dieser frühen Jahre. Vor allem mit den Töchtern des Dirigenten Bruno Walter, Lotte und Gretel, sowie mit Ricki Hallgarten, Sohn einer namhaften Gelehrtenfamilie, freundeten sich Klaus und Erika Mann intensiv an.

Am 24. April 1918 bekam die Mann-Familie erneut Zuwachs: die dritte Tochter Elisabeth wurde geboren. Ein Jahr später, am 21. April 1919, folgte das sechste und letzte Kind: der Sohn Michael. Klaus Mann erinnert sich: «Dank der Ankunft des neuen Pärchens avancierten Golo und Monika zum Stande der ‹Mittleren›, während Erika und ich fast zum Erwachsenen-Rang befördert wurden. Angesichts der winzigen Kreaturen kamen wir uns recht würdig und überlegen vor, fast wie Onkel und Tante. Wir mußten zugeben, daß sie höchst drollig und niedlich waren – ein bißchen lästig, wenn sie schrien, aber reizend anzuschauen, wenn sie lachten oder schlummerten. Elisabeth, genannt Medi, hatte ein süßes Porzellangesichtchen; Michael (Bibi) hingegen wirkte eher sanguinisch. Elisabeth war der erklärte Liebling des Vaters; Mielein, um das Gleichgewicht herzustellen, verzärtelte ihren Jüngsten.» (WP, S. 75)

Monika (links) und Erika

Katia Mann mit Monika, Golo, Michael, Klaus, Elisabeth und Erika (v. l.), 1919

**Golo, Klaus, Erika und Elisabeth, vorn Michael und Monika**

Thomas Mann ließ sich durch die Geburt der Tochter Elisabeth zu einem seiner kuriosesten Texte inspirieren: dem «Gesang vom Kindchen», den er im Frühjahr 1919 publizierte. Die in Hexametern abgefaßte Idylle lehnte sich formal an literarische Vorbilder Goethes und Mörikes an – inhaltlich war sie eine recht unverblümte Liebeserklärung an die eigene jüngste Tochter:

**Klaus und «Medi», wie Elisabeth im Familienkreis genannt wurde**

*«Letztgeborenes du*
*und Erstgeborenes dennoch*
*Mir erst in Wahrheit! Denn bedeutende*
*Lebensjahre*
*Waren mir hingegangen, dem reifenden*
*Manne, seitdem ich*
*Vater geworden zuletzt; derweilen*
*deine Geschwister*
*Wuchsen heran: Es sind vier kluge,*
*gutartige Kinder,*
*Zwischen dreizehn und sieben, nicht weit*
*voneinander im Alter.*
*Staunend sah sie der Jüngling-Vater*
*zusammensichfinden*
*Binnen so kurzem, Jahr fast um Jahr, –*
*der eben noch einzeln,*
*Und mit kindischem Stolz ob ihrer*
*muntren Versammlung,*
*Wie ob aller Wirklichkeit, welche dem*
*Träumer je zufiel.»*

Für Elisabeths ältere Geschwister fand Thomas Mann in seinem «Gesang» freundliche Worte (den Sohn Klaus etwa nannte er einen «schönen, besonderen Knaben»), die jüngste Tochter aber – das «Kindchen» eben – redete er unverhohlen als «mein Liebling» an (TM 1981, S. 103f., 129). Von besonderem Taktgefühl des Vaters seinen vier älteren Kindern gegenüber zeugte das eigentümliche Werk zweifellos nicht.

**Klaus mit seiner Schwester Elisabeth, im Hintergrund Thomas Mann**

# Frühe Ambitionen

**Aus dem Manuskript «Der arme Seemann», um 1918**

**Der «Laienbund Deutscher Mimiker», um 1920**

**Vordere Reihe (v. l. n. r.): Monika Mann, Lisbeth Geffcken, Karl Geffcken, Erika Mann, Golo Mann. Hintere Reihe (v. l. n. r.): Klaus Mann, Willi Süskind, Rudolf Morath und Ricki Hallgarten**

«**Der Schüler zeigt** in seinem Verstandes- und Gefühlsleben eine Reife, die ihn über den Horizont seiner Kameraden weit hinaushebt, aber etwas Unkindliches an sich hat und zu manchen Bedenken Anlaß gibt. Seine Interessen sind rein literarisch», heißt es in einem Zeugnis des Wilhelmsgymnasiums 1918/19 über Klaus Mann (Chrambach/Hummel 1990, S. 13). Schon als kleiner Junge hatte er Geschichten wie am Fließband erfunden. «Das Bedürfnis zu schreiben stellt sich ein, ehe ein Inhalt da ist. Der schriftstellerische Trieb wirkt als Selbstzweck, ohne Zusammenhang mit einer moralischen oder sonst persönlichen Problematik.» (KdZ, S. 26) Auch als Heranwachsender habe er Theaterstücke, Verse und Romane «wie Seifenblasen» produziert, bekannte Klaus Mann später – und abends in sein Tagebuch geschrieben: «Jetzt ist es dunkel. Ich möchte so gerne berühmt werden.» (KdZ, S. 91, 100)

Das früheste erhaltene Manuskript Klaus Manns ist das Theaterstück «Der arme Seemann», das vermutlich 1918 entstand. Es ist mit eigenhändigen Zeichnungen des Autors versehen.

Im Herbst 1919 kam es zu einer ersten Veröffentlichung des jungen Klaus Mann: die Schülerzeitung des Wilhelmsgymnasiums publizierte seine Prosaskizze «Die Gotteslästerin». In einer Nachbemerkung distanzierte sich die Redaktion allerdings von der «für eine Jugendzeitung nicht passenden Tendenz» des Textes. Thema der kleinen Skizze war die hysterische Bolschewistenangst in den bürgerlichen Salons während der Revolution 1918/19.

Das Mimikbuch
und die erste Seite

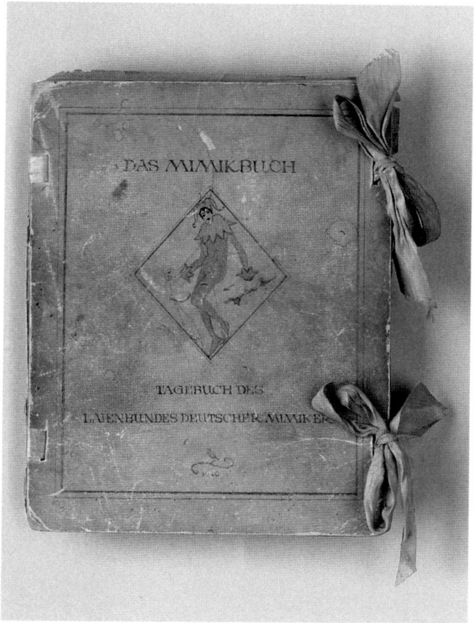


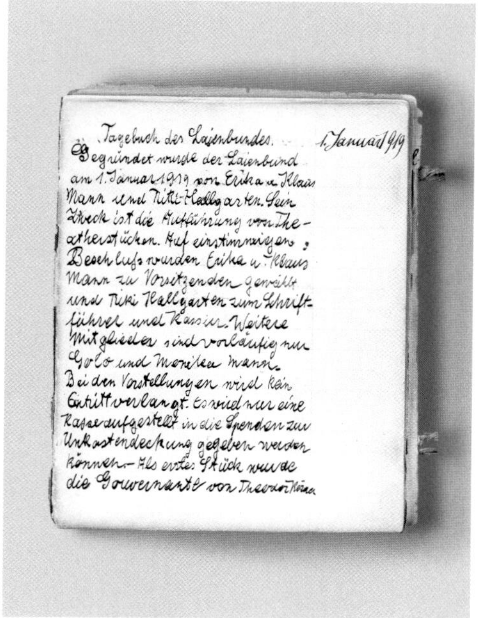
Tagebuch des Laienbundes. 1. Januar 1919
Begründet wurde der Laienbund
am 1. Januar 1919 von Erika u. Klaus
Mann und Riki-Hallgarten. Sein
Zweck ist die Aufführung von The-
atherstücken. Auf einstimmigen
Beschluß wurden Erika u. Klaus
Mann zu Vorsitzenden gewählt
und Riki Hallgarten zum Schrift-
führer und Kassier. Weitere
Mitglieder sind vorläufig nur
Golo und Monika Mann.
Bei den Vorstellungen wird kein
Eintritt verlangt. Es wird nur eine
Kasse aufgestellt in die Spenden zur
Unkostendeckung gegeben werden
können. – Als erstes Stück wurde
die Gouvernante von Theodor Körner

Am 1. November 1919 gründete Klaus Mann mit seiner Schwester Erika und Ricki Hallgarten den «Laienbund Deutscher Mimiker». Sie begannen, für die eigenen Familien Theaterabende einzustudieren. Bald kamen weitere Mitwirkende hinzu: unter anderem Lotte und Gretel Walter, Gerta Marcks, Willi Süskind. Auch Golo und Monika Mann wurden einbezogen, wenn es an Darstellern fehlte. Man spielte Theodor Körners «Gouvernante», August von Kotzebues «Schneider Fips», dann «Minna von Barnhelm», «Arzt wider Willen», «Was ihr wollt». Sogar ein eigenes Stück Klaus Manns, «Ritter Blaubart», kam 1921 zur Aufführung.
In einem erhalten gebliebenen «Mimikbuch» wurden die Aktivitäten des Bundes akribisch aufgelistet. Die Eltern schrieben Kritiken der Aufführungen in das Mimikbuch. Von Thomas Mann stammt die liebevoll-ironische Rezension der allerersten Inszenierung. Über den Auftritt seines ältesten Sohnes notierte er spöttelnd: «Als Luise bewies Herr Klaus viel Biedersinn, doch bleibt der hoffnungsvolle Darsteller aufmerksam zu machen, daß das Sprechen gegen den Hintergrund in Kennerkreisen mit Recht als Unsitte gilt, da es das Verständnis der Dichterworte, von denen ein jedes dem Gebildeten teuer ist, erschwert.» (KdZ, S. 76; Original im KMA)

Der «Mimikbund» in Aktion. Auf dem unteren Foto links: Klaus Mann

Rechts außen: Klaus Mann als Junker Tobias von Rülp in «Was ihr wollt». Zeichnung von Ricki Hallgarten

# Einflüsse und Vorbilder

Klaus Mann als Zwölfjähriger in der Diele seines Elternhauses. In diesem Alter habe er «beinahe täglich» ein ganzes Buch konsumiert, schrieb er in «Kind dieser Zeit» (S. 84).

**Reich, ja überreich** war Klaus Manns gesamte Kindheits- und Jugendzeit an kulturellen Anregungen. Schon den kleinen Kindern hatten Katia und Thomas Mann häufig vorgelesen; auch die Großmutter Hedwig Pringsheim tat dies, wenn die Enkel in der Arcisstraße zu Besuch waren. «Wir waren literarisch früh vergiftet. Man las uns viel vor, lauter Dinge, die wir uns sehr tief gemerkt haben», schrieb Klaus Mann in einem Essay 1931 (Kindheit, in: KM, Woher wir kommen und wohin wir müssen, S. 59). Sobald er selbst lesen konnte, verschlang er unzählige Bücher «mit Heißhunger» (KdZ, S. 83).
Kaum weniger prägend waren die Begegnungen mit namhaften Künstlern, deren Besuche im Hause Thomas Manns zum Alltag gehörten. Der Schriftsteller Bruno Frank war ebenso ein guter Freund des Vaters wie der Komponist Hans Pfitzner; der Verleger Samuel Fischer kam gern als Gast; und auch Autoren wie Jakob Wassermann und Hugo von Hofmannsthal machten bisweilen Station bei ihrem Münchner Kollegen. Mit Bruno Walter, dem Nachbarn, pflegten die Manns ohnehin engsten Umgang (und auf den für den Generalmusikdirektor reservierten Plätzen in der ersten Reihe der Münchner Musiktheater hat Klaus Mann seine Liebe zur Oper entdecken können).
Auch in seinen Schülerjahren las Klaus Mann viel und intensiv. Von welchen Lektüren er als Sechzehnjähriger beherrscht war, hat er später im «Wendepunkt» ausführlich beschrieben. Vier «Göttern» räumte er einen besonderen Platz auf seinem Olymp jener frühen Jahre ein: Sokrates, Nietzsche, Novalis und Walt Whitman. Zu seinen wichtigsten literarischen Erziehern rechnete er außerdem: Rainer Maria Rilke, Herman Bang, Heinrich Heine, Oscar Wilde, Charles Baudelaire, Paul Verlaine und Arthur Rimbaud, Georg Büchner, Frank Wedekind und Stefan George. «Das Ohr dieses Halbwüchsigen gehört allen denen, die auf der Stirn das Zeichen der Leidenserfahrung tragen und in den Abgründen zuhause sind», bilanzierte er. «Das erotisch-religiöse Element überwiegt, während das soziale fast völlig vernachlässigt bleibt. Der Realismus findet sich kaum vertreten in meinem Knaben-Olymp; auch Klassiker im strengen Sinne des Wortes sind dort nicht zugelassen. Das Pantheon des Sechzehnjährigen bevorzugt eine Romantik, in der Ironie und Schwermut, Wollust und Frömmigkeit, metaphysische Ahnung und sexuell-emotionelle Ekstase einander begegnen und durchdringen.» (WP, S. 112, 117)

*(Aus dem «Wendepunkt», S. 105–108): Ich liebte den Sokrates des «Gastmahl» und des «Phaidon», weil er die Schönen liebte – ach, mit welcher Verschlagenheit!, welch zärtlicher Ambivalenz und schillernder Ironie! – und weil er alles vom Eros wußte und nichts von seinem furchtbaren Wissen verriet.*

*Ich liebte Walt Whitman, den Amerikaner, «of mighty Manhattan the son», weil er den Leib, den elektrischen, sang und weil er mein Kamerad sein wollte. [...] Ja, dieser athletische Pionier eines jungen Erdteils, einer neuen Zivilisation verdiente meine Liebe, da er seinerseits mit so gewaltiger Generosität zu lieben wußte.*

*Ich liebte Nietzsche, nicht um seiner Lehre willen [...], sondern als Künstler, als Gestalt. [...] Welch ungeheure denkerische Leidenschaft mußte es sein, die sich in so hinreißenden, tödlich beschwingten Rhythmen und Akzenten manifestierte!*

*Ich liebte Novalis, weil er mir tiefer als alle anderen bewandert schien in den Mysterien der Nacht, der Wollust, des Todes. Der Zauber der deutschen Romantiker hat früh auf mich gewirkt und niemals aufgehört, mich in seinem Bann zu halten.*

# Die «Herzogpark-Bande»

**«Wir haben es arg getrieben»**, bekannte Klaus Mann später (KdZ, S. 10). Die Jugendlichen spielten nicht nur Theater zusammen, sie begannen bald auch, Streiche auszuhecken und Leute zu düpieren. Man machte Telefonscherze, erschreckte Passanten, beging kleine Diebereien. Erika und Klaus Mann zusammen mit den Walter-Mädchen und anderen Freunden trieben als «Herzogpark-Bande» ihr Unwesen.

«Wir waren eine böse und einfallsreiche Horde damals, die Kinder unserer Kolonie, alle bis aufs Blut befreundet miteinander, alle ein bißchen verwahrlost, wie die Zeit es mit sich brachte, alle begeistert für diese Zeit, in der es täglich Neues und Gefährliches zu bestehen gab. Wir mystifizierten, logen, täuschten mit Glanz und mit einer Leichtigkeit, die beneidenswert war [...], wir meldeten Maximilian Harden beim Rektor der Universität zum Tee an und entschuldigten ihn bald darauf mit einem von der Trambahn überfahrenen Arm; um alles auszuhecken, trafen wir uns, aus Gründen der Keßheit, in den Hall's der großen Hotels», erinnerte sich Erika Mann 1930 (zit. nach EM 1996, S. 251 f.)

Der Münchner Schauspieler Albert Fischel gehörte zu den Opfern der pubertären Telefonstreiche – und wurde bald zu einem guten Freund der Jugendlichen. Er führte sie in die Welt der Münchner Theater ein. «Mit einem veritablen Bühnenkünstler intim zu sein, das war die Erfüllung unserer kühnsten Träume! Er war unser Kamerad: Wir duzten ihn und durften ihn ‹Bert› nennen. Abends aber wohnten wir in seiner Garderobe dem wundervollen Schauspiel seiner Verwandlung bei. [...] Es war gar zu schön, ihm zuzuschauen, wie er sich die Krause umlegte, vom Garderobier die Schärpe binden ließ. ‹Jetzt noch das seidene Mäntelchen, und wir sind unwiderstehlich!› rief Bert und tat ein paar sieghafte Schritte in seinen schwarzen Trikots. Ich vergötterte ihn.» (WP, S. 97)

Klaus und Erika Mann, 1922

Ricki Hallgarten

Bert Fischel

Gretel (ganz links) und Lotte Walter (rechts) mit ihren Eltern

Die Bergschule Hochwaldhausen. Foto aus dem Jahre 1992

Die Odenwaldschule in Oberhambach bei Heppenheim

Schließlich wurden die Eskapaden der ältesten Mann-Kinder den Eltern offenbart: durch ein Kinderfräulein der jüngsten Geschwister. «Wir fielen in tiefste Ungnade. [...] Man beschloß, daß wir in München nicht mehr bleiben konnten.» (KdZ, S. 122) Im März 1922 lieferte Katia Mann ihre Kinder Klaus und Erika in der Bergschule Hochwaldhausen ab, einer «Freien Schulgemeinde» nahe Fulda. Das Internat war eine Gründung der Landerziehungsheim-Bewegung, geprägt von den Gedanken der Reformpädagogik.

Klaus Mann blieb in Hochwaldhausen nur bis zum Juli 1922; dann wechselte er auf die Odenwaldschule über. Zuvor hatte Katia Mann ihren Sohn im Internat Schloß Salem vorgestellt. Dort aber fürchtete man, daß der Junge sich nicht recht einleben würde, und empfahl seine Aufnahme in die Odenwaldschule. In einem Brief aus Salem an Paul Geheeb, den Leiter der Odenwaldschule, wird ein Bild der Persönlichkeit des fünfzehnjährigen Klaus Mann umrissen: es handle sich «um einen ungewöhnlich begabten und fein veranlagten Jungen, von dem aber keineswegs sicher steht, wozu seine Begabung ihn führen wird. Er hat sehr ernsthafte geistige Interessen, ist durch sehr vieles Lesen sehr früh an die meisten Probleme des menschlichen Denkbereiches herangeraten, und hat seine Kindlichkeit und Natürlichkeit bei dieser Art geistigen Tätigkeit eingebüßt. So macht er auf uns heute den Eindruck eines überaus manierierten, selbstgefälligen, frühzeitig gereiften und fähigen Jungen, dessen Lebenskraft angeknaxt ist und der das natürliche Interesse an seiner Umwelt verloren hat, und seine künstlich herangebildete Unfähigkeit in allen Dingen des praktischen Lebens mit Eitelkeit kultiviert und unter einer Verachtung der Welt der Tat und [des] Handelns bemäntelt.» Klaus sei «sicher ein hervorragend begabter, differenzierter und fein empfindender junger Mensch», brauche aber dringend Gleichaltrige und geeignete Lehrer, die ihm helfen könnten, sich stärker «in den Dienst einer Gemeinschaft zu stellen» (Kopie im KMA).

# Auf der Odenwaldschule

**In seiner zweiten Autobiographie** hat Klaus Mann der Odenwaldschule und ihrem Leiter auf eindrucksvolle Weise ein Denkmal gesetzt: «Die Odenwaldschule bei Heppenheim an der Bergstraße, nicht weit von den Städten Darmstadt und Heidelberg, war ein pädagogisches Institut von hohem Rang und internationalem Ansehen. Ihr Leiter, Paul Geheeb oder ‹Paulus›, Veteran der Jugendbewegung, Vorkämpfer der Freien Schulgemeinde, war [...] eine Persönlichkeit; in ihm verband sich die profunde *Erfahrenheit* des alten Erziehers mit einem merkwürdig hellseherischen psychologischen Instinkt und einem eigensinnig zähen, kindhaft gläubigen Idealismus.
[...] Dieser Menschenbildner – ja, Paul Geheeb war einer, wenn ich je einen kannte! – glaubte nicht an das ‹Führerprinzip›; vielmehr hielt er dafür, daß die demokratische Methode am besten geeignet sei, die notwendige Balance zwischen Freiheit und Disziplin herzustellen und festzuhalten. Die Odenwaldschule war eine Republik, in der die Macht vom Volke, das heißt von den jungen Menschen ausging, während der Leiter sich mit der Rolle des väterlichen Beraters, Vermittlers und Repräsentanten beschied. Die Schüler, ‹Kameraden› genannt, bildeten ein Parlament, das über alle wichtigen Fragen des Gemeinschaftslebens zu entscheiden hatte. Die Schülerversammlung oder ‹Schulgemeinde›, die in regelmäßigen Zeitabständen tagte, bestimmte die Gesetze und die Hierarchie der Anstalt; sie konnte asoziale Elemente strafen oder sogar ausstoßen; sie hatte das Recht, Maßregeln, die vom Oberhaupt selbst verfügt waren, zu modifizieren oder aufzuheben. Daß es eine solche Schule in Deutschland einmal geben konnte!» (WP, S. 102f.)

Schulleben auf der «OSO»

Oben: Paul Geheeb mit Schülern und Erziehern vor dem Goethehaus der «OSO».
Links: der Schulleiter als «Gottvater» beim Weihnachtsspiel.

Im «Wendepunkt» ist auch beschrieben, wie Klaus Mann während seiner Zeit auf der Odenwaldschule das Erwachen erster erotischer Gefühle erlebte: «Was fanden die Leute nur so aufregend und wundervoll an Boxkämpfen und Fußball-Matches? Ich begriff es nicht ... Glücklicherweise spielten diese Dinge nur eine geringe Rolle im pädagogischen System der Odenwaldschule. Indessen hatten einige der jüngeren Knaben doch athletische Ambitionen und vergnügten sich mit Ballspielen, Diskuswerfen und anderen Leibesübungen. Ich sah ihnen gerne zu, wenn sie miteinander rangen oder um die Wette liefen. Vor allem einer war es, dem meine Aufmerksamkeit galt. Sein Name war Uto. Er war kräftig und gewandt, aber bei weitem nicht der Stärkste und Geschickteste unter den Kameraden. Auch besonders hübsch war er wohl eigentlich nicht, keine Lichtgestalt, kein Adonis. Aber ich liebte sein Gesicht. Er hatte das Gesicht, das ich liebe. Man mag für mancherlei Gesichter Zärtlichkeit empfinden, wenn man lange genug lebt und ein empfindsames Herz hat. Aber es gibt nur ein Gesicht, das man liebt. Es ist immer dasselbe, man erkennt es unter Tausenden. Uto hatte dies Gesicht. [...] Ich schrieb Gedichte auf ihn, die er nie zu lesen bekam. Ich redete ihn mit Namen an, die er komisch fand: Ganymed, Narziß, Phaidros, Antinous... Indessen schmeichelte ihm meine Ergebenheit. Er hielt mich für gelehrt, was ihm Eindruck machte, und für ein bißchen närrisch, was ihn nicht weiter störte. Er war ein guter Junge, bescheiden und sanft, ohne Bosheit; eitel genug, um sich meiner Huldigung zu freuen, doch zu naiv, um den wahren Charakter meiner Leidenschaft zu erkennen.» (WP, S. 121 f.)

Uto Gartmann. «Seine Stirne war glatt und kühl. Er war einsam und ahnungslos, wie die Tiere es sind und die Engel. Ich schrieb auf einen Fetzen Papier: ‹Ich liebe dich.›» (WP, S. 122)

# «Überall werde ich – Fremdling sein»

Blick in ein Schülerzimmer der «OSO»

Zeichenunterricht an der Odenwaldschule

**Klaus Mann blieb** auf der Odenwaldschule nicht einmal ein Jahr. Die Ideen, denen er dort und in Hochwaldhausen begegnet war, behielten jedoch auf Lebenszeit Bedeutung für ihn. Dazu gehörte die außerordentliche Toleranz, die vor allem Paul Geheeb verkündete und praktizierte, indem er versuchte, «in jeder Individualität das ihr immanente Gute, das ihr eigentümliche Gesetz zu stärken und zu entwickeln (‹Werde, der du bist!›)» (WP, S. 103). Prägend für Klaus Mann wurden auch zahlreiche der Freundschaften, die er in den Landschulen anknüpfte. «Wir waren alle ungeheuer intensiv.» Man las einander Verse vor, besuchte Konzerte und diskutierte Bilder, machte lange Wanderungen – und «alles stimulierte uns zum hitzigen Gespräch, zur leidenschaftlich suchenden, bohrenden, schweifenden, hochfliegend wirren Debatte» (WP, S. 104). Dem Grundton von Ironie und skeptischem Humor, wie Klaus Mann ihn aus dem Elternhaus und seinem Münchner Milieu gewohnt war, begann er nun «das radikalste Pathos» entgegenzusetzen – und ein «beinah schmerzender Stolz des Jungseins» wurde für ihn zur beherrschenden Geisteshaltung (KdZ, S. 153, 125).

In seinen frühen Erzählungen («Vor dem Leben», «Die Jungen», «Der Alte») und in seinem ersten Theaterstück «Anja und Esther» hat er später die ganz besondere Atmosphäre der Landerziehungsheime literarisch porträtiert.

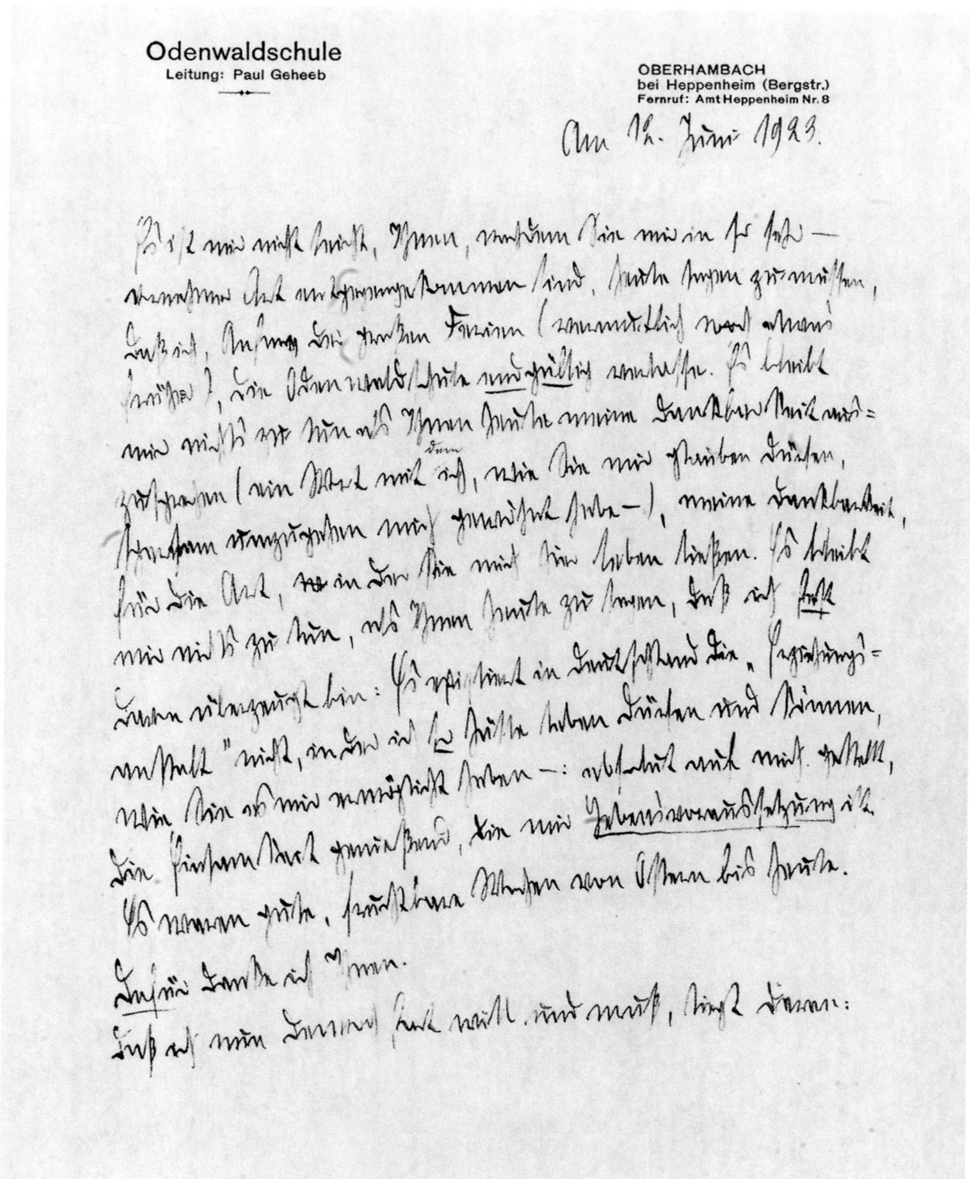
Odenwaldschule
Leitung: Paul Geheeb

OBERHAMBACH
bei Heppenheim (Bergstr.)
Fernruf: Amt Heppenheim Nr. 8

Am 12. Juni 1923.

Brief Klaus Manns an Paul Geheeb, 12. Juni 1923

Klaus Mann, um 1923

So nachhaltig Klaus Mann die Beziehungen zu Gleichaltrigen erlebte – innerlich kultivierte er das Gefühl, ein Außenseiter zu sein. In einem Brief an Paul Geheeb vom 12. Juni 1923, in dem der Schüler seinen Abschied von der «OSO» ankündigte, ist das Lebensgefühl des Sechzehnjährigen unmißverständlich formuliert: «Es bleibt mir nichts zu tun, als Ihnen heute zu sagen, daß ich *fest* davon überzeugt bin: Es existiert in Deutschland die ‹Erziehungsanstalt› nicht, in der ich *so* hätte leben dürfen und können, wie Sie es mir ermöglicht haben –: absolut auf mich gestellt, die Einsamkeit genießend, die mir *Lebensvoraussetzung* ist. Es waren gute, fruchtbare Wochen von Ostern bis heute. *Dafür* danke ich Ihnen. Daß ich nun dennoch fort will und muß, liegt daran: die Atmosphäre, die Luft einer derartigen Anstalt (und möge sie mir *noch* so weit entgegenkommen) *ist* nichts für mich – die Voraussetzungen, die Grundbedingungen fehlen mir. Ich kann hier nicht *so* schaffen, wie ich fühle, daß ich's sonst könnte – Vom Essen angefangen (vielleicht ist mir das das Unwesentlichste nicht –), bis zu letzten, unaussprechlichen Feinheiten – es *ist* nichts für mich – ich bin fehl am Ort. Wo freilich ich *ganz* daheim sein werde – das weiß Gott. Ich gebe ein nicht ganz kleines Stück von mir her, wenn ich Ihnen sage: Überall werde ich – Fremdling sein. Ein Mensch meiner Art ist stets und allüberall durchaus einsam – derlei führt zu weit.» (BuA, S. 14 f.)

# Maskenscherz

Theodor Lücke

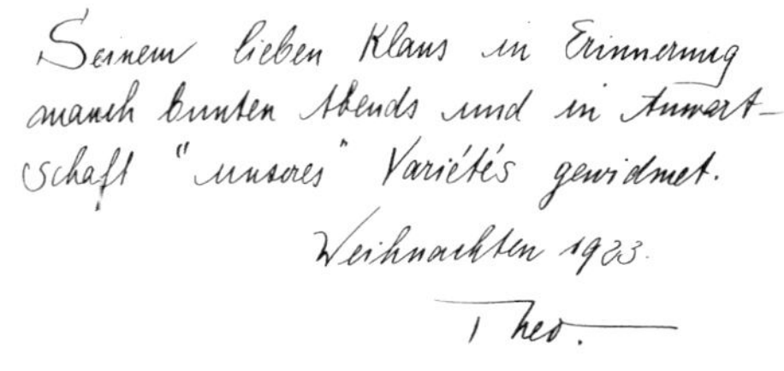


Oben: Klaus Mann und Willi Süskind

**Das Jahr 1923, in dem** Klaus Mann die Odenwaldschule wieder verließ, war politisch und wirtschaftlich für Deutschland ein Krisenjahr. Eine schwere Inflation erschütterte die Stabilität der jungen Republik; in München probte die äußerste Rechte unter Beteiligung Adolf Hitlers den Staatsstreich. Klaus Mann, der im Sommer des Jahres gemeinsam mit Erika erstmals Berlin besucht hatte, entdeckte das Großstadtleben. In München wurde ein um wenige Jahre älterer Freund, Theodor Lücke, zum Zentrum eines neuen Freundeskreises. Willi Süskind gehörte zu dieser Clique; eine Norwegerin namens Ella Anker; und bald auch Pamela Wedekind, die Tochter des Dramatikers Frank Wedekind. Theodor Lücke aber war der Mittelpunkt: «Unser Freund Theo war der Typ des jungen Mannes vom Jahre 1923 par excellence. […] Er zauberte Geld, wie es damals vielen begabten Jünglingen glückte; und er verschwendete es hauptsächlich, indem er uns aufs großartigste einlud. […] Theo ließ uns Champagner-Soupers in der Reginabar servieren, es kostete dreieinhalb Millionen pro Person. […] Je ungeheuerlicher und wahnwitziger das Tempo wurde, mit dem die Inflation alles geordnete und normale Leben vernichtete, desto schönere Feste erdachte Theo sich, uns zur Unterhaltung. […] den nächsten Abend bat er uns mit einer geradezu flammenden Vergnügungssucht zu einer kleinen Orgie in seine Wohnung. Wir blieben die ganze Nacht, in bunte Pyjamas vermummt, Pamela sang, Theo sang, ich deklamierte, wir soffen, schwärmten, tanzten, malten uns die Gesichter an. Am Morgen fuhren wir nach Grünwald, im Isartal priesen wir unsere Freundschaft und die abenteuerlichen Zeiten.» (KdZ, S. 159, 160, 169)

Inflation in Deutschland, 1923: Beim Lumpensammler wandern die wertlosen Geldscheine in die Papierpresse.

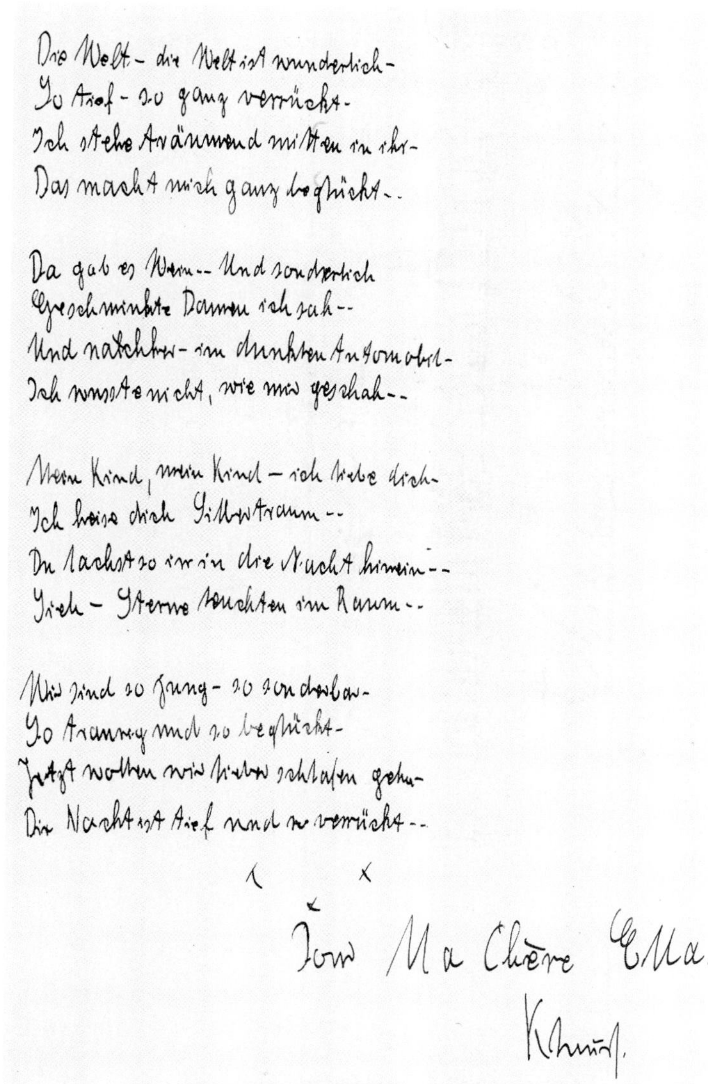
Die Welt – die Welt ist wunderlich –
So tief – so ganz verrückt –
Ich stehe träumend mitten in ihr –
Das macht mich ganz beglückt – –

Da gab es Wein – – Und sonderlich
Geschminkte Damen ich sah – –
Und nachher – im dunklen Automobil –
Ich wusste nicht, wie mir geschah – –

Mein Kind, mein Kind – ich liebe dich –
Ich heisse dich Silbertraum – –
Du lachst so irr in die Nacht hinein – –
Sieh – Sterne leuchten im Raum – –

Wir sind so jung – so sonderbar –
So traurig und so beglückt –
Jetzt wollen wir lieber schlafen gehn –
Die Nacht ist tief und so verrückt – –

Für Ma Chère Ella.
Klaus.

*Die Welt – die Welt ist wunderlich –*
*So tief – so ganz verrückt –*
*Ich stehe träumend mitten in ihr –*
*Das macht mich ganz beglückt –*

*Da gab es Wein – Und sonderlich*
*Geschminkte Damen ich sah –*
*Und nachher – im dunklen Automobil –*
*Ich wusste nicht, wie mir geschah –*

*Mein Kind, mein Kind – ich liebe dich –*
*Ich heisse dich Silbertraum –*
*Du lachst so irr in die Nacht hinein –*
*Sieh – Sterne leuchten im Raum –*

*Wir sind so jung – so sonderbar –*
*So traurig und so beglückt –*
*Jetzt wollen wir lieber schlafen gehn –*
*Die Nacht ist tief und so verrückt –*

**Foto links oben:**
**Ella Anker**

**Oben: Manuskript des Gedichts «Für meine liebe Ella», November 1923. Der norwegischen Freundin zuliebe notierte Klaus Mann es überwiegend in lateinischen Buchstaben – zumeist schrieb er bis 1930 seine Briefe und literarischen Manuskripte in Frakturschrift. («Ma chère Ella», unveröffentlicht. Original im KMA)**

**Pamela Wedekind**

## Kind seiner Zeit

**«Während wir uns auf eigene Faust** toll zu gebärden dachten, tanzten wir nur nach dem Takt, den die Zeit uns angab», schrieb Klaus Mann später (KdZ, S. 159). Er hatte Kindheits- und Jugendjahre erlebt, die – den äußeren Bedingungen nach – behütet, privilegiert und übervoll mit Anregungen waren. Dennoch hatte sich in ihm das Gefühl gefestigt, einem «stündlich gefährdeten Geschlecht» anzugehören und «ohne Boden unter den Füßen» zu sein, wie er es 1925 in seinem ersten Drama «Anja und Esther» ausdrückte (KM, Der siebente Engel, S. 33).

In Deutschland war mit dem Ersten Weltkrieg und dem Ende des Kaiserreichs eine alte Welt untergegangen – viele Werte der Väter hatten ihre Gültigkeit verloren. Auch in anderen Ländern suchten die Jüngeren nach neuen Orientierungen, weil sie die bürgerliche Gegenwart zunehmend als sinnlos erfuhren. Auf internationaler Ebene wurde der Topos der «lost generation» geprägt und in den Werken vor allem amerikanischer Autoren wie F. Scott Fitzgerald, John Dos Passos und Ernest Hemingway gestaltet: literarische Antworten auf die Scheinblüte der zwanziger Jahre.

Intuitiv rechnete auch Klaus Mann sich einer «verlorenen Generation» zu. Die Republik von Weimar, so lebensfroh und toll sie sich an der Oberfläche gebärdete, bot keinen wirklichen Halt. Die Inflation 1923 entzauberte radikal den Wert, den viele für den wahren Gott der Epoche gehalten hatten: das Geld. Das Ringen darum, den eigenen Gedanken und Sehnsüchten und denen seiner Altersgefährten Ausdruck zu verleihen, begann Klaus Mann als seine Aufgabe zu empfinden.

**Friedrichstraße. Feder- und Tuschezeichnung von George Grosz. Veröffentlicht als Blatt Nr. 1 in der Mappe «Ecce Homo», 1923**

Stift Neuburg

Klaus Mann, 1923/24

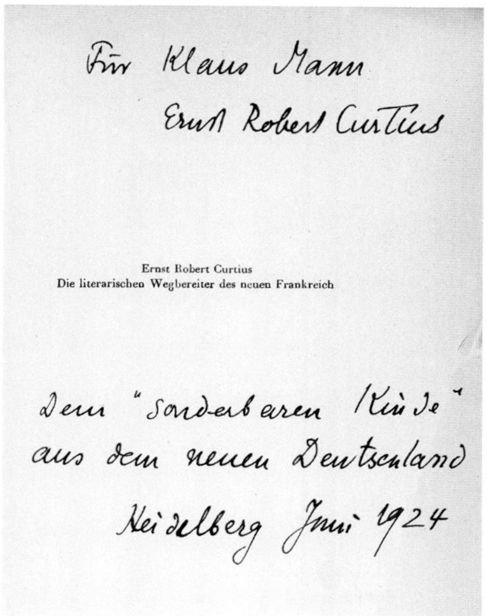

Für Klaus Mann
Ernst Robert Curtius

Ernst Robert Curtius
Die literarischen Wegbereiter des neuen Frankreich

Dem "sonderbaren Kinde"
aus dem neuen Deutschland
Heidelberg Juni 1924

**Im Sommer 1924 lernte Klaus Mann auch den Heidelberger Romanisten Ernst Robert Curtius kennen.**

Ostern 1924 zog er sich für etliche Wochen in das Stift Neuburg zurück, ein ehemaliges Kloster bei Heidelberg, das einem Freund des Vaters gehörte, Baron von Bernus. Klaus Mann arbeitete dort an seinen ersten Novellen, an Kabarettliedern und Artikeln. «Mein Zimmer hatte den Blick auf den Neckar. Es war in einem asketischen Biedermeierstil eingerichtet, ganz wie die Stube eines jungen Poeten und Studiosus in der populär romantischen Vorstellung auszusehen hat.» (KdZ, S. 182) Bernus stand in enger Verbindung mit Rudolf Steiner; und auch Stefan George war einst häufig im herrlich gelegenen Stift Neuburg zu Gast gewesen.

Doch ländliche Idyllen, so anregend ihre geistige Atmosphäre auch sein mochte, waren Klaus Manns Sache nicht länger: das Großstadtleben hatte ihn in seinen Bann gezogen. Im Frühherbst 1924 siedelte er nach Berlin über. Er war entschlossen, als Kritiker und Schriftsteller seinen Weg zu machen.

## Kapitel 2

# Vor dem Leben

Literarische Anfänge
(1924 – 1927)

*Die jüngere Generation hat in*
*Klaus Mann ihren Dichter gefunden.*
*[...] Lieben muß man vor allem den*
*Dichter dieser Menschen, der seine*
*Gestalten so beseelt und leidvoll durch*
*dies erregende Stück [Anja und Esther]*
*sendet und sie nicht – wie die meisten*
*Propheten von heute – mitten im Schla-*
*massel sitzen läßt, sondern mit hilfreicher*
*Hand zur Klarheit führt. Und das ist das*
*Wesentliche an diesem Klaus Mann:*
*Er ist nicht nur ein Schilderer der heu-*
*tigen Jugend, er ist vielleicht berufen,*
*ihr Wegweiser zu werden.*
Gustaf Gründgens, in: «Der Freihafen»,
1925/26

PREIS 10 Pfennig

NEUE BERLINER ZEITUNG. «DAS 12 UHR BLATT»

NUMMER 214
6. Jahrgang

Verlag u. Redaktion: Bln.-Charlottenbg., Berliner Str. 128. Fernspr.: Wilh. 7750-54. Bezugspreis monatlich 1,90 Mark.

Donnerstag, den 11. September 1924

Anzeigen: mm-Zeile (9 gesp.) 0,30 Goldm., Rekl.-Zeile (4 gesp.) 1,50 Goldm. (1 Goldm. = 1 Dollar durch 4,20)

## Schwere Katastrophe bei der Auto-Reichsfahrt.

### Zwei Tote, drei Schwerverletzte.

Telegramm der Neuen Berliner Zeitung.

Gera, 11. September.

Der erste Tag der A. D. A. C.-Reichsfahrt (über die wir im sportlichen Teil unseres Blattes berichten) stand unter einem Unglücksstern, denn es ereignete sich ein schwerer Unfall, als dessen Opfer zwei Tote und drei Schwerverletzte zu beklagen sind.

Ein Hansawagen, der von Linke-Eisenach gesteuert wurde, stieß auf der Strecke Saalfeld—Gera, bei Mittelpöllnitz, mit einem an der Konkurrenz nicht beteiligten Motorrad zusammen. Der Fahrer des

Nach den bisherigen Feststellungen trug sich das Unglück folgendermaßen zu: Lindig befuhr die Strecke zu seinem Vergnügen, um die einzelnen Teilnehmer der Reichsfahrt besser beobachten zu können. Als der Hansawagen dem Motorrad vorfahren wollte, drehte sich Lindig um und steuerte wohl durch eine unwillkürliche Bewegung sein Rad mehr nach der Mitte der Straße. Das Automobil fuhr in schärfstem Tempo gegen das Hinterrad auf und schleuderte es beiseite. Sowohl Motorrad als Automobil fuhren gegen einen Baum. Lindig und seine Frau wurden auf die Chaussee geworfen, während das Auto den Baum absägte und in die dahinterliegende

### Der Selbstmord der Filmschauspielerin Eva May.

Telegramm der Neuen Berliner Zeitung.

Wien, 11. September.

Der Selbstmord der Berliner Filmschauspielerin Eva May erregt hier größtes Aufsehen. Eva May war vor einigen Tagen aus Berlin nach Wien gekommen und sollte sich mit einem Verwandten, dem Direktor Fritz Manol, einem Vetter von ihr, verloben. Dieser Absicht scheinen sich Schwierigkeiten in den Weg gestellt zu haben und es kam mehrfach zu Gegensätzen, die jedoch keineswegs unüberbrückbar schienen. Es heißt, daß sich auch bei den Eltern des

spielt hatte, war „Die Fledermaus", den mit ihr Max Mack inszeniert hatte und in dem sie sehr gefiel. Seither hat sie sich nicht mehr betätigt.

Eva May war bereits dreimal verheiratet, das erstemal mit dem Filmregisseur Lothar Mendes, dann mit Manfred Liebenau und zuletzt mit Manfred Noa. Alle drei Ehen wurden nach verhältnismäßig kurzer Zeit geschieden. Die junge Schauspielerin galt als überaus nervös, beinahe psychopathologisch, und darin ist wohl auch der Grund zu suchen, weshalb ihre

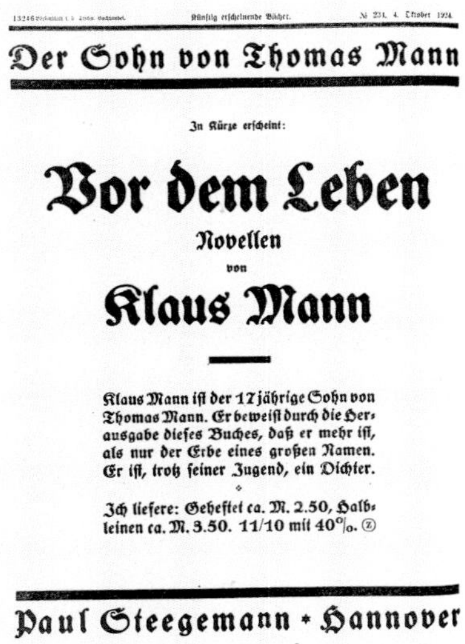

Künftig erscheinende Bücher. № 234, 4. Oktober 1924.

Der Sohn von Thomas Mann

In Kürze erscheint:

**Vor dem Leben**

Novellen

von

**Klaus Mann**

Klaus Mann ist der 17jährige Sohn von Thomas Mann. Er beweist durch die Herausgabe dieses Buches, daß er mehr ist, als nur der Erbe eines großen Namens. Er ist, trotz seiner Jugend, ein Dichter.

Ich liefere: Geheftet ca. M. 2.50, Halbleinen ca. M. 3.50. 11/10 mit 40%.

Paul Steegemann • Hannover

Links ein Kuriosum: Klaus Manns erste Buchpublikation wurde zunächst vom Paul Steegemann Verlag angekündigt, erschien aber im Gebrüder Enoch Verlag.

GEBRÜDER ENOCH VERLAG HAMBURG 1

Signet des Gebrüder Enoch Verlags

**Er begann als Theaterkritiker** beim «12 Uhr Blatt», einer Berliner Mittagszeitung. Am 11. September 1924 erschien dort sein erster Artikel – der Autor war nicht einmal achtzehn Jahre alt. Klaus Pringsheim, der Zwillingsbruder Katia Manns, hatte den Kontakt vermittelt. Rund dreißig Kritiken schrieb Klaus Mann in den folgenden Monaten, berichtete über Klassikeraufführungen und Kabarettabende, Boulevardkomödien und Vortragskünstler.

Noch im Herbst 1924 erschienen erste Beiträge aus seiner Feder auch in anderen Zeitungen und Zeitschriften – unter anderem in der renommierten «Weltbühne», in der «Vossischen Zeitung» und im «8 Uhr-Abendblatt». Daß er der Sohn eines berühmten Vaters war, begünstigte seine literarischen Anfänge. «Alles schien so leicht und glatt zu gehen, wie im Spiel, wie im Traum [...]. Was immer ich zu bieten haben mochte, man nahm es mir ab, man fand es interessant. Die feinsten Blätter und Revuen druckten meine Kurzgeschichten, Plaudereien und Betrachtungen», bekannte Klaus Mann später im «Wendepunkt» (S. 149).

Doch sein Ehrgeiz galt höheren Zielen und größeren Dimensionen. Bereits 1925 wurden gleich drei Buchpublikationen des jungen Autors ausgeliefert: ein Band mit Erzählungen unter dem vielsagenden Titel «Vor dem Leben», das Theaterstück «Anja und Esther» und der Roman «Der fromme Tanz».

Berlin: Potsdamer Platz in den zwanziger Jahren

Auf dem Kurfürstendamm, 1926

Berlin war der Ausgangspunkt von Klaus Manns literarischer Karriere, und noch in seiner ersten Autobiographie bezeichnete er die damalige Reichshauptstadt als seine «eigentliche Heimat» nach dem Weggang aus München (KdZ, S. 156). Aber auf Dauer seßhaft geworden ist er in Berlin nicht. Er wohnte in Hotels und möblierten Zimmern – doch stets nur vorübergehend. «Immer war es meine unruhige, fatale Art, weg zu müssen, wenn gerade alles am besten schien», gestand er selber ein (KdZ, S. 193).
In seinem Tagebuch hat er später die Aktivitäten dieser frühen Jahre aufgelistet; der Rückblick auf das Jahr 1925 läßt den Aktionsradius erahnen, der schon Klaus Manns literarische Anfänge prägte: «Wintermonate in Berlin, Uhlandstrasse. Arbeit fürs ‹12-Uhr-Mittagsblatt›. Liebe zu Brausewetter. E, Ricki, Pamela; Lothar Buhle, Buschi A. u.s.w. – Der erste stattliche Vorschuss von Enoch. – Im Frühling: W. E. Süskind in Köln getroffen; mit ihm nach London. – Paris. (Sarita; Rudolf Levy; Boris; Niels de Dardell u.s.w.) Hotel Splendid; dann, mit Feist, Hotel d'Angleterre. Weiterreise mit Feist (Höhepunkt seiner Liebe): Marseille; Tunis; Kairouan, Nefta; Palermo. Florenz. (Eltern getroffen.) – München. (Besuch von Buschi Amendt.) Feldafing – Hotel Elisabeth. (Tilly Wedekind.) Arbeit am ‹Frommen Tanz›. – ‹Vor dem Leben› und ‹Anja und Esther› erschienen. Zauberers 50. Geburtstag. Im Herbst: Aufführungen von ‹Anja und Esther› in München, Hamburg, Darmstadt. – Berlin, Hotel am Zoo, mit Feist. Bremen, Besuch bei E. Das Hamburger Gastspiel: E, Pamela, Gustaf. Vorträge (München, Hamburg, Dresden, Bremen).» (Tb 3, S. 41 f.)

# «Anja und Esther»

Die Hauptdarsteller von «Anja und Esther», 1925: Gustaf Gründgens, Erika Mann, Pamela Wedekind und Klaus Mann

**Am 20. Oktober 1925** wurde an den Münchner Kammerspielen Klaus Manns erstes Theaterstück «Anja und Esther» uraufgeführt. Zwei Tage später folgte die Premiere desselben Stückes an den Hamburger Kammerspielen, in einer Besetzung, die Schlagzeilen machte: Erika Mann und Pamela Wedekind spielten die Titelrollen, als männliche Hauptfiguren traten der Autor selbst und ein junger Schauspieler auf, der noch am Beginn einer großen Karriere stand – Gustaf Gründgens.

Das Drama handelt von Pubertätswirren und von der Suche junger Menschen nach Lebenssinn und Orientierung. Ort des Bühnengeschehens ist ein Erholungsheim für gefallene Kinder – eine «Mischung aus Ballettschule und Sanatorium, mit einem Einschlag von Gefängnis, Bordell und Kloster» (WP, S. 153). Die beiden Mädchen Anja und Esther haben ein lesbisches Verhältnis, und die gesamte Atmosphäre im Heim ist von unterschwelliger Erotik geprägt. Bewegung in diese abgeschlossene Welt bringt ein Fremder. Erik, so heißt der Eindringling, verändert die überkommenen Strukturen und Hierarchien – und nimmt am Ende, als er das Heim wieder verläßt, Esther mit sich fort. Die schwermütig-laszive Stimmung, die über der Handlung lastet, mündet in der Schlußszene in ein Lied, das die Heimkinder singen, während Anja traurig ihrer Geliebten nachsinnt: «Mädchen kommen auch herein / Und der Hahn zum letzten kräht. / Sacht ein morsches Gitter geht / Und in Rosen Kranz und Reihn, / Rosenrein, / Ruth Maria, weiß und fein.»

Szene aus der Hamburger Inszenierung. Ganz rechts: Klaus Mann und Gründgens

31. Oktober 1925
Nr. 44
34. Jahrgang

Berliner

Preis des Heftes 20 Pfennig

# Illustrirte Zeitung

Verlag Ullstein Berlin SW 68

Dichterkinder. Phot. John Thiele.
Erika Mann, die Tochter Thomas Manns, Pamela Wedekind, die Tochter Frank Wedekinds. und Klaus Mann (Sohn von Thomas Mann) in dem Drama „Anja und Esther“ von Klaus Mann in den Hamburger „Kammerspielen“.
Links unten: Die drei Dichterkinder in Zivil. Phot. Miehlmann.

**Ausgabe vom 31. Oktober 1925. Links am Rand des Titelfotos ist noch der Haarschopf von Gustaf Gründgens zu sehen.**

Das «romantische Stück» (so der Untertitel) provozierte heftige Reaktionen bei Publikum und Kritikern. Das «Herumwühlen in sexuellen Entartungsmöglichkeiten» sei abstoßend, ereiferte sich das «Hamburger Fremdenblatt» – diese Jugend solle doch «ihre düsteren Angelegenheiten im Stillen mit sich selbst abmachen, aber nicht vor der Öffentlichkeit». Ein anderer Rezensent urteilte das gesamte Drama ab: «Die Gestalten, die es auf die Bühne bringt – zu Charakteren hat es nicht gereicht – reden und reden, bis man das intensive Bedürfnis hat, irgend jemanden in den Bauch zu treten, damit wenigstens irgend etwas geschieht.» Und Herbert Jhering verkündete, Klaus Mann habe «den szenischen Marlittroman der Homosexualität» geschrieben: «Alles ist nur verzärteltes Auskosten, morbides Glimmern, undramatisch, unlebendig, von einem süßlichen Moderduft durchzogen.» (Zit. n. Töteberg 1989, S. 422f.)

Das Medienecho war gewaltig; und allen Verdikten zum Trotz waren die Vorstellungen meist gut besucht. Klaus Mann konnte seinem Vater am 6. November 1925 mitteilen, er bekomme nun «fast *täglich* ganze Päckchen von Ausschnitten» mit Presseberichten zugesandt (BuA, S. 27). Die spektakuläre Besetzung der Hamburger Inszenierung trug zur öffentlichen Resonanz erheblich bei. «Von den Gestaden der Nordsee bis nach Wien, Prag und Budapest gab es ein Gerausche im Blätterwald: ‹Dichterkinder spielen Theater!›» (WP, S. 165)

Am 31. Oktober 1925 prangte auf dem Titelblatt der populären «Berliner Illustrirten Zeitung» ein Foto der drei ‹Dichterkinder›: Erika Mann, Klaus Mann und Pamela Wedekind. Den Kopf von Gustaf Gründgens hatte die Redaktion einfach abgeschnitten – er war kein Prominentenspross und außerhalb Hamburgs noch weitgehend unbekannt.

# Bündnisse und Konstellationen

Auf der Bühne, in einer Szene aus «Anja und Esther» …

… und im wirklichen Leben: Erika und Klaus Mann mit Pamela Wedekind und Gustaf Gründgens

**«Das Theater machte mir Spaß;** die Intrigen, Spannungen und Triumphe des Komödiantenlebens. Es war drollig und interessant, dies alles kennenzulernen», schreibt Klaus Mann im «Wendepunkt». «Ich hatte es gut in Hamburg. Die Tage mit Erika, Pamela, Gustaf und einer bunten Auswahl von neuen Freunden, die Abende im Theater, die Nächte in den Kaschemmen und Matrosen-Dancings von St. Pauli, alles war danach angetan, mich restlos glücklich zu machen.» (WP, S. 165 f.)

Die vier Hauptdarsteller der Hamburger Inszenierung von «Anja und Esther» waren auch privat für einige Zeit eng miteinander verbunden. Klaus Mann und Pamela Wedekind hatten schon im Sommer 1924 ihre Verlobung gefeiert. «Wir meinten es ernst, höchstens sehr nebenbei aus Bluff und um die Leute zu schrecken», kommentierte Klaus Mann das Ereignis später mit leiser Ironie, und er fügte nicht ohne Wehmut hinzu: «Pamela, Erika und ich: dieses Bündnis, das uns so lange unzerstörbar schien, war vielleicht die schönste und aussichtsreichste Konstellation in unserem Leben.» (KdZ, S. 192)

Unerwähnt ließ Klaus Mann in seiner Autobiographie, daß Erika Mann und Pamela Wedekind Mitte der zwanziger Jahre durch eine Liebesbeziehung verbunden waren (von der Lühe 1996, S. 37). Ob auch zwischen Klaus Mann und Gründgens ein intimes Verhältnis bestand, ist anhand der bekannten Dokumente nicht verläßlich zu beantworten. Tatsache ist hingegen, daß im Juli 1926 eine Hochzeit gefeiert wurde: Gründgens und Erika heirateten einander. Gustaf Gründgens war damit der Schwager Klaus Manns – wenn auch nur für kurze Zeit, wie sich bald herausstellen sollte.

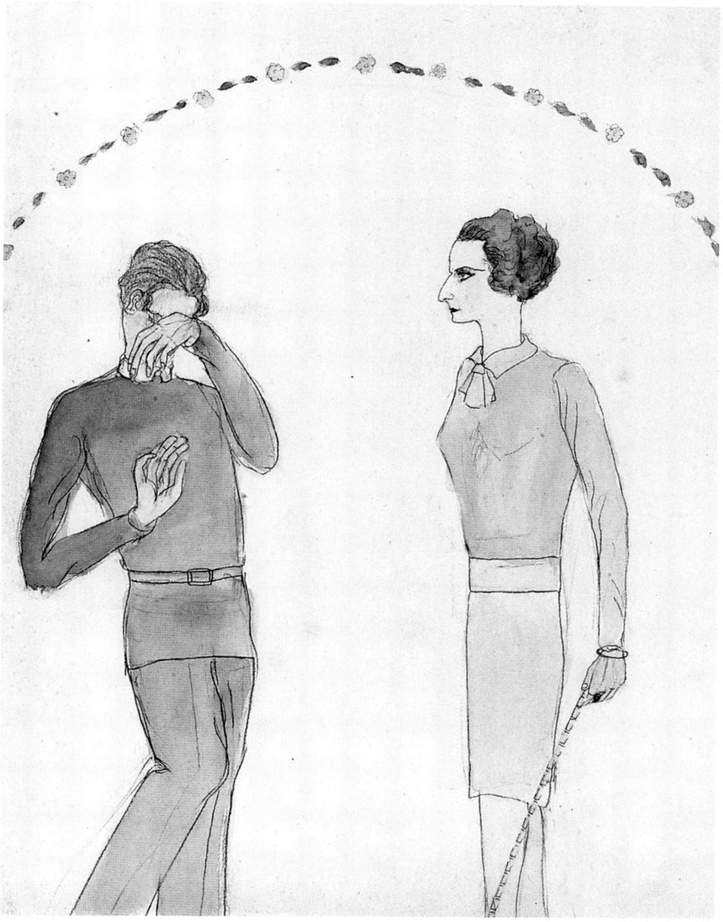

Aus Kadidja Wedekinds «Sammlung höhnischer Gedichte», 1925–1927

Pamela Wedekinds Schwester Kadidja hat sich in einer kleinen «Sammlung höhnischer Gedichte», die sie – zusammen mit eigenen Zeichnungen – ihrer Mutter Tilly Wedekind zueignete, über die Verlobung ihrer Schwester Pamela lustig gemacht.
Über den ‹Bräutigam› Klaus Mann spottete sie:

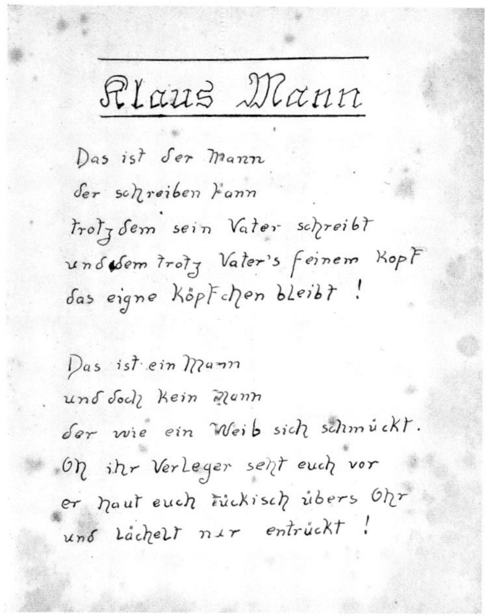

Klaus Mann

Das ist der Mann
der schreiben kann
trotz dem sein Vater schreibt
und dem trotz Vater's feinem Kopf
das eigne Köpfchen bleibt !

Das ist ein Mann
und doch kein Mann
der wie ein Weib sich schmückt.
Oh ihr Verleger seht euch vor
er haut euch tückisch übers Ohr
und lächelt nur entrückt !

*«Das ist der Mann*
*der schreiben kann*
*trotzdem sein Vater schreibt*
*und dem trotz Vater's feinem Kopf*
*das eigne Köpfchen bleibt.*
*Das ist ein Mann*
*und doch kein Mann*
*der wie ein Weib sich schmückt.*
*Oh ihr Verleger seht euch vor*
*er haut euch tückisch übers Ohr*
*und lächelt nur entrückt!»*

# «Der fromme Tanz»

Werbung für den Roman «Der fromme Tanz»

«**Das Leben**, wie ich es damals kannte und verstand, war vor allem dies: schweifende Unrast, Suchen, unstillbare Sehnsucht des Herzens, kurzes sinnliches Glück. [...] Gleicht es einem Spiel, dies zweck- und ziellose, süße, grausame Leben? Nein, eher schon einem Tanz, in dem die großen Affekte – Lust, Schwermut, Angst, Verzicht, Dankbarkeit – sich zur sakralen Zeremonie, zum frommen Ritus bändigen. Und da hatte ich auch schon den Titel für meinen Roman. ‹Der fromme Tanz› – freilich, so mußte er heißen!» (WP, S. 162)

Ende 1925 wurde «Der fromme Tanz» ausgeliefert – laut Untertitel «Das Abenteuerbuch einer Jugend». Der Roman erzählt die Geschichte eines jungen Dichters, der in die großen Städte Berlin und Paris zieht, dort eintaucht in das Leben der Boheme und zugleich versucht, den Hoffnungen und Zielen seiner Generation künstlerischen Ausdruck zu verleihen. «Einer von uns *muß* das Lied singen, *unser* Lied. Wie wird es sein?» Dieses etwas ratlose Zitat aus seinem eigenen Stück «Anja und Esther» stellte Klaus Mann dem Roman als Motto voran. In literarischer Hinsicht war «Der fromme Tanz» gewiß ein fragwürdiges Werk: voller Pathos und religiöser Überhöhung, mit sprachlich oft unzulänglichen Mitteln. Und doch ist er als Dokument höchst aufschlußreich – denn selten zuvor war in der deutschen Literatur so offen von gleichgeschlechtlicher Liebe erzählt worden, wie es Klaus Mann in seinem ersten Roman tat. Das Buch war ein Bekenntnis zu der Form des Eros, die der Autor längst als seine eigene erkannt und akzeptiert hatte: zur Homosexualität.

Aus dem Manuskript des Romans

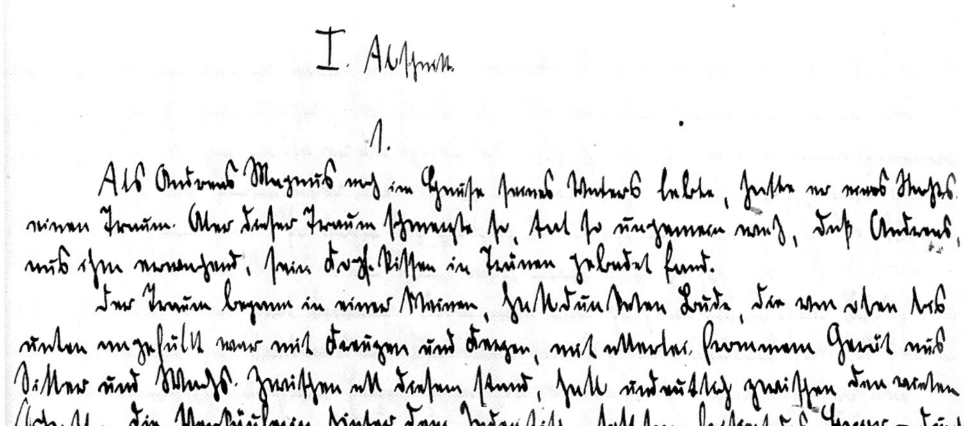

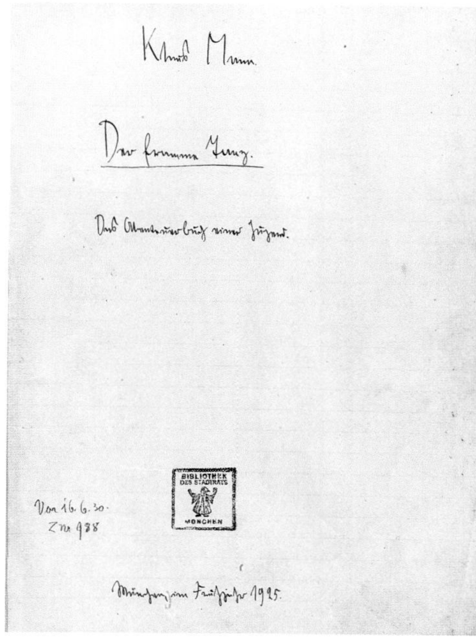
Klaus Mann

Der fromme Tanz.

Das Abenteuerbuch einer Jugend.

München, im Frühjahr 1925.

Titelseite
des Manuskripts

*Andreas träumte vor Niels' Photographie. Ihm war es, als fände er alles, was in ihm selber Traum, Ahnung, Sehnsucht und Gedanke gewesen war, wieder in der Ruhe dieses Gesichtes. Ihm war, als sei hier die Traurigkeit und die keusche Glückseligkeit aller Kreatur ein Körper geworden. Und er wußte nicht, daß das «lieben» heißt: die ganze Schöpfung in einem Körper wiedererkennen. Er wußte nicht, daß eine Stimme lieben bedeutet, in einer Stimme alle Melodien wieder zu hören und zu begreifen. Er hatte ja das Gras und die Bäume gesehen und gefühlt, als sei es zum ersten Male, als er diesen zuerst hatte sehen dürfen.*

*Andreas gab sich dieser Liebe ganz hin, die er nicht als Verirrung empfand. Ihm kam es nicht in den Sinn, sie vor sich zu leugnen, sie zu bekämpfen als «Entartung» oder als «Krankheit». Diese Worte berührten die Wahrheit so wenig, sie kamen aus anderer Welt. Gut hieß er diese Liebe vielmehr ganz und gar, er lobte sie, wie alles, was Gott gab und verhängte – sei es noch so leicht oder schwierig zu tragen.*
(KM, Der fromme Tanz, S. 151 f.)

Zwei Knaben. Radierung
von Renée Sintenis, 1923

# Anders als die Andern

**Gleichgeschlechtliche Liebe** unter Männern war in der Weimarer Republik verboten – der § 175 des Reichsstrafgesetzbuches, dem zufolge «widernatürliche Unzucht, welche zwischen Personen männlichen Geschlechts oder von Menschen mit Tieren begangen wird», mit Gefängnis zu bestrafen sei und zum Verlust der bürgerlichen Ehrenrechte führen könne, war seit 1871 geltendes Recht in Deutschland. Für viele Betroffene blieb nur der Ausweg, ihre homoerotische Neigung heimlich im privaten Bereich auszuleben oder sich in eine subkulturelle Szene zurückzuziehen.
Gegen die Diskriminierung und Verfolgung der Homosexuellen hatte es immer wieder Initiativen liberaler Zeitgenossen gegeben. Einen dauerhaften Kampf für die Reform des Sexualstrafrechts führte vor allem das 1897 von dem Berliner Arzt Magnus Hirschfeld begründete Wissenschaftlich-Humanitäre Komitee, das 1919 in das neugeschaffene Berliner «Institut für Sexualwissenschaft» integriert wurde. Hirschfeld betonte, Homosexualität sei weder Verbrechen noch Krankheit, sondern eine durchaus natürliche Variante der Sexualität – eine eigene Möglichkeit menschlicher Existenz.
Mit populärwissenschaftlichen Schriften wurde versucht, über gleichgeschlechtliche Liebe aufzuklären; auch entstanden in den zwanziger Jahren zunehmend literarische Werke, in denen Homosexualität thematisiert wurde. 1927 konstatierte Hirschfeld: «Fast möchte man sagen, daß die Darstellung homosexueller Verhältnisse in der modernen Belletristik ‹hoffähig› geworden ist.» (Stümke/Finkler 1981, S. 37) Dabei bezog er sich explizit auf Beispiele wie Stefan Zweigs «Verwirrung der Gefühle», Thomas Manns «Tod in Venedig» – und Klaus Manns «Der fromme Tanz».

Streitschrift von Kurt Hiller, 1922

Magnus Hirschfeld

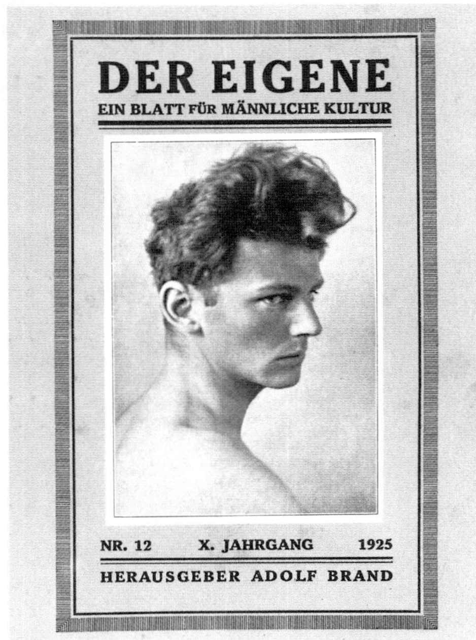


In der Zeitschrift «Der Eigene» erschien 1925 auch ein Auszug aus Klaus Manns Roman «Der fromme Tanz».

Das Institut für Sexualwissenschaft in Berlin

Szenen aus dem Film
«Anders als die Andern»

1919 wurde der erste Spielfilm produziert, der sich mit dem Thema Homosexualität beschäftigte: «Anders als die Andern». Unter der Regie von Richard Oswald, einem Pionier des Aufklärungsfilms, spielten Conrad Veidt, Fritz Schulz, Reinhold Schünzel und Anita Berber die Hauptrollen. Gezeigt wird das Schicksal eines Geigenvirtuosen, der sich zu einem seiner Schüler hingezogen fühlt; doch ein skrupelloser Erpresser setzt den Musiklehrer unter Druck. Der homosexuelle Künstler wird nach bitteren Demütigungen von einem Gericht zu einer Gefängnisstrafe verurteilt und sieht am Ende keinen anderen Ausweg mehr als den Selbstmord.

Magnus Hirschfeld, von dessen Ideen der Film maßgeblich inspiriert war, wirkte selbst als Darsteller mit: Er verkörperte einen Wissenschaftler, der in Vorträgen über das «natürliche Anderssein» von Menschen informiert, die der gleichgeschlechtlichen Liebe zuneigen. Der Schluß des Films zeigte unmißverständlich einen Pinsel, der den Paragraphen 175 des Strafgesetzbuches durchstreicht.

Doch diese politische Forderung wurde nicht erfüllt; trotz aller Bemühungen Hirschfelds und vieler Mitstreiter kam es während der Weimarer Republik nicht zu einer Reform des Sexualstrafrechts. Auch ein Umdenken in der breiten Bevölkerung wurde nicht erreicht – für die meisten Menschen blieben die Homosexuellen soziale Außenseiter, über die man sich bestenfalls anzügliche Witze erzählte.

# Unschuld und Melancholie

Klaus Mann. Gemälde von Olga Pringsheim, der Frau von Katia Manns Bruder Heinz. Die Künstlerin starb 1929 durch Selbstmord.

**Klaus Mann habe aus seiner** Homosexualität kein Geheimnis gemacht, sondern sie ‹wie ein Adelszeichen› getragen, als etwas Besonderes, eine Art Auszeichnung – berichten Freunde aus den zwanziger Jahren wie Grete Weil und Herbert Schlüter. In den Kreisen der großstädtischen Boheme, in denen er sich meist bewegte, waren homoerotische Beziehungen weniger ungewöhnlich als in anderen Milieus, so daß er nicht gezwungen war, sich in die schwule Subkultur zurückzuziehen. Auch im Roman «Der fromme Tanz» ist die Darstellung gleichgeschlechtlicher Liebe eingebettet in das Bild einer Generation, für die viele sexuelle Tabus ihre Gültigkeit verloren haben.

Von einem besonderen Leidensdruck, dem er als Homosexueller ausgesetzt war, zeugen Klaus Manns frühe Werke nicht; erst in den dreißiger Jahren sollte dieser Aspekt in seinen Schriften zum Thema werden. Allerdings spiegeln die Texte aus den zwanziger Jahren ein Erfahrungsmuster, das offenbar sein eigenes Leben von früh an prägte: daß man nämlich einen geliebten Menschen nicht dauerhaft besitzen könne. Der Held Andreas im «Frommen Tanz» kommt zu der schmerzhaften Einsicht, «daß es sein Teil und sein Schicksal nicht war, einen anderen Menschen je zu besitzen» (S. 121). Ganz ähnlich hat Klaus Mann in autobiographischen Texten und Tagebüchern wiederholt seine persönliche Lebens- und Liebeserfahrung formuliert. Er ging zwar in jungen Jahren wie auch später viele sexuelle Beziehungen ein, doch fand er niemals einen Partner, mit dem er länger als einige Monate zusammenleben konnte – obwohl er sich immer danach sehnte.

Klaus Mann, Mitte der zwanziger Jahre

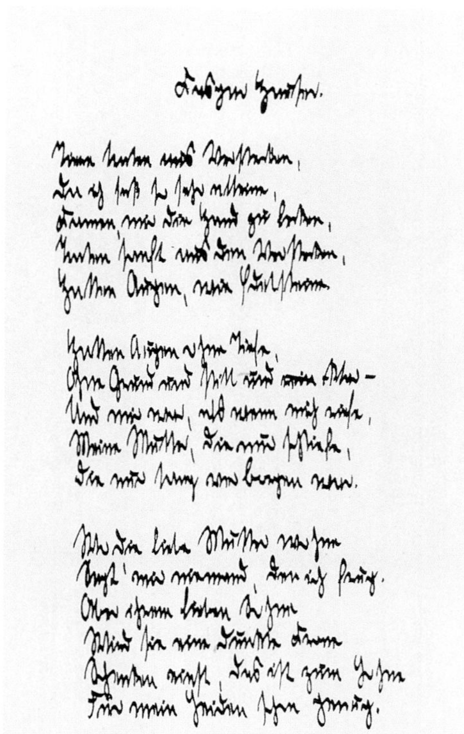

Handschrift eines Gedichts von Klaus Mann über Kaspar Hauser

Kaspar Hauser. Getuschte Federzeichnung von Johann Georg Laminit, 1828

Liebesbeziehungen seien «doch immer nur sehr vorübergehende Täuschungen», läßt Klaus Mann eine Figur in seinem 1932 publizierten Roman «Treffpunkt im Unendlichen» sagen. Im selben Buch beteuert eine andere Protagonistin nach einem Liebesakt: «Ich brauche jemanden, weißt du, sonst kommt das jeden Abend, verstehst du mich denn? – Diese Traurigkeit, und dieses Entsetzen. – Allein, allein, allein – verstehst du mich denn? – Und während dieser Minuten kann man es doch vergessen.» (S. 38, 102) Viele Figuren in Klaus Manns frühen Werken sind von einer ähnlichen Mischung aus Lebensgier und Verzeiflung, Abenteuerlust und Schwermut geprägt. Sie suchen ihre Einsamkeit zu betäuben, doch finden sie meist keinen wirklichen Halt. Den Helden seines Romans «Der fromme Tanz» läßt Klaus Mann einen Weg beschreiten, der auch ihm selbst häufig aus depressiven Stimmungen heraushalf: Andreas widmet sich der literarischen Arbeit.

Wie ausgeprägt seine Vorliebe für tragische Außenseiter war, hatte Klaus Mann schon mit seinem ersten Buch «Vor dem Leben» dokumentiert: an den Schluß dieses Bandes stellte er einen Zyklus von Kaspar-Hauser-Legenden. «Die Figur des geheimnisvollen Findlings hatte mich lang beschäftigt und gereizt», heißt es im «Wendepunkt»; die märchenhafte, mythenumwobene Gestalt wurde für Klaus Mann zum Inbegriff «weltfremder Unschuld» und «adliger Melancholie» (WP, S. 149) – Kaspar Hauser war in seinen Augen der Fremde par excellence.

# Allerorts plakatiert

# Der Freihafen

**Blätter der Hamburger Kammerspiele**

Herausgegeben von Erich Ziegel

Heft Nr. 2 — Jahrgang 8

Inhalt:

Hamburger Dramatiker von heute
Von Carl Müller-Rastatt

Marcel Prousts tragischer Lebenslauf
Von Stefan Zweig

An Conrad Ferdinand Meyer
Von Hans Harbeck

In memorium Moritz Heimann
Von Arthur Sakheim

Über Klaus Mann
Von Gustaf Gründgens

Gramola-Grammophone
Ausgewählte Künstlerplatten
Radio-Apparate
Original Telefunken Dr. Lissauer usw.
Sämtliche Zubehör- u. Einzelteile
Fernsprecher-Vulkan 1735 u. 1736

Musikhaus Detmering
Musikwaren aller Art.
Gegründet 1858.
Wexstr. nur 21. Steindamm 19.

Beachten Sie die Rückseite!

In diesem Heft erschien Gustaf Gründgens' hymnischer Artikel «Über Klaus Mann».

**Trotz mancher Melancholie** – am 11. Oktober 1925 schrieb Klaus Mann stolz an seine Schwester Erika, er sei nun «allerorts groß plakatiert und überhaupt recht berühmt» (Kroll 1977, S. 127). Ein Jahr nach seinem Karrierestart war er zum literarischen Tagesgespräch avanciert, und die kontroversen Meinungen über ihn prallten öffentlich aufeinander. Für die einen galt er als Sprecher, ja Wegweiser einer neuen Jugend. Gustaf Gründgens pries in den Blättern der Hamburger Kammerspiele den Dichter von «Anja und Esther» in hymnischen Worten: «Mit unerbittlicher Liebe zeigt er seine Generation in all ihrer wissenden Unwissenheit, ihrer gehemmten Hemmungslosigkeit, ihrer reinen Verworfenheit.» Und der Enoch Verlag zitierte in seiner Werbung ein Urteil über Klaus Manns Prosaband «Vor dem Leben», das der «Zwiebelfisch» veröffentlicht hatte: «Hier dichtete die jüngste Generation. Die harten, frivolen, verletzenden Dinge dieser Zeiten werden selbstverständlich, zart, romantisch.»

Doch es überwogen die kritischen Stimmen, und es gab nicht wenige Verrisse. In der «Schönen Literatur» zum Beispiel war zu lesen: «Ein Drama von Bronnen, ein Roman von Klaus Mann – das gleicht einander wie ein geplatztes Kloakenrohr dem andern.» (Kroll 1977, S. 150) Und Erich Kästner schrieb am 8. Dezember 1925 in der «Neuen Leipziger Zeitung» über die Werke, die Klaus Mann bei einer Lesung mit Erich Ebermayer vorgetragen hatte: «Jung daran ist die Oberfläche allein; der Kern ist *Epigonentum*. Jugendlich wirkt einzig das *typisch* Jugendliche: das Sexuale, das Empfindsame, das Intellektfeindliche, das Elternfremde – alles Züge, die nur fürs Jungsein überhaupt zeugen, nicht für das von heute.» (Kästner 1989, S. 35)

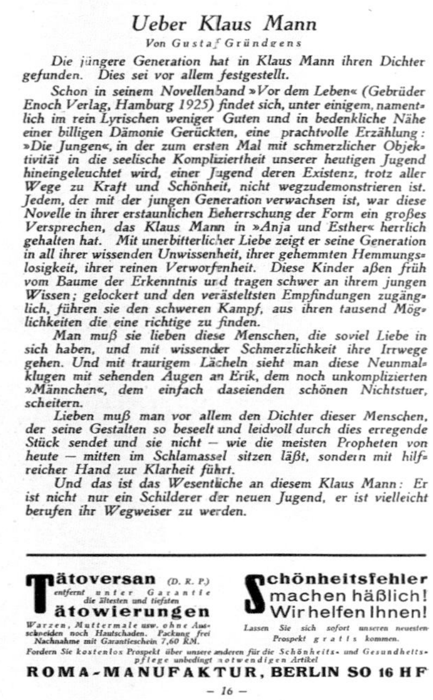

*Ueber Klaus Mann*

*Von Gustaf Gründgens*

*Die jüngere Generation hat in Klaus Mann ihren Dichter gefunden. Dies sei vor allem festgestellt.*

*Schon in seinem Novellenband »Vor dem Leben« (Gebrüder Enoch Verlag, Hamburg 1925) findet sich, unter einigem, namentlich im rein Lyrischen weniger Guten und in bedenkliche Nähe einer billigen Dämonie Gerückten, eine prachtvolle Erzählung: »Die Jungen«, in der zum ersten Mal mit schmerzlicher Objektivität in die seelische Kompliziertheit unserer heutigen Jugend hineingeleuchtet wird, einer Jugend deren Existenz, trotz aller Wege zu Kraft und Schönheit, nicht wegzudemonstrieren ist. Jedem, der mit der jungen Generation verwachsen ist, war diese Novelle in ihrer erstaunlichen Beherrschung der Form ein großes Versprechen, das Klaus Mann in »Anja und Esther« herrlich gehalten hat. Mit unerbittlicher Liebe zeigt er seine Generation in all ihrer wissenden Unwissenheit, ihrer gehemmten Hemmungslosigkeit, ihrer reinen Verworfenheit. Diese Kinder aßen früh vom Baume der Erkenntnis und tragen schwer an ihrem jungen Wissen; gelockert und den verästeltsten Empfindungen zugänglich, führen sie den schweren Kampf, aus ihren tausend Möglichkeiten die eine richtige zu finden.*

*Man muß sie lieben diese Menschen, die soviel Liebe in sich haben, und mit wissender Schmerzlichkeit ihre Irrwege gehen. Und mit traurigem Lächeln sieht man diese Neunmalklugen mit sehenden Augen an Erik, dem noch unkomplizierten »Männchen«, dem einfach daseienden schönen Nichtstuer, scheitern.*

*Lieben muß man vor allem den Dichter dieser Menschen, der seine Gestalten so beseelt und leidvoll durch dies erregende Stück sendet und sie nicht – wie die meisten Propheten von heute – mitten im Schlamassel sitzen läßt, sondern mit hilfreicher Hand zur Klarheit führt.*

*Und das ist das Wesentliche an diesem Klaus Mann: Er ist nicht nur ein Schilderer der neuen Jugend, er ist vielleicht berufen ihr Wegweiser zu werden.*

**Tätoversan** (D. R. P.) entfernt unter Garantie die ältesten und tiefsten **Tätowierungen**
Warzen, Muttermale usw. ohne Ausschneiden noch Hautschaden. Packung frei Nachnahme mit Garantieschein 7,60 RM.

**Schönheitsfehler** machen häßlich! Wir helfen Ihnen!
Lassen Sie sich sofort unseren neuesten Prospekt gratis kommen.

Fordern Sie kostenlos Prospekt über unsere anderen für die Schönheits- und Gesundheitspflege unbedingt notwendigen Artikel

**ROMA-MANUFAKTUR, BERLIN SO 16 HF**

– 16 –

„Eine der stärksten Hoffnungen der neuen Jugend." **Stefan Zweig**

„Es spricht nicht der Sohn eines berühmten Mannes, dem man mit einer Mischung von Protektion und Überkritik zu nahen sich veranlaßt sehen möchte. Es spricht vielmehr sein Blut, sein Bruder im Geiste." **Max Brod**

„Im Verlauf ganz weniger Jahre ist das Talent Klaus Manns erstaunlich reifer und reicher geworden. Heute hat er bereits den festen Griff des wahren Gestalters, er zwingt und erschüttert auch diejenigen, denen die Welt seiner Dichtung, ihr Stoffliches, zunächst fremd und speziell erscheint. Zwanzig Jahre alt ist er jetzt. Er wird hoch hinaufgelangen." **Bruno Frank**

„Ein Dichter der durch die Reinheit seiner Empfindung und seines Fühlens ans Herz greift." **Berliner Börsen-Zeitung**

„Ein Eigener, ein Künstler, er braucht sich nicht zu scheuen mit seinem Namen." **Kölner Tageblatt**

**So urteilt maßgebende Kritik**

**über**

**KLAUS MANN**

**den typischen Vertreter der jüngsten Generation**

**EIN NEUES BUCH VON KLAUS MANN**

„Wir haben uns vor denen nicht zu verteidigen, die gehässig sind und uns übelwollen. An ihnen ist nichts mehr gelegen, obgleich sie so sehr in der Überzahl sind. Nichts auf der Welt könnte unwichtiger für uns sein, als die „zahlreichen Vorwürfe" abzuwehren oder sie gar zu widerlegen. Aber die, die mitzudenken, mitzufühlen willens sind, dürfen wir bitten, Nachsicht zu haben mit unserer Bemühung, die sich immer bewußt ist, kein Werk sein zu können, weil die Klarheit, nach der sie so tastet, nie ganz voll erschaut und nie ganz gestaltet ist."

*Aus dem Vorwort zum Frommen Tanz*

**GEBRÜDER ENOCH VERLAG / HAMBURG I**

Aus einem Prospekt des Gebrüder Enoch Verlags, Hamburg

In Dichterpose: Klaus Mann (rechts); mit seiner Schwester Erika und Pamela Wedekind in Hamburg, 1925

Auch der Romanist Victor Klemperer hat in seinem Tagebuch einen Auftritt des jungen Klaus Mann beschrieben. Unter dem Datum des 12. November 1925 notierte der Dresdener Gelehrte: «Am Montag Abend *Klaus Mann*. Es regnete so, daß ich allein hinfuhr. Eine Maecenatin, eine üppige Villa, ein Hausherr, der in Eisen macht u. das Geld verdient. Er war es wohl, der mir im Hausflur sagte: ich müßte stehen, es sei kein Platz mehr. Ich stellte mich vor, er bat um Entschuldigung, ließ einen Lehnstuhl in die vorderste Reihe rücken. Ein Saal. Wohl 100 Menschen, auch etliche in anstoßenden Zimmern. [...] Blutjunger blonder hübscher Mensch, der gut u. nicht affectiert liest. Er ist eben als Schauspieler u. Dramatiker vorgetreten, sein Bild war in der Ill. Ztg. Herzlichst unbedeutend. Legende von Kaspar Hauser. Verschwommen abgegriffen symbolistisch. Der Fremde u. Sehnsüchtige dem Leben gegenüber. Dann ein ‹Fragment› Bekenntnisse, Ideen, Kritiken. Nichts Originelles, aber mir sehr interessant. Der Junge, etwa 20 Jahre, spricht für die Jugend. Wir sind gar nicht revolutionär. Krieg u. Politik interessieren uns nicht – Breitensträter, der Boxer, der 16 000 Zuschauer hat, ist unser Feind. Wir sind auch keine Expressionisten mehr. Stille, ‹Anmut› (das war das Stichwort), neue Klassik auf Novalis aufgebaut.» (Klemperer 1996, S. 162)

# Problematisches Glück

Thomas und Klaus Mann im Sommer 1925, fotografiert von Ida Herz im Garten des Hauses in der Poschingerstraße

**Daß er als Sohn** eines berühmten Vaters die literarische Bühne betrat, hat die Karriere Klaus Manns zweifellos befördert – und zugleich überschattet. 1925 bekannte er in einem Artikel zum 50. Geburtstag Thomas Manns, es sei ein «problematisches Glück», als Sohn dieses Vaters leben und schaffen zu müssen (Eltern, S. 50).

In vieler Hinsicht lebte er von früh auf einen radikalen Gegenentwurf zur Existenz des eigenen Vaters – und doch war ihm, wie er in der ersten Autobiographie betonte, «am Beifall keines Menschen wie an seinem gelegen» (KdZ, S. 180).

In «Kind dieser Zeit» hat Klaus Mann selbst einige der Antithesen aufgelistet, die ihn Mitte der zwanziger Jahre bewegten. Während Thomas Mann den «Zauberberg» vollendete, versuchte der Sohn, sich «klar zu werden, was ich jemals gegen den geschlossenen Block dieser Geistesleistung würde zu stellen haben. Deshalb liebte ich es, das Katholische vor dem Protestantischen zu betonen; das Pathetische vor dem Ironischen; das Plastische vor dem Musikalischen; die ‹Vergottung des Leibes› vor der ‹Sympathie mit dem Abgrund› (das heißt den Eros als Prinzip des Lebens, der Gestalt gegen den Eros als Verführer zum Nichts; den ‹Siebenten Ring› gegen den ‹Tod in Venedig›). Das Extravagante, Exzentrische, Anrüchige gegen das maßvoll Gehaltene; das irrational Trunkene gegen das von der Vernunft Gebändigte und Beherrschte.» (KdZ, S. 179 f.)

Die äußeren Gegensätze, die Vater und Sohn verkörperten, waren in der Tat denkbar kraß. Während Thomas Mann die eigenen Neigungen zur Homosexualität unterdrückte und ein bürgerliches Familienleben führte, machte Klaus Mann aus seiner Veranlagung zur gleichgeschlechtlichen Liebe keinerlei Geheimnis – weder in seinen Werken noch im Alltagsleben. Und während Thomas Mann in seiner Münchner Villa mit eiserner Disziplin Weltliteratur produzierte, nach einem genau geregelten Tagesplan, wählte der älteste Sohn eine ruhelose Existenz, die ihn von Ort zu Ort trieb. Nachdem er das Elternhaus verlassen hatte, bezog er niemals mehr für längere Zeit eine eigene Wohnung: in Hotelzimmern und Pensionen, bei Freunden gastierte Klaus Mann sein Leben lang.

Allerdings kehrte er, noch in den Jahren des Exils, immer wieder für Wochen und Monate zurück ins Haus von Thomas und Katia Mann. Er genierte sich auch nicht, regelmäßige Geldzahlungen von den Eltern anzunehmen, um den eigenen aufwendigen Lebensstil finanzieren zu können. Das Verhältnis zu seinem Vater war schwierig, aber keineswegs eindeutig negativ – es blieb ein Leben lang von starken Ambivalenzen geprägt.

Sommerferien auf Hiddensee, 1924: Klaus, Erika, Katia, Michael, Monika, Elisabeth und Thomas Mann (v. l. n. r.)

Hiddensee, 1924: Katia, Monika, Michael, Elisabeth, Thomas, Klaus und Erika Mann

Im Garten der «Poschi», 1925: Thomas Mann, vor ihm Elisabeth und Michael, neben ihm Monika, Klaus, Erika und Katia Mann

Thomas, Erika, Monika, Klaus und Katia Mann, 1925

Klaus Mann ließ sich gern und häufig fotografieren; und er war sich durchaus bewußt, daß er attraktiv aussah. Doch gibt es nicht viele Aufnahmen, die ihn zusammen mit seinem Vater zeigen – und meist wirkt er auf diesen Fotos ausgesprochen verkrampft. Auf Familienbildern aus den zwanziger Jahren ist Klaus Mann nur selten neben dem Vater plaziert, und sein Gesichtsausdruck und seine Körperhaltung auf diesen Fotos wirken oft angespannt.

# Unordnung und frühes Leid

„Du weißt doch, Papa, Genies haben niemals geniale Söhne, also bist du kein Genie."

Thomas Mann

Der Zauberberg

Roman

Erster Band

1924

S. Fischer / Verlag / Berlin

Dem geschätzten Kollegen
sein hoffnungsvoller Vater.
Weihnacht 1924

**Klaus Mann war der** lautstarke Rummel um seine Person und seine ersten Werke «als Reklame willkommen» (WP, S. 165) – der Vater dagegen reagierte mit gemischten Gefühlen auf die Ambitionen des Sohnes. Das Drama «Anja und Esther» verurteilte er in einem Brief an Ernst Bertram als «unbeschreiblich gebrechliches und korruptes Stückchen» und versicherte, in die Premiere brächten ihn «keine zehn Pferde» (TM 1960, S. 135). Als allerdings vor einer Wiener Aufführung das Gerücht umging, er weigere sich, das Stück überhaupt zu lesen, dementierte Thomas Mann öffentlich mit der Erklärung: «Ich bin kein Stiftsfräulein.» (Töteberg 1989, S. 420)

Mit welch skeptischer Distanz er die Eskapaden des Sohnes beobachtete, verriet deutlicher als alle Briefe eine Novelle, die Thomas Mann 1925 veröffentlichte: «Unordnung und frühes Leid». Darin entwarf er das Bild einer Familie, die der eigenen stark ähnelte – und Züge Klaus Manns waren unschwer wiederzuerkennen in der Gestalt des siebzehnjährigen Bert, von dem es heißt, daß er «sich so bald wie möglich ins Leben zu werfen wünscht und entweder Tänzer oder Kabarett-Rezitator oder aber Kellner werden will». Dessen Vater sinniert über seinen Sohn, den «armen Bert, der nichts weiß und nichts kann und nur daran denkt, den Hanswursten zu spielen, obgleich er gewiß nicht einmal dazu Talent hat!» (TM 1981, S. 146, 171)

Das waren starke Worte, auch wenn sie durch einen ironischen Kontext in der Erzählung relativiert werden. In einem Brief an seine Schwester Erika beklagte sich Klaus Mann bitter über das «Novellenverbrechen» des Vaters, das ihm sehr schade (Kroll 1977, S. 122).

Er revanchierte sich auf seine Weise: 1926 veröffentlichte Klaus Mann die Erzählung «Kindernovelle». Darin zeichnete er seinerseits ein literarisches Bild der eigenen Kindheit – und in dieser Fiktion ist der Vater gestorben, nur seine Totenmaske hängt über dem Bett der Mutter. Die Witwe verliebt sich in einen jungen Mann namens Till, der sich mit ihren Kindern aufs engste befreundet, ihre Spiele kennt und mitmacht – ein wahrer «Herzog der Kinder». Eine Vaterfigur wie dieser Till war unverkennbar ein Wunschbild Klaus Manns.

**Oben links: Karikatur von Th. Th. Heine im «Simplicissimus», 9. November 1925: «Du weißt doch, Papa, Genies haben niemals geniale Söhne, also bist du kein Genie.»**

**Oben rechts: Ironische Widmung Thomas Manns für seinen Sohn Klaus im Roman «Der Zauberberg»: «Dem geschätzten Kollegen / sein hoffnungsvoller Vater»**

Erste Buchausgabe, 1926

Schutzumschlag der Erstausgabe, 1926

Wenn Vater und Sohn sich in Aufsätzen und Interviews übereinander äußerten, gingen sie meist freundlich miteinander um. In der Zeitschrift «Uhu» veröffentlichte Klaus Mann im August 1926 seinen Aufsatz «Die neuen Eltern», in dem er ein erstaunliches Bekenntnis zur älteren Generation ablegte und sich vom aggressiv-revolutionären Elternhaß der Expressionisten deutlich abgrenzte. Thomas Mann erklärte im selben Heft des «Uhu», daß ihm der Immoralismus vieler junger Menschen zwar bedenklich erscheine – aber als Vater könne er nicht mehr tun, als auf seine Vorbildwirkung zu vertrauen: «Ich meine, das Elternhaus wird nie einen positiv belehrenden, sondern nur einen – atmosphärischen Einfluß auf die Kinder haben können.»

Bertolt Brecht nahm die Veröffentlichung im «Uhu» zum Anlaß für eine böse Polemik gegen Klaus und Thomas Mann. Er lasse «auf dieses gelungene Paar nichts kommen», erklärte er sarkastisch und kanzelte Klaus Mann öffentlich ab als «Nachgeburt von Feuilletonschlieferln» – als einen «Knaben», der nicht wirklich zur jungen Generation, sondern eher zu den «Mumien» zu zählen sei (Brecht 1967, S. 41 f.).

Die neuen Eltern

Von Klaus Mann

Die neuen Kinder

Ein Gespräch mit Thomas Mann

*Es sind wenige Jahre her, da die junge Generation, die „Söhne von heute“, begeistert Beifall klatschte, wenn auf der Bühne Vatermord aus Weltanschauung verübt wurde. Die „Väter“ schienen die Ursache aller Übel zu sein, unter denen die junge Generation litt. Ohne jedes Zutun der am Leben gebliebenen Väter scheinen die Söhne abzurüsten. Wie man aus der Unterhaltung zwischen Thomas und Klaus Mann, zwischen Vater und Sohn, ersehen kann, kommt die junge Generation, als deren typischer Vertreter der Sohn des Dichters vom „Zauberberg“ gelten darf, der älteren mehr als auf halbem Wege entgegen, während Thomas Mann als Vater sieht, welche schweren Schicksale dieser jungen Generation noch harren.*

Phot. Atlantic

Klaus Mann, der Sohn des Dichters Thomas Mann

Phot. Transozean

Thomas Mann, der in einem Gespräch mit unserem Mitarbeiter zu dem Aufsatz seines Sohnes Stellung nimmt.

I.

Die neuen Eltern

*Von Klaus Mann*

Die Grundgefühle gegen die Eltern können herkömmlicherweise von zweierlei Natur sein: dankbar entweder, ergeben, ehrfürchtig und gehorsam — oder, im Gegenteil dazu, aufsässig, kampfeslustig, zur leidenschaftlichen Kritik unerbittlich bereit, mit neuen Idealen groß auftrumpfend, hochgemut weiterdrängend zu fernen, den Eltern womöglich verächtlichen Zielen.

4

Das „brave Kind“ sitzt lammfromm daheim, will nicht wissen, was sich draußen ereignet, studiert, großer Artigkeit voll, das nützliche Fach, das die Vernunft des Vaters bestimmte — das „revolutionäre Kind“ ist zu krassen Ausbrüchen geneigt, hat große Worte und ruft den Eltern „Altes Gerümpel!“ zu — und: „Unnützes Zeug! Wir sind dran! Mit euch in die Ecke!!“ Das „revolutionäre Kind“ abenteuert auf den Wegen, die ihm am allerverbotensten vorkommen, es tut prinzipiell nur, was die Eltern für recht absurd und abstoßend halten.

Sein Pathos kann gut und fruchtbar sein. Wenn seine Stunde kommt, bildet es eine Macht — sie sammeln sich alle, sie proklamieren gewaltig ihr Recht, das Klirren ihrer Worte beherrscht dann die Zeit und ihre Literatur. Zwischen 1918 und 1921 etwa war eine Zeit, die groß

5

Aus der Berliner Zeitschrift «Uhu», August 1926

# Doppeltes Recht

Thomas Manns 50. Geburtstag, 6. Juni 1925: ganz vorn Katia Mann, dahinter (v. l. n. r.): Arthur Eloesser, Heinrich Manns Frau Mimi, Thomas Mann, Golo, Erika, Monika, Heinrich Mann, Klaus, daneben Kindermädchen Gertraud von Boeck

**Während Klaus Manns** Verhältnis zum Vater zeitlebens problematisch blieb, hat der Sohn sich über seine Mutter Katia stets nur höchst positiv geäußert – in Briefen und Tagebuchaufzeichnungen ebenso wie in veröffentlichten Texten. Sie war, auch nach dem Zeugnis ihrer anderen Kinder, der emotionale Mittelpunkt der Familie.

Im «Wendepunkt» hat Klaus Mann das oft turbulente Leben in der «Poschi» und die besondere Rolle Katia Manns ausführlich beschrieben: «Manchmal glich unser Haus einem zwanglosen Hotel auf dem Lande oder dem Hauptquartier einer munteren Verschwörerbande. Es tat sich was an Intrigen, Flirts, Diskussionen, hysterischen Ausbrüchen, künstlerischen Darbietungen, nächtlichen Gelagen. […] In der allgemeinen Konfusion gab es nur einen Menschen, der die mannigfachen Dramen und Interessen der verschiedenen Hausbewohner und Gäste in ihrer Gesamtheit überschaute: meine Mutter. Sie schien die einfachsten Dinge zu vergessen oder durcheinanderzubringen, hatte in Wirklichkeit aber das organisatorische Genie, das nicht aus dem Kopf kommt, sondern aus dem Herzen. Während ihr Hauptinteresse stets dem Wohlergehen und Werk des Vaters galt, brachte sie es doch fertig, sich auch unserer Affären hilfreich anzunehmen und den Freunden mit herzlicher Sympathie und klugem Rate beizustehen. Mielein wußte ebenso genau Bescheid über ‹Reisis› (Hans Reisigers) Geldsorgen und emotionelle Konflikte wie über ‹Bibis› (Michaels) Violinstunden und Golos philosophische Spekulationen. Sie war vertraut mit Rickis Seelennöten […] und mit den Schwierigkeiten von Erikas neuer Rolle; W. E. Süskind kam zu ihr, wenn ihm zu seinem neuen Roman kein passender Titel einfallen wollte, und ich kam zu ihr, um mich über die Kritiker zu beklagen oder um mir hundert Mark zu pumpen oder einfach, um mein Herz auszuschütten. Das ganze Haus kam zu ihr – jeder mit seinen Sorgen, Hoffnungen und Beschwerden.» (WP, S. 175)

Klaus Mann mit seiner
Mutter, um 1926

*Sie ist sehr klug, ohne eine «intellektuelle» Frau zu sein. Das gehört zu den Dingen, die nur sie fertigbringt.*
*Als ich acht Jahre alt war, wäre ich fast gestorben. Ich hatte eine grausige Kombination von Krankheiten – eitrige Blinddarmentzündung, Bauchfellentzündung, Gedärmeverschlingung, was weiß ich – und soll wie ein höchst armseliges Holzpüppchen ausgesehen haben. Sie pflegte mich mit einer Aufopferung – aber so etwas wollte ich ja nicht erzählen. Als Sechzigjähriger will ich mich dessen erinnern, dann werde ich unbefangener danken können. Ich wollte nur erzählen, mit welch zarter List sie mir das Leben gerettet hat. In einer Nacht, als alle Ärzte hoffnungslose Gesichter machten, kam sie auf den Einfall, mich von Kopf bis Fuß mit Eau de Cologne einzureiben. Kein Doktor fand das vernünftig, da aber doch alles schon gleich war, wagte niemand, es zu verbieten. Sie rieb mich fest ab: es erfrischte den Organismus, der nicht mehr arbeiten wollte. Er überwand seine Krise. So hat sie eigentlich doppeltes Recht auf mein Leben.*
*Der Gebrauch, den sie von diesem Recht macht, besteht darin, daß sie weiter hilft, wenn es nottut (es tut manchmal not), im übrigen allem den Gang läßt, den es nehmen will. Es war nicht immer ein einleuchtender Gang. Aber solange s i e zuschaut, wird es sich niemals hoffnungslos verwirren.*
(KM, Das Bild der Mutter. Veröffentlicht 1930, zit. nach: Eltern, S. 323f.)

## «... auf dem andren Sterne»

Klaus und Erika Mann, Mitte der zwanziger Jahre

**Zwei Frauen** spielten in Klaus Manns Leben eine herausragende Rolle: die Mutter Mielein und die Schwester Erika. Mit Erika war er seit frühesten Kindertagen aufs engste verbunden; sie blieb für ihn bis zu seinem Tod in vielen Fragen die wichtigste Vertraute; und es ist wohl kaum übertrieben, die Beziehung Klaus Manns zur ein Jahr älteren Schwester als die innigste Liebe seines Lebens zu bezeichnen. «Sie mußte sein, wo ich war, sonst wäre der Ort eine Fremde gewesen», schrieb der Bruder in seiner ersten Autobiographie (KdZ, S. 155), und im «Wendepunkt» steht das frappierende Bekenntnis: «In meinem Leben hat wohl nur das, woran sie Anteil nimmt, so recht eigentlich Bestand und Wirklichkeit.» (S. 308)

Auf die Frage, ob Klaus und Erika jemals ein inzestuöses Verhältnis miteinander hatten, geben die bisher bekannten Dokumente keine eindeutige Antwort. Manches spricht jedoch dafür, daß es keine sexuelle Beziehung zwischen ihnen gab, sondern nur eine außergewöhnlich enge emotionale und geistige Verbundenheit.

Im Tagebuch Klaus Manns findet sich Anfang 1933 die vielsagende Eintragung, nachdem ihn ein männlicher Geliebter enttäuscht hat: «Wieder die Stimmung nahe an Trauer; dies Leben, das eigentlich nur mit E[rika] zu teilen wäre; uns nicht beschieden.» (Tb 1, S. 111 f.) Im Jahr darauf notierte der Bruder Fragmente eines Gedichts unter dem Titel «E», in dem es heißt: «Wie im Spiegel erkenn ich / Mein eignes Gesicht – / Reiner benenn ich / Weiss ich es nicht.» In einer anderen Zeile des Gedichts schrieb er sehnsuchtsvoll: «Berühre ich dich auf dem andren Sterne.» (KM, Fluch und Segen, Schriesheim 1997, S. 42)

Klaus und Erika Mann. Diese Fotoserie entstand vermutlich auf der Insel Hiddensee, 1924

Mitte der zwanziger Jahre reisten und arbeiteten beide zusammen, sooft es ging. Sie standen gemeinsam auf der Bühne in den ersten Stücken Klaus Manns; Erika las und begutachtete fast alle Texte ihres Bruders; und auch viele Freunde und Bekannte teilten sie miteinander. In den Briefen, die sie einander schrieben (und von denen bisher nur wenige publiziert sind), spiegelt sich eine höchst besondere Geschwisterliebe – mit einer Vertrautheit, die voller Anspielungen steckt; für Dritte ist dieser Briefwechsel daher nur schwer dechiffrierbar.

In seinen literarischen Werken hat Klaus Mann später vielen weiblichen Figuren einzelne Züge seiner älteren Schwester verliehen: der Schauspielerin Sonja zum Beispiel in «Treffpunkt im Unendlichen»; der zeitweiligen Intendantengattin Barbara im «Mephisto»; auch der Vortragskünstlerin Marion von Kammer im Emigranten-Epos «Der Vulkan». Durchweg waren dies starke, emanzipierte Frauengestalten, die ihren ganz eigenen Weg gehen – und dabei doch zugleich anderen Menschen einen Rückhalt geben, so wie es Erika über weite Strecken seines Lebens für ihren Bruder Klaus tat.

## «Revue zu Vieren»

Regiebuch für «Revue zu Vieren» mit handschriftlichen Eintragungen von Gustaf Gründgens

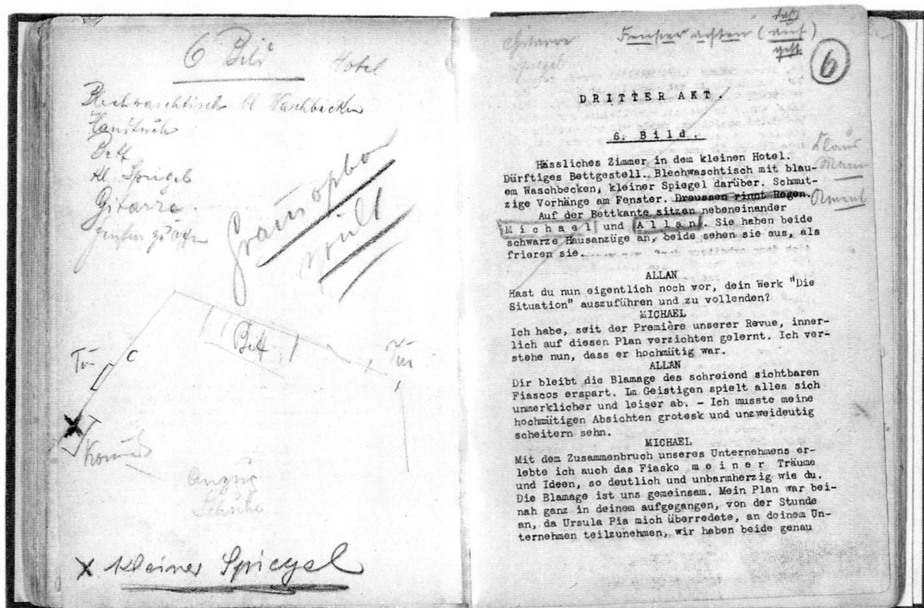

DRITTER AKT.

6. Bild.

Hässliches Zimmer in dem kleinen Hotel. Dürftiges Bettgestell. Blechwaschtisch mit blauem Waschbecken, kleiner Spiegel darüber. Schmutzige Vorhänge am Fenster. Draussen rinnt Regen. Auf der Bettkante sitzen nebeneinander M i c h a e l und A l l a n. Sie haben beide schwarze Hausanzüge an, beide sehen sie aus, als frieren sie.

ALLAN
Hast du nun eigentlich noch vor, dein Werk "Die Situation" auszuführen und zu vollenden?

MICHAEL
Ich habe, seit der Première unserer Revue, innerlich auf diesen Plan verzichten gelernt. Ich verstehe nun, dass er hochmütig war.

ALLAN
Dir bleibt die Blamage des schreiend sichtbaren Fiascos erspart. Im Geistigen spielt alles sich unmerklicher und leiser ab. – Ich musste meine hochmütigen Absichten grotesk und unzweideutig scheitern sehn.

MICHAEL
Mit dem Zusammenbruch unseres Unternehmens erlebte ich auch das Fiasko m e i n e r Träume und Ideen, so deutlich und unbarmherzig wie du. Die Blamage ist uns gemeinsam. Mein Plan war beinah ganz in deinem aufgegangen, von der Stunde an, da Ursula Pia mich überredete, an deinem Unternehmen teilzunehmen, wir haben beide genau

**Am 21. April 1927** wurde in Leipzig Klaus Manns zweites Theaterstück uraufgeführt. Es trug den programmatischen Titel «Revue zu Vieren», und wieder spielten Klaus und Erika Mann, Pamela Wedekind und Gustaf Gründgens die Hauptrollen. Gründgens zeichnete auch für die Regie verantwortlich; die Kostüme hatte Thea Sternheim entworfen, eine Tochter des Dramatikers Carl Sternheim; und von Klaus Pringsheim, Katia Manns Zwillingsbruder, stammte die Bühnenmusik.

Der Dramentext enthielt eine unverblümte Selbstdarstellung. Vier exzentrische junge Leute wollen in einer «kolossalen Revue» alle geistigen Strömungen ihrer Generation sammeln und gestalten – und die europäische Jugend soll sich, von diesem «riesenhaften Fest» inspiriert, neu besinnen und zusammenfinden. Doch die hochfliegenden Pläne von Allan und Renate, Michael und Ursula Pia scheitern an Eifersüchteleien und Intrigen; die selbsternannten Führer der Jugend müssen schließlich vor ihren aufgebrachten Zuschauern fliehen. Das letzte Bild des Stückes zeigt die vier Protagonisten in einem Nobelhotel, in dem sie sich – als vornehme Herrschaften getarnt – vorübergehend verbergen.

«Es handelt sich um einen literarischen Sketch, geschrieben für bestimmte Schauspieler, und damit man auf Reisen gehen könne mit ihm», hat Klaus Mann über «Revue zu Vieren» geschrieben (Eltern, S. 129). Doch das Stück war ein eklatanter Mißerfolg. Zwar gastierte man in Berlin und München, Dresden, Hamburg und sogar in Kopenhagen – aber oft waren die Vorstellungen «ein Kampf mit dem Publikum» (WP, S. 171), und die Kritiker reagierten mit gnadenlosen Verrissen.

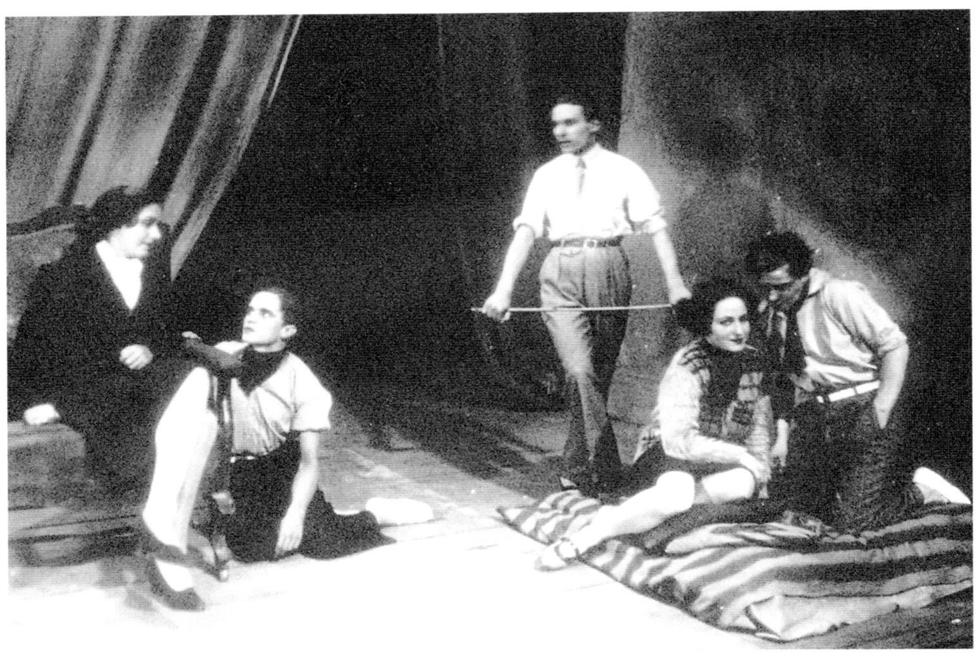

Uraufführung von «Revue zu Vieren» im Alten Theater Leipzig, mit Erika Mann (links), Klaus Mann (Mitte, mit Peitsche) und Pamela Wedekind (2. von rechts)

«Revue zu Vieren», 1927: in der Mitte Gustaf Gründgens; rechts Klaus und Erika Mann

Gastspiel in Berlin, 1927: Pamela Wedekind, Klaus und Erika Mann

«Kindertheater» überschrieb Herbert Jhering seine Besprechung und stellte fest, daß der Autor in diesem Stück «peinlich, geschwätzig und glatt Zeitschlagworte umkost»; zugleich fällte er lakonisch das Urteil: «Gustaf Gründgens ist ein grober, undifferenzierter Schauspieler.» (Kroll 1977, S. 166f.) Auch Erich Mühsam fand harte Worte, als er das Stück rezensierte: «Es geht nicht um den individuellen Fall Klaus Mann, es geht um den typischen Fall einer Sorte von Zwanzigjährigen, die nicht die Jugend repräsentieren, sondern das stagnierende Greisentum, das als klebriges Rudiment erledigter kultureller Ansätze mit unnützer Indolenz in die gärende, flutende, grundstürzende Gegenwart hineinschnarcht.» (Töteberg 1989, S. 425) Ein anderer Kritiker kanzelte das Stück als epigonal ab und bemerkte bissig, es bezeichne «ungefähr den Übergang vom Wedekindlichen zum Wedekindischen» («Hamburger Nachrichten», 26. April 1927). Kurt Pinthus befand, nun sollten die «Dichterkinder» erst einmal von der Bühne abtreten.

# Das Jüngste Deutschland

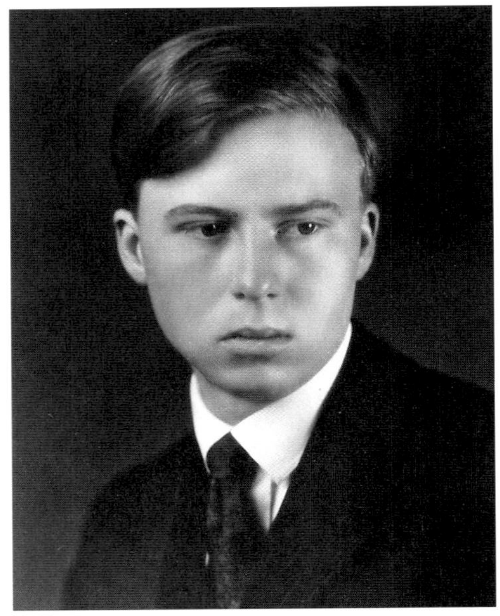

Willi Fehse

Rechts außen: Wolfgang Graeser

**Die Heftigkeit, mit der** «Revue zu Vieren» verrissen wurde, erklärt sich nicht allein durch die literarische Schwäche des Stükkes (die der Autor selbst später unumwunden eingestand). Was viele Kritiker verärgerte, war der Gestus, mit dem Klaus Mann sich und seine Werke der Öffentlichkeit präsentierte. Er beanspruchte, für eine ganze Generation zu sprechen, obwohl doch die eigene Botschaft vornehmlich das Eingeständnis großer Ratlosigkeit war – dieses Paradoxon erregte die Gemüter.

Allerdings gab es nicht nur kritische Stimmen, sondern auch begeisterte Mitstreiter. Eine festumrissene literarische Gruppe war es nicht, zu der Klaus Mann zählte – aber doch ein Kreis junger Autoren, die sich weltanschaulich verbunden fühlten und einander gegenseitig mit Kritiken und Empfehlungen halfen. Willi Fehse gehörte dazu (mit dem Klaus Mann 1927 eine «Anthologie jüngster Lyrik» herausgab), Herbert Schlüter, Wolfgang Hellmert, Erich Ebermayer, W. E. Süskind, Joachim Maaß; und Wolfgang Graeser, dessen Buch «Körpersinn» Klaus Mann begeistert rezensierte – er stellte es neben, ja über Oswald Spenglers Abhandlung vom «Untergang des Abendlandes».

«Die neue ‹Körperlichkeit› ist das einzige große Phänomen, das dieser jungen Generation gemeinsam ist», behauptete Klaus Mann in seiner Rezension von Graesers Buch. Die neue Jugend sei «geistig unverbunden, zwiespältig, richtungslos», ihr Teil «ist Wirrnis» – «aber das Körpererlebnis geht von ihrem rechten bis zu ihrem linken Flügel [...]. Wir dürfen es das entscheidende Erlebnis dieser Nachkriegsjugend nennen.» (Eltern, S. 187)

Als im August 1927 in Magdeburg eine neue Zeitschrift unter dem Titel «Jüngste Dichtung» zu erscheinen begann, schrieb Klaus Mann an Willi Fehse: «Vom ersten Heft unserer Zeitschrift hatte ich einen sehr starken und guten Eindruck.» Und er fügte hinzu: «Aber vor allem spüre ich hier den Atem einer geistigen *Gemeinschaft*, das ist das Schönste. Haben wir auch noch nicht die Gemeinschaft des *Besitzes*, die Gemeinschaft des *Suchens* ist uns gegeben.» (Kroll 1977, S. 176 f.)

Willy Haas

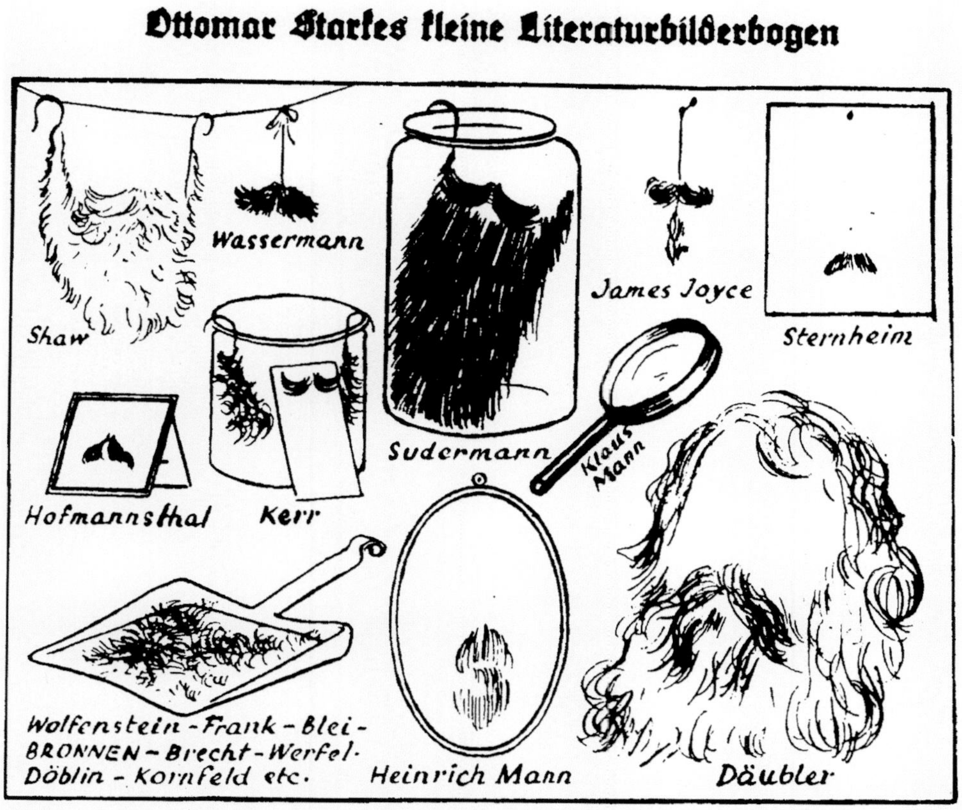


Berühmte Bärte lebender Schriftsteller

Rechts: Ottomar Starke gab seinem Literaturbilderbogen, der am 19. Oktober 1928 in der «Literarischen Welt» erschien, den Titel «Berühmte Bärte lebender Schriftsteller». Der Kommentar des Zeichners zum Thema Klaus Mann war unmißverständlich …

Scherzhaft posierend: Wolfgang Hellmert, René König, Wolf Rodig, Herbert Schlüter und Heinz-Hermann Sonnenschein (v. l. n. r.), um 1927

Axel Eggebrecht. Zeichnung von Benedikt F. Dolbin

Gegen die Ansprüche der jungen Autoren, ihre Generation zu repräsentieren, erhob sich heftiger Widerspruch. Axel Eggebrecht zum Beispiel rezensierte die Zeitschrift «Jüngste Dichtung» und kanzelte Klaus Mann und dessen Freunde ab als «gesicherte, in spielerischer Scheinproblematik verlorene Knaben», als «ahnungslose, snobistische, kindische junge Leute», deren «Überbetonung somatischer und sexueller Komplexe» aus einer «Scheu vor Klarheit, Verantwortung, vor Einsicht» entstanden sei. Diese «Pseudojugend» möge sich bitte weniger geschäftig der Öffentlichkeit aufdrängen, solange sie kein anderes Programm habe, als von der eigenen «Verwirrung» und «Ohnmacht» zu künden («Die Literarische Welt», 26. August und 16. September 1927).

Der Schriftsteller Willy Haas vertrat in einem Gespräch mit Heinrich Mann eine ähnlich kritische Position. «Mich erschrecken vor allem die Zwanzigjährigen mit ihrer furchtbaren Indifferenz», betonte Haas und erläuterte: «Wir, die wir den Krieg im Schützengraben mitgemacht haben, sind tief erbittert darüber, daß unter unseren jüngeren Kameraden alles wieder so wird wie vor 1914: Artistik, luxuriöse und komplizierte erotische Psychologie […] und gar kein Blick für die bewegenden Kräfte unserer Zeit.» («Die Literarische Welt», 4. November 1927)

Das krasseste Verdikt formulierte Kurt Tucholsky in der «Weltbühne»: Von Klaus Mann, der «von Beruf jung ist», solle in einer ernsthaften Buchkritik gewiß «nicht die Rede sein», urteilte ‹Tucho› am 21. Februar 1928 in einer seiner vielgelesenen Literaturglossen «Auf dem Nachttisch».

# Heute und Morgen

**Im ersten Heft** der Zeitschrift «Jüngste Dichtung» wurden Auszüge aus einem längeren Essay Klaus Manns vorabgedruckt, der noch im Jahre 1927 als Buch erschien: «Heute und Morgen. Zur Situation des jungen geistigen Europas». Diese Abhandlung war, wie der Autor später selbstkritisch zugab, ein gewagter Rundblick über fast alle wichtigen Themen der Zeit – über «Gott, Leben und Literatur, die marxistischen Dogmen, die Rätsel des Geschlechts, Stefan George, Demokratie» und manches andere Problem (WP, S. 171). Weltanschaulich war die kleine Schrift ein buntes Amalgam angelesener Überzeugungen. Klaus Mann versuchte, verschiedenste Positionen miteinander zu verknüpfen: Heinrich Manns republikanisches Programm einer «Diktatur der Vernunft», Richard Graf Coudenhove-Kalergis Paneuropa-Konzept (das scharf gegen die Sowjetunion gerichtet war) und Ernst Blochs sozialistische Vorstellungen vom «Geist der Utopie».

Bei allem Eklektizismus dokumentierte der Essay aber wichtige Veränderungen im Denken seines Autors: zunehmend gerieten soziale und politische Fragen ins Blickfeld Klaus Manns; und nachdrücklicher denn je bekannte er sich zu übernationalen Positionen. «Wir sind Europäer» – dies war der Kernsatz des kleinen Buches, das ein engagiertes Plädoyer für Verständigungs- und Friedenspolitik enthielt.

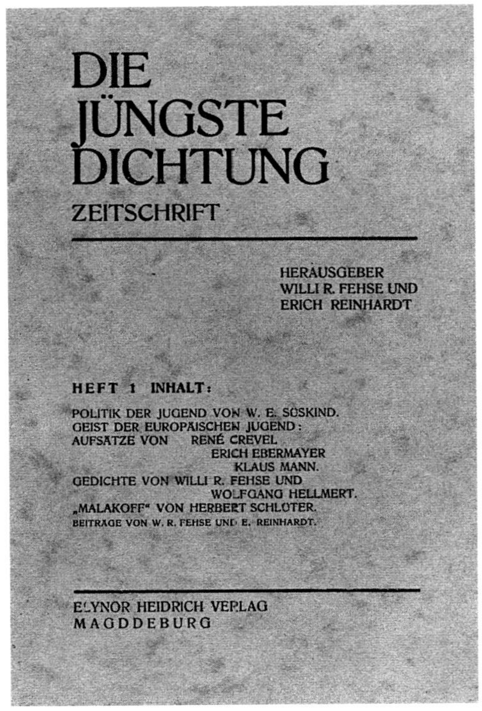

DIE JÜNGSTE DICHTUNG
ZEITSCHRIFT

HERAUSGEBER
WILLI R. FEHSE UND
ERICH REINHARDT

HEFT 1 INHALT:
POLITIK DER JUGEND VON W. E. SÜSKIND.
GEIST DER EUROPÄISCHEN JUGEND:
AUFSÄTZE VON RENÉ CREVEL
ERICH EBERMAYER
KLAUS MANN.
GEDICHTE VON WILLI R. FEHSE UND
WOLFGANG HELLMERT.
„MALAKOFF" VON HERBERT SCHLÜTER.
BEITRÄGE VON W. R. FEHSE UND E. REINHARDT.

ELYNOR HEIDRICH VERLAG
MAGDEBURG

Richard Coudenhove-Kalergi

Heinrich Mann

Ernst Bloch

Ein Bild aus glücklichen Tagen: Klaus Mann und Pamela Wedekind, gezeichnet von Thea («Mopsa») Sternheim. Das Bild hatte Klaus Mann noch im November 1928 in seinem Zimmer aufgehängt (BuA, S. 61).

Daß Klaus Mann weltoffen und kosmopolitisch dachte, war nicht zuletzt ein Ergebnis seiner Reisen, die ihn schon früh ins Ausland führten. Vor allem in Frankreich, das er 1925 zum ersten Mal besucht hatte, hielt er sich seither häufig auf – in Paris ebenso wie im Süden des Landes. Viele namhafte französische Künstler lernte er persönlich kennen, und er stellte dem deutschen Publikum ihre Werke vor. Jean Cocteau gehörte dazu, ein «Fanatiker der Form, des Scheins, des Ausdrucks, der Gebärde» (WP, S. 221); der junge Surrealist René Crevel, in den sich Klaus Mann heftig verliebte; das Dichterpaar Claire und Yvan Goll; Julien Green; Jean Giraudoux; und André Gide, den Klaus Mann 1927 in einem Brief als «erhabenes Beispiel» bezeichnete (BuA, S. 51) und den er lebenslang als großes Vorbild verehrte.

Den europäischen Kontinent verlassen hatte Klaus Mann erstmals im Frühjahr 1925, als er mit Hans Feist nach Nordafrika reiste. Im Sommer 1927 schmiedete er nun gemeinsam mit seiner Schwester Erika Pläne für eine Erkundung neuer Regionen: Nichts Geringeres als eine Weltreise nahmen sich die Geschwister vor.

Dabei spielte durchaus eine Rolle, daß Klaus Mann daran gelegen war, den Verrissen seiner Kritiker für eine Weile zu entkommen. Zudem hatte der Mißerfolg von «Revue zu Vieren» Folgen im privaten Bereich provoziert: von Gustaf Gründgens entfernten sich Klaus und Erika Mann zunehmend (Anfang 1929 wurde das Ehepaar Gründgens wieder geschieden); und auch zwischen Pamela Wedekind und den beiden ältesten Mann-Kindern gab es Anzeichen einer beginnenden Entfremdung. Der Plan zur Weltreise war in mancher Hinsicht eine forcierte Flucht nach vorn.

## Kapitel 3

# Rundherum

Abenteuer und Abgründe
(1927 – 1930)

*Ich war verantwortungslos; ich war oberflächlich. […] Ich hatte mir mein Sprüchlein recht säuberlich und überzeugend ausgearbeitet. Auf der einen Seite – so stellte ich gerne fest – haben wir die großen Mysterien des irdischen Daseins: Lust, Tod, Rausch, Einsamkeit, die unstillbaren Sehnsüchte, die schöpferischen Intuitionen … Auf der anderen Seite (und nun mußt du dein Gesicht in ernste Falten legen!) haben wir unsere sozial-politische Verantwortung – eine verdrießliche Sache, aber nun einmal nicht aus der Welt zu schaffen. Solange wir uns mit diesem öden Zeug beschäftigen (man kommt nicht immer darum herum), laßt uns also denn recht brav und nüchtern sein! Wenn das leidige soziale Pensum erledigt ist, werden wir uns wieder mit unseren Ekstasen amüsieren dürfen.*
Klaus Mann, Der Wendepunkt, S. 210f.

# In 280 Tagen um die Welt

**Die «Mann twins»: Werbefoto für die amerikanische Öffentlichkeit**

**Anfang Oktober 1927** brachen Erika und Klaus Mann zur gemeinsamen Weltreise auf. Über ein Dreivierteljahr lang fuhren sie durch die USA, von New York bis Hollywood, besuchten anschließend Hawaii, Japan, Korea und die Sowjetunion. Sie trafen Prominente wie Greta Garbo und Emil Jannings, ließen sich einladen und herumzeigen, bestaunten Sehenswürdigkeiten und weniger bekannte Attraktionen.

Noch während der Überfahrt nach Amerika hatten die Geschwister einen unverfrorenen Werbegag erdacht: Sie gaben sich kurzerhand als Zwillinge aus. Der Coup gelang. «Thomas Mann's Twin Children Arrive for America Tour», meldete zum Beispiel die Zeitung «The World» guten Glaubens am 21. Oktober 1927 und berichtete weiter, Klaus Mann sei «one of Germany's most promising authors» und werde in den USA Vorträge halten; Erika sei Schauspielerin, werde Lyrik-Lesungen veranstalten und versuchen «to break into the movies in Hollywood». Geschmückt war der Artikel mit einem Foto: es zeigte die Geschwister im Zwillingslook mit Ballonmützen, beide einen angebissenen Apfel in der Hand – das Symbol der verlorenen Unschuld ...

«Über unser ziemlich phantastisches Leben hat Erika, glaube ich, schon ein bißchen erzählt. Wir sausen so herum [...]. Der neuen Freunde sind natürlich ungezählte. Wir pendeln so zwischen Millionären, Strichjungen, Universitätsprofessoren, Literaten, kleinen Studenten, Filmschauspielern, Malern hin und her. Manchmal gibt es komische Zusammentreffen mit den reisenden Deutschen, mit Moissi oder mit Emil Ludwig.» In diesen launigen Worten berichtete Klaus Mann in einem Brief an Pamela Wedekind aus dem New Yorker Hotel Astor am 5. Februar 1928 über die große Reise. Der Tonfall des Schreibens entsprach recht genau der Stimmung, mit der die Geschwister unterwegs waren: naßforsch, abenteuerlustig und stets neugierig auf Menschen – vor allem auf Berühmtheiten. Immerhin waren sie selbstkritisch genug, den etwas leichtfertigen Charakter ihres Weltenbummler-Daseins zu bemerken und zuzugeben. «Aber wenn ich – im Frühling oder im Sommer – hoffentlich über China-Indien zurückkomme, will ich ganz seßhaft sein und etwas Schwerwiegendes arbeiten», beteuerte Klaus Mann im selben Brief (BuA, S. 54 f.).

Mitte Juli 1928 waren die Geschwister wieder zu Hause. Flugs machten sich die Rückkehrer daran, ihre Erlebnisse in einem Reisebericht aufzuschreiben. Bereits Anfang 1929 war das Buch fertig: «Rundherum» hieß der mit 35 Fotografien illustrierte Band, der im S. Fischer Verlag herauskam.

Klaus und Erika Mann.
Zeichnung von Eva Herrmann, New York 1928

Twin Geniuses Follow in Father's Footsteps

Erica and Klaus Mann.

Aus einer amerikanischen Zeitung, 27. Februar 1928

Cover der Erstausgabe bei S. Fischer, 1929

## Bilder einer Reise

*Reisewind*

*Neue Schönheit ... bei Nacht*

*... bei Tag*

Fotografien aus der Erstausgabe des Reiseberichts «Rundherum», mit den Original-Bildunterschriften

*Mit dem Neger unterwegs*

*Mit dem Ensemble des «Kleinen Theaters» in Tokio*
*1. der Direktor, 2. unser Hata, 3. K. M., 4. Wendla, 5. E. M.,*
*6. der Moritz*

*Theaterstraße*

*Moskau*

*Familienglück (Jannings, E. M., K. M., Gussy Holl, Tochter Ruth)*

# «Rundherum»

**Die Weltreise war nicht zuletzt** ein Beispiel dafür, wie gut sich Klaus und Erika Mann auf Vermarktung verstanden. Das begann bereits mit der Idee, sich in Übersee als «literary Mann twins» auszugeben. Von den verschiedenen Stationen der Reise kabelten die Geschwister dann Berichte über ihre Erlebnisse nach Deutschland. In Berliner Blättern wie «Das Tagebuch», «Querschnitt» und «Tempo», in der «Neuen Leipziger Zeitung», im «8-Uhr-Abendblatt» erschienen Artikel, meist aus der Feder von Klaus. Für die in Essen verlegte Illustrierte «Die Wochenschau» schrieb Klaus einen dreizehn Folgen umfassenden Reisebericht, der zwischen November 1927 und Oktober 1928 veröffentlicht wurde.

Das als Fazit ihrer Reise geschriebene Buch «Rundherum» beurteilten die Autoren selbst mit skeptischer Distanz. Klaus Mann bedankte sich bei Stefan Zweig für dessen lobende Worte über das Werk mit dem Eingeständnis, der Band sei «ja ganz keß, aber eben doch ein bißchen auf Bestellung gemacht» (BuA, S. 62). Und in einem Brief Erikas an den amerikanischen Freund Joseph Brewer heißt es unverblümt: «Ich freue mich, daß ‹Rundherum› Dir nicht allzusehr mißfallen hat. Niemand kann es dümmer finden als wir; Du mußt wissen, wir haben das Geld dafür in Tokio gekriegt!» (EM 1984, S. 23f.) Die meisten Kritiker dagegen äußerten sich wohlwollend über das Buch, das «mit der ganzen Anmaßung frischer Jugend» geschrieben sei, wie ein Rezensent bemerkte (zit. n. «Rundherum», S. 152). Schon bald erlebte «Rundherum» eine zweite Auflage.

Hugo von Hofmannsthal, dem Erika ein Exemplar des Buches geschickt hatte, antwortete mit einem lobenden Brief: «Es ist ein lustiges angenehmes, eigentümliches Buch und hat mir über zwei etwas fiebrige Grippe-Nachmittage in der angenehmsten Weise weggeholfen. Neugierde in einer so reinen, starken Form, wie die, welche Sie beide rund um die Welt getrieben hat, ist eine besondere Gabe; so wie es eine besondere Gabe, und nur sehr wenigen verliehen ist, wirklich stark zu wünschen. An der Darstellung war mir zweierlei wirklich wohltuend: daß Sie beide sich vom Übertreiben ganz fern gehalten haben (und das Übertreiben, in tausend Formen, ist wirklich die Pest in der deutschen Schriftstellerei) und daß Sie in einer so anständigen Art immer dem Weitschweifigen und Beschreibenden ausgewichen sind. In diesem Punkt haben mich die wenigen (übrigens sehr guten) Zeilen über den Grand Cañon geradezu gerührt.» (EM 1984, S. 19)

№ 16, 19. Januar 1929. Künftig erscheinende Bücher. 489

ENDE JANUAR ERSCHEINT

KLAUS UND ERIKA MANN

*Rundherum*

Mit 35 Reise-Photographien

*Englische Kartonnage 5.50 RM*

*In Ballonleinen mit einer handkolorierten Einbandzeichnung von Rudolf Großmann 7 RM*

Klaus und Erika Mann fuhren nach Amerika und über Japan, Sibirien, Rußland in die Heimat zurück. In ihrem Reisebuch stellen sie keine kritischen Beobachtungen, keine Reflexionen über Länder und Menschen an. Mit neugierigen jungen Augen blicken sie um sich und erzählen einfach und lebendig, was sie sahen und was ihnen begegnete. In dieser natürlichen Frische und unliterarischen Heiterkeit der Darstellung liegt der besondere Reiz des Buches. Aber auch zufällige Begebenheiten und episodische Vorgänge werfen Lichter auf die Geheimnisse ferner Länder und Menschen. So erleben wir die Gewalt New Yorks, die Filmstadt Hollywood, die liebenswürdigen Naturkinder einer ozeanischen Palmeninsel, das geschäftige Japan, das unendliche asiatische Rußland. Wir sind jung und lebensfroh mit unseren jugendlichen Reiseführern und sehen die Menschenwelt, wie sie sich in unverbildeten lustigen Augen spiegelt.

35 photographische Abbildungen von Menschen und Stationen dieser Reise sind dem Buche beigegeben.

Z

S. Fischer Verlag · Berlin

Auslieferung: Leipzig C 1, Reclamstraße 42

In Wien vorrätig bei R. Lechner & Sohn, in Budapest bei Béla Somló

2434 № 70, 23. März 1929. Fertige Bücher.

*Neuauflage!*

Die ersten Pressestimmen über

Erika und Klaus Mann

Rundherum

Ein heiteres Reisebuch

Mit 35 Photographien. *Englische Kartonage 5.50 RM*

*In Ballonleinen mit einer handkolorierten Einbandzeichnung von Rudolf Großmann 7 RM*

Dies ist eines der frischesten, lustigsten, amüsantesten Reisebücher. Es erzählt in munterem Plauderton, wie Erika und Klaus auf die Idee kamen, nach Amerika zu reisen, und wie es ihnen in Amerika erging. Die beiden reisten mit offenen Augen und voll Lust und Liebe am Reisen. Das Buch ist mit der ganzen Anmaßung frischer Jugend geschrieben, unbekümmert und höchst reizvoll. (8 Uhr-Abendblatt, Berlin)

Erika und Klaus Mann erzählen, noch auf ihren Koffern sitzend, eben heimgekehrt, ganz rasch einmal, was sie erlebt haben, nehmen sich gegenseitig das Wort aus dem Mund, zeigen die Photos, die sie mitgebracht haben, und sind seelenvergnügt, weil die Sache nun glücklich überstanden ist. Man hört ergötzt zu, lacht oft, unterhält sich famos und findet es dann am schönsten, daß man im Grunde doch ernst bleiben und so nebenbei allerhand denken mußte. Das Buch, das mit so kargen, treffenden, zierlich verschnörkelten Sätzen Rechenschaft von dieser Reise gibt, ist in seiner lachenden Frische ein bezauberndes Buch. Es bietet, wie im Wachsabdruck, die unwillkürlich geformten Porträts zweier junger, hochbegabter, rassiger Menschen, lebensvoll und lebenstoll. Und es zeigt, wie leicht es der Jugend wird, die Welt zu erobern, wenn sie's nur darauf ankommen läßt, in dieser Welt einmal gar kein Geld zu haben. Man soll dieses Buch lesen. Am besten zwischen zwei Romanen von Jack London. (Neue Freie Presse, Wien)

Eine Reizbarkeit des Empfindens, eine Treffsicherheit im einzelnen – mir von Kennern Amerikas bestätigt – ein Erwachen der ersten Ironie. Wer hat mit zwanzig schon Berlin und Paris erledigt und ist mit fünfundzwanzig in Hollywood, in Tokio, in Moskau gewesen und schreibt nachher ein Buch, das im Titel doch unerwartete Selbstkenntnis beweist: „Rundherum", eine peripherische Reise, doch Anmut und Kurzweil haben die Farbstifte für diese Bilderbogen hergegeben. (Neue Zürcher Zeitung)

Das Weltreisebuch zweier im Schutze ihres väterlichen Ruhmes vagabundierender junger Menschen mit offenen Augen. Eine Reisebuch ohne Prätentionen, frisch und lustig geschrieben; Erlebnis spiegelt sich unmittelbar. („Der Bund", Bern)

Z

S. Fischer Verlag · Berlin

Auslieferung: Leipzig C 1, Reclamstraße 42

In Wien vorrätig bei R. Lechner & Sohn, in Budapest bei Béla Somló

**Anzeigen im «Börsenblatt für den Deutschen Buchhandel»**

**Klaus und Erika Mann mit ihrem Verleger Samuel Fischer in der Zeit, als «Rundherum» geschrieben wurde**

# Zwei Monate Hollywood

Zweiter Reisebericht für »Die Wochenschau« von Klaus Mann

Diese Landschaft hat eins vom Paradies. Aber ich weiß nicht, ob man sie auf die Dauer lieben würde. Ihre erstaunlichen Schönheiten sind vielleicht, kennt man sie länger, ermüdend. Bedenklicherweise wachsen hier Früchte, die zwar verführerisch aussehen, aber kein starkes Aroma haben, wässerig sind. Das ist für die Landschaft kompromittierend, die solche blendenden Früchte gedeihen ließ.

Immerhin: das erstemal an der Küste des Stillen Ozeans zu stehen, ist ein ziemlich erschütterndes Abenteuer. Gegen dieses gewaltige Panorama hat die geliebte Riviera Frankreichs etwas Kleinliches. Hier führt eine Palmenpromenade die Küste entlang — glänzend, breit, wuchtig, — daß dagegen alle Promenaden Europas Spielzeug werden. Es ist, als müsse hier alles durch Format verblüffen. Der Sonnenuntergang kommt mit Farben, wie ich sie nie vorher gesehen: das leuchtet violett, perlmutter, rosenrot und orangegelb. Welche enorme Orgie der Schönheit! Man könnte weinen, so gewaltig überfällt es einen.

Silbrig-violett schimmert die Brandung, indessen verlöscht hinten der feierlich glühende Himmel. Da Schönheit rührend ist, spürt man schon Tränen. Aber währenddem weiß ich: nach dieser Schönheit werde ich kein Heimweh haben.

Wir machten eine 12stündige Autotour durch die Wüste, die eigentlich mehr eine Steppe ist. Gelbe Fläche, und im Hintergrund tiefblau die Berge. Dunstiger Himmel, unter diesem Himmel die Einsamkeit. Stachlige Pflanzen, Katteen und die kleinen, verkrümmten, bösartigen Bäume. — Ein paar Stunden, und man ist im Palmenparadies der Küste.

Ausmaße hat diese Landschaft! Ist sie nicht ganz beseelt — großartig ist sie!

Wie phantastisch, wie möglichkeitenreich das Gesicht dieser kalifornischen Städte! Wolkenkratzer und die Palmen daneben. Lichtreklamen in der südlichen Nacht. Chikago mit Sizilien vermählt: es ergibt etwas Tolles.

Toll nur als Bild und als Landschaft, mit dem Leben ist es auch nicht so weit her. In Hollywood ist es abends still wie im Dorfe. Eine Künstlerkneipe —, Henrys — wo man sich mißmutig niederläßt. Auch in Los Angeles muß man Kenner sein und lang suchen, bis man etwas Anregendes findet. Diese Langweiligkeit ist eine der amerikanischen Rekordleistungen: sie wollen nicht nur die größten, sie wollen auch die anständigsten Städte haben.

Hollywoods geschminkte Frauen und blendende Männer sind nicht so sehr aufs Vergnügen als aufs Geldverdienen eingestellt. Sie sind hier ausschließlich zum Zwecke, Dollars zu machen, die sie dann anderswo ausgeben werden. Denn Hollywood, das heißt: Film. Hier ist alles irgendwie am Film beteiligt, jeder an ihm interessiert. Das Geld, scheint es, liegt auf der Straße — durch einen Augenaufschlag kann man Millionär werden —, da drängt sich alles, um es aufzuheben.

Aber das Überangebot ist enorm. Die palastartigen Villen der Stars — mit eigenem Schwimmbad — glänzen gar zu verlockend. In solchen Villen sieht sich jeder Abenteurer, wie viele Hoffnungen werden da zuschanden. Große Namen machen hier längst keinen Eindruck mehr — Prinzen, Herzöge sind in der Komparserie. In einem Studio (Filmatelier) ist ein rumänischer Graf, der den Boden fegt, eine russische Prinzessin statiert.

**Der Sohn des Dichters Thomas Mann in der Filmstadt Hollywood**
Von links nach rechts: Conrad Veidt, Klaus Mann, Mary Vilbring, Erika Mann, Paul Leni

**Conrad Veidt und Mary Vilbring in dem neuen Film L'homme qui rit**
(nach Victor Hugo)

Wer Hollywood kennenlernen will, treibt sich in den Filmateliers herum. Wie etwa alle Lebensnerven Monte Carlos im Kasino sich konzentrieren, so ist Hollywood gleichsam nur in seinen Studios wirklich. Alles andere — Hotels, Warenhäuser, breite Straßen, Alleen, Autoverkehr — ist Kulisse, Vorwand, unwesentlich. Leben gibt es nur im violett-gespenstischen Lichte der Scheinwerfer.

Spukhafter Eindruck: mitten am Tage findest du dich in eine mittelalterliche Stadt verzaubert. Bunter Markttag, und die Kirche im Hintergrund. Du blickst die enge Perspektion gotischer Gäßchen hinunter: das sind doch keine Kulissen! Frauen mit ehrwürdigen Hauben und Röcken, Kavaliere, akrobatisches Gesindel, Narren. Das Merkwürdige, Faszinierende ist: diese Scheinwelt, von der man weiß, daß ihr keine Wirklichkeit zukommt, ist von einer intensiveren Realität als das blasse Städtchen, das angeblich Gegenwart hat: Hollywood. — Was ist Schein? Was ist Wirklichkeit? Hier wimmelt es an Stoffen für den schlauen alten Pirandello.

Die mittelalterliche Stadt ist in Universal City für den Film „L'homme qui rit" aufgebaut, den Paul Leni inszeniert und in dem Conrad Veidt die Hauptrolle spielt. Handlung nach Victor Hugo. Im Mittelpunkt steht der Mann, dem das ewige Lächeln ins Gesicht geschnitten wurde — Conrad Veidt ist mit dem starren Lächeln in der geschminkten Miene wie mit einer Krätze bestraft, die er gern hinterm Tüchlein verbirgt. Seine Maske ist ausgezeichnet, er ist mit der weißen, üppigen Perücke ein starr geputzter, dämonischer Kavalier.

Die Aufnahmen zu „L'homme qui rit" sind vielleicht die interessantesten, die ich hier gesehen habe. Ich schaute John Barrymore bei der Arbeit an seinem Film „The temptor" zu, in dem, fast mehr noch als der Star selbst, der junge deutsche Schauspieler Gorin auffällt.

Murnau ist mitten in den Vorbereitungen zu seinem Film „Vier Teufel", nach Hermann Bang, er hat mit den Aufnahmen dieser Tage begonnen. Man darf sich von dieser seiner neuen Arbeit das Allerhöchste versprechen, denn Murnau hat im „Sun rise" wieder bewiesen, daß er zu den ganz wenigen berufenen Filmregisseuren gehört.

Ernst Lubitsch bereitet indessen die „Patrioten", nach Neumann, vor.

Das Merkwürdigste an diesem erstaunlichen Hollywood ist, daß man hier mythologischen Persönlichkeiten auf der Straße begegnet oder am selben Tisch mit ihnen zu Abend ißt. Es hat etwas Überraschendes, eines Tages Meujon vorgestellt zu werden oder mit Charlie Chaplin im selben kleinen Restaurant zu sitzen.

„Berühmt" ist der, von dem jeder überrascht ist, daß er tatsächlich lebt. Bei Lebzeiten legendär werden bedeutet, daß nach und nach die menschliche Existenz in dem Grade unglaubhaft wird, in dem der gewollte, der Welt aufgezwungene Mythos dieser Existenz an dämonischer Realität gewinnt.

Artikel in der Zeitschrift «Die Wochenschau»

# «Alexander – Roman der Utopie»

Alexander der Große. Die Reproduktion einer solchen Münze fand sich in Klaus Manns Nachlaß, mit der handschriftlichen Widmung: «dem großen Dichter des Alexander!»

**Anfang 1929 erschien** der Reisebericht «Rundherum», wenige Monate später beendete Klaus Mann seinen zweiten Roman: ein Buch über Alexander den Großen. «Was mich an meinem neuen Heros reizte, war die beinahe frevelhafte Ungenügsamkeit seines Traumes, die enormen Dimensionen seines Abenteuers. Seit meiner Weltreise liebte ich es, in planetaren Maßstäben zu denken. Der Mazedonier wollte die Welt nicht nur erobern: Ihm ging es darum, sie zu einen und unter seinem Zepter glücklich zu machen. War es nicht das Goldene Zeitalter, ja das Paradies, was er zu bringen dachte? Welch kindlich kühne, welch göttlich inspirierte Utopie!» (WP, S. 217)

Klaus Mann deutet Alexanders imperialen Herrschaftsdrang als eine Art panerotischen Wunschtraum. Die Armee, mit der Alexander seinen Feldzug beginnt, ist eine enthusiastische Gemeinschaft, die ihren jungen König glühend verehrt. Doch der Roman zeigt auch das Scheitern der weltumarmenden Visionen – am Ende bringt der Monarch den von ihm eroberten Ländern nur noch Unterdrückung und Jammer.

Der Roman entmystifiziert den antiken König, indem er die nur allzu menschlichen Antriebe seines Handelns beschreibt. Ein Jugendgefährte Alexanders wird bei Klaus Mann zur eigentlichen Motivation für die Eroberungszüge des Potentaten: Kleitos, dessen Liebe Alexander vergeblich begehrt und der ihn folglich ein Leben lang beherrscht. Der von Kleitos zurückgewiesene Jüngling bricht auf zu großen Taten – ganze Erdteile sollen sich ihm «liebend unterwerfen» (KM, Alexander, S. 42). Aber seine Ambitionen scheitern – Alexander endet als einsamer Mann, den die Völker schließlich als «eine Heimsuchung» empfinden (ebd., S. 149).

Cover der amerikanischen Ausgabe, 1930

KLAUS MANN

ALEXANDRE

*ROMAN DE L'UTOPIE*

*traduit de l'allemand par* RALPH LEPOINTE

PRÉFACE DE

JEAN COCTEAU

COMPAGNIE FRANÇAISE DE TRADUCTION

1931

LIBRAIRIE STOCK

Delamain et Boutelleau, Éditeurs, PARIS

Französische Ausgabe, 1931

**Ausschnitt aus dem Alexander-Mosaik von Pompeji, 1. Jh. v. Chr.**

So erfrischend Klaus Manns Sichtweise der Alexander-Gestalt anmutet – die Reaktion der Kritiker auf den Roman war zwiespältig. Hermann Kasack lobte in der «Literarischen Welt», das Werk sei trotz einiger «sprachlicher Unreinheiten» ein «sympathisches Symptom für eine neue Entwicklungsstufe» des Autors; und W. E. Süskind stellte in der «Neuen Rundschau» fest, Klaus Mann habe «Krücken von sich geworfen» – im Alexander-Roman herrsche auf natürliche Weise der Tonfall eines «Märchenerzählers von heute» vor.
Rudolf Arnheim dagegen urteilte in der «Weltbühne» Klaus Manns Buch als «infantil» ab – die Historie werde als Material für Wunschträume mißbraucht: «Die Apotheose des Girlknaben, nach Motiven der Weltgeschichte aufgeführt von einem, der in einer einigermaßen unkontrollierbaren Vergangenheit zu realisieren sucht, was er von der Gegenwart gern verlangte.» Der Roman habe «etwas Operettenhaftes» und vermische allzu ungeniert die reale Geschichte mit bloßen Phantasien seines Autors.
1930 erschien eine Übersetzung des Buches in den USA; 1931 folgte eine Ausgabe in Frankreich, für die Jean Cocteau ein Vorwort beisteuerte. Der französische Kollege lobte die «Kühnheit» des Autors bei der Gestaltung des mazedonischen Königs: der Roman zeige eindrucksvoll, daß «in den großen Dingen nicht immer Größe wohnt», und zeichne das Profil Alexanders «zum erstenmal ganz von vorne». Der deutsche Dichter Klaus Mann, schrieb Cocteau, «ist einer meiner Landsleute, will sagen: ein junger Mann, der auf dieser Erde schlecht behaust ist und der geradewegs die Sprache des Herzens spricht» (zit. nach: KM, Alexander, S. 5–7).

**Sog. Alexander-Sarkophag. Arbeit eines attischen Künstlers. Museum, Istanbul**

# Der große Preis

**Im Dezember 1929** wurde Klaus Manns «Alexander»-Roman ausgeliefert – im selben Monat erhielt Thomas Mann in Stockholm eine Auszeichnung, für die er schon seit Jahren als chancenreicher Kandidat gegolten hatte: den Nobelpreis für Literatur. Aus aller Welt kamen Glückwünsche, wie der älteste Sohn im «Wendepunkt» berichtet, und nicht zuletzt war mit dem Preis eine beträchtliche Geldsumme verbunden. Seinen Kindern Erika und Klaus bezahlte Thomas Mann großzügig alle Schulden, die zum Teil noch von der «Rundherum»-Reise herrührten.

**Verleihung des Nobelpreises in Stockholm, 10. Dezember 1929. Am Rednerpult der schwedische Germanist Frederik Böök; in der linken Sitzreihe vorn rechts Thomas Mann**

Familienleben
in der Poschingerstraße,
1930

*Die «nette kleine Auszeichnung» bedeutete für meinen Vater nicht nur einen direkten finanziellen Gewinn, sondern brachte ihm auch erhebliche indirekte Vorteile. Sein Weltprestige wuchs, die internationale Popularität seiner Werke nahm rapide zu; in Amerika wurde «The Magic Mountain» zum «bestseller», während in Deutschland die neue Volksausgabe der «Buddenbrooks» beispiellosen Erfolg hatte: In kurzer Zeit verkaufte der S. Fischer Verlag über eine Million Exemplare! Mielein, die Verwalterin der Finanzen, hatte plötzlich keine Sorgen mehr. Nicht, als ob der Stil unseres häuslichen Lebens sich wesentlich verändert hätte; er blieb bestimmt von den besonderen Bedürfnissen und Gewohnheiten des Zauberers. Wenn dieser sich zur Zeit der mageren Jahre mit eigensinnig-stolzer Zerstreutheit geweigert hatte, Mangel und Dürftigkeit zur Kenntnis zu nehmen, so schien er nun von seinem relativen Wohlstand kaum beeindruckt. Sein natürlicher Sinn für Maß und Diskretion sowie auch sein empfindlicher Magen hinderten ihn daran, sich irgendwelchen kulinarischen oder geselligen Exzessen hinzugeben; Champagner-Gelage, üppige Gastereien kamen bei uns nicht in Frage. Der einzige Luxus, den der plötzlich fast reiche Vater sich gönnte, war ein schönes Grammophon mit reichaussortierter Plattensammlung, zwei starke Automobile (ein offener Buick und eine Horch-Limousine) und ein Landhaus von sehr bescheidenem Format.* (WP, S. 215)

# Abenteuer ...

**Mit dem steigenden Ruhm** der Manns nahm auch die Zahl der Spötter zu. Bereits im Mai 1929 war zum Beispiel in den «Leipziger Neuesten Nachrichten» eine Karikatur erschienen mit der Bildunterschrift: «Die Familie Mann, Heinrich, Thomas, Klaus und Erika, marschiert unter dem Ruf ‹Selbst ist der Mann› geschlossen in Weimar ein, um dort ihren eigenen Dichtertag abzuhalten.» Und im August 1929 veröffentlichte Ottomar Starke in der «Literarischen Welt» einen Literaturbilderbogen, in dem er Klaus Manns Ambitionen satirisch aufs Korn nahm.
Scheinbar unbeeindruckt von solchen Attacken publizierte Klaus Mann neue Aufsätze, Erzählungen und Bücher in schneller Folge. 1928 kam eine «Anthologie jüngster Prosa» heraus, bei der er Mitherausgeber war; 1929 erschien eine zweite «Anthologie jüngster Lyrik», die er wieder zusammen mit Willi Fehse edierte. Ebenfalls 1929 publizierte er – bei Reclam in Leipzig – einen eigenen Novellenband unter dem Titel «Abenteuer». Und am 27. Januar 1930 wurde in Bochum ein weiteres Theaterstück Klaus Manns uraufgeführt: «Gegenüber von China».

**Die Familie Mann,**
**Heinrich, Thomas, Klaus und Erika marschiert unter dem Ruf „Selbst ist der Mann" geschlossen in Weimar ein, um dort ihren eigenen Dichtertag abzuhalten.**

«Leipziger Neueste Nachrichten», 19./20. Mai 1929

**Ottomar Starkes kleine Literaturbilderbogen**

Zur Geistesgeschichte der Menschheit

«Die literarische Welt», 9. August 1929

Innentitel der Erstausgabe, 1929

ABENTEUER

NOVELLEN

VON

KLAUS MANN

VERLAG VON PHILIPP RECLAM JUN.
LEIPZIG

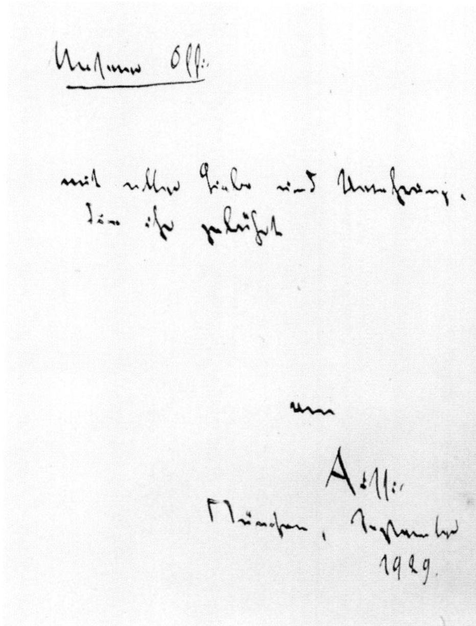

Widmung des «Abenteuer»-Bandes für die Großmutter Hedwig Pringsheim: «Unserer Offi mit aller Liebe und Verehrung, die ihr gebührt»

Die Komödie «Gegenüber von China» thematisiert die Unterschiede zwischen der amerikanischen und der europäischen Jugend, wie Klaus Mann sie während der Weltreise erlebt hatte. Die Polarisierung im Bühnenstück fiel allerdings recht simpel aus: Europäische Geistigkeit wird amerikanischer Kraft gegenübergestellt, der Typus des introvertierten Intellektuellen dem des gesunden Athleten. Ort der Handlung ist ein kalifornisches College, und das Leben dort wird durch eine Austauschstudentin aus Europa durcheinandergewirbelt. Die erotischen Verwicklungen, die der Autor konstruierte, waren nicht ohne Sinn für Bühnenwirksamkeit geschrieben – aber die Gegensätze, die er unterstellte, waren allzu oberflächlicher Art, wie er später selbstkritisch in seiner Autobiographie bekannte. Das Theaterstück, heißt es im «Wendepunkt» ohne Umschweife, war «schwach» und wurde zu Recht ein eklatanter Mißerfolg: «Meine Komödie befremdete, mißfiel. Es war ein Durchfall.» (WP, S. 207)
Neues im Schaffen Klaus Manns bot dagegen der Band «Abenteuer». Die darin versammelten Novellen waren im Stil lakonischer und präziser als frühere Prosatexte, und die Figuren gewannen sichtlich an sozialem Profil. In der Geschichte vom «Leben der Suzanne Cobière» formulierte Klaus Mann zum erstenmal eine deutliche Kritik am hektischen Dasein der Boheme. «Sie fühlte, da sie zum Bewußtsein kam, nichts als Leere um sich herum», heißt es über die Titelheldin, bevor sie Paris verläßt. Und als Suzanne nach einem New Yorker Intermezzo auf Tahiti ankommt, legt ihr der Autor ein vehementes Urteil über das Leben in den westlichen Metropolen in den Mund: «Ich bin zu der felsenfesten Überzeugung gekommen, daß nirgends und nie auf der Welt lügenhafter, leerer, langweiliger, armseliger, inhaltsloser und grausamer gelebt wurde als bei euch, in eueren großen Städten.» (KM, Maskenscherz, S. 240, 245)

Klaus Mann, Ende der zwanziger Jahre

## ... und Abgründe

«Mopsa» Sternheim

Rudolf von Ripper

**In einem Rückblick** auf seine Aktivitäten und Erlebnisse der späten zwanziger Jahre notierte Klaus Mann für den Herbst 1929 erstmals das Stichwort: «Eucodal genommen.» (Tb 3, S. 44) Eucodal ist ein Morphium-Derivat; ein Rauschgift, das meist intravenös gespritzt wird. Der früheste briefliche Hinweis auf eine Drogeneinnahme Klaus Manns datiert vom 19. November 1929: «Nehme ohnehin gelegentlich etwas Morphium», schrieb er seiner Schwester Erika an diesem Tag (Brief im KMA). Die Mitteilung klingt beiläufig, doch sie markiert den Beginn einer Drogenkarriere, die fast zwanzig Jahre dauern sollte – bis zu Klaus Manns Tod.

Eingeführt in den Genuß von Rauschgift wurde Klaus Mann wahrscheinlich von dem österreichischen Maler Rudolf von Ripper – so die Vermutung Pamela Wedekinds (vgl. Kroll 1979, S. 81). Ripper war seit dem Herbst 1929 mit «Mopsa» Sternheim liiert, die zum engeren Freundeskreis der ältesten Mann-Geschwister gehörte.

Im Frühjahr 1930 unternahmen Klaus und Erika Mann eine Reise, die zunächst in die Schweiz, nach Südfrankreich und Spanien führte; von dort dann weiter nach Nordafrika. Aus der marokkanischen Stadt Fes schrieb Klaus Mann an Franz Goldstein: «Wir sitzen seit einigen Tagen in einer märchenhaften arabischen Stadt – so arabisch, wie man es sich gar nicht vorzustellen wagt –, in einem Hotel weit über unsere Verhältnisse.» Und er fügte fast nebenbei hinzu: «Wir rauchen Haschisch (aber nicht weitersagen!).» Unerwähnt blieb in diesem Brief, daß für die Geschwister die erste Erfahrung mit Haschisch zu einem wahren Horrortrip wurde. Im «Wendepunkt» hat Klaus Mann das Erlebnis später ausführlich beschrieben.

Zu den Freunden, mit denen gemeinsam Klaus Mann Drogen konsumierte, gehörte häufig auch Hans Feist (links). Als ehemals praktizierender Arzt hat er, wie Zeitzeugen berichten, manchmal selbst die Rezepte für die benötigten Rauschmittel ausgestellt.

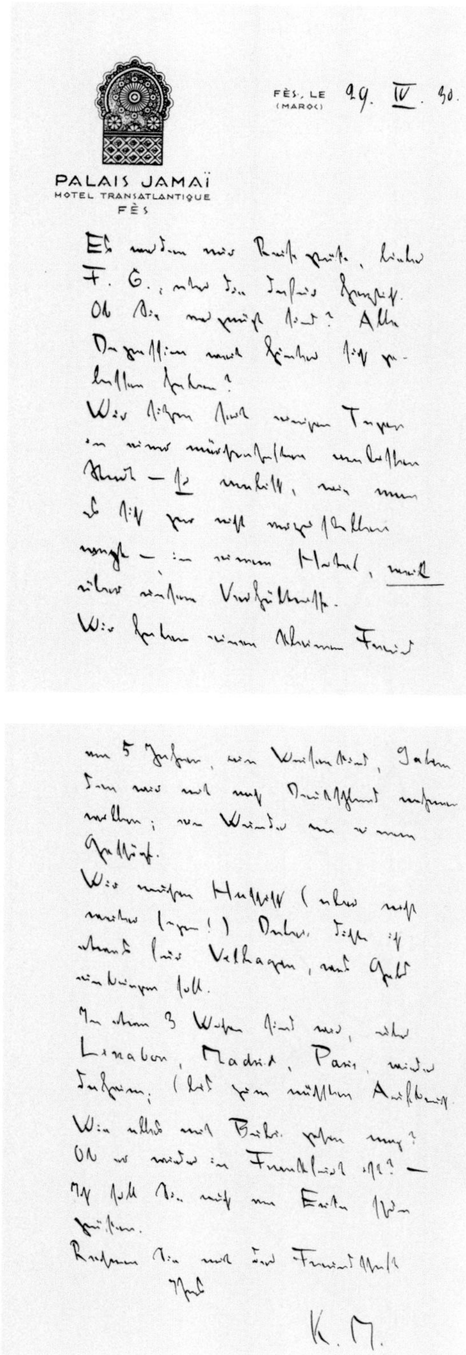


Brief Klaus Manns an Franz Goldstein, 29. April 1930

Ansicht von Fes, um 1930

*Erika liegt auf dem Bett, ich habe mir's in einem Lehnstuhl bequem gemacht. Ihr Aufschrei weckt mich. Sie ist auf den Füßen, stürzt durch den chaotischen Raum. Ich sehe den angstvoll aufgerissenen Blick in ihrem weißen Gesicht; ich höre sie jammern, aber ich verstehe kaum, was sie sagt. Ich bin noch vom Schlaf benommen. Mein Schlaf war tief, wie eine Trance…*
*«Ich muß sterben!» Nun verstehe ich's doch. «Ich muß sterben», schreit Erika, wobei sie mit schreckensbleichem Gesicht zwischen Bett und Fenster hin- und herrennt, immer wieder hin und zurück, dieselben drei oder vier Schritte. «Es ist aus mit mir! O mein Gott!»*
*«Was ist los? Was gibt's?» Wie schwer es meinen Lippen, meiner Zunge fällt, Worte zu artikulieren! Nur ein Lallen gelingt. «Dieses teuflische Zeug!» bringt sie ächzend hervor. Noch niemals zuvor habe ich sie in einem ähnlichen Zustand gesehen. Das Entsetzen in ihrem Blick teilt sich mir mit, um so mehr, da sie nun auch noch die Arme wirft und, den Kopf im Nacken, mit gemarterter Stimme ruft: «Wir sind vergiftet, alle beide! Das Haschisch… Es ist aus mit uns!»*
*«Mir geht es noch ganz gut», behaupte ich lallenden Mundes. Da schreit sie mich an: «Mir nicht!» und nimmt ihr furchtbares Rennen wieder auf, vom Fenster zum Bett und zurück. […] «Ich war zu weit weg… zu tief unten», versichert sie mir, immer rastlos unterwegs zwischen Bett und Fenster. «Ich bin so tief gefallen! Es gab kein Halten mehr! Dieses teuflische Zeug! Wir sind vergiftet, beide… Wir sind hin…»*
(WP, S. 243)

# Künstliche Paradiese

**Das traumatische Erlebnis von Fes** bezeichnete Klaus Mann noch Jahre danach als «Haschisch-Katastrophe» (Tb 3, S. 45); und doch hat ihn diese Erfahrung auf Dauer nicht vom Drogenkonsum abgehalten. Seiner Schwester Erika gab er am 26. Juni 1930 den flapsigen Rat: «Nicht zu viel Euka genießen, es verdirbt den ganzen Charakter.» (Brief im KMA) Aber er selbst hat in den folgenden Jahren immer häufiger Zuflucht beim «Thun» gesucht, wie er die Rauschgifte gern euphemistisch nannte.
Offenbar war in den Boheme-Kreisen, in denen er verkehrte, die Einnahme von Drogen nichts Außergewöhnliches. Die Schriftstellerin Grete Weil hat berichtet, daß sie um 1930 in der Wohnung ihrer Eltern miterlebte, wie Klaus Mann und Oskar Seidlin sich Drogen spritzten und auch sie einluden, dabei mitzumachen – was sie jedoch ablehnte (Brief an Klaus Täubert, 14. Oktober 1976; KMA). Im Tagebuch Klaus Manns, das 1931 einsetzt, finden sich zahlreiche Eintragungen, die vom gemeinsamen Drogenkonsum mit Freunden berichten.
In seinen fiktiven Werken hat Klaus Mann die Verlockungen und die Gefahren der ‹künstlichen Paradiese› später mehrfach thematisiert – ohne jede Beschönigung. Die entsprechenden Passagen in den Romanen «Treffpunkt im Unendlichen» (1932) und «Der Vulkan» (1939), aber auch in Erzählungen wie «Speed» (1940) und «Afrikanische Romanze» (1942) gehören zu den eindrucksvollsten Schilderungen seines gesamten Œuvres.

Auch mit Jean Cocteau hat Klaus Mann etliche Male gemeinsam Drogen konsumiert. In Klaus Manns Handbibliothek fand sich ein Exemplar von Cocteaus Buch «Opium». Dieses 1929 publizierte Tagebuch einer Entgiftungskur enthält zahlreiche höchst eindrucksvolle Zeichnungen Cocteaus, in denen sich die Höllenqualen der Drogensucht widerspiegeln. Alle Abbildungen auf dieser Doppelseite entstammen Cocteaus Buch.

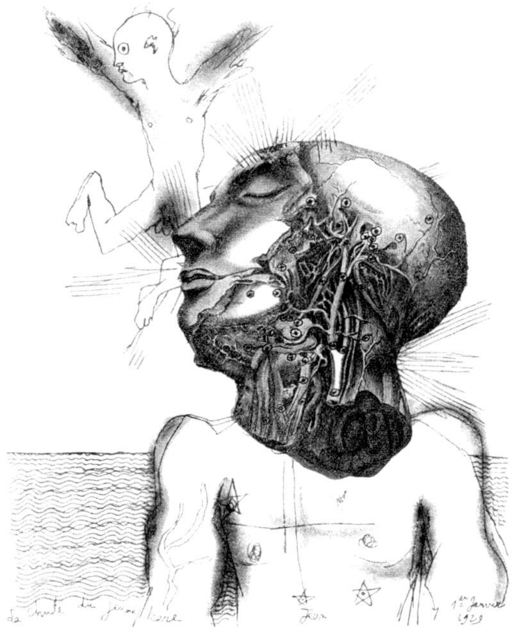

*Was Marcel in den folgenden Augenblicken durchlebte, war unbeschreiblich schrecklich. Es war der Wahnsinn. Es war die Hölle.*
*Zuerst flogen seine Arme weg; dann die Beine; dann sein Hals, sein Kopf, sein Körper. Er zerplatzte buchstäblich. Er explodierte, löste sich auf, zerfiel in tausend Stücke. Seine Identität zerbrach: die Bruchstücke seines Organismus flatterten durch den Park. Er durchlebte das unbeschreibliche Gefühl vollständiger physischer Auflösung. Sein Haar schmerzte und brannte – in einem dornigen Dickicht verheddert. Sein fremder, schrecklicher Mund stammelte aus der Krone einer Zypresse Gebete und Blasphemien. Seine Füße – ziellos und nachlässig – liefen durch die Blumenbeete, während sein Herz – ein Klumpen pulsierender, unverbundener Nerven – in den Abgrund der dunkelroten, unergründlichen Nacht fiel.*
*Marcels innerstes Bewußtsein war sich jedoch während der ganzen Zeit des entsetzlichen Spuks bewußt und beobachtete ihn.*
*Vielleicht war dies das allerscheußlichste an dem höllischen Abenteuer: daß er sich darüber klar war, was er durchmachte – er schaute mit unendlichem Schrecken und Ekel dem Prozeß seiner eigenen Spaltung zu. Sein Gehirn schwebte isoliert irgendwo inmitten dieses schizophrenen Chaos.*
(Afrikanische Romanze, in: KM, Speed, S. 213)

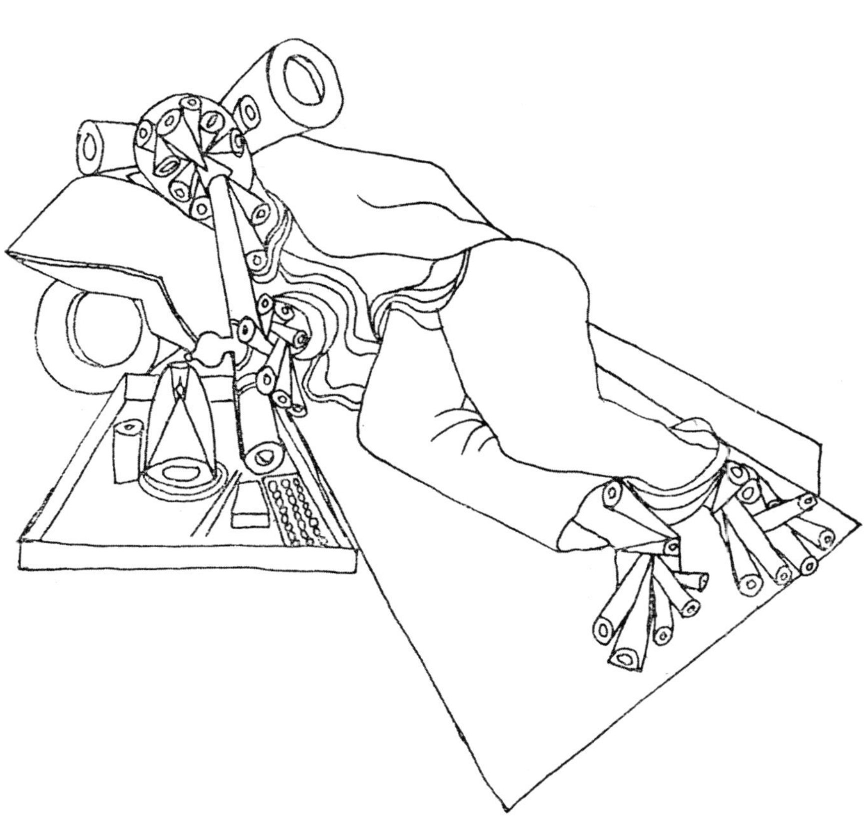

## Wirrnis dieser Zeit

Deutsche Theatergemeinde
Deutscher Kulturbund f. Poln.-Schlesien t.z.
Sonntag, den 3. März 1930, abends 8 Uhr, Reitzensteinsaal, Katowice, ulica Marjacka 17, liest
KLAUS MANN
aus seinen Werken
Plätze zu 4.— und Zloty 2.— (Sitzplatz) und 1 — (Stehplatz) sind im Vorverkauf in den Buchhandlungen der Katt. Buchdruckerei- und Verl.-Sp. Akc., Hirsch und in der Geschäftsstelle des Deutschen Kulturbundes, zu haben.

Ankündigung des Kattowitzer Vortragsabends

**Auf eine «Umfrage** bei jungen Dichtern über Tendenzen ihres Schaffens» antwortete Klaus Mann im Februar 1930 mit einem doppelten Bekenntnis. Emphatisch betonte er zunächst: «Ich wünschte mir, nie eine Zeile geschrieben zu haben, die nicht von mir, mir, mir ganz persönliche blutige Notwendigkeit hatte, geformte, gestaltete Beichte und also Kunstwerk war.» Und er versicherte zugleich: «Ich möchte niemals eine Zeile veröffentlicht haben, die nicht zu ihrem winzig, ihrem verschwindend kleinen Teile dazu beigetragen hätte, die riesenhafte Wirrnis dieser Zeit zu klären.» (Eltern, S. 253f.)

Im Spannungsfeld dieser beiden Pole waren seine Essays und Vorträge jetzt angesiedelt. Mehr denn je suchte er nach einem Standort, und stärker als zuvor betonte er die Notwendigkeit einer sozialen Verantwortung für die Literatur. Rückblickend hat er später jedoch sein politisches Engagement dieser Zeit als oberflächlich abgetan. Im «Wendepunkt» schreibt er: «Ich aber glaubte lange – bis zum Jahre 1933, um genau zu sein –, daß das Politische sich gleichsam mit der linken Hand erledigen ließe, wie eine ‹Fleißaufgabe›. Eher aus einem naiven Pflichtgefühl heraus als aus Ehrgeiz widmete ich meine ‹Freizeit› den entscheidenden Problemen der Epoche. Wie sollte mein Beitrag überzeugend und wirkungsvoll sein? Er war nicht mit Leiden bezahlt.» (WP, S. 212)

Seine Aufsätze waren indes bei vielen Redaktionen begehrt. Texte Klaus Manns erschienen in der «Neuen Rundschau», im «Querschnitt» und in der «Literatur» ebenso wie in diversen kleinen Zeitschriften der jungen Generation.

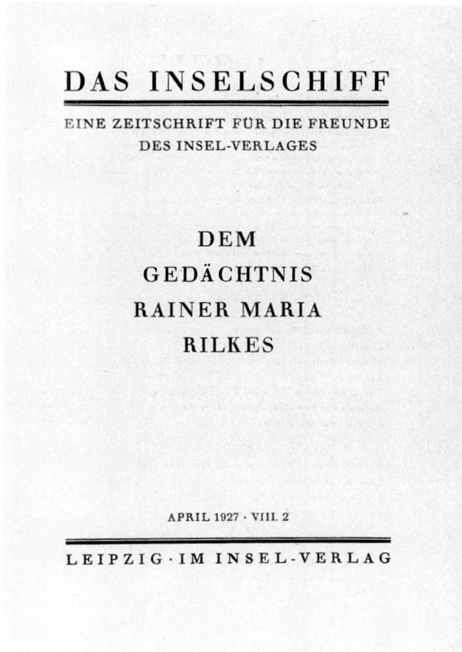

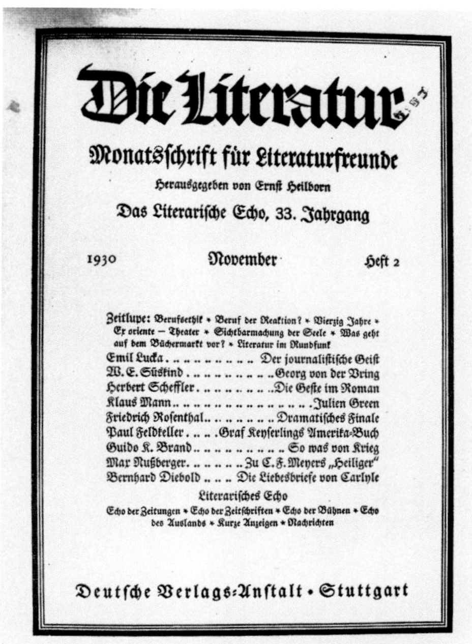

Anfang März 1930 war Klaus Mann zu Gast in Kattowitz. Er hielt einen Vortrag über das Thema «Woher wir kommen – und wohin wir müssen». Der Text, den er ein Jahr später als Nachwort in seinen Essayband «Auf der Suche nach einem Weg» aufnahm, war eine Zwischenbilanz der Einflüsse, die ihn geprägt hatten, und der Ziele, für die er sich nun engagierte. Eine klare weltanschauliche Position bezog er freilich nicht. Die Vorbilder, zu denen er sich bekannte, waren bunt gemischt – von Wedekind und Stefan George über den eigenen Vater und den Onkel Heinrich Mann bis zu Rilke, Hofmannsthal und André Gide spannte er den Bogen. Und das Zukunftsprogramm war schön formuliert, klang aber doch einigermaßen vage:

«Was bleibt zu tun, was lohnt sich? Ununterbrochene Bemühung des Aufnehmens, des Wählens, Einordnens und Verwertens. Unterwegs sein, diese Welt kennenzulernen, von der wir mit unverständigem Anspruch verlangen, daß sie auch uns kenne. In Bewegung bleiben, auch wenn wir noch nicht genau wissen, wohin es geht. Die Form der Liebe, die die unsere ist, erleiden, zu Ende leben, erfüllen bis zur äußersten, schmerzhaftesten Konsequenz. [...] Wenn das Resultat des ganzen Aufwandes ist, daß wir mit der Erfüllung und Darstellung unserer eigenen, mystisch notwendigen Existenz der Menschheit um den Bruchteil eines Schrittes weitergeholfen haben: Wie dankbar müßten wir sein.
Unser Ziel sei, als Individualist, nichts repräsentierend als das eigene gottgewollte Schicksal, durch ständige Arbeit, ständige Bemühung teilzuhaben an der geheimnisvollen Vorwärtsbewegung der Menschheit, deren Endziel man ebensowohl das Goldene Zeitalter als auch das Nichts nennen kann.» (Eltern, S. 326 f.)

M[illegible]straße 6 IV

Berlin W 15
1. X. 30.

L. E. E.

wie schade, daß wir uns nicht [illegible] haben.
Wir haben uns schändlich aneinander vorbei-
telephoniert. Und Dein Hörspiel habe ich
mir nicht angehört, denn ich kann
Radio nicht hören. Jetzt haben wir uns
wirklich fürchterlich lang nicht gesehen!
Wie geht es aber dir jetzt?
Mir nicht günstig. Mein Geschwister-
Stück hat Münchener Uraufführung bei
Falckenberg, nicht günstig [illegible], mit
gemischtem Erfolg. Ich [illegible] noch [illegible]
Zweig, von Zuck oder Hemingway:
Gott, ist das schön!
Es grüßt, und Dir [illegible]. Ich bin schon
wieder [illegible], und [illegible] von Berlin
und habe Angst vor der Hitler-
Diktatur. Herzlich
Dein

Klaus.

## Kapitel 4

# Jugend und Radikalismus

### Das Menetekel (1930–1933)

*Radikalismus allein ist noch nichts Positives, und nun gar, wenn er sich so wenig hinreißend, sondern so rowdyhaft und phantasielos manifestiert wie bei unseren Rittern vom Hakenkreuz. [...] Zwischen uns und denen ist keine Verbindung möglich; übrigens sind jene die ersten, die irgendeine Verbindung mit Gummiknütteln ablehnen würden. Mit Psychologie kann man alles verstehen, sogar Gummiknüttel. Ich wende sie aber nicht an, diese Psychologie. Ich will jene nicht verstehen, ich lehne sie ab. Ich zwinge mich zu der Behauptung – obwohl sie sehr gegen meine Ehre als Schriftsteller geht –, daß das Phänomen des hysterischen Neonationalismus mich nicht einmal interessiere. Ich halte es für nichts als gefährlich. Darin besteht mein Radikalismus.*

Klaus Mann, Jugend und Radikalismus. Eine Antwort an Stefan Zweig, 1930

## Wie wollen wir unsere Zukunft?

Einzelnummer 15 Pfg.

Heute Sport Sonntag

**Tremonia**

mit täglicher illustrierter Unterhaltungs-Beilage

Nummer 254 | Dortmund, Montag, den 15. September 1930 | 55. Jahrgang

# Der Radikalismus hat gesiegt.

**Erhebliche Zunahme der Zentrumsstimmen. / Versagen der übrigen Regierungsparteien. / Große Verluste der Sozialdemokratie. / Nationalsozialisten und Kommunisten als Großgewinner.**

**Das Ergebnis des 14. September.**

Nun ist die Schlacht geschlagen. Um es gleich zu sagen, sie ist nicht so ausgegangen, wie es wünschenswert gewesen wäre. Zwar hat sich das Zentrum nicht nur behauptet, sondern auch die Verluste der Maiwahl 1928 anscheinend ganz oder doch zum erheblichen Teil wieder aufgeholt. … schaft geführten Wahlkampf war sie allerdings zu erwarten. Voraussichtlich wird darum der neue Reichstag eine erhebliche Anzahl Abgeordnete mehr zählen als der alte. Ein langes Leben wird man dem Parlamente, das dem mißverstandenen Sinn des 14. September seine Existenz verdankt, nicht prophezeien können. Wenn nicht alles täuscht, wird das deutsche Volk bald Gelegenheit haben, die politische Torheit, die es jetzt begangen hat, zu revidieren.

Bei der Deutschen Staatspartei zeigen die Zahlen in Klammern die Stimmen der Demokraten an.

**Wahlkreis Westfalen-Nord.**

**Amtliches Gesamtergebnis**

S 266 905 (293 230); Dnat 79 107 (111 174); Z 424 514 (379 472); K 152 387 (106 996); DVP 65 344 (100 020); DSt 28 096 (30 337); W 53 969 (68 868); RadSt 3194; NS 168 723 (12 162); Lv 31 512 (40 426); B 15 137 (20 025); KV 14 741; CB 46 675 (9 438); P 4 563.

Vom Zentrum, das aus Westfalen-Nord wieder wie 1924 sieben Abgeordnete für den Reichstag stellt, sind wiedergewählt die bisherigen Abgeordneten Dr. … munisten, ein Volksparteiler (bisher zwei), drei Nationalsozialisten, ein Mitglied des Evangelischen Volksdienstes und ein Pole (!). Durch Listenverbindung mit Westfalen-Nord kann es kommen, daß die Deutschnationalen doch noch einen Abgeordneten erhalten, ebenso die Wirtschaftspartei, und daß die Kommunisten vier Mandate erhalten. Bemerkenswert schlecht haben außer der Sozialdemokratie, die 64 000 Stimmen an die Kommunisten verloren hat, außer den Deutschnationalen, die einen Verlust von 50 000 Stimmen zu verzeichnen haben, und außer der Deutschen Volkspartei, die eine Einbuße von 46 000 Stimmen erlitten hat, die Staatspartei und die Konservative Volkspartei des Reichsministers Treviranus abgeschnitten. Das Zentrum hat 26 000 Stimmen mehr als 1928 …

**Bei den Reichstagswahlen** vom 14. September 1930 gelang den Nationalsozialisten ein sensationeller Durchbruch: sie erhielten über 6 Millionen Stimmen und wurden mit 107 Mandaten (vorher: zwölf) zur zweitstärksten Kraft im deutschen Parlament. Der politische Schock, den das Wahlergebnis auslöste, war groß. Viele republikanisch gesinnte Menschen begannen, die Nazi-Bewegung endlich ernst zu nehmen. Auch Klaus Mann revidierte zunehmend seine Position – mit Ästhetizismus und Körperkult allein konnte man der rechten Gefahr nicht Einhalt gebieten. Am 2. Oktober 1930 schrieb er dem befreundeten Kollegen Erich Ebermayer ahnungsvoll, er habe «Angst vor der Hitler-Diktatur».

Doch nicht alle Intellektuellen teilten diese Einstellung. Unter den Fürsprechern und Idolen Klaus Manns gab es Schriftsteller, die vom aufkommenden Nationalsozialismus fasziniert waren. Stefan Zweig zum Beispiel beurteilte den Wahlsieg der Nazis in einem Essay als eine «vielleicht nicht kluge, aber im Innersten natürliche und durchaus zu bejahende Revolte der Jugend gegen die Langsamkeit und Unentschlossenheit der ‹hohen› Politik» (Eltern, S. 318). Und Gottfried Benn plädierte öffentlich für eine Abkehr der Dichter vom politischen Tagesgeschehen, nur die «individuelle Vollendung» sei ihre Aufgabe.

Klaus Mann widersprach mit Nachdruck. Er veröffentlichte eine «Antwort an Stefan Zweig», in der er seine eigene politische Haltung neu definierte. Und er hielt im Herbst 1930 in Wien vor dem Kulturbund einen Vortrag unter dem Titel «Wie wollen wir unsere Zukunft?», in dem er sich scharf von Gottfried Benn distanzierte, dessen Gedichte, wie er bekannte, stets zu seiner Lieblingslektüre gezählt hatten.

Thomas Mann trat am 17. Oktober 1930 im Berliner Beethovensaal auf mit einem Vortrag unter dem Titel «Deutsche Ansprache. Ein Appell an die Vernunft». Er warnte vor der vernunftfeindlichen Nazi-Bewegung, die mit einer «Diktatur der Gewalt» die Republik zu zerstören drohe. Es kam zum Eklat: im Publikum saßen rechtsradikale Störer, die – angeführt von dem Schriftsteller Arnolt Bronnen – die Veranstaltung massiv störten. «Der Nazismus erklärte unserem Haus den Krieg: Die Familie Mann war ihm ein Dorn im Auge», schreibt Klaus Mann im «Wendepunkt» (S. 261).

Demonstration im Berliner Lustgarten, 1930

Rechts: Thomas Mann bei seinem «Appell an die Vernunft» im Berliner Beethovensaal, 17. Oktober 1930

Stefan Zweig. Zeichnung von Frans Masereel

*Lieber und sehr verehrter Stefan Zweig – kaum ein Schriftsteller großen Ranges hat so viele Freunde in der Jugend wie Sie. Kaum einer verfolgt mit soviel Anteilnahme unsere Bemühungen, ist uns so kluger Helfer, Berater und Freund. Wenn einer das Recht hat, sich «an die Jugend» als an einen geistigen Sammelbegriff zu wenden, sind ohne Frage Sie es, verehrter Stefan Zweig. Sie tun es in Ihrem Artikel «Revolte gegen die Langsamkeit», den ich mit gespanntem Interesse lese. Erlauben Sie mir, daß ich Ihnen darauf erwidere. Es gibt auch ein Alles-verstehen-Können, eine Bereitwilligkeit der Jugend gegenüber, die zu weit geht. Nicht alles, was Jugend tut, weist in die Zukunft. Ich spreche das aus, und ich bin selbst jung. Ein großer Teil meiner Altersgenossen – oder der noch Jüngeren – hat sich mit all dem Elan, der dem «Vorwärts!» vorbehalten sein müßte, für das «Rückwärts!» entschieden. Das dürfen wir unter keinen Umständen gutheißen. Unter gar keinen Umständen.*
(Klaus Mann, Jugend und Radikalismus, in: Eltern, S. 318)

*Benn ist ein großer Poet: Einige seiner dunkel suggestiven, tragisch kühnen Verse haben sich mir für immer eingeprägt, ihr Rhythmus bleibt mir im Blut wie das Echo früh gehörter, früh geliebter Zaubersprüche. Auch persönlich stand ich damals auf herzlichem Fuße mit dem äußerlich so korrekten und konventionellen Visionär, der es nicht unter seiner Dichterwürde fand, neben- oder hauptberuflich als Spezialist für Haut- und Geschlechtskrankheiten in einem Berliner Arbeiterviertel tätig zu sein. […] Der nietzschetrunkene Dermatologe war angenehm berührt von dem antihumanistischen, antichristlichen Radikalismus, der irrationalen Vehemenz der Hitler-Bewegung. Mit dem «Irrationalen» hatte er es überhaupt. Auch ich war einst verliebt gewesen in diesen Terminus, dessen Inhalt übrigens ebenso fließend und unbestimmt bleibt, wie eben die Sphäre der naturhaft-amoralischen Impulse es im Gegensatz zur Sphäre des kritisch-moralischen Geistes ist. Aber wenn das «Irrationale» mir in seinen zärtlich-träumerischen, erotisch verbindenden Erscheinungsformen behagt hatte, so erschreckte es mich in seinen aggressiv brutalen Manifestationen, besonders wo diese den Charakter zerstörerischer Massenhysterie anzunehmen drohten.* (WP, S. 249f.)

Gottfried Benn. Foto von Franz Pfemfert

*Die «Deutsche Ansprache», die mein Vater im Beethovensaal zu Berlin hielt, am 17. Oktober 1930, fast genau einen Monat nach den verhängnisvollen Reichstagswahlen, bedeutete einen dramatischen Höhepunkt des langen und bitteren Kampfes. Der Aufruhr im Saal brach los, als der Redner das deutsche Bürgertum mit dringlichem Ernst ermahnte, Frieden zu machen mit der organisierten Arbeiterschaft und die Idee der sozialistischen Demokratie endlich zu akzeptieren, auf daß die Schmach und Katastrophe des Dritten Reiches verhütet werde. An dieser Stelle erhob sich die gekränkte deutsche Ehre von ihrem Sitz und ließ bellende Töne hören. Die deutsche Ehre trug eine blaue Brille (wie der selige General Ludendorff, als er nach verlorenem Krieg über die Grenze floh); aber man konnte doch gleich sehen, daß es Bronnen war. Erinnert man sich seiner? Arnolt Bronnen, ein kesser Junge, der sich zunächst als Autor expressionistisch gesteilter Pornographie einen Namen machte. In seiner «Septembernovelle» ging es hoch her, eine Schnurre voll inspirierter Geilheit, dabei nicht einmal ganz talentlos. Mit dem Talent hörte es dann bald auf, woraufhin der Wicht prompt seine nationale Gesinnung entdeckte. Dies waren unsere Feinde, der Abschaum. Dies waren die künftigen Herren.*
(WP, S. 262f.)

# Die schrecklichen Kinder

Das Münchner «Geschwister»-Ensemble mit dem Autor, 1930. V. l. n. r.: Richard Révy, Erika Mann, Erika Ziha, Klaus Mann, Ewald Balser, Therese Giehse, Wolfgang Liebeneiner und Herbert («Babs») Franz

Szene aus der Uraufführung

**Die zunehmende Politisierung** Klaus Manns, die im Herbst 1930 deutlich erkennbar wurde, war eine Seite seiner Entwicklung. Zur gleichen Zeit entstand ein Werk, das sich radikal von allen Zeitfragen fernhielt: das Theaterstück «Geschwister», eine Dramatisierung von Jean Cocteaus 1929 erschienenem Roman «Les Enfants terribles». Am 12. November 1930 fand an den Münchner Kammerspielen die Uraufführung statt, mit Erika Mann und Wolfgang Liebeneiner in den Hauptrollen. Regie führte Richard Révy. In einer Nebenrolle als Magd Marietta wirkte auch Therese Giehse mit.

Das Stück, das sich in der Handlung eng an die Romanvorlage hält, beschreibt die Geschichte eines Geschwisterpaares, das sich in einem künstlich verlängerten Kindheitsparadies hermetisch von der Außenwelt abschließt. Elisabeth und Paul füllen ihr kleines Reich mit eigenen Sprach- und Verhaltensritualen und symbolisch beladenen Gegenständen. Vor allem Elisabeth wacht eifersüchtig darüber, daß andere Menschen keinen wirklichen Zugang zur Welt des «Zimmers» bekommen, das sie mit Paul bewohnt. Die Atmosphäre, die das Geschwisterpaar um sich herum aufbaut, changiert zwischen magischem Zauber und trivialer Kinderei.

Bei den Kritikern und beim Publikum erlebte das Stück einen «geräuschvollen Durchfall», wie Klaus Mann in seiner Autobiographie bekennt – die Kritiker seiner Heimatstadt hätten sich in den «üblichen Schimpftiraden» ergangen (WP, S. 264). Die Grenzen des Üblichen verließ allerdings die Besprechung im NSDAP-Parteiorgan «Völkischer Beobachter»; die Wirklichkeit, die Klaus Mann aus seinem Stück bewußt heraushalten wollte, holte ihn spätestens in dieser Rezension wieder ein: «Wäre Klaus Mann nicht der Sohn des Thomas Mann, wäre dieses Stück sicher nie über die Bretter gegangen. Und hätte Klaus Mann je im Bersten der Granaten gestanden und im Sturm nach vorwärts sein Gewehr gefällt, er hätte dieses Stück nicht geschrieben. [...] Als ich nach Hause ging, marschierten eben ein paar S.A.-Männer im Braunhemd vom Dienst kommend über den Marienplatz. Mit ihnen sprach ich noch vom Kampf der nächsten Tage und Wochen. Das versöhnte mich mit den 2 Stunden in der ersten Studio-Aufführung. Mögen die Literaten auf den Brettern eine sterbende Welt verherrlichen, auf der Straße marschiert das neue Deutschland.» (Ausgabe vom 15. November 1930)

Zeichnung Cocteaus für die 1935 erschienene illustrierte Ausgabe von «Les Enfants terribles»

1929 hatte Klaus Mann das Erscheinen von Cocteaus Roman in einer Besprechung euphorisch begrüßt: «Les Enfant terribles sind die Abseitigen, die Lebensunfähigen, die rührend Unmöglichen. Das Pathologische wird ins Märchenhafte, das Märchenhafte ins Pathetische, zur Tragödie hinüberstilisiert. Cocteau hat, wie in der Zeichnung Picasso, zum Mysterium der klarsten Linie zurückgefunden. Der Roman der Geschwister Elisabeth und Paul ist von magischer Einfachheit, durchsichtig konstruiert, ein Haus aus Glas. Über den Personen und Geschehnissen liegt bleiches Licht, wie von Schnee. Starke Farben gibt es fast nicht, ebensowenig wie starke Töne. Über den verlorenen Gesichtern dieser Kinder liegt Schimmer von schneeiger Blässe. [...] Jeder, der in ihren magischen Kreis Einlaß sucht, muß enttäuscht werden, sogar die beiden einzigen, mit denen sie eine Zeitlang befreundet zu sein schienen. Das Schicksal der Geschwister ist Untergang. Wir dürfen dem großen Schauspiel dieses Untergangs zusehen. [...] Der Tagesgeschmack, der den Zeitroman fordert, kann diesen Artistenroman ablehnen. Er wird, gegen den Tagesgeschmack, bestehen. Die Stunde wird kommen, da der Geschmack der Leser sich wieder reif erweisen wird für Artistenbücher, wie dies eines ist: so sensibel, so klug, so phantastisch und so präzis. Dann werden ‹Les Enfants terribles› ein Meisterwerk heißen.» (Eltern, S. 209–211).

Jean Cocteau, 1929

Klaus und Erika Mann, um 1930

# Wälsungenblut

Elisabeth (Erika Mann) und Paul (Wolfgang Liebeneiner) in der Uraufführung von «Geschwister», November 1930

**Daß Klaus Mann mit dem Stück** «Geschwister» eines seiner formal überzeugendsten Werke gelang, war gewiß kein Zufall: Die eskapistische Atmosphäre, die er in Cocteaus Roman vorfand, war ihm aus seiner eigenen Vergangenheit nur zu vertraut. Auch daß die Geschwister Paul und Elisabeth von einer kaum verhüllten inzestuösen Sehnsucht getrieben werden, dürfte Klaus Mann an «Les Enfants terribles» besonders gereizt haben. Die Tabuisierung des Inzests, wie sie bei Cocteau (und bei Klaus Mann) beschrieben wird, läßt eine Erfüllung der Geschwisterliebe nur im gemeinsamen Selbstmord zu, der am Ende der Handlung steht – Eros und Thanatos sind unauflöslich miteinander verschmolzen.

Cocteau selbst hat sich über Klaus Manns Dramatisierung Jahrzehnte später sehr kritisch geäußert: Am 20. Oktober 1952 notierte er im Tagebuch, das Stück «Geschwister» sei ohne Bezug zum Geist seines Romans. «Meine Kinder sind sich ihres Reizes, der Poesie nicht bewußt, sie verachten sie sogar, bekämpfen sie.» Erika und Klaus Mann dagegen hätten absichtsvoll die eigene Rolle stilisiert: «Sie wollen Pferd spielen, statt Pferd zu sein und davon zu träumen, wieder Menschen zu werden. Die Kinder von Thomas Mann vermengten mein Buch mit dem ‹Wälsungenblut› ihres Vaters.» (Cocteau 1989, S. 333)

Faktisch ging Erika Mann – bei aller Nähe zu ihrem Bruder Klaus – in den frühen dreißiger Jahren sehr oft eigene Wege. Sie hatte Erfolg als Schauspielerin; sie veröffentlichte gemeinsam mit Ricki Hallgarten ein eigenes Theaterstück für Kinder («Jans Wunderhündchen», 1931); und sie schrieb und publizierte zahlreiche Reportagen und Glossen.

Sogar als Rallye-Fahrerin machte sie Schlagzeilen. Im Juni 1931 nahm sie zusammen mit Ricki Hallgarten an einer 10 000-km-Fahrt des Automobilclubs von Deutschland teil – und die beiden gewannen einen 1. Preis in dem Rennen, das die Teilnehmer quer durch Europa führte. Klaus Mann hat in seinem Tagebuch später festgehalten, daß er Ricki und Erika während dieser Fahrt begegnete – in Rapallo nämlich; aus nicht näher bekannten Gründen notierte er: «Schaurige Durchfahrt von E[rika] und Ricki» (Tb 3, S. 45).

Erika formulierte in einem Brief, den sie im Verlauf der Rennfahrt aus Rom nach Berlin schickte, einen eher heiteren Satz, der nur zwei Jahre später auf ganz andere Weise bittere Realität werden sollte – im Exil nämlich: «Wir wechseln d e Länder weit öfter als die Kleider.» (von der Lühe 1996, S. 77)

Rechts: Erika Mann als begeisterte Autofahrerin. Auf den beiden oberen Fotos ist auch Klaus Mann mit von der Partie.

IIA-24537

Warnemünde Sassnitz Stettin
Weissensee
BERLIN
Tegel
Spree
Köpenik
Spandau
Schöneberg
Mariendorf
Steglitz
Zehlendorf
Wannsee
Potsdam
Michendorf
Trebbin
Seddin
Beelitz
Luckenwalde
Brück
Buchholz
Treuenbrietzen
Niemegk
Jüterbog
Marzahne
Kropstädt
Wittenberg
Elbe
Eutzsch
Bergwitz
Pretzch
Gräfenhainichen
Gröbern
Düben
Mühlbeck
Bitterfeld
Holzweissig
Eilenburg
Delitzsch
Landsberg
Schladitz
Hohenthurm
Eutritzsch
118
HALLE
Elster
LEIPZIG
Merseburg
Eisenach
It. D 39
Zeitz

# Die Tagebücher

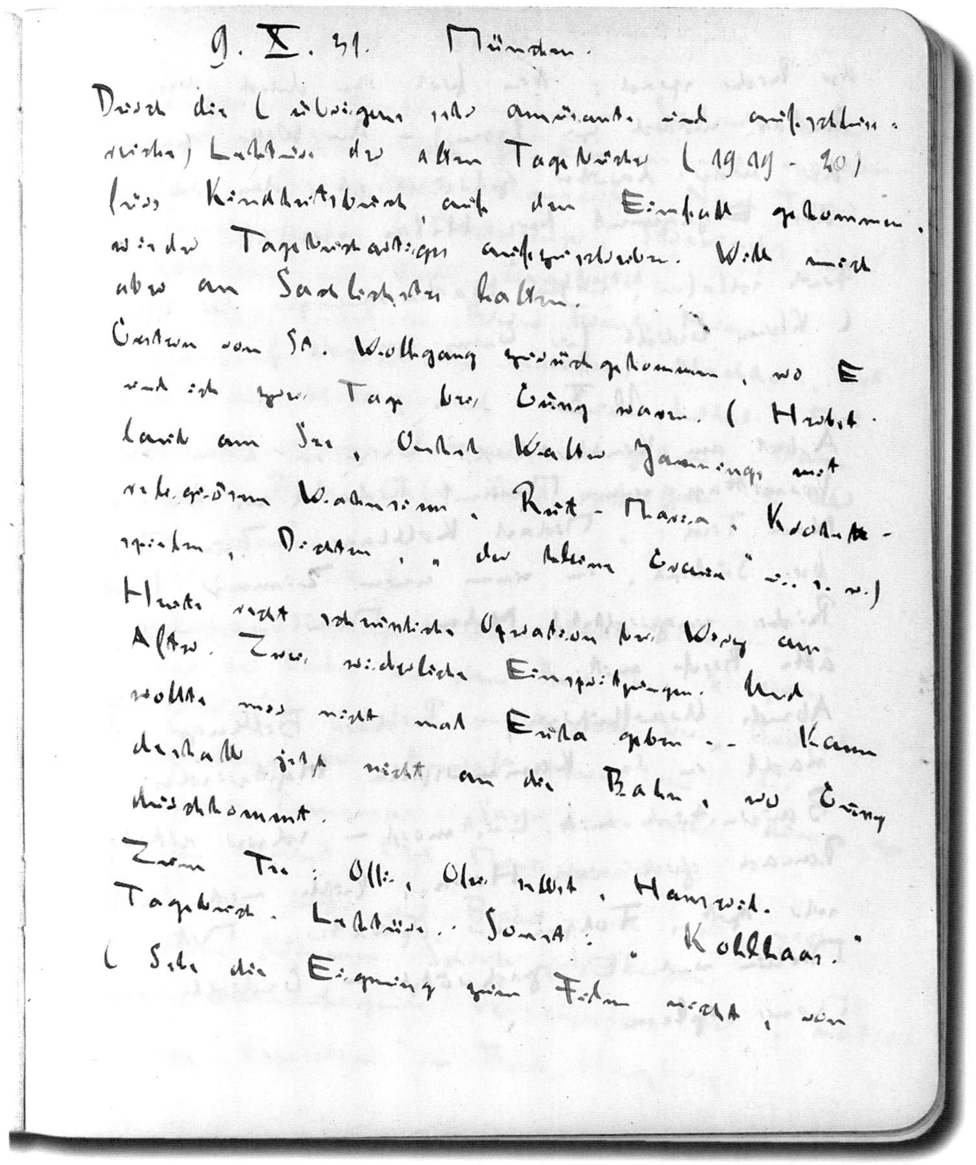
9. X. 31. München.

Durch die (übrigens sehr amüsante und aufschlußreiche) Lektüre der alten Tagebücher (1919–20) fürs Kindheitsbuch auf den Einfall gekommen, wieder Tagebuchartiges aufzuschreiben. Will mich aber an Sachlichstes halten.

**Die erste Seite von Klaus Manns Tagebüchern**

«**München.** Durch die (übrigens sehr amüsante und aufschlußreiche) Lektüre der alten Tagebücher (1919–20) fürs Kindheitsbuch auf den Einfall gekommen, wieder Tagebuchartiges aufzuschreiben. Will mich aber an Sachlichstes halten.»

Mit diesen Worten begann Klaus Mann am 9. Oktober 1931 ein Tagebuch, das er bis zu seinem Tod im Jahr 1949 mit großer Akribie führen sollte. Er schrieb auf, woran er arbeitete und was er las, wen er traf, mit wem er korrespondierte – auch, mit wem er ins Bett ging, wieviel Drogen er nahm, welche Träume und Obsessionen ihn verfolgten. Auf «Sachlichstes» hat er sich keineswegs beschränkt. Die Tagebücher sind ein unzensierter Spiegel seines Lebens und Denkens. Sie dokumentieren sein eigenes rast- und ruheloses Dasein, und sie sind zugleich eine subjektive Chronik politischer und literarischer Entwicklungen der dreißiger und vierziger Jahre.

Die Tagebücher Klaus Manns bestehen teils aus Taschenkalendern, teils aus Heften verschiedenen Umfangs und Formats: in diese Kladden, deren aktuelles Exemplar er offenbar stets mit sich führte, notierte er seine Einträge. Insgesamt existieren einundzwanzig Hefte bzw. Bände des Tagebuchs. Ab 1942 sind sie in englischer Sprache verfaßt.

Daß Klaus Mann überhaupt ein Tagebuch führte, blieb der Öffentlichkeit zu Lebzeiten des Autors und noch Jahrzehnte danach verborgen – die Journale waren ein sorgsam gehütetes Geheimnis. Erst im Jahre 1989 begann der Verleger Eberhard Spangenberg mit der Publikation einer sechsbändigen Auswahl der Diarien. Die Ausgabe wurde zur Sensation: «Obwohl es sich um lauter kurze, ohne viel Nebensatz-Begründungen stakkatohaft geschriebene, private Notizen handelt, kann man nicht aufhören zu lesen», gestand der Kritiker Joachim Kaiser nach der Lektüre des ersten veröffentlichten Bandes in einer Rezension, und er fügte als Begründung hinzu: «Hier wird nicht mehr oder weniger elegante, mehr oder weniger absichtsvoll geformte ‹Literatur› geboten, sondern pure Authentizität.» («Süddeutsche Zeitung», 29./30. Juli 1989)

Die Originaltagebücher sind auf ausdrücklichen Wunsch der Familie Mann noch bis zum Jahr 2010 für die Öffentlichkeit gesperrt. Auch der Forschung bleiben sie bis zu diesem Zeitpunkt unzugänglich. Im vorliegenden Band werden zum ersten Mal einzelne Seiten der Tagebücher Klaus Manns im Faksimile abgebildet.

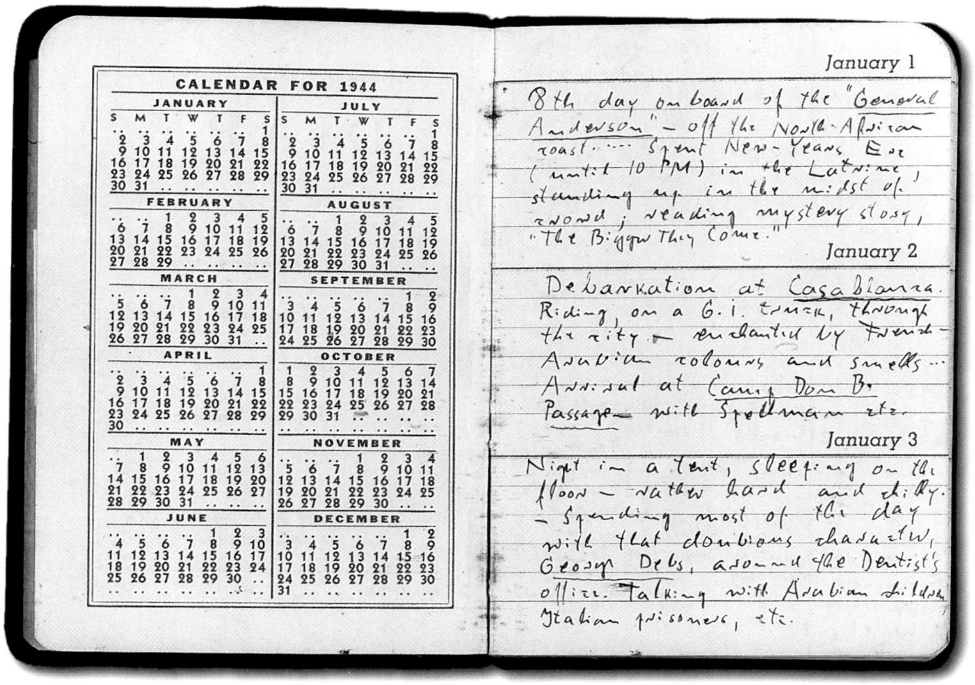


Der Beginn des Tagebuchs für das Jahr 1944

Die Tagebücher Klaus Manns

## Auf der Suche nach einem Weg

Umschlagzeichnung: Emil Orlik

**Die Tagebücher blieben** Klaus Manns Privatsache; zur gleichen Zeit aber war sein Bedürfnis, sich öffentlich mitzuteilen, ungebrochen. In den Jahren 1931/32 erschienen – neben ungezählten Artikeln und Aufsätzen – vier neue Bücher aus seiner Feder, dazu (allerdings unter Pseudonym) ein weiteres Theaterstück. «Mein Leben war nicht ohne eine gewisse Regelmäßigkeit, fast monoton, trotz aller schweifenden Unrast. Beinah nie unterbrach ich meine literarische Arbeit; das Schreiben war mir eine natürliche Funktion wie Essen, Schlafen und Verdauen», heißt es über die späten Jahre der Weimarer Republik im «Wendepunkt» (S. 216).

1931 erschien eine umfangreiche Sammlung von Klaus Manns Aufsätzen, Essays und Glossen unter dem programmatischen Titel «Auf der Suche nach einem Weg». Im folgenden Jahr veröffentlichte er – mit fünfundzwanzig Jahren! – seine erste Autobiographie: «Kind dieser Zeit». Das Buch ist eine detailreiche, oft spannende Schilderung der Erlebnisse und Empfindungen seiner ersten achtzehn Lebensjahre. Der im Vorwort formulierte Anspruch, damit einen Beitrag zur «riesengroßen Geschichte von der Krise des Bürgertums» zu liefern, war allerdings aufgesetzt und wird von der launig-selbstverliebten Darstellungsweise kaum eingelöst. Erst mit seiner zweiten Autobiographie, «The Turning Point» (1942), sollte es Klaus Mann gelingen, sein eigenes Leben und die Zeit- und Kulturgeschichte in ihrer engen Verflechtung zu beschreiben.

Im Vorwort von «Kind dieser Zeit» heißt es recht gestelzt: «Sich erinnern ist immer von Nutzen, man kann es kaum jung genug tun. Während man sich über das klar wird, was vergangen ist, könnte man sogar etwas über die verhüllte Zukunft lernen. Den weltgeschichtlichen Veränderungen, denen wir, schnell oder langsam, entgegengehen und die wir gläubig begrüßen, werden wir uns eher würdig und gewachsen zeigen, wenn wir unsere Herkünfte klären, als wenn wir in der panischen Stimmung des Aufbruchs alles zerstören, was hinter uns liegt.» (KdZ, S. 8)

Klaus Mann, Anfang der dreißiger Jahre

Nizza. Zeichnung von Henri Matisse aus dem «Buch von der Riviera»

Erstausgabe des «Riviera»-Buches. Umschlagzeichnung: Walter Trier

Nizza. Zeitgenössische Postkarte

Zusammen mit seiner Schwester Erika publizierte Klaus Mann 1931 ein weiteres Reisebuch: über die Riviera, wie sie «nicht im ‹Baedeker› steht». Der mit Zeichnungen hübsch illustrierte kleine Band war das Nebenprodukt vieler Aufenthalte der Geschwister an der französisch-italienischen Mittelmeerküste. Politisches hatte keinen Platz in dem Reiseführer, obwohl doch Italien zu diesem Zeitpunkt bereits vom «Duce» regiert wurde. Im Abschnitt über Genua deuteten die Autoren das Dilemma immerhin an: «Überhaupt ist viel Betrieb und Geschäft in den engen und dunklen Gassen [...]. Meistens tut sich etwas Militärisches, ein Umzug von Schwarzhemden, eine kleine Parade. Schweigen wir hiervon, kein Wort über Politik, sonst gäbe es viele und böse Worte.»

# «Treffpunkt im Unendlichen»

Klaus Mann, um 1932

Cover der Erstausgabe, 1932

**Das bedeutendste Werk** Klaus Manns vor der Exilzeit war der Roman «Treffpunkt im Unendlichen», der im Frühjahr 1932 im S. Fischer Verlag erschien. Das Buch entwirft ein faszinierendes Bild vom Leben junger Künstler und Intellektueller in Europas Metropolen: eine «verlorene Generation», zerrissen zwischen Sehnsucht und Verzweiflung, Ambition und Eskapismus. So verschieden die einzelnen Schicksale verlaufen, gemeinsam ist allen Protagonisten eine große Einsamkeit. Auch die rauschhaften Vergnügungen der Großstadt bieten nur kurze Augenblicke der Betäubung.

In der Form erprobte Klaus Mann mit «Treffpunkt im Unendlichen» erstmals ein mehrsträngiges, figurenreiches Erzählen. In der Literatur der zwanziger Jahre gab es dafür zahlreiche Vorbilder. Das Buch «Die Falschmünzer» von André Gide zum Beispiel hatte Klaus Mann schon 1929 als «fugenhaften Ideenroman» gepriesen – «die Kunstform, auf die wir mit so großer Ungeduld gewartet haben» (Eltern, S. 203). Auch Romane wie Virginia Woolfs «Mrs. Dalloway», Aldous Huxleys «Kontrapunkt des Lebens», Alfred Döblins «Berlin Alexanderplatz» und Hans Henny Jahnns «Perrudja» wurden von Klaus Mann früh rezipiert.

Für sein eigenes Schreiben entwickelte er eine Erzählstruktur, die durch viele Dialoge und innere Monologe vor allem das subjektive Erleben der Figuren spiegelt. Das Nebeneinander der Gestalten, das schon der Titel «Treffpunkt im Unendlichen» signalisiert, ist ein bewußt eingesetztes literarisches Mittel: Die Form korrespondiert mit dem Thema des Romans, dem unaufhebbaren «Fluch der Individuation».

Erstausgabe von Döblins Roman, 1929. Umschlagzeichnung von Georg Salter

Hans Henny Jahnn

**Szenen aus Horst Königsteins Verfilmung von «Treffpunkt im Unendlichen», 1984**

*Klaus Mann ist nicht nur ein Chronist. […] Die auffälligste Besonderheit seiner Romane […] liegt darin, daß sich die große Einsamkeit, das Nebeneinander der Menschen und Schicksale, das Kollektiv, das doch keine Gemeinschaft ist, in einer äußeren Form darstellt, die man mit dem (von Gutzkow geschaffenen) Namen als «Roman des Nebeneinander» bezeichnen könnte. Freilich handelt es sich nicht mehr um das Nebeneinander sozialer Schichten, Stände und Klassen, wie im Jungdeutschen Roman, sondern um ein Nebeneinander isolierter und doch sich suchender Menschen, vieler Schicksale und Milieus, um Parallelen vieler Lebenswege, die sich nur im Unendlichen treffen. […] Manchmal finden Begegnungen statt, und manchmal sprüht es bei Berührungen wie von elektrischen Funken – bloße Augenblicke, auf die bald der Abschied folgt, und wieder laufen die Parallelen nebeneinander fort. So bildet sich eine Form, die man nicht mit einem Mosaik vergleichen darf, aber mit einer Fuge, deren Tonreihen wie in moderner Musik nicht aufeinander abgestimmt sind, sondern in schmerzlicher Einsamkeit und dissonierender Fügung nebeneinander ablaufen.*

(Fritz Strich, in: KMzG, S. 163f.)

# Phantasie oder Vorbild?

Klaus Mann

schreibt sein neuestes Werk

Mit dieser Zeichnung karikierte das nationalsozialistische Satire-Blatt «Die Brennessel» im Juli 1932 Klaus Manns Neigung, seine literarischen Gestalten mit den Zügen realer Personen auszustatten.

**In einer Umfrage** nach dem Ursprung dichterischer Gestalten hatte Klaus Mann 1927 geantwortet, daß nach seiner Überzeugung kein Autor die Wirklichkeit einfach «photographiere» – aber ebensowenig könne man «ins Blaue hinein erfinden». Eine saubere Trennung von Erfundenem und Selbsterlebtem, von Phantasie und Vorbild erklärte er für unmöglich; und sinnlos, ja ordinär sei es, bei literarischen Werken immer nur nach möglichen «Modellen» zu forschen (Eltern, S. 118).

In seinen eigenen Werken hat sich Klaus Mann stets, wenn er Figuren und Milieus zeichnete, an der ihm vertrauten Wirklichkeit ausgerichtet. Doch ging es ihm nicht darum, Schlüsselromane oder -dramen zu präsentieren – er wollte keine realen Personen oder Ereignisse detailgetreu abbilden. Vielmehr verknüpfte er häufig einzelne Züge verschiedener Freunde (oder Feinde) zu fiktiven literarischen Gestalten. Er bediente sich ganz ungeniert in der ihn umgebenden Realität – ohne Rücksicht darauf, daß sich manche Zeitgenossen dann in seinen Werken wiederzuerkennen meinten.

Auch als er «Treffpunkt im Unendlichen» schrieb, griff Klaus Mann auf Vertrautes und Selbsterlebtes zurück. Die Protagonisten Sebastian und Sonja tragen zum Beispiel Züge des Autors und seiner älteren Schwester. Der dämonische Doktor Massis erinnert an Gottfried Benn, der Selbstmörder Richard Darmstädter an Klaus Manns Freunde Wolfgang Deutsch und Ricki Hallgarten.

Und die vielleicht eindrucksvollste Szene des Romans ist autobiographisch verbürgt: Der Haschisch-Horrortrip, den Sonja und Sebastian erleben, basiert auf den Erfahrungen, die Klaus und Erika Mann 1930 in Nordafrika gemacht hatten.

uns fremden Universität vor sich geht. An uns ist es, die zu bitten, uns den Gegenbeweis zu liefern, daß ein bißchen anzustoßen, indem man ausspricht, was nur allzu gern verschwiegen wird. Nek.

## Phantasie oder Vorbild?

**Der Dichter und sein Modell – Eine Umfrage nach dem Ursprung dichterischer Gestalten**

### Heinrich Mann

Sind die Eindrücke eines ganzen Lebensabschnittes auch längst schon reif, einen Roman zu erbauen, so kommt vielleicht noch ein letzter Eindruck, der entscheidet. Ich kannte das ehemalige Italien lange genug, um den Roman eines typischen Gemeinwesens zu schreiben. Ich hatte als Jüngling mit wenig Geld jahrlang dort mitgetan, – nicht wie ein Fremder im Hotel gewohnt und nur zugesehen, sondern im Volke gelebt und war überall dabei. Aber zehn Jahre später, als ich schon im Hotel wohnte, mußte ich erst noch gerührt werden von der Bewegung, die eine junge Operntruppe in einer „kleinen Stadt" schuf. Das war der Roman. Im selben Augenblicke fanden seine Gestalten sich zusammen. Der Advokat Belotti stand wieder auf, er ging, wie zu der Zeit, als ich in seinem Hause gewohnt hatte, erfüllt von seiner Wichtigkeit über den Marktplatz und in das Café „Zum Fortschritt". Dort traf er andere Bewohner seiner kleinen Stadt. Es wurden immer mehr. Die einen hatte ich in ähnlichen kleinen Städten wirklich gekannt, andere stellten sich mir erst jetzt vor. Aber ich könnte nicht sagen, welche. Sobald sie da waren, bevölkerten sie mit den „wirklichen" mein Bewußtsein, ja, meine Erinnerung. Zwischen dem Jugend. Er schien geboren wie durch Zauber, war aber geistig in mir längst vorbereitet und nur ein neuer Ausdruck der Erscheinung, die mich so oft erschüttert hat, – der Macht.

Durch die nächste Nummer der Zeitung erfuhr ich, daß der Freund der Sängerin durchaus kein Tyrann der Jugend gewesen war, sondern ein Börsen-Redakteur, der nur Professor hieß. Meinem Helden konnte das nichts mehr anhaben. Im Gegenteil hatte das Mißverständnis ihm nur gedient. Richtige, verfrühte Angaben hätten ihn wahrscheinlich erstickt noch vor der ersten Regung. Irrtum kann furchtbar werden. Sachliche Täuschung verbunden mit innerem Erkennen ergibt unter Umständen Wahrheit.

### Bert Brecht

In irgendeiner Gesellschaft werde ich mitunter, meine Stücke betreffend, gefragt: Woher haben Sie das? Ist das wirklich passiert? Gab es diese Leute? Ich bemerke dann vor allem jedesmal, daß der größere Teil der Tischgesellschaft diese Frage ein wenig komisch, den Frager naiv findet. Ich finde den Frager auch naiv. Gerade deswegen kann ich seine Frage auf keinen Fall komisch finden. Dieser Frager ist mein bester Zuschauer am Tisch.

... Bücher, soweit dieses beobachtete Material mei... Umgebung ist, liegt mir bei meiner Arbeitsmeth... vollkommen fern. Ich kann viel besser schreiben ... und zwar viel sicherer und realer – über das, ... in China und Indien vorgeht, als das, was in B...lin vorgeht.

Die Figuren bekommen ihre Lebendigkeit ... die Zeichen ihrer Realität nicht aus einer Uebere...stimmung mit wirklich beobachteten Figuren, ... mehr ... – hier kann ich endlich sagen, was ... der Produktion sich ereignet. Ich möchte aber ... Beispiel von Walt Whitmann heranzieh... Dieser hat einmal erzählt, man habe ihm ... gehalten, er hätte nicht oder nicht oft genug ... Landschaft geschildert, in der er aufgewachsen ... und in der er jahrzehntelang gelebt habe. Er ... widerte, das sei nur in einer gewissen Hin... richtig, er hätte nämlich in seiner ganzen Dicht... nichts weiter getan als eben diese Landschaft ... schildert, aber so wie einer, der die Merkmale di... Landschaft in sich aufgenommen und die Details ... Merkmale wieder vergessen hat. In seinen Büch... findet man nichts weiter als eben diese Meeres... und diese Sandhügel, auf denen er sich jahrzeh...lang getummelt habe.

Mit dieser Transformation möchte ich auch ... zeichnen, was vom Material meiner Umgebung, ... den beobachteten Figuren in mein eigenes Werk ... in die Bücher überging. Es findet eine Verw...lung statt ...

### Klaus Mann

Ihre Frage, ob ein Schriftsteller seine Fig... erfindet oder ob er sie der Wirklichkeit entnimmt ... ganz besonders schwer zu beantworten. Ich gla... man sagt unserer Familie die Untugend nach, ... sie bei Gelegenheit öffentliche Personen oder ... solche aus dem nächsten Bekanntenkreis abkonter...

«Neue Leipziger Zeitung», 23. Januar 1927

Szenen aus Horst Königsteins Film «Treffpunkt im Unendlichen»: Gregor Gregori (Cas Enklaar) in Tänzerpose (Foto links) und mit seinem Freund Sebastian (Till Topf)

«Revue zu Vieren» in Berlin, 1927: Martin Kosleck, Pamela Wedekind, Gustaf Gründgens, Klaus Mann, Erika Mann und Charly Ballhaus (v. l. n. r.)

Die spektakulärste Figur des Romans allerdings ist die des Tänzers Gregor Gregori – denn sie trägt unverkennbar Züge von Gustaf Gründgens. Gregori ist in vieler Hinsicht ein Vorläufer Hendrik Höfgens, des Helden aus dem «Mephisto»-Roman. Auch Gregori geht karrierebesessen und ohne Moral seinen Weg – «ein tänzerischer Herrenmensch», wie es im Roman selbst heißt: «Gregor Gregoris Ruhm stieg plötzlich und blendend über Berlin auf wie eine Rakete. Über Nacht kam es, daß man überall seinen Namen hörte.
Er war in diese Stadt gekommen, von den Zehenspitzen bis zum Scheitel mit keinem anderen Willen geladen als dem: zu siegen. Für was – blieb eine andere Frage.
Man pflegt sie nicht zu stellen, die Frage nach dem ‹Für was?›, wenn Bühnenmenschen sich um ihren Ruhm bemühen. Gregors Wesen aber war von der Art, daß er selber sie stellte – ohne sie freilich beantworten zu können. Nichts als eitler Komödiant zu sein, wies er mit Hochmut von sich. Er prätendierte geistige Ziele, über deren Beschaffenheit er Genaues allerdings nicht auszusagen wußte. Sein Wesen war so anspruchsvoll wie unklar. Die Energien, mit denen er die ständige Hochspannung seines Tages bestritt, waren keineswegs gespeist aus den soliden Quellen einer starken Vitalität, vielmehr erzwang er sie mittels einer hysterischen Verkrampfung, die er sich keinen Augenblick zu lockern erlaubte. In der Tat, diese Hysterie war sein kostbarstes Kapital.» (KM, Treffpunkt im Unendlichen, S. 106)

## Kritiken und Gehässigkeiten

Klaus Mann. Zeichnungen von Benedikt Fred Dolbin

**Der Verleger Samuel Fischer** urteilte kurz und bündig, «Treffpunkt im Unendlichen» sei Klaus Manns «erstes richtiges Buch» (Kroll 1979, S. 179). Doch die öffentliche Resonanz auf das Werk enttäuschte den Autor: Es erschienen nur vereinzelte Besprechungen, und die wenigsten waren positiv. In einem Brief an Erich Ebermayer beklagte sich Klaus Mann über die «vielfach kühle und sogar feindliche Reaktion», die der Roman auslöste – als Schriftsteller brauche er viel Nervenstärke, um dem «widerlichen Ansturm der Gehässigkeiten» standzuhalten (BuA, S. 77).

Selbst wohlmeinende Rezensenten sparten nicht mit Einwänden. Der alte Freund Wilhelm Emanuel Süskind lobte in der Zeitschrift «Die Literatur» zwar die gereifte Erzählkunst Klaus Manns, doch bemängelte er die seines Erachtens aufgesetzte Gesellschaftskritik: «An dem Buch verdrießt freilich [...] eine Sucht, durch eingesprengte soziale Hinweise die Hauptfiguren mit der Zeit zu verknüpfen; in Wirklichkeit müssen sie aus sich heraus Gültigkeit haben, sie gewinnen sie nicht durch angebliches Mitgefühl mit den Beladenen dieser Zeit.» (Kroll 1979, S. 179)

Hermann Hesse veröffentlichte in der «Neuen Rundschau» eine eher kuriose Kritik des Romans. Sie war, ohne Verfasser und Titel des rezensierten Buches überhaupt zu nennen, an einem Detail aufgehängt: Die Nummer von Sebastians Berliner Hotelzimmer wird in der Erstausgabe zunächst mit «elf», später dann mit «zwölf» angegeben. Hesse wertete dies als symptomatische handwerkliche Schlamperei: das «hübsche Buch» sei nur für den Tag, für den Augenblick geschrieben, und «auf einmal verliert das ganze Buch an innerem Gewicht, an Verantwortung, an Echtheit und Substanz» – denn einem Autor, der so leichtfertig Literatur produziere, dem nehme man auch sein Engagement für die dargestellten Menschen nicht recht ab.

Klaus Mann, der seine Texte und Bücher stets schnell (und manchmal flüchtig) schrieb, schickte einen Brief an Hesse und beteuerte, wie sehr er sich ob dieses Lapsus schäme: «Wie konnte mir das passieren – und denken Sie sich, ich hatte es bis jetzt nicht gemerkt!» Er fügte hinzu, nicht ohne Selbstmitleid: «Dieses problematische Buch, gegen das sich so furchtbar viel sagen läßt, ist ja von unserer Presse besonders dumm und ungerecht beurteilt worden.» (BuA, S. 89f.)

Samuel Fischer

Wilhelm Emanuel Süskind

Hermann Hesse

Siegfried Kracauer

Einen gnadenlosen Verriß von «Treffpunkt im Unendlichen» veröffentlichte Siegfried Kracauer in der «Frankfurter Zeitung». Er fand das Buch «einfach zum Kotzen» und wertete es als typisches Symptom eines Literaturbetriebs, in dem junge Autoren sich selber verschleißen: «Sie sammeln Erfahrungen zum einzigen Zweck der sofortigen Verwendung, sammeln also in Wirklichkeit keine. Ich frage mich, ob sie tatsächlich auf die fortwährende Fabrikation von Belletristik angewiesen sind, die sie so schwer gefährdet, und nicht vielleicht doch irgendeine Möglichkeit hätten, ihren Lebensunterhalt auf andere Weise zu verdienen.»
Das waren deutliche Worte. Kracauer ließ kein gutes Haar an dem besprochenen Roman: «Klaus Mann mit seinem Schreibtalent schreibt das schmierige Leben einfach ab, ohne ihm irgendeine Bedeutung zu entnehmen, und fühlt sich noch wohl dabei. Geschrieben muß werden. Der Skrupellosigkeit dieses Betätigungsdranges entspricht die der Mache. Sie ist modern frisiert und erstrahlt im Glanz flüchtig aufgelesener Effekte, die in diesem Zusammenhang nur leider nicht glänzen wollen. So sind gewisse zeitgemäße Verfahrungsweisen, die bei John Dos Passos und Nathan Asch auftauchen, hier unverstanden übernommen; so nach bewährten Mustern aktuelle Reportagen eingestreut, die an dem betreffenden Ort keine Funktion erfüllen.» Das Fazit der Rezension lautete: «Ein verschmiertes Talent. Eine wendige Schmiererei.» («Frankfurter Zeitung», 1. Mai 1932)

# «Du wirst nebenher vernascht»

**In seiner Autobiographie** hat Klaus Mann später die scharfe Ablehnung, auf die seine Werke «Geschwister» und «Treffpunkt im Unendlichen» stießen, politisch gedeutet: als Ausdruck der sich zuspitzenden gesellschaftlichen Krise. «Eine mörderische Gehässigkeit, ein Nazi-Haß: Das war es nun, was mir aus den Spalten der Presse, der Miene des Theaterpublikums entgegengrinste. Dies war nicht mehr von der komischen Seite zu nehmen wie die Skandale meiner früheren Zeit. Es wurde Ernst.» (WP, S. 264f.)

Das Etikett «Nazi-Haß» konnte auf Kritiker wie Kracauer oder Hesse schwerlich zutreffen. Doch insgesamt war Klaus Manns Beschreibung der Situation keineswegs übertrieben: Die politischen Konflikte wurden immer brutaler ausgetragen, und die Attacken der Rechtspresse auf ihre geistigen Widersacher eskalierten. Als Erika im Januar 1932 bei einer pazifistischen Versammlung in München auftrat, wurde sie im «Völkischen Beobachter» als «blasierter Lebejüngling» verspottet, der nur «blühenden Unsinn» vorgetragen habe; die gesamte Familie Mann sei ein «Skandal, der auch zu gegebener Zeit seine Liquidierung finden muß» (von der Lühe 1996, S. 88).

Klaus verteidigte seine Schwester in einem Zeitungsartikel. Prompt reagierte das Nazi-Blatt «Die Brennessel» mit einem offenen Brief an Klaus Mann: «Es gibt eine junge Generation, die ungeistig genug ist, um Dir einmal furchtbar auf die Pfoten zu klopfen. Doch Du brauchst keine Angst zu haben, Kläuschen, es wird mit dieser Feststellung kein Angriff auf Deinen zarten Knabenkörper geplant. Du wirst nur so nebenher vernascht.» (von der Lühe 1996, S. 91)

Klaus Mann mit der Schauspielerin Therese Giehse

Große öffentl. Frauenversammlung

Mittwoch den 13. Januar, abends 8 Uhr
im großen Saal des Hotels Union, Barerstr.

Weltabrüstung oder Weltuntergang

Referentin: Marcelle Capy – Paris
(Der französische Vortrag wird ins Deutsche übertragen)

Erika Mann spricht aus „Die deutsche Zukunft" zur Abrüstung.

Internationale Frauenliga für Frieden und Freiheit – München
Frauenweltbund für Internationale Eintracht – München
Weltfriedensbund der Mütter und Erzieherinnen – München

Frauen aller Richtungen und Parteien – aller Konfessionen und Klassen! Auf jede Einzelne kommt es an! Erscheint in Massen!

Konstanze Hallgarten
Paula Noris
Edith Hoereth-Menge

Eintritt: 20 Pfg. zur Unkostendeckung, Mitglieder 10 Pfg.
Erwerbslose haben freien Eintritt

Aufruf zu einer pazifistischen Frauenversammlung, Januar 1932

Adolf Hitler und (rechts neben ihm) Ernst Röhm bei einer SA-Parade, 1932

Nidden, Sommer 1930: Katia und Thomas Mann mit Elisabeth, Michael und zwei fremden Kindern vor ihrem Sommerhaus. Dahinter auf der Bank: Monika Mann

Segelflieger in den Dünen der Kurischen Nehrung

Ungestörte Idyllen gab es nirgends mehr. Selbst im malerischen Örtchen Nidden auf der Kurischen Nehrung, wo Thomas Mann für sich und die Seinen 1929/30 ein Sommerhaus hatte bauen lassen, waren die Zeichen der Zeit unübersehbar. Klaus Mann verbrachte 1931 seine Sommerferien dort. Nidden lag im litauischen Gebiet, unmittelbar hinter der deutschen Grenze. Noch auf deutschem Boden befand sich die berühmte Segelfliegerschule von Rossitten. «Bei gutem Wetter hörten wir die rauhen Kommandoschreie und lustigen Gesänge der jungen Stimmen aus dem Vaterland zu uns herüberschallen. Manchmal sahen wir wohl auch einige der Segelflieger – es müssen ihrer Hunderte gewesen sein – an unserem stillen Strand spazierengehen. Ihre Hemden und Sweater waren mit Hakenkreuzen geschmückt. Wir beobachteten ihre ungeschlachten, etwas tolpatschig-wilden Spiele in den Dünen, in den Meereswellen. Auch ihre Badehosen zeigten an prominenter Stelle das völkische Emblem.» (WP, S. 216) Im Jahr darauf erlebte Thomas Mann in Nidden ein erstes Vorspiel der Bücherverbrennung: «Als ich mich im Sommer 1932 an der Ostsee aufhielt, bekam ich ein Paket zugeschickt, aus dem mir, als ich es öffnete, schwarze Asche, verkohltes Papier entgegenfiel. Der Inhalt bestand aus einem verbrannten, nur gerade noch erkennbaren Exemplar eines Buches von mir, des Romans ‹Buddenbrooks›, – mir übersandt vom Besitzer zur Strafe dafür, daß ich meinem Grauen vor dem heraufkommenden Nazi-Verhängnis öffentlich Ausdruck gegeben hatte.» (TM 1986, S. 563)

# Der Selbstmord Ricki Hallgartens

**Am 5. Mai 1932** erschoß sich in Utting am Ammersee Ricki Hallgarten. Der Jugendfreund, dem sich Klaus Mann wie ein Bruder verbunden fühlte, hatte seit langem unter manisch-depressiven Stimmungen gelitten. Er wählte den Freitod einen Tag vor dem geplanten Aufbruch zu einer Reise nach Persien – die er zusammen mit Annemarie Schwarzenbach, Klaus und Erika Mann unternehmen wollte.

Für Klaus Mann war Ricki Hallgartens Suizid ein ungeheurer Schock. In seinem Tagebuch ist immer wieder dokumentiert, wie er noch Jahre später des toten Freundes gedenkt, von ihm träumt, ihn betrauert. Unmittelbar nach dem Selbstmord faßte Klaus Mann den Plan, ein Buch über Ricki Hallgarten herauszubringen. Der Band kam nicht zustande, statt dessen ein ausführlicher Essay unter dem Titel «Ricki Hallgarten – Radikalismus des Herzens».

Klaus Mann gab in seinem Text einiges von sich selbst preis, als er schrieb: «Das Leben *ist* Fluch – abgesehen davon, daß es Segen ist, und es bleibt Sache des persönlichen Schicksals, ob man es primär als das eine oder als das andere empfindet.» (Eltern, S. 391) Er betonte, Rickis Verzweiflung sei «*auch* zeitgebunden» gewesen: als Leiden an der «Isolierung des Künstlers in der Übergangszeit», an einem «Stehen zwischen zwei Zeitaltern» (ebd., S. 392 f.). Die Schlußworte des Essays waren ein unverblümtes Bekenntnis eigener Sehnsüchte: «Der Tod ist mir eine vertrautere Gegend geworden, seit ein so inniger Vertrauter meines irdischen Lebens sich ihm, dem Tode, der mir einst so fremd tat, freiwillig anvertraut hat. Wo ein Freund wohnt, kennt man sich doch schon etwas aus, ehe man selber hinkommt.» (Ebd., S. 411)

Links: Klaus Mann und Ricki Hallgarten in Berlin, Savignyplatz, um 1929

Ricki Hallgarten. Zeichnung von Jorge Herold, März 1932

Kinderbuch mit Illustrationen von Ricki Hallgarten, 1932

Erika Mann

Stoffel fliegt übers Meer

Bilder und Ausstattung von Richard Hallgarten

Dritte Auflage

Levy & Müller • Verlag • Stuttgart

Die künstlerischen Arbeiten Ricki Hallgartens, von denen sich später etliche in den Nachlässen Klaus und Erika Manns fanden, spiegeln die starke Ambivalenz seiner Lebensstimmung. Auf der einen Seite schuf er Illustrationen für Kinder, zum Beispiel für Erika Manns Buch «Stoffel fliegt übers Meer», deren klarer Strich und fröhliche Tendenz an Zeichnungen von Walter Trier und Erik Ohser erinnern. Auf der anderen Seite entstanden tieftraurige Radierungen, die fast ausnahmslos leidende, verlorene Kreaturen zeigen.

«Rickis Malerei entwickelte sich mit einer unerbittlich strengen Konsequenz. Störrisch und zäh, ein von seinen Träumen Besessener, blieb er an ganz bestimmte Motive fixiert, die seine Phantasie von Kindheit auf beherrscht hatten: den Krüppel, die springende Katze, das magere, böse-reizende Kind, die Gebirgslandschaft vor dem glasig erfrorenen Himmel. Nur die Fülle des Ausdrucks nahm zu, seine Bilder wuchsen von einer gespenstisch verzerrten Dürre zu einer immer reicheren und lebendigeren Plastizität.» (KdZ, S. 1741.)

Radierungen
Ricki Hallgartens

# Abreise

Erika Mann, Annemarie Schwarzenbach und Klaus Mann während der Venedig-Reise, Mai 1932

«**Abreisen, abreisen, abreisen.** Ich reise ab, es reist mich ab, es reißt ab», lautet ein Wortspiel im Roman «Treffpunkt im Unendlichen». Klaus Manns eigene Unruhe, die sein gesamtes Leben prägte, war nicht zuletzt ein Mittel der Flucht. In seiner Autobiographie bekannte er: «Meine Unrast – oder meine Angst vor Wiederholung, Monotonie und Überdruß – ließ mich niemals an einem Ort, bei einem Freundeskreis, einer Beschäftigung verweilen. Es trieb mich fort. Immer trieb es mich zum Aufbruch, zum neuen Abenteuer. Ich gefährdete (oder rettete) menschliche Beziehungen, riskierte berufliche Chancen, unterbrach Studien und Amüsements – nur aus dem nervös-irrationalen Bedürfnis nach Wechsel und Bewegung.» (WP, S. 166)
Nach dem traumatischen Ereignis von Ricki Hallgartens Tod sind in Klaus Manns Tagebuch die Eintragungen für vierzehn Tage unterbrochen. Dann setzen die Notizen wieder ein: mit einem längeren Aufenthalt in Venedig. Klaus Mann war zusammen mit seiner Schwester Erika, mit Annemarie Schwarzenbach und mit dem Schauspieler Herbert Franz, genannt «Babs», in der Lagunenstadt. Man machte gemeinsam Ferien, wohnte im vornehmen Hôtel des Bains, bewunderte die kulturellen Schätze der Stadt. Anfang Juni 1932 kehrte Klaus Mann nach München zurück. Auf der Heimreise notierte er während eines Zwischenstopps in Bozen: «Viel an R[icki] gedacht während der Fahrt. – Im Hôtel gegessen. In den deutschen Montagszeitungen: Rücktritt Brünings. Dienstag: Herr v. Papen als neuer Kanzler. Mißtrauen und Angst.» (Tb 1, S. 55)

Auch diese Fotos entstanden vermutlich während der Venedig-Reise 1932. Oben: Annemarie Schwarzenbach und Erika Mann. Unten: Annemarie Schwarzenbach, Klaus und Erika Mann, hinter ihnen Herbert Franz (?). Links: Annemarie Schwarzenbach mit Herbert Franz (?) und einem unbekannten jungen Mann.

# Nördlicher Sommer

**Mitte Juli 1932** brach Klaus Mann – wiederum zusammen mit Erika – zu einer mehrwöchigen Reise durch den Norden Europas auf. Sie bewunderten Städte und Landschaften in Schweden, Finnland und Norwegen; und sie waren froh, den eskalierenden politischen Unruhen in Deutschland vorübergehend zu entkommen. Klaus Mann hielt die herrlichen Natureindrücke der Reise in einem ausführlichen Essay fest, dem er den Titel «Nördlicher Sommer» gab.
Nur am Rande erwähnt wird darin allerdings der Mensch, dessen Zuneigung für Klaus Mann zum eigentlichen Erlebnis der Skandinavien-Reise wurde: der finnische Gutsbesitzer Hans Aminoff. Ein gemeinsamer Freund, Jorge Herold, hat Aminoffs außergewöhnliche Erscheinung beschrieben: «Hans war [...] blond, mit leicht slawischen Augen und von einer unaffektierten, unbewußten, natürlichen, aristokratischen Eleganz. Seine einfache Kleidung stand ihm wie die des größten Modeschöpfers, denn es war nicht der Anzug, der ausschlaggebend war, sondern der Körper, der in ihm steckte, die Bewegungen desselben und der Ausdruck seines Gesichts sowie die Sonorität seines Organs, die ihm den unnachahmlichen Stil seines eigenartigen Wesens gab. Hans sprach fast alle europäischen Sprachen, doch immer mit einem slawisch-russischen Unterton. Frauen wie Männer waren sofort völlig von ihm eingenommen.» (Kroll 1979, S. 192)

**Hans Aminoff, 1933. Mit handschriftlicher Widmung für Klaus Mann: «Mein Porträt - nicht zu früh - hoffentlich nicht zu spät»**

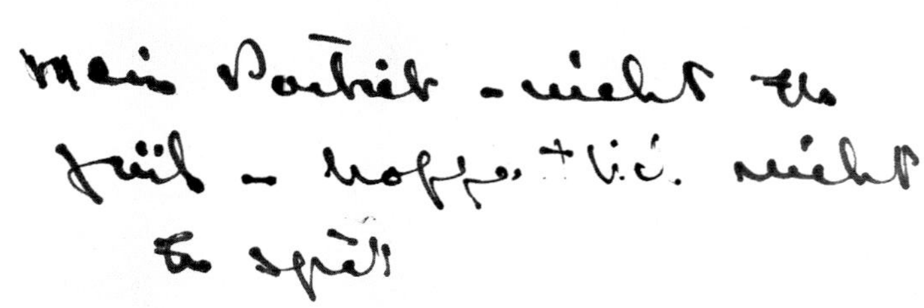

Klaus Mann kannte Hans Aminoff bereits aus Paris. Zwischen beiden entstand eine leidenschaftliche Liebesbeziehung. Doch für ein dauerhaftes Leben mit Klaus Mann vermochte sich Aminoff, Oberhaupt einer prominenten finnischen Familie, nicht zu entscheiden – er heiratete später und wurde Vater einer Tochter. Seine große finnische Liebe, schrieb Klaus Mann im April 1933 in einem Brief, sei am Ende «auch nur wieder Trug und Höllengelächter» (BuA, S. 87).
In seinem ersten Exilroman «Flucht in den Norden», der 1934 erschien, hat Klaus Mann die Erlebnisse in Finnland literarisch verarbeitet.

Das Gutshaus
der Aminoffs in Pekkala,
Finnland

Finnische Seenlandschaft

Helsinki, die finnische
Hauptstadt

# Gruß an das zwölfhundertste Hotelzimmer

**Im Roman** «Treffpunkt im Unendlichen» spielen Hotelzimmer eine besondere Rolle – als Handlungsorte, aber auch als Chiffren für eine Existenzform: für ein unbehaustes, ruheloses, freies Leben. Sebastian, eine der Hauptfiguren des Buches, lebt fast nur in Hotels und Pensionen – «Heimat von drei, vier Wochen, zwei Monaten, einem halben Jahr» (Treffpunkt im Unendlichen, S. 48). Auch Klaus Mann lebte zeitlebens bevorzugt in Hotels, Pensionen und möblierten Zimmern; dazwischen wohnte er für Tage oder Wochen bei Freunden oder im Elternhaus. Ein großer Teil seiner Korrespondenz wurde auf Hotelbriefbögen geschrieben – wie das abgebildete Schreiben an Franz Goldstein, datiert vom 14. Januar 1931. Im August 1931 veröffentlichte Klaus Mann in der Berliner Zeitschrift «Der Querschnitt» ein umfangreiches Gedicht – seinen «Gruß an das zwölfhundertste Hotelzimmer». Es ist ein Schlüsseltext für sein Selbstverständnis und sein Lebensgefühl.

**Klaus Mann in den frühen dreißiger Jahren**

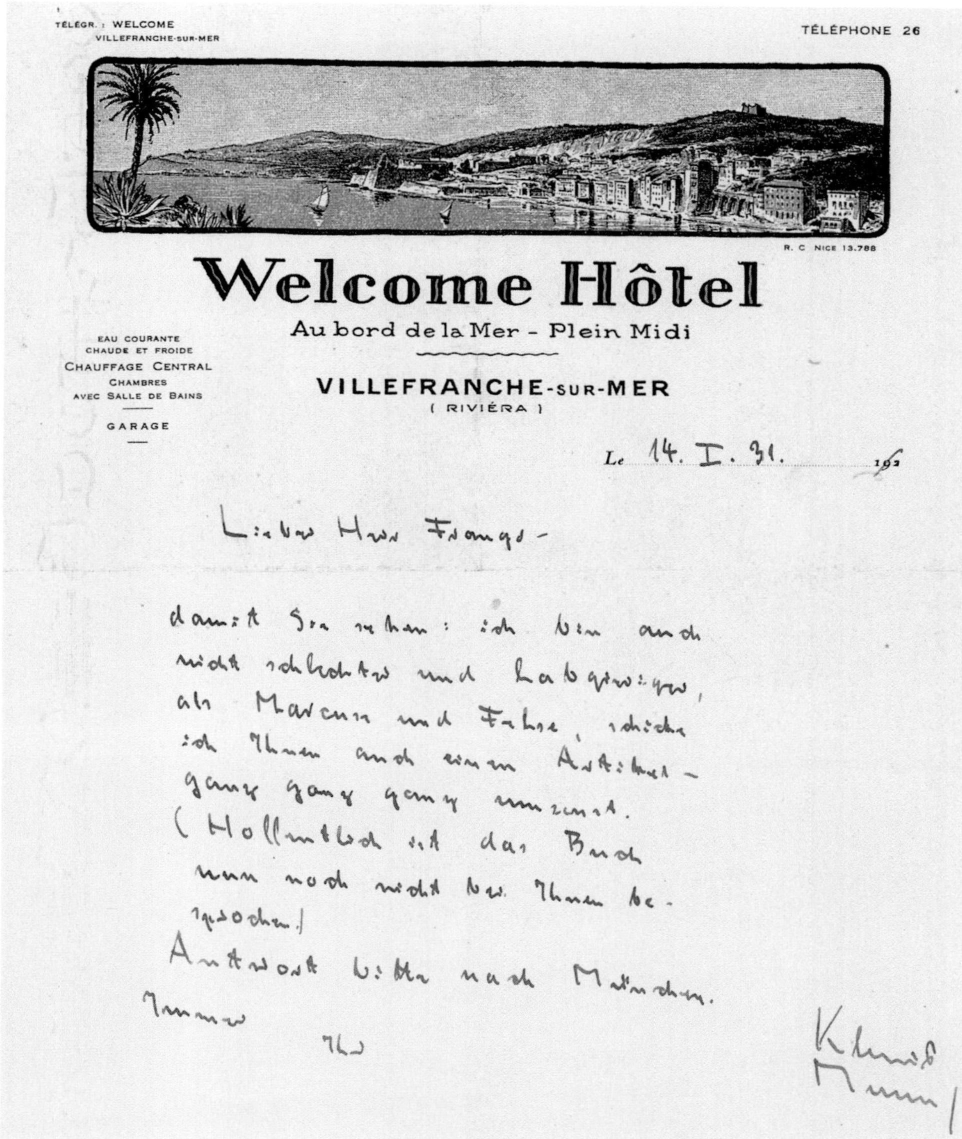


Brief an Franz Goldstein,
14. Januar 1931

*Zwölfhundertstes Hotelzimmer –*
*sei mir gegrüßt!*
*Sei mir gegrüßt, mit mäßig gutem Bett,*
*Spiegelschrank,*
*Kommode, wackeligem Schreibtisch;*
*Mit rosa Nachttischlampe, abgeschabtem*
*Teppich,*
*Wasserkaraffe, Briefpapier, Kofferständer.*
*Sei gegrüßt, Heimat seit einer halben*
*Stunde,*
*Heimat für zwei, drei oder vierzehn*
*Tage –:*
*Wirst du mir freundlich gesinnt sein?*
*Werde ich bei dir ausruhen dürfen? […]*
*Laßt mich euch danken, meine zwölf-*
*hundert kleinen Heimatländer!*
*Ich schaue durch euch hindurch,*
*Ihr reiht euch, eins hinters andere, in*
*unendlicher Perspektive –*
*Wie wenn man zwei Spiegel sich*
*spiegeln läßt ineinander. […]*
*Nein, nicht wie zwei Spiegel.*
*So ähnlich ihr euch nun scheint, so*
*verschieden wart ihr euch doch.*
*Ich sehe mich durch euch hindurchgehen,*
*Kilometer um Kilometer.*
*Kleiner Punkt, winzige Figur, die*
*hartnäckig wandert, ganz allmählich*
*herankommt;*
*Dort länger verweilend, dort nur sehr*
*flüchtig;*
*Plaudernd mit Zimmermädchen,*
*mit Kellnern, Portiers,*
*Im Hotelzimmer lesend, schreibend,*
*Freiübungen machend;*
*Viel allein, manchmal mit Besuch Tee*
*trinkend am Tischchen (schlechtes*
*Gebäck).*
*Einsame Nacht, da man über den Rand*
*des Buches in eine Öde starrt, die den*
*kleinen Raum ins Unendliche weitet. […]*
*Nach jedem von euch ist mir eine winzig*
*kleine Sehnsucht geblieben.*
*Ich trage eure Gerüche in meinem Herzen.*
*[…] Schmutz des Balkans,*
*Ostseegeruch vorm Fenster,*
*Palmenallee der Riviera.*
*Phantastisch orientalisch vermummte*
*Zimmer in den Luxuskästen des fernen*
*Ostens*
*(Badezimmer wie Grotten in der*
*Operndekoration).*
*Schweizer Zimmermädchen.*
*Arabische Magd, brauner Bursche in*
*roter, gebeutelter Hose.*
*Marmornes Treppenhaus, muffiges*
*Treppenhaus, weißes, sachliches*
*Treppenhaus.*
*Legion der Speisesäle.*
*Unendliche Ausblicke auf Gärten,*
*Höfe, Promenaden, auf Hauptverkehrs-*
*straßen,*
*auf stille Winkel und auf das Meer.*
*Oh, wie bestürmt ihr mein Herz*
*mit scheinbar unbeträchtlichen und*
*doch so*
*schweren Erinnerungen (Badezimmer,*
*Geruch des Hotelautobus).*
*Wieviel von meinem Leben ließ ich bei*
*euch.*

(Klaus Mann: Gruß an das zwölfhundertste Hotelzimmer)

# Forderung des Tages

Adolf Hitler bei einer Wahlkampfrede in München, 1932

August 1932: Hitler verläßt nach ergebnislosen Verhandlungen mit Hindenburg das Reichspräsidentenpalais in der Berliner Wilhelmstraße

**Die politische Realität** holte Klaus Mann spätestens am Ende jeder Reise wieder ein. In Deutschland etablierte die Regierung Papen schrittweise eine Präsidialdiktatur; zugleich nahm der politische Terror auf den Straßen zu. Bei den Reichstagswahlen vom 31. Juli 1932 wurde die NSDAP zur stärksten Kraft: fast 14 Millionen Deutsche wählten Adolf Hitler und seine Partei. Noch aber weigerte sich Reichspräsident von Hindenburg, den Mann aus Braunau zum Kanzler des Deutschen Reiches zu machen.

Klaus Mann hatte den Nazi-Führer am 14. Juli 1932 aus nächster Nähe erlebt – im Tearoom des Münchner Hotels Carlton. Im Tagebuch hielt er die Begegnung fest: «Direkt am Nebentisch: Adolf Hitler, in blödester Gesellschaft. Seine geradezu auffallende Minderwertigkeit. Äußerst unbegabt; die Faszination, die er übt, größte Blamage der Historie; gewisser sexualpathologischer Einschlag kann nicht alles erklären.» (Tb 1, S. 64)

In seiner Autobiographie hat er später das Erlebnis ausführlicher beschrieben – und zugleich zugestanden, daß er selbst, wie so viele liberale und linke Intellektuelle, zu dieser Zeit Adolf Hitler noch immer unterschätzte: «Es war gewiß kein erfreuliches Gefühl, in der Nähe einer solchen Kreatur zu sitzen; und doch konnte ich mich nicht satt sehen an der widrigen Fresse. Besonders attraktiv hatte ich ihn zwar noch nie gefunden, weder im Bilde noch auf der illuminierten Tribüne; aber die Häßlichkeit, der ich mich nun gegenüberfand, übertraf doch all meine Erwartungen. Die Vulgarität seiner Züge beruhigte mich, tat mir wohl. Ich sah ihn an und dachte: Du wirst nicht siegen, Schicklgruber, und wenn du dir die Seele aus dem Leibe brüllst. Du willst Deutschland beherrschen? Diktator willst du sein – mit *der* Nase? Daß ich nicht kichere. [...] Du kommst nie zur Macht!» (WP, S. 254 f.)

Auf der Terrasse in der Poschingerstraße, 14. Oktober 1932

Schon im Frühjahr 1932 hatte es im Familienkreis der Manns Gespräche über das drohende Exil gegeben. Am 25. April notierte Klaus Mann nach Stimmengewinnen der NSDAP bei mehreren Landtagswahlen: «Recht ernsthaft über die Notwendigkeit des Emigrierens. Erschreckender Sieg der Narretei. Böse Lage.» Einen Tag später: «Wieder langes Mielein-Gespräch über Wegziehen. Wird's nötig sein?» (Tb 1, S. 50)

Doch noch hoffte man, die Situation werde sich wieder entspannen. Klaus Mann veröffentlichte in der Zeitschrift «Die neue Brücke» ein Statement, das seine alte Entgegensetzung von individuellen Mysterien und politischer Verantwortung fast trotzig wiederholte: «Was aber ist die Forderung dieses Tages? Zuerst: die Organisation der Erde; Abschaffung der Arbeitslosigkeit; Planwirtschaft; Abrüstung; Beseitigung der Zollgrenzen ... Und dann? Und schließlich? Und dahinter? Und für *wen* diese Erde organisieren, wenn inzwischen unsere Herzen veröden? Hat es sich dann gelohnt? Wäre dann etwas besser geworden? – Organisation der Erde, Überwindung der Krise –: Forderung des Tages. Aber vergessen wir doch nicht –, daß das Leid, welches da eingeboren ist aller Kreatur, sich nicht wegorganisieren läßt. ‹Schilt nicht dein Leid, du selber bist das Leid!› ruft Stefan George, der an einer anderen, entscheidenden Stelle fordert, daß über das Leid das *Lied* siegen solle.» (Eltern, S. 389 f.)

Klaus, Elisabeth, Michael, Katia, Thomas und Erika Mann (v. l. n. r.)

# «... der tiefste Punkt – bis jetzt»

Sog. Alkibiades. Rom, Vatikanisches Museum

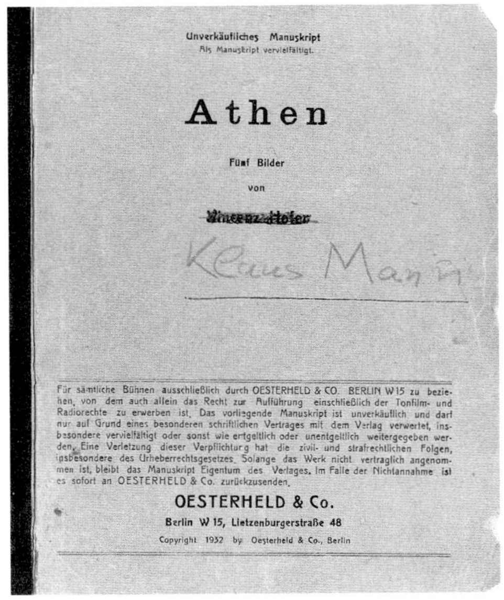

Unverkäufliches Manuskript
Als Manuskript vervielfältigt.

Athen

Fünf Bilder

von

~~Vincenz Hofer~~

Klaus Mann

Für sämtliche Bühnen ausschließlich durch OESTERHELD & CO. BERLIN W 15 zu beziehen, von dem auch allein das Recht zur Aufführung einschließlich der Tonfilm- und Radiorechte zu erwerben ist. Das vorliegende Manuskript ist unverkäuflich und darf nur auf Grund eines besonderen schriftlichen Vertrages mit dem Verlag verwertet, insbesondere vervielfältigt oder sonst wie entgeltlich oder unentgeltlich weitergegeben werden. Eine Verletzung dieser Verpflichtung hat die zivil- und strafrechtlichen Folgen, insbesondere des Urheberrechtsgesetzes. Solange das Werk nicht vertraglich angenommen ist, bleibt das Manuskript Eigentum des Verlages. Im Falle der Nichtannahme ist es sofort an OESTERHELD & Co. zurückzusenden.

OESTERHELD & Co.
Berlin W 15, Lietzenburgerstraße 48
Copyright 1932 by Oesterheld & Co., Berlin

Die erste Ausgabe von «Athen», 1932

**1932 sei sein bisher** «schlechtestes Jahr» gewesen, «trotz des finnischen Sommers und HANS», notierte Klaus Mann im Tagebuch am 23. Juli 1933. Erläuternd fügte er hinzu: «R[icki]. – Wenig geschrieben. – Die heillose Umdüsterung des politischen Horizontes. – Verlorene Lieben. Fritz Löhr u.s.w. Auch literarisch der tiefste Punkt – bis jetzt.» (Tb 1, S. 158)

Im Verlauf des Jahres 1932 verfaßte er ein neues Theaterstück – und entschloß sich, es nicht unter eigenem Namen herauszubringen, sondern unter Pseudonym. Vincenz Hofer steht als Autor auf dem Cover der Ausgabe, die als Bühnenmanuskript im Berliner Verlag Oesterheld Ende 1932 erschien.

Um Leben und Sterben des Philosophen Sokrates geht es in dem Stück, aber auch um die Auseinandersetzungen mit seinem Widersacher, dem Heerführer Alkibiades. Doch «Athen» ist kein Historienstück – unverkennbar sind die Anspielungen auf die aktuelle politische Situation 1932. Der von den Massen vergötterte Alkibiades hetzt das Volk auf zu einem imperialistischen Kriegsabenteuer. In seinen Reden finden sich Anklänge an Nazi-Parolen wieder, und die aufgeputschte Menge jubelt ihm zu: «Schluß mit dem faulen Frieden! Schluß mit der faulen Demokratie!» Sokrates ist diesem Demagogen nicht gewachsen – und sein Rückzug in die Welt des reinen Denkens ist ein fragwürdiger Verzicht auf politisch-praktisches Handeln.

«Athen» läßt sich deuten als ein Stück über das Versagen der Intellektuellen am Vorabend einer Diktatur. Als der Autor sein Drama 1939 noch einmal las, notierte er erstaunt: «Kaum überholt. Wußte 1932 schon *ungefähr* so viel wie jetzt.» (Tb 4, S. 99)

Die Agora von Athen. Blick über die Nordwestecke des «Staatsmarktes» auf den kurz nach 450 v. Chr. erbauten Hephaistos-Tempel

Aufgeführt wurde «Athen» in den letzten Monaten der Weimarer Republik nicht mehr. Vielleicht wären die Chancen für eine Bühnenrealisierung größer gewesen, wenn der Verfasser seinen richtigen Namen preisgegeben hätte – doch er zog es vor, seine wahre Identität zu verbergen.

Magnus Henning, Komponist und Pianist der «Pfeffermühle»

Unten: Aus dem von Therese Giehse geführten Tourneebuch der «Pfeffermühle»: Auflistung der Nummern des ersten Programms

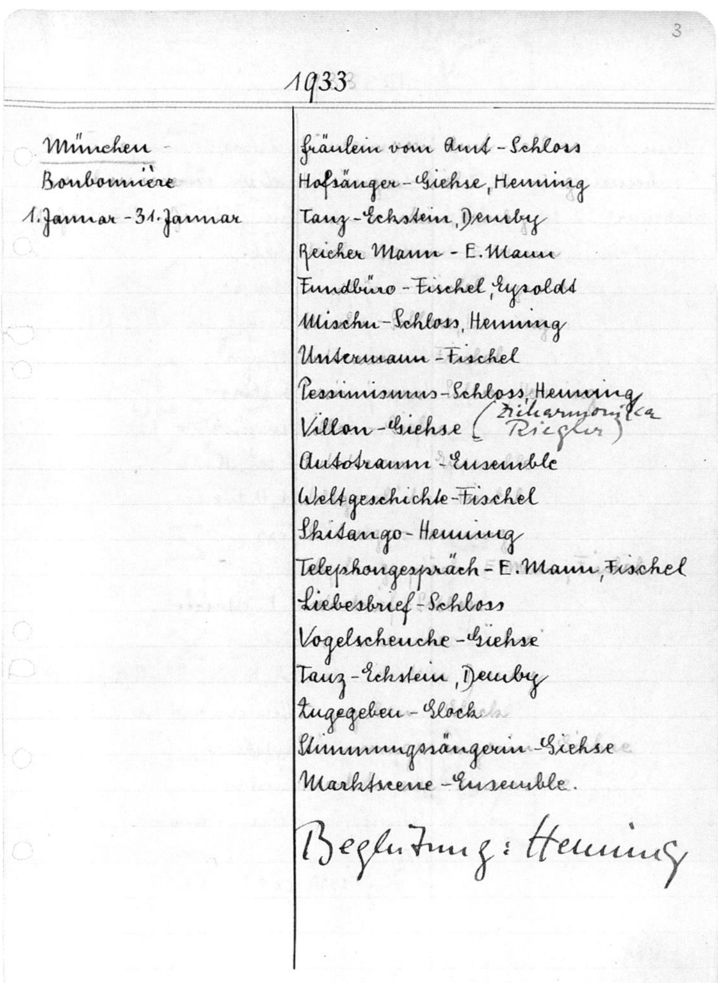

3

1933

| | |
|---|---|
| München – Bonbonnière 1. Januar – 31. Januar | Fräulein vom Amt – Schloss |
| | Hofsänger – Giehse, Henning |
| | Tanz – Eckstein, Demby |
| | Reicher Mann – E. Mann |
| | Fundbüro – Fischel, Eysoldt |
| | Mischa – Schloss, Henning |
| | Untermann – Fischel |
| | Pessimismus – Schloss, Henning |
| | Villon – Giehse (Ziharmonika Riegler) |
| | Autotraum – Ensemble |
| | Weltgeschichte – Fischel |
| | Shitango – Henning |
| | Telephongespräch – E. Mann, Fischel |
| | Liebesbrief – Schloss |
| | Vogelscheuche – Giehse |
| | Tanz – Eckstein, Demby |
| | Zugegeben – Glock |
| | Stimmungssängerin – Giehse |
| | Marktszene – Ensemble. |
| | Begleitung: Henning |

Ungleich erfolgreicher waren zur selben Zeit die Aktivitäten Erika Manns. Sie gründete – zusammen mit Therese Giehse und anderen Künstlern – ein Kabarett, das am 1. Januar 1933 in München Premiere feierte: «Die Pfeffermühle». Das engagierte literarisch-politische Programm des kleinen Ensembles, dessen musikalische Leitung Magnus Henning übernahm, sorgte für Schlagzeilen. Auch Klaus Mann steuerte Texte für die «Pfeffermühle» bei. Im ersten Programm war er unter anderem mit einem melancholischen «Liebesbrief» vertreten sowie mit einem Conférence-Text über «Pessimisten».

In einem Artikel für das Berliner «8 Uhr-Abendblatt», der am 10. Januar 1933 erschien, beschrieb Klaus Mann – unter der erstaunlichen Überschrift «München wird wieder netter» – den fulminanten Erfolg der «Pfeffermühle». Erika Mann, urteilte der Bruder ungeniert, «hält alles zusammen», und Therese Giehse, die «beliebteste Schauspielerin von München», sei ihre Hauptstütze (Eltern, S. 455). Die intensivste Nummer des Programms sei jedoch der Auftritt von Karl Theodor Glock, der in der Rolle eines Arbeitslosen ein Gedicht vortrug, dessen zweifelnd-trotziger Schluß Klaus Mann besonders gefiel:

«Aber, denk ich, man lebt doch gemeinsam,
Aber, fühl ich, Freunde, das tut gut,
Aber, weiß ich, man ist doch nicht einsam, –
Aber, sing ich, – aber, – das gibt Mut.»

Therese Giehse in der Garderobe der Münchner «Bonbonniere», wo die «Pfeffermühle» Anfang 1933 auftrat

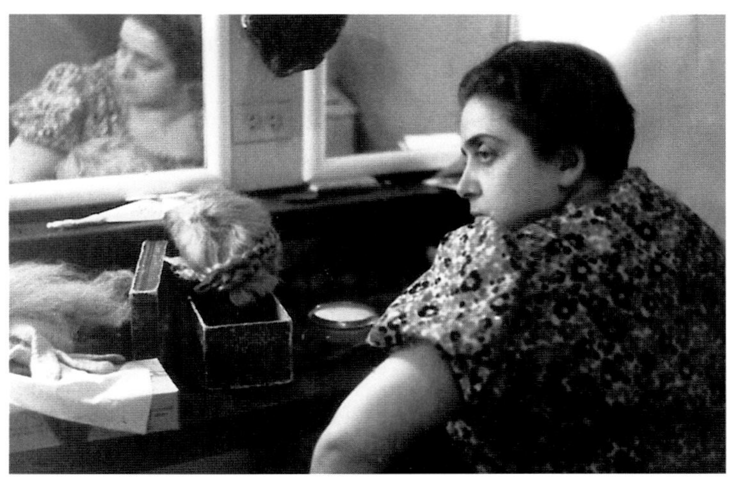

# Der 30. Januar 1933

Norddeutsche Ausgabe / Ausgabe A

Ausgabe A / Norddeutsche Ausgabe

46. Jahrg. • Einzelpreis 20 Pf.

Berlin, Dienstag, 31. Januar 1933

Freiheit und Brot

VÖLKISCHER BEOBACHTER

Herausgeber Adolf Hitler

Kampfblatt der national-sozialistischen Bewegung Großdeutschlands

Ein historischer Tag:

Erste Maßnahmen der Reichsregierung Hitler

Interview des „Völkischen Beobachters" mit dem Reichsinnenminister Frick – Tagung des neuen Kabinetts

Der Reichspräsident von Hindenburg hat Adolf Hitler zum Reichskanzler ernannt. Der neuen Regierung werden neben Adolf Hitler als Reichskanzler der frühere Minister Pg. Frick als Reichsinnenminister und der Reichstagspräsident Pg. Goering als Reichsminister ohne Geschäftsbereich und Reichskommissar für den Luftverkehr angehören. Pg. Goering wird gleichzeitig mit der Wahrnehmung der Geschäfte des Preußischen Innenministeriums betraut.

Reichsinnenminister Dr. Frick

Reichsminister Goering

Ziel der neuen Regierung:

Die geistige und willensmäßige Erneuerung des deutschen Volkes

Erklärt Reichsinnenminister Dr. Frick

Berlin, 30. Januar.

Die im Anschluß an die Ernennung Adolf Hitlers herausgegebene amtliche Mitteilung hat folgenden Wortlaut:

„Der Reichspräsident hat Herrn Adolf Hitler zum Reichskanzler ernannt und auf dessen Vorschlag die Reichsregierung wie folgt neu gebildet:

Reichskanzler a. D. von Papen zum Stellvertreter des Kanzlers und Reichskommissar für das Land Preußen;

Freiherrn von Neurath zum Reichsminister des Auswärtigen;

Staatsminister a. D. M. d. R. Dr. Frick zum Reichsminister des Innern;

Generalleutnant Freiherrn von Blomberg zum Reichswehrminister;

Graf von Schwerin-Krosigk zum Reichsminister der Finanzen;

Geheimen Finanzrat M.d.R. Hugenberg zum Reichsminister der Wirtschaft und zum Reichsminister für Ernährung und Landwirtschaft;

Franz Seldte zum Reichsarbeitsminister;

Freiherrn von Eltz-Rübenach zum Reichspostminister und zum Reichsverkehrsminister;

Reichstagspräsidenten Goering zum Reichsminister ohne Geschäftsbereich und gleichzeitig zum Reichskommissar für den Luftverkehr.

Reichsminister Goering wurde mit der Wahrnehmung der Geschäfte des Preußischen Innenministeriums betraut.

Reichskommissar für Arbeitsbeschaffung Gereke wird in seinem Amt bestätigt.

Die Besetzung des Reichsjustizministeriums bleibt vorbehalten. Der Reichskanzler wird noch heute Verhandlungen mit dem Zentrum und der Bayerischen Volkspartei aufnehmen. Heute nachmittag 17 Uhr findet die erste Kabinettssitzung statt."

ADOLF HITLER

Stimme des Innenministers etwas, „kann mit den wenigen Vollmachten nicht mehr regiert werden. Wir werden dem Reichstag ein Ermächtigungsgesetz vorlegen, das dieser entsprechend den Bestimmungen der Verfassung der Reichsregierung ausstellen soll. Wir brauchen diese Vollmachten, um das große Werk, das wir mit Einsetzung aller Kräfte durchzuführen gewillt sind, nämlich die geistige und nationale Erneuerung unseres Volkes, endlich zur Tat werden zu lassen."

Stürmische Huldigungen

Berlin, 30. Januar.

Der Ernennung Adolf Hitlers zum Reichskanzler ging ein kurzer Besuch beim Reichspräsidenten voraus. An diesem Besuch nahmen teil: Adolf Hitler, Frick, Goering, Papen, Hugenberg, Schmidt-Hannover und General von Blomberg. Unmittelbar nach dem Besuch beim Reichspräsidenten wurde die Betrauung Adolf Hitlers mit der Kanzlerschaft bekanntgegeben. Die Mitglieder der neuen Regierung wurden sofort vereidigt.

Im Regierungsviertel hatte sich die Nachricht von der Betrauung Adolf Hitlers mit Windeseile herumgesprochen. Beim Verlassen der Räume des Reichspräsidenten brachten große

Der Grundstein zum Dritten Reich

Der 30. Januar 1933 wird einmal eingehen in die Geschichtsschreibung als ein Tag, der einen historischen Umschwung der deutschen Entwicklung darstellt. Nach 14 Jahren unerhörtester Opfer und Arbeit steht Adolf Hitler heute an jener Stelle, die ihm seit langem gebührte. Ein Gefühl unbändigen Stolzes geht durch alle Millionen jener, deren Sehnsucht, Kampf und Hingabe diese Jahre über im Zeichen des Willens stand, die Schande vom 9. November 1918 zu sühnen. Die wußten, daß Deutschland in dieser Schande nicht untergehen, daß die Geschichte der Deutschen damit nicht zu Ende sein konnte. Und aus dieser seelischen und materiellen Not erwuchs der Nation ihr Führer, dessen Schicksal ihn aus den selbsterlebten Nöten des deutschen Arbeitertums hinführte zum Schicksalskampf von 1914, und aus diesem Frontsoldatentum, nach dem Dolchstoß der Novemberverbrecher, zum politischen Kampf um die Erneuerung seines Volkes. Adolf Hitler wurde die Charaktererneuerung, die die deutsche Nation in letz-

**Am 30. Januar 1933** wurde Adolf Hitler zum Kanzler des Deutschen Reiches ernannt. Die Nazis triumphierten: für sie war dies der Beginn einer neuen Zeitrechnung – der des «Tausendjährigen Reiches». Wie Klaus Mann diesen Tag erlebte, ist durch zwei Quellen überliefert: zum einen durch sein eigenes Tagebuch, zum anderen durch einen Bericht, den der befreundete Kollege Erich Ebermayer später aus der Erinnerung schrieb. Mit Ebermayer bereitete Klaus Mann damals eine Dramatisierung von Antoine de Saint-Exupérys Roman «Nachtflug» vor. Für den 30. Januar waren die beiden Autoren in Leipzig verabredet. Im Tagebuch Klaus Manns heißt es: «Unangenehme Reise. In *Leipzig*: Erich an der Bahn. Mit ihm erst am Bahnhof gegessen. Die Nachricht, daß Hitler Reichskanzler. Schreck. Es nie für möglich gehalten. (Das Land der unbegrenzten Möglichkeiten – –) Zu Ebermayer nach Hause. (Die alten Ebermayers auch sehr entsetzt über Hitler, wenn auch aus anderen Gründen.)» (Tb 1, S. 112f.)

Erich Ebermayer berichtet in einem Essay, der im Jahre 1950 veröffentlicht wurde (KMzG, S. 42f.): «Gegen zwölf erhalte ich ein Telegramm aus Berlin: ‹Eintreffe heute 14 Uhr 14. Gruß Klaus›. […] Gegen zwei fahre ich mit dem Wagen zum Hauptbahnhof. In der Vorhalle wird die B. Z. ausgerufen, die täglich mit dem Flugzeug aus Berlin eintrifft. Ich kaufe sie und lese im Gehen die Riesen-Schlagzeile ‹Adolf Hitler Reichskanzler›. Für Sekunden habe ich das Gefühl, daß mir jemand ein Brett unter den Füßen wegzieht. Damit hat in diesem Augenblick niemand gerechnet. […]

Der Zug steht. Klaus springt leicht und schnell aus einem Wagenteil II. Klasse. […] Wir gehen ein paar Schritte den Bahnsteig entlang. ‹Was sagst du zu Hitler?› frage ich. ‹Nicht daran zu denken!› lacht er. ‹*So* idiotisch ist der Alte Herr denn doch nicht!›

‹Er ist es –› Ich reiche ihm die B. Z. Klaus bleibt jäh stehen, wirft einen Blick auf die Schlagzeile. Er wird bleich, als wäre er von Wachs; seine roten Augenlider glühen in dem fahlen Gesicht. Er sagt nichts, blickt nur auf das Papier in seiner Hand. Er liest auch gar nicht; ich beobachte seine Pupillen, sie starren unbeweglich auf das Blatt. Das Blatt beginnt in seiner Hand zu zittern, ganz wenig nur, aber es zittert.

‹Aber Klaus –!› sage ich, da er immer noch schweigt, und fasse ihn unter dem Arm. Jetzt sieht er mich an. Entsetzen ist in seinem Blick.

‹Das ist furchtbar –› sagt er leise. Faltet mechanisch das Blatt zusammen. Geht weiter. Geht jetzt ganz schnell, rennt vor mir her, als habe er Eile, irgendwohin zu kommen. ‹Es wird auch für den Zauberer furchtbar…›»

**Den Triumph des 30. Januar 1933 feierten die Nationalsozialisten noch am selben Abend mit Fackelzügen: zum Beispiel in Berlin vor dem Brandenburger Tor (Foto rechts oben). So eindrucksvoll und schrecklich das Bild aus heutiger Sicht wirkt – den Nazis war es nicht eindrucksvoll genug. Im Sommer 1933 wurde der Tag der «Machtergreifung» für einen Propagandafilm nachgestellt. Die dabei entstandenen Aufnahmen, mit choreographierten Massenaufmärschen und wohlinszenierten Lichteffekten, wurden später in aller Welt verbreitet als angebliche «Dokumente» (Foto rechts unten). Bis heute finden sich diese gefälschten Propagandabilder in vielen Publikationen über die Geschichte des «Dritten Reiches».**

# Verzweifelte Lustigkeit

Erich Ebermayer

Ankündigung des zweiten Programms der «Pfeffermühle»

**Die Diktatur wurde schrittweise** etabliert, und in Bayern zudem mit einer kleinen zeitlichen Verzögerung – noch bis Mitte März amtierte dort eine konservative Landesregierung. Klaus Mann erinnerte sich später: «Leute, die man in Berlin schon eingesperrt und mißhandelt hätte, erfreuten sich in München noch vollkommener Freiheit: Sie durften im Englischen Garten spazierengehen oder sich auf Maskenbällen amüsieren, ja, es blieb ihnen sogar unbenommen, den nazifeindlichen Scherzen der ‹Pfeffermühle› Beifall zu klatschen. [...] Diese letzten Münchener Wochen scheinen in meiner Erinnerung voll einer gewissen verzweifelten Lustigkeit.» (WP, S. 282 f.)

Die «Pfeffermühle» spielte mittlerweile ihr zweites Programm; wieder hatte Klaus Mann eine Reihe von Texten geliefert. Am 21. Februar 1933 feierte man in der Poschingerstraße 1 ein rauschendes Fest: den Pfeffermühlen-Ball. Am selben Tag vermerkte Klaus Mann im Tagebuch: «Zeitungen (ein Aufruf von Göring, der alle Linksleute prinzipiell für vogelfrei erklärt; Nazis für unangreifbar –: Würgen im Hals.)» Eine Woche später brannte in Berlin der Reichstag – «die Dinge symbolisieren sich», notierte Klaus Mann und hielt fest: «Verhaftung von Kisch, Ossietzky, Mühsam u.s.w. Zeitungsverbote u.s.w. Jetzt wird's erst richtig.» (Tb 1, S. 119, 121)

Mit Erich Ebermayer arbeitete er noch immer an der «Nachtflug»-Dramatisierung. Doch angesichts der politischen Eskalation fiel Klaus Mann das konzentrierte Arbeiten schwer. «Ich bin in einem sehr gespannten und unruhigen Zustand», schrieb er Ebermayer unverblümt (Kroll 1979, S. 217) und schlug vor, der Freund möge das Projekt allein zu Ende führen.

Erika Mann (links) bei einem Münchner Künstlerfest, Ende Februar 1933

**Aus Klaus Manns Tagebuch, März 1933**

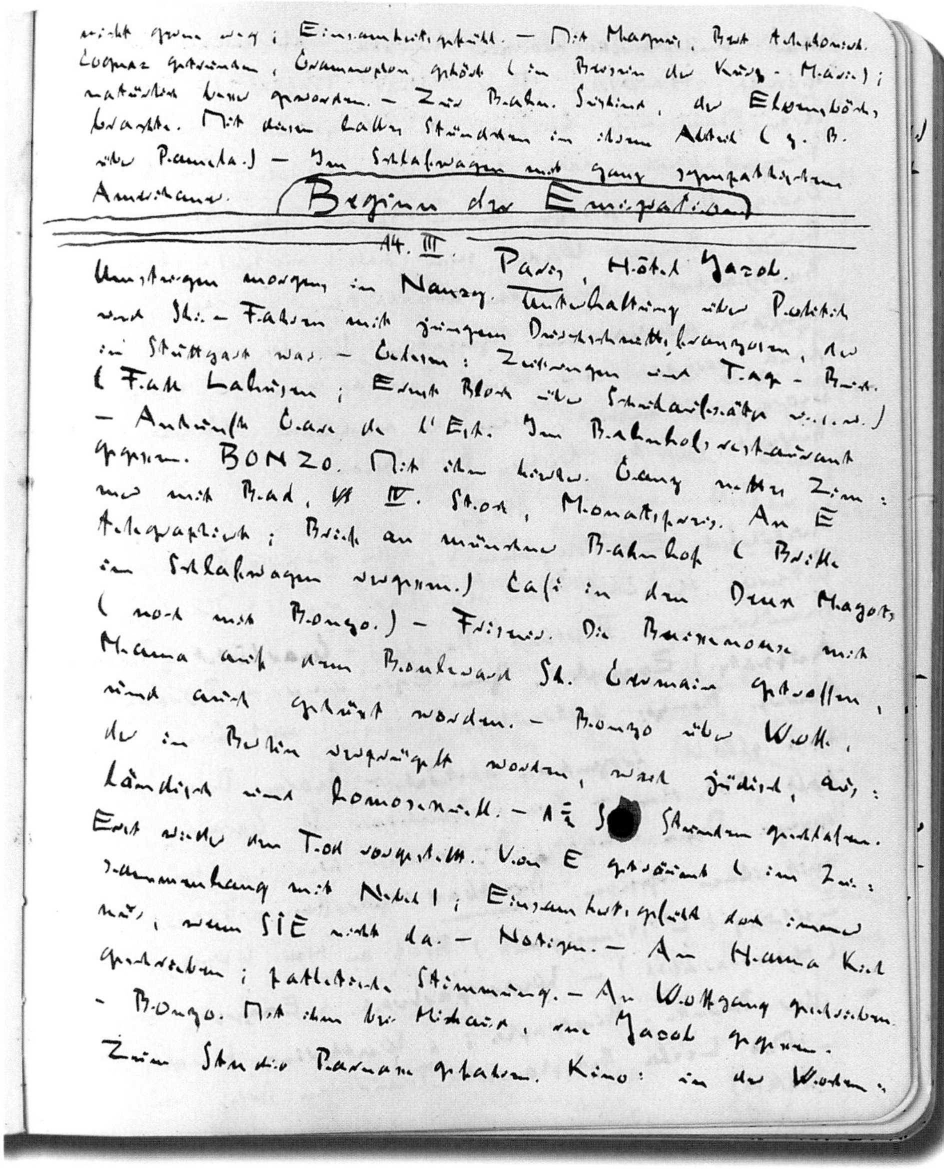
Beginn der Emigration

14. III. Paris, Hôtel Jacob.

Klaus Manns Briefe und Tagebuchnotate der ersten Monate des Jahres 1933 sind ein beeindruckender Spiegel der politischen Entwicklung. Während viele Intellektuelle noch die Illusion hegten, der «braune Spuk» werde nicht von langer Dauer sein, war Klaus Manns Beurteilung der Situation realistischer. «Den Dingen, die da kommen, sehe ich mit Entsetzen entgegen», hatte er schon am 27. Februar 1933 geschrieben (BuA, S. 84). Im Tagebuch steht unter dem 6. Februar die Eintragung: «Es geht nicht gut, es geht nicht gut, es geht *keines*falls gut.» Einen Tag davor hatte er notiert: «Man dürfte nicht über jedes neue Symptom entsetzt sein – ist es aber doch.» (Tb 1, S. 115) Ab Ende Februar häufen sich die politischen Schreckensmeldungen im Tagebuch. Am 7. März berichtet eine Freundin aus der Reichshauptstadt: «Der Zustand in Berlin unbeschreiblich. Die letzten Freunde fliehen.» Zwei Tage später notiert Klaus Mann: «Zeitungen. Die deutsche Hölle (Golo in Göttingen von Kriminalern besucht, weil im Lokal Meinung geäußert – berichtete M. gestern aus Arosa.)» Am 11. März, noch mit Fragezeichen: «Wegfahren?» Zwei Tage später hat er sich entschieden: «Jetzt leider halt packen; fahre nicht gerne weg; Einsamkeitsgefühl.» (Tb 1, S. 122 f.) Am späten Abend steigt er in den Nachtzug nach Paris. Es ist der 13. März 1933. Im Tagebuch zieht er einen dreifachen Strich und überschreibt die Eintragung für den folgenden Tag mit den Worten: «Beginn der Emigration».

XI 35
Klaus Mann

## Kapitel 5

# Das wirkliche Deutschland

Im Exil (1933 – 1936)

*Klaus Mann führte ein reges und eingeteiltes Leben; mitten im Getümmel seiner Reisen, Abenteuer und Projekte, mitten im hektischen und sozusagen betrübten Lebensgenuß schrieb er mit behender Regelmäßigkeit und überraschendem Fleiß; denn er war ein grundaktiver und fleißiger Literat. […] Bei all seiner verbindlichen Grazie im Werk und im Leben ward dieser leise Spötter über philiströse Moralschranken ein lauter Ankläger vor dem eigentlichen Geschäft der Welt, der Regelung des öffentlichen Lebens und der Gesellschaft. Zum Spaß war er ein Spötter, und wenn es ernst wurde, ein Idealist. Er bewies es, als ihn der Umschwung der Zeit aus einem Ästheten zu einem Moralisten machte; er bewies es im Exil.*

Hermann Kesten, in: Klaus Mann zum Gedächtnis, 1950

# Exodus

«**Ein Massenexodus** der Dichter setzte ein; noch nie zuvor in der Geschichte hat eine Nation innerhalb weniger Monate so viele ihrer literarischen Repräsentanten eingebüßt», schreibt Klaus Mann im «Wendepunkt» (WP, S. 293). Ihm selbst war die Entscheidung, ins Exil zu gehen, keineswegs leichtgefallen – aber es gab keine Alternative. Als Anfang Mai 1933 die Nazis begannen, Bücherverbrennungen vorzubereiten, erschien auf den Schwarzen Listen auch der Name Klaus Mann. Seine Schriften wurden im «Dritten Reich», das nun begonnen hatte, nicht länger geduldet.
«Draußen» dagegen gab es einiges zu tun für die ins Exil getriebenen Schriftsteller: «Einerseits ging es darum, die Welt vor dem Dritten Reich zu warnen und über den wahren Charakter des Regimes aufzuklären», und andererseits «galt es, die große Tradition des deutschen Geistes und der deutschen Sprache, eine Tradition, für die es im Lande ihrer Herkunft keinen Platz mehr gab, in der Fremde lebendig zu erhalten und durch den eigenen schöpferischen Beitrag weiterzuentwickeln» (WP, S. 293).
Im Rahmen eines solchen Selbstverständnisses fand Klaus Mann seine Aufgabe – schneller, konsequenter und produktiver als viele andere Autoren, die Deutschland verlassen mußten. Das Exil bedeutete eine Entwurzelung, auch für ihn. Doch kam ihm jetzt zugute, daß er an Internationalität und den Status eines Reisenden seit langem und freiwillig gewöhnt war. Als im August 1933 die Nationalsozialisten eine erste Liste mit ausgebürgerten «Volksverrätern» veröffentlichten, war Klaus Mann bereits mit den Vorbereitungen für eine Zeitschrift beschäftigt, die er in Amsterdam ab September 1933 herausgab: «Die Sammlung», ein Forum der antifaschistischen Literatur.

Seite 1176 Illustrierter Beobachter 1933 / Folge 36

# Volksverräter

## ausgestoßen aus der deutschen Volksgemeinschaft!

Auf Grund des § 2 des Gesetzes über den Widerruf von Einbürgerungen und die Aberkennung der deutschen Staatsangehörigkeit vom 14. Juli 1933 hat der Reichsminister des Innern im Einvernehmen mit dem Reichsminister des Auswärtigen durch eine im „Reichsanzeiger" veröffentlichte Bekanntmachung vom 23. August 1933 zunächst folgende im Ausland befindliche Reichsangehörigen der deutschen Staatsangehörigkeit für verlustig erklärt, weil sie durch ein Verhalten, das gegen die Pflicht zur Treue gegen Reich und Volk verstößt, die deutschen Belange geschädigt haben:

Philipp Scheidemann — Otto Wels — Wilhelm Pieck — Dr. Robert Weißmann — Dr. Rudolf Breitscheid — Heinz Werner Neumann

Albert Grzesinski — Bernhard Weiß — Dr. Joh. Werthauer — Dr. Alfred Apfel — Friedrich Stampfer — Ruth Fischer

Dr. Friedr. W. Foerster — Emil Gumbel — Helmuth v. Gerlach — Leopold Schwarzschild — Dr. Kurt Tucholski — Max Hölz

Willi Münzenberg — Ernst Toller — Georg Bernhard — Alfred Kerr — Heinrich Mann — Lion Feuchtwanger

Bericht des «Illustrierten Beobachters» über die ersten Ausbürgerungen vom 23. August 1933. Linke Seite: Fotos der Bücherverbrennung vom 10. Mai 1933

## Drinnen und draußen

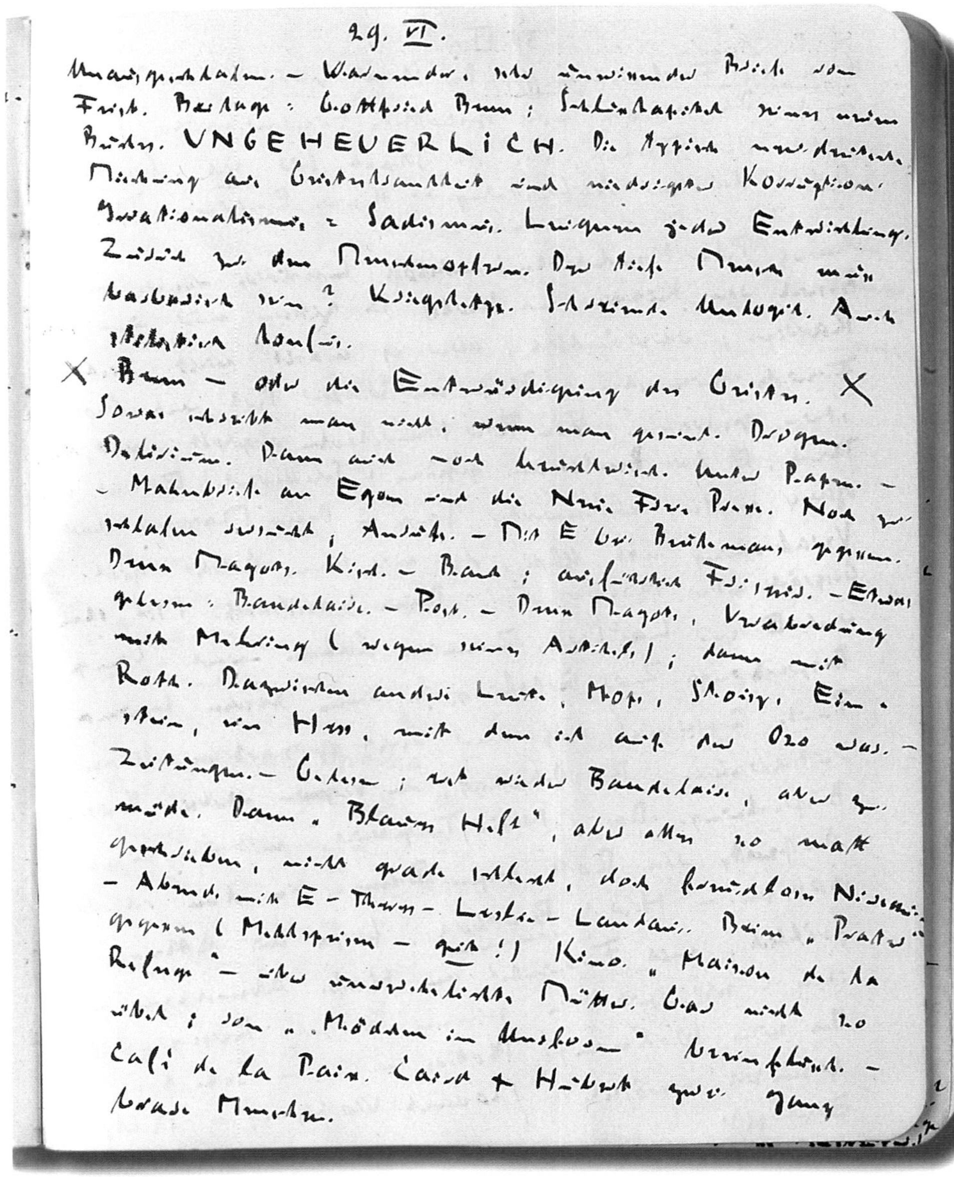

Tagebucheintrag
Klaus Manns über Benn,
29. April 1933

**Die meisten Weggefährten** und Vorbilder seiner frühen Jahre traf Klaus Mann im Exil wieder. Von anderen, die es vorzogen, in Deutschland zu bleiben, nahm er – nicht ohne Bitterkeit – Abschied. Erich Ebermayer war darunter, der bald schon «1. Dramaturg und Regisseur in Leipzig» wurde, wie Klaus Mann im Tagebuch registrierte (Tb 1, S. 166). Später machte Ebermayer als Drehbuchautor in der Filmbranche Karriere.

Auch W. E. Süskind entschied sich, nicht zu emigrieren. Er übernahm die Schriftleitung der in Stuttgart erscheinenden Zeitschrift «Die Literatur». Als Klaus Mann im August 1933 ein Heft des Blattes in die Hand bekam, notierte er: «Süskind muß sich *doch* schämen.» (Tb 1, S. 164) Wenige Tage vorher hatte er einen polemischen Brief an Süskind geschickt («traurigen Herzens», wie er im Tagebuch festhielt), in dem Klaus Mann erklärte, er selbst würde sich «lieber aus- als gleichschalten lassen», statt zu bleiben in einem Land, wo die «Kulturlosigkeit» zum Prinzip erhoben sei (BuA, S. 118). Die Wege der Jugendfreunde trennten sich.

Dem einst verehrten Gottfried Benn, der öffentlich seine Sympathien für das Nazi-Regime erklärte, schrieb Klaus Mann am 9. Mai 1933 einen Brief, in dem er aus seiner Enttäuschung über Benns Haltung keinen Hehl machte: «Erst die große Gebärde gegen die ‹Zivilisation› – eine Gebärde, die – wie ich weiß – den geistigen Menschen nur zu stark anzieht –; plötzlich ist man beim Kultus der Gewalt, und dann schon beim Adolf Hitler. […] Wieviel Freunde müssen Sie verlieren, indem Sie solcherart gemeinsame Sache mit dem geistig Hassenswürdigen machen – und was für Freunde haben Sie am Ende auf dieser falschen Seite zu gewinnen?» (Zahnärzte, S. 25 f.)

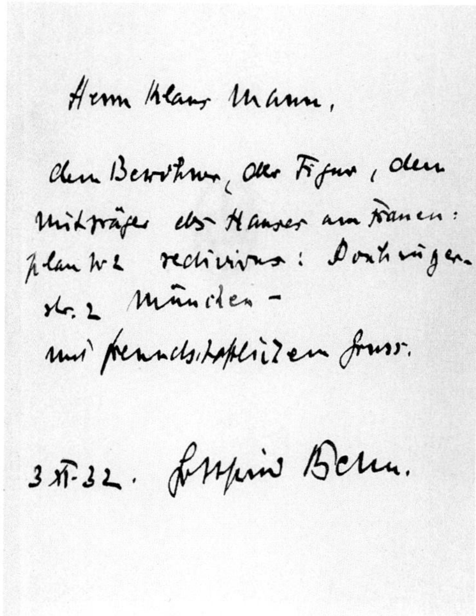

Herrn Klaus Mann,

dem Bewohner, der Figur, dem Mitpräger des Hauses am Frauenplan redivivus: Poschingerstr. 2 München –
mit freundschaftlichem Gruss.

3.XI.32. Gottfried Benn.

Oben: Noch im November 1932 hatte Benn sein Buch «Nach dem Nihilismus» Klaus Mann mit den Worten gewidmet: «Herrn Klaus Mann, dem Bewohner, der Figur, dem Mitpräger des Hauses am Frauenplan Nr. 2 redivivus: Poschingerstr. 2 [sic!] München – mit freundschaftlichem Gruss».

Gottfried Benn

Ankündigung einer öffentlichen Veranstaltung in Paris, 9. Juni 1933: Klaus Mann spricht über seine Auseinandersetzung mit Gottfried Benn

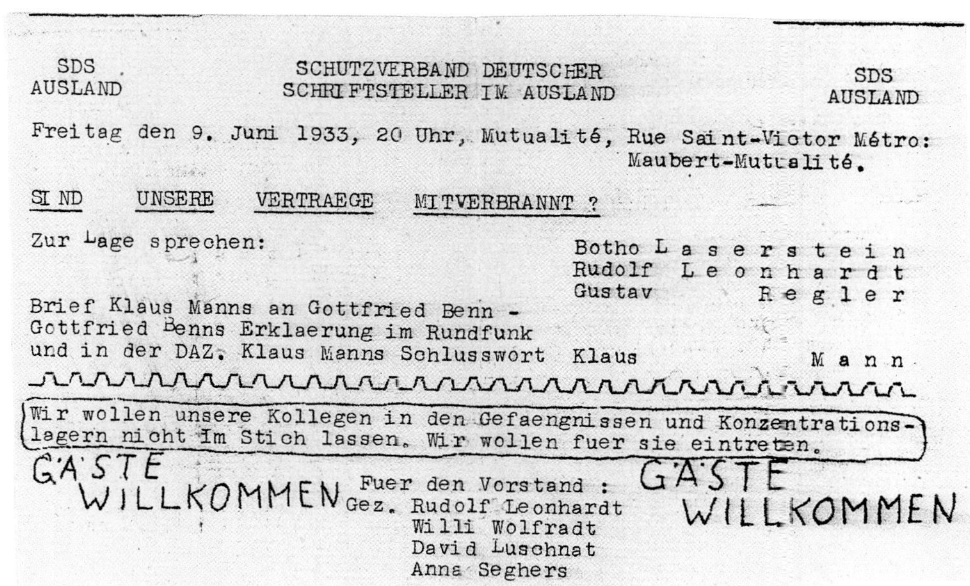

SDS AUSLAND | SCHUTZVERBAND DEUTSCHER SCHRIFTSTELLER IM AUSLAND | SDS AUSLAND

Freitag den 9. Juni 1933, 20 Uhr, Mutualité, Rue Saint-Victor Métro: Maubert-Mutualité.

SIND UNSERE VERTRAEGE MITVERBRANNT ?

Zur Lage sprechen: Botho Laserstein, Rudolf Leonhardt, Gustav Regler

Brief Klaus Manns an Gottfried Benn – Gottfried Benns Erklaerung im Rundfunk und in der DAZ. Klaus Manns Schlusswort: Klaus Mann

Wir wollen unsere Kollegen in den Gefaengnissen und Konzentrationslagern nicht im Stich lassen. Wir wollen fuer sie eintreten.

GÄSTE WILLKOMMEN

Fuer den Vorstand:
Gez. Rudolf Leonhardt
Willi Wolfradt
David Luschnat
Anna Seghers

GÄSTE WILLKOMMEN

Gottfried Benn reagierte auf das private Schreiben Klaus Manns mit einem Offenen Brief – und der Dialog geriet zu einer Grundsatzdebatte. Benns Entgegnung auf Klaus Manns Brief wurde am 24. Mai 1933 vom Berliner Rundfunk gesendet und anschließend in der «Deutschen Allgemeinen Zeitung» gedruckt. Die Emigranten, erklärte Benn, könnten von ihren südfranzösischen Badeorten aus die Lage in Deutschland gar nicht zutreffend beurteilen, und er selbst wolle sich in dieser historischen Stunde nicht von seinem Volk ausschließen.

Klaus Mann las Benns Antwort wenige Tage später in Paris – und war «entsetzt über ihr schwaches Niveau» (Tb 1, S. 140). Einige Wochen darauf notierte er nach der Lektüre von Benns jüngstem Buch «Der neue Staat und die Intellektuellen»: «UNGEHEUERLICH. Die typisch neudeutsche Mischung aus Geisteskrankheit und niedrigster Korruption. [...] Kriegshetze. Schreiende Unlogik. Auch stilistisch konfus. Benn – oder die Entwürdigung des Geistes.» (Tb 1, S. 151 f.)

Im September 1933 erschien das erste Heft der von Klaus Mann edierten Zeitschrift «Die Sammlung» – mit einer Polemik des Herausgebers gegen Gottfried Benn. Die Entwicklung Benns, hieß es darin, sei das abschreckende Beispiel eines «Verrats am Geist». Und lernen könne man daraus vor allem eines, erklärte Klaus Mann: «Unversöhnbarkeit gegen die Verräter» (Zahnärzte, S. 42 f.).

Gottfried Benn übrigens hat später seinen Irrweg eingestanden. Er selbst hat 1950 in seinem Buch «Doppelleben» Klaus Manns Brief vom 9. Mai 1933 erstmals veröffentlicht und zugleich konzediert: «Dieser Siebenundzwanzigjährige hatte die Situation richtiger beurteilt, die Entwicklung der Dinge genau vorausgesehen, er war klarerdenkend als ich.» (Benn 1950, S. 83)

# Amsterdam, Paris, Zürich ...

«**Während dieser ersten Phase** der Emigration war Amsterdam mein eigentliches Lebenszentrum und ‹Hauptquartier›, will sagen: Ich verbrachte dort etwa fünf Monate des Jahres», berichtet Klaus Mann in seiner zweiten Autobiographie. «Von den übrigen sieben Monaten gehörte der größere Teil Paris und Zürich; dazu kamen kürzere Aufenthalte an der französischen Riviera, Ausflüge nach Wien, Prag, Budapest, wohl auch einmal ein Besuch in London oder ein paar Sommerwochen auf der Insel Mallorca.» (WP, S. 315)

Sein Leben war umtriebiger denn je. So leicht ihm selbst aber das Pendeln zwischen verschiedenen Ländern Europas fiel, so eindeutig lautete dennoch sein Fazit: «Die Emigration war nicht gut.» (WP, S. 291 u. ö.). Materielle Nöte bedrängten ihn persönlich weniger als viele andere Exilierte; aber auch er wurde von Ängsten und Alpträumen heimgesucht, und sein Abscheu angesichts der Entwicklung in Nazi-Deutschland wurde von Tag zu Tag größer.

«Schreiben – einzige Möglichkeit der Erleichterung», notierte Klaus Mann am 4. Mai 1933 im Tagebuch. Die Stadt Amsterdam war für ihn in den ersten Exiljahren nicht nur das neue äußere Lebenszentrum – dort fand er zugleich ein umfangreiches literarisch-politisches Betätigungsfeld.

Klaus Mann in Amsterdam. Porträtserie von Marion Palfi

Blick auf die Stadt
in Richtung Dam, 1933

*Man verlegte deutsche Bücher und eine deutsche Zeitschrift in Amsterdam, nicht aus ganz freier Wahl, sondern weil es sich zu Hause nicht mehr machen ließ: Dort regierte das Scheusal. Dieser unangenehmen Tatsache blieb man eingedenk, was einen aber keineswegs daran hinderte, die neue, nicht ganz freiwillig gewählte Umgebung in vieler Hinsicht äußerst angenehm zu finden. Eine schöne Stadt, Amsterdam, ob nun ein Emigrant sich dieser Schönheit freut oder ein Vergnügungsreisender. Auch der Verbannte bewundert die nobel-schlichte Architektur der alten Patrizierhäuser, spürt den etwas verwunschenen Reiz der Grachten mit ihren venezianischen Gerüchen und Perspektiven. Das stehende Gewässer dieser pittoresken Kanäle hat mich stets auf unheimliche Art fasziniert. Ratten, so hat man mir wohl berichtet, hausen massenhaft in seiner öligen Tiefe. Es ist giftiges Wasser, Todeswasser; fiele man hinein und schluckte reichlich davon, man stürbe an malerisch-gräßlichen Beulen, wie ein Aussätziger im Mittelalter. […] Die engen Gassen wimmeln von Radfahrern, deren lautlos-hurtiges Dahingleiten in der Dämmerung geisterhaft wirken mag. Überall gibt es Porträts der königlichen Frauen, Königin-Mutter, Königin, Kronprinzessin; überall gibt es Tulpen. Die Mädchen aber, die in gewissen Stadtgegenden gastlich am Fenster sitzen und den Vorübergehenden mit derbem Scherzwort locken, bevorzugen künstliche Blumen, Gott weiß warum. Stattlichen Rubensfiguren gleich, thronen sie im Lehnstuhl neben der Vase mit den papierenen Rosen und der traulichen Lampe. Sogar das «Laster» – wenn man es denn so nennen will – präsentiert sich in Amsterdam mit sinnig-altertümlicher Gemütlichkeit.*
(WP, S. 308f.)

# Keizersgracht 333

Amsterdam, Keizersgracht 333 – in den ersten Exiljahren «ein vitales Zentrum des nicht-gleichgeschalteten, fortschrittlich und human orientierten deutschen Gedankens» (Posten, S. 502)

**Amsterdam** wurde in den ersten Jahren nach Hitlers Machtantritt zur «wichtigsten Zufluchtsstätte des freien deutschen Buches» (Posten, S. 500). Noch im Jahre 1933 begannen zwei der angesehensten holländischen Verlagshäuser mit der Publikation deutschsprachiger Literatur: Allert de Lange und Querido. Bei ihnen erschienen in den folgenden Jahren die neuen Werke von Heinrich Mann, Lion Feuchtwanger, Anna Seghers, Arnold Zweig, Joseph Roth, Ernst Toller, Vicki Baum, Emil Ludwig, Alfred Döblin, Erich Maria Remarque, Max Brod, Gustav Regler, Irmgard Keun und vielen anderen namhaften Autoren.

Der Verleger Emanuel Querido war portugiesisch-jüdischer Abstammung – «ein weißhaariger Mann von kleiner Statur und großem Temperament, humorig-patriarchalisch, mit blitzblauen Kapitänsaugen in einem verwitterten, lustig-klugen Gesicht. Der alte Sozialdemokrat haßte den Faschismus in jeder Form, besonders aber in der deutschen; gerade deshalb war ihm die Betreuung der antifaschistischen deutschen Literatur eine Herzenssache.» (WP, S. 308)

In der Keizersgracht 333 befanden sich die Büroräume des holländischen Verlags von Emanuel Querido. Für die deutschsprachigen Bücher gründete man im Sommer 1933 ein eigenes Unternehmen. Es arbeitete im selben Haus, und seine Leitung übernahmen Fritz H. Landshoff und Alice van Nahuys. Landshoff hatte zuvor in Berlin zur Direktion des Kiepenheuer-Verlags gehört.

QUERIDO VERLAG · AMSTERDAM

*KEIZERSGRACHT 333 · TELEFON 45921*

AMSTERDAM, 193

Laren, den 15.9.34.

Frau Mamale - das war ein grosser langer Mielein-Brief deinerseits, ein Jammer, dass der amre tote Feist ihn nicht erleben durfte, er hätte geweint und geschmunzelt. Ein guter Mensch, man hat ihn mir weggenommen unlängst fragte er noch, ob es denn wirklich möglich sei, dass ihr ihm zürntet wegen der Bücher, er wolle dem Zauberer gerne Grimms grosses Wörterbuch zum Ersatz geben, - eine Vollwaise voll vortrefflicher Eigenschaften. - Ich lebe, von meiner abwechslungsreichen Reise zurückgekehrt, hier in denkbar kompletter Stille. Vom Zustand des Friedrich versichern immer wieder die Aerzte, er sei absol t nicht arg aber die völlige Bettruhe bleibt verordnet. In den letzten Tagen hat=

Briefkopf des deutschsprachigen Querido Verlags

**Emanuel Querido. Der Verleger starb 1943 in einem Vernichtungslager in Polen.**

**Klaus Mann und Fritz H. Landshoff**

**Hermann Kesten und Walter Landauer**

**Alice van Nahuys**

**In dieser Pension in der Jan-Willem-Brouwer-Straat 21 wohnten Klaus Mann, Landshoff, Kesten und Landauer zeitweilig gemeinsam. Klaus Manns Domizil war das Balkonzimmer im ersten Stock.**

Auch die Bücher Klaus Manns wurden von nun an bei Querido verlegt. Zwischen Landshoff und Klaus Mann, die sich schon 1930 in Berlin kennengelernt hatten, entwickelte sich im Amsterdamer Exil eine herzliche und enge Freundschaft. «Die schönste menschliche Beziehung, die ich diesen ersten Jahren des Exils verdanke, ist die zu dem Verleger Fritz Landshoff», schrieb Klaus Mann später in seinem Lebensbericht, und er fuhr fort: «Seit 1933 ist er mein brüderlicher Freund.» (WP, S. 307) Fast gleichlautend hat Landshoff in seinen Erinnerungen die Freundschaft mit Klaus Mann als den «für mich [...] größten menschlichen Gewinn des Exils» bezeichnet (Landshoff 1991, S. 47).

Der verlegerischen Leistung des Freundes hat Klaus Mann rückblickend hohes Lob gezollt: «Was Landshoff für seine Aufgabe mitbrachte, war nicht nur Gesinnung, Enthusiasmus, künstlerischer Flair, sondern auch geschäftliche Erfahrung und organisatorisches Geschick. Es gelang ihm, das junge Unternehmen in sehr kurzer Zeit international einzuführen und durchzusetzen.» (Posten, S. 502)

Bei Allert de Lange waren Hermann Kesten und Walter Landauer für die deutschsprachige Literatur verantwortlich – beide ebenfalls ehemalige Mitarbeiter des Kiepenheuer-Verlags. Kesten, Landauer, Landshoff und Klaus Mann hielten engen Kontakt; zeitweilig wohnten sie alle in derselben Pension in Amsterdam. «In gemeinsamen Abendsitzungen machten wir das Verlagsprogramm für beide Verlage während tagsüber mit Mühe der Anschein der Konkurrenz gewahrt blieb», hat Landshoff später mit leichter Übertreibung berichtet (Walter 1997, S. 26).

## «Die Sammlung»

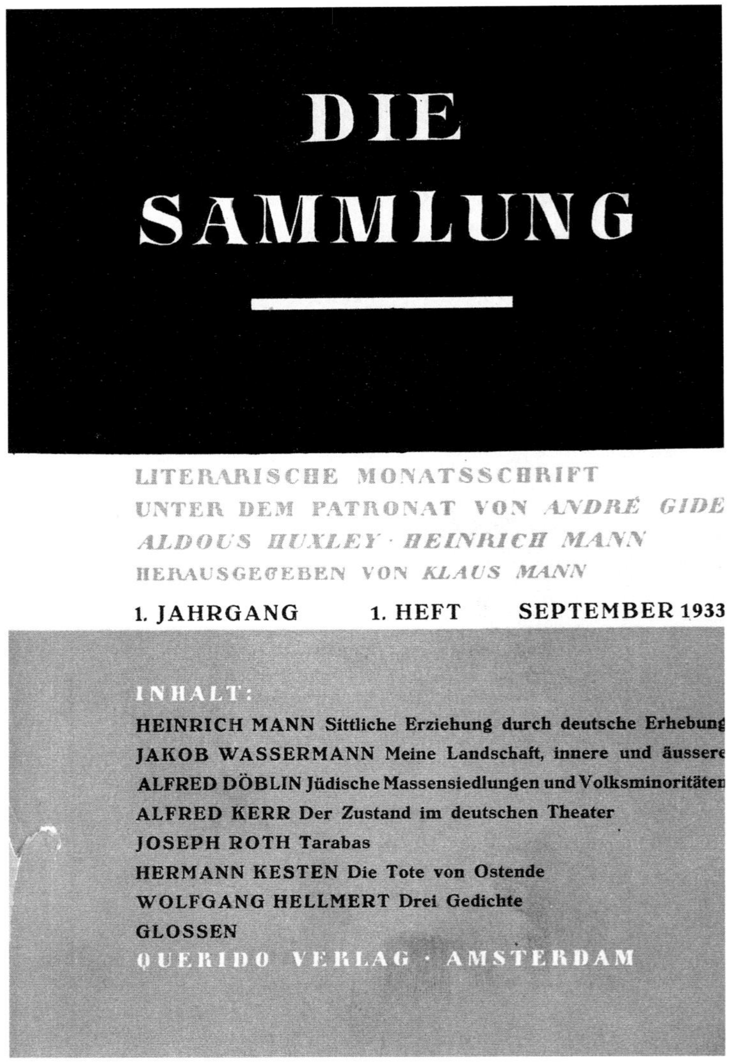

DIE
SAMMLUNG

LITERARISCHE MONATSSCHRIFT
UNTER DEM PATRONAT VON *ANDRÉ GIDE*
*ALDOUS HUXLEY · HEINRICH MANN*
HERAUSGEGEBEN VON *KLAUS MANN*

1. JAHRGANG 1. HEFT SEPTEMBER 1933

INHALT:
HEINRICH MANN Sittliche Erziehung durch deutsche Erhebung
JAKOB WASSERMANN Meine Landschaft, innere und äussere
ALFRED DÖBLIN Jüdische Massensiedlungen und Volksminoritäten
ALFRED KERR Der Zustand im deutschen Theater
JOSEPH ROTH Tarabas
HERMANN KESTEN Die Tote von Ostende
WOLFGANG HELLMERT Drei Gedichte
GLOSSEN
QUERIDO VERLAG · AMSTERDAM

**Im September 1933** erschien im deutschsprachigen Querido Verlag das Eröffnungsheft der Zeitschrift «Die Sammlung». Die literarische Monatsrevue, die Klaus Mann herausgab, war keine reine Exilzeitschrift, sondern ein internationales Forum: «Mein Ehrgeiz war es, die Talente der Emigration beim europäischen Publikum einzuführen, gleichzeitig aber die Emigranten mit den geistigen Strömungen in ihren Gastländern vertraut zu machen. Dazu kam, als essentielles Element meines redaktionellen Programms, das Politisch-Polemische. ‹Die Sammlung› war schöngeistig, dabei aber militant – eine Publikation von Niveau, aber nicht ohne Tendenz. Die Tendenz war gegen die Nazis.» (WP, S. 297f.)
Die Zeitschrift veröffentlichte in ihrem Hauptteil kulturkritische und politische Aufsätze, Erzählungen, Romanauszüge, Autobiographisches und Gedichte. In einem Glossenteil wurden Rezensionen, kleine Berichte und Polemiken abgedruckt, zeitweilig auch eine (von Golo Mann verfaßte) Politische Chronik.
Für das Patronat der Zeitschrift konnten drei Schriftsteller gewonnen werden, die den übernationalen Charakter des Blattes eindrucksvoll repräsentierten: André Gide, Aldous Huxley und Heinrich Mann.

Heinrich Mann. Zeichnung von Eva Herrmann

Aldous Huxley. Auch diese Zeichnung stammt von Eva Herrmann; sie wurde im August 1935 in der «Sammlung» veröffentlicht.

Klaus Mann und André Gide

*Diese Zeitschrift wird der Literatur dienen; das heißt: jener hohen Angelegenheit, die nicht nur ein Volk betrifft, sondern alle Völker der Erde. Einige Völker aber sind so weit in der Verirrung gekommen, daß sie ihr Bestes schmähen, sich seiner schämen und es im eignen Lande nicht mehr dulden wollen. In solchen Ländern wird die Literatur vergewaltigt; um sich der Vergewaltigung zu entziehen, flieht sie ein solches Land. […]*

*Sammeln wollen wir, was den Willen zur menschenwürdigen Zukunft hat, statt dem Willen zur Katastrophe; den Willen zum Geist, statt dem Willen zur Barbarei und zu einem unwahren, verkrampften und heimtückischen «Mittelalter»; den Willen zum hohen, leichten und verpflichtenden Spiel des Gedankens, zu seiner Arbeit, seinem Dienst, statt zum Schritt des Parademarsches, der zum Tode durch Giftgas führt im Interesse der gemeinsten Abenteurer; den Willen zur Vernunft, statt dem zur hysterischen Brutalität und zu einem schamlos programmatischen «Anti-Humanismus», der seine abgründige Dummheit und Roheit hinter den schauerlichsten Phrasen kaum noch verbirgt.*

*Wer diese Dummheit und Roheit verabscheut, bleibt deutsch – oder er wird es erst recht –; auch wenn ihm von dem mißleiteten Teil der eignen Nation dieser Titel vorübergehend aberkannt wird. Eben für dieses verstoßne, für dieses zum Schweigen gebrachte, für dieses wirkliche Deutschland wollen wir eine Stätte der Sammlung sein – nach unsren Kräften.*

(Klaus Mann, Geleitwort zum ersten Heft der «Sammlung», September 1933)

# «... das gefährlichste Reptil»

Mitarbeiter der «Sammlung»: Lion Feuchtwanger ...

... und Bertolt Brecht. Zwei Zeichnungen von Eva Herrmann

Jakob Wassermann

Philippe Soupault

**«Die aus Deutschland** entflohenen kommunistischen und jüdischen Literaten versuchen von ihren Schlupfwinkeln aus, das neue Deutschland mit einem Wall von literarischem Stinkgas zu umgeben», schrieb der Nazi-Autor Will Vesper im November 1933 in der Leipziger Zeitschrift «Die Neue Literatur». Und er fügte hinzu: «Zweifellos das gefährlichste Reptil ist die in Amsterdam ‹unter dem Patronat von André Gide, Aldous Huxley und Heinrich Mann› von dem Halbjuden Klaus Mann herausgegebene ‹Sammlung›.»

Der politische Gegner fühlte sich getroffen. Das internationale Ansehen des Nazi-Regimes wurde durch die Querido-Zeitschrift spürbar herabgesetzt – was Klaus Mann durchaus zur Ehre gereichte.

Die Wirksamkeit der «Sammlung» beruhte nicht zuletzt darauf, daß der Herausgeber den im Titel seiner Zeitschrift formulierten Anspruch ernst nahm. «Vor einem so starken und so ruchlosen Feinde, wie der Faschismus einer ist, auf relativ geringen Meinungsverschiedenheiten untereinander bestehen, anstatt sich zusammenzutun zur Abwehr: das wäre eine Dummheit von

Walter Mehring

schon unmoralischem Ausmaß», schrieb Klaus Mann in einem politischen Essay (Zahnärzte, S. 315). Die insgesamt 24 Hefte der «Sammlung», die bis zum August 1935 erschienen, spiegeln in der Tat eine erstaunliche Vielfalt von künstlerischen und politischen Positionen.

Ilja Ehrenburg

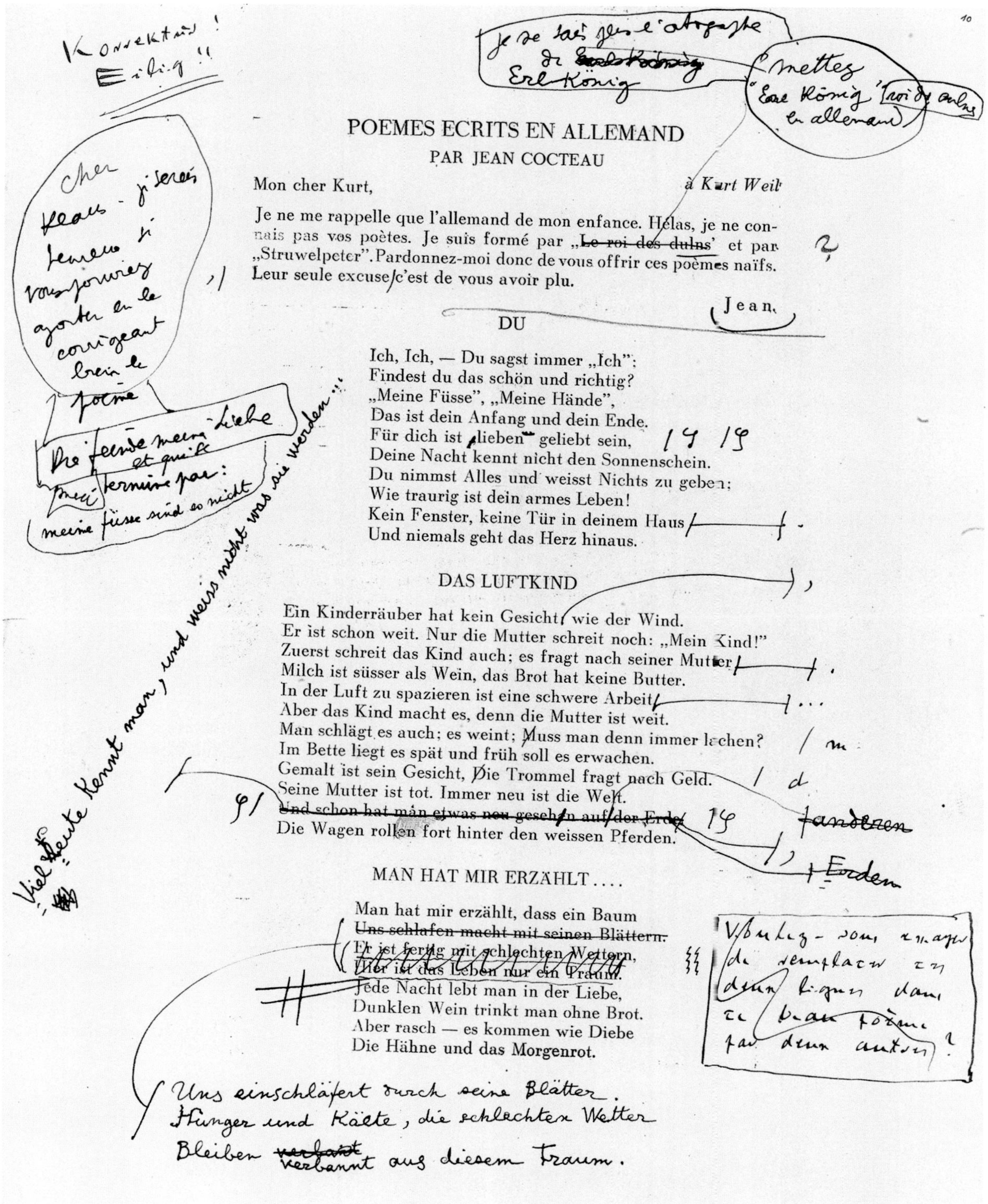

POEMES ECRITS EN ALLEMAND

PAR JEAN COCTEAU

Mon cher Kurt, à Kurt Weil

Je ne me rappelle que l'allemand de mon enfance. Hélas, je ne connais pas vos poètes. Je suis formé par „~~Le roi des dulns~~" et par „Struwelpeter". Pardonnez-moi donc de vous offrir ces poèmes naïfs. Leur seule excuse c'est de vous avoir plu.

Jean.

DU

Ich, Ich, — Du sagst immer „Ich":
Findest du das schön und richtig?
„Meine Füsse", „Meine Hände",
Das ist dein Anfang und dein Ende.
Für dich ist „lieben" geliebt sein,
Deine Nacht kennt nicht den Sonnenschein.
Du nimmst Alles und weisst Nichts zu geben;
Wie traurig ist dein armes Leben!
Kein Fenster, keine Tür in deinem Haus
Und niemals geht das Herz hinaus.

DAS LUFTKIND

Ein Kinderräuber hat kein Gesicht, wie der Wind.
Er ist schon weit. Nur die Mutter schreit noch: „Mein Kind!"
Zuerst schreit das Kind auch; es fragt nach seiner Mutter
Milch ist süsser als Wein, das Brot hat keine Butter.
In der Luft zu spazieren ist eine schwere Arbeit
Aber das Kind macht es, denn die Mutter ist weit.
Man schlägt es auch; es weint; Muss man denn immer lachen?
Im Bette liegt es spät und früh soll es erwachen.
Gemalt ist sein Gesicht, Die Trommel fragt nach Geld.
Seine Mutter ist tot. Immer neu ist die Welt.
~~Und schon hat man etwas neu geseh'n auf der Erde~~
Die Wagen rollen fort hinter den weissen Pferden.

MAN HAT MIR ERZÄHLT ....

Man hat mir erzählt, dass ein Baum
~~Uns schlafen macht mit seinen Blättern.~~
~~Er ist fertig mit schlechten Wettern,~~
~~Hier ist das Leben nur ein Traum.~~
Jede Nacht lebt man in der Liebe,
Dunklen Wein trinkt man ohne Brot.
Aber rasch — es kommen wie Diebe
Die Hähne und das Morgenrot.

Uns einschläfert durch seine Blätter.
Hunger und Kälte, die schlechten Wetter
Bleiben ~~verfasst~~ verbannt aus diesem Traum.

Aus dem redaktionellen Alltag der «Sammlung»: Korrekturfahne mit drei Gedichten von Jean Cocteau. Links ganz oben und rechts unten Hinweise in der Handschrift Klaus Manns; alle übrigen Korrekturen stammen von Cocteau. Die Texte erschienen im Juni-Heft 1934.

Mehr als 150 Autoren kamen in der «Sammlung» zu Wort. Dank der entschieden auf Meinungsvielfalt bedachten Haltung Klaus Manns waren darunter Kommunisten wie Johannes R. Becher und Hans Günther ebenso wie der konservative Joseph Roth, ein unpolitischer Schriftsteller wie Jakob Wassermann in gleicher Weise wie die Marxisten Bloch und Brecht, bürgerlich-liberale Geister wie Ludwig Marcuse und Franz Schoenberner ebenso wie die Sozialisten Ernst Toller und Oskar Maria Graf. Albert Einstein lieferte einen Beitrag, und selbst Leo Trotzki konnte für einen Aufsatz über «Sowjets in Amerika?» gewonnen werden. Unter den internationalen Autoren, die an der Zeitschrift mitwirkten, waren unter anderem Ilja Ehrenburg, Boris Pasternak, Ernest Hemingway, Philippe Soupault, Menno ter Braak, Pär Lagerkvist, Romain Rolland und Wickham Steed.

# Komplikationen und Intrigen

Brief Robert Musils an Klaus Mann, 19. Oktober 1933

Wien,am 19.Oktober 1933.

Sehr geehrter Herr Klaus Mann!
Ich sehe mich leider zu dem Verlangen gezwungen,aus der Liste Ihrer Mitarbeiter gestrichen zu werden.
Mit dem Ausdruck vorzüglicher Hochachtung
bleibe ich Ihr ergebener

Robert Musil

DIE FOLGENDEN HEFTE ENTHALTEN U.A.
BEITRÄGE VON:

| | |
|---|---|
| MAX BROD | EMIL LUDWIG |
| JEAN COCTEAU | HEINRICH MANN |
| ALFRED DÖBLIN | THOMAS MANN |
| ANTHONIE DONKER | ANDRÉ MAUROIS |
| A. DEN DOOLAARD | WALTER MEHRING |
| LION FEUCHTWANGER | H. L. MENCKEN |
| BRUNO FRANK | PETER MENDELSOHN |
| ORTEGA Y GASSET | ROBERT MUSIL |
| ANDRÉ GIDE | GUSTAV REGLER |
| JEAN GIRAUDOUX | ROMAIN ROLLAND |
| CLAIRE u. IVAN GOLL | JULES ROMAINS |
| WERNER HEGEMANN | JOSEPH ROTH |
| WOLFGANG HELLMERT | RENÉ SCHICKELE |
| WILHELM HERZOG | HERBERT SCHLÜTER |
| ARTUR HOLITSCHER | ANNEMARIE SCHWARZEN-BACH |
| ÖDÖN HORVATH | ANNA SEGHERS |
| ALDOUS HUXLEY | ERNST TOLLER |
| HEINRICH EDUARD JACOB | KARL TSCHUPPIK |
| EDMOND JALOUX | WILHELM UHDE |
| ALFRED KERR | JAKOB WASSERMANN |
| HERMANN KESTEN | ERNST WEISS |
| EGON ERWIN KISCH | FRANZ WEISKOPF |
| RUDOLF LEONHARD | ARNOLD ZWEIG |
| SINCLAIR LEWIS | STEFAN ZWEIG |
| FERDINAND LION | |

Ausserdem Beiträge von jungen amerikanischen, deutschen, englischen, französischen, holländischen, italianischen, polnischen, schwedischen, spanischen und südamerikanischen Autoren

*Alle redaktionellen Anfragen sind zu richten an*
*KLAUS MANN p.A. QUERIDO VERLAG*
*Keizersgracht 333 - AMSTERDAM - Telephon 45921*

Werbeprospekt der «Sammlung». Unter den angekündigten Mitarbeitern finden sich auch die Namen Döblin, Musil, Schickele, Stefan Zweig und Thomas Mann.

**Daß «Die Sammlung»** ein so eindrucksvolles Spektrum der antifaschistischen Literatur präsentieren konnte, war nicht zuletzt dem Charme und Geschick des Herausgebers zu danken. Klaus Mann warb unermüdlich und wortreich um neue Mitarbeiter und erwies sich als ein umsichtiger Organisator. Doch mußte er schon in den ersten Monaten der Zeitschrift erfahren, wie kompliziert und teilweise aussichtslos sein Bestreben war, die heterogenen Interessen und Eigenarten der in Deutschland verfemten Schriftsteller zusammenzubringen.

«Das historische Ereignis ist noch nicht erfunden, das aus einer Anzahl von Deutschen, die in eine Schicksalsgemeinschaft gekommen sind, auch wirklich eine Gemeinschaft machte», schrieb er im April 1934 ernüchtert an Alfred Neumann (BuA, S. 170). Zu diesem Zeitpunkt hatten einige der prominentesten Autoren ihre ursprüngliche Zusage zur Mitwirkung an der «Sammlung» bereits zurückgezogen. Teils war ihnen der in der Zeitschrift vertretene Antifaschismus zu aggressiv; teils hatten die Verlage im Reichsgebiet ihre Autoren unter Druck gesetzt, sich öffentlich von der «Emigrantenpresse» zu distanzieren. Gottfried Bermann Fischer, der Schwiegersohn des alten Samuel Fischer, spielte dabei eine besonders unrühmliche Rolle. Wer seine Bücher weiterhin in Deutschland veröffentlicht sehen wolle, lautete sein Argument, dürfe nicht an einer im Reich verbotenen Zeitschrift wie der «Sammlung» mitarbeiten.

## Literarische Emigranten-Zeitschriften

Zu den in Nr. 236 des Buchhändler-Börsenblattes veröffentlichten Ausführungen über die Emigranten Zeitschriften (vgl. Nr. 283 u. Bl.) erläßt die Reichsstelle zur Förderung des deutschen Schrifttums nunmehr folgende Erklärung:

„Thomas Mann, René Schickele und Alfred Döblin haben nach Erscheinen der ersten Nummer der Emigranten-Zeitschrift „Die Sammlung" folgende Erklärungen abgegeben:

„Kann nur bestätigen, daß Charakter erster Nummer Sammlung ihrem ursprünglichen Programm nicht entspricht." (Thomas) Mann.

In schriftlicher Ergänzung dieses Telegramms schrieb Thomas Mann:

„Ergänzen Sie meine Erklärung logischerweise dahin, daß mein Name von der Liste getilgt wird — denn darauf läuft sie hinaus."

„Bin von politischem Charakter „Sammlung" peinlich überrascht, da gelegentliche Mitarbeit nur für rein literarische Zeitschrift in Aussicht gestellt war. Stehe mit Querido in keinerlei Verbindung, halte mich auch weiterhin von allem Derartigen ausdrücklich fern." Schickele.

„Desavouiere jede schriftstellerische und politische Gemeinschaft mit Herausgeber der Zeitschrift Sammlung. Bitte das in geeigneter Form beschleunigt bekannt zu geben. Tendenz der Zeitschrift war mir unbekannt." Döblin.

Aus diesen Erklärungen geht hervor, daß die genannten Autoren über den Charakter der Zeitschrift getäuscht worden sind und jede Gemeinschaft mit ihr ablehnen. Darüber hinaus haben sie mehrfach öffentlich erklärt, daß sie sich jeder politischen Aeußerung im Auslande enthalten werden.

Da die Voraussetzungen, die zu einer solchen berechtigt scharfen Stellungnahme seitens der Reichsstelle führten, sich als hinfällig erwiesen, können wir den Vorwurf des geistigen Landesverrates nicht mehr aufrechthalten. Die Reichsstelle steht aber nach wie vor in keiner Weise hinter der geistigen und literarischen Haltung der angeführten Autoren. Reichsstelle zur Förderung des deutschen Schrifttum."

Bekanntmachung der Erklärungen Thomas Manns, Schickeles und Döblins

## Ergänzung zu der Bekanntmachung „Literarische Emigranten-Zeitschriften".

Die in dieser Nummer gebrachte Veröffentlichung der Reichsstelle zur Förderung des deutschen Schrifttums ist durch folgende weitere Erklärung zu ergänzen:

Stefan Zweig hat bereits unterm 26. September 1933 mit folgender Stellungnahme einen scharfen Strich zwischen sich und den Mitarbeitern der Emigranten-Zeitschrift: »Die Sammlung« gezogen:

»Ich habe, als der Herausgeber des Monatsblattes ‚Die Sammlung' vor längerer Zeit an mich mit der Bitte um einen Beitrag herantrat, ihm in Aussicht gestellt, nachdem er mir zugesichert hatte, daß das Blatt ein rein literarisches sein und keinerlei politischen Charakter tragen würde, ihm, wenn es soweit sein würde, ein Bruchstück aus meinem im Werden befindlichen Buche ‚Erasmus von Rotterdam' zum Abdruck zu geben. Eine ständige Mitarbeit habe ich ihm niemals in Aussicht gestellt.

Nachdem ich nunmehr die erste Nummer der Zeitschrift ‚Die Sammlung' gesehen habe, mußte ich zu meiner größten Überraschung feststellen, daß es sich nicht um ein rein literarisches, sondern um ein zum größten Teil politisches Blatt handelt. Die ausdrückliche Voraussetzung, unter der ich seinerzeit jenes Bruchstück in Aussicht stellte, ist also weggefallen. Ich habe bereits an den Herausgeber der ‚Sammlung' geschrieben, daß ich unter diesen Umständen an der Zeitschrift keinesfalls mitarbeiten würde, und ihn ersucht, meinen Namen in der Liste der Mitarbeiter nicht mehr aufzuführen, was er mir zugesagt hat.

Ich schrieb Ihnen schon, daß ich überhaupt für absehbare Zeit an Zeitschriften und Zeitungen nicht mitarbeiten und Ihnen andernfalls vorher Mitteilung machen würde und daß ich seit Weihnachten 1932 keine Zeile Manuskript aus der Hand gegeben habe.«

Stefan Zweig.

Aus dieser Stellungnahme von Stefan Zweig geht hervor, daß auch er über den Charakter der Zeitschrift getäuscht worden ist und daß er jede Gemeinschaft mit ihr ablehnt.

(Börsenblatt für den Deutschen Buchhandel Nr. 240 vom 14. Oktober 1933.)

Bekanntgabe der Distanzierung Stefan Zweigs von der «Sammlung»

René Schickele

Gottfried Bermann Fischer

In Deutschland wurden die Absagen umgehend veröffentlicht und als Distanzierung von der «landesverräterischen» Exilliteratur begrüßt. Zu denen, die demonstrativ von der «Sammlung» abrückten, gehörte neben Stefan Zweig, Robert Musil, Alfred Döblin und René Schickele ausgerechnet Klaus Manns eigener Vater. «Kann nur bestätigen, daß Charakter erster Nummer Sammlung ihrem ursprünglichen Programm nicht entspricht», lautete Thomas Manns am 13. Oktober 1933 im «Berliner Tageblatt» gedruckte Erklärung. «Scheusslich – und man kann fast nichts machen», schrieb Klaus Mann in sein Tagebuch; drei Tage später, als er auch von Zweigs Rückzug erfuhr, notierte er lakonisch: «Im Stich gelassen.» (Tb 1, S. 174 f.)

# Verführungstiefe

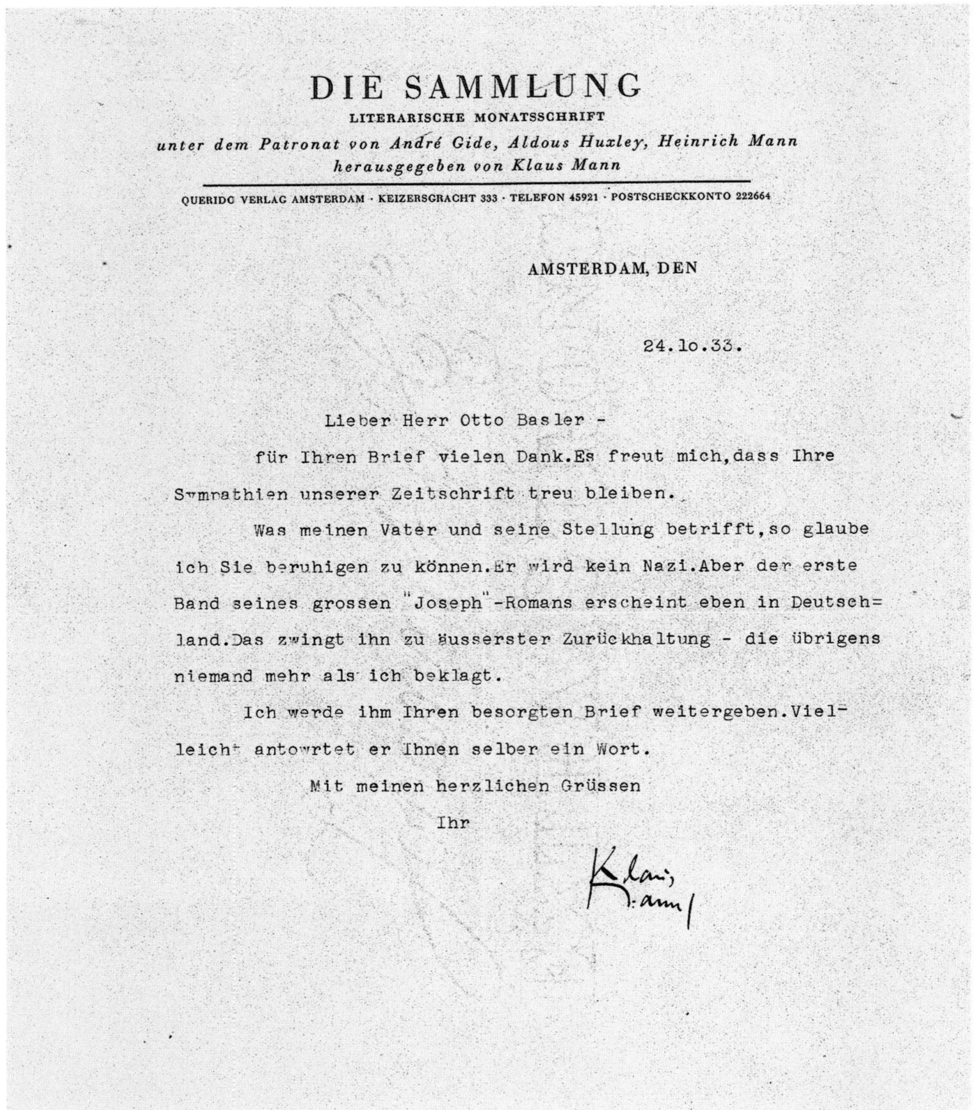

DIE SAMMLUNG
LITERARISCHE MONATSSCHRIFT
*unter dem Patronat von André Gide, Aldous Huxley, Heinrich Mann*
*herausgegeben von Klaus Mann*

QUERIDO VERLAG AMSTERDAM · KEIZERSGRACHT 333 · TELEFON 45921 · POSTSCHECKKONTO 222664

AMSTERDAM, DEN

24.1o.33.

Lieber Herr Otto Basler -

für Ihren Brief vielen Dank.Es freut mich,dass Ihre Symrathien unserer Zeitschrift treu bleiben.

Was meinen Vater und seine Stellung betrifft,so glaube ich Sie beruhigen zu können.Er wird kein Nazi.Aber der erste Band seines grossen "Joseph"-Romans erscheint eben in Deutsch= land.Das zwingt ihn zu äusserster Zurückhaltung - die übrigens niemand mehr als ich beklagt.

Ich werde ihm Ihren besorgten Brief weitergeben.Viel= leicht antowrtet er Ihnen selber ein Wort.

Mit meinen herzlichen Grüssen

Ihr

Klaus Mann

«**Was meinen Vater** und seine Stellung betrifft», erklärte Klaus Mann am 24. Oktober 1933 dem Schweizer Autor Otto Basler, «so glaube ich Sie beruhigen zu können. Er wird kein Nazi. Aber der erste Band seines großen ‹Joseph›-Romans erscheint eben in Deutschland. Das zwingt ihn zu äußerster Zurückhaltung – die übrigens niemand mehr als ich beklagt.» (BuA, S. 148)

Thomas Mann lebte zu diesem Zeitpunkt zwar bereits in der Schweiz und hatte mit Katia in Küsnacht bei Zürich ein Haus bezogen. Doch zögerte er, sich öffentlich zur Emigration zu bekennen, weil er seine «Joseph»-Romane unbedingt in Deutschland erscheinen lassen wollte: wenn das Publikum dort sie ungehindert lesen könne, sei das ein «eklatanterer Sieg» über die neuen Machthaber «als ein ganzer Stoß Emigranten-Polemik», schrieb der Vater seinem ältesten Sohn (BuA, S. 134).

Dieser war gänzlich anderer Ansicht: «Einem Land, das man mit Abscheu verläßt, vertraut man doch nicht sein schönstes Gut an. Sie werden es ja auch zu Tode hetzen», prophezeite er dem Vater (BuA, S. 123). Doch nach außen hin blieb die Familienloyalität gewahrt. Sosehr Klaus Mann die Haltung seines Vaters ärgerte – zu einer unbedachten Stellungnahme ließ der Sohn sich nicht hinreißen.

Erst im Februar 1936 stellte sich Thomas Mann unmißverständlich auf die Seite der Exilierten: mit seinem berühmt gewordenen offenen Brief an Eduard Korrodi. Im «Wendepunkt» hat Klaus Mann später das Verhalten seines Vaters recht milde beurteilt – als einen verzweifelten Versuch, «das Unvermeidliche» – die Trennung von den deutschen Lesern – «so lange wie irgend möglich hinauszuzögern» (WP, S. 300).

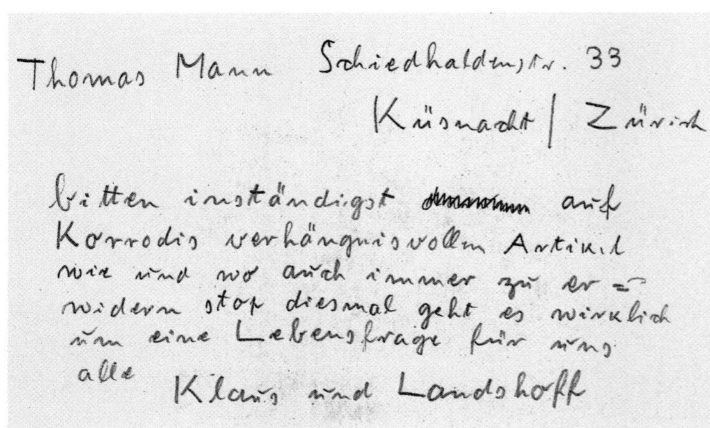

Thomas Mann Schiedhaldenstr. 33
Küsnacht / Zürich

bitten inständigst auf Korrodis verhängnisvollen Artikel wie und wo auch immer zu erwidern stop diesmal geht es wirklich um eine Lebensfrage für uns alle Klaus und Landshoff

Klaus Manns Abschrift eines Telegramms an seinen Vater, 26. Januar 1936. Auf Drängen seiner beiden ältesten Kinder schrieb Thomas Mann schließlich seinen offenen Brief an Korrodi, mit dem er sich zur Emigration bekannte (vgl. BuA, S. 711 ff.).

Das Haus Thomas Manns in Küsnacht bei Zürich

Thomas und Katia Mann mit ihrer Tochter Erika (rechts) und Fritz H. Landshoff. Der Verleger versuchte vergeblich, Thomas Mann dafür zu gewinnen, seine Bücher künftig im Querido Verlag herauszubringen.

Wie stark Klaus Mann die Beziehung zum eigenen Vater de facto belastete, dokumentieren eindrucksvoller als alle öffentlichen Äußerungen die Tagebücher des Sohnes. Allein viermal finden sich dort in den Jahren bis 1934 Notizen über nächtliche Träume Klaus Manns, der «Zauberer» sei gestorben. Am 4. April 1933 hielt Klaus Mann zentrale Gedanken über sich selbst und seinen Vater fest. Zunächst bilanzierte er Schlüsselbegriffe für das Denken Thomas Manns: «Heute Nacht beim ‹Wagner›-Lesen notiert, dass das Thema der ‹Verführung› für Zauberer so charakteristisch – im Gegensatz zu mir. Verführungsmotiv: Romantik – Musik – Wagner – Venedig – Tod – ‹Sympathie mit dem Abgrund› – Päderastie. Verdrängung der Päderastie als Ursache dieses Motivs (Überwindung der ‹Verführung› bei Nietzsche; siehe Wagner.)»
Dann notierte er Stichworte für sein eigenes Lebensgefühl und Denken: «Bei mir anders. Primärer Einfluss Wedekind – George. – Begriff der ‹Sünde› – unerlebt. Ursache: ausgelebt. Päderastie. Rausch (sogar Todesrausch) immer als Steigerung des Lebens, dankbar akzeptiert; nie als ‹Verführung›. Noch im Fall der Drogen so, die höchstens physisch für mich gefährlich, nicht psychisch. Grundsätzlich nichts abgelehnt. Todesverbundenheit: Teil des Lebensgefühls. Auch Wagner wäre also ungefährlich –: wenn er überhaupt Verführungstiefe für mich hätte, was er nicht hat.» (Tb 1, S. 129)

# Die Niederlage und wir

**Zwei Jahre lang** konnte «Die Sammlung» erscheinen, mit einer Druckauflage von 3000 Exemplaren pro Heft. Doch kostendeckend war der Absatz zu keiner Zeit; und die Zahl der Abonnenten ließ sich trotz aufwendiger Werbeaktionen nicht wesentlich steigern. Obwohl die Freundin Annemarie Schwarzenbach das Projekt finanziell unterstützte, war das August-Heft 1935 schließlich die letzte Ausgabe.

Klaus Mann wertete das Ende seiner Zeitschrift ganz nüchtern als Beweis dafür, «daß eine literarische Monatsrevue unter den heutigen Umständen ohne erhebliche Zuschüsse nicht lebensfähig ist». Er fügte hinzu: «Eine Erfahrung, die Wieland Herzfelde ja übrigens gleichzeitig macht» (BuA, S. 228). Die von Herzfelde in Prag verlegte Monatsschrift «Neue Deutsche Blätter» hatte genau wie «Die Sammlung» von September 1933 bis August 1935 erscheinen können. Zwei Jahrgänge lang trugen die beiden Zeitschriften wesentlich zur Sammlung der Kräfte unter den Nazi-Gegnern bei – dann mußten beide aus ökonomischen Gründen eingestellt werden.

Klaus Mann gab sich «redlich Mühe, den Herren des Dritten Reiches auf die Nerven zu gehen» (WP, S. 297). Er sprach auf Kongressen und Versammlungen, schrieb für fast alle wichtigen Organe der Exilpresse, unterzeichnete Aufrufe und Resolutionen. «Nie lebte Klaus intensiver, angespannter, tätiger, als in den ersten Jahren der Emigration; darum wohl auch: nie glücklicher», erinnerte sich später der Bruder Golo und bekannte voller Hochachtung: «Der Herausforderung der deutschen Tyrannei hielt er nicht nur stand, sie erst führte ihn auf die ihm erreichbare Höhe.» (BuA, S. 643)

Den Tagebüchern Klaus Manns ist freilich zu entnehmen, daß er auch in dieser höchst aktiven Zeit unter Depressionen litt und daß seine Neigung, sich mit verschiedensten Drogen zu trösten, immer bedenklichere Formen annahm.

DIE SAMMLUNG

erscheint monatlich; jedes Heft hat einen Umfang von ca. 60 Seiten

MITARBEITER DES ZWEITEN JAHRGANGS:

Nathan Asch, Ludwig Bauer, Felix Bertaux, Menno ter Braak, Max Brod, Ernst Bloch, Bert Brecht, Jean Cocteau, René Crevel, Alfred Döblin, A. den Doolaard, Albert Einstein, Ilja Ehrenburg, Lion Feuchtwanger, Bruno Frank, Guglielmo Ferrero, A. M. Frey, André Gide, Jean Giraudoux, Claire Goll, Ivan Goll, Werner Hegemann, Ernest Hemingway, Max Herrmann-Neisse, Wilhelm Herzog, Magnus Hirschfeld, Max Hochdorf, Arthur Holitscher, Aldous Huxley, Edmond Jaloux, Franz Kafka, Hermann Kesten, Egon Erwin Kisch, Else Lasker-Schüler, Jef Last, Rudolf Leonhard, Emil Ludwig, Heinrich Mann, Golo Mann, Klaus Mann, Valeriu Marcu, Ludwig Marcuse, André Maurois, Walter Mehring, H. L. Mencken, Milburn, Raymond Mortimer, Hermynia Zur Mühlen, Hans Mühlestein, Alfred Neumann, Rudolf Olden, Gustav Regler, Romain Rolland, Joseph Roth, Adam Scharrer, Franz Schoenberner, Carlo Graf Sforza, Anna Seghers, Ignazio Silone, Hans Sochaczewer, Philippe Soupault, Felix Stössinger, Ernst Toller, Leo Trotzki, Walter Tschuppik, Wilhelm Uhde, Antonina Vallentin, Fritz Walter, Franz Weiskopf, Ernst Weiss, Paul Westheim, Arnold Zweig u.a.

Abonnementspreis pro Jahr Hfl. 7.50, bezw. Schw. Fr. 15.—, Lire 70.—.
Einzelheft Hfl. 0.75, bezw. Schw. Fr. 1.50, ö. Sch. 3.—, Kč 11.—, Lire 7.—.

*Unverlangte Manuskripte können nur zurückgeschickt werden, wenn internationale Postscheine beiliegen*

QUERIDO VERLAG * Keizersgracht 333 * AMSTERDAM
Telefon 45921 — Postscheckkonto 222664
Druck: G. J. v. Amerongen & Co., Amersfoort — Printed in the Netherlands

Werbung für die «Sammlung»

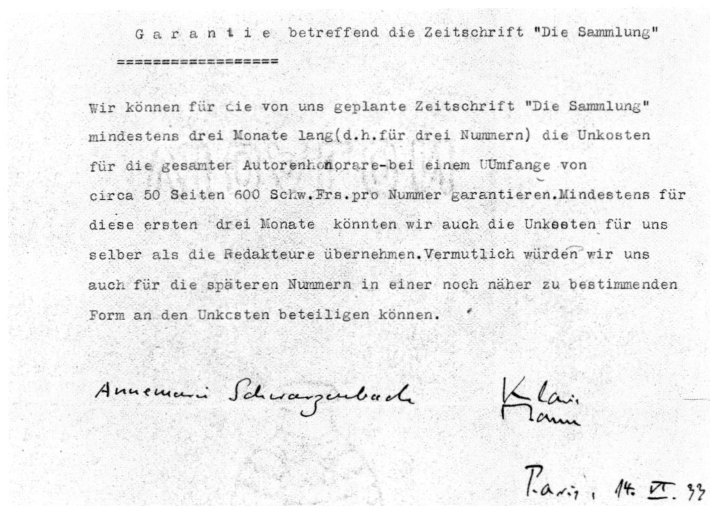
G a r a n t i e betreffend die Zeitschrift "Die Sammlung"

Wir können für die von uns geplante Zeitschrift "Die Sammlung" mindestens drei Monate lang(d.h.für drei Nummern) die Unkosten für die gesamten Autorenhonorare-bei einem UUmfange von circa 50 Seiten 600 Schw.Frs.pro Nummer garantieren.Mindestens für diese ersten drei Monate könnten wir auch die Unkosten für uns selber als die Redakteure übernehmen.Vermutlich würden wir uns auch für die späteren Nummern in einer noch näher zu bestimmenden Form an den Unkcsten beteiligen können.

Annemarie Schwarzenbach    Klaus Mann

Paris, 14. VI. 33.

Garantie-Erklärung Annemarie Schwarzenbachs für die «Sammlung»

Klaus Mann mit Annemarie Schwarzenbach (links) und der Schweizer Künstlerin Sonja Sekula

Nach außen hin vertrat er dagegen einen politisch motivierten, kämpferischen Optimismus. Als er sich 1934 in der Kampagne gegen die Rückgliederung des Saargebiets an das Deutsche Reich engagiert hatte und das Plebiszit der Saarländer im Januar 1935 mit einem überwältigenden Erfolg der Nazis endete, schrieb Klaus Mann einen bewegenden Artikel unter der Überschrift «Die Niederlage und wir – Brief an eine Enttäuschte». Der (vermutlich fiktiven) Adressatin erklärte er den Sieg der Nazis bei der Saarabstimmung als vorübergehenden Triumph, der die Antifaschisten zu verstärkten Aktivitäten anspornen müsse: «Niederlagen sind da, damit man aus ihnen lernt, keinesfalls damit man vor ihnen zusammenbricht. ‹Einzelgänger› werden wir nur, wenn wir beleidigt abseits stehen und still vor uns hin klagen. Aber so sind wir doch nicht.» Der negative Ausgang der Saarabstimmung sei «ein Zwischenfall – nur ein Zwischenfall, meine Liebe! Diejenigen, die so etwas mutlos macht, wären auch sonst nicht die richtigen Mitkämpfer für uns gewesen.» (Zahnärzte, S. 260)

Volksstimme

Organ der Sozialdemokrat. Partei für das Saargebiet

Nr. 216 — Saarbrücken, Freitag, 21. September 1934 — 26. Jahrgang

# Deutsche sprechen zu Euch!

**Saarländer!**

Wollt Ihr ein Teil sein der faschistischen Barbarei?
Wollt Ihr den Tod der Geistesfreiheit?
Wollt Ihr Euer Leben verbringen hinter dem Stacheldrahtzaun des riesigen Konzentrationslagers, das sich Hitlerdeutschland nennt?
Wollt Ihr, daß Eure Frauen und Töchter aus Brot und Arbeit vertrieben werden?
Wollt Ihr, daß Euren Söhnen bis zum 25. Lebensjahr der Zutritt zur Arbeit verboten wird?
Wollt Ihr einbezogen werden in Hitlers Wirtschaftskatastrophe?
Wollt Ihr, daß Eure Religion verhöhnt und Eure Geistlichen ins Konzentrationslager geschleppt werden?
Wollt Ihr mitschuldig sein an Mord, Mißhandlungen und grausamer Verfolgung?
Wollt Ihr einen neuen furchtbaren Krieg, schlimmer noch als das letzte Weltgemetzel, das Millionen Tote gekostet hat?
Nein, deutsche Saarländer, das wollt Ihr nicht!
Ihr wollt, daß das Saargebiet auch weiterhin ein Brückenkopf des Freiheitskampfes für Deutschland bleibt!
Ihr wollt Euer Selbstbestimmungsrecht wahren und frei entscheiden über Eure Vereinigung mit dem von Hitler befreiten Deutschland!
Deutsche Saarländer, Männer und Frauen, Arbeiter, Intellektuelle, Angestellte, Bauern und Gewerbetreibende, Ihr wollt den Frieden!
Darum gegen die Auslieferung der Saar an Hitler-Deutschland!

**Stimmt für den Status quo!**

Heinrich Mann, Lion Feuchtwanger, Professor E. J. Gumbel, Leonhard Frank, Alfred Kerr, Johannes R. Becher, Oskar Maria Graf, Prof. Georg Bernhard, Ernst Toller, Balder Olden, Anna Seghers, Theodor Plivier, Erwin Piscator, Prinz Max Karl zu Hohenlohe-Langenburg, Carola Neher, Leopold Schwarzschild, Gustav von Wangenheim, Klaus Mann, Gustav Regler, Erich Weinert, Ernst Ottwalt, Dr. Kurt Rosenfeld, Bodo Uhse, John Heartfield, Walter Schönstedt, Alfred Kantorowicz, Willi Bredel, Peter Maslowski

Aufruf zur Saarabstimmung mit der Unterschrift vieler prominenter Künstler, darunter auch Klaus Mann

Exilzeitschriften, an denen Klaus Mann mitarbeitete

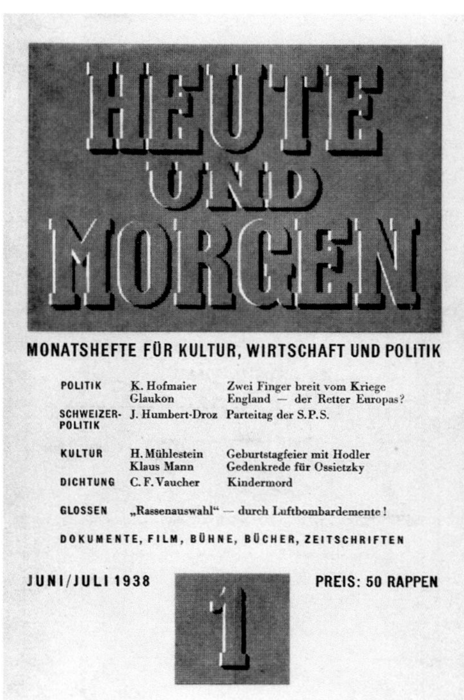
HEUTE UND MORGEN

MONATSHEFTE FÜR KULTUR, WIRTSCHAFT UND POLITIK

| | | |
|---|---|---|
| POLITIK | K. Hofmaier<br>Glaukon | Zwei Finger breit vom Kriege<br>England — der Retter Europas? |
| SCHWEIZER-POLITIK | J. Humbert-Droz | Parteitag der S.P.S. |
| KULTUR | H. Mühlestein<br>Klaus Mann | Geburtstagfeier mit Hodler<br>Gedenkrede für Ossietzky |
| DICHTUNG | C. F. Vaucher | Kindermord |
| GLOSSEN | „Rassenauswahl" — durch Luftbombardemente! | |

DOKUMENTE, FILM, BÜHNE, BÜCHER, ZEITSCHRIFTEN

JUNI/JULI 1938 — 1 — PREIS: 50 RAPPEN

Doppelheft 33/34

EUROPÄISCHE HEFTE VEREINIGT MIT AUFRUF

WOCHENSCHRIFT FÜR POLITIK, KULTUR, WIRTSCHAFT

Nr. 33/34 | Preis: 4 Kč — 3 Frcs — 70 Rappen | 6. Dez.

MINISTER Rudolf HESS:
Ich grüße Paris
WILLI SCHLAMM: Vertragsentwurf für Genf
PAUL KÉRI: Ungarn verabscheut den Mor
A. MASLOW:
Emigranten ins Pfefferland
WILHELM STEFAN: Kontur des 20. Jahrhunderts
WALTER GROHMANN: Der kultivierte Schuschnigg
KLAUS MANN:
Heinrich Heines Vision

EUROPÄISCHE HEFTE 1. Jahrg. — 5. Jahrg. des AUFRUF Streitschr. f. Menschenrechte

Belegexemplar

Die neue Weltbühne

Wochenschrift für Politik · Kunst · Wirtschaft

Nazis in Tanger — Nr. 7
von Gerald Hamilton
S. Aufhäuser: Vierjahresplan
Heinrich Mann: Die Rede
Anton Kuh: Geehrter Herr Wolf
Um André Gide
von Klaus Mann
Debatte unter Freunden
von H. Budzislawski
Romain Rolland: Antisemitismus
Lion Feuchtwanger von A. Bessmertny
F. C. Weiskopf: Voscovec und Werich
Maximilian Scheer:
Juden nach Madagaskar

# Die «Pfeffermühle»

«Warum sind wir so kalt?
Warum, – das tut doch weh!
Warum? Wir werden bald
Wie lauter Eis und Schnee!
Beteiligt Euch, – es geht um Eure Erde!
Und Ihr allein, Ihr habt die ganze Macht!
Seht zu, daß es ein wenig wärmer werde
In unserer schlimmen, kalten Winternacht!»
Das von ihr selbst geschriebene Chanson «Kälte» sang Erika Mann im zweiten Exilprogramm der «Pfeffermühle», 1934

## DAS LITERARISCHE CABARET „DIE PFEFFERMÜHLE“

### LEITUNG: ERIKA MANN

**Erika Mann** setzte in den ersten Exiljahren ihre Kabarett-Arbeit fort, die sie bereits in München begonnen hatte. «Am 1. Oktober 1933 wurde die ‹Pfeffermühle› in Zürich wiedereröffnet, gepfefferter denn je, amüsanter denn je, mit der prachtvollen Therese Giehse, dem einfallsreichen Magnus Henning und allem Zubehör. Erika war in großer Form, als Textdichterin, als Chansonnette und Conférencière. Noch dort, wo sie bitter sein mußte, noch in der Anklage, im Protest gewann sie durch den Reiz ihres Lächelns, der Stimme und Gebärde», schreibt Klaus Mann im «Wendepunkt» (S. 298).

Fast drei Jahre tourte das kleine Ensemble mit wechselnden Programmen durch Europa. Die «Pfeffermühle» spielte in der Schweiz, in Österreich, Holland, Belgien, Luxemburg und in der Tschechoslowakei – insgesamt gab man über tausend Vorstellungen. Erika Mann hat später betont, die Mitwirkenden seien zur literarischen Camouflage gezwungen gewesen: «Wir waren Fremde überall ... nur zur Not geduldet. Die Machthaber zu reizen, verbot sich durchaus. ‹Immer indirekt› hieß also unsere Losung. Kein Name – auch nicht der unseres verdorbenen Landes – ist je bei uns gefallen. Wir wirkten in der Parabel, im Gleichnis und Märchen unmißverständlich, doch unschuldig dem Buchstaben nach.» (Chrambach/Hummel 1990, S. 33)

«Sie machen zehn Mal mehr gegen die Barbarei, als wir alle Schriftsteller zusammen», schrieb Joseph Roth bewundernd an Erika Mann (EM 1984, S. 66). Klaus Mann, der selbst zahlreiche Texte für die «Pfeffermühle» verfaßte, nannte das antifaschistische Kabarett seiner Schwester rückblickend «das erfolgreichste und wirkungsvollste theatralische Unternehmen der deutschen Emigration» (WP, S. 282).

Der Star der «Pfeffermühle» war – neben Erika Mann – auch in den Exilprogrammen Therese Giehse, hier bei ihrem Auftritt als «Jodlerin».

Sybille Schloss und Robert Trösch in der von Klaus Mann geschriebenen Programmnummer «Kitschpostkarte»

Zum Ensemble gehörte zeitweilig der junge Wiener Schauspieler Hans Sklenka, in den sich Klaus Mann leidenschaftlich verliebte, wie er seinem Tagebuch anvertraut hat.

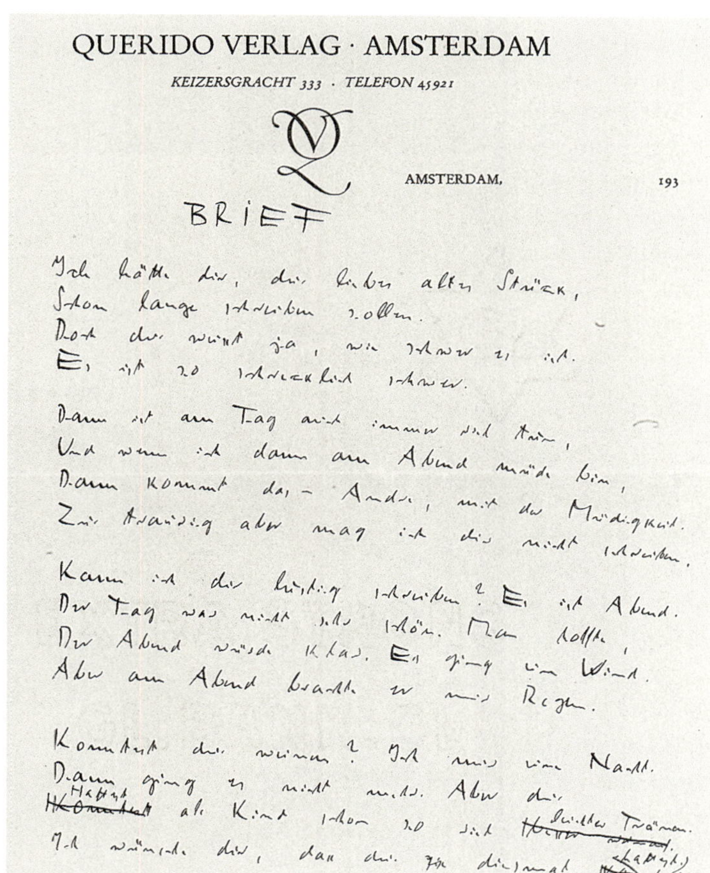

QUERIDO VERLAG · AMSTERDAM

KEIZERSGRACHT 333 · TELEFON 45921

AMSTERDAM, 193

BRIEF

Ich hätte dir, du lieber altes Stück,
Schon lange schreiben sollen.
Doch du weißt ja, wie schwer es ist.
Es ist so schrecklich schwer.

Dann ist am Tag auch immer viel [illegible],
Und wenn ich dann am Abend müde bin,
Dann kommt das Andre, mit der Müdigkeit.
Zu [illegible] aber mag ich dir nicht schreiben.

Kann ich dir heute schreiben? Es ist Abend.
Der Tag war nicht sehr schön. Man hoffte,
Der Abend würde klar. Es ging ein Wind.
Aber am Abend brachte er nur Regen.

Kommst du wieder? Ich weiß eine Nacht.
Dann ging es nicht mehr. Aber die
~~[illegible]~~ [illegible] als Kind schon so viel ~~[illegible]~~ dunkle Tränen.
Ich wünsche dir, daß du für diesmal ~~[illegible]~~ [illegible]

Aus Klaus Manns Manuskript seines «Pfeffermühlen»-Textes «Brief»

# Notizen in Moskau

Klaus Mann und Sergej Tretjakow (ganz rechts) im Gespräch mit Gustav Regler (links) und dem Arktisforscher Otto J. Schmitt, dessen «edles Vollbart-Gesicht» der deutsche Gast sogar im Tagebuch registrierte (Tb 2, S. 51)

**Im August 1934** war Klaus Mann zu Gast in der Sowjetunion. Man hatte ihn zum «1. Allunionskongreß der Sowjetschriftsteller» nach Moskau eingeladen, und er war der Einladung gern gefolgt – neugierig auf die aktuelle Entwicklung in dem Land, das vielen Zeitgenossen als wichtigster Garant des Antifaschismus galt. Mit anderen westlichen Autoren verfolgte Klaus Mann den Kongreß und ließ sich die Stadt zeigen.
«Ergriffenheit und Widerspruch» angesichts des sozialistischen Aufbaus hätten einander abgewechselt in seinem Herzen und in seinen Gedanken, bekannte er in dem Aufsatz «Notizen in Moskau», in dem er die Eindrücke der Reise bilanzierte. «Die Ergriffenheit ist stärker als der Widerspruch. [...] Denn ich spüre doch wieder, daß es eine Zukunft gibt.» Fasziniert beobachtete der aus dem eigenen Vaterland vertriebene Schriftsteller: «Die Literatur ist hier nicht eine schmückende Arabeske am Rand der Gesellschaft. Sie ist ein wirkender Teil des öffentlichen Lebens.» In den ästhetischen Vorstellungen dagegen waren ihm die sowjetischen Kollegen zu sehr auf «eklatanten Optimismus» eingeschworen (Zahnärzte, S. 214, 201, 212).
Mit deutlicher Distanz registrierte er auch den Auftritt sowjetischer Soldaten bei dem Schriftstellertreffen: «Im Kongreß selber erschien eine Abordnung der Roten Armee. Die Korridore zwischen den Stuhlreihen füllten sich plötzlich mit gefährlich stampfenden Soldaten, ein Teil von ihnen eroberte sogar das Podium. Helle Wonne bei der Literatur. Dieses war der Moment, in dem ich mich in Moskau am fremdesten fühlte. Ich stand stumm, und ich konnte meine Hände nicht zum Beifall zwingen.» (Zahnärzte, S. 203)

Jean-Richard Bloch

Karl Radek

Die aus Deutschland stammende Kulturfunktionärin Maria Osten (eigentlich: Maria Greßhöner) betreute Klaus Mann während seines Moskau-Aufenthalts. Sie wurde 1942 im Zuge der stalinistischen «Säuberungen» erschossen.

**Klaus Mann (oben, dritter v. l.) mit Schriftstellerkollegen auf der berühmten Glocke «Tsar Kolokol» in Moskau, August 1934. Links neben ihm Gustav Regler; rechts von ihm Wieland Herzfelde und Willi Bredel. Unten ganz links Annemarie Schwarzenbach, vorn rechts (mit Brille) Balder Olden**

Klaus Mann sympathisierte mit der Idee des Sozialismus, aber er war – und wurde – kein Fellow traveller der Kommunisten. Sein Zwiespalt ähnelte dem Heinrich Heines – schon dieser habe eingesehen, daß die Zukunft dem Kommunismus gehört, aber zugleich Angst gehabt, das siegreiche Proletariat werde seine Verse zerstören, schrieb Klaus Mann in einem Essay über die «Vision Heinrich Heines» (Zahnärzte, S. 230f.).
Im Tagebuch notierte er, die Auseinandersetzung zwischen Karl Radek und dem Franzosen Jean-Richard Bloch sei für ihn «das Interessanteste am Kongreß» in Moskau gewesen (Tb 2, S. 56). Radek, der Vertreter der offiziellen Parteilinie, hatte in seinem Referat den Individualismus als obsolete bürgerliche Haltung abgekanzelt. Bloch verteidigte die Ansprüche des Individuums auf persönliche Freiheit und forderte, der revolutionäre Kollektivismus müsse sich diese Prinzipien zu eigen machen. Klaus Mann druckte Blochs Debattenbeitrag demonstrativ in seiner Zeitschrift «Sammlung» nach, zusammen mit den eigenen «Notizen in Moskau».
Im «Wendepunkt» hielt er später fest: «Der Besuch in Moskau war mir wichtig und aufschlußreich als Berührung mit einer mir fremden, aber nicht feindlichen Sphäre. Der Kulturbegriff des orthodoxen Marxismus war nicht der meine; aber er war dem meinen doch nicht so diametral entgegengesetzt wie die faschistische Barbarei. Im Kampf gegen den blutrünstig atavistischen Irrationalismus der Hitler und Rosenberg schien mir der militante Rationalismus, die ‹wissenschaftliche› Fortschrittsgläubigkeit der stalinistischen Schriftsteller ein akzeptabler oder selbst unentbehrlicher Bundesgenosse.» (WP, S. 332)

# «Flucht in den Norden»

**Nach der Rückkehr** aus Moskau schrieb Klaus Mann seiner Mutter: «Ich fürchte, es ist schon ungefähr so, wie meine Johanna es empfindet –: das dort drüben» – er meinte den Aufbau des Kommunismus in der Sowjetunion – «ist das Einzige – es ist nur erstens die Frage, ob wir seinen Sieg noch erleben werden, und die zweite, ob wir mittun könnten, wenn wir ihn denn erlebten. Eine harte Welt, Moskau kennt keine Tränen [...].» (BuA, S. 196)

Johanna hieß die Heldin im ersten größeren fiktiven Werk, das Klaus Mann im Exil fertigstellte – dem Roman «Flucht in den Norden». Das Buch erzählt vom Schicksal einer jungen Deutschen, die mit den Kommunisten sympathisiert: Johanna flieht vor dem Terror des Nazi-Regimes nach Finnland und verliebt sich dort in den Gutsbesitzer Ragnar. Doch das Liebesglück im hohen Norden währt nur kurze Zeit – dann erreichen Johanna Nachrichten von ihren nach Paris geflüchteten Genossen. Sie wird gebraucht im Widerstandskampf, und sie entscheidet sich schweren Herzens, dem Ruf ihrer politischen Freunde zu folgen und Ragnar zu verlassen.

Mit einfühlsamer Sympathie schilderte der Autor das Zerrissensein Johannas zwischen individuellem Glück und höherer Verantwortung. Der «Liebenden mit dem schlechten Gewissen», einem «Heldenmädchen mit dem Penchant für rauschhaft exzessive Sexualität» habe sein Hauptinteresse gegolten – nicht dagegen dem Alltag der «braven Antifaschistin», die «in einem muffigen Pariser Hotelzimmer mit den Genossen hungert und konspiriert», bekannte Klaus Mann später selbstironisch (WP, S. 333).

Annemarie Schwarzenbach

Wolfgang Hellmert

Cover der Erstausgabe

Szene aus Ingemo Engströms Verfilmung von «Flucht in den Norden», 1986: Katharina Thalbach als Johanna, Jukka-Pekka Palo als Ragnar (rechts) und Tom Pöysti als Ragnars Bruder Jens

Johanna und Ragnar: Szenen aus Engströms Film, 1986

Besonders eindrucksvoll gelangen Klaus Mann die Schilderungen der finnischen Landschaft und der dort lebenden Menschen. «Ich schrieb den Roman ‹Flucht in den Norden› mit großer Leichtigkeit; alle Figuren und Situationen schienen fertig und bereit in mir: Ich brauchte sie nur auf das Papier zu bringen. Die verwunschenen Szenerien, durch die ich mein Liebespaar reisen ließ, diese stillen, weiten See- und Waldlandschaften des hohen Nordens waren mir wohlbekannt», heißt es im «Wendepunkt» (S. 333f.).
Der Roman basierte auf den Eindrücken und Erfahrungen der Reise durch den «Nördlichen Sommer», die Klaus und Erika Mann 1932 unternommen hatten. Und in die Liebesgeschichte Johannas und Ragnars hat der Autor manches Detail seiner eigenen Liaison mit Hans Aminoff eingeflochten. Allerdings wahrt der Roman den konventionellen Rahmen einer heterosexuellen Love-Story – erst bei seinem nächsten größeren Prosawerk hatte Klaus Mann den Mut, wieder offen von den Besonderheiten homosexueller Liebe zu erzählen.
Ein aufmerksamer Leser wie Ernst Bloch bemerkte immerhin bei der Lektüre von «Flucht in den Norden», daß Johannas «Leib in der Liebe kaum erscheint» (Brief vom 13. November 1934; zit. n. Arnold 1985, S. 152). Klaus Mann selbst wies darauf hin, daß er seiner Heldin manche Züge von Annemarie Schwarzenbach verliehen habe, der knabenhaften schönen Schweizer Freundin (WP, S. 334). Gewidmet hat er sein Buch «Dem Andenken von Wolfgang Hellmert» – des engen Freundes aus Berliner Jahren, der im Mai 1934 in Paris an den Folgen seiner Morphiumsucht gestorben war.

# Ausgebürgert

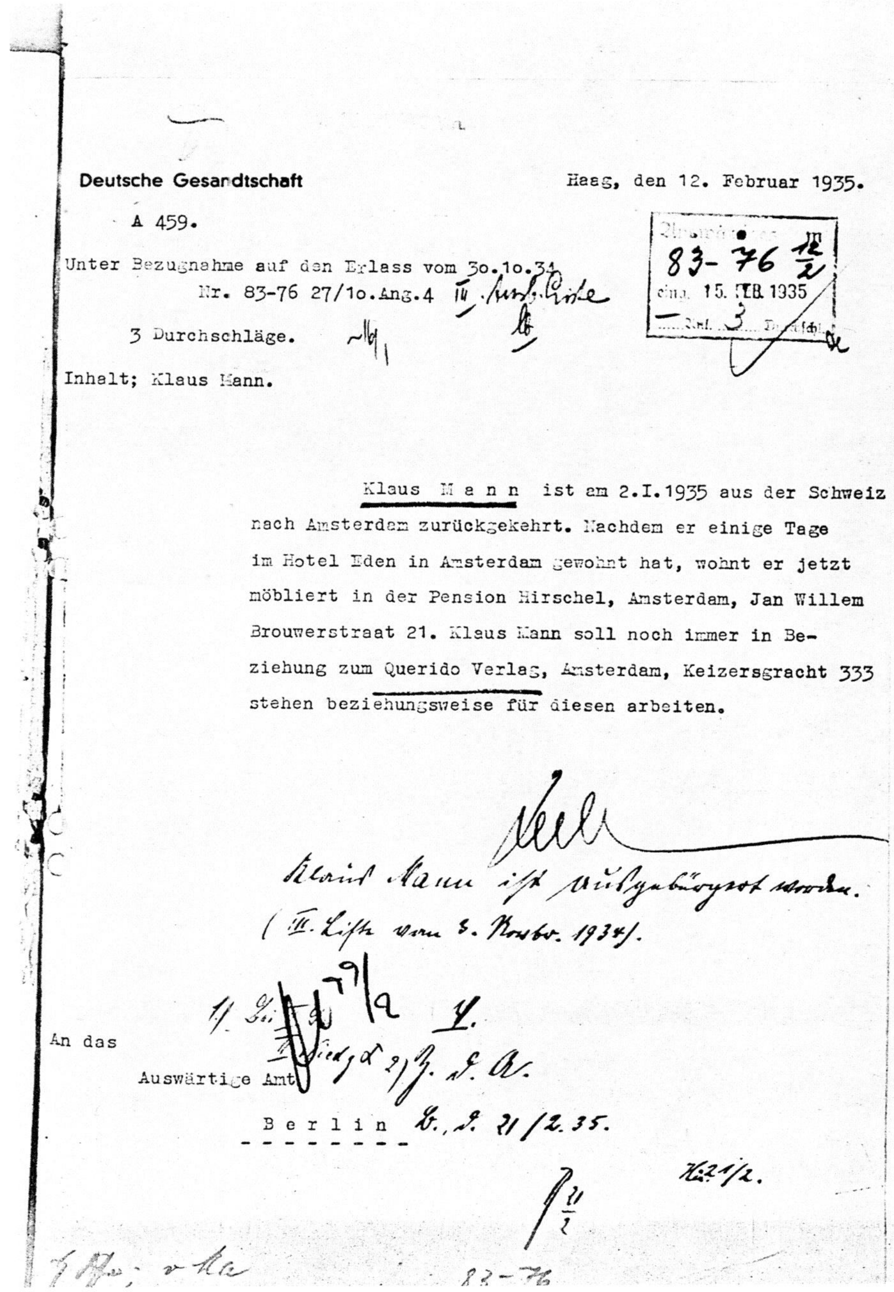

Deutsche Gesandtschaft                Haag, den 12. Februar 1935.

A 459.

Unter Bezugnahme auf den Erlass vom 30.10.34
Nr. 83-76 27/10.Ang.4

3 Durchschläge.

Inhalt; Klaus Mann.

Klaus M a n n ist am 2.I.1935 aus der Schweiz nach Amsterdam zurückgekehrt. Nachdem er einige Tage im Hotel Eden in Amsterdam gewohnt hat, wohnt er jetzt möbliert in der Pension Hirschel, Amsterdam, Jan Willem Brouwerstraat 21. Klaus Mann soll noch immer in Beziehung zum Querido Verlag, Amsterdam, Keizersgracht 333 stehen beziehungsweise für diesen arbeiten.

Klaus Mann ist ausgebürgert worden. (II. Liste vom 3. Novbr. 1934).

An das
Auswärtige Amt
B e r l i n

Aus den Akten des Auswärtigen Amtes: Klaus Mann wurde im Exil heimlich von Nazi-Spitzeln observiert; über seine Aktivitäten und Aufenthaltsorte wurden immer wieder detaillierte Berichte nach Berlin übermittelt.

**Der Roman «Flucht in den Norden»** wurde im Herbst 1934 vom Querido Verlag ausgeliefert. Am 3. November desselben Jahres erschien Klaus Manns Name auf den Ausbürgerungslisten des Dritten Reiches. Die amtliche Begründung lautete: «*Klaus Mann*, Sohn des bekannten Schriftstellers *Thomas Mann*, ist Schriftleiter der Monatsschrift ‹Sammlung› und Mitarbeiter der ‹Neuen Freien Presse› in Prag; beide sind Hetzblätter. Auch im ‹Neuen Tage-Buch› (Paris, Amsterdam) ist im Januar 1934 ein Hetzartikel gegen Deutschland aus seiner Feder erschienen. Unterzeichner des Saaraufrufs.» (Kroll 1992, S. 292 f.)

Gemeinsam mit Klaus Mann wurden 27 weitere «Verräter aus der deutschen Volksgemeinschaft ausgestoßen» – darunter Carola Neher, Erwin Piscator, John Heartfield, Erich Weinert, Gerhart Seger, Max Brauer und Leonhard Frank.

Klaus Mann reagierte mit einer Erklärung, die er unter dem Titel «Ich soll kein Deutscher mehr sein» veröffentlichte: «Mit meinem großen und schönen Vaterland steht es jetzt so, daß es eine Ehre bedeutet, verstoßen zu sein von seinen Machthabern. Auf diese Weise wird uns offiziell bestätigt, daß wir nichts zu tun haben mit seiner Schande, und auch: daß die Machthaber unseren Kampf gegen die Schande sehr wohl bemerkt haben – warum sonst die Wut? Bestätigt wird uns schließlich, daß wir nicht ganz unwürdig sind, später – eines Tages – Bürger eines Vaterlandes zu sein, das wir als solches wieder anerkennen. Denn: nicht überall, wo es mir leidlich gut geht, ist mein Vaterland; aber dort, wo täglich das Infamste geschieht und wo stündlich das Allergräßlichste vorbereitet wird, ist es *nicht*.» (Zahnärzte, S. 217)

Das offizielle Ausbürgerungsformular

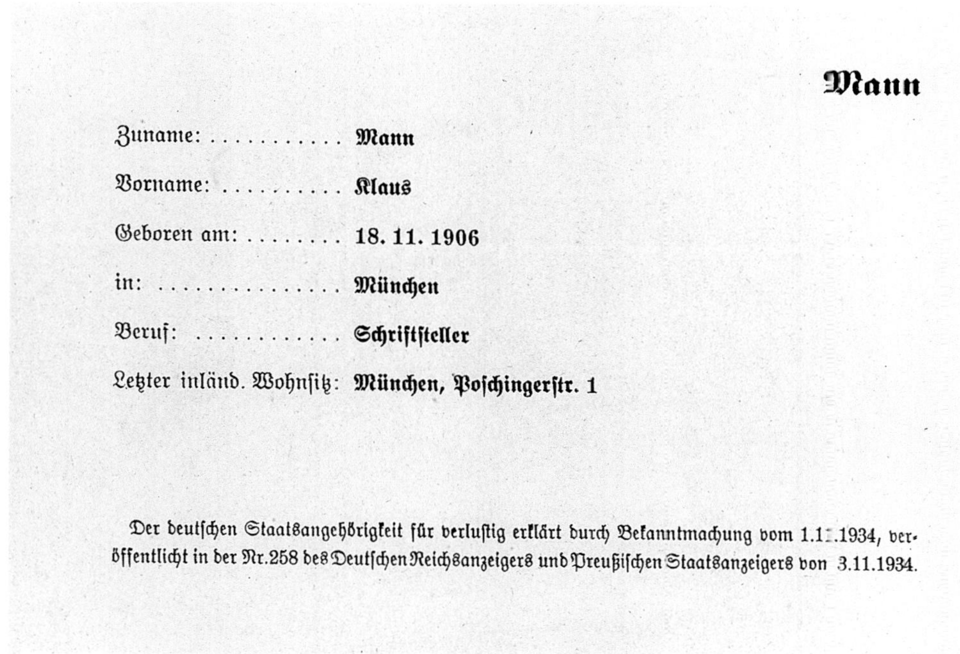

**Mann**

Zuname: ........... **Mann**

Vorname: .......... **Klaus**

Geboren am: ........ **18. 11. 1906**

in: ............... **München**

Beruf: ............ **Schriftsteller**

Letzter inländ. Wohnsitz: **München, Poschingerstr. 1**

Der deutschen Staatsangehörigkeit für verlustig erklärt durch Bekanntmachung vom 1.11.1934, veröffentlicht in der Nr.258 des Deutschen Reichsanzeigers und Preußischen Staatsanzeigers vom 3.11.1934.

Klaus Mann, Dezember 1934

Erika Mann mit Wystan H. Auden

«Was die Machthaber mir im Praktischen antun konnten», schrieb Klaus Mann in seiner Erklärung, «hatten sie mir natürlich schon vorher angetan. Was mir gehört, hatte man schon gestohlen; was es an Gedrucktem von mir gibt, war schon verboten; mein abgelaufener Paß schon nicht mehr verlängert.» (Zahnärzte, S. 217) Die holländischen Behörden hatten ihm im Juni 1934 einen sogenannten Gunstpaß ausgestellt, mit dem er in der folgenden Zeit reisen konnte. Im Tagebuch notierte er am 11. Januar 1935 bitter: «Man kann nicht nach Deutschland zurück. Vielleicht nie.» (Tb 2, S. 91)

Am 11. Juni 1935 erschien auch Erika Manns Name auf den Ausbürgerungslisten im «Deutschen Reichsanzeiger». Klaus' Schwester löste das Paßproblem unverzüglich auf eigene Weise: am 15. Juni 1935 heiratete sie den englischen Dichter Wystan H. Auden und wurde damit britische Staatsbürgerin. Die Bereitschaft zu diesem Schritt war eine noble Geste des berühmten Lyrikers, der aus seiner homosexuellen Neigung nie ein Hehl gemacht hat – seine Ehe mit Erika Mann war eine reine ‹Paß-Ehe›.

Thomas Mann wurde die deutsche Staatsbürgerschaft erst im Dezember 1936 aberkannt, nachdem er sich öffentlich auf die Seite der antinazistischen Emigration gestellt hatte.

# Verteidigung der Kultur

**Am 21. Juni 1935** versammelten sich in der «Maison de la Mutualité» in Paris Tausende von Menschen, um der Eröffnung des «Internationalen Schriftsteller-Kongresses zur Verteidigung der Kultur» beizuwohnen. Fast 250 Schriftsteller aus 38 Nationen seien zu dem Treffen eingeladen worden – «das brillanteste Auditorium, das sich jemals hier versammelt hat», schreibt Gisèle Freund, die als Photographin die fünf Tage dauernde Veranstaltung dokumentiert hat (Freund 1985, S. 37). André Gide, E. M. Forster, Robert Musil, André Malraux, Boris Pasternak, Bertolt Brecht, Heinrich Mann, Ilja Ehrenburg, Aldous Huxley, Henri Barbusse, Waldo Frank, Alexej Tolstoi, Anna Seghers und viele andere gehörten zu den Teilnehmern.

Der Kongreß sei einerseits eine große Demonstration gewesen – gegen den Faschismus – und habe andererseits der Diskussion gedient: der umfassenden Debatte über die moralisch-intellektuellen Grundlagen des antifaschistischen Kampfes der Intellektuellen, urteilte Klaus Mann in einem Bericht für die «Sammlung». Im Tagebuch notierte er allerdings, daß er die Veranstaltung nur schwer ausgehalten habe und sie ihm «als Ganzes» eher «mißglückt» erschien (Tb 2, S. 114).

Er selbst hielt auf dem Kongreß eine Rede unter dem Titel «Der Kampf um den jungen Menschen». Es war ein Plädoyer für Selbstkritik und Toleranz in der antifaschistischen Bewegung. Der «sozialistische Humanismus», zu dem er sich bekannte, müsse für alles Platz haben – ohne Ausgrenzung und Diskriminierung. «Im freien Wechselspiel der Kräfte, im Agon der Tüchtigen entfaltet jeder seine schönsten Möglichkeiten», lautete Klaus Manns utopisches Programm (Zahnärzte, S. 304 f.).

**Auf dem Podium des Pariser Kongresses (v. l. n. r.): Paul Nizan, Henri Barbusse und Alexej Tolstoj. Foto von Gisèle Freund**

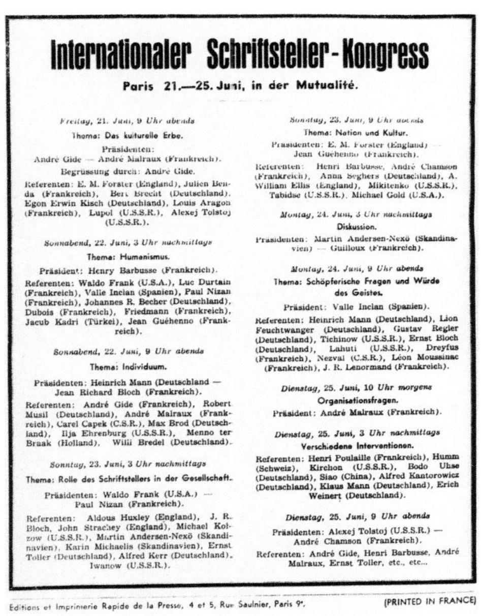

**Internationaler Schriftsteller-Kongress**

**Paris 21.—25. Juni, in der Mutualité.**

*Freitag, 21. Juni, 9 Uhr abends*

Thema: Das kulturelle Erbe.

Präsidenten: André Gide — André Malraux (Frankreich).

Begrüssung durch: André Gide.

Referenten: E. M. Forster (England), Julien Benda (Frankreich), Bert Brecht (Deutschland), Egon Erwin Kisch (Deutschland), Louis Aragon (Frankreich), Lupol (U.S.S.R.), Alexej Tolstoj (U.S.S.R.).

*Sonnabend, 22. Juni, 3 Uhr nachmittags*

Thema: Humanismus.

Präsident: Henry Barbusse (Frankreich).

Referenten: Waldo Frank (U.S.A.), Luc Durtain (Frankreich), Valle Inclan (Spanien), Paul Nizan (Frankreich), Johannes R. Becher (Deutschland), Dubois (Frankreich), Friedmann (Frankreich), Jacub Kadri (Türkei), Jean Guéhenno (Frankreich).

*Sonnabend, 22. Juni, 9 Uhr abends*

Thema: Individuum.

Präsidenten: Heinrich Mann (Deutschland — Jean Richard Bloch (Frankreich).

Referenten: André Gide (Frankreich), Robert Musil (Deutschland), André Malraux (Frankreich), Carel Capek (C.S.R.), Max Brod (Deutschland), Ilja Ehrenburg (U.S.S.R.), Menno ter Braak (Holland), Willi Bredel (Deutschland).

*Sonntag, 23. Juni, 3 Uhr nachmittags*

Thema: Rolle des Schriftstellers in der Gesellschaft.

Präsidenten: Waldo Frank (U.S.A.) — Paul Nizan (Frankreich).

Referenten: Aldous Huxley (England), J. R. Bloch, John Strachey (England), Michael Kolzow (U.S.S.R.), Martin Andersen-Nexö (Skandinavien), Karin Michaelis (Skandinavien), Ernst Toller (Deutschland), Alfred Kerr (Deutschland), Iwanow (U.S.S.R.).

*Sonntag, 23. Juni, 9 Uhr abends*

Thema: Nation und Kultur.

Präsidenten: E. M. Forster (England) — Jean Guéhenno (Frankreich).

Referenten: Henri Barbusse, André Chamson (Frankreich), Anna Seghers (Deutschland), A. William Ellis (England), Mikitenko (U.S.S.R.), Tabidse (U.S.S.R.), Michael Gold (U.S.A.).

*Montag, 24. Juni, 3 Uhr nachmittags*

Diskussion.

Präsidenten: Martin Andersen-Nexö (Skandinavien) — Guilloux (Frankreich).

*Montag, 24. Juni, 9 Uhr abends*

Thema: Schöpferische Fragen und Würde des Geistes.

Präsident: Valle Inclan (Spanien).

Referenten: Heinrich Mann (Deutschland), Lion Feuchtwanger (Deutschland), Gustav Regler (Deutschland), Tichinow (U.S.S.R.), Ernst Bloch (Deutschland), Lahuti (U.S.S.R.), Dreyfus (Frankreich), Nezval (C.S.R.), Léon Moussinac (Frankreich), J. R. Lenormand (Frankreich).

*Dienstag, 25. Juni, 10 Uhr morgens*

Organisationsfragen.

Präsident: André Malraux (Frankreich).

*Dienstag, 25. Juni, 3 Uhr nachmittags*

Verschiedene Interventionen.

Referenten: Henri Poulaille (Frankreich), Humm (Schweiz), Kirchon (U.S.S.R.), Bodo Uhse (Deutschland), Siao (China), Alfred Kantorowicz (Deutschland), Klaus Mann (Deutschland), Erich Weinert (Deutschland).

*Dienstag, 25. Juni, 9 Uhr abends*

Präsidenten: Alexej Tolstoj (U.S.S.R.) — André Chamson (Frankreich).

Referenten: André Gide, Henri Barbusse, André Malraux, Ernst Toller, etc., etc...

Editions et Imprimerie Rapide de la Presse, 4 et 5, Rue Saulnier, Paris 9ᵉ. (PRINTED IN FRANCE)

**Programm des Kongresses; rechts unten die Ankündigung der Rede Klaus Manns**

**René Crevel**

Karikatur von Gea Augsbourg zum Pariser Kongreß:
1. André Gide
2. André Malraux
3. Jean-Richard Bloch
4. Paul Vaillant-Couturier
5. Eugène Dabit
6. Heinrich Mann
7. Paul Nizan
8. Egon Erwin Kisch
9. Waldo Frank
10. Pierre Gérome
11. Henri Clerc
12. Jean Cassou
13. Ilja Ehrenburg
14. Julien Benda
15. Charles Rappoport
17. Jean Lurçat
18. Amabel Williams-Ellis
19. Edward Morgan Forster
20. Boris Pasternak
21. Aldous Huxley
22. Luc Durtain
23. Michail Kolzow
24. Martin Andersen Nexø
25. Michael Gold
26. Charles Vildrac
27. Edouard Dujardin
28. Isaak Babel
29. Charles Plisnier
30. Magdeleine Paz
31. Jean Guéhenno
32. Louis Aragon
33. Henri Poulaille

Der Kongreß war für Klaus Mann überschattet von einem Ereignis im Vorfeld des Schriftstellertreffens: der französische Dichter René Crevel hatte sich am 20. Juni 1935 das Leben genommen. Man fand ihn mit einem Zettel auf der Brust: «Je suis dégouté de tout», vergiftet mit Tabletten und bei aufgedrehtem Gashahn. «Alles ekelt mich an», dies entsprach in vieler Hinsicht auch Klaus Manns Grundstimmung, nur daß er seinem Lebensüberdruß nicht nachgab – noch nicht. Aber jeder Todesfall in seinem Freundeskreis erschütterte ihn zutiefst. Drei Jahre nach Ricki Hallgartens Tod, ein Jahr nach Wolfgang Hellmerts bitterem Ende war René Crevels Selbstmord erneut ein Schock für ihn. «Jedesmal stirbt ein Stück von mir mit; jedesmal fühle ich mich selbst um einen Grad bereiter werden», heißt es im «Wendepunkt» (S. 338).

René Crevel war unheilbar an Tuberkulose erkrankt gewesen. Doch nicht dies allein hatte ihn in den Tod getrieben. «Er beging Selbstmord, weil er sich vor dem Wahnsinn fürchtete. Er beging Selbstmord, weil er die Welt für wahnsinnig hielt.» (WP, S. 339) Die Kluft zwischen surrealistischen und kommunistischen Positionen, denen er gleichermaßen anhing, sei mitten durch René Crevels empfindliches Herz gegangen, schrieb Klaus Mann in einem bewegenden Nachruf, den er im letzten Heft der «Sammlung» veröffentlichte.

# Homosexualität und Faschismus

**«Der Sinn** eines neuen Humanismus – zu dessen Erfüllung wir den Sozialismus als seine Voraussetzung wollen – kann es nur sein, alles Menschliche, das die Gemeinschaft nicht verbrecherisch stört, nicht nur zu dulden, sondern einzubeziehen, sondern zu lieben, zu fördern und so der Gemeinschaft nutzbar zu machen.» Mit diesen Worten endet Klaus Manns Aufsatz «Homosexualität und Faschismus», den er im Dezember 1934 schrieb.

Der kleine Essay ist das entschiedenste Bekenntnis zur Homosexualität, das er je veröffentlichte – ein emphatisches Plädoyer für Toleranz gegenüber der gleichgeschlechtlichen Liebe: «Man begreife doch endlich: es ist eine Liebe wie eine andere auch, nicht besser, nicht schlechter; mit ebenso vielen Möglichkeiten zum Großartigen, Rührenden, Melancholischen, Grotesken, Schönen oder Trivialen wie die Liebe zwischen Mann und Frau.» Und Klaus Mann berief sich mit Nachdruck auf historische Beispiele wie Sokrates und Leonardo da Vinci, Walt Whitman und Stefan George: «Unleugbar ist, daß eine relativ große Anzahl von Menschheitsgenies dieser Form der Liebe zuneigten – Genies jeder Prägung und jeder Art –, aus Gründen, deren Kompliziertheit wir hier nicht erörtern wollen.» (Zahnärzte, S. 239 f.) Kompliziert war das Thema in der Tat. Selbst im Familienkreis wurden Bedenken gegen den Aufsatz geäußert – Thomas Mann notierte nach der Lektüre des Textes: «Problematisch.» (Tagebücher 1933–1934, S. 592) Der Aufsatz wurde denn auch an einem recht entlegenen Ort publiziert: in der Zeitschrift «Europäische Hefte/Aufruf», und die Redaktion änderte den Titel in die Überschrift: «Die Linke und ‹das Laster›».

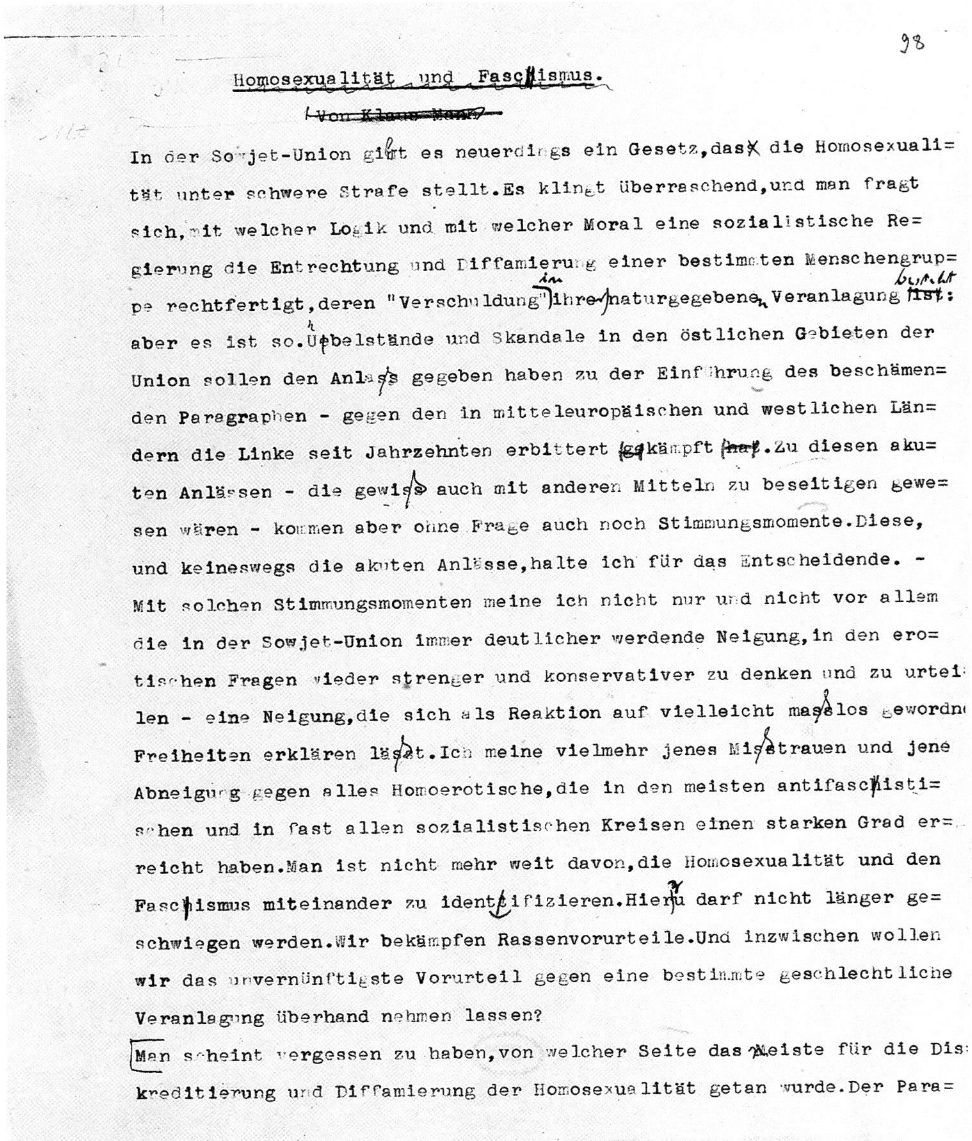

98

Homosexualität und Faschismus.

~~(Von Klaus Mann)~~

In der Sowjet-Union gibt es neuerdings ein Gesetz,das die Homosexualität unter schwere Strafe stellt.Es klingt überraschend,und man fragt sich,mit welcher Logik und mit welcher Moral eine sozialistische Regierung die Entrechtung und Diffamierung einer bestimmten Menschengruppe rechtfertigt,deren "Verschuldung" in naturgegebener Veranlagung besteht: aber es ist so.Uebelstände und Skandale in den östlichen Gebieten der Union sollen den Anlass gegeben haben zu der Einführung des beschämenden Paragraphen - gegen den in mitteleuropäischen und westlichen Ländern die Linke seit Jahrzehnten erbittert gekämpft hat.Zu diesen akuten Anlässen - die gewiss auch mit anderen Mitteln zu beseitigen gewesen wären - kommen aber ohne Frage auch noch Stimmungsmomente.Diese, und keineswegs die akuten Anlässe,halte ich für das Entscheidende. - Mit solchen Stimmungsmomenten meine ich nicht nur und nicht vor allem die in der Sowjet-Union immer deutlicher werdende Neigung,in den erotischen Fragen wieder strenger und konservativer zu denken und zu urteilen - eine Neigung,die sich als Reaktion auf vielleicht masslos gewordne Freiheiten erklären lässt.Ich meine vielmehr jenes Misstrauen und jene Abneigung gegen alles Homoerotische,die in den meisten antifaschistischen und in fast allen sozialistischen Kreisen einen starken Grad erreicht haben.Man ist nicht mehr weit davon,die Homosexualität und den Faschismus miteinander zu identifizieren.Hierzu darf nicht länger geschwiegen werden.Wir bekämpfen Rassenvorurteile.Und inzwischen wollen wir das unvernünftigste Vorurteil gegen eine bestimmte geschlechtliche Veranlagung überhand nehmen lassen?

Man scheint vergessen zu haben,von welcher Seite das Meiste für die Diskreditierung und Diffamierung der Homosexualität getan wurde.Der Para=

Die erste Seite von Klaus Manns Aufsatz. Das Typoskript galt lange Zeit als verschollen, bis es 1992 im Nachlaß von Martin Gregor-Dellin wieder auftauchte. Im Text finden sich neben handschriftlichen Eintragungen Klaus Manns auch kleinere Korrekturen Gregor-Dellins, der das Originaltyposkript als Satzvorlage für den 1969 publizierten Essayband «Heute und morgen» benutzte.

Ernst Röhm und sein persönlicher Adjutant Graf Spreti, 1933

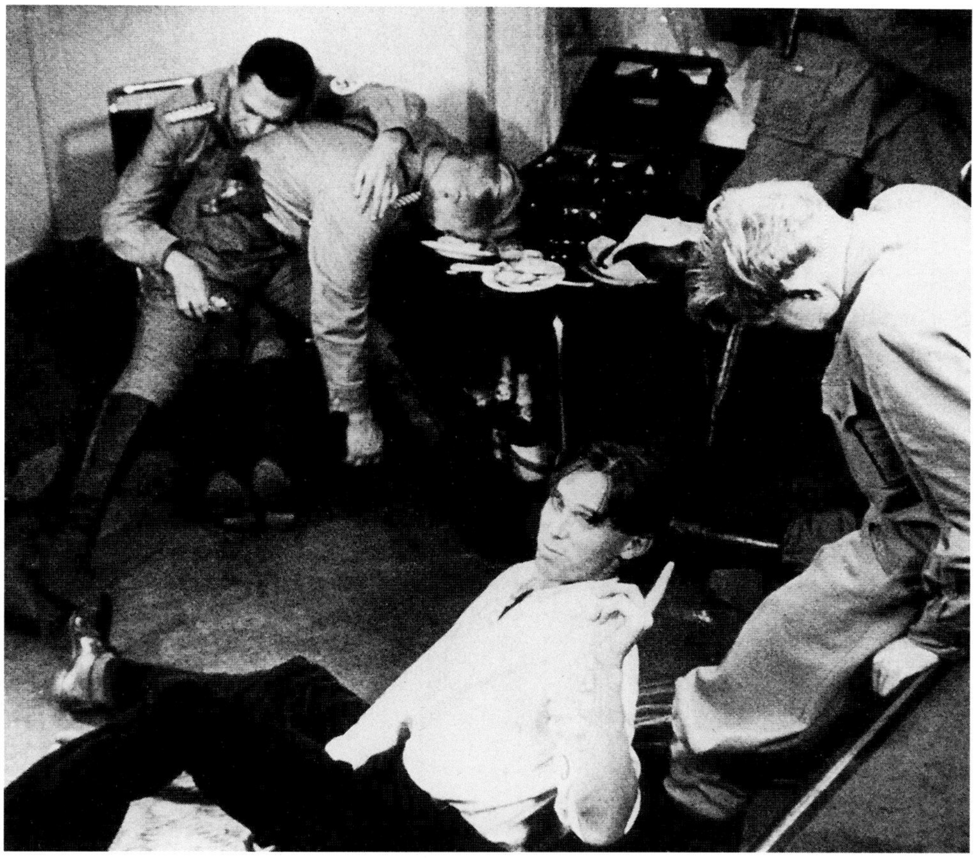

Oben: Gustav von Wangenheims Film «Kämpfer», 1936 in der Sowjetunion entstanden, zeigt die Faschisten als haltlose, auch dem Laster der ‹Männerliebe› verfallene Barbaren.

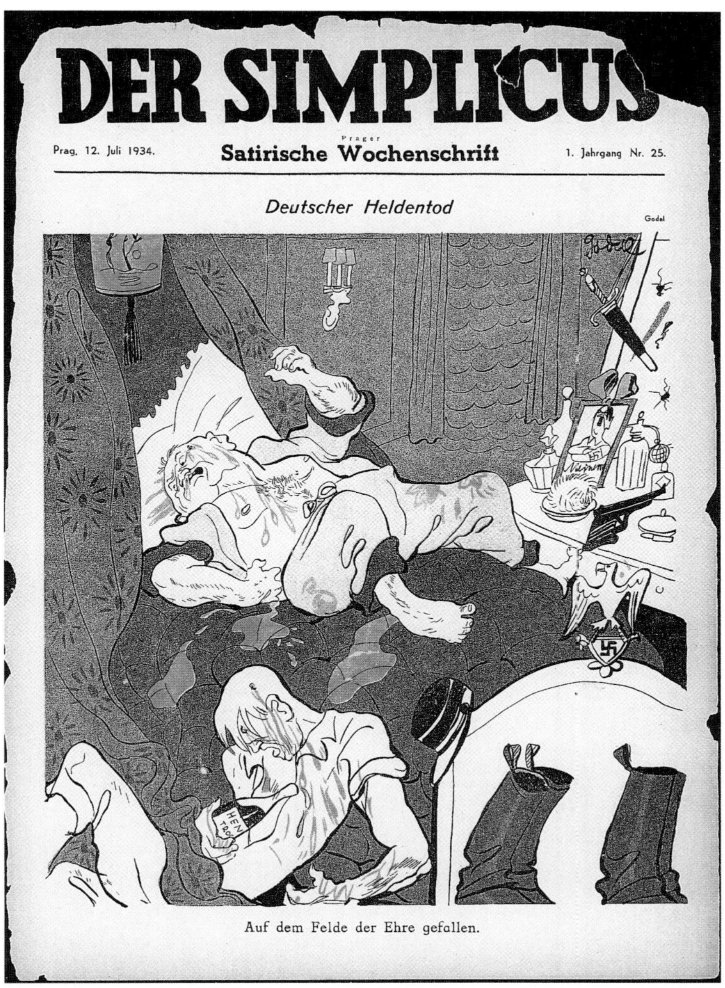

DER SIMPLICUS

Prag. 12. Juli 1934. Prager Satirische Wochenschrift 1. Jahrgang Nr. 25.

Deutscher Heldentod

Godal

Auf dem Felde der Ehre gefallen.

Rechts: «Deutscher Heldentod – Auf dem Felde der Ehre gefallen». Die 1934 entstandene Karikatur des antifaschistischen Zeichners Erich Godal stellt Ernst Röhms Tod dar und spielt deutlich auf homosexuelle Ausschweifungen des SA-Führers an.

Für Klaus Mann gab es aktuelle Anlässe genug, den Aufsatz zu publizieren. In der UdSSR war eine restriktive Wende in der Sexualpolitik eingeleitet worden – und der Sowjetkongreß hatte im März 1934 angeordnet, in die Strafgesetzbücher des Landes wieder einen speziellen Homosexuellenparagraphen aufzunehmen. Klaus Mann notierte betroffen: «[...] in dem Lande, das wir für das aufgeklärteste und fortgeschrittenste der Welt halten möchten, hat man die Liebesform, von der wir sprechen, aufs neue unter grausame Strafe gestellt.» (Zahnärzte, S. 240) Daß ein sozialistisches Regime die Homosexuellen so massiv diskriminierte und verfolgte, empörte Klaus Mann zutiefst. Er zitierte eine Maxim Gorki zugeschriebene Äußerung: «Man rotte alle Homosexuellen aus – und der Faschismus wird verschwunden sein!» Gorkis Kommentar, in der «Prawda» veröffentlicht, hatte zwar einen etwas anderen Wortlaut – doch der schwulenfeindliche Tenor war der gleiche (vgl. ebd., S. 237, 432).

Das Nazi-Regime verschärfte zur selben Zeit die Verfolgung der Homosexuellen in Deutschland. Die Ermordung des SA-Führers Ernst Röhm am 30. Juni 1934 wurde dafür zum Fanal – mit der fadenscheinigen Begründung, Röhm habe eine Clique homosexueller Verschwörer angeführt. 1935 wurde der Paragraph 175 des Strafgesetzbuches neu gefaßt. Tausende von Homosexuellen endeten in den folgenden Jahren als Häftlinge mit einem Rosa Winkel in den Konzentrationslagern. Daß manche Antifaschisten dennoch meinten, zwischen Homosexualität und Faschismus einen kausalen Zusammenhang zu erkennen, klingt absurd – aber auch im linken Lager waren dumpfe Vorurteile gegen die gleichgeschlechtliche Liebe weit verbreitet. Klaus Manns Aufsatz über «Homosexualität und Faschismus» war ein engagierter Versuch, über dieses Thema sachlich aufzuklären.

## «Symphonie Pathétique»

**Peter Iljitsch Tschaikowsky. Fotografie aus dem Jahre 1890, mit Zueignung für Nikolai N. Figner**

**Im Herbst 1935** veröffentlichte Klaus Mann einen Roman, in dem er ebenfalls die Außenseiterrolle der Homosexuellen thematisierte: «Symphonie Pathétique». Das Buch erzählt die Lebensgeschichte des russischen Tonsetzers Peter Iljitsch Tschaikowsky – eines scheuen, rast- und heimatlosen Menschen, dem es aufgegeben war, sein Leiden in Melodien zu verwandeln. Der Roman sei «sehr traurig» geworden und habe einen recht schrecklichen Schluß, berichtete Klaus Mann seiner Schwester Monika und fügte hinzu: «[...] ich habe so merkwürdig viel aus meinem Leben hineinpacken können in das Leben meines rührenden Peter Iljitsch.» (BuA, S. 225)

Im «Wendepunkt» schrieb er später über Tschaikowsky: «Wie hätte ich nicht alles von ihm wissen sollen? Die besondere Form der Liebe, die sein Schicksal war, ich kannte sie doch, war nur zu bewandert in den Inspirationen und Erniedrigungen, den langen Qualen und flüchtig kurzen Seligkeiten, welche dieser Eros mit sich bringt. Man huldigt nicht diesem Eros, ohne zum Fremden zu werden in unserer Gesellschaft, wie sie nun einmal ist; man verschreibt sich nicht dieser Liebe, ohne eine tödliche Wunde davonzutragen.» (WP, S. 335)

Einfühlsam und mit unverhohlener Sympathie für seinen unglücklichen Helden schildert Klaus Mann den Lebensweg und das Ende Tschaikowskys.

Nicht nur seine homosexuelle Neigung machte den Komponisten zum Außenseiter – auch musikalisch war er in seiner Zeit trotz aller Erfolge eine eher problematische Figur: «[...] sein künstlerischer Stil war zu gemischt, zu schillernd, zu kosmopolitisch, um irgendwo ganz goutiert zu werden.» (WP, S. 335)

Tschaikowsky und sein geliebter Neffe Wladimir, genannt «Bob»

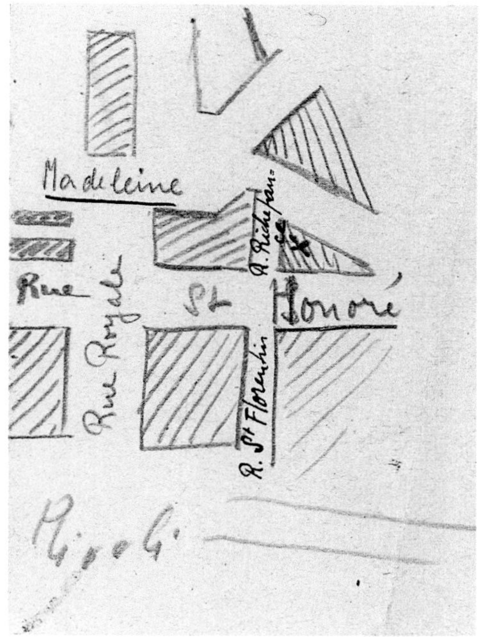


Aus Klaus Manns Vorarbeiten für den Roman: Skizze von Tschaikowskys Wohnort in Paris (zum Teil vermutlich von fremder Hand)

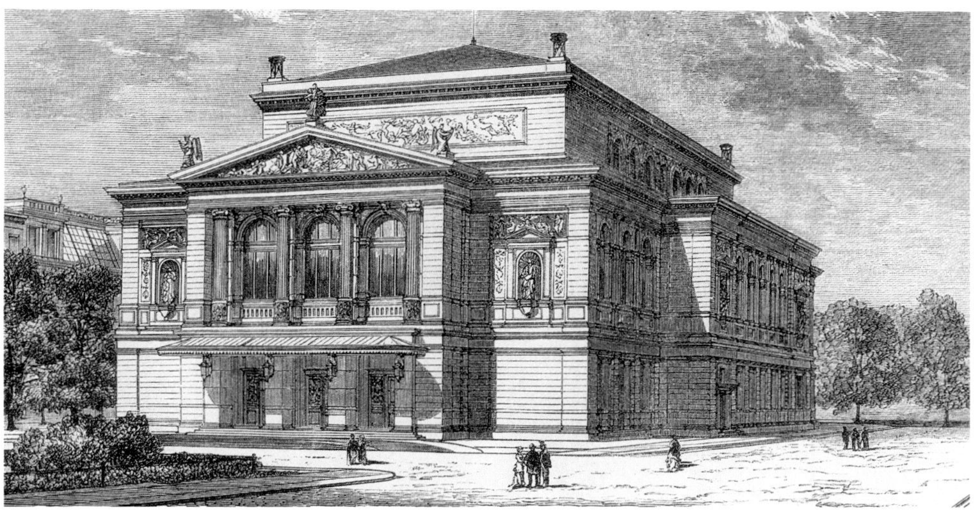

Gewandhaus in Leipzig

«Symphonie Pathétique» ist der Form nach ein klassischer Künstlerroman. Der Lebens- und Leidensweg Tschaikowskys wird dargestellt vor dem Hintergrund der glanzvollen musikalischen Welt des ausgehenden 19. Jahrhunderts. Die versunkenen Szenerien von St. Petersburg und Moskau, des kaiserlichen Berlin, der Gewandhaus-Stadt Leipzig, von Hamburg, Paris und Amerika werden vom Autor beschworen. In einer Selbstanzeige gestand Klaus Mann, das Buch sei ihm angesichts der jammervollen Gegenwart zu einem schwelgerischen «Ausflug in das an zauberhaften Überraschungen reiche Land des neunzehnten Jahrhunderts» geraten (Zahnärzte, S. 380). In einem anderen Aufsatz betonte er, im Tschaikowsky-Roman habe er den «späten, schon problematischen Glanz» der bürgerlichen Gesellschaft einzufangen versucht – einer Epoche, in der man es sich noch gestattete, «das Schöne wirklich zu lieben und dem Künstler beinahe etwas wie gesellschaftliche Macht einzuräumen» (ebd., S. 408).

# «... ein wahrhaft erstaunliches Buch»

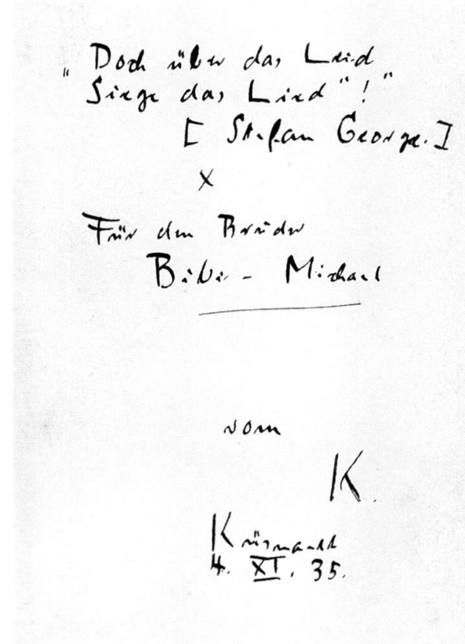


Mit dieser Widmung schenkte Klaus Mann den Roman seinem jüngsten Bruder Michael.

Cover der Erstausgabe

**Die Reaktionen** der Zeitgenossen auf «Symphonie Pathétique» waren durchweg positiv – auch wenn es manchen Leser überraschen mochte, daß ein dezidiert politischer Autor sich einem Thema aus der Musikgeschichte widmete. Die Rezensenten lobten das Buch fast einhellig. Otto Zarek schrieb in der Zeitung «Pester Lloyd», Klaus Mann habe sich mit diesem Roman endgültig vom Vorbild des großen Vaters freigemacht – der Stil des Buches sei «von großer farbiger Kraft, von einem eigenartigen, ganz persönlichen Zauber». Franz Goldstein urteilte in einer Besprechung für die Kattowitzer «Wirtschaftskorrespondenz», Tschaikowsky habe in Klaus Mann einen für das Thema geradezu prädestinierten dichterischen Biographen gefunden. Der Roman sei «von makelloser Schönheit», und die ganze Melancholie und Pathetik, die Leben und Werk des russischen Meisters bestimmt hätten, würden in Klaus Manns Dichtung «hinreißend adäquat gestaltet».
Stefan Zweig schrieb an Klaus Mann, ihm sei «ein passioniertes, mit Rhythmus durchdrungenes Buch» gelungen – «Ihr bestes vielleicht, weil aus einer geschlossenen Intensität entstanden» (BuA, S. 241). Auch von Hermann Kesten kam ein Glückwunsch-Brief zu dem «vieltönigen Buch», das ihm «große Freude und viel Vergnügen» bereitet habe. Kesten konstatierte fachmännisch: «Daß Sie eine so vielfältige und verzwickte Figur schaffen konnten und einen so schillernden und vielbedeutenden Aspekt des Schicksals und Charakters, erweist die Reife Ihrer psychologischen und epischen Mittel.» (BuA, S. 237–239)

FRÜHER ERSCHIENEN VON

KLAUS MANN

FLUCHT IN DEN NORDEN

ROMAN

*Broschiert: Gulden 2.50; Leinen: Gulden 3.50*

Ein Liebesroman, beginnend mit der Ankunft einer Deutschen in Schweden und endend mit dem Abschied der Liebenden. Dazwischen liegen schmerzlich-süsse Ferientage auf dem Landgut einer Freundin, Kahn- und Autopartien, Familienzwiste und die erwürgende Angst um die in Deutschland zurückgelassenen Freunde. Das erregende Spiel der Nerven und Sinne, die aufschäumende Kraft der Jugend als Kontrast gegen das gespenstische Dasein der Alten, die Landschaft, die Fremde, das dunkle Lied des Todes und der Einsamkeit — das alles rührt Klaus Mann mit der empfindlichen Hand des Dichters an. *Nationalzeitung, Basel*

Dieser Roman hat die holde Süsse der Jugend und die Melancholie der Heimatlosigkeit. *Neue Zürcher Zeitung*

Man muss dieses Buch um seiner Schönheit, seiner Gefühle willen bewundern. *De Telegraaf, Amsterdam*

SYMPHONIE PATHÉTIQUE

EIN TSCHAIKOWSKY-ROMAN

*Broschiert: Gulden 2.90; Leinen: Gulden 3.90*

Klaus Mann hat in seinem Roman den zum Leiden geneigten, von allem Erleben gequälten, zarten und überschwänglichen Tschaikowsky mit feinem psychologischen Verständnis erfühlt. Durch viele Einzelheiten im Roman habe ich ein Bild gewonnen, das sich auf den nur aus seinen Werken bekannten Komponisten wohl beziehen lässt. *Bruno Walter in „Kritik", Prag*

Es ist ein ausserordentlich schönes Buch, so dichterisch wie interessant, von einer bemerkenswerten Kraft der Architektur und des Ausdrucks... Ein unabhängiges, wahrhaftiges Buch. *Bruno Frank in „Das Neue Tagebuch"*

Eingefangen ist in diesem Roman die wahre Musik Tschaikowskys, man hört die Stimmungen, die seine Melodien ausdrücken in jedem Wort, in jedem Gespräch. *Nieuwe Rotterdamsche Courant*

Was den Leser an diesem Roman zuerst und ungemein fesselt, ist die musikalische Atmosphäre, die ihn umgibt und die mit einer bewunderungswürdigen Feinfühligkeit gestaltet ist. *Les Nouvelles Littéraires*

Dieser Roman ist ein vollgültiges Zeugnis einer gereift-gesammelten Kraft... Figuren und Vorgänge sind nicht bloss mit dem sensibelsten Empfinden erfasst, sie spiegeln sich auch in einer Sprache wider, die selbst voll musikalischer Sensibilität, voll Grazie und voll Jugend ist. *Neue Freie Presse, Wien*

*In jeder Buchhandlung erhältlich*

QUERIDO VERLAG N.V. AMSTERDAM

Werbung des Querido Verlags für das Buch

Franz Goldstein, Redakteur der in Kattowitz erscheinenden «Buch- und Kunstrevue», zusammen mit Oskar Seidlin (links)

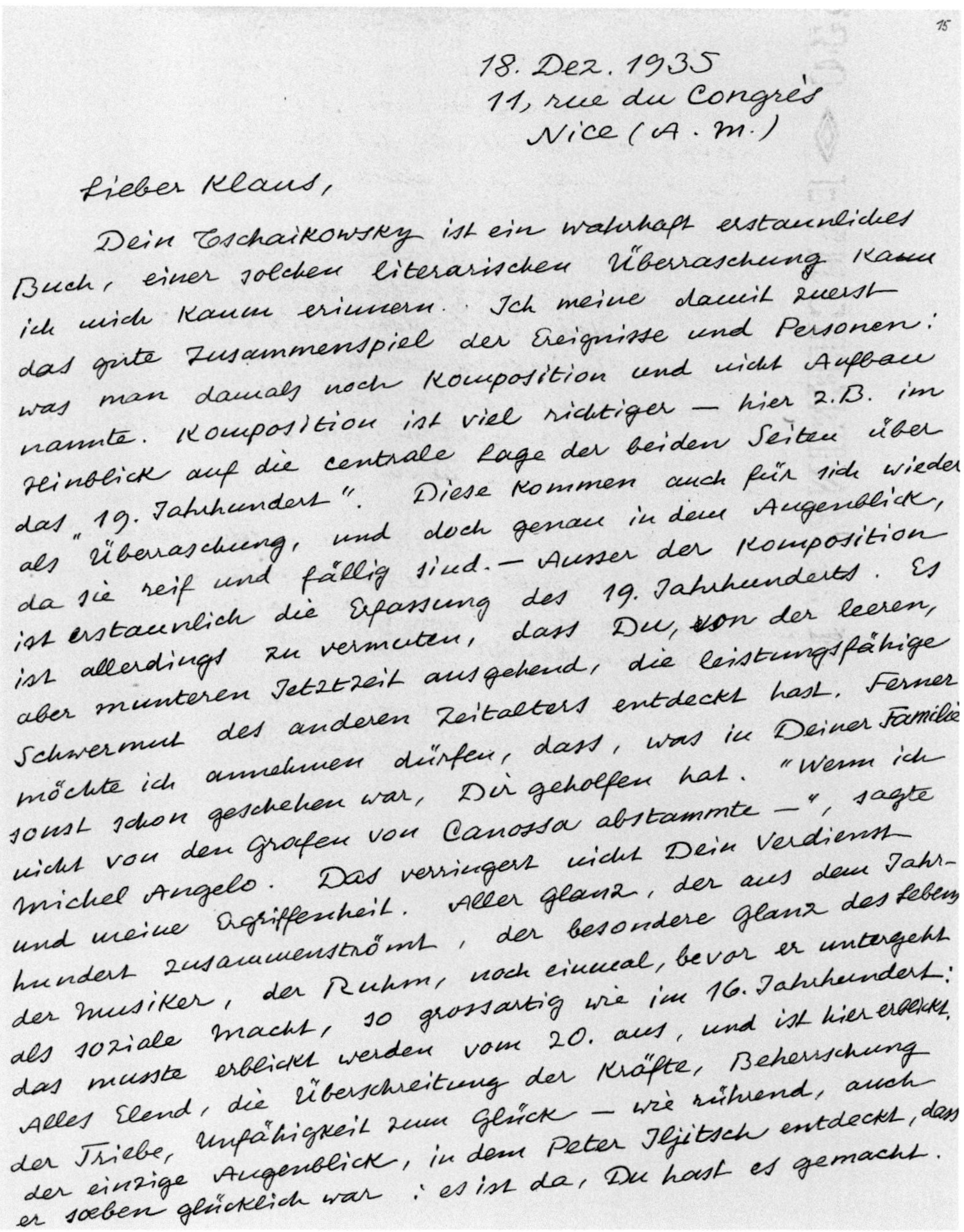

15

18. Dez. 1935
11, rue du Congrès
Nice (A. M.)

Lieber Klaus,

Dein Tschaikowsky ist ein wahrhaft erstaunliches Buch, einer solchen literarischen Überraschung kann ich mich kaum erinnern. Ich meine damit zuerst das gute Zusammenspiel der Ereignisse und Personen: was man damals noch Komposition und nicht Aufbau nannte. Komposition ist viel richtiger – hier z.B. im Hinblick auf die centrale Lage der beiden Seiten über das „19. Jahrhundert". Diese kommen auch für sich wieder als "Überraschung", und doch genau in dem Augenblick, da sie reif und fällig sind. – Ausser der Komposition ist erstaunlich die Erfassung des 19. Jahrhunderts. Es ist allerdings zu vermuten, dass Du, von der leeren, aber munteren Jetztzeit ausgehend, die leistungsfähige Schwermut des anderen Zeitalters entdeckt hast. Ferner möchte ich annehmen dürfen, dass, was in Deiner Familie sonst schon geschehen war, Dir geholfen hat. "Wenn ich nicht von den Grafen von Canossa abstammte –", sagte Michel Angelo. Das verringert nicht Dein Verdienst und meine Ergriffenheit. Aller Glanz, der aus dem Jahrhundert zusammenströmt, der besondere Glanz des Lebens der Musiker, der Ruhm, noch einmal, bevor er untergeht als soziale Macht, so grossartig wie im 16. Jahrhundert: das musste erblickt werden vom 20. aus, und ist hier erblickt. Alles Elend, die Überschreitung der Kräfte, Beherrschung der Triebe, Unfähigkeit zum Glück – wie rührend, auch der einzige Augenblick, in dem Peter Iljitsch entdeckt, dass er soeben glücklich war: es ist da, Du hast es gemacht.

**Die erste Seite von Heinrich Manns Brief an seinen Neffen Klaus**

*Lieber Klaus,*
*Dein Tschaikowsky ist ein wahrhaft erstaunliches Buch, einer solchen literarischen Überraschung kann ich mich kaum erinnern. Ich meine damit zuerst das gute Zusammenspiel der Ereignisse und Personen: was man damals noch Komposition und nicht Aufbau nannte. […] Außer der Komposition ist erstaunlich die Erfassung des 19. Jahrhunderts. Es ist allerdings zu vermuten, daß Du, von der leeren, aber munteren Jetztzeit ausgehend, die leistungsfähige Schwermut des anderen Zeitalters entdeckt hast. Ferner möchte ich annehmen dürfen, daß, was in Deiner Familie sonst schon geschehen war, Dir geholfen hat. «Wenn ich nicht von den Grafen von Canossa abstammte –», sagte Michel Angelo. Das verringert nicht Dein Verdienst und meine Ergriffenheit. Aller Glanz, der aus dem Jahrhundert zusammenströmt, der besondere Glanz des Lebens der Musiker, der Ruhm, noch einmal, bevor er untergeht als soziale Macht, so großartig wie im 16. Jahrhundert: das mußte erblickt werden vom 20. aus, und ist hier erblickt. […]*
*Deine Stoffwahl war glücklich, aber die «Stoffwahl» ist selbst schon ein Vorgang, eigentlich der entscheidende. Alle Eigenschaften des Wählenden müssen sich beim Anschlagen eines Themas glücklich gruppieren. Nach meiner Erfahrung kommt es in zehn Jahren einmal vor. Dies war nun die Hauptarbeit um Dein dreißigstes Jahr. Ich beglückwünsche Dich. […]*
*Sei herzlich gegrüßt*
*von Deinem Onkel Heinrich*
(Brief vom 18. Dezember 1935; BuA, S. 239f.)

# Woran glaubt die europäische Jugend?

**Anfang Dezember 1935** hielt Klaus Mann in mehreren Städten der Tschechoslowakei einen Vortrag unter dem Titel «Woran glaubt die europäische Jugend?» Darin wandte er sich mit Nachdruck gegen skeptizistische Deutungen der Weltlage und betonte seinen positiven Zukunftsglauben. Die europäische Jugend müsse «glauben an die Erneuerung unserer Kultur», an einen künftigen Humanismus, und sie solle mit aller Kraft arbeiten «für die vernunftgemäße Organisation des gesellschaftlichen Lebens» (Zahnärzte, S. 369). Er forderte einen kämpferischen Elan, wie ihn etwa Ernst Bloch in seiner Schrift «Erbschaft dieser Zeit» entwickelt hatte.

So aktivistisch sich Klaus Mann bei solchen öffentlichen Auftritten äußerte – in seinen Tagebüchern spiegelt sich das ganze Ausmaß der Depressionen, die ihn zur gleichen Zeit quälten. Er litt häufig unter Weinkrämpfen, und seiner unverhohlenen Todessehnsucht konnte er nur durch verstärkten Drogenkonsum begegnen. «Das ‹Thun›-Problem immer bedenklicher und zentraler», notierte er am letzten Tag des Jahres 1935 – eines «schlimmen Jahres», wie er ausdrücklich bemerkte (Tb 2, S. 155).

Immerhin konnte er in seiner persönlichen Jahresbilanz verbuchen: «Habe mein schönstes und traurigstes Buch geschrieben, die ‹Symphonie Pathétique›; ausserdem viel nebenbei.» (Tb 2, S. 155) Zehn Tage vorher hatte er im Tagebuch erste Notizen für einen neuen Roman erwähnt, an dem er zu arbeiten begann – ein «Gründgens-Stoff», wie er festhielt (ebd., S. 153). Dies war der Beginn seiner Vorbereitung für das Buch «Mephisto – Roman einer Karriere».

**Klaus Mann in Amsterdam, August 1935. Fotoserie von Paul Citroën**

Masaryk-Volkshochschule - Komenského vyšší škola lidová - Lese- u. Redehalle deutscher Studenten - Parlament mladých - Arbeitsgemeinschaft sozial. Studenten - Etické hnutí čsl. studentstva - Kultur- und Jugendkommission der zion. Organisation - Kulturní komise mládeže sion. organisace.

# Die Jugend spricht!

Freitag, 6. Dezember, 8 Uhr abends
im großen Dopzsaal

# KLAUS MANN

spricht über das Thema:

## „Woran glaubt die europäische Jugend?“

Nach dem Vortrag öffentliche Diskussion.

Klaus Mann – Sohn des Nobelpreisträgers Thomas – Neffe Heinrichs, aber, „im Schatten der Titanen“, selbst schon zur machtvollen literarischen Persönlichkeit, zum kampffrohen Zukunftsführer der „auslandsdeutschen“ Jugend emporgewachsen. Seine letzten Romane „Flucht in den Norden“ und „Symphonie pathétique“ haben ihm tausende Freunde geschaffen.

Karten 4 bis 12 Kč bei Skalicky, Rennergasse und bei Barvič & Novotný, Čechische Gasse. Studentenkarten (2 Kč) bei den Veranstaltern.

Ankündigung von Klaus Manns Vortrag in Brünn, 6. Dezember 1935

# STAATSEMPFANG IN BERLIN

**Zu Ehren des italienischen Staatssekretärs Suvich, der Deutschland die Grüße des faschistischen Italien überbrachte, gab der Führer in den Räumen des preußischen Ministerpräsidenten ein Staatsessen, zu dem zahlreiche Persönlichkeiten der Politik, Kunst und Gesellschaft geladen waren**

Von unserem Sonderberichterstatter Helmuth Kurth

Reichsführer S. S. Heinrich Himmler und Ministerialrat Diels

Exzellenz Suvich, Ministerpräsident Göring und Frau v. Dirksen

Gruppenführer Prinz August Wilhelm und Frau Dr. Riegler, die Schwester Görings

Reichsminister Dr. Goebbels und Schauspieler Gustav Gründgens vom Staatstheater

Kapitel 6

# Roman einer Karriere

«Mephisto» (1936)

*Es geht in diesem zeitkritischen Versuch überhaupt nicht um den Einzelfall, sondern um den Typ. Als Exempel hätte mir genauso gut ein anderer dienen können. Meine Wahl fiel auf Gründgens – nicht, weil ich ihn für besonders schlimm gehalten hätte (er war vielleicht sogar eher besser als manch anderer Würdenträger des Dritten Reiches), sondern einfach, weil ich ihn zufällig besonders genau kannte. Gerade in Anbetracht unserer früheren Vertrautheit erschien mir seine Wandlung, sein Abfall so phantastisch, kurios, unglaubhaft, fabelhaft genug, um einen Roman darüber zu schreiben.*

Klaus Mann, Der Wendepunkt, S. 337

# Eine Karriere

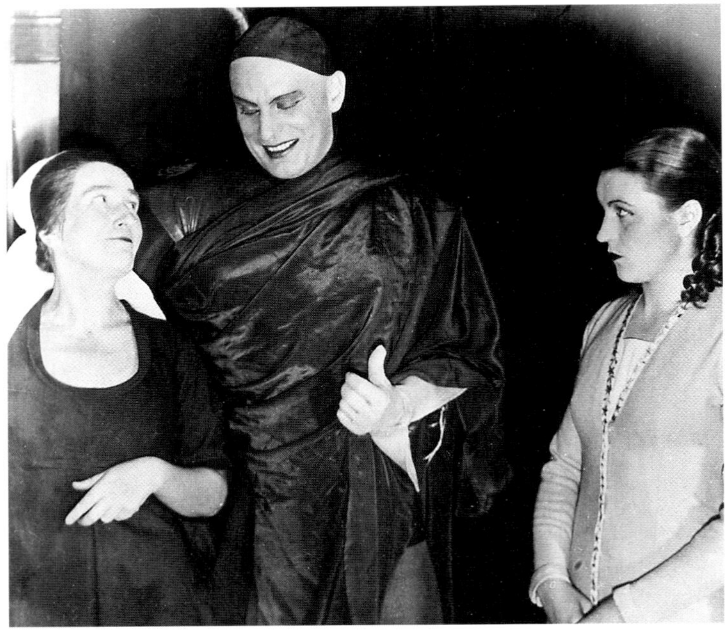

«Faust I» in Berlin, 1932: Elsa Wagner (links) als Marthe, Gustaf Gründgens als Mephisto und Käthe Gold als Gretchen

**Gustaf Gründgens,** Klaus Manns Ex-Schwager, machte im Dritten Reich Karriere. Er wurde zum gefeierten Bühnen- und Leinwandstar, und er stieg auf zu einem der höchstdekorierten und bestbezahlten kulturellen Repräsentanten Nazi-Deutschlands. Seiner Gesinnung nach sympathisierte er keineswegs mit den Nationalsozialisten; aber die Alternative, eine ungewisse Zukunft im Exil auf sich zu nehmen, lehnte Gründgens ab.

Am Berliner Staatlichen Schauspielhaus war er seit Anfang Dezember 1932 in der Rolle aufgetreten, die er in den nächsten Jahrzehnten immer wieder spielte und die ihn endgültig berühmt machte: als Mephisto in Goethes «Faust, I. Teil». Am 21. Januar 1933, neun Tage vor Hitlers Ernennung zum Reichskanzler, folgte im selben Theater die Premiere von «Faust, II. Teil». Wieder wurde Gründgens in der Mephisto-Rolle umjubelt.

Hermann Göring persönlich nahm sich des Künstlers an und verhalf ihm in den folgenden Jahren zu einem beispiellosen Aufstieg. Göring, zu dieser Zeit preußischer Ministerpräsident, schützte Gründgens gegen alle Angriffe, die wiederholt von verschiedenen Seiten gegen den eigenwilligen Star lanciert wurden.

Im März 1934 wurde Gustaf Gründgens kommissarischer Leiter des Staatlichen Schauspielhauses Berlin, im September 1934 dessen Intendant. 1936 ernannte man ihn zum Preußischen Staatsrat. 1937 folgte die Ernennung zum Generalintendanten der Berliner Bühnen, und Gründgens wurde Staatsschauspieler. Er war nun «der erste Theatermann des Deutschen Reiches» (Goertz 1982, S. 42).

STAATLICHES
SCHAUSPIELHAUS

Zum 1. Male:

FAUST, II. TEIL

Tragödie in 5 Akten (25 Bilder) von Goethe

In Szene gesetzt von Gustav Lindemann

SONNABEND
21. JANUAR
ABENDS 7 UHR

Faust: Werner Krauss, Mephisto: Gustaf Gründgens, Kaiser: Otto, Kanzler: Bildt, Helena: v. Mendelssohn, Bakkalaureus: Harlan, Wagner: Minetti, Chiron: Leibelt, Lynkeus: Müthel, Baucis: Wagner, Philemon: Pohl, Sorge: Koppenhöfer

Gesamtausstattung: Teo Otto
Begleitende Musik: Das Orchester der Staatsoper

AM GENDARMENMARKT

Plakat für die «Faust II»-Premiere, Berlin 1933

Das Staatliche Schauspielhaus in Berlin, Gendarmenmarkt

Neujahrsempfang 1935 bei Hermann Göring, 3. v. l. Gustaf Gründgens

1933 / Nr. 39 Münchner Illustrierte Presse Seite 1207

Die feierliche Überreichung der Urkunden an die Staatsräte

Ein feierlicher Akt in der Aula der alten Berliner Universität versammelte die neuernannten preußischen Staatsräte zum ersten Male. Nach der Feier fand in Potsdam die erste Tagung des Staatsrates statt

PREUSSENS
STAATSRAT TAGT

Eröffnungssitzung des von Göring ins Leben gerufenen Preußischen Staatsrats am 15. September 1933. Gründgens wurde 1936 zum Staatsrat ernannt; später betonte er gern, die Körperschaft sei ohne jede politische Bedeutung gewesen.

Über die politische Bewertung der Rolle, die Gründgens im Theaterleben des Dritten Reiches gespielt hat, sind die Meinungen bis heute geteilt. Tatsache ist, daß er einer Reihe von Künstlerkollegen, die aus politischen oder sogenannten rassischen Gründen verfolgt wurden, auf mutige Weise geholfen hat. Tatsache ist aber auch, daß er sich vom Nazi-Regime als kulturelles Aushängeschild gebrauchen ließ – zwölf verhängnisvolle Jahre lang.

Klaus Mann verfolgte die Laufbahn des einstigen Freundes und Weggefährten mit Argwohn, ja Entsetzen. Im Tagebuch der frühen Exiljahre gibt es zahlreiche Eintragungen über Gründgens. In seiner Autobiographie hielt Klaus Mann später fest, wie sehr ihn der Karriereweg von Gustaf Gründgens erregte – gerade wegen der früheren persönlichen Vertrautheit: «Wie, man hatte mit ihm gelebt, gearbeitet, diskutiert, gespielt, gezecht, Pläne gemacht, gute Freundschaft gehalten, und nun saß er am Tische des monströsen Reichsmarschalls? Und nun zechte, spielte, diskutierte er mit den Mördern? Nicht genug damit, daß er atmen konnte in der verpesteten Luft, daß er es aushielt in jener Sphäre, die uns unbetretbar geworden war, er feierte Triumphe dort. Und man hatte mit ihm gelacht und sich an hübschen Dingen gefreut und auf häßliche Dinge geschimpft. Es war entschieden unheimlich, sich dies vorzustellen.» (WP, S. 337)

Der Reichspropagandaminister Joseph Goebbels (Mitte) und Gustaf Gründgens bei einem Empfang des italienischen Kultusministers Alfieri, 1939

# Zahnärzte und Künstler

DAS NEUE
TAGE-BUCH
Herausgeber: Leopold Schwarzschild

PARIS-AMSTERDAM
2. Jahrg. N° 4 — 27. Januar 1934

Bewaffnungsverhandlungen und Pazifismus
Frankreich und seine Alliierten

Leopold Schwarzschild:
Die Erschaffung des Wirtschaftssoldaten

Wickham Steed
Der Fall Carl von Ossietzky

Klaus Mann
Zahnärzte und Künstler

Die Ära der Handelskriege
Die Wiener Juden im Nazi-Memorandum

ERSCHEINT JEDEN SAMSTAG
NEDERLANDSCHE UITGEVERIJ, PARIS, S. A. R. L.

«Das Neue Tage-Buch», 27. Januar 1934

**Publizistisch** hatte sich Klaus Mann bereits Anfang 1934 des Falles Gründgens angenommen. In einem Aufsatz, den er unter dem Titel «Zahnärzte und Künstler» in der Zeitschrift «Das Neue Tage-Buch» veröffentlichte, polemisierte er gegen Kollegen wie Erich Engel und Gustaf Gründgens, die sich mit dem in Deutschland herrschenden Regime arrangierten.
Jeder Künstler, insistierte Klaus Mann, habe eine besondere moralisch-politische Verantwortung, wenn er seinen Beruf ernst nehme: «Ein Zahnarzt, der früher auf die Nazis geschimpft hat, tritt jetzt in eine ihrer Berufsorganisationen ein. Ist das Verrat? Er will leben. Nicht jeder Zahnarzt kann ein Märtyrer sein. – Das Leben derer, die sich Künstler nennen, ist in vielem angenehmer als das Leben der Zahnärzte und Geschäftsreisenden. Dafür hat es aber auch andere Verpflichtungen. Es geht nicht, daß einer, der unter allen Umständen – auch unter den bescheidensten – für mehr einzustehen hätte als nur für seine Geschäftsinteressen, einfach sagt: Man will leben –; nein, es geht nicht, es ist ungehörig. Wenn ich erfahre, daß ein sehr bekannter Regisseur, der leidenschaftlich linksgerichtet war, heute noch bei der Ufa arbeitet, und daß ein berühmter Schauspieler, der sich zum Kommunismus bekannte, noch am Berliner Staatstheater ist, werde ich mißtrauisch.» (Zahnärzte, S. 107)

Klaus Mann, 1936

Die Anregung, Gründgens' Karriere zum Ausgangspunkt eines zeitkritischen Romans zu machen, bekam Klaus Mann von Hermann Kesten. In einem Brief vom 15. November 1935 hatte sich Kesten zunächst ausführlich über «Symphonie Pathétique» geäußert; dann präsentierte er seine Idee für ein neues Romanprojekt – und betonte, für ihn selbst sei das Thema nicht geeignet, Klaus Mann dagegen müsse es liegen.

Hermann Kesten, 1935

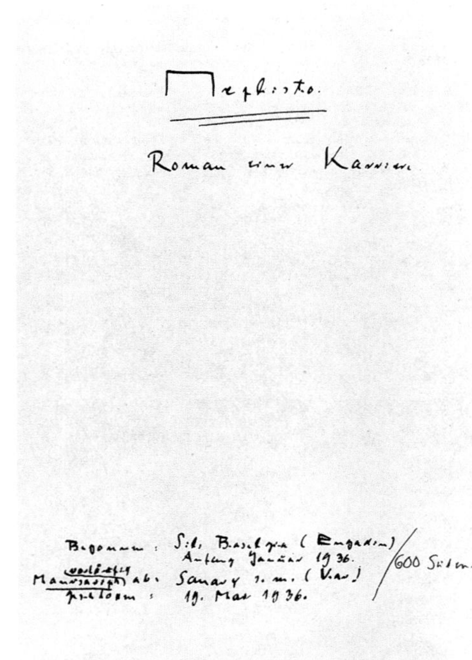

Titelseite des «Mephisto»-Manuskripts

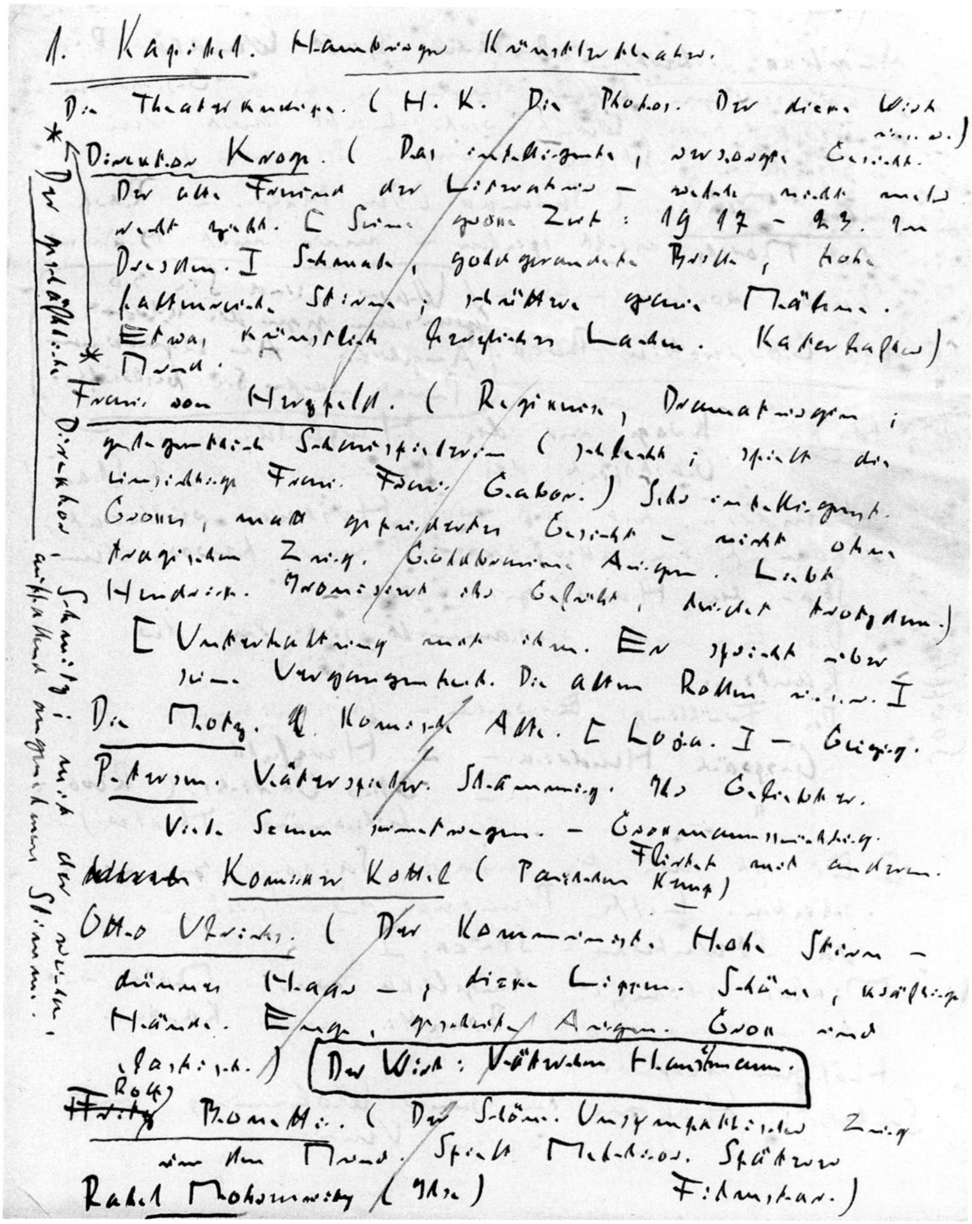
1. Kapitel. Hamburger Künstlertheater.

**Aus den Vorarbeiten für «Mephisto»: Notizen Klaus Manns über Mitarbeiter des Hamburger Künstlertheaters, an dem die Karriere der Hauptfigur Hendrik Höfgen beginnt. Wenn Klaus Mann einen Punkt des Konzepts erledigt hatte, strich er ihn mit Bleistift aus.**

*Um es kurz zu machen, meine ich, Sie sollten den Roman eines homosexuellen Karrieristen im dritten Reich schreiben, und zwar schwebte mir die Figur des von Ihnen künstlerisch (wie man mir sagt) schon bedachten Herrn Staatstheaterintendanten Gründgens vor. (Titel: «Der Intendant») Dabei denke ich nicht daran, daß Sie eine hochpolitische Satire schrieben, sondern – fast – einen unpolitischen Roman, Vorbild der ewige «Bel-Ami» von Maupassant, der schon Ihrem Onkel das köstliche «Schlaraffenland» entdecken half. Also keine Hitler und Göring und Goebbels als Romanfiguren, kein Agitprop, keine kommunistischen «Wühlmäuse», keine Münzenbergiaden, aber doch – etwa – auch die Ermordung dieses Berliner Schauspielers, dessen Name mir jetzt gerade nicht einfällt. Das Ganze im ironischen Spiegel einer großen versteckten, freilich spürbaren Leidenschaft. Keine politischen Darstellungen. Gesellschaftssatire Satire auf gewisse homosexuelle Figuren Satire auf den Streber, auf – vielleicht – viele Arten Streber. Im Ganzen: der Hauptstadt erzählt, wie man Intendant wird*
*Ich glaube, solch ein Stoff könnte Ihnen sehr gelingen und könnte durch die Dritte-Reich-Sphäre auch größere Chancen bieten.*
(Hermann Kesten an Klaus Mann, 15. November 1935; BuA, S. 238f.)

# Der Pakt mit dem Teufel

Klaus Maria Brandauer als Hendrik Höfgen in István Szabós «Mephisto»-Verfilmung, 1981

**Im Roman «Mephisto»** wird der Aufstieg der Hauptfigur Hendrik Höfgen erzählt – von den Anfängen im Hamburger Künstlertheater 1926 bis zum Jahre 1936, als Höfgen es zum repräsentativen Schauspieler des neuen Reiches gebracht hat. Am Ende ist er ein «Affe der Macht» geworden, ein «Clown zur Zerstreuung der Mörder» (Mephisto, S. 331). Der Autor läßt seinem Helden eine echte Entscheidungssituation: als 1933 der «Mann mit der bellenden Stimme» Reichskanzler wird, befindet sich Höfgen zu Dreharbeiten im Ausland; in Paris grübelt der Schauspieler wochenlang, ob er zurückreisen oder aber die Brücken zur Heimat abbrechen soll: «Hat mein Name nicht schon internationalen Klang? Ich könnte mich überall durchbringen – es würde wohl nicht ganz leicht sein, aber es müßte gehen. Welche Erleichterung, ja welche Erlösung würde es bedeuten: stolz und freiwillig mich zurückzuziehen von einem Lande, wo die Luft verpestet ist [...]! Was für einen neuen Sinn, welch neue Würde bekäme mein Leben!» (Mephisto, S. 206)

Doch Höfgen entscheidet sich gegen die Emigration – er wählt statt dessen den Pakt mit dem Teufel, mit den neuen Machthabern. Er selbst ist kein überzeugter Faschist, sondern nur ein Schauspieler, der sich auch außerhalb der Bühnenwelt chamäleonartig assimiliert. Aber dem Teufelspakt liegt eine Wesensverwandtschaft zugrunde: Zum Charakterbild des Komödianten gehören Lüge und Verstellung, die auch Grundzüge des neuen Herrschaftssystems sind. Hendrik Höfgen paßt in die Gesellschaft der Nazi-Führer: «Er hat ihre falsche Würde, ihren hysterischen Elan, ihren eitlen Zynismus und die billige Dämonie.» (Mephisto, S. 236)

Heinrich Mann, 1936

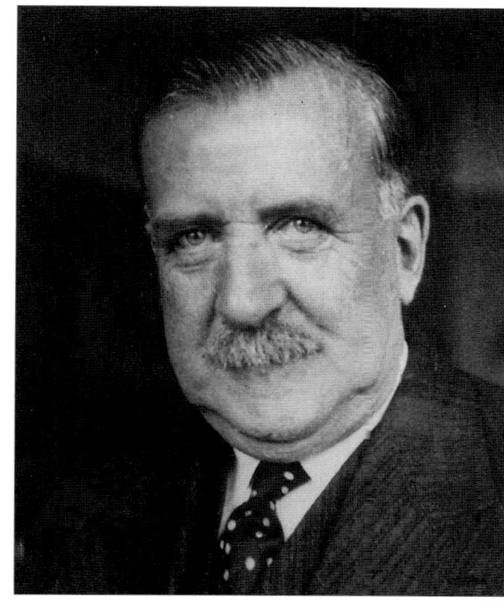

Der «Dicke» und sein Schützling: Rolf Hoppe und Klaus Maria Brandauer in einer Szene aus Szabós «Mephisto»-Film

Werner Peters (links) als Diederich Heßling. Szene aus Wolfgang Staudtes Verfilmung des «Untertans», 1951

Die Gestalten des Romans sind zum Teil mit dem groben Strich eines Karikaturisten gezeichnet – der «gewaltige Dicke» zum Beispiel, der unverkennbar manche Züge von Hermann Göring trägt. Die Bilder der nationalsozialistischen High-Society im «Mephisto»-Roman zeigen, in welch schrecklichen Zustand die bürgerliche Gesellschaft im Zeitalter des Faschismus geraten ist. So wie Höfgen den Verrat des Künstlers an Werten wie Schönheit und Moral verkörpert, so repräsentiert der Faschismus für Klaus Mann das Stadium des Verrats an bürgerlichen Idealen und Lebensformen.

Das psychologische Interesse des Autors für die Mächtigen des NS-Staats war begrenzt. Differenzierter zeichnete er die Biographie und Seelenlage des Schauspielers Höfgen. Dabei orientierte sich Klaus Mann an einem seiner großen Vorbilder. Er las während der Niederschrift von «Mephisto» noch einmal den Roman «Der Untertan», das Meisterwerk seines Onkels Heinrich aus dem Jahre 1918, und konstatierte: «Ein nicht nur literarisch ganz außerordentliches, sondern absolut erschreckend prophetisches Buch: es kommt einfach *alles* schon vor.» (BuA, S. 251) Heinrich Mann beschrieb am Beispiel seines Diederich Heßling die Genesis einer «autoritären Persönlichkeit», deren massenhafte Existenz den Faschismus möglich machte – Klaus Mann entwarf mit Hendrik Höfgen den Typus eines kleinbürgerlichen Parvenüs, der zu jedem Verrat bereit ist, um an den Privilegien der Macht teilhaben zu können.

# Ein Schlüsselroman?

Die Erstausgabe des Romans im Querido Verlag

Ein Schlüsselroman

Das neue Werk von Klaus Mann, mit dessen Veröffentlichung die « PARISER TAGESZEITUNG » am Sonntag beginnt, ist ein Theaterroman aus dem Dritten Reich. Im Mittelpunkt steht die Figur eines Intendanten und braunen, Staatsrates, der die Züge Gustav Gründgens trägt. Um ihn herum erkennt man den ganzen Tross der nationalsozialistischen Würdenträger. Klaus Mann ist es gelungen, in

MEPHISTO

ein packendes Zeitgemälde zu entwerfen.

Ab Sonntag in der „Pariser Tageszeitung"

Ankündigung der «Pariser Tageszeitung», 19. Juni 1936

Heinz Liepmann

Fritz Landshoff

**Bevor Klaus Manns «Mephisto»** im Herbst 1936 als Buch herauskam, veröffentlichte die «Pariser Tageszeitung» den Roman als Vorabdruck. Insgesamt 94 Folgen erschienen vom 21. Juni bis zum 22. September 1936. Um ihre Leser neugierig zu machen, hatte die Redaktion der «Pariser Tageszeitung» allerdings ein Stichwort ins Spiel gebracht, das für die Wirkungsgeschichte des Werkes fatale Folgen haben sollte: Sie kündigte am 19. Juni 1936 an, einen «Schlüsselroman» zu veröffentlichen – die Hauptfigur trage die Züge von Gustaf Gründgens, und um ihn herum erkenne man «den ganzen Tross der nationalsozialistischen Würdenträger».

Fritz Landshoff war entsetzt, denn er fürchtete Sanktionen der niederländischen Regierung. Im Februar 1934 war in Holland der deutsche Schriftsteller Heinz Liepmann zu einem Monat Gefängnis verurteilt worden, weil sein Roman «Das Vaterland» angeblich das «Staatsoberhaupt eines mit Holland befreundeten Staates» (gemeint war Hindenburg) beleidigt hatte. Landshoff wollte vermeiden, ebenfalls in einen Prozeß verwickelt zu werden, und schrieb an Klaus Mann: «Die P. T. muß unbedingt eine Berichtigung an gleicher Stelle und in gleicher Größe herausbringen, die aber besser von Dir als von uns kommt.» (Spangenberg 1982, S. 89)

Klaus Mann reagierte sofort und stellte in einem Telegramm klar: «Mir lag *nicht* daran, die Geschichte eines bestimmten Menschen zu erzählen, als ich ‹Mephisto. Roman einer Karriere› schrieb. [...] Nein, mein Mephisto ist nicht dieser oder jener. In ihm fließen vielerlei ‹Züge› zusammen. Hier handelt es sich um kein ‹Porträt›, sondern um einen symbolischen Typus.» (Zahnärzte, S. 405f.)

Die Beteuerungen Klaus Manns waren keineswegs rein taktischer Natur. Wie bei den meisten seiner literarischen Werke hatte er sich, als er «Mephisto» schrieb, an Personen und Milieus orientiert, die er persönlich gut kannte. In Klaus Manns Notizen und Vorarbeiten für den «Roman einer Karriere» finden sich zahlreiche Namen realer Personen. Erich Ziegel zum Beispiel diente ihm teilweise als Modell für den Theaterdirektor Kroge, Gustav von Wangenheim für den revolutionären Schauspieler Otto Ulrichs, Hans Sklenka für den Nazi-Mitläufer Hans Miklas. Und daß die Figur des Hendrik Höfgen von Gustaf Gründgens inspiriert war, hat Klaus Mann selbst nie geleugnet. Aber es ging dem Autor des «Mephisto»-Romans nicht um die Abbildung realer Personen. Er wollte keinen Schlüsselroman schreiben – also ein Buch, in dem der Leser bestimmte Personen wiedererkennen soll –, sondern ein literarisch verdichtetes Zeitgemälde entwerfen. Um glaubwürdig schreiben zu können, griff er auf ihm vertraute Elemente der Wirklichkeit zurück. Oft mischte er einzelne Züge verschiedener Menschen zusammen, wenn er eine literarische Figur schuf. In einer Nachbemerkung zum Roman, die vermutlich auf Drängen Fritz Landshoffs entstand, betonte Klaus Mann: «Alle Personen dieses Buches stellen Typen dar, nicht Portraits.»

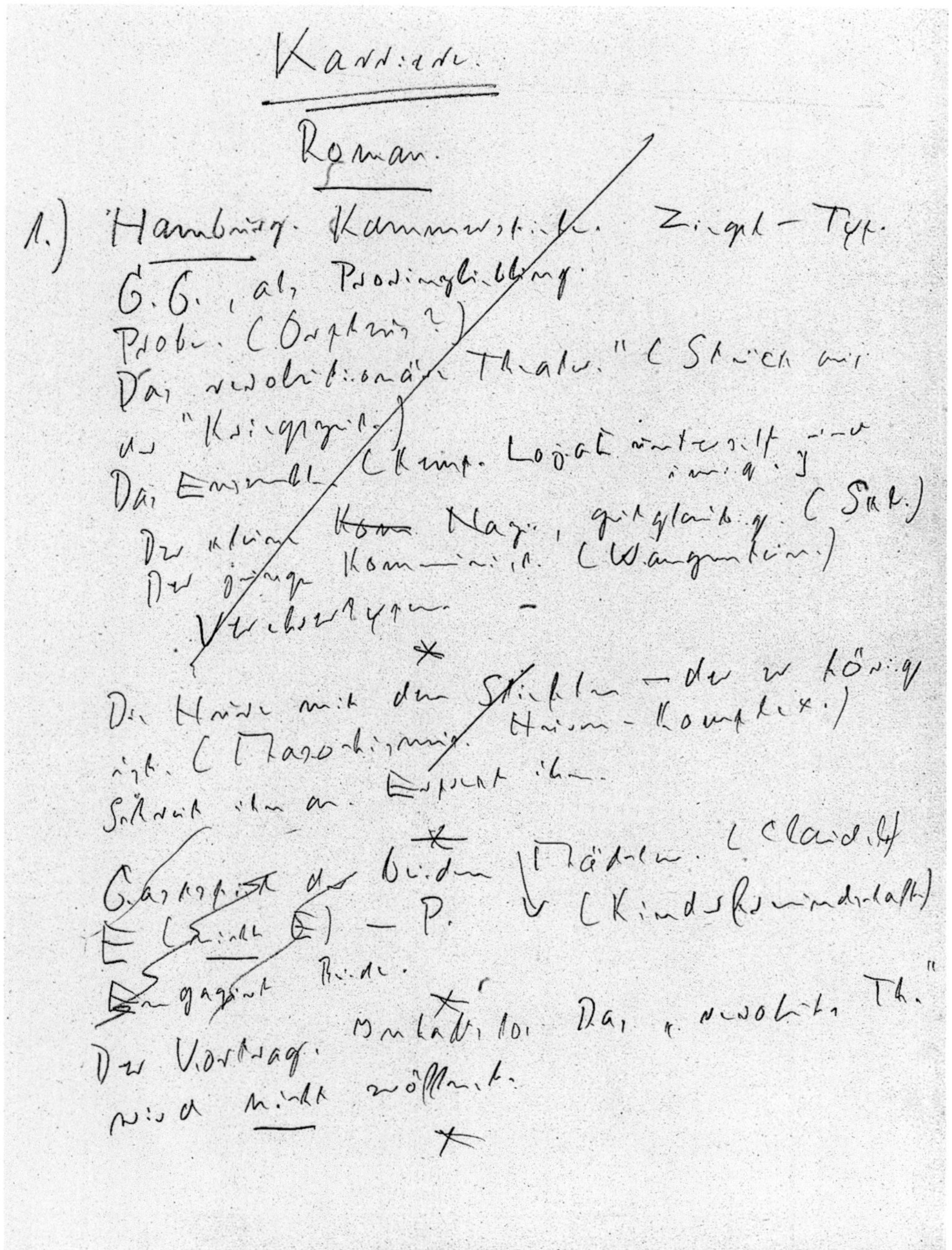
Roman.
1.) Hamburg. Kammerspiele. Ziegel-Typ.

Notizen Klaus Manns für den «Mephisto»-Roman. Als Modell für die Züge einzelner Figuren werden unter anderem Erich Ziegel, Gustav von Wangenheim, Hans Sklenka, Pamela Wedekind, Erika Mann und Gustaf Gründgens erwähnt.

MEPHISTO

Roman einer Karriere
von KLAUS MANN

Nachdruck verboten. Copyright 1936 Klaus Mann, Amsterdam.

(74. Fortsetzung)

„Alle Deutschen, die den Namen verdienen, hatten Sehnsucht nach ihm, und sie haben es alle verehrt, als die heilige Wiege unserer Gesittung. Nun plötzlich

tig. Bruckner erfuhr es durch eine Notiz in der französischen Presse, dass er „ausgebürgert" und kein Deutscher mehr sei. Einige Tage, nachdem er diese

vom Angeborenen. Aber auch das angeborene Können, die Kunst des genialen Schauspielers, ist entwicklungsfähig. V...

verzweifelt in Deutschland sassen, wandten sich an ihn um Zuspruch und geistigen Rat. „Ihr Name bleibt für uns der Inbegriff eines anderen, besseren Deutschlands", wagte jemand aus einer bayrischen Provinzstadt ihm zu schreiben — freilich mit verstellter Schrift und ohne dass er seine Adresse verraten hätte. Solche Geständnisse und Treueschwüre, las der Geheimrat halb mit Rührung, halb mit Bitterkeit. „Und alle diese, die so empfinden und schreiben, haben mit-geduldet, mit-verschuldet, dass unser Land zu dem werden konnte, was es heute ist," musste er denken. Er legte die Briefe beiseite, und er öffnete wieder sein Manuskript, das langsam wuchs und reich ward an Liebe und an Erkenntnis, an Gram und Trotz, an tiefem Zweifel und einer noch hinter tausend Vorbehalten starken Zu-

Eine Folge des «Mephisto»-Vorabdrucks in der «Pariser Tageszeitung»

# Deutsch für Deutsche

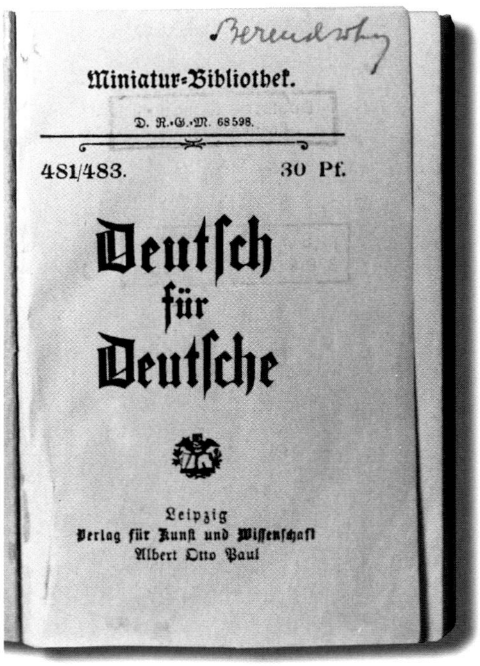


Die Tarnschrift «Deutsch für Deutsche» (Originalformat 10,5 x 8 cm) wurde innerhalb Deutschlands illegal verbreitet. Sie enthielt kurze Lesestücke von Autoren, die im Exil lebten – darunter Klaus Manns Brief an Emmy Sonnemann-Göring.

1934 / Nr. 33 Illustrierte Presse Seite 1043

Eine Szene

zwischen Emmy Sonnemann und Gustav Gründgens

Während einer Premiere von Hermann Bahrs „Konzert" aus dem Souffleur-Kasten aufgenommen von Helmuth Kurth

Die Staatsschauspieler Emmy Sonnemann und Gustav Gründgens gaben in München ein erfolgreiches Gastspiel. „Das Konzert" von Hermann Bahr bot ihnen Gelegenheit, ihre reiche Virtuosität zu zeigen. Unsere Aufnahmen schildern besser als Worte die Feinheit ihrer Darstellungskunst.

Ein Dialog wird lebendig

Frau Marie Heinl (Emmy Sonnemann) und Dr. Jura (Gustav Gründgens) diskutieren über Sinn und Bedeutung der Ehe

Nummer 32 der Münchner Illustrierten Presse, die anläßlich des Heimganges des Reichspräsidenten von Hindenburg zahlreiche Bilder aus seinem Leben und von den Beisetzungsfeierlichkeiten in Neudeck und Tannenberg enthielt, wird von unserem Verlag zum Preise von 20 Pfennig nachgeliefert

«Münchner Illustrierte Presse», Nr. 33/1934

**Manche der Figuren** des Romans sind satirisch überzeichnet. Besonders die führenden Köpfe des neuen Regimes, dem Höfgen sich zur Verfügung stellt, hat Klaus Mann mit polemischer Schärfe gestaltet – es sind «Larven» und «Fratzen» (Mephisto, S. 26). Die Figur der Schauspielerin Lotte Lindenthal, die im Roman den preußischen Ministerpräsidenten (den «Dicken») heiratet, ist ein satirisches Glanzstück des Romans. Unverkennbar hatte für Lotte Lindenthal die Schauspielerin Emmy Sonnemann Pate gestanden, eine eher zweitklassige Bühnenkünstlerin, die am 10. April 1935 die Gattin von Hermann Göring geworden war. Gustaf Gründgens genoß die besondere Gunst der einflußreichen Emmy Sonnemann-Göring.
Die mit viel Prunk und Pomp begangene Hochzeit des Ehepaars Göring hatte Klaus Mann zu einem seiner eindrucksvollsten politischen Texte angeregt – dem offenen Brief «An die Staatsschauspielerin Emmy Sonnemann-Göring». Der Brief wurde im «Pariser Tageblatt» vom 21. April 1935 veröffentlicht und zugleich in der Tarnschrift «Deutsch für Deutsche» publiziert, einem Büchlein, das illegal nach Deutschland gebracht und dort subversiv verbreitet wurde.

«Schriftsteller, was?» Zeichnung von George Grosz aus der Mappe «Interregnum», 1936

Unten: Lotte Lindenthal, «der Dicke» und Hendrik Höfgen. Szene aus István Szabós «Mephisto»-Film, mit Christine Harbort, Rolf Hoppe und Klaus Maria Brandauer

*Hand aufs Herz, liebe Generalin, sind Sie eine glückliche Frau? Gibt es nichts, was Sie stört? Hat Ihr Eroberer derart starke Reize, daß er Sie alles vergessen macht, woran das gutmütige und feine Herz einer Künstlerin Anstoß nehmen könnte? [...]*
*Ekeln Sie sich denn nie? Und wenn Sie sich schon nicht ekeln: haben Sie niemals Angst? Es kommen doch Stunden, da Sie allein sind – der Hochzeitsrummel kann nicht ewig währen, und es gibt nicht jeden Abend großes Diner. Der dicke Herr Gemahl ist unterwegs – er sitzt vielleicht in seinem Büro und unterschreibt Todesurteile, oder er inspiziert Bombenflugzeuge. Es ist dunkel geworden, Sie sind einsam in Ihrem schönen Palais. Kommen da nicht Gespenster?*
*Treten hinter den üppigen Portieren nicht die Erschlagenen aus den Konzentrationslagern hervor, die zu Tode Geschundenen, die auf der Flucht Erschossenen, die Selbstmörder? Erscheint nicht ein blutiges Haupt? Es ist vielleicht Erich Mühsam – ein Dichter –, und es war doch Ihr Beruf, Dichterworte zu sprechen, ehe Sie die Mutter eines verdammten Landes wurden, das von seinen Dichtern die Mutigen totschlägt oder verbannt. Oder es ist Ossietzky – er sieht schrecklich zugerichtet aus, und das nur, weil er sich zum Frieden bekannte –; in seinen frechsten Momenten führt aber auch Ihr geschmückter Gemahl noch immer den Frieden im Munde. Und wenn von Frauenehre die Rede ist, denken Sie da nicht an die Arbeiterfrauen und an die Pazifistinnen, die man verspottet und geschlagen hat? [...]*
*Und wenn Sie schon unempfindlich sind gegen das arge Gesicht der Gespenster: stellen Sie sich nicht vor, daß auch einmal Lebende in die Räume Ihres Schlosses stürmen könnten? Aber die plaudern dann keine Scherzreden mehr. Was werden Sie antworten, Schauspielerin Sonnemann, wenn man auch Sie zur Verantwortung zieht – auch Sie, da Sie sich ja zur Mitschuldigen machen: Dann berufen Sie sich vergeblich auf Ihr gutmütiges und feinsinniges Herz.*
(KM: An die Staatsschauspielerin Emmy Sonnemann-Göring, zit. nach: Zahnärzte, S. 287 ff.)

# «Laß den Mann nicht schwul sein»

Hendrik Höfgen und Juliette: Brandauer mit Karin Boyd. Szabó hat in seiner Verfilmung die sadomasochistischen Neigungen Höfgens, die im Roman breit geschildert werden, stark abgeschwächt.

Höfgens Frau Barbara (Krystina Janda, rechts) mit ihrer Freundin Nicoletta (Ildiko Bansagi)

**Er habe im «Mephisto»-Roman** versucht, betonte Klaus Mann in einem Werbetext, Höfgens «fürchterlichen Ehrgeiz aus Minderwertigkeitskomplexen – die teils soziale, teils erotische Ursachen haben – zu erklären» (Zahnärzte, S. 409f.). Soziologisch gesehen ist Höfgen ein Aufsteiger aus kleinbürgerlichem Milieu, dessen Ruhmsucht der Kompensation dient: ein Zukurzgekommener macht Karriere in der «großen Welt». Höfgens Ehefrau Barbara Bruckner (die einige Züge Erika Manns trägt) verkörpert die Sphäre des Großbürgertums, in die Höfgen um jeden Preis integriert werden möchte.

Sexologisch betrachtet ist Höfgen ein Sadomasochist. Viele Frauen umschwärmen ihn; sein erotisches Verlangen aber gilt der dunkelhäutigen Prostituierten Juliette, die ihm mit Lederstiefeln und Reitpeitsche «schauerliche Lustbarkeit» bereitet (Mephisto, S. 70). Der ich-schwache Charakter unterwirft sich in einer Mischung aus Wonne und Angst der ritualisierten Zuwendung seiner schwarzen Venus.

Waren es diese Züge Höfgens, die Klaus Mann meinte, als er seiner Mutter Katia im März 1936 anvertraute, «Mephisto» werde «ein richtig gemeines Buch, voll von Tücken»? So ein Buch könne «eigentlich nur ein Mensch mit schlechtem Charakter schreiben», fügte er hinzu – dabei habe er doch einen guten (BuA, S. 253). An Gustaf Gründgens jedenfalls hatte sich Klaus Mann nicht orientiert, als er Höfgen zum Sadomasochisten stempelte – Gründgens war bekanntlich homosexuell. Die eigene erotische Veranlagung aber wollte Klaus Mann aus guten Gründen nicht in einen Zusammenhang mit einer Karriere im Faschismus bringen.

Auch bei der Figur der Juliette waren einzelne Züge einem realen Vorbild entliehen: Andrea Manga Bell, von 1931 bis 1936 Lebensgefährtin Joseph Roths

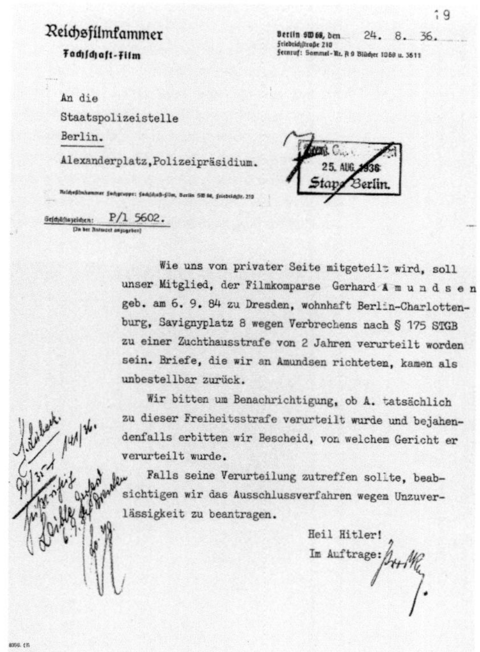

Reichsfilmkammer
Fachschaft-Film

Berlin SW 68, den 24. 8. 36.
Friedrichstraße 210
Fernruf: Sammel-Nr. A 9 Blücher 1068 u. 3611

An die
Staatspolizeistelle
Berlin.
Alexanderplatz, Polizeipräsidium.

25. AUG. 1936
Stapo Berlin.

Reichsfilmkammer Fachgruppe: Fachschaft-Film, Berlin SW 68, Friedrichstr. 210

Geschäftszeichen: P/1 5602.
(In der Antwort anzugeben)

Wie uns von privater Seite mitgeteilt wird, soll unser Mitglied, der Filmkomparse Gerhard A m u n d s e n geb. am 6. 9. 84 zu Dresden, wohnhaft Berlin-Charlottenburg, Savignyplatz 8 wegen Verbrechens nach § 175 STGB zu einer Zuchthausstrafe von 2 Jahren verurteilt worden sein. Briefe, die wir an Amundsen richteten, kamen als unbestellbar zurück.

Wir bitten um Benachrichtigung, ob A. tatsächlich zu dieser Freiheitsstrafe verurteilt wurde und bejahendenfalls erbitten wir Bescheid, von welchem Gericht er verurteilt wurde.

Falls seine Verurteilung zutreffen sollte, beabsichtigen wir das Ausschlussverfahren wegen Unzuverlässigkeit zu beantragen.

Heil Hitler!
Im Auftrage:

Links: Denunziation eines homosexuellen Künstlers durch die Gestapo

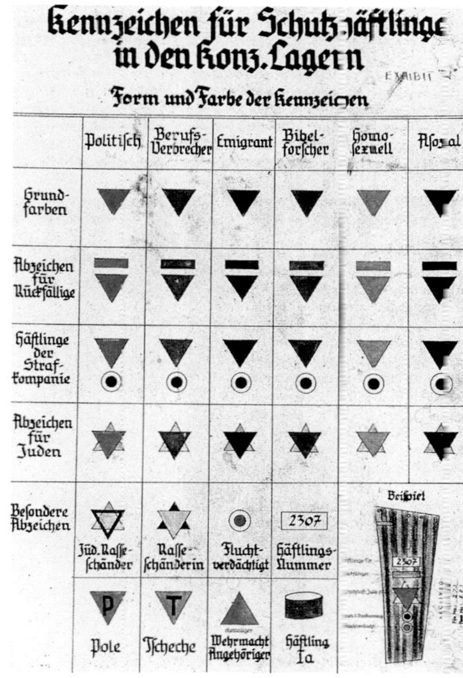


Rechts: Tafel aus dem KZ Dachau mit verschiedenen «Kennzeichen» für Häftlinge

Gustaf Gründgens mit Marianne Hoppe auf dem Zeesener See bei Berlin

«Laß den Mann nicht schwul sein – es muß ja kein Gründgens werden – sondern irgendein ‹Karrierist› –; das gäbe einen *guten* Zeitroman», hatte Fritz Landshoff geraten, als er mit Klaus Mann über Hermann Kestens Anregung für den «Mephisto»-Roman korrespondierte (Spangenberg 1982, S. 68). Doch der Autor hat sich an den Rat seines Verlegers nur teilweise gehalten.

Gustaf Gründgens geriet in Nazi-Deutschland wiederholt in Schwierigkeiten wegen seiner homosexuellen Veranlagung. Ohne die Protektion Hermann Görings wäre seine glanzvolle Karriere im Dritten Reich vermutlich undenkbar gewesen – in einem Staat, in dem Homosexualität drakonisch bestraft wurde, nicht selten mit jahrelanger KZ-Haft. Gründgens selbst erklärte 1934 in einem Brief, er müsse stets auf die «Meisterung und Beherrschung meines privaten Menschen» bedacht sein (Spangenberg 1982, S. 84). Im Juni 1936 heiratete Gründgens die Schauspielerin Marianne Hoppe. Im Volksmund wurde daraufhin ein Spottvers geprägt:

Hoppe hoppe Gründgens
Die kriegen keine Kindgens;
Und wenn die Hoppe Kindgens kriegt
Dann sind sie nicht von Gründgens.

# Moralische Wirkungen

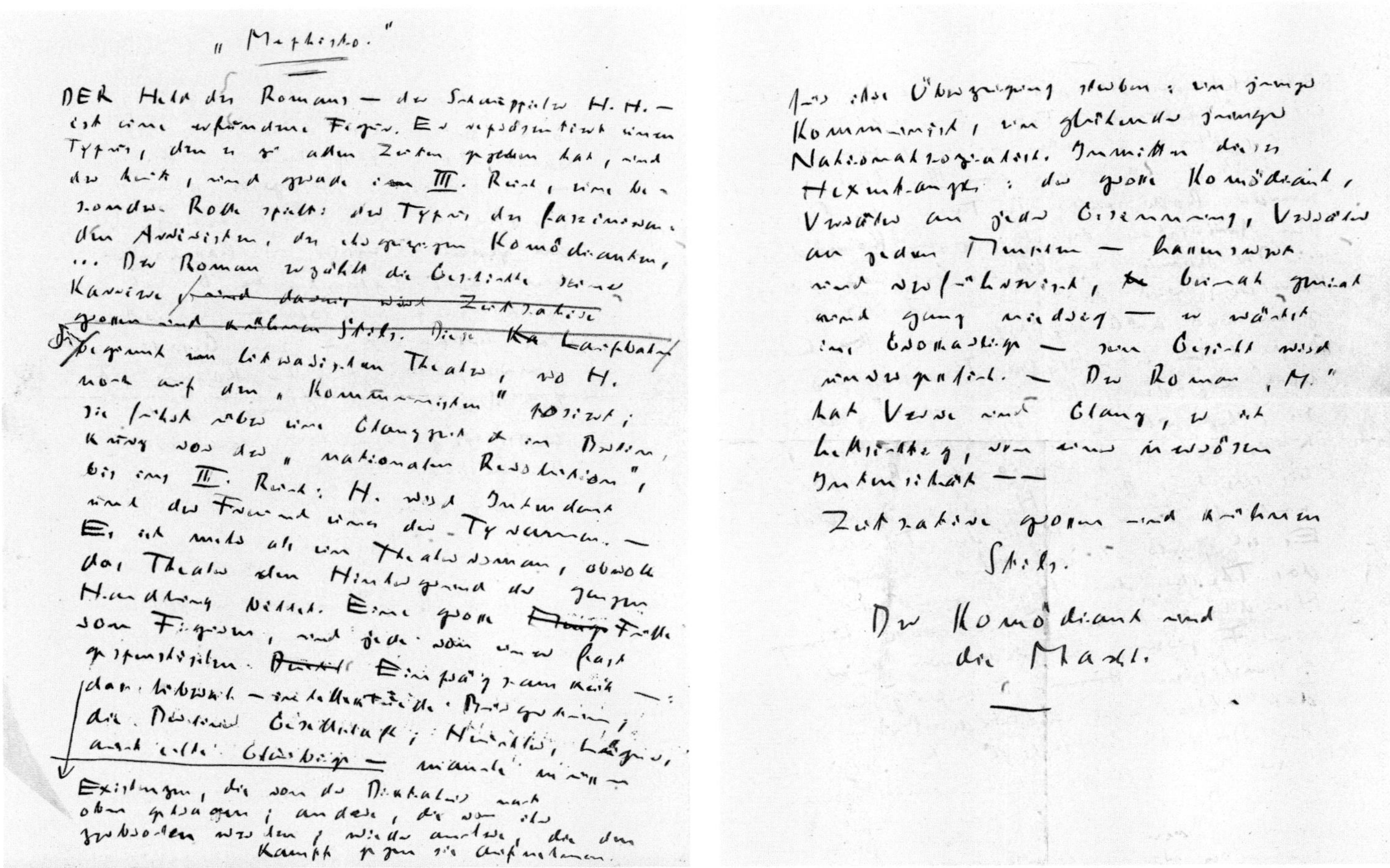

Werbetext-Entwurf
Klaus Manns

**Die Buchausgabe** des «Mephisto» erschien im Oktober 1936 im Querido Verlag. Bald erreichten den Autor die ersten Reaktionen. «Dein Roman also hat mir großes Vergnügen gemacht. Er ist leichtfüßig und amüsant, ja brillant, sehr komisch oft und auch sprachlich fein und sauber», schrieb Thomas Mann anerkennend seinem ältesten Sohn (BuA, S. 273). Ins Tagebuch notierte der Vater: «Gestern Nacht lange in Klausens ‹Mephisto› gelesen; leicht und geschickt, moralische Wirkungen.» (TM, Tagebücher 1935–1936, S. 396)

Von vielen Seiten kam Zustimmung und Lob. Bruder Golo schrieb in einem Brief, «Mephisto» sei «immerhin mit dem ‹Untertan› in einem Atem zu nennen […]; Talent und Charakter möchte man sagen, Du hast die Ausbürgerung redlich verdient». Der in Moskau lebende Johannes R. Becher ließ den Autor wissen: «Nach diesem Roman halte ich Ihre satirisch-polemische Begabung für weitaus stärker als Ihre sentimental-pathetische Art, wie sie in anderen Büchern oft zu übermäßig betont zum Ausdruck kam.» (Briefe im KMA)

Kritische Stimmen monierten dagegen, daß keineswegs alle Figuren mit gleicher Glaubwürdigkeit gestaltet seien. Ludwig Marcuse bemerkte in einer Rezension für die Zeitschrift «Das Wort», er fände das Theatermilieu höchst treffend geschildert, die Figuren der politischen Kämpfer dagegen blieben blaß. Lion Feuchtwanger hatte schon nach der Lektüre der ersten Folgen des «Mephisto»-Vorabdrucks an Klaus Mann geschrieben, ihm scheine das Vorspiel «zu sehr aus der Nähe gesehen, zu fotografisch und nicht recht Bild geworden. Alle diese Menschen und Dinge sind auch in den Zeitungen so oft und intensiv durchgekaut worden, daß, wenn sie nicht mit höchster Kunst behandelt werden, ihnen etwas unrettbar Journalistisches anhaftet. Die Gegner werden behaupten, es sei Klatsch, der nicht in die Sphäre der Kunst hinaufreicht.» (Brief im KMA)

Kurt Hiller begann in einem Brief an den Autor mit der Suche nach möglichen Vorbildern der Figuren: «Entspricht Miklas einer Realgestalt ähnlich anderen? Ich erkannte wieder: Gründgens, Johst, André Germain (dieses Schwein! glänzend!), Sternheim (nicht minder glänzend!), Reinhardt, Erika (ist aber der Professor Bruckner … Vater oder Onkel?), die Bergner, Jhering und, in Benjamin Pelz (ich habe mich schiefgelacht), den Abgott, wenn auch ehemaligen, unsrer linken Kollegenschaft: Gottfried Benn.» (Winckler 1983, S. 335) Mit solchen simplen Gleichsetzungen hatte Hiller allerdings die Absichten Klaus Manns gründlich mißverstanden.

NEUE RSCHEINUNGEN HERBST 1936

LION FEUCHTWANGER
**DER FALSCHE NERO**
ROMAN
Brosch.: Gulden 2.90 Leinen: Gulden 3.90
Mit diesem historischen Roman erreicht Feuchtwanger den höchsten Zweck der Geschichtsschreibung: den Sinn des anscheinend sinnlosen Geschehens unserer Zeit aufzuzeichnen.

LEONHARD FRANK
**GESAMMELTE WERKE**
IN EINZELBAENDEN
Jed. Band brosch.: Gulden 2.90 Leinen: Gulden 3,90
5 Ganzleinenbände: Gulden 17.50
I. Band: Die Räuberbande. — II. Band: Das Ochsenfurter Männerquartett / Von Drei Millionen Drei. — III. Band: Der Bürger / Die Ursache. — IV. Band: Karl und Anna / Bruder und Schwester. — V. Band: Der Mensch ist gut / Die Novellen.

EMIL LUDWIG
**DER MORD IN DAVOS**
Kartoniert: Gulden 1.25
Ich zögere keinen Augenblick, niederzuschreiben, dass dies Ludwigs bestes Buch ist. Denn es ist sachlich.. Jeder müsste diese Schrift lesen. *De Groene Amsterdammer.*

KLAUS MANN
**MEPHISTO**
ROMAN EINER KARRIERE
Brosch: Gulden 2.90 Leinen: Gulden 3.90
Dieses Buch nimmt gefangen durch die Begabung des Schriftstellers und weil es für Viele wie ein vorgehaltener Spiegel ist.
*Nieuwe Rotterdamsche Courant.*

HANS E. PRIESTER
**Das deutsche Wirtschaftswunder**
Brosch: Gulden 2.90 Leinen: Gulden 3.90
In einer knappen, leicht verständlichen Sprache, gestützt auf ein umfangreiches, authentisches Material wird ein in diesem Ausmass bisher ungekanntes Bild der deutschen Wirtschaft gezeichnet. Die hier vermittelten Kenntnisse machen überhaupt erst die Politik des Dritten Reiches verständlich.

WILHELM SPEYER
**ZWEITE LIEBE**
ROMAN
Brosch: Gulden 1.90 Leinen: Gulden 2,90
Ein Buch von hervorragender Spannung, in ausgezeichnetem Deutsch, mit einer gleichzeitig ebenso liebenswürdigen wie klaren Charakteristik der Personen.
*Volksrecht, Zürich.*

DAS GUTE BILLIGE BUCH
***Eine Reihe bester, erfolgreicher Bücher in billigen Ausgaben***
JEDER BAND IN LEINEN GEBUNDEN: GULDEN 1.75

VICKI BAUM
**DER EINGANG ZUR BUEHNE**
ROMAN
Das Buch ist reich an Gefühl und Temperament, an Kraft und Innigkeit des Stils, reich ist die Intuition der Dichterin, reich ihre Sprache. *Nieuwe Rotterdamsche Courant.*

LEONHARD FRANK
**DAS OCHSENFURTER MAENNERQUARTETT**
ROMAN
Das ganze eigentümliche Milieu der schönen süddeutschen Stadt Würzburg, Menschen und Landschaft werden durch einen grossen Dichter anschaulich gemacht.
*Literarisches Echo.*

ERNST TOLLER
**Eine Jugend in Deutschland**
Das Buch hat solche Innigkeit und Kraft, dass aus dem wichtigen Dokument das Kunstwerk wird. *Prager Presse.*

BRUNO FRANK
**CERVANTES**
ROMAN
Ein Dichter setzt einem Dichter ein Denkmal. Bruno Frank hat Cervantes in seiner Einmaligkeit erfasst und sie einmalig gestaltet.
*Der Tag, Wien.*

JOSEPH ROTH
**TARABAS, Ein Gast auf dieser Erde**
ROMAN
Ein Werk, das in seiner klassisch schönen Prosa, an reifem Können, Innigkeit und Stärke den berühmten „Hiob" noch übertrifft.
*Prager Presse.*

LION FEUCHTWANGER
**Die Geschwister Oppenheim**
ROMAN
Der echte Künstler ist nicht Richter — er gestaltet, und das ist es, was Feuchtwanger mit diesem Roman getan hat. *André Maurois.*

QUERIDO VERLAG N.V. AMSTERDAM

Imp. E.I.R.P. (O. Zeluk), 4, rue Saulnier, Paris (9°) (PRINTED IN FRANCE)

**Querido-Anzeige im «Neuen Tage-Buch», 12. Dezember 1936**

Der Reichsführer-SS
Der Chef des Sicherheitshauptamtes

№ 09 *

Geheim!

# Leitheft

Emigrantenpresse und Schrifttum

— März 1937 —

EB 1000/134

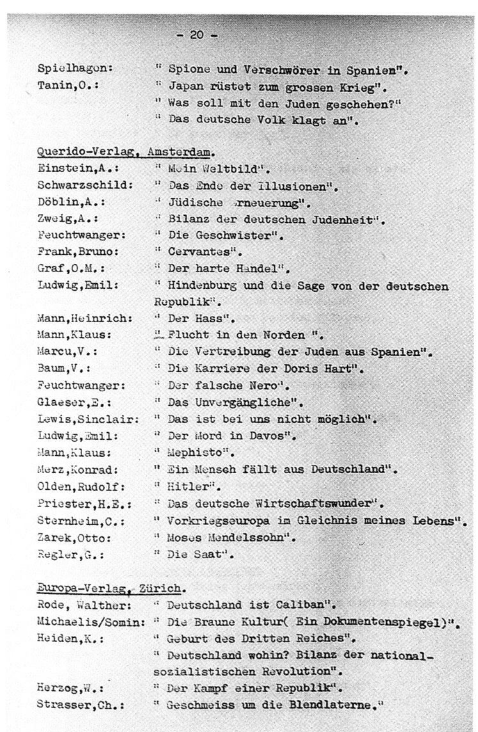

\- 20 -

Spielhagen: " Spione und Verschwörer in Spanien".
Tanin,O.: " Japan rüstet zum grossen Krieg".
" Was soll mit den Juden geschehen?"
" Das deutsche Volk klagt an".

Querido-Verlag, Amsterdam.
Einstein,A.: " Mein Weltbild".
Schwarzschild: " Das Ende der Illusionen".
Döblin,A.: " Jüdische Erneuerung".
Zweig,A.: " Bilanz der deutschen Judenheit".
Feuchtwanger: " Die Geschwister".
Frank,Bruno: " Cervantes".
Graf,O.M.: " Der harte Handel".
Ludwig,Emil: " Hindenburg und die Sage von der deutschen Republik".
Mann,Heinrich: " Der Hass".
Mann,Klaus: " Flucht in den Norden ".
Marcu,V.: " Die Vertreibung der Juden aus Spanien".
Baum,V.: " Die Karriere der Doris Hart".
Feuchtwanger: " Der falsche Nero".
Glaeser,E.: " Das Unvergängliche".
Lewis,Sinclair: " Das ist bei uns nicht möglich".
Ludwig,Emil: " Der Mord in Davos".
Mann,Klaus: " Mephisto".
Merz,Konrad: " Ein Mensch fällt aus Deutschland".
Olden,Rudolf: " Hitler".
Priester,H.E.: " Das deutsche Wirtschaftswunder".
Sternheim,C.: " Vorkriegseuropa im Gleichnis meines Lebens".
Zarek,Otto: " Moses Mendelssohn".
Regler,G.: " Die Saat".

Europa-Verlag, Zürich.
Rode, Walther: " Deutschland ist Caliban".
Michaelis/Somin: " Die Braune Kultur( Ein Dokumentenspiegel)".
Heiden,K.: " Geburt des Dritten Reiches".
" Deutschland wohin? Bilanz der nationalsozialistischen Revolution".
Herzog,W.: " Der Kampf einer Republik".
Strasser,Ch.: " Geschmeiss um die Blendlaterne."

**Geheimes Leitheft der SS aus dem Jahre 1937 mit einer Auflistung der in Deutschland verbotenen Exilliteratur; auf Seite 20: der Roman «Mephisto»**

*Der Held des Romans – der Schauspieler H. H. – ist eine erfundene Figur. Er repräsentiert einen Typus, den es zu allen Zeiten gegeben hat, und der heute, und gerade im III. Reich, eine besondere Rolle spielt: der Typus des faszinierenden Arrivisten, des ehrgeizigen Komödianten, … Der Roman erzählt die Geschichte seiner Karriere. Sie beginnt im literarischen Theater, wo H. noch auf den «Kommunisten» posiert; sie führt über eine Glanzzeit in Berlin, kurz vor der «nationalen Revolution», bis ins III. Reich: H. wird Intendant und der Freund eines der Tyrannen. – Es ist mehr als ein Theaterroman, obwohl das Theater den Hintergrund der ganzen Handlung bildet. Eine große Fülle von Figuren, und jede von einer fast gespenstischen Einprägsamkeit –: Existenzen, die von der Diktatur nach oben getragen; andere, die von ihr zerbrochen werden; wieder andere, die den Kampf gegen sie aufnehmen. das liberal-intellektuelle Bürgertum; die Berliner Gesellschaft; Heuchler, Lügner, auch echte Gläubige – manche müssen für ihre Überzeugung sterben: ein junger Kommunist, ein glühender junger Nationalsozialist. Inmitten dieses Hexentanzes: der große Komödiant, Verräter an jeder Gesinnung, Verräter an jedem Menschen – hassenswert und verführerisch, beinah genial und ganz niedrig – er wächst ins Großartige – sein Gesicht wird unvergeßlich. –*
*Der Roman «M.» hat Verve und Glanz, er ist hellsichtig, von einer nervösen Intensität –*
*Zeitsatire großen und kühnen Stils.*
*Der Komödiant und die Macht.*
(Unveröffentlichter Entwurf eines Werbetextes von Klaus Mann; Original im KMA)

# «Ich habe gekämpft»

**«Dein Mephisto** ist interessanter als der Wirkliche. Du dichtest ihm weit Bunteres an, als er von Haus aus hat. Er könnte sich bedanken bei Dir, was er wahrscheinlich nicht tut», schrieb Christa Hatvany an Klaus Mann (undatierter Brief, KMA).

Wie hat Gustaf Gründgens auf den «Mephisto»-Roman reagiert? Die Zeugnisse darüber, die Eberhard Spangenberg zusammengetragen hat, sind widersprüchlich. Daß Gründgens das Buch bald nach Erscheinen las, kann man mit einiger Gewißheit annehmen. Der Roman stand zwar in Nazi-Deutschland auf der Liste der verbotenen Bücher; doch gab es für Gründgens manche Wege, sich ein Exemplar zu verschaffen. Klaus Mann selbst setzte den Namen seines Ex-Schwagers an die erste Stelle einer Liste mit zu verschickenden Freiexemplaren. Noch 1950 hat Gründgens in einem Brief behauptet, den Roman nicht zu kennen und nie lesen zu wollen (Gründgens 1967, S. 76); doch ist diese Aussage wenig glaubwürdig. Rolf Badenhausen, ein langjähriger Mitarbeiter von Gründgens, berichtet, dieser habe den «Mephisto» fast auswendig gekannt und sogar den Wunsch geäußert, das Buch selbst zu verfilmen (Spangenberg 1982, S. 97; vgl. Badenhausen 1982, S. 39). Einem Brief Erika Manns zufolge hat Gründgens «im intimen Kreise seine Wut und seinen Ärger» über Klaus Manns Roman «sehr scharf geäußert» (Spangenberg 1982, S. 97).

"M e p h i s t o".
Freiexemplare:
Intendant Gustaf Gründgens,Staatstheater,Berlin
X Prof.Thomas Mann,Küsnacht/Zürich
X Dr.Golo Mann,Küsnacht/Zürich
X Frl.Monika Mann,Studio Pucci,5 Via della Badessa,Florenz
Prof.Peter Pringsheim,16 Square Josephine-Charlotte,St.Lambert, Bruxelles-Wolluwe
Prof.Klaus Pringsheim,143 Hommura-Cho,Azabu-Ku,Tokyo,Japan
Heinrich Mann,Nice
Frau Mimi Mann,Žižková 30,Praha XVI.
/ Baron Ludwig Hatvany,Bécsi kapu tér 7,Budapest
Prof Bruno Walter,Staatsoper,Wien
Mr.Christopher Isherwood,Villa Alecrim do Norte,Sao Pedro,Sintra, Portugal
Hans Aminoff,Pekkala,Ruhala,Finlande
X Dr.Bubi Koplowitz,Hebel-Strasse 41,Basel
Melle.Eva Herrmann,Bastide Juliette,St.Trinide,Sanary s.m.,Var
Rudolf Amendt,8029 a,Fareholm Drive,Hollywood,California,U.S.A.
/ M.André Gide,1 bis rue Vaneau,Paris
X Frau Therese Giehse,c/o Thomas Mann
Richard Tennenbaum,Freigut-Strasse 12,Zürich
Madame Mops Ripper-Sternheim,?

Rezensionsexemplare:
Dr.Bruno Frank
/ Wilhelm Speyer
D= Alfred Polgar,(Adresse durch de Lange)
Dr.Ludwig Marcuse
Dr.Lion Feuchtwanger
Bernhard von Brentano,Glänisch-Strasse 4,Küsnacht/Zürich
Dr.Franz Goldstein,Pilsudskiego 27,Kattowice,Pologne
Madame Alexandra Scalero,Castello di Montestrutto,Lettimo Vittone, Aosta,Italien
X Hermann Kesten
Gustav Regler
René Schickele
Dr.Hans Jacob,1,rue René Pauline,Paris
Dr.Rudolf Olden
X Dr.Kurt Hiller,Radhortska 5/IV,Praha XII.
Madame Antonina Luchaire,96,avenue des Ternes,Paris XVII.
Manuel Gasser,"Die Weltwoche",Gotthard-Strasse 61,Zürich
~~Sigurd Skytte Jensen,Holbek Amts Venstreblad,Nykobing~~ S., ~~Dänemark~~
Dr.Carl Seelig,Mühlebach-Strasse 17,Zürich
Frau Doktor Eugenie Schwarzwald,Josephstädter-Strasse 68,Wien
M.Robert de Saint-Jean,9,rue Michel-Ange,Paris
Jef Last,c/o Querido
Peter Mendelssohn
Dr E. A. Rheinhardt
Dr Max Brod
Hermann Grab

Dr.Alfred Neumann,2,Piazza Galileo Ferraris,Florenz
X Dr.Stefan Zweig,49,Hallamstreet,London W 1
X Otto Zarek,Pozsonyi-ut.14,Budapest V
Dr.Franz Horch,Wien
X [illegible]

Klaus Manns Liste von Frei- und Rezensionsexemplaren; an erster Stelle: Gustaf Gründgens

Gustaf Gründgens in der Titelrolle des Films «Friedemann Bach», 1941

Die künstlerische Karriere des jungen Musikers scheitert ebenso wie seine Liebe zur Gräfin Antonia Kollowrat (Leny Marenbach).

Nach einem Betrugsversuch verliert er gänzlich den Boden unter den Füßen und zieht mit einer Gruppe fahrender Schausteller umher.

1998 wurde im holländischen Fernsehen ein Dokumentarfilm über Klaus Mann gezeigt (Regie: Bart van Esch), in dem eine neue und überraschende Hypothese vertreten wird: Gründgens habe *seine* Antwort auf den «Mephisto»-Roman in einem Kinofilm gegeben, den er 1941 drehte: «Friedemann Bach». Darin wird die Lebensgeschichte des begabten ältesten Sohnes von Johann Sebastian Bach erzählt, der künstlerisch und moralisch versagt. Friedemann Bach, dargestellt von Gustaf Gründgens, gibt schließlich sogar eine väterliche Komposition als seine eigene aus. Er endet als vagabundierender Geiger.

Der mit den historischen Tatsachen recht frei umgehende «Friedemann Bach»-Film ist in der Tat eine polemische Betrachtung über eine Problematik, die auch Klaus Mann betraf: die schwierige Existenz von ambitionierten Söhnen berühmter Väter. In einer Schlüsselszene bricht der ganze Zorn des Sohnes, der sich verkannt fühlt, aus Friedemann heraus. Nachdem der Braunschweiger Kirchenrat seine Bewerbung um eine Organistenstelle abgelehnt hat, offenbart der junge Musiker, wie sehr er unter dem väterlichen Schatten leidet: «Ich bin sein Sohn, und ich gehe an ihm und seinem großen Namen zugrunde. Versteht ihr das denn nicht? [...] Wißt ihr denn, was es heißt, der Sohn eines großen Vaters zu sein, es nie vergessen zu dürfen, und dabei selber leben und schaffen zu wollen? Ich habe gekämpft mit dem Riesen Johann Sebastian Bach, immer wieder gekämpft, aber jetzt will ich nicht mehr kämpfen! Ich will nicht mehr Sohn sein, ich will Friedemann Bach sein, und sonst nichts. Das andere ist vorbei!»

DISTINGUISHED SON OF A NOTED FAMILY

Studio Stein, Paris

# KLAUS MANN

*Novelist*
*Editor*
*Playwright*

*offers for this season's lecture subjects*

AFTER HITLER—WHAT?
A FAMILY AGAINST A DICTATORSHIP
MY FATHER AND HIS WORK
THE TWO GERMANYS
SCHOOL OF HUMANITY
(Democracy and the Youth)
GERMANY YESTERDAY—GERMANY TOMORROW

[Mr. Mann will be glad to speak on a suggested literary subject if notified far enough in advance]

## Kapitel 7

# Im Zeichen des Vulkans

Vorkrieg (1936–1939)

*Ein einziges Mal habe ich Klaus Mann gesehen, er sprach [im Mai 1937] über amerikanische Literatur, in Wien. Jeder Satz war ihm davongerannt, bevor er ihn ausgesprochen hatte, er schien sehr leicht und eben darin unglücklich. Er sagte nichts, das nicht schon gesagt worden war, alle Sätze schienen ihm vorbesetzt, drum warf er sie weg und holte sich andere. [...] Später saß man mit anderen zusammen, aber er saß eigentlich nicht, er rutschte hin und her, sprang auf, lief davon, wandte sich bald diesem, bald jenem zu, sah an ihm vorbei und sprach zu einem anderen, den er auch nicht sah, er schien niemanden sehen zu wollen, so viel sah er. Nichts, das er sagte, blieb einem, es war kaum bei ihm gewesen wie hätte es dann bei anderen sein können: ich glaube nicht, daß er allein anders war, er war, denke ich, immer mit vielen und keinem.*

Elias Canetti, Das Geheimherz der Uhr, S. 48f.

# Im Lande Roosevelts

Franklin Delano Roosevelt. «Er war ein großer Menschenfreund und ein großer Staatsmann», urteilte Klaus Mann (WP, S. 346).

**Am 18. September 1936** bestieg Klaus Mann in Rotterdam das holländische Schiff «Statendam», um – gemeinsam mit seiner Schwester Erika – in die USA zu reisen. Im Tagebuch notierte er melancholisch: «Gedankenvoll und etwas traurig. Was kommt nun? Oh, Leben –: was für ein schweres, rätselhaftes Ding ...» (Tb 3, S. 74) In der Autobiographie schrieb er später sehr viel kämpferischer: «Erika und ich beschlossen, im Lande Roosevelts unser Glück zu versuchen.» (WP, S. 342)

Franklin Delano Roosevelt, seit 1933 amtierender Präsident der Vereinigten Staaten von Amerika, verkörperte für viele Menschen in aller Welt die Hoffnung auf eine gerechtere, demokratische Zukunft. Mit seiner Politik des «New Deal» hatte er ein Konzept gegen die Massenarbeitslosigkeit gefunden und das Land, das er regierte, auf friedlichem Wege revolutioniert. Im späten Herbst 1936, während Klaus und Erika Mann sich in den USA aufhielten, wurde Roosevelt erneut zum Präsidenten gewählt – mit einer überwältigenden Mehrheit.

Klaus Mann zeigte sich beeindruckt vom Experiment des «New Deal» – einem «konstruktiven, geistvoll-kühnen Versuch, das veraltete kapitalistische System durch gewisse Reformen zeitgemäß, zeitmöglich zu machen» (WP, S. 347). Vor allem aber war er, neun Jahre nach seinem ersten Besuch in New York, wiederum begeistert von dieser Stadt, die er als Megapolis, als «Stadt der Städte», empfand.

Ankunft eines Ozeandampfers in New York, 1936

Die Statue of Liberty – das Wahrzeichen des freien Amerika

*New York hatte sich nicht geändert oder doch nur bis zu dem Grade, in dem Steigerung der eigenen Art, des eigenen Stils und Rhythmus eben Veränderung, Verwandlung mit sich bringt. Wenn das New York von 1927 mich bezaubert hatte, wie hinreißend mußte ich erst das New York von 1936 finden! Die enorme Siedlung, die Hyper-Metropolis und Stadt-der-Städte war jetzt unvergleichlich intensiver und bewußter s i e  s e l b s t geworden; «die Idee New York» (um mich platonisch auszudrücken) hatte sich nun weitgehend erfüllt und in dynamische Realität umgesetzt. […]*
*Das New York der zwanziger Jahre war ein erregendes Versprechen, eine noch ungeformte oder nur halb-geformte Masse, trächtig mit widerspruchsvollen Möglichkeiten. Das New York, das ich nun zum zweiten Male kennenlernte und in das ich mich zum zweiten Male verliebte, war ein fertiger, kompletter Organismus, nicht mehr chaotisch, nicht mehr unartikuliert. Es wußte um seine eigene Größe, seinen Reiz, seine Macht. Es hatte ein Gesicht. Es hatte eine Stimme.*
(WP, S. 344)

Blick auf Manhattan

# Deutsche in Amerika

Klaus und
Erika Mann in New York,
1936/37.
Fotos: Herbert Matter

**Fast vier Monate** blieb Klaus Mann in den Vereinigten Staaten. Das hohe Tempo des Lebens in New York kam seinem Wesen entgegen. Er war unermüdlich unterwegs, und er traf jeden Tag eine Fülle von Menschen. Amerikanische Künstler und Publizisten waren darunter wie Sinclair Lewis und Dorothy Thompson, Thomas Wolfe und Thornton Wilder – und viele Hitler-Flüchtlinge aus Europa, die jetzt zunehmend in den USA Zuflucht suchten. Klaus Mann sah etliche alte Bekannte wieder: Ernst Toller, Emil Ludwig, Annemarie Schwarzenbach und Hubertus Prinz zu Löwenstein gehörten dazu.

Er selbst hielt Vorträge und sprach auf Versammlungen; sein Anliegen war es, über die Gefahren des Faschismus in Europa aufzuklären. In einem Aufsatz unter dem Titel «Deutsche in Amerika», den er nach seiner Rückkehr aus den USA publizierte, beschrieb Klaus Mann, daß es auch unter den Auslandsdeutschen in Nordamerika zahlreiche Nazi-Sympathisanten gab. Trotz deren Präsenz neigte die amerikanische Öffentlichkeit mehrheitlich zum Isolationismus: Vorgänge auf anderen Kontinenten wurden als «irgendwie unwirklich oder doch irrelevant» empfunden, der Faschismus schien eine weit entfernte Bedrohung, und man dankte Gott «für den Ozean, der die Neue Welt von der Alten trennte» (WP, S. 349). Der Titel eines damals sehr populären Romans von Sinclair Lewis gab die Stimmung der meisten US-Bürger präzise wieder: «It Can't Happen Here».

Erika Mann war in die USA gekommen, um dort Vorbereitungen zu treffen für eine Fortsetzung der «Pfeffermühlen»-Arbeit. Die wichtigsten Mitspieler des kleinen Kabaretts reisten im Spätherbst 1936 ebenfalls nach New York: Magnus Henning, Therese Giehse, Lotte Goslar und Sybille Schloss. Am 5. Januar 1937 feierte die «Peppermill» im Theatersaal des Chanin-Building ihre Premiere. Wystan H. Auden und John Latouche hatten einen Teil der Texte ins Englische übertragen; andere Nummern spielte man in deutscher Sprache.

Doch die «Peppermill» wurde ein eklatanter Mißerfolg – nach nur wenigen Vorstellungen mußte das Kabarett seine Arbeit einstellen. «Ach, diese Presse-Schufte», notierte Klaus Mann traurig im Tagebuch (Tb 3, S. 97). Aber die eher schwache Resonanz bei den Kritikern war gewiß nicht allein schuld an dem Debakel. Lotte Goslar hat später rückblickend in einem Brief mehrere Gründe für das Scheitern der «Peppermill» aufgelistet: «Erstens konnten die Schauspieler (sogar die herrliche Giehse) nicht genug Englisch, um frei zu spielen. Zweitens waren die Themen zum großen Teil nicht interessant für die Amerikaner (z. B. ein Chanson über die Grenzen, die es ja hier nicht gibt). Und drittens war Amerika damals noch sehr ‹isolationist›. Man wollte gar nicht soviel über die Schwierigkeiten wissen. Abgesehen von allem war die ‹Pfeffermühle› auch eine Kunstform, die es hier nicht gibt. Literarisches Kabarett war dem Amerikaner fremd.» (Keiser-Hayne 1995, S. 189)

Klaus Mann ging am 9. Januar 1937, vier Tage nach der «Peppermill»-Premiere, an Bord des Dampfers «Lafayette», um nach Europa zurückzureisen. Seine Schwester verabschiedete ihn mit Tränen, wie er im Tagebuch festhielt – und er fügte hinzu: «Unendliches Gefühl von Mitleid, Zärtlichkeit, und der unabänderlichen Gebundenheit meines Lebens an das ihre …» (Tb 3, S. 99)

# Sanatorium Siesta

Das Palais der Hatvanys
in Budapest

Klaus Mann mit
Baron Ludwig Hatvany

Robert Klopstock

**Am 18. Januar 1937** war Klaus Mann zurück in Europa. Er besuchte Paris, Amsterdam, Küsnacht, Sils-Baselgia; hielt Vorträge in Brünn, Bratislava, Prag, Wien. Sein Leben war gehetzter denn je, wie sein Tagebuch und manche Briefe dokumentieren. Die steigende Unrast war eine Seite; zugleich nahmen seine Depressionen zu – und seine Neigung, sich in den ‹künstlichen Paradiesen› der Rauschgifte trösten und inspirieren zu lassen. Auch dies spiegeln eindrucksvoll seine Aufzeichnungen im Tagebuch. «Genommen», heißt es dort oft lakonisch, wenn er Drogen konsumierte.

Aber auch die eigene Sorge um die eskalierende Sucht wurde stärker. Am 6. April 1937 zum Beispiel notierte er: «Die ‹Thun›-Gewöhnung nimmt beunruhigende Formen an: gestern 10 Amp. Eu. 0.02 konsumiert; heute morgen 8 Uhr mit heftiger Abstinenz aufgewacht (mangels Pülverchen ...) – Um 11 Uhr trifft dann, erlösend, neue Pariser Sendung ein.» Am 26. April: «*Grauenvoller* Zustand [...]; *gar* nichts da, der Arzt nicht zu erreichen ... Die Hölle. Diese ekelhafte Mischung aus völliger Schwäche und Erregtheit. Unfähig, *irgendetwas* zu tun.» (Tb 3, S. 122, 129)

Wenige Wochen später war Klaus Mann zu Gast in Budapest bei Baron Ludwig Hatvany und dessen Frau Jolan. Er lernte Dr. Robert Klopstock kennen, den Arzt, «in dessen Armen Franz Kafka gestorben ist» (Tb 3, S. 133) – und er ließ sich überzeugen, im Budapester Sanatorium Siesta eine Entwöhnungskur zu versuchen. Am 27. Mai 1937 begann der Entzug.

Porträtfoto, das Klaus Mann im Juni 1937 dem Ehepaar Hatvany widmete: «Für Loli und Lazi in grosser Dankbarkeit und grosser Freundschaft»

Ein Dokument der Budapester Entziehungskur: Brief an Ludwig Hatvany, von Klaus Mann offenbar mit größter Mühe zu Papier gebracht. Der Text lautet: «Lieber Lazi – damit Sie sehen, daß ich selbst an meinem schlechtesten, mattesten, miserabelsten Vormittag Ihrer gedenke. Wie geht es Ihnen?? Säßen wir erst wieder Beide bei Hangli!! Ihr Klaus»

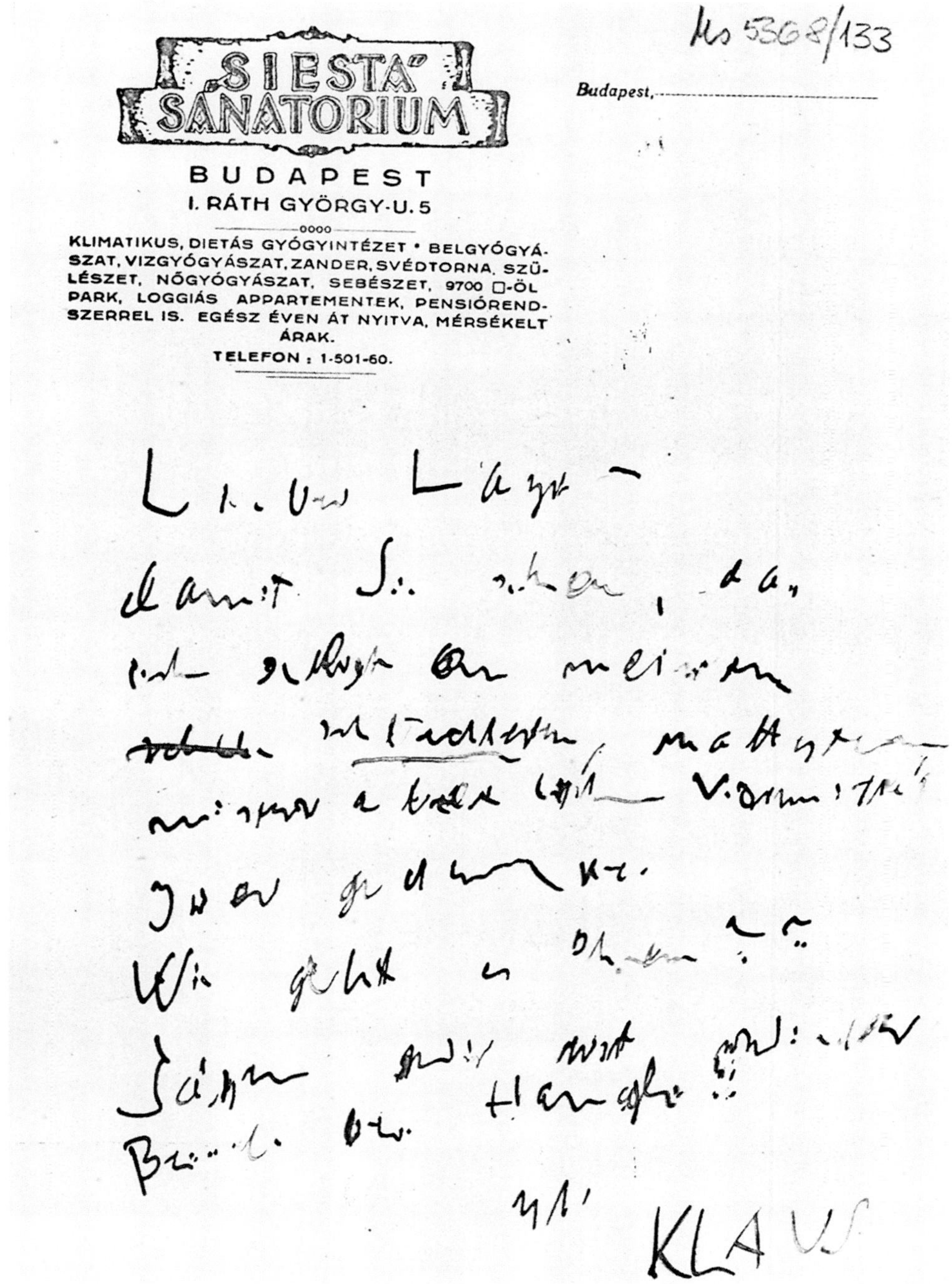

Ms 5368/133

SIESTA SANATORIUM

BUDAPEST
I. RÁTH GYÖRGY-U. 5

KLIMATIKUS, DIETÁS GYÓGYINTÉZET • BELGYÓGYÁSZAT, VIZGYÓGYÁSZAT, ZANDER, SVÉDTORNA, SZÜLÉSZET, NŐGYÓGYÁSZAT, SEBÉSZET, 9700 □-ÖL PARK, LOGGIÁS APPARTEMENTEK, PENSIÓRENDSZERREL IS. EGÉSZ ÉVEN ÁT NYITVA, MÉRSÉKELT ÁRAK.

TELEFON: 1-501-60.

Budapest, ..............................

Über den Verlauf der Kur geben Briefe und Tagebücher Klaus Manns recht genaue Auskunft. Am ersten Tag schrieb er an Ludwig Hatvany: «Mir geht es idiotisch schlecht, das Ganze ist eine *infame* Quälerei […]. Ich bin furchtbar elend.» Zehn Tage später berichtete er seiner Mutter Katia, er habe jetzt das Schlimmste überstanden, fühle sich aber noch ein bißchen matt und müde. «Übrigens sagen mir alle Ärzte, daß es geradezu lächerlich leicht abgegangen ist – nur zwei oder drei Tage waren schlimm, und die habe ich ganz vergessen – es ist ja merkwürdig, wie sehr man vergißt, ich weiß nur noch, daß ich ein paar mal sehr habe weinen müssen, aber sonst ist alles dahin.» (BuA, S. 302, 305)

Flapsig fügte er im Brief an die Mutter hinzu: «In absehbarer Zeit fange ich bestimmt *nicht* wieder an – vielleicht *sehr* viel später einmal.» Dies allerdings war ein Irrtum – bereits Ende August 1937 notierte er: «Nehme schon wieder ziemlich regelmäßig, und *nicht* ganz wenig. Ist das Leichtsinn, physischer Zwang, Selbstzerstörungstrieb, Ersatz de suicide?» (Tb 3, S. 154) Im September desselben Jahres unterzog er sich in New York erneut einem Entzug.

Dauerhaft freigekommen von Drogen ist Klaus Mann in seinem weiteren Leben nicht mehr. Nur noch vorübergehend, zum Beispiel während seiner Militärzeit, gelang es ihm, auf die Einnahme von Rauschmitteln zu verzichten. Am 27. März 1939 findet sich im Tagebuch der vielsagende Eintrag: «Ich *kann* und *will* nicht sehr lange leben. Irgendwann werde ich den Tod doch wieder auf dem holden, schaurigen Umweg über die Droge suchen … Dies wird nicht ‹Schwäche› sein. Ich werde es *wollen*.»

# Thomas Quinn Curtiss

**Am 15. Mai 1937** wird in Klaus Manns Tagebuch erstmals der Name Thomas Quinn Curtiss erwähnt. «Abends: den kleinen Curtiss (hübsches, etwas blasiertes und hochnäsiges Kind) im ‹Hungaria› abgeholt», heißt es dort (Tb 3, S. 133). Aus der Bekanntschaft mit «Tomski», wie Klaus Mann den jungen Amerikaner bald nannte, entwickelte sich eine intensive Liebesbeziehung. «Es ist etwas sehr sehr Wichtiges für mich daraus geworden. Eigentlich sind Sie es, dem ich dafür dankbar zu sein habe», schrieb Klaus Mann im Mai 1938 an Ludwig Hatvany, in dessen Budapester Palais er Curtiss kennengelernt hatte (Brief im KMA); und im Tagebuch hielt er unter dem Datum des 15. März 1938 fest: «Der Gedanke an Tomski. Ich bin so ganz entschieden für ihn. Ein grösseres Mass an ‹Erfüllung›, als diese Beziehung mir bringt, dürfte mir, ‹von der hohen Instanz›, nicht bestimmt sein.» (Tb 4, S. 27)

Klaus Manns Tagebücher spiegeln die Liebesbeziehung mit «Tomski» in vielen Details wider – mit allen Seligkeiten, aber auch allen Konflikten, Qualen und Eifersuchtsszenen. «C'est LUI, c'est seulement lui qui j'aime de tout mon cœur. So wahr mir Gott helfe», notierte Klaus Mann im Frühjahr 1938; an anderer Stelle bekannte er: «Ich war mit *keinem* so sehr zusammen wie mit ihm.» (Tb 4, S. 41, 13) Doch alltäglich zusammenzuleben gelang den beiden Liebenden auf die Dauer nicht; auch der langwierige, schmerzhafte Weg zu dieser Einsicht ist in Klaus Manns Tagebüchern dokumentiert. Den Sommer 1937, den er zusammen mit Curtiss verbrachte, behielt Klaus Mann dennoch als eine ungewöhnlich glückliche Zeit in Erinnerung.

Thomas Quinn Curtiss

Tagebuch-Eintragung Klaus Manns über seine Beziehung zu Curtiss

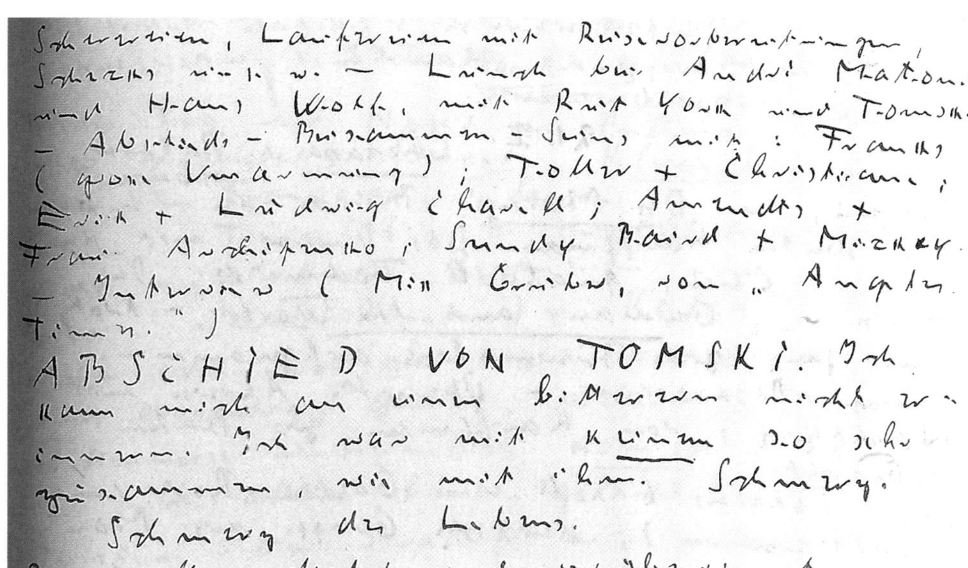

ABSCHIED VON TOMSKI.

Schmerz des Lebens.

«Tomski», wie
Klaus Mann den Freund
meist nannte

*Im Verhältnis zu Curtiss fiel mir die Rolle des Gebenden, Lehrenden zu. Er war der Jüngere, nicht nur den Jahren nach, sondern auch als Produkt einer jungen, unreif-dynamischen Zivilisation: der amerikanischen. Meine längere Lebenserfahrung und europäische Bildung gaben mir ihm gegenüber eine gewisse Überlegenheit, die allerdings durch seine größere Vitalität, sein Temperament, seinen Charme mehr als aufgewogen wurde.*
*Wir reisten zusammen; ich zeigte ihm die mannigfachen Stationen meines europäischen Wanderlebens: das temporäre Elternhaus in Küsnacht am Zürichsee (mir lag daran, den neuen Gefährten der Familie vorzuführen); die alten Graubündner Bauernstuben in Sils-Baselgia, wo unser «Schweizerkind», die treue, schöne Annemarie S[chwarzenbach], mit ein paar Freunden – der Giehse, Erika – sommerlich residierte; die vertrauten Grachten von Amsterdam, ein paar Pariser Straßen, die alten Lieblingsorte an der azurenen Küste: Villefranche, Cannes, Toulon, Sanary.*
*Es war ein guter Sommer, ungeachtet der apokalyptischen Drohung, an die jedes politische Gespräch, jede Zeitungslektüre grausam erinnerte. Seltsamer-, paradoxerweise bringen wir es fertig, glücklich zu sein, auch im Schatten der Drohung. Ich war glücklich.*
(WP, S. 372)

# Ausflug ins Märchenland

Cover der Erstausgabe des Querido Verlags, 1937

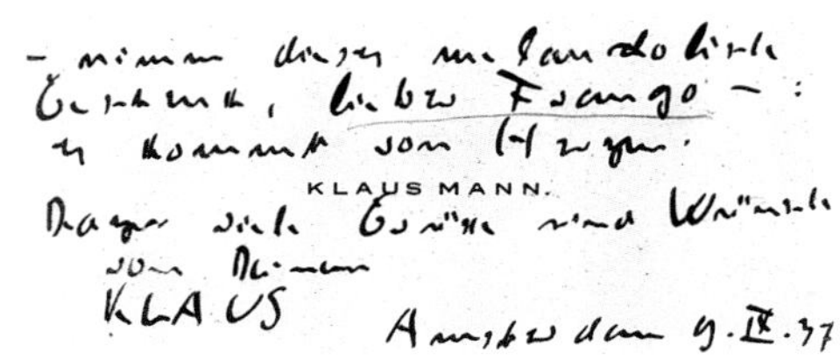


Widmung Klaus Manns für Franz Goldstein

**In dem von Liebesglück** erfüllten Sommer 1937 schrieb Klaus Mann die Novelle «Vergittertes Fenster», und sie wurde paradoxerweise einer seiner schwermütigsten Texte. Als Helden seiner Erzählung, die er Thomas Quinn Curtiss widmete, wählte er den Bayernkönig Ludwig II. – erneut also eine homosexuelle Figur der Historie. Ludwig allerdings hat die eigene erotische Neigung stets nur heimlich ausleben dürfen, und Klaus Mann läßt ihn selbst seine Sexualität als «große, abscheuliche Sünde» verurteilen (KM, Speed, S. 68).

«Vergittertes Fenster» beleuchtet das Leben des Königs vom Ende her, als er 1886 in Schloß Berg am Starnberger See festgehalten wird – mit der Paranoia geschlagen und von den Ärzten entmündigt. Ludwig findet sich in einem Zimmer, dessen Fenster vergittert sind. In seiner Erinnerung werden noch einmal Momente von Glanz und Glück beschworen: die Liebe zu Richard Wagner, den Ludwig vergöttert und gefördert hat, und der Bau der Prachtschlösser Linderhof, Neuschwanstein, Herrenchiemsee.

Doch nicht diese große Zeit steht im Mittelpunkt der Novelle, sondern das tragische Ende Ludwigs: sein Tod, den der Autor mit einfühlsamer Sympathie als eine freiwillige «Flucht ins Dunkel» beschreibt (WP, S. 372). Er habe absichtlich Ludwig nicht als «gelockten Märchenprinzen und pittoresken Lohengrin» dargestellt, wie ihn das Volk einst liebte, sondern als Gezeichneten und Verlorenen, betonte Klaus Mann später. Seine Novelle, gestand er selbstkritisch ein, sei zweifellos ein Dokument des Eskapismus: ein «Ausflug ins Melancholisch-Ästhetizistische», ins «traulich-morbide Märchenland» (WP, S. 372 f.).

Schloß Berg am Starnberger See: hier verbrachte Ludwig II. seine letzten Tage

Der aufgebahrte König

König Ludwig II.
Foto aus dem Jahr 1884

Ludwigs Leibarzt
Dr. Bernhard von Gudden,
der – unter bis heute
ungeklärten Umständen –
zusammen mit dem
König starb

«Vergittertes Fenster» war in der Tat ein Produkt jener romantischen Neigungen Klaus Manns, die ein Jahr zuvor in der kämpferischen Prosa des «Mephisto»-Romans so gar keinen Platz gefunden hatten. Und doch drückte sich in der Wahl des Ludwig-Stoffes mehr als «eine gewisse kecke Degagiertheit» aus, von der Klaus Mann selber sprach (WP, S. 373) – die Novelle läßt sich lesen als ein literarisches Plädoyer für Toleranz gegenüber der gleichgeschlechtlichen Liebe.

Eine weitere mögliche Lesart hat in der Rezeption des Werkes erstaunlicherweise kaum eine Rolle gespielt: «Vergittertes Fenster» ist auch ein Anti-Wagner-Text und insofern ein Dokument der Auseinandersetzung Klaus Manns mit seinem Vater. Gegen Thomas Manns lebenslange Wagner-Verehrung setzt der Sohn in seiner Novelle ein sehr kritisches Bild des Komponisten. Wagner, so Ludwig II. in seinem großen inneren Monolog, habe mit seiner ganzen Ruhmsucht und Gefühlsarmut in die fragwürdige Epoche gepaßt, an der der König leidet und zugrunde geht. Richard Wagner, läßt Klaus Mann den bayrischen König sagen, «schloß, auf seine durchtriebene Art, Frieden mit dem Pöbel und verriet unseren Bund» (KM, Speed, S. 58).

Richard Wagner

Kaiserin Elisabeth
von Österreich,
Ludwigs Schwägerin.
In Klaus Manns Novelle
eilt sie nach Berg, sobald
sie von Ludwigs Tod
erfährt, und trauert um
den König.

# Die Expressionismus-debatte

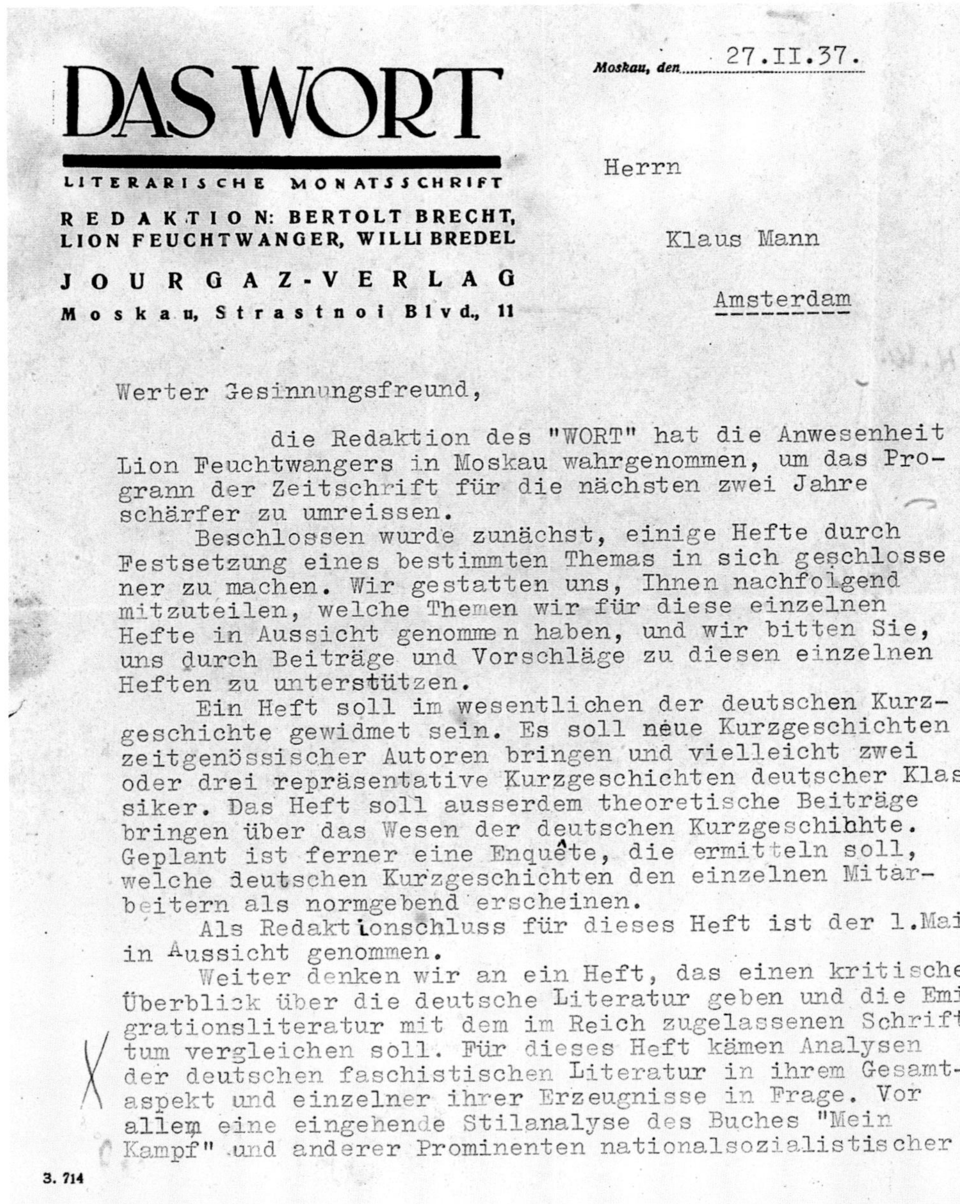

DAS WORT

LITERARISCHE MONATSSCHRIFT

REDAKTION: BERTOLT BRECHT, LION FEUCHTWANGER, WILLI BREDEL

JOURGAZ-VERLAG

Moskau, Strastnoi Blvd., 11

Moskau, den 27.II.37.

Herrn

Klaus Mann

Amsterdam

Werter Gesinnungsfreund,

die Redaktion des "WORT" hat die Anwesenheit Lion Feuchtwangers in Moskau wahrgenommen, um das Progrann der Zeitschrift für die nächsten zwei Jahre schärfer zu umreissen.

Beschlossen wurde zunächst, einige Hefte durch Festsetzung eines bestimmten Themas in sich geschlossener zu machen. Wir gestatten uns, Ihnen nachfolgend mitzuteilen, welche Themen wir für diese einzelnen Hefte in Aussicht genommen haben, und wir bitten Sie, uns durch Beiträge und Vorschläge zu diesen einzelnen Heften zu unterstützen.

Ein Heft soll im wesentlichen der deutschen Kurzgeschichte gewidmet sein. Es soll neue Kurzgeschichten zeitgenössischer Autoren bringen und vielleicht zwei oder drei repräsentative Kurzgeschichten deutscher Klassiker. Das Heft soll ausserdem theoretische Beiträge bringen über das Wesen der deutschen Kurzgeschihhte. Geplant ist ferner eine Enquête, die ermitteln soll, welche deutschen Kurzgeschichten den einzelnen Mitarbeitern als normgebend erscheinen.

Als Redaktionschluss für dieses Heft ist der 1.Mai in Aussicht genommen.

Weiter denken wir an ein Heft, das einen kritischen Überblick über die deutsche Literatur geben und die Emigrationsliteratur mit dem im Reich zugelassenen Schrifttum vergleichen soll. Für dieses Heft kämen Analysen der deutschen faschistischen Literatur in ihrem Gesamtaspekt und einzelner ihrer Erzeugnisse in Frage. Vor allem eine eingehende Stilanalyse des Buches "Mein Kampf" und anderer Prominenten nationalsozialistischer

3. 714

Rechts und rechte Seite unten: Einladungsschreiben der «Wort»-Redaktion, 27. Februar 1937. Klaus Mann unterstrich das Stichwort «Benn» unter den Themenvorschlägen; und er schrieb das Kürzel «H. W.» an den Rand, da er überlegte, seine Horst-Wessel-Recherchen für eine Aufsatzpublikation zu nutzen.

**Im September 1937** veröffentlichte die in Moskau erscheinende Exilzeitschrift «Das Wort» zwei Aufsätze über Gottfried Benn: einen von Klaus Mann («Gottfried Benn. Die Geschichte einer Verirrung») und einen aus der Feder von Alfred Kurella (der unter dem Pseudonym Bernhard Ziegler schrieb). Beide Beiträge rechneten auf sehr persönliche Weise mit einem Schriftsteller ab, der als Protagonist des Expressionismus begonnen hatte und schließlich zum Fürsprecher der Nazi-Herrschaft geworden war.

In Klaus Manns Tagebuch finden sich auch in den Exiljahren wiederholt Hinweise auf die Lektüre von Benn-Gedichten. «Sündhaftes Vergnügen», notierte er einmal leicht geniert; ein anderes Mal: «Welch tiefer, schlimmer, berauschender Ton!» (Tb 3, S. 72, 79) Die aktuellen Reden Benns allerdings kommentierte Klaus Mann kurzerhand als «ganz *ekel*erregend» (ebd., S. 122). In seinem Aufsatz im «Wort» machte er seine Kritik öffentlich und spitzte sie polemisch zu: «Ist der Fall Benn noch interessant? Ach, kaum – wenn man nur das liest, was er heute schreibt; aber doch ziemlich interessant noch, will mir scheinen, wenn man an das denkt, was Benn früher gewesen ist.

Sein Beispiel bleibt das krasseste für die Entwürdigung, den Absturz, die *Selbstvernichtung* eines Intellektuellen, der die Ideen des Fortschritts und des Humanismus an die Pseudo-Ideologie der ‹Form› und der ‹Züchtung› verrät. Solcher Selbstverrat straft sich fürchterlich. […] Der Intellektuelle, der gegen den Geist zeugt, verwest bei lebendigem Leibe.» (Wunder, S. 246)

Die Veröffentlichung der Aufsätze von Klaus Mann und Alfred Kurella hatte ungeahnte Folgen: Die beiden Benn-Polemiken provozierten eine literaturtheoretische Kontroverse, die sich zu einer der wichtigsten ästhetischen Debatten des zwanzigsten Jahrhunderts auswuchs. Man stritt über die Bedeutung des literarischen Erbes, den Stellenwert des Expressionismus, über abstrakte Kunst, Montagetechniken, Formalismus und Realismus.

In die Debatte griffen unter anderem Heinrich Vogeler, Hanns Eisler, Herwarth Walden, Gustav von Wangenheim, Béla Balász, Ernst Bloch, Georg Lukács und Anna Seghers mit Beiträgen ein. Auch Bertolt Brecht war an dem Disput beteiligt, seine Stellungnahmen wurden aber erst Jahrzehnte später bekannt.

Klaus Manns Benn-Aufsatz war zu einem der Auslöser geworden für einen wichtigen Meinungsstreit, in den er selbst dann allerdings nicht wieder eingriff.

Als «Expressionismusdebatte» ist die Diskussion, die vorwiegend unter marxistisch orientierten Künstlern und Theoretikern geführt wurde, in die Literaturgeschichte eingegangen (vgl. die ausführliche Dokumentation bei Schmitt 1973).

Ernst Bloch, der von Klaus Mann hochgeschätzte «rote Magier», plädierte für einen produktiven Umgang mit dem expressionistischen Erbe.

Georg Lukács, der schon 1934 eine Studie veröffentlicht hatte, in der er die Formexperimente der Expressionisten verurteilte

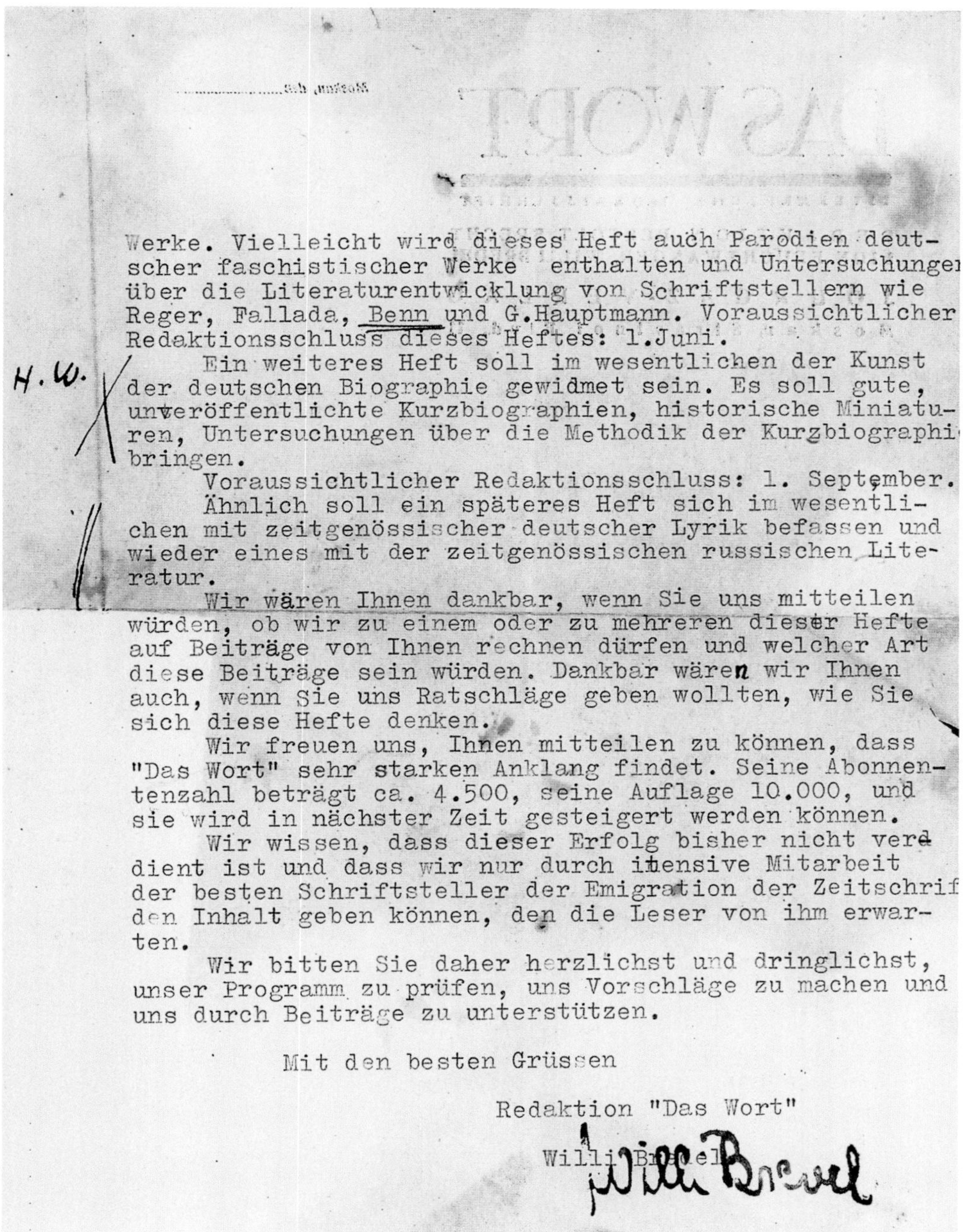

Werke. Vielleicht wird dieses Heft auch Parodien deutscher faschistischer Werke enthalten und Untersuchungen über die Literaturentwicklung von Schriftstellern wie Reger, Fallada, Benn und G.Hauptmann. Voraussichtlicher Redaktionsschluss dieses Heftes: 1.Juni.

H.W. Ein weiteres Heft soll im wesentlichen der Kunst der deutschen Biographie gewidmet sein. Es soll gute, unveröffentlichte Kurzbiographien, historische Miniaturen, Untersuchungen über die Methodik der Kurzbiographie bringen.

Voraussichtlicher Redaktionsschluss: 1. September.

Ähnlich soll ein späteres Heft sich im wesentlichen mit zeitgenössischer deutscher Lyrik befassen und wieder eines mit der zeitgenössischen russischen Literatur.

Wir wären Ihnen dankbar, wenn Sie uns mitteilen würden, ob wir zu einem oder zu mehreren dieser Hefte auf Beiträge von Ihnen rechnen dürfen und welcher Art diese Beiträge sein würden. Dankbar wären wir Ihnen auch, wenn Sie uns Ratschläge geben wollten, wie Sie sich diese Hefte denken.

Wir freuen uns, Ihnen mitteilen zu können, dass "Das Wort" sehr starken Anklang findet. Seine Abonnentenzahl beträgt ca. 4.500, seine Auflage 10.000, und sie wird in nächster Zeit gesteigert werden können.

Wir wissen, dass dieser Erfolg bisher nicht verdient ist und dass wir nur durch intensive Mitarbeit der besten Schriftsteller der Emigration der Zeitschrift den Inhalt geben können, den die Leser von ihm erwarten.

Wir bitten Sie daher herzlichst und dringlichst, unser Programm zu prüfen, uns Vorschläge zu machen und uns durch Beiträge zu unterstützen.

Mit den besten Grüssen

Redaktion "Das Wort"

Willi Bredel

Bertolt Brecht hielt aus strategischen Gründen seine vor allem gegen Lukács gerichteten Essays zurück; sie wurden erst posthum veröffentlicht.

# Politische Lektionen

«Mr. Mann will be glad to speak on a suggested literary subject if notified far enough in advance», versicherte der Lecture-Agent auf seinen Werbezetteln.

**Den Winter 1937/38** verbrachte Klaus Mann erneut in den USA. Eine Agentur hatte für ihn eine Tournee als «Lecturer» organisiert: Er sprach landauf, landab vor Damenklubs und jüdischen Vereinigungen, in Universitäten und schöngeistigen Zirkeln. Seine Themen: «Die deutsche Gefahr, die deutsche Tragödie, das deutsche Rätsel, die deutsche Zukunft» (WP, S. 373).

Je persönlicher er seine Ansprachen formulierte, desto besser kamen sie an. Die stärkste Resonanz fand ein Vortrag, den er im Oktober 1937 erstmals hielt und den er künftig in ungezählten Variationen wiederholen mußte: «A Family against a Dictatorship». Darin porträtierte er seine eigene Familie und schilderte ihren Kampf gegen das Hitler-Regime. Dieser Vortrag sei «so verklatscht und privat einerseits, so pathetisch andererseits, wie die Leute es haben wollen», schrieb Klaus Mann in einem Brief etwas verächtlich (BuA, S. 323).

In seiner Autobiographie erinnerte er sich später: «In vielen Städten und Städtchen zwischen New York und Los Angeles, zwischen Beverly Hills und Brooklyn wollte man etwas hören über diese gemütliche, dabei streitbare ‹German Family›, die sich da, drollig-verwegener-, etwas närrischerweise, auf den ungleichen Kampf mit einer bösen, großen Diktatur eingelassen hatte.» (WP, S. 373f.)

Auf die Dauer allerdings fand er die Lebensform des Lecturers monoton: «Immer, überall die gleichen Reaktionen, Stimmen, Mienen, Phrasen.» (WP, S. 374) Zudem war es ein zwiespältiges Gefühl, stets nur als «der Sohn» präsentiert zu werden – als «distinguished son of a noted family», wie sein Agent ihn erfolgreich anpries.

Abrechnung der Lecture-Agentur Feakins für Klaus Mann

*William B. Feakins, Inc.*
500 FIFTH AVENUE NEW YORK
AT FORTY-SECOND STREET
CABLE: FEAKINS, NEW YORK wbf PHONE: LACKAWANNA 4-4975

MR. KLAUS MANN
Hotel Roosevelt,
Hollywood, California.

| December 20, 1937. | | | Dr. | Cr. |
|---|---|---|---|---|
| | Cash | | | |
| Nov. 22 | Loan check #4058 | | $100.00. | |
| Dec. 13 | " " #4131 | | 200.00. | |
| Nov. 24 | N. Y. City | 75.00 | | |
| Dec. 8 | Ithaca, N.Y. fee | 125.00 | | |
| 11 | Westtown, Pa. " | 100.00. | | |
| 15 | Durham, N.C. " | 150.00. | | |
| | | 450.00 | 225.00. | |
| | Credits | | | |
| Dec. 10 | By check for Ithaca fee | | | $125.00. |
| " 20 | " " for second half of fare | | | 150.00. |
| 21 | Credit by check for Westtown, Pa. | | | 100.00. |
| | Allowance for fares N.Y. to Durham and return | | | 33.75 |
| | | | 525.00 | 408.75 |

| | |
|---|---|
| Debits | $525.00. |
| Credits | 408.75. |
| Bal. due | $116.25 |

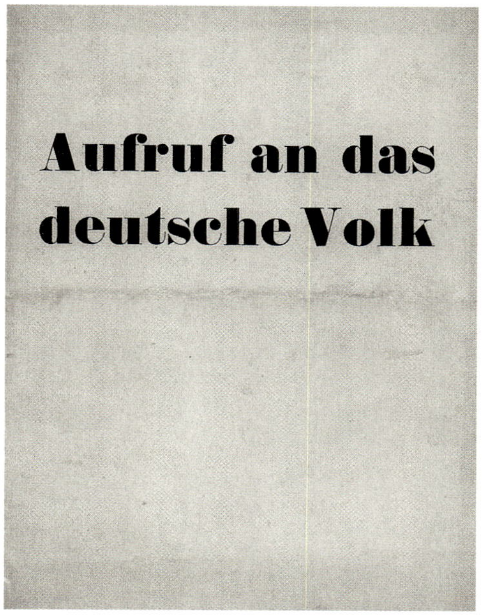
Aufruf an das deutsche Volk

Aus dem Aufruf zur Bildung der Deutschen Volksfront, Dezember 1936

**Bildet die Deutsche Volksfront!**

**Für Frieden, Freiheit und Brot!**

In Kurzem werden vier Jahre seit Hitlers Machtergreifung vergangen sein. Bei seinem Amtsantritt versprach der « Führer und Reichskanzler » dem Arbeiter, dem Bauern und dem gewerblichen Mittelstand Deutschlands Arbeit, Frieden und Wohlstand.

Hitler hat sein Versprechen nicht gehalten. Die Not der Werktätigen in Stadt und Land, in Fabriken, Schächten und Kontoren, in Handwerk, Handel und auf den Bauernhöfen hat sich ständig verschärft. Die Unterdrückung der Persönlichkeit wird immer brutaler.

Die Volksinteressen werden rücksichtslos der Vorbereitung eines Krieges geopfert, der furchtbarer sein wird als alle bisherigen Kriege. Auf dem letzten Nürnberger Parteitag hat Adolf Hitler die Steigerung dieser Politik angekündigt. Sie droht nicht nur Deutschland, sondern die ganze Welt in eine entsetzliche Katastrophe zu stürzen. Um ihretwillen wird das deutsche Volk gezwungen, dem Rüstungskapital immer grössere Opfer zu bringen.

3

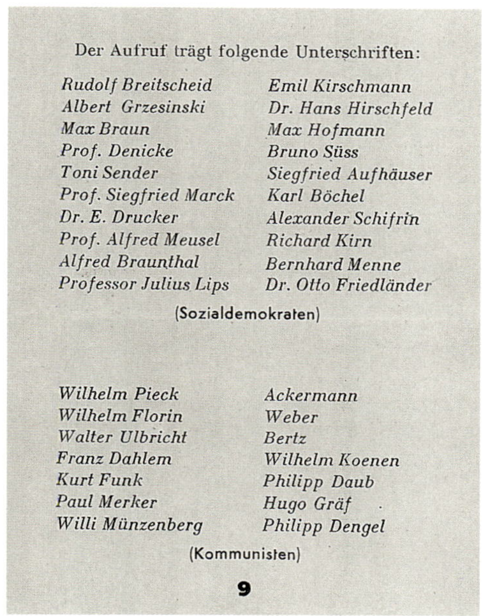
Der Aufruf trägt folgende Unterschriften:

| | |
|---|---|
| Rudolf Breitscheid | Emil Kirschmann |
| Albert Grzesinski | Dr. Hans Hirschfeld |
| Max Braun | Max Hofmann |
| Prof. Denicke | Bruno Süss |
| Toni Sender | Siegfried Aufhäuser |
| Prof. Siegfried Marck | Karl Böchel |
| Dr. E. Drucker | Alexander Schifrin |
| Prof. Alfred Meusel | Richard Kirn |
| Alfred Braunthal | Bernhard Menne |
| Professor Julius Lips | Dr. Otto Friedländer |

(Sozialdemokraten)

| | |
|---|---|
| Wilhelm Pieck | Ackermann |
| Wilhelm Florin | Weber |
| Walter Ulbricht | Bertz |
| Franz Dahlem | Wilhelm Koenen |
| Kurt Funk | Philipp Daub |
| Paul Merker | Hugo Gräf |
| Willi Münzenberg | Philipp Dengel |

(Kommunisten)

9

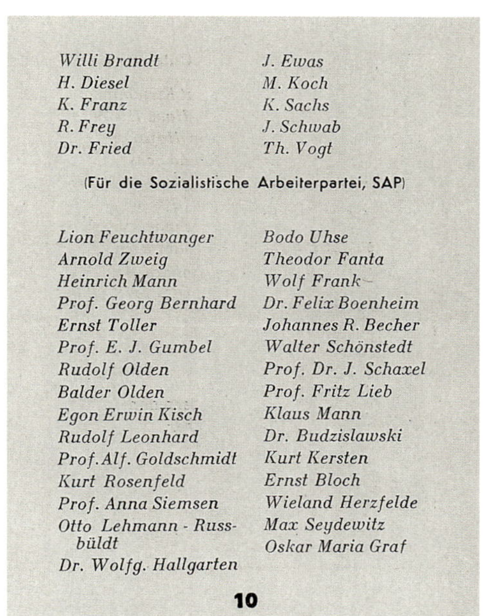
| | |
|---|---|
| Willi Brandt | J. Ewas |
| H. Diesel | M. Koch |
| K. Franz | K. Sachs |
| R. Frey | J. Schwab |
| Dr. Fried | Th. Vogt |

(Für die Sozialistische Arbeiterpartei, SAP)

| | |
|---|---|
| Lion Feuchtwanger | Bodo Uhse |
| Arnold Zweig | Theodor Fanta |
| Heinrich Mann | Wolf Frank |
| Prof. Georg Bernhard | Dr. Felix Boenheim |
| Ernst Toller | Johannes R. Becher |
| Prof. E. J. Gumbel | Walter Schönstedt |
| Rudolf Olden | Prof. Dr. J. Schaxel |
| Balder Olden | Prof. Fritz Lieb |
| Egon Erwin Kisch | Klaus Mann |
| Rudolf Leonhard | Dr. Budzislawski |
| Prof. Alf. Goldschmidt | Kurt Kersten |
| Kurt Rosenfeld | Ernst Bloch |
| Prof. Anna Siemsen | Wieland Herzfelde |
| Otto Lehmann-Russbüldt | Max Seydewitz |
| Dr. Wolfg. Hallgarten | Oskar Maria Graf |

10

Politisch unterstützte Klaus Mann weiterhin alle Bemühungen, die Hitler-Gegner zu einigen. Im Juni 1936 war in Paris ein «Ausschuß zur Vorbereitung der deutschen Volksfront» gebildet worden, unter dem Vorsitz Heinrich Manns. Sein Neffe Klaus unterzeichnete eine Reihe von programmatischen Erklärungen der Volksfront – wie den Aufruf «Für Frieden, Freiheit und Brot!» vom Dezember 1936.

Zwischen den zerstrittenen Lagern der Antifaschisten versuchte Klaus Mann immer wieder zu vermitteln. Als André Gide nach einer Reise in die Sowjetunion einen kritischen Bericht veröffentlichte und von den Kommunisten scharf angegriffen wurde, verteidigte ihn Klaus Mann und lobte Gides Kritik am Stalinismus als «das offene Wort eines gescheiten und integeren Mannes» (Wunder, S. 94). Als wenig später Lion Feuchtwanger mit seinem Reisebericht «Moskau 1937» ein positives Bild der UdSSR zeichnete und dafür von vielen Seiten gerügt wurde, stellte sich Klaus Mann auch vor Feuchtwanger, der doch nur nach bestem Wissen und Gewissen berichtet habe.

Er selbst bleibe nun einmal «ein geschworener Feind aller ‹Eclats› innerhalb der Emigration», versicherte Klaus Mann seinem Onkel Heinrich im August 1937 (BuA, S. 312), und in einem Brief an Konrad Heiden schrieb er: «Vergessen wir doch nicht: Jedes böse, geringschätzige Wort, das einer von uns Emigranten, uns ‹Ausgebürgerten› über den anderen sagt, bedeutet einen schlimmen kleinen Triumph für die Herren in Berlin. Die lachen sich ins Fäustchen, reiben sich grinsend die Hände: ‹Schaut euch das Pack an!› – kichern sie auf unsere Kosten. ‹Uns wollen sie bekämpfen – und sie fallen übereinander her!› Die Vorstellung dieser verhaßten lachenden Dritten quält mich wie ein Alptraum …» (BuA, S. 287)

# Die Geister scheiden sich

Erika und Klaus Mann mit Hans Kahle

Rechte Seite: In der «Pariser Tageszeitung» erschienen zahlreiche Berichte von Klaus und Erika Mann über ihre Eindrücke aus dem Spanienkrieg.

**Im Februar 1938** kehrte Klaus Mann noch einmal nach Europa zurück. Dort wurde in einem Land schon seit 1936 mit Waffen gekämpft: in Spanien. Das spanische Volk hatte Anfang 1936 ein Volksfrontbündnis an die Regierung gewählt; doch Teile des Militärs unter Führung von General Franco putschten gegen die linke Republik. Der dadurch provozierte Bürgerkrieg dauerte drei Jahre und wurde ein blutiger Prolog des Zweiten Weltkriegs. Deutschland und Italien unterstützten massiv die Franco-Faschisten; der republikanischen Seite wurde durch sowjetische Waffen geholfen und durch Internationale Brigaden, gebildet von Freiwilligen aus aller Welt.

«Die Geister scheiden sich», schrieb Klaus Mann im Mai 1937 in einem Aufsatz über den Spanischen Bürgerkrieg – in dieser historischen Situation gebe es nur noch die Entscheidung für die Freiheit oder gegen die Freiheit (Wunder, S. 182). Selbst mitzukämpfen in den Interbrigaden, wie es andere Exilierte taten, lehnte er jedoch ab. «Ich habe zu arbeiten, und ich fühle, daß es jetzt besser für mich ist, an einem Ort zu bleiben, wo es weniger aufregend und ein *bißchen* friedlicher zugeht», hatte Klaus Mann im Februar 1937 in einem Brief beteuert (an Brian Howard; Original im KMA). Im Juni 1938 fuhr er nun doch nach Spanien – zusammen mit seiner Schwester Erika. Sie waren beauftragt, für verschiedene Zeitungen und Zeitschriften über die Lage im Bürgerkrieg zu berichten. «Die Eindrükke, die man bekommt, sind großartig und düster. Der Widerstandswillen dieses Volkes ist bewunderungswert», lautete ein erstes Fazit Klaus Manns in einem Brief an Hermann Hesse (BuA, S. 362).

Unten: Erika und Klaus Mann im Spanischen Bürgerkrieg, Juni/Juli 1938. Links der deutsche Interbrigadist Ludwig Renn, zweiter von rechts Hans Kahle

EINZELVERKAUFSPREISE:

| | |
|---|---|
| Belgien | 1.20 belg. Fr. |
| Luxemburg | 1.20 belg. Fr. |
| England | 4 Pence |
| Holland | 15 Cents |
| Jugoslawien | 3 Dinar |
| Palästina | 10 Millim |
| Polen | 0.30 Zloty |
| Portug. | 1 Escudos |
| Rumänien | 9 Lei |
| Schweiz | 0.30 schw. Fr |
| Skandinavien | 30 Oere |
| Spanien | 1,5 Peseten |
| Tschechoslowakei | 1.60 Kronen |
| Türkei | 6 Piastre |

PREIS: 1 FRANC

DONNERSTAG. 4. AUGUST 1938 — JEUDI 4 AOUT 1938

# Pariser Tageszeitung

QUOTIDIEN DE PARIS

3. Jahrgang — Verlag, Redaktion und Reisebüro: 20, Rue Laffitte, Paris (9ᵉ) — 9—18 Uhr, Samstag bis 13 Uhr. Nr. 754
Tel.: Pro. 24-55/56. Nach 23 Uhr: Prov. 15-65. Postscheckzahlungen an Imprimerie J.E.P., 7, R. Cadet, Paris 1833.80 * * *



Aus dem „Spanischen Tagebuch":

## Das Wunder von Madrid

Von KLAUS MANN

In einem Zyklus von „Liedern für die Internationale Brigade" — der übrigens Stücke von grosser Eindruckskraft und Schönheit enthält — singt Ernst Busch auf eine beschwingte, beinahe fröhliche spanische Volksmelodie folgenden höchst aktuellen Text von den „Vier Generälen":

*„Die Herren Generäle: —*
*mamita mia —,*
*die hab'n uns verraten.*
*Wer hat denn diese Herren —*
*mamita mia —*
*so schlecht nur beraten?*

*Madrid, dich wunderbare —*
*mamita mia —*
*dich wollten sie nehmen!*
*Doch deiner treuen Söhne —*
*mamita mia —*
*brauchst du dich nicht zu schämen.*

*Und alle deine Tränen —*
*mamita mia —*
*die werden wir rächen!*
*Und alle unsre Knechtschaft —*
*mamita mia —,*
*die werden wir brechen —*
*die werden wir brechen..."*

Madrid, „mamita mia" —: Madrid, die wunderbare Mutter, das schlagende Herz, die echte Hauptstadt des Landes —: ihre alte, grosse Würde hat sie nochmals bewährt, oder vielmehr: sie hat sich eine neue, noch-nicht-dagewesene dazu erworben.

Manchmal finden wir, dass der Widerstand des spanischen Volkes gegen den vereinigten internationalen Fascismus ans Wunderbare grenzt. In Madrid erst wird das Element des Mirakulösen recht evident und erschütternd. Man muss dort gewesen sein, um es ganz zu begreifen. Ich bin dort gewesen. Was ich gesehen habe, werde ich mein Leben lang nicht vergessen.

Schwer geprüft ist die grosse Stadt Barcelona; Furchtbares hat Valencia auszustehen. Aber die härteste und längste Prüfung war Madrid vorbehalten. Dort liegt unser Feind, seit nun beinahe zwei Jahren, nicht vor der Stadt, sondern in der Stadt, oder am Rande der Stadt, um genauer zu sein. Seit fast zwei Jahren haben die Frauen, Kinder und Männer der Hauptstadt die tägliche Beschiessung ihrer Häuser und Strassen durch schwere Artillerie auszuhalten — denn es lohnt sich nicht mehr für unseren Feind, die kostspieligen Flugzeug-Geschwader zu schicken, da er ja mit Kanonen aufs bequemste Schaden anrichten kann. Zwei lange Jahre, zweimal dreihundertfünfundsechzig Tage —, man muss sich vorstellen können, was das bedeutet. Das Antlitz der Stadt wird immer ernster während solcher Leidenszeit; aber es erscheint nicht mutlos und auch nicht verdrossen. Madrid — anders als das geschäftige Barcelona oder das südlich-liebenswürdige Valencia — war niemals eine heitere Stadt; es hatte immer grossartig-strenge Züge.

Nun hat es einen neuen Stolz und ein zweites Pathos bekommen. Es trägt immer noch Ruhm und alten Glanz seiner grossen Geschichte. Aber die Menschen, die heute durch die Strassen der ehemals königlichen Capitale gehen, scheinen sich bewusst zu sein, dass sie selber — sie, und ihre sehr tapferen Brüder — Geschichte gemacht haben: ein **bedeutendes**, unvergängliches, nie-wieder-zu-vergessendes Stück Geschichte. Sie haben die Barbaren zurückgeschlagen, in zwölfter Stunde, als schon beinahe alles verloren schien. So wie die Griechen Europa retteten, als sie die Perser schlugen, die auch mit grosser Uebermacht anrückten, so wie der Prinz Eugen, noch einmal, die grosse Schlacht für unsere Gesittung schlug, als er Wien verteidigte gegen die Türken: so haben die Spanier und die Internationalen Brigaden dem modernen Feinde des Abendlandes, dem internationalen Fascismus, einen Schlag versetzt, von dem wir glauben möchten, dass er ihm verhängnisvoll sein wird.

Man kann die armen Araber kaum hassen, die, als Söldlinge Francos, Madrid „dich wunderbare" — „mamita mia" — schänden und vergewaltigen wollten. Aber es ist doch ein drastisch-finsteres Symbol, dass die Diktatoren und abtrünnigen Generäle „Mohren und Andersgläubige" vor sich herschicken. Vor Madrid hat man sie aufgehalten.

Wenn man die grausam zerstörte „Universitäts-Stadt" — die Ciudad Universitaria — betritt, findet man sich nur noch wenige hundert Meter vom Feinde entfernt. Man hat den Blick auf ein zerschossenes rotes Gebäude, das ehemals eine Klinik war: das ist vom Feinde besetzt. Die zertrümmerte Universität ist zur lange und hartnäckig behaupteten Festung geworden. In den Hörsälen der Philosophie liegen nun Soldaten einquartiert; wo früher über Kant und Hegel diskutiert wurde — und wieder einmal, des Langen und Breiten, diskutiert werden wird — stehen nun Maschinengewehre. Die Soldaten haben sich nun schon halbwegs häuslich eingerichtet — es ist ja eine sehr lange Zeit, dass sie oder ihre Kameraden diesen Aufenthalt haben —: neben den Schiesscharten hängen die Bilder von Filmstars, die unvermeidliche Shirley Temple lässt ihr Grübchen-Lächeln über der mörderischen Umgebung erstrahlen, und die Garbo schickt ihre hochbezahlten Rätsel-Blicke über Kampf, Tod und Zerstörung.

Im Staatsgefängnis, das nun auch erbittert beschossene Festung ist, liegen auf dem Fussboden gehäuft die Akten, in denen das Ergebnis verjährter Untersuchungen und Prozesse aufbewahrt ist. Sie sind sinnlos, inhaltslos geworden. Wenn dieser Krieg vorüber ist, wird niemand mehr nach grossen oder kleinen Missetaten fragen, die begangen wurden, ehe er ausbrach.

Wenn dieser Krieg vorüber ist... In Madrid erst macht man sich völlig klar, wie furchtbar lange er noch währen kann — es sei denn, die Italiener und Deutschen zögen wirklich ihre Spezialisten und Piloten zurück; denn dann wäre Franco verloren. Madrid hat zu viel ertragen, als dass es jetzt noch nachgeben könnte. Selbst wenn es, im militärischen Sinn, noch „fiele", der Widerstand der Bevölkerung müsste weitergehen. Diese Stadt vergisst nicht mehr, was ihr angetan worden ist von unserem Feind. In ihren Ohren wird der dumpfe Lärm der Kanonen bleiben, mit dem General Franco sie nun quälen lässt, seit beinahe zwei Jahren. Der Hunger wird nicht vergessen, der hier auszustehen ist — denn es wird gehungert, in Madrid ärger als in den anderen grossen Städten; das herabgeminderte, täglich gefährdete Leben wird nicht vergessen. Immer — und sollte es sogar so weit kommen, dass die Welt sie für „besiegt" hielte — werden die Männer und Frauen von Madrid heimlich den republikanischen Gruss tauschen: den Gruss mit der emporgehobenen Faust und jenem „Salud", das stets ein wenig rauh und drohend klingt.

Die gereckte Faust, riesig in Stein gehauen, steht als Denkmal für die Gefallenen von der Internationalen Brigade. Als wir hinfuhren, um es anzuschauen — es liegt am Jarama, ein paar Auto-Stunden von Madrid entfernt, in öder und weiter Landschaft — befanden wir uns in Begleitung des Generals Casado, der, als Nachfolger Miajas, jetzt der Chef der Zentrums-Armee ist, und des Colonels Ortega, dem ein Korps untersteht. Casado gehört zu denen, auf welche die Republikaner am meisten stolz sind: er war, vor dem Kriege, prominenter Lehrer an einer Militär-Akademie; viele, die später bei den Fascisten eine Rolle spielten, sind seine Schüler gewesen, zum Beispiel der General Mola. Casado ist ein ernster, leiser, sehr höflicher und fast betont „ziviler" Herr von etwas mongolischem Gesichtstyp. Seite an Seite mit ihm betrachteten wir lange das eindrucksvoll schlichte Grabmal in der weiten, öden Landschaft. Wir hatten uns auch schon ein neues Hospital und die schönen Schlösser von Aranjuez mit ihm betrachtet; aber vor dem Grabmal verweilten wir am längsten. Wir lasen: „Die 18. Brigade den internationalen Kameraden und Helden, die gefallen sind im Verteidigungskampf für die Republik. Februar 1937." Und danebn, auf einem Holzkreuz: „Hier liegt das 16. Bataillon". Es sind siebenhundert junge Leute aus England, die hier gestorben sind — siebenhundert Freiwillige. Madrid war nicht ihre Mutter, und doch sangen sie das Lied von „mamita mia" — vielleicht sangen sie es hier, ehe sie hinsanken.

### Italien rüstet weiter auf

Rom, 3. August.

Italien wird sein Heer weiter verstärken. Ein offizielles Communiqué teilt mit, dass in mehreren Besprechungen unter dem Vorsitz Mussolinis von dem Finanzminister und den Generalstabchefs des Heeres und der Flugwaffe ein Programm zur „letzten Verstärkung" der italienischen Streitkräfte ausgearbeitet worden ist.

## Die Spannung Moskau – Tokio hält an

### Die Lage bei Tschangkufeng

**Die Spannung Moskau-Tokio ist noch nicht gewichen, eher lässt sich eine Verschärfung der Lage feststellen. Es sind neue Proteste beider Parteien zu verzeichnen, während die Kämpfe bei den umstrittenen Hügeln von Tschungkufeng weitergehen. Die offiziöse russische Agentur Tass dementiert kategorisch, dass russische Flugzeuge die mandschurische Grenze überflogen und japanische Truppen weder auf mandschurischem noch auf koreanischem Gebiet bombardiert hätten. Andererseits behaupten die Japaner, die sowjetrussische Offensive vom Mittwoch früh abgewiesen zu haben. Tokio erklärt, zwei oder drei Bataillone russischer Infanterie seien gegen die Stellungen von Tschangkufeng eingesetzt worden.**

Abgesehn von diesen sich vielfach widersprechenden und schwer zu kontrollierenden Nachrichten geht aus einer Moskauer Depesche der Agentur Havas hervor, dass die Sowjetregierung weiter ihre Nerven behält und keineswegs übereilte Beschlüsse fassen wird. Die führenden Blätter, „Prawda" und „Iswestija", enthalten sich weiter aller Kommentare und begnügen sich damit, eine Karte zu veröffentlichen, die beweisen soll, dass die von den Japanern für sich in Anspruch genommenen Hügel sich tatsächlich auf Sowjetgebiet befinden. Der Havas-Bericht verfehlt im übrigen nicht, festzustellen, dass die russische Bevölkerung zweifellos der Regierung ohne Zögern in dieser Affäre folgen wird.

Was dem ursprünglichen Grenzzwischenfall von Tschangkufeng trotz des Verständigungswillens auf beiden Seiten zweifellos ein beängstigendes Gesicht gibt, ist die Tatsache, dass beide Parteien immer mehr Truppen bei den Auseinandersetzungen an der mandschurischen Grenze engagieren, wodurch die Kämpfe bereits das Ausmass einer Schlacht angenommen haben.

### Die Nazibewegung in Ungarn

Budapest, 3. August.

**Der Kassationshof hat die provisorische Haftentlassung des zu drei Jahren Zwangsarbeit verurteilten ungarischen Naziführers Szalassy abgelehnt; es war eine Kaution von 300.000 Francs geboten worden. Nunmehr konzentriert sich das Interesse auf die Berufungsverhandlung, die am 17. August stattfinden soll.**

Szalassys Partei hat sich mit der Nazibewegung des Grafen Alexander Festetitsch fusioniert. Der bisherige Präsident der Szalassy-Gruppe, Hubay, wird Präsident der neuen Formation, während sich Graf Festetitsch vorerst jeder politischen Tätigkeit enthält. Die Mitgliederzahl der vereinigten ungarischen Naziparteien wird auf 85.000 geschätzt.

Das Budapester katholische Blatt „Nemzeti Ujsag" warnt seine Leser vor den Machenschaften der deutschen Zensur, die Briefe aus Deutschland öffne. Man solle seinen deutschen Freunden grösste Vorsicht bei ihren ins Ausland gehenden Mitteilungen empfehlen.

DIE LUFTSTREITKRÄFTE DER SOWJETUNION

(Siehe „Am Zeitungsstand", Seite 2)

## Runcimans Prager Debut

### Erklärungen an die Presse

Prag, 3. August.

**Lord Runciman traf heute nachmittag, um 14 Uhr 53, in Begleitung seiner Gattin und seines Sekretärs Geoffrey Ceto in Prag ein, wo er am Bahnhof von dem englischen Gesandten Newton und einer Reihe offizieller tschechischer Persönlichkeiten begrüsst wurde. Die Sudetendeutschen hatten es sich nicht nehmen lassen, ihre bevollmächtigten Unterhändler Kundt und Sebekowski zum Bahnhof zu entsenden.**

Lord Runciman empfing um 18 Uhr die Presse in seinem Hotel. Er verlas eine Erklärung, in der es heisst, er habe niemals den Wunsch zum Ausdruck gebracht, die Aufgabe zu erfüllen, die ihn in Prag erwarte. Doch seien vor seiner Abreise aus London die tschechoslowakische Regierung und die Sudetendeutschen über sein Kommen einig gewesen; er müsse beiden für den freundlichen Empfang danken. Runciman fügte hinzu:

DR. EDUARD BENESCH,
*Präsident*
*der tschechoslowakischen Republik*

„Ich habe vierzig Jahre politische Tätigkeit hinter mir. Im Laufe dieser langen Zeit habe ich gelernt, dass der ständige Friede nur durch gegenseitige Konzessionen gesichert werden kann. Ich bin der Freund aller und niemandes Feind." Lord Runciman appellierte dann an die Presse, ihn bei seiner schweren Aufgabe zu unterstützen.

Am Donnerstag wird der englische Vermittler von dem Ministerpräsidenten Hodza und im Anschluss daran von dem Präsidenten der Republik Benesch empfangen. Bei beiden Besuchen soll es sich nur um Höflichkeitsvisiten handeln.

Verschiedene Anzeichen deuten darauf hin, dass die Lage in dem Minderheitenkonflikt am Tage der Ankunft Runcimans sich eher verschärft hat. So wurde am Nachmittag bekannt, dass entgegen dem angekündigten Programm die für heute vorgesehene Besprechung des politischen Ministerrates mit den Abgeordneten der Sudetendeutschen nicht stattgefunden hat. Offiziell wird diese Vertagung mit der Ankunft Runcimans, die eine neue Situation geschaffen habe, begründet. Das Henlein-Blatt „Neue Morgenpost" meint allerdings, diese Vertagung erkläre sich aus der Tatsache, dass für den Augenblick die Thesen beider Parteien zu entfernt voneinander seien.

Es fand heute lediglich ein Empfang der Henlein-Abgeordneten Kundt und Rosche bei Hodza statt, bei dem über die Fortsetzung der Besprechungen zwischen der Regierung und den Sudetendeutschen unterhandelt wurde, ohne dass bisher Daten dafür genannt werden. Die Komitees der politischen und der wirtschaftspolitischen Minister haben heute in Permanenz getagt.

*

Nach einer Meldung des Deutschen Nachrichtenbüros aus Glatz sollen zwei tschechoslowakische Flugzeuge heute vormittag zwischen 10 Uhr 15 und 10 Uhr 30 die Stadt Glatz überflogen haben. Man behauptet, genau beobachtet zu haben, wie die Insassen der Flugzeuge sich hinausgebeugt hätten, um photographische Aufnahmen der Stadt zu machen. Das DNB ergänzt diese Meldung, der man selbstverständlich mit der grössten Skepsis begegnen muss, durch ein weiteres Telegramm aus Breslau. Danach sollen die beiden Flugzeuge von Glatz in Richtung auf die Grenze bei Bad Landeck zurückgeflogen sein. Anstatt in die Tschechoslowakei zurückzukehren, hätten sie aber dann längs der Grenze ihren Flug über deutschem Gebiet etwa 30 bis 40 Kilometer fortgesetzt und erst bei dem Grenzdorf Bobischau wieder Kurs auf tschechoslowakisches Gebiet genommen.

Die aufgeregte Art, in der die deutsche Presse diese angebliche Ueberfliegung von Glatz kommentiert, lässt daraus schliessen, dass man aus diesem Zwischenfall, gleichgültig, ob er geschehen ist oder nicht, politischen Vorteil zu schlagen hofft.

## Die Kämpfe in Spanien

Barcelona, 3. August.

Die republikanischen Truppen haben gestern in der Sierra San Juan wichtige Stellungen erobert und die Dörfer Frias, Guadalaviar und Griegos eingenommen. Ihr Geländegewinn beträgt 5 Kilometer.

*

An der Ebro-Front halten die starken Gegenangriffe der Rebellen an. Das Franco-Kommando benutzt die gleiche Taktik wie bei der Wiedereroberung von Teruel, wo eine ganze Woche lang die Infanterie fast untätig blieb, während der Artillerie die Aufgabe zufiel, den Gegner durch heftiges Feuer zu demoralisieren.

### Die Achse im Zeichen des Antisemitismus

Rom, 3. August.

Ausländische jüdische Studenten werden bereits vom kommenden Semester ab nicht mehr an den italienischen Hochschulen und Universitäten zugelassen. Diese Massnahme erstreckt sich auch auf Juden, die in Italien leben, aber nicht die italienische Staatsangehörigkeit besitzen.

*

Berlin, 3. August.

Der „Angriff" kündigt die restlose Ausschaltung der jüdischen Aerzte in Deutschland unter der Ueberschrift: „Schluss mit den jüdischen Medizinern! Es wird radikal aufgeräumt" an.

Die neuen Bestimmungen besagen, dass jüdische Aerzte ab 30. September 1938 keinen „Deutschblütigen" mehr behandeln dürfen. Jede Heiltätigkeit, die als eine Umgehung dieses Gesetzes betrachtet werden kann, ist gleichfalls verboten. Hauswirte erhalten das Recht, bis zum 15. August Wohnungen oder Kliniken jüdischer Aerzte zu kündigen.

Die gesetzlichen Bestimmungen über die Abfassung von Testamenten werden geändert. In Zukunft werden letzte Verfügungen, deren Inhalt nicht dem „gesunden Volksempfinden" entspricht, keine Gültigkeit haben. Was darunter zu verstehen ist, wird klar, wenn man hört, dass ein Testament ungültig ist, wenn es zum Schaden der Familie eine Person begünstigt, mit der der Testator „unmoralische Beziehungen" gehabt hat, ferner wenn es Ausländern Familienandenken überantwortet, wenn es Werte irgendwelcher Art einer „staatsfeindlichen Organisation" vermacht, oder wenn ein Deutscher zum Schaden naher arischer Verwandter einen Juden zum Erben einsetzt.

## Das Evian-Komitee tagt in London

### Der französische Delegationsführer, Senator Bérenger, verlangt schnelle praktische Massnahmen

London, 3. August.

**Das in Evian eingesetzte zwischenstaatliche Regierungskomitee für die Flüchtlingsfragen trat heute im Locarno-Saal des Foreign Office zu einer neuen Beratung zusammen. Der amerikanische Delegationsführer Myron C. Taylor erstattete Bericht über die dieser Tagung vorangegangenen Besprechungen hinsichtlich der Verhandlungen mit Deutschland und der Methoden einer systematischen Auswanderung der deutschen Flüchtlinge nach Nord- und Südamerika sowie nach einigen anderen Ländern.**

Für Frankreich erklärte Senator Henry Bérenger aufs neue die Zustimmung seiner Regierung zu der Arbeit von Evian. Frankreich, wo die Erregung über die Schrecken der Massenexpatriierung ständig wachse, habe seit 1933 schon sehr viel für die Aufnahme und Wiedereingliederung der Flüchtlinge getan. Es habe sich nicht nur von Anfang an jeder Aktion des Völkerbundes angeschlossen, sondern es habe auch auf seinem Gebiet die grösste Zahl dieser Flüchtlinge beherbergt, die nur die Wahl zwischen Selbstmord in ihrem Vaterland und einem — *selbst provisorischen* — Asyl hinter der französischen Grenze hatten. Frankreich habe dies alles in ständiger Zusammenarbeit mit den privaten Organisationen getan und sei so seinen geschichtlichen Traditionen treu geblieben.

**„Aber", so fuhr Bérenger fort, „heute ist Frankreich praktisch an dem Punkt angelangt, der es ihm nicht mehr gestattet, neue Flüchtlinge ohne Bruch des Gleichgewichts seiner sozialen Struktur und ohne Gefährdung für die Flüchtlinge selbst aufzunehmen. Bei jedem Volk gibt es eine Grenze der Absorbierungsmöglichkeiten. Diese Grenze ist in Frankreich seit langem überschritten; es hat dies in Evian gesagt und es wiederholt es in London."**

Doch könne die Anwesenheit so vieler Flüchtlinge auf seinem Gebiet Frankreich nur um so mehr zur Unterstützung der Arbeit des Komitees verpflichten. In dem Masse, in dem Menschen, aus ihrem Heim vertrieben, und ihrer Habe beraubt, über die Grenzen gejagt würden, nur weil man ihnen vorwirft, einer anderen Rasse anzugehören, werde die Unordnung in Europa und in der Welt noch steigen. Die Völker, die diese Massen hinaustreiben, hätten ihnen gegenüber mehr Pflichten als die die Flüchtlinge aufnehmenden Länder. Wenn es nicht zu einer praktischen Anerkennung dieser Pflichten durch ein Uebereinkommen zwischen den Regierungen, die die Flüchtlinge vertreiben, und denen, die sie aufnehmen, kommt, so wäre ein Ende dieser Unordnung nicht abzusehen. Die ausweisende Regierung müsse den Flüchtlingen ihren Besitz lassen und die aufnehmenden Regierungen müssten ihnen die Möglichkeit zur Arbeit geben.

**Senator Bérenger fuhr fort: „Es muss schnell gehandelt werden, denn die Selbstmorde häufen sich, die Trümmer türmen sich auf, die plötzliche Verlagerung menschlicher Gemeinschaften bedroht nicht nur Europa, sondern auch die anderen Kontinente und das ganze Menschengeschlecht. Nichts widerspräche mehr der internationalen Ordnung als die systematische Fortsetzung eines Regimes der Verfolgungen und der Gewalttätigkeiten gegen die Minderheiten innerhalb nationaler Gruppen. Die Menschenjagd, der Raub der Habe, das Konzentrationslager, an dessen Horizont es nur den Friedhof gibt, alles das, was der menschlichen Würde widerspricht, kann nur zu einer katastrophalen Störung der Beziehungen zwischen den Völkern führen."**

Der französische Delegationsführer verlangte unter Hinweis auf die aus Mitteleuropa vorliegenden Informationen schnellste praktische Anwendung der in Evian angenommenen Entschliessungen. Auf Vorschlag Bérengers wurde Lord Winterton zum ständigen Präsidenten des Komitees ernannt. Vizepräsidenten wurden die Vertreter Frankreichs (Bérenger selbst), Amerikas (Myron Taylor), Brasiliens und Hollands. Zum Direktor der Exekutive des Komitees wurde, wie bereits angekündigt, der amerikanische Rechtsanwalt Rublee ernannt. Darauf vertagte sich das Komitee: die nächste Sitzung findet am Donnerstag, um 11 Uhr statt.

(Siehe auch Seite 2.)

## «No pasarán!»

**Knapp drei Wochen** blieben die Geschwister in Spanien. Sie besuchten Barcelona, Valencia und Madrid, fuhren an die umkämpfte Ebro-Front, erlebten Luftangriffe und nächtliche Verdunkelungen. Es war ihr «erster Kontakt mit der Realität des modernen Krieges», schrieb Klaus Mann später (WP, S. 384) – mit dem Anblick zerstörter Dörfer, hungernder Menschen, Straßen voller Flüchtlinge und Panzerwagen.
Die Geschwister sprachen «mit Soldaten, Arbeitern, Hausfrauen, Literaten», interviewten Offiziere der Interbrigaden wie Ludwig Renn und Julius Deutsch und führende Politiker der spanischen Republik. In ihren Artikeln und Berichten zeigten sie sich beeindruckt vom Siegeswillen der Loyalisten: «Franco hat keine Chance. NO PASARÁN!» (WP, S. 385)

Ministerio de Estado
Subsecretaria de Propaganda
El Jefe de la Oficina de Prensa Extr

CERTIFICA: que KLAUS MANN, corresponsal del "Pariser Tageszeitung" de Paris figura inscrito en nuestro registro de periodistas.

Barcelona, 25 de Junio 1938.

Madrid,
Ciudad Universitaria

Dies Foto marschierender republikanischer Truppen fand sich in Klaus Manns Nachlaß.

Kriegszerstörungen in der Hauptstadt Madrid

Die Stadt Tortosa nach einem Angriff deutscher und italienischer Flieger

Thomas Mann schrieb am 24. Juli 1938 in einem Brief, seine beiden ältesten Kinder seien kürzlich zurückgekehrt aus Spanien. «Sie sind voller Bewunderung für die Kampf-Moral der republikanischen Truppen, die derjenigen der anderen, soviel besser ausgestatteten Seite bei Weitem überlegen sei, – und überrascht von ihrer eigenen Furchtlosigkeit im Schützengraben und bei den mitgemachten Bombardements. Sie erklären sie sich aus der unbeschreiblichen Genugtuung, die man darüber empfindet, an der einzigen Stelle zu sein, wo auf den niederträchtigen Weltverderb, der Fascismus heißt, *geschossen* wird.» (TM, Briefe Bd. 2, S. 52)

Klaus und Erika Mann selbst bilanzierten ihre Erfahrungen in einem Bericht, der mit dem Bekenntnis endete: «Die Reise, von der wir zurückkehren, hat in unseren Herzen ihre Spuren hinterlassen. Es war keine erheiternde Reise – wir haben ein Grauen kennengelernt, das uns noch fremd war – dem Elend und der Verwüstung sind wir begegnet. Trotzdem, und dies ist die Wahrheit: Zum ersten Mal seit dem Tage unserer Emigration haben wir gefühlt, daß wir siegen können. Dies Erlebnis, das spanische Volk im Kampf zu sehen gegen die Feinde seiner Freiheit, die die unseren sind – dies Erlebnis ist unaustilgbar, und es ist das schönste, was uns in der Verbannung begegnet ist.» (Wunder, S. 430)

# Schlimme Tage

Klaus Manns
tschechoslowakischer Paß

**Ende September 1938**, nur wenige Wochen nach der Rückkehr aus Spanien, erlebte Klaus Mann «schlimme Tage, die schlimmsten der Epoche; Schandtage, Schmerzenstage», wie er im «Wendepunkt» (S. 387) schrieb: In München vereinbarten Hitler, Mussolini, der englische Premierminister Chamberlain und der französische Staatschef Daladier die «Abtretung» von Teilen der Tschechoslowakei an das Deutsche Reich. Die Appeasement-Politiker aus London und Paris hofften, den Frieden durch «Beschwichtigung» der Nazis retten zu können. Doch für Klaus Mann war das Münchner Abkommen ein schändlicher «Verrat der Demokratien» (Tb 4, S. 64); in Chamberlain sah er einen «konsequenten und loyalen Repräsentanten seiner Klasse», in deren Kreisen man «den russischen Kommunismus viel mehr haßte und fürchtete als irgendeinen Faschismus. Diese Hitlersche ‹Neue Ordnung›, nicht so ganz salonfähig, wie sie in mancher Hinsicht scheinen mochte, konnte sie nicht trotz allem nützlich sein als solides ‹bulwark against Bolshevism›? Mit den Nazis gegen die Roten! Das gleiche Motiv, das einst die Herren Hugenberg, von Papen und Konsorten zu ihrer fatalen Allianz mit der Gangster-Partei bewogen hatte, gab nun den Ausschlag in London und Paris.» (WP, S. 387)

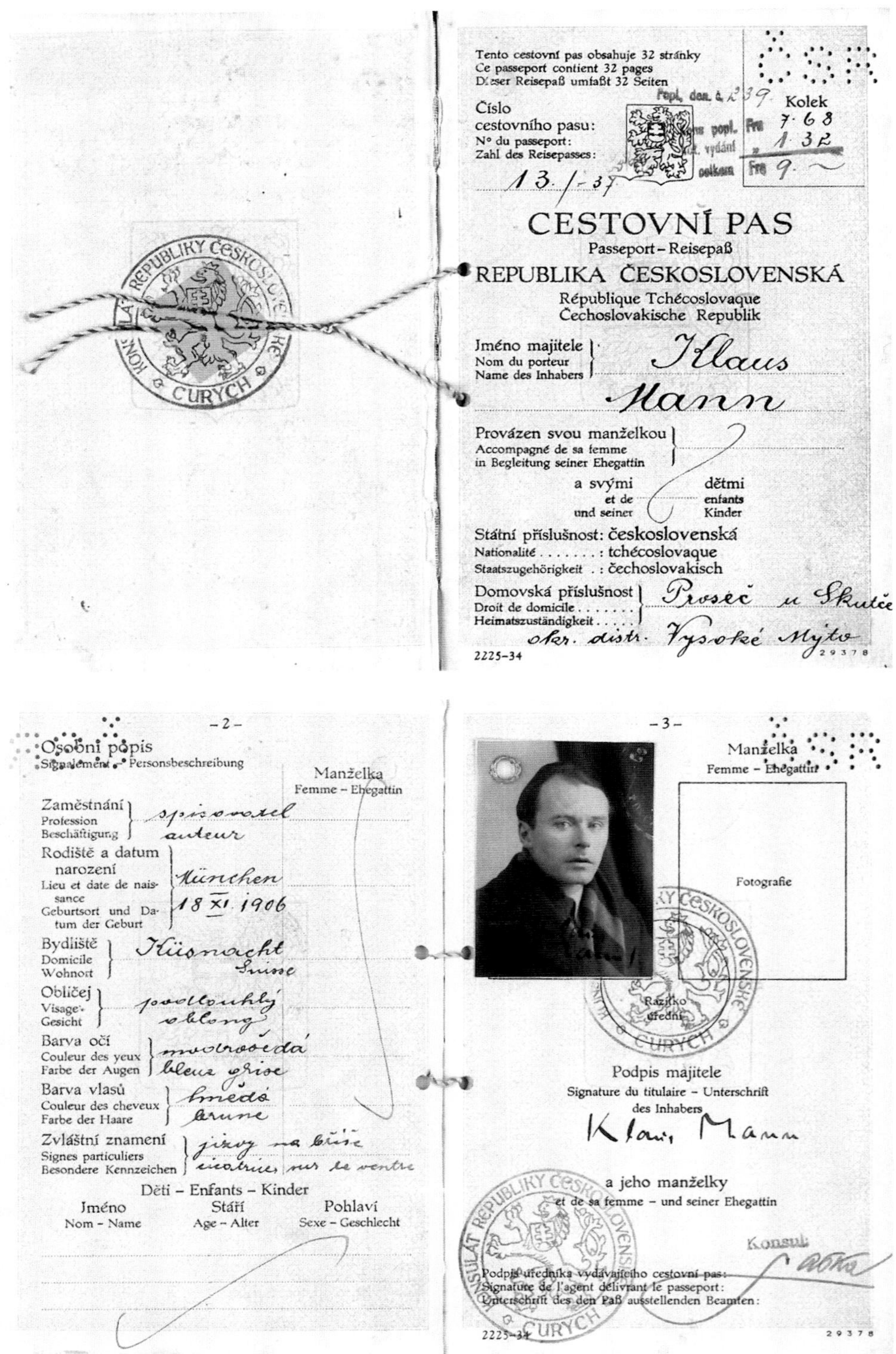
Tento cestovní pas obsahuje 32 stránky
Ce passeport contient 32 pages
Dieser Reisepaß umfaßt 32 Seiten
Číslo cestovního pasu:
N° du passeport:
Zahl des Reisepasses:
13./-37
Kolek
CESTOVNÍ PAS
Passeport – Reisepaß
REPUBLIKA ČESKOSLOVENSKÁ
République Tchécoslovaque
Čechoslovakische Republik
Jméno majitele / Nom du porteur / Name des Inhabers: Klaus Mann
Provázen svou manželkou / Accompagné de sa femme / in Begleitung seiner Ehegattin
a svými dětmi / et de enfants / und seiner Kinder
Státní příslušnost: československá
Nationalité: tchécoslovaque
Staatszugehörigkeit: čechoslovakisch
Domovská příslušnost / Droit de domicile / Heimatszuständigkeit: Proseč u Skutče okr. distr. Vysoké Mýto
2225-34

– 2 –
Osobní popis
Signalement – Personsbeschreibung
Manželka / Femme – Ehegattin
Zaměstnání / Profession / Beschäftigung: spisovatel / auteur
Rodiště a datum narození / Lieu et date de naissance / Geburtsort und Datum der Geburt: München 18 XI. 1906
Bydliště / Domicile / Wohnort: Küsnacht Suisse
Obličej / Visage / Gesicht: podlouhlý oblong
Barva očí / Couleur des yeux / Farbe der Augen: modrošedá bleus grise
Barva vlasů / Couleur des cheveux / Farbe der Haare: hnědé brune
Zvláštní znamení / Signes particuliers / Besondere Kennzeichen: jizvy na břiše cicatrices sur le ventre
Děti – Enfants – Kinder
Jméno / Nom – Name | Stáří / Age – Alter | Pohlaví / Sexe – Geschlecht

– 3 –
Manželka / Femme – Ehegattin
Fotografie
Podpis majitele
Signature du titulaire – Unterschrift des Inhabers
Klaus Mann
a jeho manželky
et de sa femme – und seiner Ehegattin
Konsul
Podpis úředníka vydávajícího cestovní pas:
Signature de l'agent délivrant le passeport:
Unterschrift des den Paß ausstellenden Beamten:
CURYCH
2225-34

Der sogenannte Anschluß Österreichs: Auf dem Heldenplatz in Wien verkündet Adolf Hitler am 15. März 1938 «den Eintritt meiner Heimat in das Deutsche Reich».

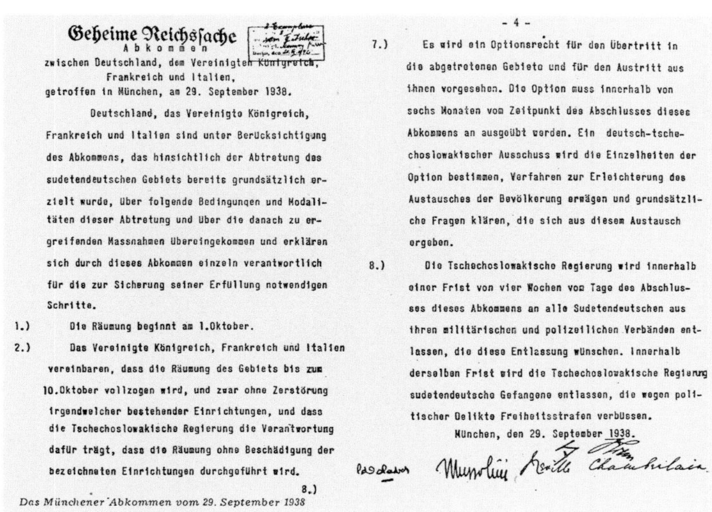

Geheime Reichssache
Abkommen
zwischen Deutschland, dem Vereinigten Königreich,
Frankreich und Italien,
getroffen in München, am 29. September 1938.

Deutschland, das Vereinigte Königreich, Frankreich und Italien sind unter Berücksichtigung des Abkommens, das hinsichtlich der Abtretung des sudetendeutschen Gebiets bereits grundsätzlich erzielt wurde, über folgende Bedingungen und Modalitäten dieser Abtretung und über die danach zu ergreifenden Massnahmen übereingekommen und erklären sich durch dieses Abkommen einzeln verantwortlich für die zur Sicherung seiner Erfüllung notwendigen Schritte.

1.) Die Räumung beginnt am 1.Oktober.

2.) Das Vereinigte Königreich, Frankreich und Italien vereinbaren, dass die Räumung des Gebiets bis zum 10.Oktober vollzogen wird, und zwar ohne Zerstörung irgendwelcher bestehender Einrichtungen, und dass die Tschechoslowakische Regierung die Verantwortung dafür trägt, dass die Räumung ohne Beschädigung der bezeichneten Einrichtungen durchgeführt wird.

8.)

- 4 -

7.) Es wird ein Optionsrecht für den Übertritt in die abgetretenen Gebiete und für den Austritt aus ihnen vorgesehen. Die Option muss innerhalb von sechs Monaten vom Zeitpunkt des Abschlusses dieses Abkommens an ausgeübt werden. Ein deutsch-tschechoslowakischer Ausschuss wird die Einzelheiten der Option bestimmen, Verfahren zur Erleichterung des Austausches der Bevölkerung erwägen und grundsätzliche Fragen klären, die sich aus diesem Austausch ergeben.

8.) Die Tschechoslowakische Regierung wird innerhalb einer Frist von vier Wochen vom Tage des Abschlusses dieses Abkommens an alle Sudetendeutschen aus ihren militärischen und polizeilichen Verbänden entlassen, die diese Entlassung wünschen. Innerhalb derselben Frist wird die Tschechoslowakische Regierung sudetendeutsche Gefangene entlassen, die wegen politischer Delikte Freiheitsstrafen verbüssen.

München, den 29. September 1938.

*Das Münchener Abkommen vom 29. September 1938*

Erste und vierte Seite des Münchner Abkommens, unterzeichnet von den vier Regierungschefs

Die Tschechoslowakische Republik, zu deren Staatsbürgern Klaus Mann seit dem 25. März 1937 zählte und deren Präsidenten Beneš er persönlich kannte, wurde gemäß den Vereinbarungen des Münchner Abkommens zerstückelt; Eduard Beneš mußte zurücktreten. Schon im März 1938 war der «Anschluß» Österreichs an das deutsche Nazi-Reich gewaltsam vollzogen worden. Der Faschismus expandierte in Europa – scheinbar unaufhaltsam, und für seine Gegner wurde es zunehmend eng auf dem alten Kontinent.

Man werde wohl das Schwergewicht des Lebens «für die nächsten Jahre durchaus nach Amerika verlegen müssen», hatte Klaus Mann seinem Onkel Heinrich im März 1938 prophezeit, und seinem alten Lehrer Paul Geheeb schrieb er zwei Monate später, der Abschied von Europa falle ihm ausgesprochen schwer, aber er wisse: «Drüben gibt es doch mehr Möglichkeiten …» (BuA, S. 334, 353) Immer mehr Exilierte suchten Zuflucht in den Vereinigten Staaten. Als Klaus Mann im September 1938 wieder das Schiff nach New York bestieg, war es auch für ihn endgültig die Abreise ins USA-Exil.

Neville Chamberlain, Edouard Daladier, Adolf Hitler und Benito Mussolini nach der Unterzeichnung des Münchner Abkommens vom 29. September 1938; rechts der italienische Außenminister Graf Ciano

# Hotel Bedford

**Zeitgenössische Postkarte des Hotel Bedford**

**Klaus Mann im Foyer des Hotel Bedford, um 1939**

**Je zugespitzter** «die Situation in Europa wurde», schreibt Klaus Mann in seiner Autobiographie, «desto mehr Exilanten, berühmte und unberühmte, drängten nach Amerika. Um die Jahreswende 1937/38 war New York schon das wichtigste Zentrum der ausgebürgerten deutschen ‹intelligentsia›.» Und er fährt fort: «Im Hotel Bedford, sehr zentral gelegen: in der vergleichsweise stillen Vierzigsten Straße, zwischen der geschäftigen Lexington- und der fashionablen Park Avenue, wimmelte es von Schicksalsgenossen, fast wie früher in gewissen Cafés von Zürich und Paris.» (WP, S. 379f.) Für ihn selbst wurde das Hotel Bedford zum zentralen Wohnort im amerikanischen Exil. Er begegnete dort vielen anderen Hitler-Flüchtlingen: Künstler und Autoren wie Billy Wilder, Vicki Baum, Hubertus Prinz zu Löwenstein, Martin Gumpert, Rudolf von Ripper und Curt Riess kamen zeitweilig im Bedford unter.
An der amerikanischen Lebensweise mit ihren für die Europäer oft verblüffenden und irritierenden Seiten fand Klaus Mann zunehmend Gefallen, wie er nicht müde wurde, in Vorträgen und Artikeln zu erklären.

**Das Hotel Bedford heute**

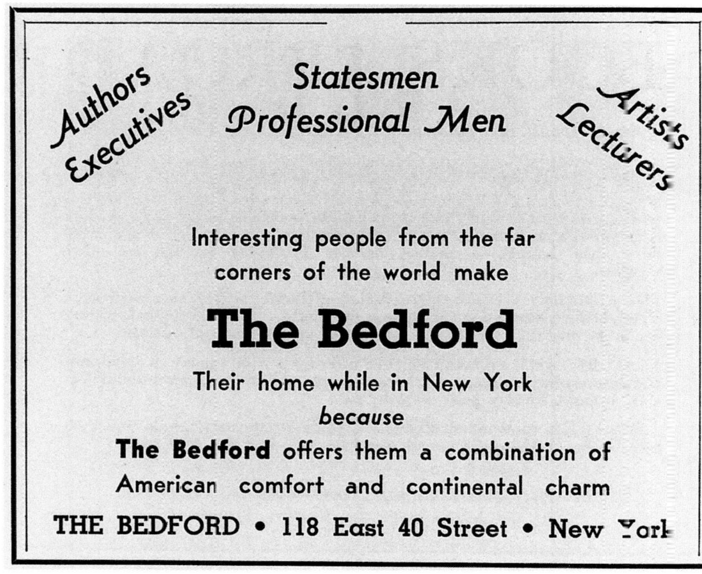


**Anzeige in Klaus Manns Zeitschrift «Decision», 1941**

*«Wie ist Amerika?» fragen mich europäische Freunde immer wieder. «Ist es ein angenehmes Land? Gibt es dort gute Stellen? Sind die Leute freundlich?» Und ich antworte sehr entschieden: «Das Land ist angenehmer, die Stellen sind besser und die Leute freundlicher, als wir es in Europa gewohnt sind.»*
*Die Menschen in den Staaten haben mehr Verständnis, mehr Mitgefühl und mehr Respekt für unser Leben – das Leben von Menschen, die aufgrund ihrer Überzeugung oder ihrer Rasse Heimat und Existenz verloren haben – als die Leute in Europa. Der Begriff «Emigrant», der in Europa sogar ein wenig anrüchig klingt, entspricht hier einem Ehrentitel, und unsere amerikanischen Gastgeber hegen die Erwartung, daß wir uns seiner würdig erweisen.*
*In Europa können sich viele Leute nicht von dem Klischee lösen, in Amerika seien alle menschlichen Beziehungen kalt und «geschäftsmäßig», Geld bedeute alles und so weiter. Bedauerlicherweise spielt Geld überall auf unserer Welt eine entscheidende Rolle. Überall gibt es angenehme und weniger angenehme Leute, anständige Menschen und fragwürdige Charaktere. Ich will beileibe nicht behaupten, in den Vereinigten Staaten gäbe es mehr angenehme Menschen als anderswo. Richtig ist indessen, daß die Menschen weniger gereizt, weniger verbittert und daher weniger mißtrauisch sind. Da die Amerikaner in der Regel das Leben mehr genießen als die Europäer, liegt ihnen weniger daran, ihre Mitmenschen zu verletzen und zu demütigen. Roheit trifft man zuweilen an; Infamie selten.*
*Es mag wohl sein, daß die Leute in diesem Land törichte Vorurteile haben und manche von ihnen absurde Gedanken hegen. Und doch war die spontane und weitverbreitete Empörung der Amerikaner über die Ruchlosigkeit der faschistischen Regimes in erster Linie moralischer und nicht so sehr politischer Natur; einmal mehr erwies sich, daß bestimmte unverletzliche Werte und Ideale hier lebendiger sind und mehr in die Wirklichkeit umgesetzt wurden als anderswo. Mir scheint, die Menschen hierzulande fühlen und reagieren stärker und natürlicher als in Europa. Sie sind weniger skeptisch, weniger müde und weniger resigniert. Wenn dies mit der Jugendlichkeit der Amerikaner zusammenhängt, dann ist es wohl Amerikas Jugendlichkeit, um derentwillen ich das Land liebe.*
*Wann immer mir die Amerikaner die unvermeidliche Frage stellen: «Jetzt sag einmal – wie gefällt dir unser Land wirklich?», bin ich froh, darauf ganz offen und ehrlich antworten zu können: «Ich liebe es. Mir gefällt es hier.»*
(Klaus Mann: Ich liebe dieses Land. Aus: Zweimal, S. 147–149)

# Hoffnung auf Amerika

**Zu den Vorträgen,** die Klaus Mann 1937/38 in Europa wiederholt gehalten hatte, gehörte die Ansprache «Hoffnung auf Amerika». Dasselbe Zutrauen in die Neue Welt, das er dabei seinen Zuhörern vermitteln wollte, drückt sich auch in einem großformatigen Ölgemälde aus, an dem der aus Deutschland emigrierte Maler Arthur Kaufmann in den Jahren 1938 bis 1940 in New York arbeitete. Das dreiflügelige Bild, das ein Panorama der in die USA emigrierten Hitler-Flüchtlinge darstellt, wurde erst 1964/65 beendet und erhielt den Titel: «Arts and Sciences Finding Refuge in the U.S.A. – Die geistige Emigration».

**Auch Klaus Mann wurde von Arthur Kaufmann für das Emigrations-Panorama porträtiert. Im Tagebuch notierte er etwas unwillig: «Beim Kunstmaler Arthur *Kaufmann.* Ihm wieder für sein Monster-Emigrations-Altar-Bild sitzen müssen. (Die unliebenswürdig *harte* Ähnlichkeit seiner Portraits ...)» (Tb 4, S. 113)**

**Arthur Kaufmann 1939 mit seinem noch unfertigen Werk**

Das fertige Triptychon, Format: 211 x 343 cm. Es hängt heute im Städtischen Museum Mülheim an der Ruhr

1 Berthold Viertel
2 Fritz Lang
3 Günther Anders
4 Ernst Toch
5 Ernst Bloch
6 Arthur Kaufmann
7 Elisabeth Musset-Kaufmann
8 Max Wertheimer
9 Emanuel Feuermann
10 Arnold Schönberg
11 George Grosz
12 Joseph Floch
13 Heinrich Mann
14 Paul Zucker
15 Luise Rainer
16 Ulrich Friedemann
17 Otto Klemperer
18 Paul Tillich
19 Arnold Zweig
20 William Stern
21 Ferdinand Bruckner
22 Albert Einstein
23 Klaus Mann
24 Thomas Mann
25 Erika Mann
26 Ludwig Renn
27 Curt Valentin
28 Hans Jelinek
29 Bruno Frank
30 Erwin Piscator
31 Lotte Goslar
32 Oskar Maria Graf
33 Benedikt Fred Dolbin
34 Kurt Goldstein
35 Kurt Weill
36 Max Reinhardt
37 Helene Thimig
38 Ernst Toller

# A Family against a Dictatorship

**Auch Thomas und Katia Mann** siedelten im Herbst 1938 in die USA über. In Princeton (New Jersey), etwa 80 Kilometer südwestlich von New York, fanden sie für die nächsten Jahre ein neues Heim. Der Sohn Klaus war, wie seit jeher gewohnt, häufig zu Gast im Elternhaus.

Thomas Mann, der bereits in den Jahren zuvor mehrere Vortragsreisen durch die Vereinigten Staaten unternommen hatte, wurde in Amerika verehrt und gefeiert – nicht nur als Schriftsteller von Weltrang, sondern auch als Repräsentant eines freien Deutschland. «Germany's foremost literary exile speaks now for freedom and democracy in America», lautete im April 1939 der Untertitel einer großen Bildreportage der Zeitschrift «Life» über Thomas Mann und seine Familie. «Wo ich bin, ist Deutschland», hatte der Schriftsteller stolz verkündet, als er im Februar 1938 zu einer Vortragstournee nach New York kam. Seine Bücher erreichten in den USA hohe Auflagen; seine Reden und Ansprachen fanden vor überfüllten Auditorien statt; und er selbst wurde mit Auszeichnungen überhäuft. In den Jahren 1938/39 erhielt Thomas Mann allein fünf Ehrendoktorate amerikanischer Universitäten.

«Erika inzwischen ist auch nicht faul: in der Tat, die Family tut against the Dictatorship, was sie kann», hatte Klaus Mann im Oktober 1937 an Ludwig Hatvany geschrieben (BuA, S. 323). Seine älteste Schwester reiste unermüdlich als Lecturer durch die USA, um über das Hitler-Regime und den drohenden Krieg aufzuklären. Im Herbst 1938 erschien Erika Manns Buch «School for Barbarians», eine Studie über die Erziehung der Jugend im Dritten Reich, und wurde ein fulminanter Erfolg.

**Überfahrt nach Amerika, April 1937: Katia, Erika und Thomas Mann**

Das Haus in der Stockton Street, Princeton, das Thomas und Katia Mann von September 1938 bis März 1941 bewohnten

Klaus Mann mit seinen Eltern, 1938

*«A Family against a Dictatorship»: Ja, aus einer Familie, die zunächst an den kulturellen Angelegenheiten sehr viel mehr interessiert war als an den politischen, ist beinah etwas wie eine politische Gruppe geworden. Wir hassen das Hitler-Regime. Wir lieben Deutschland. So dankbar wir auch der Tschechoslowakei oder den USA verbunden sein mögen, wir werden niemals aufhören, Deutsche zu sein. Zu einer bestimmten Nation zu gehören, ist ein Schicksal – und der deutschen anzugehören, ist ein Schicksal von besonders komplizierter, nicht immer heiterer Art. Ein solches Schicksal wird nicht dadurch von einem genommen, daß ein «autoritärer Staat» einen «ausbürgert».*

*Wir werden nach Deutschland zurückkehren, ich weiß es. Freilich, wir werden dann nicht mehr ganz die sein, die wir waren, als wir es verließen. Inzwischen haben wir in zu vielen Ländern gelebt und zu viele Erfahrungen gesammelt. Wir sind Weltbürger geworden. Genau das übrigens wollten wir immer sein, und dahin ging unser Ehrgeiz: Deutsche Weltbürger. Die harte Schule der Emigration hat uns vielleicht ein wenig dazu erzogen.*

(Klaus Mann: A Family against a Dictatorship [1937]. Zitiert nach: Wunder, S. 260)

# Die eigene Selbstheit

**Vortragsnotizen Klaus Manns**

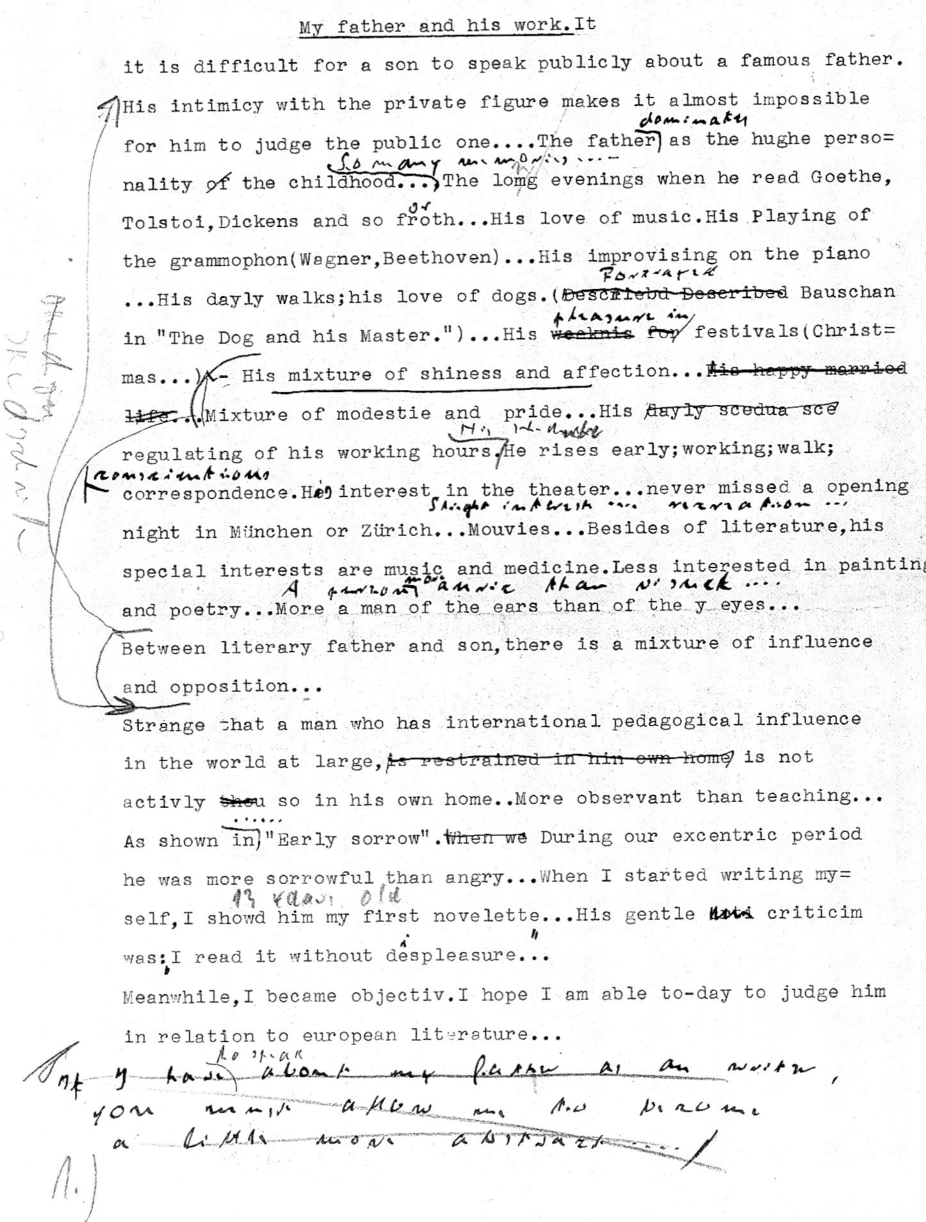

My father and his work. It

it is difficult for a son to speak publicly about a famous father. His intimicy with the private figure makes it almost impossible for him to judge the public one....The father as the hughe perso= nality of the childhood...The long evenings when he read Goethe, Tolstoi, Dickens and so froth...His love of music. His Playing of the grammophon (Wagner, Beethoven)...His improvising on the piano ...His dayly walks; his love of dogs. (Described Bauschan in "The Dog and his Master.")...His festivals (Christ= mas...)- His mixture of shiness and affection...Mixture of modestie and pride...His regulating of his working hours. He rises early; working; walk; correspondence. His interest in the theater...never missed a opening night in München or Zürich...Mouvies...Besides of literature, his special interests are music and medicine. Less interested in painting and poetry...More a man of the ears than of the eyes...

Between literary father and son, there is a mixture of influence and opposition...

Strange that a man who has international pedagogical influence in the world at large, is not activly so in his own home..More observant than teaching... As shown in "Early sorrow". During our excentric period he was more sorrowful than angry...When I started writing my= self, I showd him my first novelette...His gentle criticim was: I read it without despleasure...

Meanwhile, I became objectiv. I hope I am able to-day to judge him in relation to european literature...

**Wann immer Klaus Mann** sich öffentlich über seinen Vater äußerte, geschah dies in einem Grundton von Respekt und Zuneigung. In den Notizen zum Beispiel für einen Vortrag «My father and his work», die vermutlich Ende 1936 entstanden, heißt es am Schluß: «Den ‹Vater-Komplex› immer als etwas lächerlich empfunden. Nicht *gegen* ihn gearbeitet, sondern in seinem Geiste. (Wenngleich mit anderen Mitteln, unter anderen Voraussetzungen und mit anderem Temperament.) Und ich darf nur hoffen, dass spätere Betrachter feststellen werden: Ich habe ihm keine Unehre gemacht.» (Original im KMA)
Im Tagebuch Klaus Manns finden sich dagegen immer wieder andere Zeugnisse. Die euphorische Zustimmung, mit der die amerikanische Öffentlichkeit Thomas Mann begegnete, kränkte den Sohn und erregte seinen Neid – so ungern er sich dies eingestand. Am 30. März 1938 notierte er über seinen Vater: «Er siegt, wo er hinkommt. Werde ich *je* aus seinem Schatten treten? Reichen meine Kräfte so lang? … Bref: ‹grosse Männer› sollten doch wohl keine Söhne haben …» Und am 25. August 1938: «Mehrere ärgerliche kleine Dinge bestätigen mir mein altes Gefühl: dass ich mit Z. unter dem gleichen Dach auf eine längere Weile nicht leben kann.» (Tb 4, S. 31, 58)
Erneut träumte Klaus Mann, wie er im Tagebuch festhielt, sein Vater sei gestorben (Tb 3, S. 171) – ob dies wirklich nur ein Alptraum war?

MASS UND WERT

Zweimonatsschrift für freie deutsche Kultur

Herausgegeben von Thomas Mann und Konrad Falke

III. Jahrgang — Januar/Februar 1940 — Heft 2

INHALT:

| | |
|---|---|
| Gottfried Keller | Polenlied |
| Philipp Menczel | Das Verhängnis von St. Germain |
| Karl Loewith | Max Weber und seine Nachfolger |
| Bruno Frank | Novelle |
| Ernst Waldinger/Ernst Kessler/Alb. Ehrismann | Gedichte |
| André Gide | Die »Gefährlichen Liebschaften« |
| G. A. Borgese | Könige und Cäsaren |
| | ZEITFRAGEN: |
| Ignazio Silone | Die Messe auf Lateinisch |
| Golo Mann | Die Notwendigkeit historischen Verstehens |
| | Über das geschichtliche Parteinehmen |
| KRITIK | Klaus Mann - H. M. G. - Hans Kunz |
| | Arthur Rosenberg- Golo Mann |

Einzelheft Fr. 2.50 — Jahresabonnement (6 Hefte) Fr. 12.—

VERLAG OPRECHT ZÜRICH

Die Zeitschrift «Maß und Wert» erschien von September 1937 bis September 1940.

Ferdinand Lion (links), der Redakteur der Zeitschrift «Maß und Wert», zusammen mit Hermann Kesten

Thomas Mann, um 1939

August von Goethe. Kreidezeichnung von Joseph Schmeller, um 1823

Die Angespanntheit im Vater-Sohn-Verhältnis beruhte durchaus auf Gegenseitigkeit. Als im Herbst 1937 noch in der Schweiz Thomas Mann eine eigene Zeitschrift unter dem Titel «Maß und Wert» herauszugeben begann, zog er nicht seinen Sohn Klaus als Redakteur hinzu – trotz dessen Erfahrung in der Edition eines Periodikums –, sondern den Schriftsteller Ferdinand Lion. (Später übernahm dann Golo Mann dieses Amt.) Klaus Mann war verletzt und verärgert, weil er sich übergangen fühlte; im Tagebuch hielt er zum eigenen Trost eine Äußerung seiner Mutter fest, Thomas Mann sei nun einmal «irritiert durch schreibende Familienmitglieder – mehr durch Heinrich; etwas auch durch mich ...» Und er fügte lakonisch hinzu: «Schlimm.» (Tb 3, S. 120)

Im April 1938 las Klaus Mann den Vorabdruck eines Kapitels aus Thomas Manns Roman «Lotte in Weimar». Das Buch ist nicht nur ein Porträt des Dichterfürsten Goethe, sondern enthält auch – in kunstvoller Verfremdung – starke autobiographische Elemente; und in der Figur von Goethes Sohn August kann man gewisse Züge von Klaus Mann erkennen. Dieser fragte sich in seinem Tagebuch: «Muss ich mich durch die Charakterisierung des August von Goethe betroffen fühlen?» Und er antwortete mit trotzigem Nachdruck: «Wohl wirklich NICHT.» (Tb 4, S. 35) In der Tat finden sich im «Lotte»-Roman harsche Urteile über den unglücklichen August von Goethe; sofern man sie auf Klaus Mann bezieht, erhalten sie einen bitteren Beigeschmack: «Der Sohn eines Großen – ein hohes Glück, eine schätzbare Annehmlichkeit und eine drückende Last, eine dauernde Entwürdigung der eigenen Selbstheit doch auch wieder.» (TM 1982, S. 145) August selbst werden die Worte in den Mund gelegt: «Ich bin zwar jung, und er ist alt, aber was ist meine Jugend gegen sein Alter! Ich bin nur ein beiläufiger, mit wenig Nachdruck begabter Abwurf seiner Natur [...].» (Ebd., S. 213)

# Escape to Life

**Gemeinsam** mit seiner Schwester Erika hatte Klaus Mann Anfang 1938 die Arbeit an einem Buch begonnen, dessen erste fertige Exemplare er am 5. April 1939 in Händen hielt: «Escape to Life». Es war eine Auftragsarbeit des amerikanischen Verlags Houghton Mifflin, der bei den Autoren ein «möglichst umfassendes, möglichst informatives Buch über die künstlerischen, wissenschaftlichen und politischen Repräsentanten der deutschen Emigration» bestellt hatte – «eine Art ‹Who's Who in Exile›» (WP, S. 379).

Das umfangreiche Buch wurde ein facettenreiches Mosaik der Prominenten des Exils. Die Liste der Porträtierten ist lang: Schriftsteller wie Lion Feuchtwanger, Franz Werfel und Ödön von Horváth gehörten ebenso dazu wie die Theaterleute Max Reinhardt, Fritz Kortner und Elisabeth Bergner; auch Sigmund Freud war ein Abschnitt gewidmet («Lauter Figuren und Typen, die eigentlich seine Patienten sein sollten, treten nun als seine Herren auf»), ebenso dem Onkel Heinrich und – besonders ausführlich – dem eigenen Vater. In kurzen Schilderungen berichteten die Autoren über den Pariser Kongreß zur Verteidigung der Kultur 1935 und über den Spanischen Bürgerkrieg; außerdem wurden wichtige Exilverlage und -zeitschriften vorgestellt.

Seine Schwester und er könnten «mehr als nur akademische Beschreibungen» liefern, hatte Klaus Mann dem Verleger versichert, sie seien «beinahe mit allen» namhaften Exilierten «persönlich bekannt» (16. Januar 1938, KMA). In der Tat gelang ihnen ein höchst lebendiges, anekdotenreiches Buch – ein bis heute lesenswerter Überblick über die deutsche Kultur im Exil.

Umschlag der Erstausgabe. «Sieht würdig, dick und stattlich aus (mit nicht besonders hübschem Einband)», notierte Klaus Mann dazu im Tagebuch (Tb 4, S. 96).

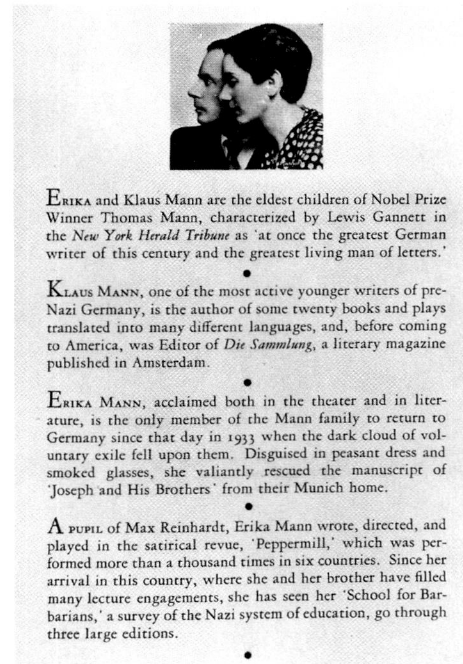

Erika and Klaus Mann are the eldest children of Nobel Prize Winner Thomas Mann, characterized by Lewis Gannett in the *New York Herald Tribune* as 'at once the greatest German writer of this century and the greatest living man of letters.'

•

Klaus Mann, one of the most active younger writers of pre-Nazi Germany, is the author of some twenty books and plays translated into many different languages, and, before coming to America, was Editor of *Die Sammlung*, a literary magazine published in Amsterdam.

•

Erika Mann, acclaimed both in the theater and in literature, is the only member of the Mann family to return to Germany since that day in 1933 when the dark cloud of voluntary exile fell upon them. Disguised in peasant dress and smoked glasses, she valiantly rescued the manuscript of 'Joseph and His Brothers' from their Munich home.

•

A pupil of Max Reinhardt, Erika Mann wrote, directed, and played in the satirical revue, 'Peppermill,' which was performed more than a thousand times in six countries. Since her arrival in this country, where she and her brother have filled many lecture engagements, she has seen her 'School for Barbarians,' a survey of the Nazi system of education, go through three large editions.

•

Die hintere Umschlagseite des Buches

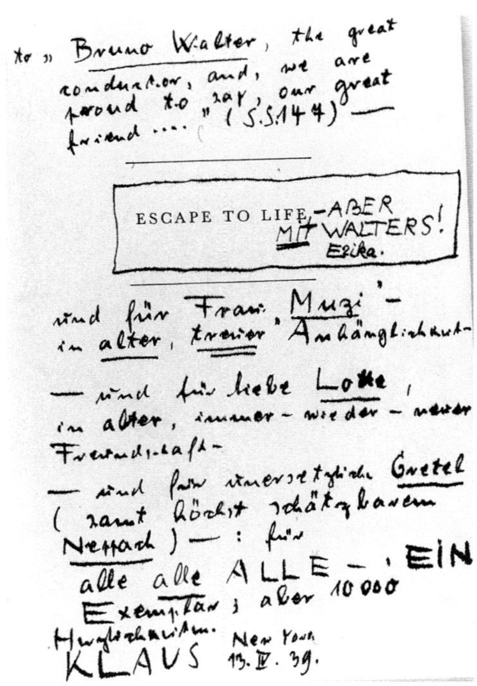

to „Bruno Walter, the great conductor, and, we are proud to say, our great friend ....“ (S. S. 144) —

ESCAPE TO LIFE – ABER MIT WALTERS!
Erika.

und für Frau „Muzi“ – in alter, treuer Anhänglichkeit –

— und für liebe Lotte, in alter, immer-wieder-neuer Freundschaft –

— und für unersetzliche Gretel (samt höchst schätzbarem Nachwuchs) —: für alle alle ALLE –: EIN Exemplar; aber 10 000 Huldigungen.
KLAUS New York 13. IV. 39.

Widmung von «Escape to Life» für Bruno Walter und seine Familie

Frontispiz von «Escape to Life»: Albert Einstein auf dem ‹Observation Roof› des Rockefeller Center. Das Foto trägt eine handschriftliche Widmung Einsteins «Für Erika und Klaus Mann»; im Buch erhielt es die Bildunterschrift: «Exiled into Paradise!»

*Diese «Emigration» hat den Charakter einer Völkerwanderung. Es verhält sich ja keineswegs so, daß etwa im Jahre 1933 eine bestimmte Menschengruppe das Reich verlassen und in irgendwelchen Ländern dauerhaft Unterkunft gefunden hätte. Vielmehr: seit 1933 hört diese Bewegung, diese Tendenz «Weg von Deutschland! Fort vom Nazi-Barbarismus!» nicht mehr auf. Immer zahlreicher werden die, die im Reiche nicht mehr bleiben können – oder wollen. Andererseits wird der Machtbereich der Hitler-Diktatur immer größer. Vorgestern kamen die neuen Emigranten aus Österreich; gestern die aus der Tschechoslowakei; heute treffen die Opfer der neuesten Nazi-Pogrome aus den deutschen Städten ein – und wen müssen wir morgen erwarten? Vielleicht dauert es nicht mehr lange, und auch aus Straßburg oder Zürich, Amsterdam oder Kopenhagen werden die jüdischen, katholischen oder politischen Flüchtlinge sich melden …*

*[…] Was wir versucht haben, ist: einen Querschnitt durch die Vielschichtigkeit der deutschen Emigration, ein möglichst lebendiges Bild von der Vielfalt ihrer Gesichter und geistigen Kräfte zu geben. Wir wollten zeigen und anschaulich machen: es sind nicht einzelne Personen, die aus irgendwelchen Gründen vertrieben wurden. Opfer des Nazi-Fanatismus ist vielmehr eine komplexe Kultur – die wahre deutsche Kultur, die immer ein schöpferischer Teil der europäischen Kultur und der Welt-Kultur war.*

(Klaus und Erika Mann: Vorwort zu «Escape to Life», geschrieben im November 1938)

# «Der Vulkan»

«**Escape to Life**» wurde ein beachtlicher Erfolg; dennoch tat Klaus Mann das fertige Buch ab als Sammlung von «etwas oberflächlichen Emigranten-Portraits» (BuA, S. 387).
Zur Herzenssache wurde ihm dagegen ein Roman, der ebenfalls 1939 erschien und an dem er fast zwei Jahre arbeitete: «Der Vulkan». Dieser «Roman unter Emigranten» – so der Untertitel – wurde nicht nur sein umfangreichstes, sondern nach eigener Einschätzung im Tagebuch zugleich sein «wichtigstes» Werk (Tb 4, S. 84).
Auch «Der Vulkan» enthält ein Panorama von Exilschicksalen – nur eben in Form literarischer Fiktion. Die Handlung umgreift den Zeitraum vom April 1933 bis zum 1. Januar 1939. Schauplätze des Buches sind vor allem die Zentren der aus Nazi-Deutschland Vertriebenen: Paris, Zürich, Prag, Amsterdam; später die USA. Dargestellt wird der oft bittere Alltag des Lebens im Exil – das erniedrigende Warten beim Hilfskomitee, eine von der Fremdenpolizei gestörte Liebesnacht, die endlosen politischen Debatten im Café, die Sorge um die Aufenthaltserlaubnis oder einen gültigen Paß, die häufig bedrückende materielle Not.
Klaus Mann zeigt im «Vulkan», wie verschieden den Menschen die «harte, angespannte Existenzform» des Exils bekommt: einige «vereinsamten, wurden asozial, weil sie an nichts denken, über nichts reden konnten, was nicht das eigene Elend betraf»; andere suchten den Freitod oder betäubten sich mit Drogen; wieder andere wurden durch das Emigrantendasein «kühner, klüger und besser gemacht. Ihre mitleidende Phantasie, ihr prüfender Verstand» entwickelten sich, und ihre Herzen wurden «sowohl empfindlicher als auch entschlossener» (KM, Der Vulkan, S. 477).

Cover der Erstausgabe

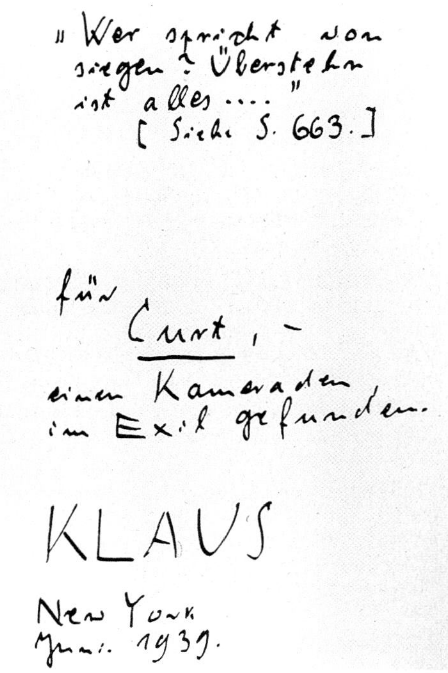


Widmungsexemplar des Romans für Curt Riess; mit einem Rilke-Zitat, das Klaus Mann später als Motto dem «Turning Point» voranstellte: «Wer spricht von siegen? Überstehn ist alles ...»

Aus Klaus Manns Vorarbeiten für den «Vulkan»: Auflistung von Schlüsselbegriffen für den Roman

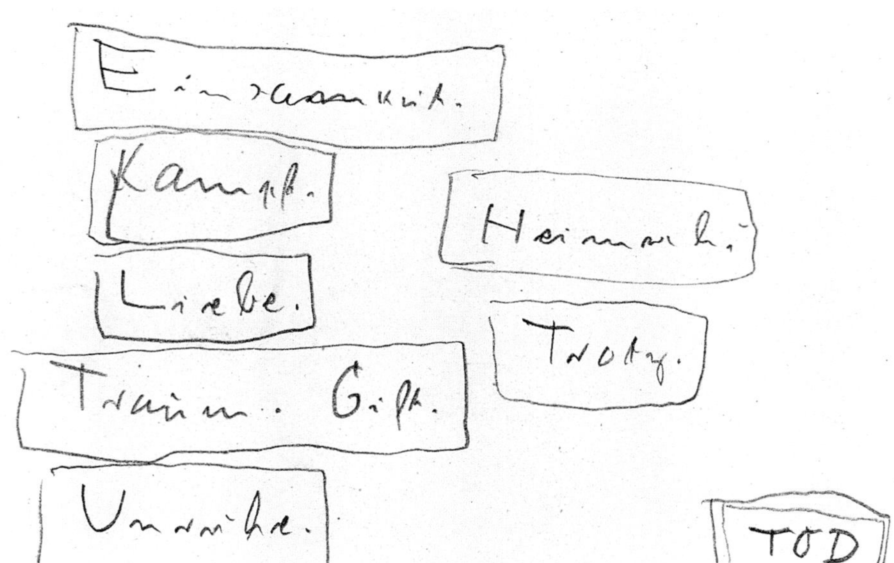

Szenen aus Ottokar Runzes Verfilmung des «Vulkans», 1999

Das Besondere an dem Roman «Der Vulkan» ist die Vielfalt menschlicher Haltungen, die der Autor darstellt: erzählt wird von Kämpfenden ebenso wie von Schwermütigen, von guten Bürgern wie von Außenseitern, von Lebensstarken und von Selbstmördern.

In seiner Rede auf dem Pariser Kongreß 1935 hatte Klaus Mann den «Mangel an Toleranz» beklagt, den er unter Antifaschisten beobachtete; sein Gegenentwurf war das Konzept eines «sozialistischen Humanismus» gewesen, eines großen Bündnisses, in dem «alles Platz» haben sollte: «Es gibt keine Form der menschlichen Leistung, der menschlichen Liebe, der menschlichen Intelligenz, die hier geringgeschätzt würde.» (Zahnärzte, S. 302, 305) «Der Vulkan» ist die epische Ausgestaltung dieses Konzepts. Auch Drogensüchtige, Homosexuelle, Anarchisten sind Teil des breiten Spektrums, das Klaus Mann beschreibt.

Als poetisches Bekenntnis war das provozierend genug – nicht nur für bürgerliche Leser, sondern auch gegenüber orthodoxen Sozialisten und Kommunisten. In kaum einem anderen Werk der Exilliteratur sind soziale und politische Außenseiter der Emigration, die sonst meist als «kaputte Existenzen» abgestempelt werden, mit soviel Verständnis und Sympathie dargestellt worden wie in Klaus Manns «Vulkan».

## Engel der Heimatlosen

Marienbildnis von Rudolf von Ripper, 1938. Eine Reproduktion davon fand sich in Klaus Manns Nachlaß.

«**Der Vulkan**» enthält eine Fülle von Figuren und Handlungssträngen. Zwei Leitmotive durchziehen das komplexe Geflecht. Zum einen ist es die im Titel des Romans beschworene Metaphorik einer Naturkatastrophe – die Vision eines drohenden Vulkanausbruchs. «Kriege werden kommen, Revolutionen, Kampf ohne Ende», prophezeit der Autor, und die apokalyptische Ahnung wird zum Menetekel für Figuren und Leser: «Hütet euch [...]! Furchtbar ist der Vulkan. Das Feuer kennt kein Erbarmen. Ihr verbrennt, wenn ihr nicht sehr schlau und behutsam seid.» (KM, Der Vulkan, S. 512, 168f.)

Ein Gegengewicht zu diesen bedrohlichen Visionen ist das zweite Leitmotiv: die Engelsgestalten, die Klaus Mann wiederholt auftreten läßt. Ein «Engel der Heimatlosen» erscheint am Ende dem jungen Kikjou, einer wichtigen Figur des Romans, und deutet in einer surrealistisch anmutenden Traumepisode das Geschehen von einem kosmischen Standort aus. Das bittere Leben der ins Exil Getriebenen, erklärt der Engel, sei Teil einer «gnadenvollen Heils-Konstruktion» – Gott wolle die Menschen durch Schmerzerfahrung zum Erwachen bringen, damit «ihr euch der Pflichten bewußt werdet und dem Neuen eifriger dient». Am Schluß steht ein direkter Appell der «Höchsten Instanz» an die Erdenbewohner: «Seid wachsam und tapfer –: dies fordert Meine Liebe von euch! Seid energisch, seid realistisch, seid auch gut! Plagt euch! Kämpft! Habt Ehrgeiz und Leidenschaft, Trotz, Liebe und Mut! Seid rebellisch! Seid fromm! Bewahrt euch die Hoffnung! Steht auf eigenen Füßen!» (Ebd., S. 548, 554)

**Orphée. Zeichnung von Jean Cocteau, 1930**

**Laokoon. Gemälde von El Greco, 1610–14. Auch von diesem Bild, dessen Original in der National Gallery Washington hängt, besaß Klaus Mann eine Reproduktion.**

Auf manchen Leser wirkte solche religiöse Überhöhung im Werk eines politisch engagierten Autors überraschend, ja irritierend. Klaus Mann fragte sich im Tagebuch kurz vor Erscheinen des Romans, ob die Kommunisten ihm wohl «die *Engel* im ‹Vulkan› verzeihen» würden (Tb 4, S. 102). Er selbst hat sich immer wieder, auch öffentlich, als ein zutiefst gläubiger Mensch bekannt. «*Gott.* Ich glaube an Ihn, und ich habe immer an Ihn geglaubt», erklärte er 1935 in einem Vortrag (Zahnärzte, S. 364). Und in seiner Rede beim Pariser Kongreß zur Verteidigung der Kultur hatte er im selben Jahr betont: «Die religiöse Veranlagung macht nicht asozial. Kann sie nicht im Gegenteil die sozialen Impulse, das Verlangen nach Gerechtigkeit, nach besserer Ordnung, nach einem reineren Wiederbeginn des gesellschaftlichen Lebens steigern und vertiefen?» (Ebd., S. 303) Auch im «Vulkan» ist das religiöse Denken ins Weltliche gewendet – als Impuls zum aktiven gesellschaftlichen Handeln.

Seine «Engel-Kunde» im «Vulkan»-Roman, erläuterte Klaus Mann seinem Vater in einem Brief, stamme «teils von Rilke, teils von Gide und Cocteau – und teils aus dem ‹Joseph› – so weit sie nicht aus dem Herzen stammt» (BuA, S. 393). In seiner Autobiographie nannte er später eine leicht variierte Ahnenlinie: «Noch ehe ich mir den Swedenborg entdeckte und mich mit Jean Cocteaus anrüchigem Cherubim anfreundete, lernte ich bei Rilke die Grundlagen der Engelskunde.» (WP, S. 109)

# «Lauter Schwuhle und Morphinisten»

**In den Reaktionen** auf seinen Roman bekam Klaus Mann zu spüren, wie sehr er an die Vorurteile vieler Zeitgenossen gerührt hatte. Selbst gute Freunde wie Bruno und Liesl Frank störten sich an den «moralisch bedenklichen, anstößigen Partien des Buches», berichtete Klaus Mann seinem Vater (BuA, S. 392). Im Tagebuch hielt er fest, Curt Riess habe von einem Brief aus Europa erzählt, in dem als Einwand gegen den «Vulkan» kurz und knapp stünde: «Lauter Schwuhle und Morphinisten...» (Tb 4, S. 117)

In der Tat handelt «Der Vulkan» so unverbrämt wie kaum ein anderes Werk Klaus Manns von homosexueller Liebe. Die Beziehung zwischen Kikjou und dem deutschen Schriftsteller Martin Korella gehört zu den zentralen Elementen der Handlung. Aus der Sicht beider Figuren werden zugleich Drogenerfahrungen intensiv beschrieben. Martin Korella, ein hochbegabter und überempfindsamer Dichter (der manche Züge von Wolfgang Hellmert trägt), geht schließlich am Morphinismus zugrunde; sein Geliebter Kikjou dagegen wandelt sich zum antifaschistischen Kämpfer.

Eine kämpferische Figur ist auch der surrealistische Dichter Marcel Poiret (der in vieler Hinsicht an René Crevel erinnert). Poiret geht im Verlauf des Romans nach Spanien, wo er als Interbrigadist den Tod findet. Der Spanische Bürgerkrieg wird im «Vulkan» zum Paradigma für den Heroismus und Siegeswillen der Antifaschisten. Nicht ohne Pathos – und nicht ohne Wunschdenken – läßt Klaus Mann einen deutschen Interbrigadisten verkünden, das Beispiel des kämpfenden spanischen Volkes werde am Ende «die Geschichte des Jahrhunderts bestimmen» (KM, Der Vulkan, S. 540).

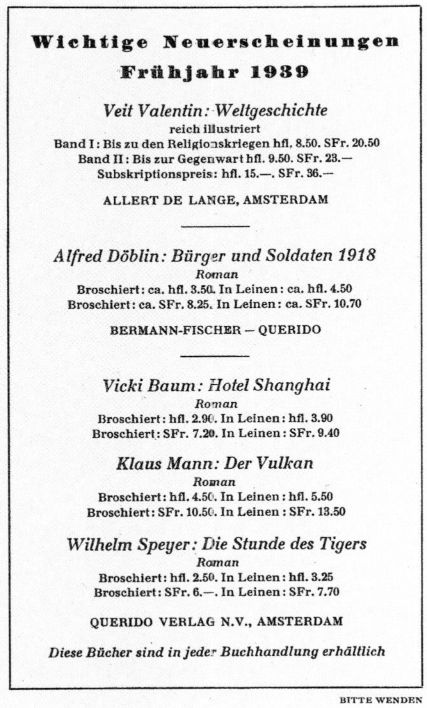

**Wichtige Neuerscheinungen**
**Frühjahr 1939**

*Veit Valentin: Weltgeschichte*
reich illustriert
Band I: Bis zu den Religionskriegen hfl. 8.50. SFr. 20.50
Band II: Bis zur Gegenwart hfl. 9.50. SFr. 23.—
Subskriptionspreis: hfl. 15.—. SFr. 36.—

ALLERT DE LANGE, AMSTERDAM

*Alfred Döblin: Bürger und Soldaten 1918*
*Roman*
Broschiert: ca. hfl. 3.50. In Leinen: ca. hfl. 4.50
Broschiert: ca. SFr. 8.25. In Leinen: ca. SFr. 10.70

BERMANN-FISCHER – QUERIDO

*Vicki Baum: Hotel Shanghai*
*Roman*
Broschiert: hfl. 2.90. In Leinen: hfl. 3.90
Broschiert: SFr. 7.20. In Leinen: SFr. 9.40

*Klaus Mann: Der Vulkan*
*Roman*
Broschiert: hfl. 4.50. In Leinen: hfl. 5.50
Broschiert: SFr. 10.50. In Leinen: SFr. 13.50

*Wilhelm Speyer: Die Stunde des Tigers*
*Roman*
Broschiert: hfl. 2.50. In Leinen: hfl. 3.25
Broschiert: SFr. 6.—. In Leinen: SFr. 7.70

QUERIDO VERLAG N.V., AMSTERDAM

*Diese Bücher sind in jeder Buchhandlung erhältlich*

BITTE WENDEN

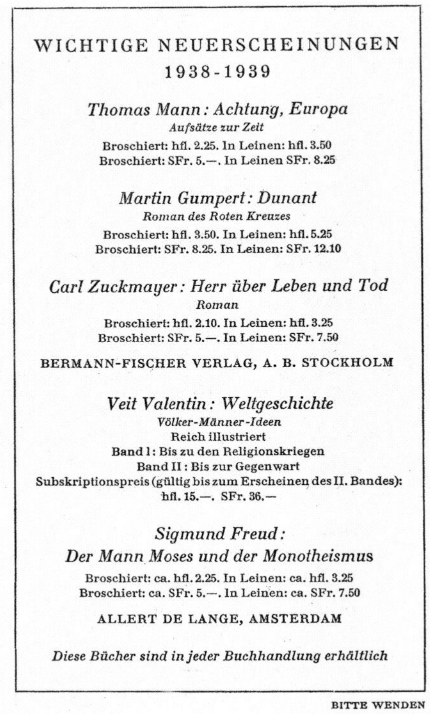

WICHTIGE NEUERSCHEINUNGEN
1938-1939

*Thomas Mann: Achtung, Europa*
*Aufsätze zur Zeit*
Broschiert: hfl. 2.25. In Leinen: hfl. 3.50
Broschiert: SFr. 5.—. In Leinen SFr. 8.25

*Martin Gumpert: Dunant*
*Roman des Roten Kreuzes*
Broschiert: hfl. 3.50. In Leinen: hfl. 5.25
Broschiert: SFr. 8.25. In Leinen: SFr. 12.10

*Carl Zuckmayer: Herr über Leben und Tod*
*Roman*
Broschiert: hfl. 2.10. In Leinen: hfl. 3.25
Broschiert: SFr. 5.—. In Leinen: SFr. 7.50

BERMANN-FISCHER VERLAG, A. B. STOCKHOLM

*Veit Valentin: Weltgeschichte*
*Völker-Männer-Ideen*
Reich illustriert
Band I: Bis zu den Religionskriegen
Band II: Bis zur Gegenwart
Subskriptionspreis (gültig bis zum Erscheinen des II. Bandes):
hfl. 15.—. SFr. 36.—

*Sigmund Freud:*
*Der Mann Moses und der Monotheismus*
Broschiert: ca. hfl. 2.25. In Leinen: ca. hfl. 3.25
Broschiert: ca. SFr. 5.—. In Leinen: ca. SFr. 7.50

ALLERT DE LANGE, AMSTERDAM

*Diese Bücher sind in jeder Buchhandlung erhältlich*

BITTE WENDEN

**Gemeinsame Werbung der Verlage Allert de Lange, Bermann Fischer und Querido**

**Bruno Frank**

**Lion Feuchtwanger**

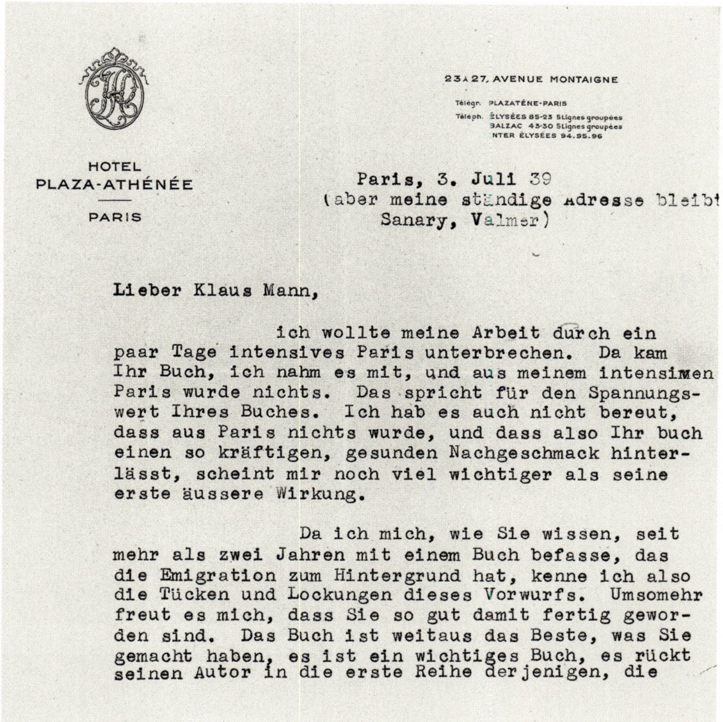

HOTEL
PLAZA-ATHÉNÉE
PARIS

23 à 27, AVENUE MONTAIGNE
Télégr. PLAZATÈNE-PARIS
Téléph. ÉLYSÉES 85-23 5 lignes groupées
BALZAC 43-30 5 lignes groupées
INTER ÉLYSÉES 94.95.96

Paris, 3. Juli 39
(aber meine ständige Adresse bleibt
Sanary, Valmer)

Lieber Klaus Mann,

ich wollte meine Arbeit durch ein paar Tage intensives Paris unterbrechen. Da kam Ihr Buch, ich nahm es mit, und aus meinem intensinen Paris wurde nichts. Das spricht für den Spannungswert Ihres Buches. Ich hab es auch nicht bereut, dass aus Paris nichts wurde, und dass also Ihr buch einen so kräftigen, gesunden Nachgeschmack hinterlässt, scheint mir noch viel wichtiger als seine erste äussere Wirkung.

Da ich mich, wie Sie wissen, seit mehr als zwei Jahren mit einem Buch befasse, das die Emigration zum Hintergrund hat, kenne ich also die Tücken und Lockungen dieses Vorwurfs. Umsomehr freut es mich, dass Sie so gut damit fertig geworden sind. Das Buch ist weitaus das Beste, was Sie gemacht haben, es ist ein wichtiges Buch, es rückt seinen Autor in die erste Reihe derjenigen, die

Lion Feuchtwangers
Brief an Klaus Mann,
3. Juli 1939

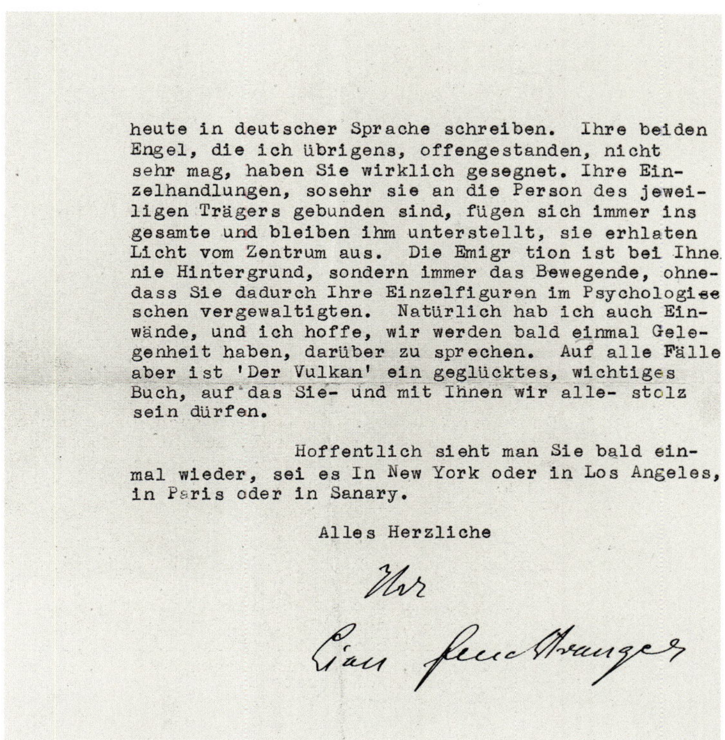

heute in deutscher Sprache schreiben. Ihre beiden Engel, die ich übrigens, offengestanden, nicht sehr mag, haben Sie wirklich gesegnet. Ihre Einzelhandlungen, sosehr sie an die Person des jeweiligen Trägers gebunden sind, fügen sich immer ins gesamte und bleiben ihm unterstellt, sie erhlaten Licht vom Zentrum aus. Die Emigr tion ist bei Ihne nie Hintergrund, sondern immer das Bewegende, ohnedass Sie dadurch Ihre Einzelfiguren im Psychologiee schen vergewaltigten. Natürlich hab ich auch Einwände, und ich hoffe, wir werden bald einmal Gelegenheit haben, darüber zu sprechen. Auf alle Fälle aber ist 'Der Vulkan' ein geglücktes, wichtiges Buch, auf das Sie- und mit Ihnen wir alle- stolz sein dürfen.

Hoffentlich sieht man Sie bald einmal wieder, sei es In New York oder in Los Angeles, in Paris oder in Sanary.

Alles Herzliche

Ihr
Lion Feuchtwanger

Thomas Mann lobte in einem langen Brief an seinen Sohn dessen Emigranten-Roman als «wirklich vorzügliche Sache» – das Buch entwerfe auf unnachahmliche Weise «ein Bild deutscher Entwurzelung und Wanderung, gesehen und gemalt à la Jean Cocteau», und das «Atmosphärische der Städte und Länder» finde er ganz besonders gelungen (BuA, S. 388–390).

Auch von Lion Feuchtwanger kam ein begeisterter Brief: «Das Buch ist weitaus das Beste, was Sie gemacht haben, es ist ein wichtiges Buch, es rückt seinen Autor in die erste Reihe derjenigen, die heute in deutscher Sprache schreiben. Ihre beiden Engel, die ich übrigens, offengestanden, nicht sehr mag, haben Sie wirklich gesegnet. Ihre Einzelhandlungen, sosehr sie an die Person des jeweiligen Trägers gebunden sind, fügen sich immer ins gesamte und bleiben ihm unterstellt, sie erhalten Licht vom Zentrum aus. Die Emigration ist bei Ihnen nie Hintergrund, sondern immer das Bewegende, ohnedass Sie dadurch Ihre Einzelfiguren im Psychologischen vergewaltigen.» (3. Juli 1939, Original im KMA)

Feuchtwanger arbeitete zu dieser Zeit an einem ähnlichen Projekt: seinem Roman «Exil», der 1940 erschien. Zusammen mit Anna Seghers' Roman «Transit» gehören «Exil» und «Der Vulkan» zu den bedeutendsten literarischen Arbeiten, die während der Naziherrschaft über das Leben der Exilierten geschrieben wurden.

Zunächst aber hatte Klaus Manns Roman nur sehr begrenzte Wirkung – die Absatzmöglichkeiten des Querido Verlags, in dem «Der Vulkan» erschien, wurden vom expandierenden Faschismus immer mehr eingeengt. 300 Exemplare seien verkauft, berichtete Thomas Mann seinem Bruder Heinrich am 20. Juli 1939, und Klaus sei «recht vereinsamt» mit seinem Buch (TM / HM, Briefwechsel, S. 311).

# Mörderische Zeit

Joseph Roth

Kurt Tucholsky

**Das Buch «Escape to Life»** enthält ein eigenes Kapitel über «The Dead – Die Toten». Darin finden sich Porträts von Exilierten, die in den ersten sechs Jahren der Hitler-Diktatur starben – oder sich aus Verzweiflung selbst umbrachten. Kurt Tucholsky war darunter, der im Dezember 1935 im schwedischen Exil den Freitod wählte; aber auch Ödön von Horváth, ein guter Bekannter Klaus Manns, der am 1. Juni 1938 auf den Champs-Élysées in Paris von einem umstürzenden Baum erschlagen wurde. «Wie ehren wir», heißt es in «Escape to Life», «das Andenken der Dahingegangenen am besten?» «Indem wir das weiter lieben und verteidigen, was sie geliebt und verteidigt haben», lautete die schlichte Antwort.

Wenige Wochen nach dem Erscheinen des Buches wurde Klaus Mann durch einen neuen Todesfall erschüttert: Ernst Toller erhängte sich am 22. Mai 1939 in seinem New Yorker Hotel. «Grosses Grauen, grosse Erschütterung. Erinnerungen; Vorwürfe; all das Versäumte – was nie wieder gutzumachen ist», schrieb Klaus Mann ins Tagebuch (Tb 4, S. 108). Er war mit Toller in den Tagen vor dessen Tod häufig zusammen gewesen – bei einer Tagung des P.E.N.-Clubs, auch beim Besuch einer Schriftsteller-Delegation im Weißen Haus. Nun mußte er an Tollers Grab sprechen.

Ein anderer Autor, der österreichische Romancier Joseph Roth, brach zusammen, als er die Nachricht vom Selbstmord Tollers erhielt. Vier Tage später starb Roth in einem Pariser Hospital. «‹'s ist Krieg, 's ist *leider* Krieg.› Die Kameraden FALLEN», notierte Klaus Mann, nachdem er vom Ende Joseph Roths erfahren hatte (Tb 4, S. 110).

Ödön von Horváth

Ernst Toller

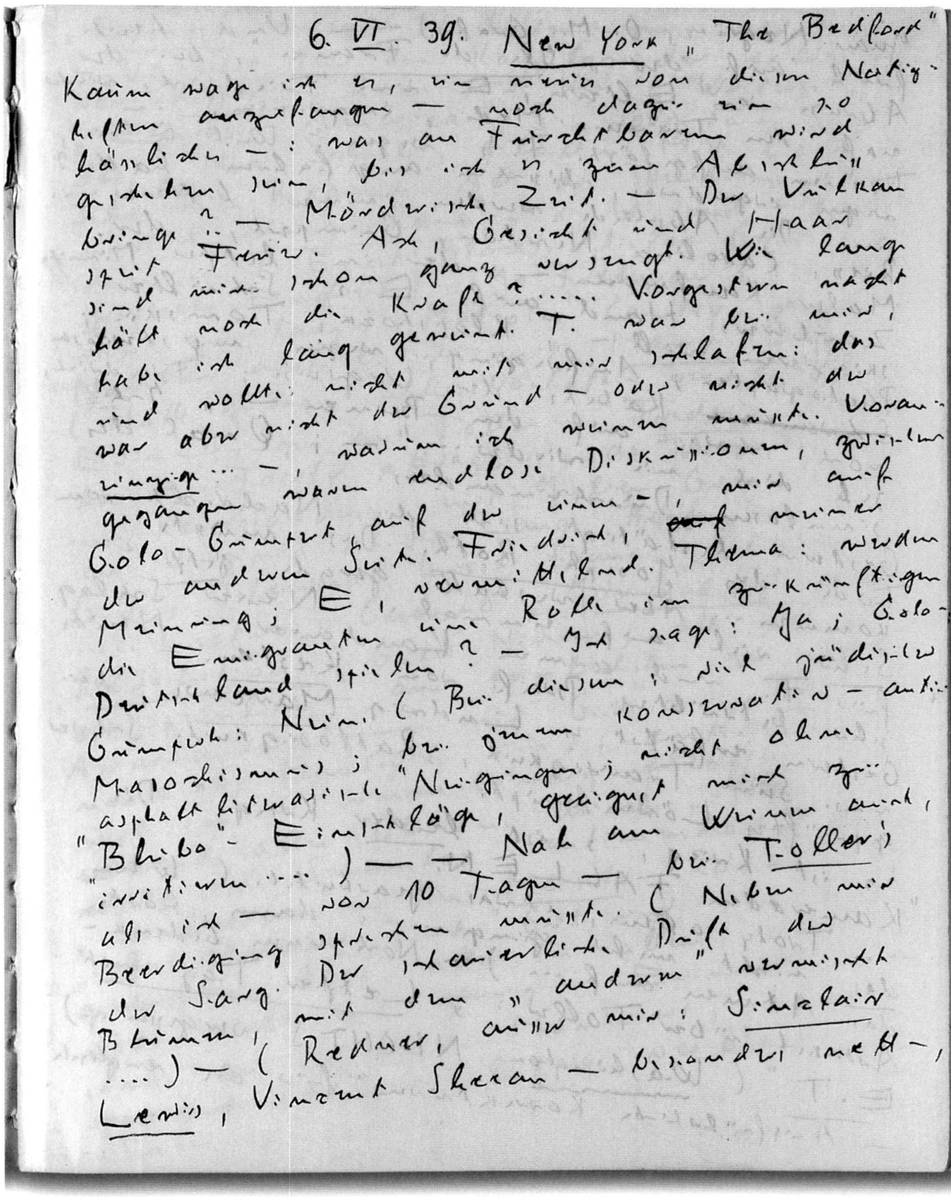
6. VI. 39. New York „The Bedford"

Aus dem Tagebuch Klaus Manns, 6. Juni 1939

«Indessen werde ich mich *nicht* aufhängen», beteuerte Klaus Mann trotzig, und er versicherte Hermann Kesten in einem Brief: «Arbeit ist entschieden der solideste Trost.» (BuA, S. 382, 384) Sein Tagebuch allerdings spiegelt die Depressionen, die ihn immer wieder heimsuchten, und seinen nur mühsam gezügelten Todeswunsch. Oft schwankte er zwischen extremen Stimmungen: «Dieses Leben – wie schwer ist es auszuhalten. Jede Minute –: wie schwer… Dazwischen ganz aktiv und rüstig», heißt es zum Beispiel am 22. Juni 1939. Einige Tage später hielt er fest: «Wieder dieses furchtbare Weinen. Tränen der Erschöpfung, der Hoffnungslosigkeit … Ach, sie trösten nicht. Nichts tröstet. Das schaurige Gefühl, am Ende zu sein. Hätte ich endlich die Erlaubnis zum Tode!! Keine Angst davor –: *nur* vor dem, was ich *anderen* damit antäte … Mir selber täte ich sehr Gutes an …» (Tb 4, S. 115, 118)

Wenige Wochen vorher, als er ein neues Tagebuch-Heft begann (Tb 4, S. 109), hatte er aufgeschrieben: «Kaum wage ich es, ein neues von diesen Notizheften anzufangen – noch dazu ein so hässliches –: was an Furchtbarem wird geschehen sein, bis ich es zum Abschluss bringe? – Mörderische Zeit. – Der Vulkan speit Feuer. Ach, Gesicht und Haar sind mir schon ganz versengt. Wie lange hält noch die Kraft?»

PROOFS ONLY
ASSOCIATED NEWS
Photographic Service, Inc
20 WEST 57th STREET
NEW YORK CITY

## Kapitel 8

# Der Wendepunkt

Exil in Amerika
(1939–1942)

*New York, The Bedford. – – – – Me voici, de nouveau – – – –: «After all, this is your home», sagte der nette Clerk, als ich beim Eintragen der Adresse zögerte. [...] Lektüre. (– – – – «dienst du dem Gegen-Glück – dem Geist – – –»). Meine wachsende Aversion dagegen, Deutsches zu lesen. Hatte einiges mit – Döblin, Feuchtwanger –, und den ganzen Sommer keine Seite davon gelesen. Übrigens sind diese geringen Notizen ja das Einzige, was ich in meiner Sprache noch schreibe – ausser ein paar Briefen. – – – – Wie überdrüssig bin ich des deutschen Problems! Mögen sie doch endlich zur Hölle gehen, diese philosophierenden Sadisten und hysterischen Wegelagerer. Deutschland kotzt mich an –: so viel von Luthers Sprache weiß ich noch, daß ich dies zu formulieren vermag – – –.*

Klaus Mann, Tagebuch, 19. September 1940

# Der Ausbruch des Vulkans

23. August 1939: Nach der Unterzeichnung des deutsch-sowjetischen Nichtangriffspakts im Moskauer Kreml. V. l. n. r.: Reichsaußenminister Joachim von Ribbentrop, Unterstaatssekretär Friedrich Gaus, Josef Stalin und der sowjetische Außenminister Wjatscheslaw Molotow

1. September 1939: Deutsche Soldaten räumen polnische Schlagbäume beiseite.

**Am 1. September 1939** überfiel die deutsche Wehrmacht das Nachbarland Polen. Zwei Tage später erklärten England und Frankreich dem Aggressor Deutschland den Krieg. Eine Völkerschlacht, die rund sechs Jahre dauern sollte, nahm ihren Anfang. Der Vulkan war ausgebrochen …

Klaus Mann erlebte die Tage des Kriegsbeginns in Santa Monica, Kalifornien. In seinem Tagebuch sind die wechselnden Stimmungen, die ihn und viele andere deutsche Emigranten bewegten, akribisch festgehalten. Bei aller Zukunftsangst überwog die Erleichterung, daß den Nazis nun mit militärischen Mitteln begegnet wurde: «Eine fast unheimliche Euphorie bei uns allen –: als wäre, physisch, ein ungeheurer Druck von uns genommen; eine lange Krankheit endlich überwunden …» (Tb 4, S. 132)

Hitlers Truppen überrannten Polen binnen weniger Wochen. Die Sowjetunion, die am 23. August 1939 einen Nichtangriffspakt mit Deutschland geschlossen hatte, marschierte ihrerseits am 17. September 1939 in Ostpolen ein. Wie so oft in seiner Geschichte wurde Polen von übermächtigen Nachbarn besetzt. Am 28. September 1939 unterzeichneten Deutschland und die UdSSR einen Grenz- und Freundschaftsvertrag – die Aufteilung Polens war besiegelt.

Wie für viele andere Nazi-Gegner war das Arrangement zwischen Hitler und Stalin, so vorübergehend es letztlich sein sollte, für Klaus Mann ein furchtbarer Schock. Im Tagebuch notierte er einen Satz von Stephen Spender: «Durch den deutsch-russischen Pakt ist fast alles, was linke Literaten während der letzten Jahre geschrieben haben, sinnlos geworden.» (Tb 4, S. 142)

5. Oktober 1939: Adolf Hitler im eroberten Warschau

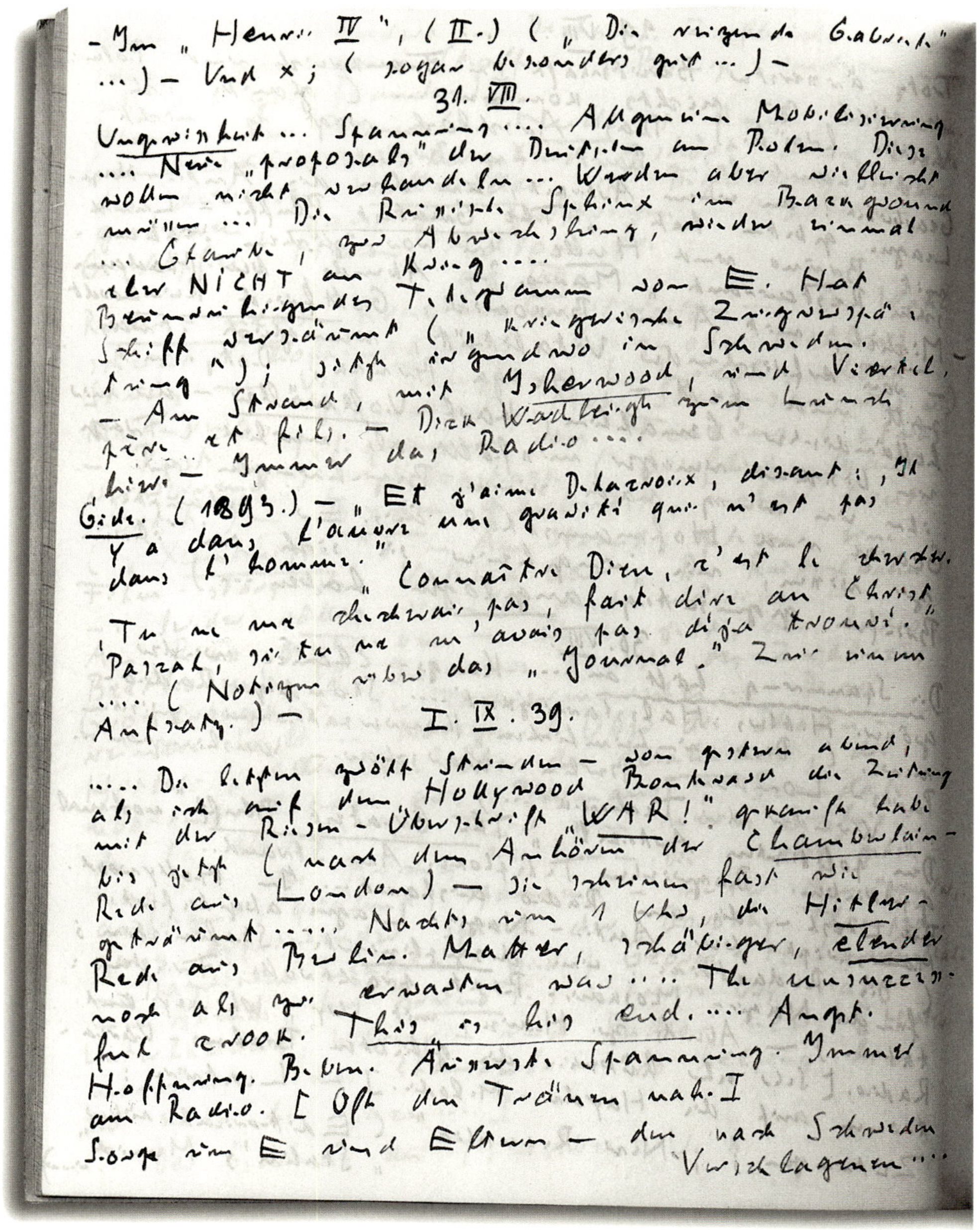

**Aus Klaus Manns Tagebuch: Aufzeichnungen über den Beginn des Weltkriegs**

*1. IX. 39. … Die letzten zwölf Stunden – von gestern abend, als ich auf dem Hollywood Boulevard die Zeitung mit der Riesen-Überschrift «WAR!» gekauft habe, bis jetzt (nach dem Anhören der Chamberlain-Rede aus London) – sie scheinen fast wie geträumt … Nachts um 1 Uhr, die Hitler-Rede aus Berlin. Matter, schäbiger, elender noch als zu erwarten war … The unsuccessful crook. This is the end … Angst. Hoffnung. Beben. Äusserste Spannung. Immer am Radio. (Oft den Tränen nah.)*

*Sorge um E[rika] und Eltern – den nach Schweden Verschlagenen …*

*Ungewiss auch wegen der eigenen Pläne …*

*3. IX. 1939. Was für Tage …: Die Spannung, fast unerträglich. Das quälende Zögern Englands. Die Befürchtungen, die Zweifel. Schliesslich, die Entscheidung. Heute früh um 2 Uhr: Chamberlains Rede aus Nr. 10, Downing Street … Später: King George; Daladiers «Vive la France» … Churchill im Cabinett … Das Ungeheure, noch kaum zu fassen, kaum zu realisieren. Erleichterung und Hoffnung indessen stärker als Schrecken und Angst … Dies wird nicht lange dauern … […]*

*Das Gefühl, der Augenblick sei da, etwas zu tun. Nach Europa? Propaganda machen, nach Deutschland hinein? … Geduld! Entwicklung abwarten. – Wochen der Entscheidung. […]*

*14. IX. Zeitungslektüre. Das Entsetzen der Nazi-Greuel in Polen … Wie wird dies jemals zu verzeihen sein?*

(Klaus Mann: Tagebuch 1939; Original im KMA)

# Blitzkrieg

**Der Überfall** auf den östlichen Nachbarstaat war nur der Anfang einer umfangreichen militärischen Offensive des Dritten Reichs. Mit einer Serie von Feldzügen okkupierten die deutschen Truppen ganze Teile Europas. Am 9. April 1940 besetzte die Wehrmacht zunächst Dänemark, das sich kampflos ergab; in den Wochen danach wurde Norwegen erobert. Im Mai 1940 begann der Westfeldzug. Nach kurzer Zeit kapitulierten die Niederlande und Belgien, und Hitlers Truppen stießen nach Frankreich vor. Am 14. Juni 1940 wurde Paris kampflos besetzt. Inzwischen war auch Italien in den Krieg eingetreten, und der siegreiche Vormarsch der «Achsenmächte» schien unaufhaltsam.

Juni 1940: Adolf Hitler im besetzten Paris. – Klaus Mann notiert im Tagebuch am 18. Juni 1940: «Mir wird buchstäblich übel, wenn ich lesen muss, wie die Nazi-Soldaten sich grinsend auf dem Eiffelturm photographieren lassen. Sie lachen den Pariser Mädchen zu. Einige lachen zurück. Oh, ma pauvre France!»

13. Oktober 1940: Thomas Mann begrüßt seinen Bruder Heinrich bei dessen Ankunft in New York.

Golo Mann

28. Oktober 1940: Monika Mann-Lányi wird in New York von ihrer Mutter Katia in Empfang genommen.

CHARACTER QUALITY New York ENTERPRISE ACCURACY

Journal AND American

AN AMERICAN PAPER FOR THE AMERICAN PEOPLE

*** ** TUESDAY, OCTOBER 29, 1940

REUNION IN A FREE COUNTRY

Mrs. Monica Lanyi, one of Thomas Mann's three daughters, gets a fervent kiss from her mother after arrival here on the S. S. Cameronia. The 32-year-old child of the exiled German writer made a previous attempt to reach America. That ended tragically when the City of Benares was torpedoed by a U-boat in the North Atlantic last month. Her husband, Jeno Hungarian historian, died.

«Europa wird eng – für unsereinen», hatte Klaus Mann schon 1938 an Kurt Hiller geschrieben (BuA, S. 340). Der Kriegsverlauf gab seiner Prognose zunehmend recht. Auch aus Frankreich, der Zuflucht vieler deutscher Exilierter, mußten die Hitler-Gegner nun flüchten. Das Land wurde im Waffenstillstand von Compiègne am 22. Juni 1940 in ein besetztes und ein unbesetztes Gebiet («Vichy-Frankreich») geteilt.

Unter oft dramatischen Umständen verließen die Emigranten den europäischen Kontinent. Viele suchten in den USA neue Zuflucht. Am 13. Oktober 1940 traf der griechische Dampfer «Nea Hellas» in New York ein, mit zahlreichen Emigranten an Bord – darunter Heinrich und Golo Mann. Die beiden waren auf abenteuerlichen Wegen über die Pyrenäen von Frankreich nach Spanien geflohen und hatten schließlich in Portugal das rettende Schiff bestiegen. Thomas Mann war glücklich, den Bruder und den Sohn in der Sicherheit der «Neuen Welt» begrüßen zu können.

Am 28. Oktober 1940 traf mit dem Schiff «Cameronia» auch Monika Mann in New York ein. Ihr erster Versuch, nach Amerika zu gelangen, war wenige Wochen zuvor auf tragische Weise fehlgeschlagen: Zusammen mit ihrem Mann, dem ungarischen Kunsthistoriker Jenö Lányi, wollte sie auf dem Schiff «City of Benares» vor England nach Kanada ausreisen; doch das Schiff wurde am 23. September 1940 von einem deutschen U-Boot torpediert und versank im Atlantik – Monika überlebte das Unglück, ihr Mann kam ums Leben.

# Das «Andere Deutschland»

**Im Januar 1940** erschien im New Yorker Verlag Modern Age das Buch «The Other Germany», das Klaus Mann zusammen mit seiner Schwester Erika geschrieben hatte. Zwei Botschaften vor allem wollten die Autoren ihren Lesern nahebringen: zum einen, «was Nazismus wirklich ist», nämlich nichts anderes als «der Feind der Menschheit»; zum zweiten, daß ein «Anderes Deutschland» existierte, ein liebens- und bewahrenswertes. Regime und Volk seien strikt zu unterscheiden: «Sind die Deutschen Nazis? Unsere Antwort heißt klipp und klar: Nein.» (The Other Germany, S. 15f., 54)

«The Other Germany» war für den Tag und die Stunde geschrieben, ohne Scheu vor Vereinfachungen und Zuspitzungen. Auf populärem Niveau – wie sie es von ihren «lecture tours» gewohnt waren – versuchten Klaus und Erika Mann über die Vorgänge aufzuklären, die zum Zweiten Weltkrieg geführt hatten, und sie appellierten ganz unverblümt an die amerikanische Öffentlichkeit: «Schützt Europa vor Hitler! Verteidigt die Zivilisation gegen den Angriff der Barbarei!» (Ebd., S. 270) Das waren deutliche Worte in einem Land, dessen Medien sich vorerst in «wahren Ekstasen der ‹isolation›» ergingen, wie Klaus Mann in einem Brief vom April 1940 bitter vermerkte (BuA, S. 415).

Doch «The Other Germany» fand nur wenig Resonanz. Das Buch erlebte eine einzige Auflage; es ist bis heute nicht ins Deutsche übersetzt worden.

Cover der Erstausgabe

Page Four THE NEW LEADER

**Debate:** Klaus Mann / Eugene Lyons

*Sees Stalin's Game "No Blow To Cause of Peace"*

By KLAUS MANN

YOU have invited me to give my opinion on Soviet-Russia's new politics and especially on the "so-called non-aggression pact between Hitler and Stalin and the partition of Poland between Germany and Russia."

I must admit that I regard it as a difficult, almost insoluble task to confine my remarks with reference to such complex and significant questions within the frame-work of a short letter. A comprehensive work might be written about the analogies and differences between Soviet-Russia and the Third Reich. I have never overlooked the similarities between these two new-type state structures and incidentally have already referred to them publicly, *before* the non-aggression pact.

But even to this day I shall not cease to believe in fundamental differences between the Nazi-regime and the Soviets. The Third Reich is bad in its very substance; there is no such thing as "good elements," nor "great purpose" that could justify the low means employed. The goals are as miserable as the means by which their attainment is contemplated.

The Third Reich has brought the German people and the world nothing but danger, disturbance, suffering and degradation. Its

profoundly shocked, confused and alarmed me also. I have never been a Communist. My sympathies for the Soviet-Union were above all those of a Democrat and passionate anti-fascist, who looked upon Socialist Russia as one of the strongest potential opponents of

**After the Pact**

TWO days before Stalin revealed to the West that there still exists something new under the diplomatic sun—by announcing his pact with Hitler—Corliss Lamont, who likes to think of himself as the upper "clawss" gone left — released a statement to the press purporting to explain the difference between the Nazi and Communist dictatorships.

Stalin

This document, once exposed in The New Leader as an attack on the Committee for Cultural Freedom, had some 300 signatures attached to it, although it was known as the statement of the Committee of 400.

are mysterious; one thing only is certain, that his power has increased tremendously. That does not mean that I concur with his tactics. On the contrary, I subscribe to the sentence that I read in "The New Republic" of September 27: "Stalin's invasion of Poland from the east has too much in common with Hitler's invasion from the west for any defender of Soviet morals to feel comfortable about it."

* * *

THERE remains only the question whether this tactics—whose undeniable analogy to Nazi-tactics repel us— will work out favorably for the Nazi-Fuehrer in the long run.

To be sure for the time being this question does not seem to have moral significance; but it has all the more political weight. And all things political can—or must—have moral consequences. In London the view seems to be taken, "that Russia's invasion of Poland, fatal as it was to the Polish cause, will in the long run turn out to be a terrible headache to Adolf Hitler." Bill Henry reports from England: "One week's developments indicate that Russia stymied Hitler in the Ukraine, chased him from the Rumanian border oil fields and, by placing a big army bordering on 30,000,000 Slavs he is trying to assimilate, will provide a constant threat on his eastern frontier."

Beitrag Klaus Manns in «The New Leader», 28. Oktober 1939

Klaus Mann, 1939.
Foto: Lotte Jacobi

Giuseppe Antonio Borgese. Ihm und seiner Frau, ihrer jüngsten Schwester Elisabeth, widmeten die Autoren das Buch «The Other Germany».

Leopold Schwarzschild

Hubertus Prinz zu Löwenstein

Das Buch über das «Andere Deutschland» stellte die Nazi-Gegner mit einem positiven, optimistischen Blick dar – doch dies war keinesfalls die ganze Wahrheit. De facto hatten der Hitler-Stalin-Pakt und der Kriegsverlauf die Gräben zwischen den verschiedenen Fraktionen der Exilierten tief aufgerissen; die Idee der Volksfront war definitiv gescheitert. Auch Klaus Mann, der sich stets um Vermittlung und Ausgleich kontroverser Positionen bemüht hatte, geriet zwischen die Fronten.

«Ich habe mich, seit dem Oktober verstrichenen Jahres, von meinen kommunistischen Freunden trennen müssen», schrieb er in einem Brief vom 9. April 1940 (BuA, S. 415). Groteskerweise wurde er im selben Oktober 1939 im von Leopold Schwarzschild herausgegebenen «Neuen Tage-Buch» als «Sowjet-Agent» angegriffen. Klaus Mann verwahrte sich öffentlich gegen den «tückischen Unsinn» (Zweimal, S. 168); aber es verletzte ihn, die denunziatorisch gemeinte Lüge in einer Exilzeitschrift zu lesen, für die er selbst etliche Beiträge geliefert hatte. In seinem eigenen Diarium sprach er kurzerhand von der «Schwarzschild-Sau» (Tb 5, S. 13). In einem Brief vom Oktober 1940 beurteilte er Schwarzschild eher psychologisch: «Die Grundbegriffe des Anstandes sind ihm bei seinem langen Kampf gegen die Unanständigkeit total abhanden gekommen.» (BuA, S. 430)

Von anderen Positionen grenzte Klaus Mann sich ebenfalls ab: «Auch die Sozialdemokraten setzen mir giftig zu. Die Burschen könnten es fertig bringen, mich mit der Stalinschen Politik wieder auszusöhnen – was im Augenblick wahrhaftig keine Kleinigkeit ist.» (BuA, S. 402) Und dem konservativen Hubertus Prinz zu Löwenstein kündigte er im Frühjahr 1940 die Freundschaft auf, als dieser in einem Artikel die Kriegführung der Alliierten angriff. Das «Andere Deutschland» war zerstrittener denn je …

# Distinguished Visitors

Für die Vorbereitung von «Distinguished Visitors» recherchierte Klaus Mann ausgiebig in der New York Public Library.

Klaus Manns Abschrift von Goethes Amerika-Gedicht

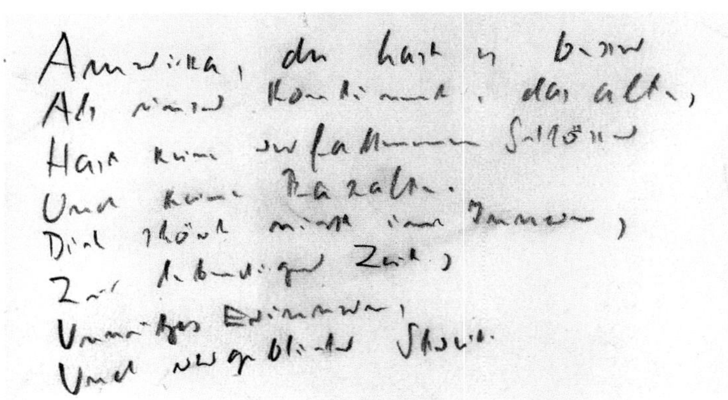

**Schon im Spätherbst 1939** hatte Klaus Mann mit der Arbeit an einem Buchprojekt begonnen, das eine historisch fundierte Sympathiewerbung für die Situation der Exilierten sein sollte: «Distinguished Visitors». In einem Bilderbogen porträtierte er berühmte Männer und Frauen, die in den letzten Jahrhunderten von Europa nach Amerika gereist waren. Der Bogen der Amerika-Besucher, über die Klaus Mann schrieb, war weit gespannt: von Chateaubriand und Lola Montez über Antonin Dvorák und Leo Trotzki bis hin zu Herman Bang, Eleonora Duse und Tomáš Masaryk. Die Motive dieser Menschen, in die Neue Welt zu reisen, waren ebenso vielfältig wie die Erfahrungen, die sie dort machten. Aber gerade in dieser Vielfalt, ja Gegensätzlichkeit sah Klaus Mann ein Kennzeichen jener vibrierenden Spannung, aus der heraus einst die amerikanische Nation geboren wurde. Das Einwandererland USA aus der Perspektive von europäischen Besuchern zu schildern erschien ihm daher ebenso reizvoll wie angemessen.

Am 14. August 1940 meldete er Hermann Kesten: «Das Buch ist fertig und kommt mir eher bedeutend vor.» (BuA, S. 422) Aber er fand keinen Verleger, der diese Wertschätzung teilte. Das 450 Seiten umfassende Manuskript blieb zu Lebzeiten des Autors ungedruckt.

Franz Kafka, vierzigjährig. Das Foto erhielt Klaus Mann von Kafkas Freund und Arzt Robert Klopstock.

Die Freiheitsstatue von New York bei ihrem fünfzigjährigen Bestehen, 1936

Karl May alias Old Shatterhand

«Amerika, du hast es besser / Als unser Kontinent ...» – Goethes berühmte Verse aus den «Zahmen Xenien» notierte sich Klaus Mann, um sie als Motto in «Distinguished Visitors» zu verwenden. Der Weimarer Dichterfürst hat aber bekanntlich das Land, von dem er so neidvoll schwärmte, niemals selbst betreten.

Klaus Mann widmete ein ganzes Kapitel seines Buches europäischen Autoren, die über Amerika schrieben, ohne vorher dort gewesen zu sein. «Traum-Amerika» nannte er diesen Abschnitt. Mit Verve polemisierte er darin gegen Karl May – dessen Wildwestgeschichten würden zur Lieblingslektüre Adolf Hitlers gehören und übten einen fatalen Einfluß auf die deutsche Jugend aus. «Das Dritte Reich ist Karl Mays endgültiger Triumph, die entsetzliche Realisation seiner Träume. In direkter Anlehnung an Mays ethische und ästhetische Grundsätze versucht heute der österreichische Anstreicher, der Old Shatterhand mit der Muttermilch eingesogen hat, die Welt umzugestalten.» (Distinguished Visitors, S. 330)

Mit Begeisterung porträtierte Klaus Mann dagegen Franz Kafka, dessen Fragment «Amerika» er in einem Konzept als «die faszinierendste Vision einer Neuen Welt» pries (Typoskript im KMA). Auf den Schlußseiten von «Distinguished Visitors» erzählte Klaus Mann die Geschichte von Kafkas Hauptfigur Karl Roßmann weiter. Er versetzte den jungen Helden in die USA der Gegenwart – und legte ihm ein parteiliches Statement zu den aktuellen weltpolitischen Konflikten in den Mund, einen Aufruf zum aktiven Kampf gegen Hitler und seine Verbündeten: «Es gibt keine Sicherheit, keine Isolation. Es existiert kein Unterschied mehr zwischen fremd und nicht fremd. Es gibt nur noch Menschen, die versuchen, die Katastrophe aufzuhalten – und andere, die zu feige oder zu unwissend sind, zu begreifen, was sie erwartet ...» (Distinguished Visitors, S. 353)

## Zwischen den Sprachen

Klaus Mann in New York. Zeichnung von Alexander Sander, 1940/41

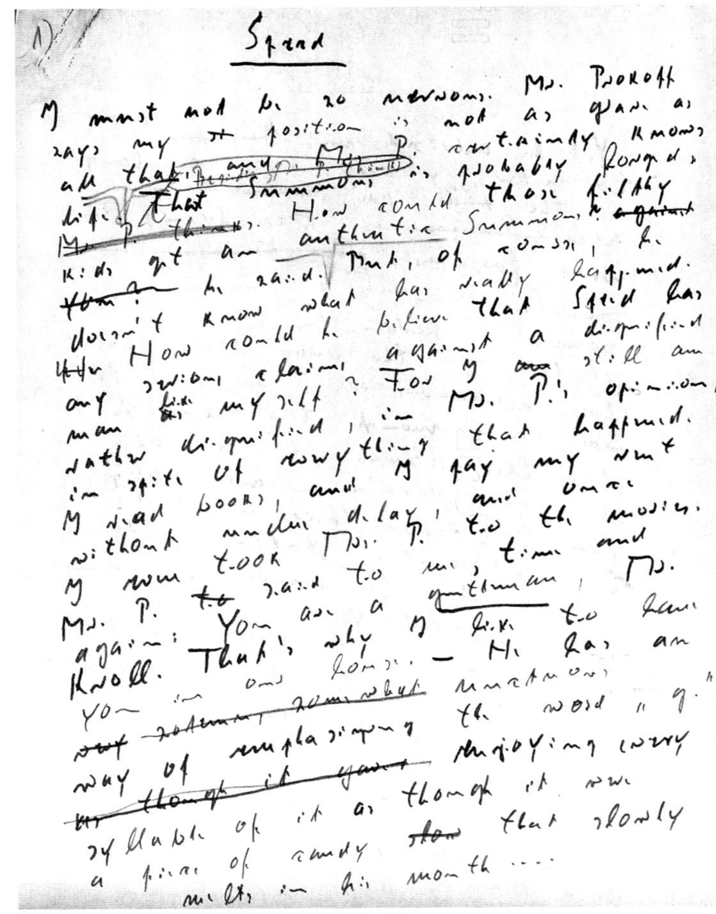
Speed

Aus dem Manuskript von «Speed»

**Nicht nur politisch** war Klaus Mann gezwungen, sich neu zu orientieren – auch sprachlich mußte er auf die veränderte Situation reagieren. «Deutsche Bücher haben jetzt keinen Markt: wir sollten uns darüber nichts vormachen», konstatierte er 1940 in einem Interview (Typoskript im KMA). Seine ersten für amerikanische Leser verfaßten Bücher – «Escape to Life» und «The Other Germany» – hatte er noch übersetzen lassen; ab 1940 schrieb er selbst fast nur noch auf englisch. Das sei «bittere Notwendigkeit – aus Spaß tut man so was nicht», bekannte er im erwähnten Interview.

Aber selbst einem hochbegabten Autor wie Klaus Mann gelang das kreative Schreiben in einer fremden Sprache nur mühsam. In seinem Tagebuch sind die Qualen des Umlernens eindrucksvoll dokumentiert. Am 15. März 1940 notierte er, nach dem Abschluß eines Essays über Adelbert von Chamisso: «Konnte allerlei Persönliches hineinlegen. (Motiv: ‹zwischen den Völkern, den Sprachen –›»). (Tb 5, S. 28) In der Autobiographie gestand er unverblümt ein, wie schwer ihm seine ersten englischen Texte fielen: «Quälendes Gefühl der Unsicherheit. Plötzlich ist man wieder ein Anfänger: Jeder Satz bereitet Kopfzerbrechen.» (WP, S. 402)

Im Tagebuch ist auch festgehalten, daß Klaus Mann sich von Christopher Isherwood helfen und ermutigen ließ, als er seinen ersten erzählerischen Versuch in der englischen Sprache wagte die Novelle «Speed», die im September 1940 abgeschlossen war. Veröffentlicht wurde auch dieser Text zu Lebzeiten des Autors nicht – obwohl er ein aufschlußreiches literarisches Dokument des Exillebens in New York Anfang der vierziger Jahre ist.

«Speed» handelt vom Leben und Leiden eines österreichischen Hitler-Flüchtlings, der in den Straßenschluchten von Manhattan einen jungen Amerikaner kennenlernt und ihm hörig wird. Der Jüngling, den alle Speed nennen, verleitet den betulichen Österreicher zum Drogenkonsum, verwickelt ihn in dubiose Geschäfte, bestiehlt ihn – und bringt ihn schließlich in eine höchst bedrohliche Lage.

Die Story «Speed» ging, auch wenn der Ich-Erzähler Karl Kroll sich in vielen Details vom Autor unterscheidet, auf eigene Erfahrungen Klaus Manns zurück – auf seine Erlebnisse mit einem «niedlichen, verkommenen kleinen» Liebhaber namens Buddie (Tb 5, S. 14). In Klaus Manns Tagebuch jener Zeit finden sich immer häufiger Eintragungen über Strichjungen und kurzzeitige Liaisons. Sogar das Autofahren übte er in den USA wieder, um besser «auf Jagd» gehen zu können: «Wie soll ich mir auch sonst die Knaben holen? Und wie soll ich *ohne* sie leben??» (Tb 5, S. 49f.)

Straßenszenen
in Manhattan, in den
dreißiger Jahren

Christopher Isherwood. 1939 veröffentlichte der angloamerikanische Autor das Buch «Goodbye to Berlin!»; Jahrzehnte später wurde es zur Grundlage des erfolgreichen Filmmusicals «Cabaret». Klaus Mann war mit Isherwood herzlich befreundet und widmete ihm die Erzählung «Speed» – «weil er mir Mut gemacht hat» (Tb 5, S. 59).

# «Decision»

**Am 28. November 1939** hielt Klaus Mann im Tagebuch erstmals den Gedanken fest, in den USA eine eigene Zeitschrift herauszubringen: «Notiere mir Mitarbeiter. Schon ‹the family› (including Borgese, Auden, Lányi) würde ein ganz stattliches Kernstück abgeben …» Zwei Wochen später war er bereits mit konkreten Vorarbeiten beschäftigt und konstatierte nüchtern: «Es wird alles viel Müh und Ärger machen. MUSS aber irgendwie sein.» (Tb 4, S. 145, 147)

Über ein Jahr dauerte es von den ersten Ideen bis zur Realisierung des Projekts. Im Januar 1941 lag schließlich das erste Heft der neuen Monatsschrift vor. «Decision» war der Name der Zeitschrift. Klaus Mann firmierte als Herausgeber, und er konnte eine stattliche Liste von prominenten «Editorial Advisors» aufführen – von Sherwood Anderson über Somerset Maugham und Freda Kirchwey bis zu Stefan Zweig. Auch Thomas Mann gehörte zum Gremium der editorischen Berater.

Im Geleitwort des ersten Heftes erklärte Klaus Mann: «Wir nennen diese Zeitschrift *Decision – Entscheidung* – nicht, weil wir ein fest umrissenes politisches oder geistiges Programm haben. Vielmehr bedeutet dieser Titel, daß wir uns vorgenommen haben, ein Programm zu suchen, weiterzumachen, der Herausforderung zu begegnen, die der gegenwärtige Rückgang an Menschlichkeit bedeutet, und die allgemeine Verzweiflung mit den Waffen konstruktiven Denkens zu besiegen. Schon die Tatsache, daß wir gerade jetzt das Wagnis eingehen, eine literarische Zeitschrift zu gründen, die sich der freien Kultur widmet, ist eine Geste des Protestes und der Hoffnung.»

**DECISION**

EDITOR: KLAUS MANN

*a review of free culture*

**This is NOT seasonal advertising material.**

Board of Editorial Advisors

Sherwood Anderson
Wystan Auden
Edward Beneš
Stephen Vincent Benét
G. A. Borgese
Ernest Boyd
Julian Green
Horace Gregory
Frank Kingdon
Freda Kirchwey
Thomas Mann
Somerset Maugham
Robert Nathan
Vincent Sheean
Robert E. Sherwood
Stefan Zweig

Dear Reader:

Once in the course of a generation -- perhaps only once in the duration of a century -- an undertaking of such great proportions as DECISION comes into existance.

We feel that by sending you this letter, it is sure to reach the hands of one who can, at least, understand this far-reaching import of our program.

Briefly here is the story:

A new monthly periodical, entitled DECISION, will appear with its January issue. The publication is edited by Klaus Mann, oldest son of Thomas Mann, and represents a firm and unified stand many of the world's most renowned writers and thinkers are taking in the face of the forces operative today and militating against independent creative work and intellectual liberty.

DECISION magazine will be a new type of cultural review in a distinctively modern tempo -- an inspired response to the vital need of our challenging and critical day. It is not subservient to any political group nor limited by any particular ideology.

Its Board of Editorial Advisors you will find

Werbebrief an potentielle Leser

Für die Zeitschrift wurde eine eigene Gesellschaft gegründet, Decision Incorporated, und ein Büro in New York City eingerichtet: 141 East 29 Street lautete die Anschrift. Man beschäftigte einen kleinen Stab von Helfern und redaktionellen Mitarbeitern, und der Herausgeber selbst führte ein höchst umtriebiges Leben. «Im übrigen alles ganz anstrengend und amüsant. Morgen furchtbarer Monstre-Coctail zum Erscheinen der ersten Nummer: 150 Leute in der engen Perls-Galerie», schrieb er gutgelaunt an Eva Herrmann im Januar 1941. Drei Monate später heißt es in einem Brief an Katia Mann: «Ich arbeite mindestens zehn Stunden am Tag, oder eigentlich sechzehn, da ja auch die diversen Lunch-appointments and coctail-parties nur ‹der Sache› wegen durchgestanden werden. Dazu kommt das eigentlich Redaktionelle – von meinen enorm zahlreichen eigenen Beiträgen zu schweigen. Man braucht viel Heiterkeit – teils in Tabletten-Form, teils im Herzen – um es auszuhalten.» (BuA, S. 441, 455)
Die Zeitschrift litt von Beginn an unter Finanznöten, und Klaus Mann war beinahe unablässig darum bemüht, potentielle Geldgeber und Mäzene ausfindig zu machen.

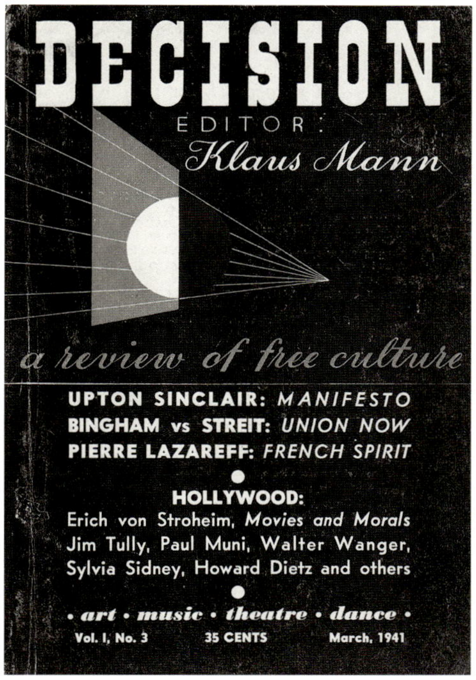
DECISION
EDITOR: Klaus Mann
a review of free culture
UPTON SINCLAIR: MANIFESTO
BINGHAM vs STREIT: UNION NOW
PIERRE LAZAREFF: FRENCH SPIRIT
HOLLYWOOD:
Erich von Stroheim, Movies and Morals
Jim Tully, Paul Muni, Walter Wanger, Sylvia Sidney, Howard Dietz and others
• art • music • theatre • dance •
Vol. I, No. 3 35 CENTS March, 1941

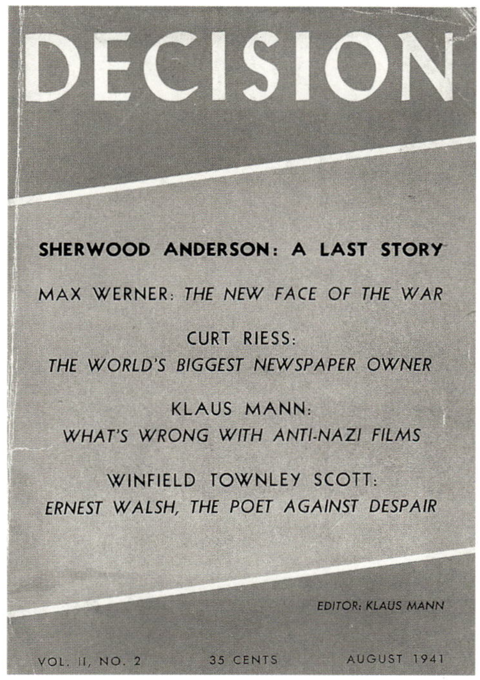
DECISION
SHERWOOD ANDERSON: A LAST STORY
MAX WERNER: THE NEW FACE OF THE WAR
CURT RIESS: THE WORLD'S BIGGEST NEWSPAPER OWNER
KLAUS MANN: WHAT'S WRONG WITH ANTI-NAZI FILMS
WINFIELD TOWNLEY SCOTT: ERNEST WALSH, THE POET AGAINST DESPAIR
EDITOR: KLAUS MANN
VOL. II, NO. 2 35 CENTS AUGUST 1941

Umschlagseiten von «Decision». Die ersten Hefte der Zeitschrift zierte auf dem Umschlag eine symbolistische Zeichnung (links); ab Juli 1941 wurde dieses Cover dann durch eine rein typographisch gestaltete Titelseite abgelöst (rechts).

«Lunch-appointments and coctail-parties»: Klaus Mann mit der amerikanischen Journalistin Muriel Draper

# Kritische Rundschau für freie Kultur

Mitarbeiter von Klaus Manns Zeitschrift:

Carson McCullers

Sherwood Anderson

Berthold Viertel

Erich von Stroheim

W. Somerset Maugham

«**Decision**» war laut Untertitel «A Review of Free Culture», eine kritische Rundschau für freie Kultur. Im Aufbau ähnelte die neue Monatsschrift durchaus der «Sammlung». Politische und kulturkritische Aufsätze machten einen Hauptteil der Hefte aus; einen zweiten Schwerpunkt bildeten Prosatexte und Lyrik; und es gab einen ausführlichen aktuellen Teil mit Kritiken über Bücher, Filme, Theater, Musik und bildende Kunst. Dazwischen wurden Reproduktionen von Zeichnungen und Gemälden gezeigt.

«Diese Zeitschrift soll kein Sprachrohr für europäische Flüchtlinge sein; sie soll wirksam werden als ein Instrument, um die Beziehungen zwischen amerikanischer und europäischer Geisteswelt zu intensivieren», schrieb Klaus Mann im Editorial des ersten Heftes. «Decision» war eine englischsprachige Zeitschrift; nur vereinzelt wurden kleinere Beiträge in anderen Sprachen gedruckt. Höchst international war die Liste der Autoren zusammengesetzt – zugleich eine beeindruckende Parade von Prominenten: Aldous Huxley, Upton Sinclair, Janet Flanner, William Carlos Williams und Carson McCullers gehörten dazu, auch Jules Romains, Christopher Isherwood, Jean-Paul Sartre, Franz Werfel, Heinrich Mann und Berthold Viertel. In Schwerpunkt-Heften wurde die künstlerische Produktion einzelner Länder Europas vorgestellt.

Klaus Mann konnte sich in seinem Element fühlen: Er gestaltete ein weltbürgerlich aufgemachtes Kultur-Forum, dessen liberale Spannweite den Abdruck von Gedichten Stefan Georges im selben Heft mit einem Brecht-Poem ermöglichte. Thomas Mann urteilte später, daß die Zeitschrift seines Sohnes «wohl wirklich die beste, farbigste literarische Revue war, die Amerika je gesehen hat» (KMzG, S. 8).

Illustrationen aus der Zeitschrift «Decision»:

Rechts: Fifth Avenue, 1940. Gemälde von Israel Litwak

Oben: Zeichnung von Marc Chagall zu Gedichten von Claire und Ivan Goll

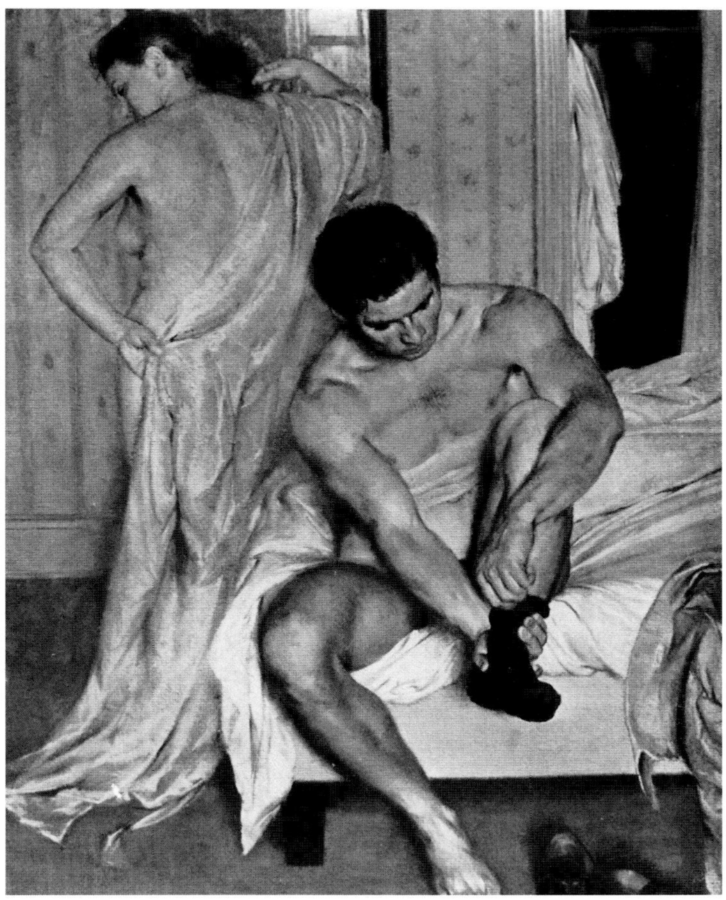

Morning. Gemälde von John Koch. Um dieses Bild gab es in der Redaktion Diskussionen, weil man fürchtete, die Zensur könne das Heft beschlagnahmen: Einen männlichen Akt zu veröffentlichen galt in der USA damals als höchst anstößig.

# Ein Luftmensch

Charles Neider

Muriel Rukeyser

Richard Plant

**Aus dem Umkreis** der engeren Mitarbeiter von «Decision» stammen einige aufschlußreiche Charakterisierungen Klaus Manns. Die amerikanische Autorin Muriel Rukeyser zum Beispiel, die ab Juli 1941 als Associate Editor an der Zeitschrift mitwirkte, betont die geistige Aufgeschlossenheit Klaus Manns und seine Bereitschaft, jedem zu helfen, «an den er glaubte» (KMzG, S. 131). In seiner Kunst und in seiner Persönlichkeit habe Klaus Mann jedoch, berichtet Rukeyser, eine extreme und furchtbare Verletztheit ausgedrückt (Kroll 1986, S. 316).

Charles Neider, der im Büro der Zeitschrift mitarbeitete, erzählte später, in Klaus Manns Umgebung habe stets ein kreatives Chaos geherrscht: Überall hätten unbeantwortete Briefe herumgelegen und Überreste von kleinen Mahlzeiten, die meist aus Salzgebäck, Sardellenpaste und Kaffee bestanden. Klaus Mann sei charmant und anhänglich gewesen, habe zerbrechlich gewirkt und zugleich hochgradig intensiv – «ein Luftmensch», wie Charles Neider betonte (Kroll 1986, S. 343).

Der aus Frankfurt am Main stammende Richard Plaut, der sich in den USA Richard Plant nannte und für «Decision» Filmkritiken schrieb, zeichnete in seinen Erinnerungen ein sehr kritisches Bild von Klaus Mann: «Klaus kannte jeden, und jeder kannte ihn. Das ersetzte ihm seine fehlende Menschenkenntnis, denn richtig beurteilen konnte er Menschen nicht. [...] Er war der nervöseste Mensch, der mir je begegnet ist. Er sprach zu schnell, lief ständig aufgeregt umher, stürzte plötzlich zum Telefon, um sich dann gleich wieder zu setzen und zu stöhnen, ihm ginge es fürchterlich, und gleich wieder von irgend etwas anderem zu reden. Klaus war immer aufgeregt und zugleich unsicher, reizbar und fast ungeduldig. Dann brauchte er seine Beruhigungsmittel, Benzedrin oder so etwas. Er war eine nervöse Maschine, die ständig wie auf Hochtouren lief. Wie er es schaffte, längere Texte zu schreiben, blieb mir damals ein Rätsel.» (Sternweiler 1996, S. 75f.)

Zum Redaktionsteam gehörte auch Christopher Lazare, ein amerikanischer Autor, der einer der besten Freunde Klaus Manns in dessen letztem Lebensjahrzehnt wurde. Lazare erzählte einmal, Klaus Mann habe mit ihm ein Gespräch führen können, sich dabei gleichzeitig rasiert und mit der anderen Hand in englischer Sprache auf der Schreibmaschine getippt (Kroll 1986, S. 343).

Klaus Mann selber hat später in seiner Autobiographie eindrucksvoll geschildert, wie sehr ihm das Leben in der geliebten Riesenstadt New York zu schaffen machte.

Klaus Mann, um 1941.
Foto: Ernest E. Gottlieb

Thomas Quinn Curtiss als Soldat der US Army

*Die Zeitschrift hält mich fest. Ich bin an New York gebunden. New York glüht. New York schwitzt. New York trieft und dampft, New York stinkt, New York stöhnt, New York geht aus dem Leim – der New Yorker Asphalt ist schon ganz aufgeweicht, eine zähe Masse … Die Hitze, die am Tage infernalisch scheint, wird in der Nacht noch schlimmer. Keine Kühlung! Kein Hauch vom Meer! Nur der sengende Atem der Hochhäuser, in deren getürmtem Gemäuer sich die ganze Glut des Tages zu akkumulieren scheint wie in gigantischen Öfen.*
*«Einsamer nie als im August …» Ich wandere nachts durch diese heißen, dunklen Straßen, immer in Schweiß gebadet, immer allein. […] Ich mag Städte. Ich mag diese Stadt. Ich habe keine Sehnsucht nach den Bergen oder nach dem Meer. Auch nach Menschen habe ich kein Bedürfnis.*
*E[rika] ist in England. Die Eltern sind in Kalifornien, wo sie sich endgültig niederlassen wollen. Von den vielen Bekannten, die ich hier habe, scheinen die meisten, fast alle, in kühlere Regionen geflohen zu sein. Manchmal verbringe ich einen Abend mit Christopher Lazare. Oder mit Landshoff, der seit einiger Zeit hier ist. Oder mit Muriel Rukeyser, die sich neuerdings dem Redaktionsstab von «Decision» angeschlossen hat.*
*Aber sogar diese wenigen Gefährten verschwinden von Freitag nachmittag bis Montag früh. Ich bleibe, gelähmt, gefesselt vom Dämon dieses gnadenlosen Sommers. Ich kann mich nicht bewegen. Mein Zimmer im Bedford wird zum dumpfen Käfig, aus dem es kein Entrinnen für mich gibt … Der einzige Trost dieser infernalischen Weekends sind die Anrufe aus der Stadt Savannah im Staate Georgia. Jeden Sonntag kommt Tomskis vertraute Stimme aus dieser fremden, südlichen Stadt, wo es gewiß noch heißer ist als hier. […] Er erzählt mir von den Märschen, den Schießübungen, dem groben Sergeanten, wie anstrengend und öde, wie häßlich und wie sinnlos alles ist. Er fragt nach New York – mit welcher Gier erkundigt er sich nach allem, was hier geschieht. Dabei geschieht so wenig …*
(WP, S. 423f.)

# Die letzte Entscheidung

**Obwohl** «**Decision**» ein hohes literarisches Niveau erreichte, gelang es nicht, aus den roten Zahlen herauszukommen. 5000 Exemplare wurden von den Heften gedruckt, und es gab rund 2000 Abonnenten. Aber die Zeitschrift trug sich zu keinem Zeitpunkt selbst. «Es muß eine große Summe her, um die Schulden zu zahlen», insistierte Klaus Mann schon Ende Juli 1941, und er gestand: «Ich war furchtbar dumm und leichtsinnig in der ganzen Sache.» (BuA, S. 466f.) Auch daß Thomas Mann sich verstärkt für «Decision» engagierte, vermochte die Zeitschrift nicht zu retten. Erika Mann bemühte sich, Agnes E. Meyer, eine reiche amerikanische Gönnerin des Vaters, für eine finanzielle Unterstützung von «Decision» zu gewinnen – doch ohne Erfolg. Ein Doppelheft für Januar/Februar 1942 war endgültig die letzte Ausgabe.

Klaus Mann hat die fortwährende Krise und das desaströse Ende seiner Zeitschrift als bittere Niederlage empfunden. «Ich bin *furchtbar* traurig», schrieb er seiner Mutter im Januar 1942. «Nicht nur, oder nicht einmal vor allem, wegen des Verlustes der Zeitschrift selber oder wegen all der vergeblichen Müh und Plag, sondern weil das ganze Schlamassel mir so recht vor Augen rückt, wie wenig man unsereinen in dieser fragwürdigen Welt will, braucht und würdigt.» (BuA, S. 474)

Im Sommer 1941 versuchte er zum ersten Mal, sich umzubringen. Christopher Lazare fand ihn gerade noch rechtzeitig, um ihn «aufzuwecken» (Kroll 1986, S. 293). Da aus dieser Zeit Klaus Manns Tagebuch nicht überliefert ist, läßt sich der Vorfall nicht exakt datieren. Im Nachlaß fand sich jedoch ein erschütternder Text, der den Suizidversuch rechtfertigt und begründet: «The Last Decision».

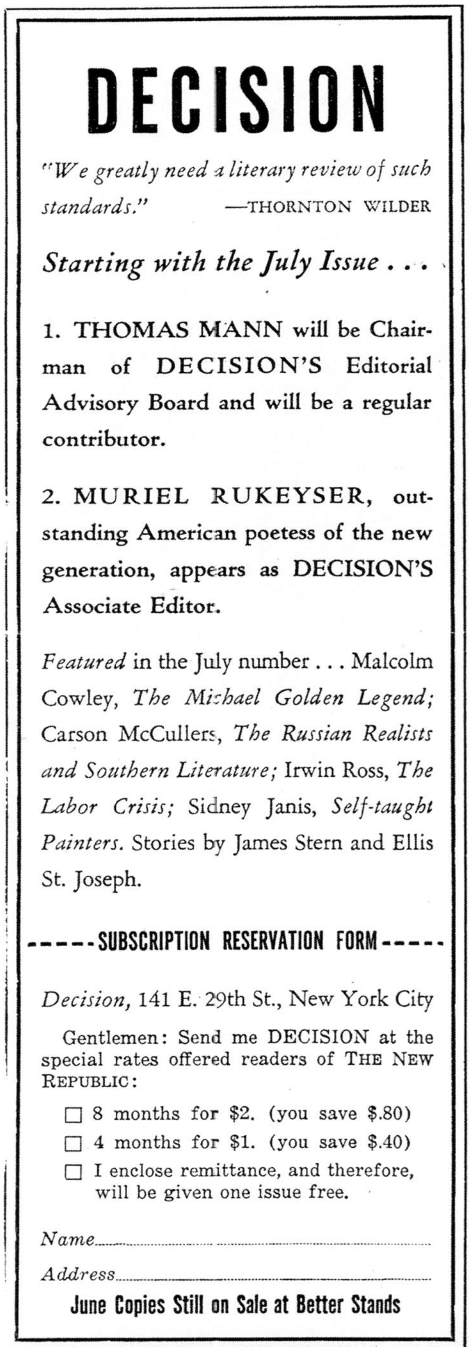


Werbung für «Decision», Juli 1941

Agnes E. Meyer

Thomas Mann. Porträt von Rudolf von Ripper, veröffentlicht in «Decision», Februar 1941

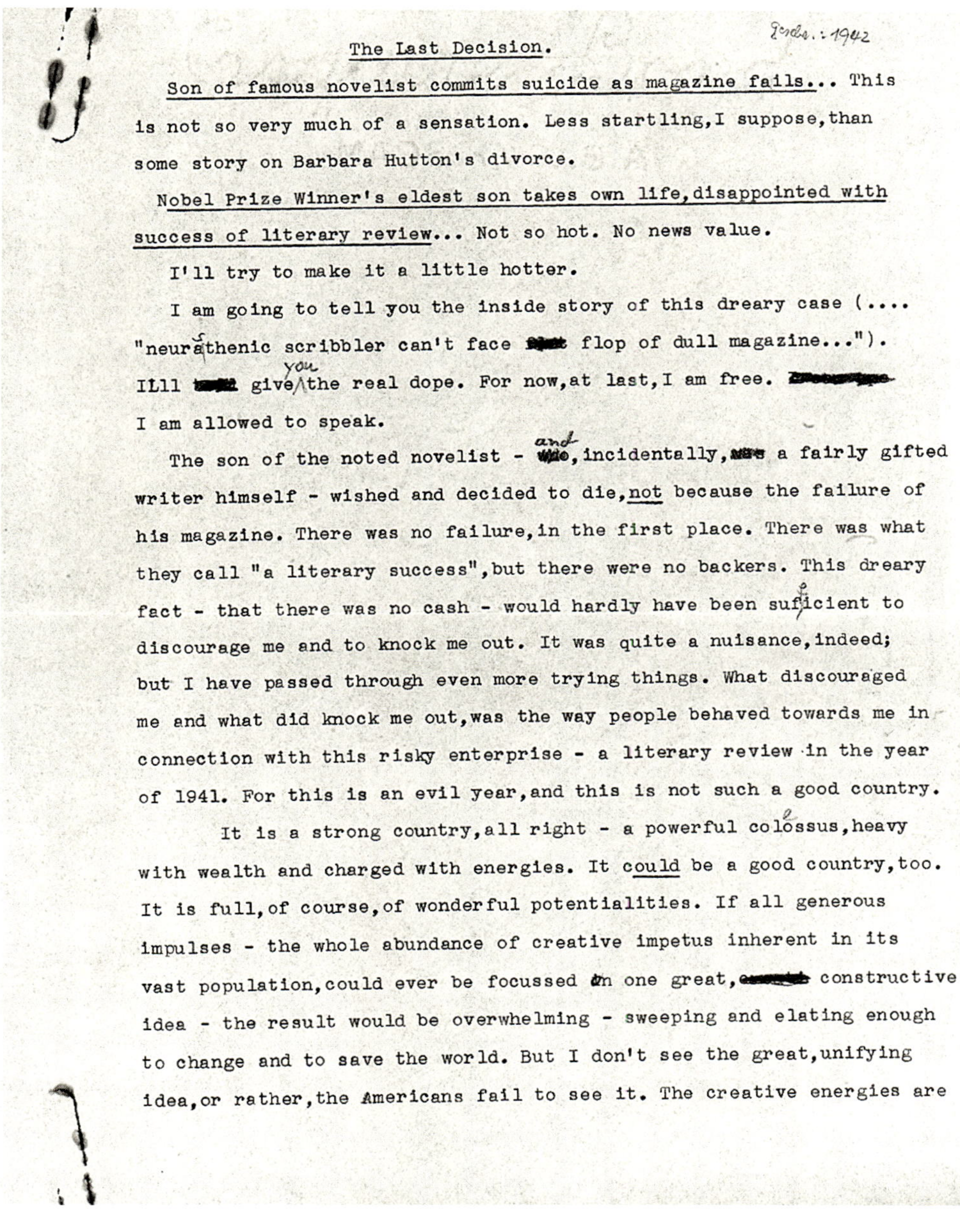

1942

The Last Decision.

Son of famous novelist commits suicide as magazine fails... This is not so very much of a sensation. Less startling, I suppose, than some story on Barbara Hutton's divorce.

Nobel Prize Winner's eldest son takes own life, disappointed with success of literary review... Not so hot. No news value.

I'll try to make it a little hotter.

I am going to tell you the inside story of this dreary case (.... "neurasthenic scribbler can't face [redacted] flop of dull magazine..."). I'll [redacted] give you the real dope. For now, at last, I am free. [redacted] I am allowed to speak.

The son of the noted novelist – and, incidentally, [redacted] a fairly gifted writer himself – wished and decided to die, not because the failure of his magazine. There was no failure, in the first place. There was what they call "a literary success", but there were no backers. This dreary fact – that there was no cash – would hardly have been sufficient to discourage me and to knock me out. It was quite a nuisance, indeed; but I have passed through even more trying things. What discouraged me and what did knock me out, was the way people behaved towards me in connection with this risky enterprise – a literary review in the year of 1941. For this is an evil year, and this is not such a good country.

It is a strong country, all right – a powerful colossus, heavy with wealth and charged with energies. It could be a good country, too. It is full, of course, of wonderful potentialities. If all generous impulses – the whole abundance of creative impetus inherent in its vast population, could ever be focussed on one great, [redacted] constructive idea – the result would be overwhelming – sweeping and elating enough to change and to save the world. But I don't see the great, unifying idea, or rather, the Americans fail to see it. The creative energies are

**«The Last Decision». Erste Seite des Typoskripts aus Klaus Manns Nachlaß**

*«Nach Scheitern seiner Zeitschrift begeht Sohn eines berühmten Romanciers Selbstmord …» Das ist keine allzu große Sensation. Gewiß würde eine Story über Barbara Huttons Scheidung mehr Beachtung finden.*

*«Ältester Sohn eines Nobelpreisträgers nimmt sich das Leben aus Enttäuschung über Mißerfolg seiner Literaturzeitschrift …» Das ist nichts Besonderes. Taugt nicht als Schlagzeile.*

*Ich will versuchen, es etwas interessanter zu machen. […] Was mich entmutigt und tatsächlich erledigt hat, war die Art und Weise, wie manche Leute sich wegen dieses riskanten Unternehmens – eine literarische Zeitschrift im Jahr 1941 zu machen – mir gegenüber verhielten. Denn dies ist ein böses Jahr, und dies ist auch kein so gutes Land. […]*

*Der Versuch, jenes Amerika, welches Walt Whitman verkündete und besang, jenen «unauflösbaren Kontinent», jenes «göttliche, magnetische Land» zur Realität werden zu lassen, ist hoffnungslos gescheitert. […] Ich sehe keinen Grund zu hoffen, Amerika werde sich seiner ungeheuren Aufgabe würdig erweisen. Was ich sehe, sind Überheblichkeit und Ignoranz, Habgier und Eitelkeit […].*

*Hitler wird diesen Krieg verlieren. Natürlich wird er das, denn er ist dem Untergang geweiht. Doch die Frage, um die sich alles dreht, ist die: Wer wird der Sieger sein?*

*Wird das Volk diesen Krieg gewinnen? Die Intellektuellen? Besteht überhaupt eine Chance, daß diejenigen, die geduldig und stark genug sind, um diesen Schrecken zu überstehen, zu ihren Lebzeiten eine Weltdemokratie erleben oder gar selbst schaffen werden?*

*Ich glaube kaum. Deswegen will ich nicht mehr leben.*

(Klaus Mann: The Last Decision; zit. nach: Zweimal, S. 380ff.)

# Stunde der Konfession

**Mitten hinein** in die nervenaufreibende Dauerkrise von «Decision» hatte Klaus Mann im Sommer 1941 mit der Niederschrift eines neuen Buches begonnen: «The Turning Point». Er schrieb – zum zweiten Mal nach «Kind dieser Zeit» – einen Bericht über sein Leben. Mit selbstkritisch-ironischer Distanz erzählte er von eigenen Werken und Erfahrungen; und zugleich zog er eine subjektive Bilanz der Zeit- und Kulturgeschichte des 20. Jahrhunderts. In den autobiographischen Text sind zahlreiche Porträts von Personen und Skizzen von politisch-literarischen Ereignissen eingeflochten. Diese Passagen verdichten sich zu einem meisterhaften Bild der Epoche – sie gehören zum Besten, was Klaus Mann überhaupt geschrieben hat.
Die Arbeit an dem Buch half ihm aus den tiefen Depressionen, in die er immer häufiger stürzte, zumindest teilweise heraus. Es solle ein ernstes und aufrichtiges Buch werden, betonte Klaus Mann an einer Schlüsselstelle der Autobiographie: «Ich bin müde aller literarischen Clichés und Tricks. Ich bin müde aller Masken, aller Verstellungskünste. Ist es die Kunst selbst, deren ich müde bin? Ich will nicht mehr lügen. Ich will nicht mehr spielen. Ich will bekennen. Die ernste Stunde – das ist die Stunde der Konfession.» (WP, S. 425)
Ende Mai 1942 war das Manuskript des Lebensberichts abgeschlossen; Ende September 1942 wurde «The Turning Point» im neugegründeten Verlag L. B. Fischer, New York, publiziert.

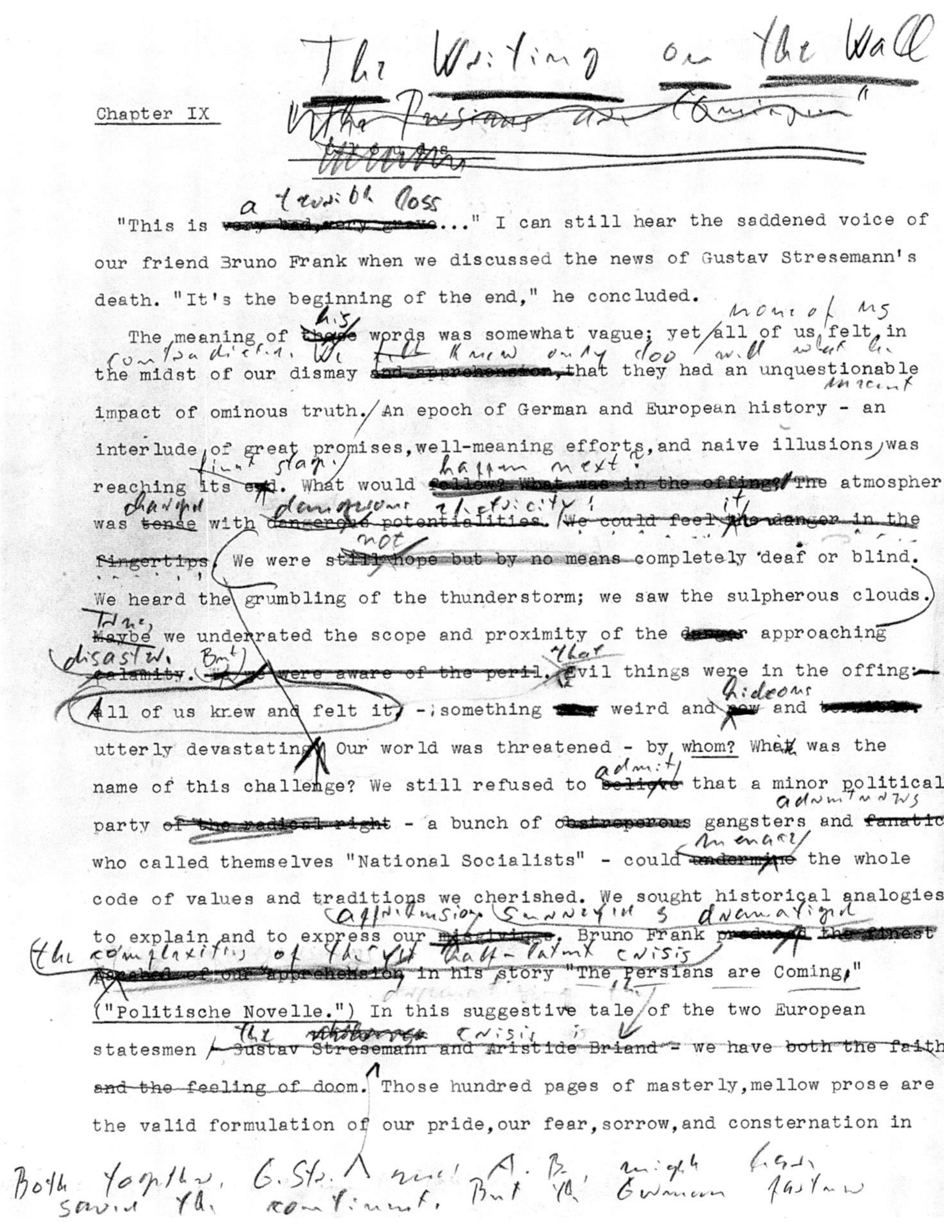

Chapter IX The Writing on the Wall

"This is ~~very bad, very grave~~..." I can still hear the saddened voice of our friend Bruno Frank when we discussed the news of Gustav Stresemann's death. "It's the beginning of the end," he concluded.

The meaning of ~~these~~ words was somewhat vague; yet all of us felt in the midst of our dismay ~~and apprehension,~~ that they had an unquestionable impact of ominous truth. An epoch of German and European history - an interlude of great promises, well-meaning efforts, and naive illusions was reaching its ~~end~~. What would ~~follow? What was in the offing?~~ The atmosphere was ~~tense~~ with ~~dangerous potentialities. We could feel the danger in the fingertips.~~ We were ~~still hope but by no means~~ completely deaf or blind. We heard the grumbling of the thunderstorm; we saw the sulpherous clouds. ~~Maybe~~ we underrated the scope and proximity of the ~~danger~~ approaching ~~calamity. We were aware of the peril.~~ Evil things were in the offing: - All of us knew and felt it - something weird and ~~new~~ and utterly devastating. Our world was threatened - by whom? What was the name of this challenge? We still refused to ~~believe~~ that a minor political party ~~of the radical right~~ - a bunch of ~~obstreperous~~ gangsters and ~~fanatics~~ who called themselves "National Socialists" - could ~~undermine~~ the whole code of values and traditions we cherished. We sought historical analogies to explain and to express our ~~misgivings~~. Bruno Frank ~~produced the finest~~ ~~expression of our apprehension~~ in his story "The Persians are Coming," ("Politische Novelle.") In this suggestive tale of the two European statesmen ~~- Gustav Stresemann and Aristide Briand -~~ we have ~~both the faith and the feeling of doom.~~ Those hundred pages of masterly, mellow prose are the valid formulation of our pride, our fear, sorrow, and consternation in

Aus den Entwürfen zum «Turning Point»: Beginn des 9. Kapitels, mit zahlreichen handschriftlichen Korrekturen Klaus Manns

Umschlag der Erstausgabe

Anzeige des von Fritz Landshoff (= L) und Gottfried Bermann Fischer (= B.) in New York gegründeten L. B. Fischer Verlags, Februar 1942

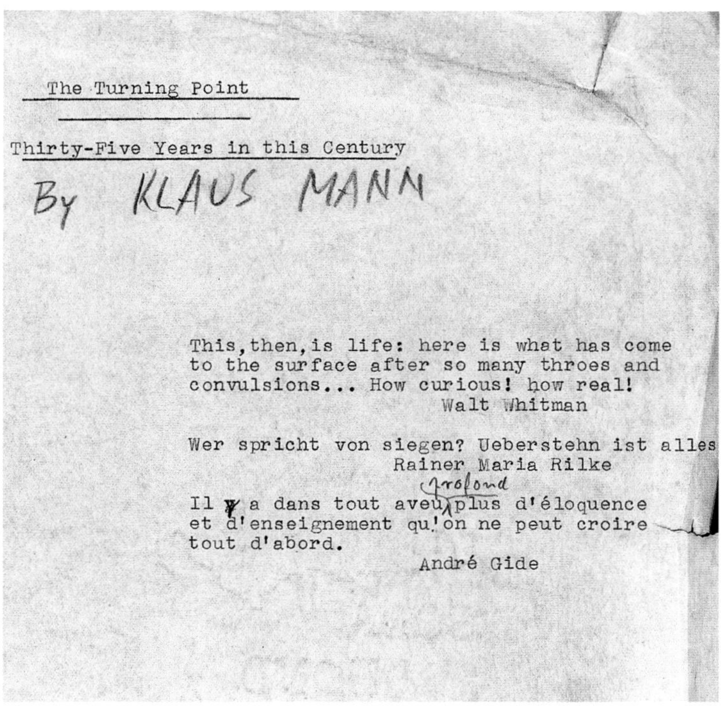

The Turning Point

Thirty-Five Years in this Century

By KLAUS MANN

This, then, is life: here is what has come
to the surface after so many throes and
convulsions... How curious! how real!
Walt Whitman

Wer spricht von siegen? Ueberstehn ist alles
Rainer Maria Rilke

Il y a dans tout aveu profond plus d'éloquence
et d'enseignement qu'on ne peut croire
tout d'abord.
André Gide

Titelblatt des Typoskripts der Autobiographie – mit drei Motti in drei verschiedenen Sprachen

*Jedes Menschenleben ist zugleich einzigartig und repräsentativ; in jedem persönlichen Schicksal, jedem individuellen Drama spiegelt und variiert sich das Drama einer Generation, einer Klasse, eines Volkes und einer Zeit.*
*Was für eine Geschichte ist es denn, die ich zu erzählen habe? Die Geschichte eines Intellektuellen zwischen zwei Weltkriegen, eines Mannes also, der die entscheidenden Lebensjahre in einem sozialen und geistigen Vakuum verbringen mußte: innig – aber erfolglos – darum bemüht, den Anschluß an irgendeine Gemeinschaft zu finden, sich irgendeiner Ordnung einzufügen: immer schweifend, immer ruhelos, beunruhigt, umgetrieben, immer auf der Suche …;*
*die Geschichte eines Deutschen, der zum Europäer, eines Europäers, der zum Weltbürger werden wollte;*
*die Geschichte eines Individualisten, dem vor der Anarchie fast ebensosehr graut wie vor der Standardisierung, der «Gleichschaltung», der «Vermassung»;*
*die Geschichte eines Schriftstellers, dessen primäre Interessen in der ästhetisch-religiös-erotischen Sphäre liegen, der aber unter dem Druck der Verhältnisse zu einer politisch verantwortungsbewußten, sogar kämpferischen Position gelangt …*
(WP, S. 425f.)

## Konzilianz und Kälte

Katia Mann

Thomas Mann in New York, 1941. Seit Oktober 1940 nahm er regelmäßig Rundfunkansprachen für den Deutschen Dienst der British Broadcasting Corporation auf. Die Radioreden wurden unter dem Titel «Deutsche Hörer!» von der BBC ins Reichsgebiet gesendet, wo sie nur heimlich empfangen werden durften.

**Besonderen Reiz** gewinnt Klaus Manns zweite Autobiographie durch die ausführliche, nuancierte Schilderung der Familiengeschichte. Die eigenen Eltern und Geschwister, viele Vorfahren und Anverwandte wurden im «Turning Point» einfühlsam porträtiert. Thomas Mann las es mit Vergnügen: «Es ist ein ungewöhnlich charmantes, gemütvoll-sensitives, gescheites und redlich-persönliches Buch», bescheinigte er dem Sohn in einem Brief – besonders die Kindheitserinnerungen seien von «Frische und skurriler Lustigkeit» geprägt. «Wir Elterlein können ja zufrieden sein mit den Figuren, die wir machen», konstatierte Thomas Mann und fand sich selbst «ganz gewinnend, wenn auch etwas geheimnisvoll» dargestellt (BuA, S. 487f.). Die Passagen des «Turning Point», die über den Vater berichten, zeugen in der Tat von Achtung und Sympathie. Doch die veröffentlichte Sicht war auch jetzt nur ein Teil der Wahrheit. Seinem Tagebuch vertraute Klaus Mann bisweilen an, wie angespannt sein Verhältnis zum eigenen Vater war und blieb. Am 8. September 1940 notierte er zum Beispiel nach einer Dinner Party, der «Zauberer» sei von Gram und Pikiertheit wieder einmal «ganz zerfressen» gewesen. «Mit Sorge und nicht ohne Aversion beobachte ich übrigens, wie seine ›Distanciertheit‹ zu den Menschen sofort in misstrauische Gereiztheit umschlägt, wenn die Unterhaltung sich nicht völlig in den ihm vertrauten, von ihm gewünschten Gleisen bewegt – (und gar noch, wenn sie englisch geführt werden muss!!).» Der Vater wolle ständig Komplimente gesagt bekommen. «Und um ihn herum entsteht, mehr und mehr, jene Serenissimus-Ödheit, die er im Falle Goethes erkennt und melancholisch verspottet.» (Tb 5, S. 58)

Aus dem Jahre 1937 stammt eine andere, besonders aufschlußreiche Tagebuch-Eintragung über den Vater. So unverblümt kritisch wie hier hat Klaus Mann sich öffentlich niemals über Thomas Mann geäußert: «Empfinde wieder sehr stark, und nicht ohne Bitterkeit, Z.'s völlige *Kälte*, mir gegenüber. Ob wohlwollend, ob gereizt (auf eine sehr merkwürdige Art ‹geniert› durch die Existenz des Sohnes): *niemals* interessiert; *niemals* in einem etwas ernsteren Sinn mit mir beschäftigt. Seine allgemeine Interesselosigkeit am Menschen, hier besonders gesteigert. [...] Reizende Äusserungen, wie etwa gelegentlich ‹Flucht i. d. N.› oder ‹Mephisto› *kein* Gegenbeweis. Schreibt an gänzlich Fremde ebenso reizend. Mischung aus höchst intelligenter, fast gütiger Konzilianz – und Eiseskälte. – Dies alles mir gegenüber besonders akzentuiert. Ich irre mich nicht.» (Tb 3, S. 110)

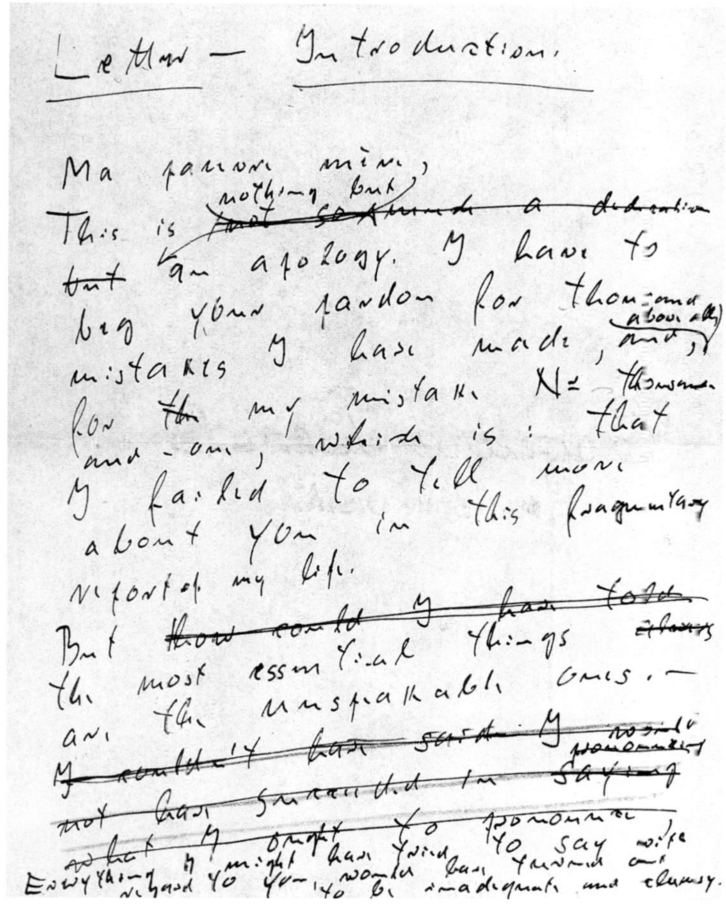

Letter – Introduction.

Ma pauvre mère,
This is ~~not so much a dedication but~~ nothing but an apology. I have to beg your pardon for thousand mistakes I have made, and, above all, for ~~the~~ my mistake No thousand-and-one, which is: that I failed to tell more about you in this fragmentary report of my life.
But ~~how could I have told~~ the most essential things are the unspeakable ones. – ~~I couldn't have said I would~~ ~~not have succeeded in saying~~ ~~what I ought to pronounce~~ Everything I might have said to you would have turned out to be inadequate and clumsy.

Aus Klaus Manns handschriftlichen Entwürfen für die ursprünglich geplante Einleitung zum «Turning Point»: Brief an die Mutter («Ma pauvre mère»)

Die Beziehung Klaus Manns zu seiner Mutter war ungleich einfacherer Natur: Liebe und Dankbarkeit des ältesten Sohnes blieben ein Leben lang ungetrübt. «The Turning Point» ist Katia und Erika Mann gewidmet. Ursprünglich wollte der Autor einen Brief an Katia Mann dem Buch als Einleitung voranstellen. In den Entwürfen für diesen Text heißt es: «Ich muß Dich um Verzeihung bitten für tausend Fehler, die ich begangen habe, vor allem aber für meinen Fehler Nr. tausendundeins: daß ich in diesem bruchstückhaften Lebensbericht nicht mehr von Dir erzählt habe. Aber die wesentlichen Dinge sind auch die unaussprechbaren. – Alles, was ich hätte sagen können, hätte sich im Hinblick auf Dich als unzureichend und plump erwiesen.

In unserer auffallenden Familie bist Du die einzige, die konsequent Öffentlichkeit vermeidet. Du hast nie ein Buch geschrieben, nie Reden gehalten, nie Interviews gegeben, nie Deine Unterschrift unter flammende Aufrufe gesetzt … […]

Du bist sehr klug und gütig. Es ist eben diese Mischung aus scharfem Intellekt und Einfachheit, die so einzigartig wie unbeschreibbar ist. […]

Ein ernstes Leben hat zwar Deine Züge geprägt … […] Aber dennoch steht immer eine gütige Kraft dahinter – unsichtbar für das Publikum: ein Lächeln, ein Blick, die zärtliche Verschwörung kleiner Gesten und Scherze und vertraulicher Anspielungen, Rat und Trost einer vertrauten Stimme … Wir wollen darüber nicht sprechen. Es ist ein Geheimnis. Und deshalb sage ich nicht viel über Dich in diesem Buch, das Dir gewidmet ist.» (BuA, S. 759 f.)

# The Turning Point

22. Juni 1941:
Deutscher Überfall auf die Sowjetunion

**Der Topos** «**Wendepunkt**» ist für die Autobiographie von zentraler Bedeutung. Er bezeichnet Klaus Manns Überzeugung, daß man in bestimmten Situationen die Wahl hat: Man kann diese oder jene Richtung einschlagen und dadurch seine Zukunft selbst bestimmen. Das gilt im Großen wie im Kleinen – für die Menschheit oder ganze Nationen und Völker, aber auch für jedes Individuum.

Für sich persönlich hatte Klaus Mann Ende 1941 eine gravierende Entscheidung getroffen: Er entschloß sich, seine Rolle als bloßer «Kommentator, Warner, Propagandist und Kritiker» aufzugeben und sich der US Army als Soldat zur Verfügung zu stellen (KM, The Turning Point, S. 362).

Der Krieg hatte zu diesem Zeitpunkt globale Dimensionen angenommen. Am 22. Juni 1941 hatten deutsche Truppen die Sowjetunion angegriffen – die Allianz zwischen Hitler und Stalin war beendet. Am 7. Dezember 1941 überfielen Einheiten der japanischen Luftwaffe den US-Marinestützpunkt Pearl Harbor – und die USA erklärten Japan den Krieg. Vier Tage später folgten die Kriegserklärungen Deutschlands und Italiens an die USA. Hitler und seine Verbündeten kämpften nun an vielen Fronten, und die Zeit ihrer schnellen Siege war vorüber.

Klaus Mann schrieb am 11. Dezember 1941 ein Statement, in dem er den Kriegseintritt der USA als ein «wichtiges, einschneidendes Ereignis» begrüßte und betonte: «Ich bin stolz, mich in dem Land aufzuhalten, das dem apokalyptischen Monster den Todesstreich versetzen wird. Meine bescheidenen Kräfte stelle ich der amerikanischen Regierung zur Verfügung.» (Zweimal, S. 373)

7. Dezember 1941:
Japanischer Angriff auf Pearl Harbor

**Deutsche Emigranten im Dienst der US Army:**

**Stefan Heym**

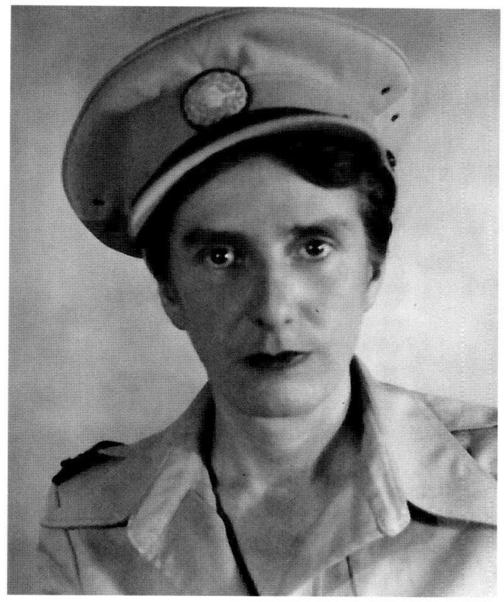

**Erika Mann**

**Hans Habe**

**Hans Busch**

**Curt Riess**

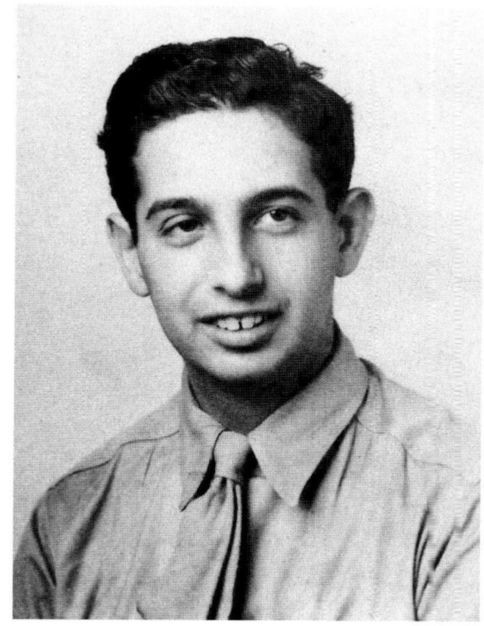

**Guy Stern**

Daß ein ins Exil getriebener deutscher Hitler-Gegner wie Klaus Mann sich zum Kriegsdienst in einer Armee der Alliierten meldete, war keineswegs ein Einzelfall. «Hitlers erste Opfer und seine unerbittlichsten Feinde, die deutschen Exilierten, haben auf sehr unmittelbare und schmerzliche Art den wahrhaft *teuflischen* Charakter der Nazi-Herausforderung erleben müssen», schrieb Klaus Mann in seinem Statement vom 11. Dezember 1941. Was lag näher, als den politischen Gegner Faschismus endlich auch mit militärischen Mitteln zu bekämpfen, sobald man die Gelegenheit dazu erhielt?

In den Reihen der Alliierten kämpften während des Zweiten Weltkriegs zahlreiche europäische Hitler-Gegner. Vielfach wurden sie im Bereich der psychologischen Kriegführung eingesetzt. In der US Army dienten unter anderem Hans Habe, Stefan Heym, Curt Riess und Golo Mann.

Von Klaus Manns zitierter Absichtserklärung bis zu seinem tatsächlichen Eintritt in die Armee der Vereinigten Staaten war es allerdings ein langer, nervenaufreibender Weg. Die Gründe dafür blieben dem Betroffenen zunächst verborgen. «Es ist harte Arbeit, in diese Army zu kommen», notierte er ungeduldig am 14. Oktober 1942 im Tagebuch. Er ahnte nicht, daß er bereits seit Mai 1941 vom FBI, der amerikanischen Bundespolizei, argwöhnisch bespitzelt wurde.

# Im Visier des FBI

65-8483

On May 26, 1942, Confidential Informant T3 advised that subject MANN is still residing at the Hotel Bedford, 118 East 40th Street and that at this time he owes the hotel about $500., which debt accumulated over the past several months. Informant advised that he usually gets money from his mother when he is hard-pressed. Informant stated that subject's magazine has folded and that it was MANN, himself, who told informant so. Informant also stated that MANN had told him that he had money.

Confidential Informant T3 further advised that Confidential Informant T4 would be better able to give information concerning money matters at the Hotel Bedford. Informant T3 advised that KLAUS MANN had signed checks as principal in the magazine, "Decision." This informant further stated that unquestionably KLAUS MANN is a sexual pervert and that two or three night each week, a soldier by the name of [redacted] from Governor's Island spends the night with MANN in his room. Informant stated that the soldier appears during the evening and leaves MANN's quarters after 9 o'clock in the morning.

Informant further stated that the soldier, known as [redacted] is a large 6 foot heavy set individual with fair complexion and dirty-blond hair. He advised that [redacted] stayed the night of May 25, 1942 and that the only suitable sleeping place in MANN's room is a single bed.

Informant further stated that subject MANN, has received his draft call; that he does not usually leave his room before 10 or 11 o'clock in the morning and that he usually goes to bed rather late. Informant further advised that quite a number of "longhairs" go in and out to see MANN, but that he does not know the names of them. Informant further advised that subject occupies room 1403 which faces the front of the hotel and is the fifth window in front from the east side of the building.

Informant T3 further stated that ERICA MANN was in the hotel on the evening of May 24, 1942 and that she was expected back again either on May 27th or during the following week. He advised that she stays in the Bedford Hotel when she is in New York, but that she is frequently away on lecture tours.

Informant further stated that when ERICA MANN does spend the night in the hotel that [redacted] occasionally spends the night with her, which doctor is alleged to have an office on Park Avenue near 86th Street. Informant stated that indications were strong that the doctor had spent the night because he was seen there very early the next morning. Later, the same day, informant T3 telephonically advised agent that at 6 P.M. that day, the man from the army known as [redacted] had just arrived at the hotel and was presently up in subject, MANN's room with the subject.

Confidential Informant T4 was also interviewed on this

\- 9 -

J. Edgar Hoover, Direktor des FBI von 1924 bis 1972. In die Ermittlungen seiner Behörde über Klaus Mann schaltete er sich mehrfach persönlich ein.

65-8483

date and advised that a fequent visitor to KLAUS MANN had been a [redacted] who is now thought to be in the army. The informant stated that [redacted] had not been in the hotel more recently than two months ago and that it was informant's opinion that he must have been transferred to some point farther away from New York, but informant was unable to supply any information about [redacted]

This informant also indirectly indicated awareness of sexual perversion on the part of KLAUS MANN and indicated that [redacted] was an individual who should have first hand knowledge about such perversion.

[redacted]

This informant advised that both KLAUS and ERICA MANN seemed very anti-Nazi and that they have no permanent address for ERICA. Informant further stated that ERICA MANN used to be very suspicious of certain employees at the hotel and complained about them. Informant stated that one [redacted] had since been taken to Ellis Island and that [redacted] was one of the employees about whom ERICA MANN was suspicious.

Informant T4 also advised that another person friendly with KLAUS MANN was CURT REISS STEINAM who was apparently French and was formerly associated with "Paris Soir." This informant stated that CURT REISS STEINAM and KLAUS MANN lived at the hotel at the same time. This informant further advised that the account at X Bank maintained by the Decision magazine has been closed because KLAUS MANN had made out a check on this account for $4. payable to informant and the check bounced because the account had been formerly closed.

While interviewing agent was present, KLAUS MANN entered the next room and presented Confidential Informant T4 with a check to make good for the $4. one which had not been paid. Informant at this time advised that MANN had opened a new special checking account at the X Bank and that he had given a check drawn on this checking account.

On this same date, Confidential Informant T4 furnished agent with the telephone numbers called by KLAUS MANN from the Hotel Bedford during the month of May, 1942. The subscribers to these telephone

\- 10 -

Aus den FBI-Akten über Klaus Mann. Vor der Freigabe der Akten für Forschungszwecke wurden zahlreiche Stellen, vor allem Namen, von der Behörde ausgeschwärzt.

**Die Akten des FBI** und anderer amerikanischer Geheimdienste über «subject Klaus Mann» umfassen über 200 Einheiten, von denen manche Teile bis heute nicht oder nur mit ausgeschwärzten Stellen zugänglich sind. Allein das FBI-Dossier über Klaus Mann besteht aus 109 Blättern, wie die Recherchen des Germanisten Alexander Stephan ergaben, der die Bespitzelung deutscher Exilschriftsteller durch die Geheimdienste der USA systematisch erforscht hat (Stephan 1995, S. 157).

Klaus Mann geriet ins Visier des FBI, weil man ihn der Nähe zu kommunistischen Organisationen verdächtigte. «Klaus and Erika Mann are very active agents of the Comintern. They were very active in Berlin before Hitler seized power. Klaus Mann was an active agent of Stalin in Paris, for many years», lautete die Denunziation, die im Mai 1941 den Stein ins Rollen brachte (Kroll 1985, S. 301). Die jahrelang betriebene Schnüffelei, die dann einsetzte, betraf allerdings auch ganz andere Themen: Die «confidential informants» der US-Polizei interessierten sich detailliert für Klaus Manns Sexualleben (er sei zweifelsfrei ein «sexual pervert», fand man heraus), für seine finanzielle Situation, seine sozialen Kontakte, seinen Gesundheitszustand.

Die Bespitzelung nahm entwürdigende Ausmaße an. Man protokollierte den Lebenswandel Klaus Manns, fragte Freunde, Verwandte, Nachbarn und Dienstboten über ihn aus, fing Briefe ab und wertete sie aus. Die dabei entstehende Aktenlage aus Verdächtigungen, Erkenntnissen und Halbwahrheiten führte dazu, daß Klaus Manns Einberufung in die US Army und seine Einbürgerung in die USA erheblich verzögert wurden.

Die Fingerabdrücke Heinrich Manns. Auch der Onkel geriet ins Visier des FBI und wurde jahrelang bespitzelt.

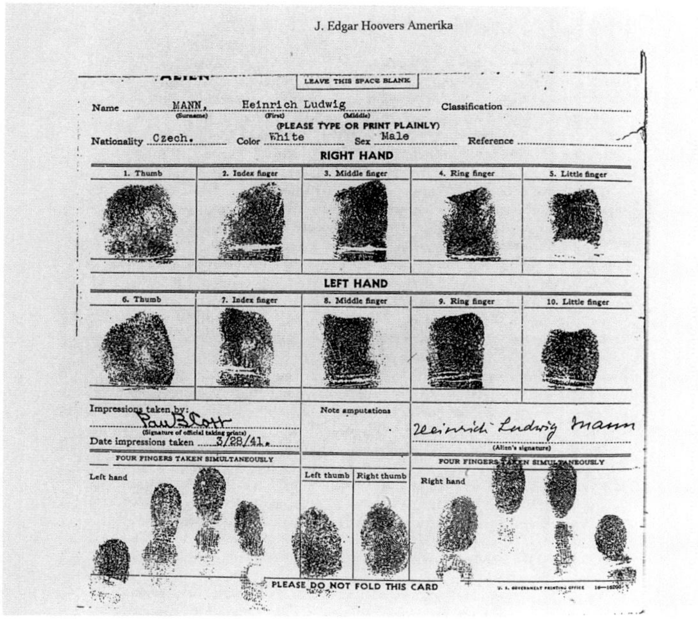
J. Edgar Hoovers Amerika

LEAVE THIS SPACE BLANK

Name MANN, Heinrich Ludwig Classification
(Surname) (First) (Middle)
(PLEASE TYPE OR PRINT PLAINLY)
Nationality Czech. Color White Sex Male Reference

RIGHT HAND

| 1. Thumb | 2. Index finger | 3. Middle finger | 4. Ring finger | 5. Little finger |
| --- | --- | --- | --- | --- |

LEFT HAND

| 6. Thumb | 7. Index finger | 8. Middle finger | 9. Ring finger | 10. Little finger |
| --- | --- | --- | --- | --- |

Impressions taken by: Paul Scott
(Signature of official taking prints)
Date impressions taken 3/28/41.
Note amputations
Heinrich Ludwig Mann
(Alien's signature)
FOUR FINGERS TAKEN SIMULTANEOUSLY
Left hand | Left thumb | Right thumb | Right hand
PLEASE DO NOT FOLD THIS CARD

Aufzeichnungen des FBI über «subject KLAUS HEINRICH THOMAS MANN»

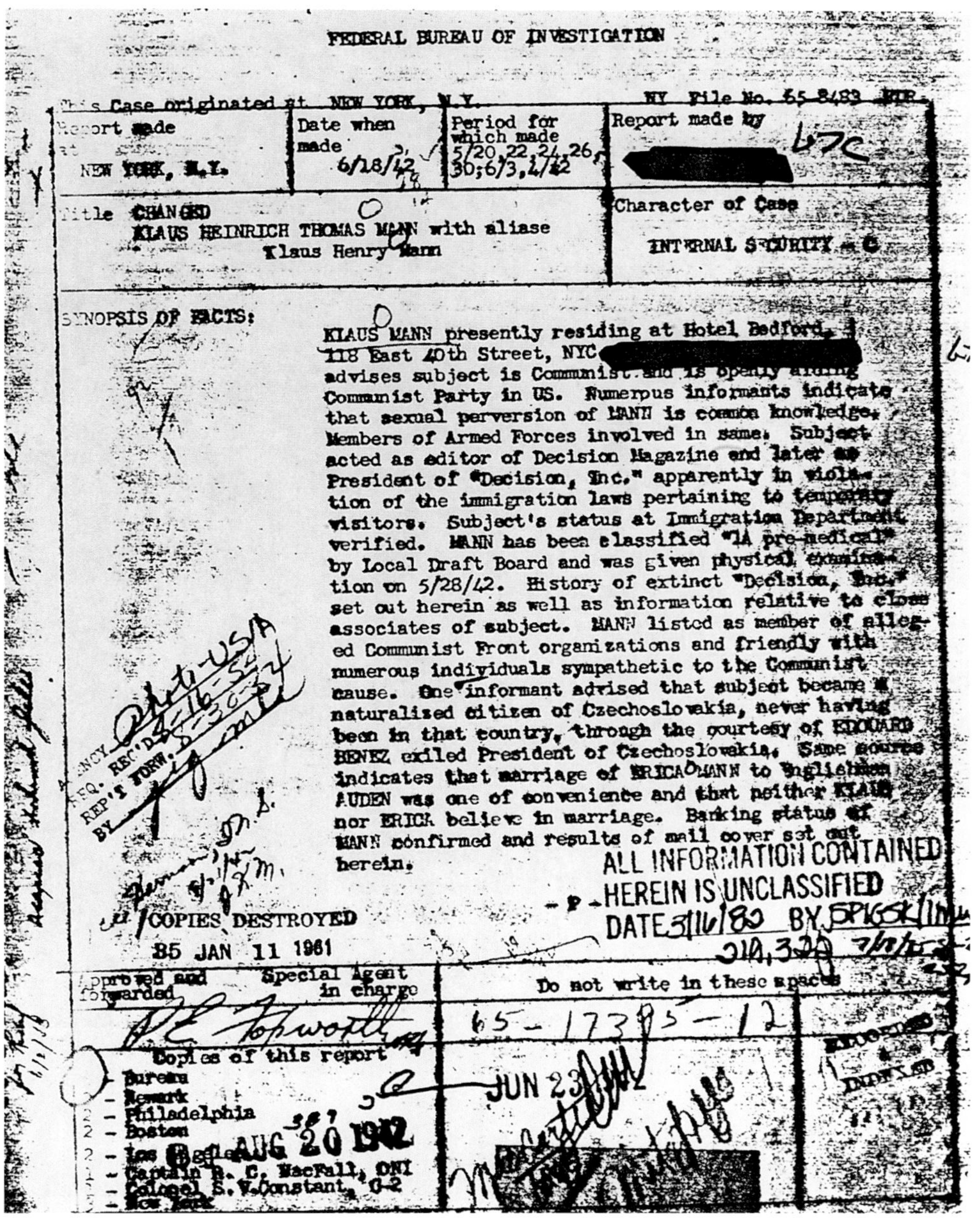
FEDERAL BUREAU OF INVESTIGATION

This Case originated at NEW YORK, N.Y. NY File No. 65-8483

| Report made at | Date when made | Period for which made | Report made by |
| --- | --- | --- | --- |
| NEW YORK, N.Y. | 6/18/42 | 5/20,22,24,26, 30;6/3,4/42 | [redacted] |

| Title | Character of Case |
| --- | --- |
| CHANGED KLAUS HEINRICH THOMAS MANN with aliase Klaus Henry Mann | INTERNAL SECURITY - C |

SYNOPSIS OF FACTS:

KLAUS MANN presently residing at Hotel Bedford, 118 East 40th Street, NYC [redacted] advises subject is Communist [redacted] Communist Party in US. Numerous informants indicate that sexual perversion of MANN is common knowledge. Members of Armed Forces involved in same. Subject acted as editor of Decision Magazine and later as President of "Decision, Inc." apparently in violation of the immigration laws pertaining to temporary visitors. Subject's status at Immigration Department verified. MANN has been classified "1A pre-medical" by Local Draft Board and was given physical examination on 5/28/42. History of extinct "Decision, Inc." set out herein as well as information relative to close associates of subject. MANN listed as member of alleged Communist Front organizations and friendly with numerous individuals sympathetic to the Communist cause. One informant advised that subject became a naturalized citizen of Czechoslovakia, never having been in that country, through the courtesy of EDOUARD BENEZ exiled President of Czechoslovakia. Same source indicates that marriage of ERICA MANN to Englishman AUDEN was one of convenience and that neither KLAUS nor ERICA believe in marriage. Banking status of MANN confirmed and results of mail cover set out herein.

ALL INFORMATION CONTAINED HEREIN IS UNCLASSIFIED DATE 3/16/82 BY SP1GSK

COPIES DESTROYED
B5 JAN 11 1961

AGENCY
REQ. REC'D
REP'T FORW.
BY

Approved and forwarded | Special Agent in charge | Do not write in these spaces

65-17385-12

Copies of this report
- Bureau
- Newark
2 - Philadelphia
2 - Boston
2 - Los Angeles
1 - Captain R. C. MacFall, ONI
1 - Colonel S. V. Constant, G-2
- New York

AUG 20 1942
JUN 23 1942
RECORDED & INDEXED
[redacted]

*On May 26, 1942, Confidential Informant T3 advised that subject MANN is still residing at the Hotel Bedford, 118 East 40th Street and that at this time he owes the hotel about $ 500, which debt accumulated over the past several months. […]*
*This informant further stated that unquestionable KLAUS MANN is a sexual pervert and that two or three night each week, a soldier by the name of [ausgeschwärzt] from Governor's Island spends the night with MANN in his room. Informant stated that the soldier appears during the evening and leaves MANN's quarters after 9 o'clock in the morning.*
*Informant further stated that the soldier, known as [ausgeschwärzt] is a large 6 foot heavy set individual with fair complexion and dirty-blond hair. […]*
*On that date [May 28, 1942] and at the doctor's office as above noted, Klaus Mann entered [ausgeschwärzt] Street at 12:32 P.M. at which time he was wearing a gray suit, no hat, horn-rimmed glasses and brown shoes. He left the doctor's office at 12:47 P.M. and took a Lexington Avenue subway to 86th Street. At this point, he left the subway and walked over to Geiger's Restaurant at 206 East 86th Street and made a purchase of some pastry. It was 1:06 P.M. at this time. He thereafter returned to the Lexington Avenue subway and took an express train to Grand Central Station. Leaving Grand Central Station, he stopped and made a purchase at «Filing Equipment and Office Supplies», on the south side of 42nd Street off Lexington Avenue. He thereafter returned directly to the Hotel Bedford at 1:30 P.M.*
(Aus den FBI-Dossiers über Klaus Mann, zit. nach Stephan 1995, S. 159f., 166)

# Pacific Palisades

San Remo Drive 1550: Thomas Mann in seinem Arbeitszimmer in der «Neu-Poschi»

**In einem Brief** vom 20. August 1942 erklärte Thomas Mann der Gönnerin Agnes E. Meyer, seine Söhne Klaus und Golo könnten nichts dafür, daß sie noch immer keine amerikanischen Soldaten seien: «‹To join the army› ist für sie kein so einfaches Ding. Klaus bemüht sich seit Monaten darum und es ist ihm noch nicht gelungen, vielleicht weil es ihm noch nicht einmal gelungen ist, einzuwandern.» (TM / Agnes E. Meyer, Briefwechsel, S. 429) Der Vater begrüßte die Bereitschaft beider Söhne, in den Krieg zu ziehen – von den Hintergründen der Verzögerung ahnte auch er nichts.

Thomas und Katia Mann hatten im März 1941 den Haushalt in Princeton aufgelöst und waren nach Kalifornien gezogen. Sie wohnten zunächst in einem Mietshaus am Amalfi Drive 740; im Februar 1942 bezogen sie das von dem Architekten J. R. Davidson für sie erbaute Haus am San Remo Drive 1550 in Pacific Palisades. Die prächtige Villa wurde für zehn Jahre der Mannsche Familiensitz – Tochter Erika sprach kurzerhand von der «Neu-Poschi», Thomas Mann nannte das Anwesen bedeutungsvoll «unser letztes Nest» (EM 1996, S. 162, 164).

Der Hausherr hatte sich ein Arbeitszimmer errichten lassen, das er selbst als «das schönste» bezeichnete, «das ich je hatte» (EM 1996, S. 165). Es bot einen «freien Blick über Avocado-Haine, vereinzelte Villen und ferne Abhänge, hinter denen sich der Stille Ozean auftat» (Kellen 1961, S. 40).

Rechts: Besuch bei den Nachbarn in Santa Barbara, Juli 1942: Thomas Mann, die Sängerin Lotte Lehmann, der Hausherr Bruno Walter und seine Frau sowie deren Tochter Lotte (v. l. n. r.); dahinter stehend: Klaus und Erika Mann

**Links: Das Haus der Manns in Pacific Palisades**

**Mitte: Blick in den Garten**

Klaus Mann war im neuen Elternhaus erstmals von Anfang Juli bis Ende August 1942 zu Gast. «Wiedersehen mit der Familie», notierte er in der Autobiographie. «Auch E[rika] ist hier. Reizendes Haus, schöner Garten. Von meinem Zimmer geht der Blick über Palmen- und Orangenhaine bis zum Pazifischen Meer. Auf der anderen Seite liegt Los Angeles, dekorativ hingebreitet. Abends, großer Effekt der Lichter, lebhaft und festlich glitzernd in der trocken-windstillen Luft.» (WP, S. 439)

Aus den Tagebüchern des Vaters geht hervor, daß es in jenem Sommer 1942 manches Streitgespräch im Familienkreis gab «wegen politisch-historischer Dinge». Man debattierte über Amerika und den Krieg registrierte besorgt jede Meldung über Siege der Nazi-Truppen. Thomas Mann zeigte sich beeindruckt von Erikas «leidenschaftlichem Pessimismus»; und einmal – so hielt er fest – ließ er selbst sich zu einem «Ausbruch gegen Klaus» hinreißen (TM, Tagebücher 1940–1943, S. 462, 456).

Golo Mann, der den Konflikt miterlebte, schrieb später darüber: «Thomas Mann bejahte den Krieg, wie er es 1914 getan hatte. Klaus nicht; eben gerade nicht mehr, seit die USA interveniert hatten. Der Krieg, meinte er, verdumme und brutalisiere das Volk. Übrigens sei er nicht populär – worin er ganz recht hatte; die Leute wußten oder ahnten, daß Franklin Roosevelt sie mit höchster, langwieriger Kunst in etwas hineinmanövriert hatte, was sie nicht wollten, und zwar entgegen seinem eigenen heiligsten Versprechen. Worüber also zwischen den beiden schwer gestritten wurde.» (BuA, S. 650)

Klaus Mann dokumentierte die eigene widersprüchliche Haltung in seinem Tagebuch am 18. August 1942: «Kein Interesse am Krieg. Trotzdem wäre ich froh, wenn diese ‹exklusive› Army endlich zustimmen würde, mich einzuberufen. Es würde mir allen Ernstes gefallen.»

# Aus dem Familienalbum

**Von Klaus Manns Geschwistern** hatten zwei inzwischen eigene Familien gegründet: Elisabeth war seit dem 23. November 1939 mit dem italienischen Historiker Giuseppe Antonio Borgese verheiratet; der jüngste Bruder Michael hatte sich am 6. März 1939 mit Gret Moser vermählt, einer «sehr hübschen und angenehmen Schweizerin» (WP, S. 392).
Michael und Gret Mann, die sich in Carmel an der kalifornischen Küste niederließen, bekamen zwei Söhne: Frido, geboren am 31. Juli 1940, und Toni, geboren am 20. Juli 1942. Den Borgeses, die in Chicago lebten, wurden zwei Töchter geboren: Angelica am 30. November 1940 und Dominica am 6. März 1944.

Katia und Thomas Mann mit ihren Töchtern Erika und Monika

Golo, Erika und Monika Mann mit ihren Eltern (v. l. n. r.)

Monika Mann lebte in den ersten Jahren ihres USA-Exils vorwiegend im Elternhaus. Geheiratet hat sie nach dem tragischen Tod ihres Mannes Jenö Lányi nicht wieder.

Michael Mann mit seiner Frau Gret und Sohn Fridolin. Der kleine Frido, wie ihn die Familie nannte, wurde zum erklärten Lieblingsenkel Thomas Manns.

Elisabeth Mann Borgese mit ihrer Tochter Angelica

Golo Mann, hier mit dem Pudel Nico, schlug eine akademische Laufbahn als Historiker ein. Im Oktober 1942 begann er, am Olivet-College in Michigan zu unterrichten.

# «... keine Kinder, nur Bücher»

«**Von mir kommen keine Kinder,** nur Bücher, ein melancholisch-insuffizienter Ersatz», schrieb Klaus Mann in der Autobiographie (WP, S. 392). Im Tagebuch findet sich allerdings eine Eintragung ganz anderer Art. Dort notierte er, nachdem er seiner schwangeren Schwester Elisabeth begegnet war: «Welch wehmütiger Stolz, dass ich *mich nicht belade mit der Schuld der Fortpflanzung* ---»; und er fügte zwei seltsam anmutende Verszeilen hinzu: «Wie wir gediehn im Schoosse fremder Amme, Ist unser Nachwuchs nie aus unsrem Stamme.» (Tb 5, S. 29) Als er im September 1940 seinen Neffen Frido gesehen hatte, war er tief bewegt und schrieb auf: «Was wird DER nun erleben??» (Ebd., S. 59)

Für ihn selbst gab es nur ein Rezept, um der zunehmenden Depressionen Herr zu werden: «*Die Arbeit* – ohne die dies alles unerträglich wäre.» (Ebd., S. 53) Als im Herbst 1942 «The Turning Point» erschien, arbeitete Klaus Mann bereits an zwei neuen umfangreichen Büchern: einer Studie über sein altes Idol André Gide und einer Anthologie europäischer Literatur, die er unter dem Titel «Heart of Europe» zusammen mit Hermann Kesten herausgab. Auch ein neues Theaterstück entstand, in englischer Sprache, das sich mit dem Thema Spiritismus auseinandersetzte; das Drama «The Dead Don't Care» wurde jedoch nie gedruckt oder aufgeführt.

Klaus Mann mit seinem Neffen Frido. Es ist eines der ganz wenigen Fotos, die den Schriftsteller zusammen mit einem kleinen Kind zeigen.

Links: Cover und Frontispiz von Klaus Manns Gide-Buch, das Anfang 1943 im Verlag Creative Age Press erschien.

Unten links: Umschlag von Erika Manns Kinderbuch «A Gang of Ten», das Ende 1942 bei L. B. Fischer erschien. «E[rika] abgelenkt durch ihre Erfolge, Reisen, Aktivitäten, und die Bindung an G[umpert]», notierte Klaus Mann 1940 im Tagebuch und fügte traurig hinzu: «Mir nie entfremdet, aber doch sich schrittweis entfernend.» (Tb 5, S. 22)

Martin Gumpert

In der Autobiographie und im Tagebuch ist eindrucksvoll dokumentiert, wie verzweifelt und lebensmüde Klaus Mann im Herbst 1942 war. Ende Oktober versuchte er mehrfach, sich umzubringen. Traurigkeit, Einsamkeitsgefühle und nicht zuletzt akute Geldnot trieben ihn dazu, sich die Pulsadern aufzuschneiden – eine Tat, die ihm anschließend eher peinlich war. «Ich werde wieder zu leben versuchen», notierte er trotzig im Tagebuch am 26. Oktober 1942.

Ungeduldig wartete er auf die Einberufung zur US Army. «Wollen Sie bitte zur Kenntnis nehmen, daß ich bereit, ja begierig bin, der amerikanischen Armee beizutreten», hatte er schon am 24. April 1942 der zuständigen Behörde geschrieben (WP, S. 437). Wiederholt wurde er zur «physical examination» geladen. Doch er litt unter einer Syphilis-Erkrankung und wurde von den Militärärzten abgewiesen.

Erika Manns damaliger Lebensgefährte, der Arzt und Schriftsteller Martin Gumpert, behandelte Klaus Mann – eine durchaus heikle Konstellation, denn Klaus fühlte sich von der geliebten Schwester mehr und mehr entfremdet, nicht zuletzt durch ihre Liebe zu Gumpert. Im Tagebuch sind auch diese Ereignisse und Stimmungen akribisch festgehalten – bis hin zu Klaus Manns Alptraum, Erika habe sich bei ihm angesteckt (Tb 5, S. 106). Die medizinische Therapie Gumperts jedoch schlug an, Klaus Mann wurde von der Syphilis geheilt. Am 14. Dezember 1942 mußte er erneut zur Army-Untersuchung – und wurde endlich angenommen. Drei Wochen später war Dienstbeginn.

## Kapitel 9

# Die gerechte Sache

Im Dienst der US Army
(1942–1945)

*Das Exerzieren fällt mir ziemlich schwer; vor allem mit dem Schießgewehr weiß ich gar nichts Rechtes anzufangen. Werde trotzdem mit einer Mischung aus Respekt und gutmütiger Ironie behandelt. In meinem Zelt, oder Bungalow, heiße ich «the Professor». Nach Melvyn Douglas – freilich weit nach ihm! – bin ich wohl das Aparteste, was je in diesem Camp war. Denn genau hier war es doch, wo der Filmstar, zur allgemeinen Bewunderung und Ermutigung, als gemeiner Private diente: in diesem Camp, in meiner Company, ja, um das Maß des Drolligen schier zum Überlaufen zu bringen: im Bungalow fast gleich neben meinem. Bald mehr. Wird ja schon zum Lichtausmachen geblasen. Grüße für alle.*
*[…]*
*LOVE K.*

Klaus Mann, Brief an Katia Mann, 14. Februar 1943

# Flucht zu den Fahnen

Klaus Mann als Soldat der US Army, zusammen mit zwei unbekannten Kameraden

**Daß Klaus Mann** sich der US Army zur Verfügung stellte, war ein politischer Entschluß: Er wollte aktiv mithelfen, den Faschismus zu besiegen. Seine einstige pazifistische Überzeugung hatte er längst relativiert angesichts der Bedrohung durch Hitler und dessen Verbündete. In der Autobiographie schrieb Klaus Mann unter dem Datum des 15. Juli 1940: «Als gesitteter Mensch ist man natürlich Pazifist, was denn sonst?» Aber er fügte hinzu: «Ein Krieg, der unvermeidlich geworden ist, läßt sich nicht mehr ‹ablehnen›, sondern nur noch gewinnen.» Nicht der Krieg sei das schlimmste aller Übel – schlimmer noch würde die «Neue Ordnung» sein, die ein siegreicher Hitler weltweit etablieren könnte. (WP, S. 405f.) Der Kampf gegen die Achsenmächte war daher für ihn, wie er dem Bruder Golo schrieb, «die gerechte Sache» (BuA, S. 400).

Doch Klaus Manns Bereitschaft zum Army-Eintritt war auch ein Versuch, die anhaltende persönliche Krise zu überwinden, aus der er kaum noch einen Ausweg wußte. Berufliche Mißerfolge – wie das Ende von «Decision» und das unpublizierte Projekt «Distinguished Visitors» – trugen zu seinen Depressionen ebenso bei wie eine anhaltende finanzielle Misere und ein zunehmendes Gefühl der Isolation. Aus diesen Problemen, so hoffte er, könnte ihm der Armeedienst heraushelfen. «Überdrüssig der Freiheit; überdrüssig der Einsamkeit. Sehnsucht nach Gemeinschaft. Der Wunsch, mich einzuordnen, zu *dienen*!» (WP, S. 438)

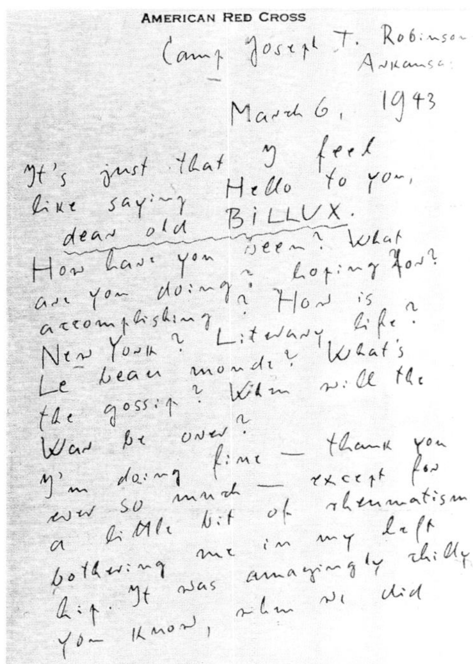

AMERICAN RED CROSS

Camp Joseph T. Robinson
Arkansas

March 6, 1943

It's just that I feel
like saying Hello to you,
dear old BILLUX.
How have you been? What
are you doing? hoping for?
accomplishing? How is
New York? Literary life?
Le beau monde? What's
the gossip? When will the
War be over?
I'm doing fine – thank you
ever so much – except for
a little bit of rheumatism
bothering me in my left
hip. It was amazingly chilly
you know, when we did

"...furnish volunteer aid to the sick and wounded of armies......" and "To act in matters of voluntary relief and in accord with the military and naval authorities as a medium of communication between the people of the United States of America and their Army and Navy......" The Charter of The American National Red Cross. By Act of Congress January 5, 1905.

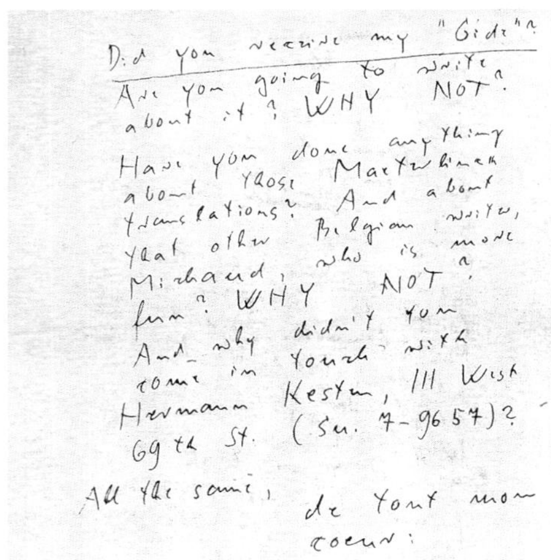

Did you receive my "Gide"?
Are you going to write
about it? WHY NOT?
Have you done anything
about those Maeterlinck
translations? And about
that other Belgian writer,
Michaud, who is more
fun? WHY NOT?
And why didn't you
come in touch with
Hermann Kesten, 111 West
69th St. (Su. 7-9657)?
All the same,
de tout mon
coeur:

Private KLAUS

Brief an Sybille Schönebeck-Bedford, genannt Billux, vom 6. März 1943

Blick auf Fort Dix, New Jersey

Schießübungen in Camp Robinson, Arkansas

Der Eingang von Fort Ritchie, Maryland

Am 14. Dezember 1942 hatte ihn die US Army angenommen, am 4. Januar 1943 begann Klaus Mann offiziell seinen Dienst. Die erste Station seiner Soldatenlaufbahn war Fort Dix in der Nähe von New York. Am 4. Februar wurde er ins Camp Robinson, Arkansas, versetzt, wo er die militärische Grundausbildung absolvierte. Anfang April 1943 folgte der nächste Standort: Camp Ritchie in Maryland.

«Es ist seltsam, Soldat zu sein. Nicht ganz einfach, übrigens», gestand Klaus Mann am 6. März 1943 in einem Brief an Sybille Schönebeck-Bedford – besonders das Basic Training sei öde und dauere zu lange (Original im KMA; Übersetzung: Naumann). Er durchlebte die üblichen Strapazen jedes Rekruten: Schießübungen, Gewehrreinigen, Gasmaskentraining, Küchendienst. Sogar am berüchtigten Infiltration Course nahm er teil, der dem Ernstfall nahekam. «Auf schlammigem Boden kriechen (100 Yards), unter Maschinengewehrfeuer (echte Munition). Stacheldraht, Explosionen. Was für eine Erfahrung», notierte er im Tagebuch und fügte hinzu: «Gefiel mir recht gut.» (Tb 5, S. 175)

Seine Gefühle allerdings blieben widersprüchlich. «Das Armeeleben ist gleichzeitig die fadeste und fantastischste Sache der Welt», schrieb er ins Tagebuch. An einer anderen Stelle, nach ausgiebiger Proust-Lektüre, findet sich der überraschende Eintrag: «Heimweh nach Europa. Ich habe dieses Land hier satt.» (Tb 5, S. 134, 145)

# Auf dem Abstellgleis

**In Camp Ritchie** wurde Klaus Mann der First Mobile Radio Broadcasting Company zugeteilt, einer für Propaganda-Arbeit vorgesehenen Einheit. Man beförderte ihn zum Staff Sergeant. Thomas Mann klopfte dem ältesten Sohn brieflich auf die Schultern: «Du bewährst Dich nun [...] ganz richtig und tapfer wie ein Mann.» (BuA, S. 508) Am 1. Mai 1943 verließ die Kompanie das Camp, um zum europäischen Kriegsschauplatz eingeschifft zu werden. Klaus Mann aber blieb zurück – denn er war noch immer kein US-Staatsbürger. Als er am 30. April in Baltimore den Eid leisten wollte, hatte ihm ein Beamter eröffnet, daß seine «naturalization» verschoben werden müsse – es lägen «besondere Erkenntnisse» über ihn vor.

Klaus Mann wurde erneut versetzt; Camp Crowder in Missouri hieß der neue Standort. Seine Vorgesetzten beschäftigten ihn mit vielerlei Aufgaben: er hielt Vorträge vor GIs und Zivilisten, schrieb eine Kompanie-Chronik und lieferte Artikel für die Camp-Zeitung. «Das Ganze ist eine beinah übermäßig harte Geduldprobe», klagte er und fühlte sich «in der Verbannung» (BuA, S. 515; WP, S. 452).

Zu Recht hatte er den Eindruck, auf einem Abstellgleis gelandet zu sein. Er mußte Verhöre über sich ergehen lassen: Beamte der Military Intelligence Division fragten ihn aus über seinen moralischen Lebenswandel und seine politischen Einstellungen. Verbittert schrieb er ins Tagebuch, «jedem Cohn und Müller» werde die US-Staatsbürgerschaft zuerkannt – aber ihm werde sie verweigert. Dabei wüßten «diese Herren» sehr genau, daß er «weder ‹Kommunist› noch ein gefährlicher Wüstling» sei (Tb 5, S. 147).

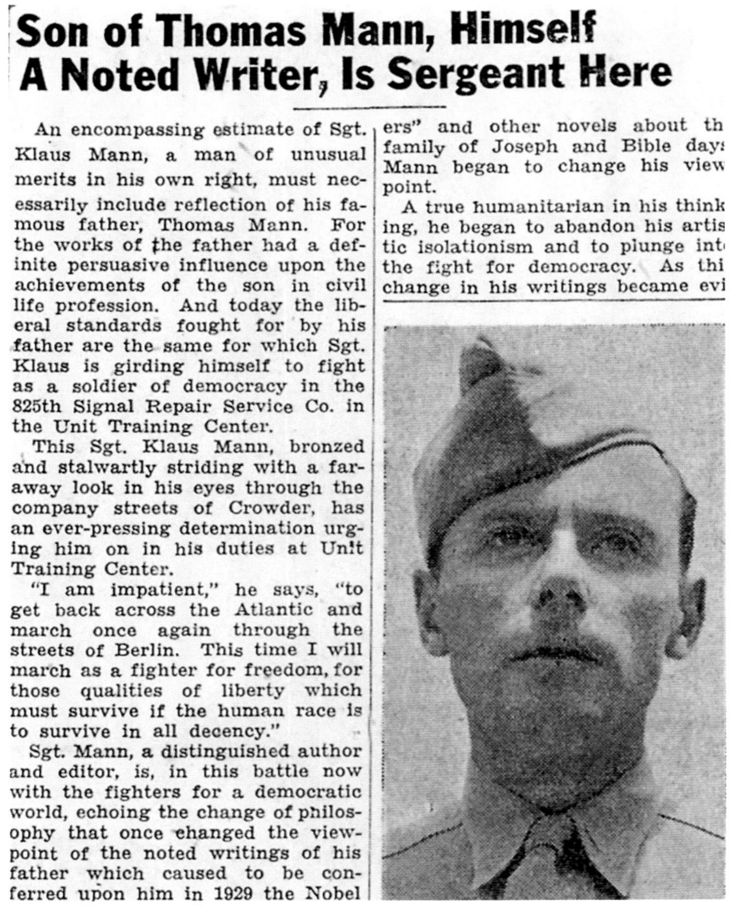

**Son of Thomas Mann, Himself A Noted Writer, Is Sergeant Here**

An encompassing estimate of Sgt. Klaus Mann, a man of unusual merits in his own right, must necessarily include reflection of his famous father, Thomas Mann. For the works of the father had a definite persuasive influence upon the achievements of the son in civil life profession. And today the liberal standards fought for by his father are the same for which Sgt. Klaus is girding himself to fight as a soldier of democracy in the 825th Signal Repair Service Co. in the Unit Training Center.

This Sgt. Klaus Mann, bronzed and stalwartly striding with a far-away look in his eyes through the company streets of Crowder, has an ever-pressing determination urging him on in his duties at Unit Training Center.

"I am impatient," he says, "to get back across the Atlantic and march once again through the streets of Berlin. This time I will march as a fighter for freedom, for those qualities of liberty which must survive if the human race is to survive in all decency."

Sgt. Mann, a distinguished author and editor, is, in this battle now with the fighters for a democratic world, echoing the change of philosophy that once changed the viewpoint of the noted writings of his father which caused to be conferred upon him in 1929 the Nobel

ers" and other novels about th family of Joseph and Bible day Mann began to change his view point.

A true humanitarian in his think ing, he began to abandon his artis tic isolationism and to plunge int the fight for democracy. As thi change in his writings became evi

Rechts: Bericht über Klaus Mann in der «Camp Crowder Message»

Unten: Von ihm verfaßte Artikel aus der Camp-Zeitung

CITIES IN THE NEWS MUNICH

By T/3 KLAUS MANN.

CITIES IN THE NEWS PARIS

By T/3 KLAUS MANN.

CITIES IN THE NEWS BERLIN

By T/3 KLAUS MANN.

CITIES IN THE NEWS HAMBURG

By T/3 KLAUS MANN.

You have read in the papers that Hamburg has been bombarded by the RAF and American Flying Fortresses. "Hamburg blasted again!" the headlines told you, and "Hamburg in ruins . . . Greatest German seaport practically wiped out . . ." And you thought "That's good news—quite a blow to Hitler . . ."

No doubt your elation is completely justified. The destruction of Hamburg is a most important, most encouraging fact—both strategically and psychologically. Yet it is one thing to realize the military significance of a reported event—another thing to gauge its human and cultural implications. What kind of a city was it that has been "practically wiped out" by our heavy bombers?

Of course, you may check any encyclopedia and find all the relevant information: "Hamburg, a seaport of Germany, situated on the right bank of the northern arm of the Elbe; largest seaport of continental Europe; population

stroyed—why? Because the German people are in the dangerous habit of following any maniac and charlatan who promises them that they will conquer the world.

The Hamburg I have known will never be again. Of course, the city will be somehow reconstructed; maybe it will regain, in God's good time, its former vigor and prosperity. But its face and flavor will be essentially altered.

Hamburg had indeed a highly personal face and unmistakable flavor. It was a progressive, cosmopolitan place—open-minded and industrious. Its physiognomy and way of life appeared similar, in various respects, to the style of English, Dutch, and Scandinavian cities. The climate of Hamburg is very much like that of London and Amsterdam; even the local dialect has definitely Dutch and Anglo-Saxon accents. The food in Hamburg used to be more tasty and opulent than you could find in any other German community. Hanseatic patricians prided themselves on their ancient lineage, the fine wines in their cellars, the well-kept

Vorbereitung der Auktion

Aufruf zum Erwerb von War Bonds

Klaus Mann zeigt die zu versteigernden Exponate.

Klaus Mann bemühte sich, das Beste aus der Wartezeit zu machen. Er organisierte eine große Auktion, deren Erlös dem Erwerb von War Bonds diente: Dank seiner Kontakte zu prominenten Künstlern gelang es ihm, eine bemerkenswerte Sammlung von Fotos, Autographen und signierten Büchern zusammenzutragen; die Versteigerung der Exponate brachte eine Million Dollar ein. «Recht triumphales Wochenende», vermerkte er im Tagebuch nicht ohne Stolz (Tb 5, S. 176).

Zahlreiche Beiträge schrieb Klaus Mann für die Zeitung «Camp Crowder Message» – teils über Alltäglichkeiten des Army-Lebens, teils über die politische und militärische Entwicklung in Europa. Anfang September 1943 begann er mit der Artikelserie «Cities in the News»: darin porträtierte er für seine amerikanischen Kameraden insgesamt acht Städte, die durch den Kriegsverlauf in die Schlagzeilen geraten waren und die er aus eigener Anschauung kannte. Manche ehemals blühende Metropole wurde nun zum Ziel von alliierten Bombengeschwadern. Auch auf München wurden die ersten Angriffe geflogen. Diese Stadt sei einst der Ausgangspunkt für die Expansion der Nazis gewesen, erklärte Klaus Mann den Lesern der Camp-Zeitung – daher sei es nur recht und billig, wenn auch die ‹Hauptstadt der Bewegung› jetzt zu leiden hätte unter Fliegerbomben. «Unlängst hat ihr die Royal Air Force einen tödlichen, fünfundzwanzig Minuten langen Besuch abgestattet – zehn Luftminen fielen pro Minute. Möge die schreckliche Lektion dazu dienen, die verblendeten Menschen meiner früheren Heimatstadt aufzurütteln! Und mögen unsere Bomben einige der Menschen verschont haben, die ich unschuldig weiß, und einige der Plätze, die ich hoffe eines Tages wiederzusehen.» (Posten, S. 99)

## Der Mönch

Klaus Mann mit Angehörigen seiner Kompanie – und deren Damenbesuch: «Es ist sehr sonderbar, Soldat zu sein, und sehr schwierig, davon zu erzählen. Ich weiß nicht einmal, ob es mir gefällt oder nicht.» (An Lotte Walter, 28. Februar 1943)

«**Wie merkwürdig!** – selbst ein Teil dieser amorphen, anonymen Masse zu werden! Schlicht einer dieser Soldaten, die im Bus reisen; warten, schwitzen …», notierte Klaus Mann im Tagebuch (Tb 5, S. 167). Seine Schwester Erika ließ er wissen, er habe sich einst unter seinen Mitschülern im Münchner Wilhelmsgymnasium «fremder und einsamer gefühlt als jetzt bei den G.I.s» (WP, S. 445). Doch er durchlebte auch Stimmungen ganz anderer Art. Am 13. Juni 1943 hielt er fest, das Armeeleben komme ihm «wie ein Alptraum Kafkas» vor, und er fühle sich «losgelöster, entwurzelter, isolierter als je zuvor» (Tb 5, S. 134). Auch Selbstmordgedanken suchten ihn wieder heim.

Er hatte sich endlich einmal ganz einordnen wollen, aber er blieb noch in der Uniform etwas Besonderes. Dazu verurteilte ihn nicht zuletzt seine erotische Eigenart. In die US Army wurden Homosexuelle grundsätzlich nicht aufgenommen. Klaus Mann war folglich gezwungen, seine Homosexualität zu verbergen. Von der Jugendfreundin Lotte Walter erbat er sich am 28. Februar 1943 ein Porträtfoto, «weil ich meine Stuben-Genossen mit einem schönen Girl Friend impressionieren möchte. Schicke mir also ein recht verführerisches, mit nackten Schultern, schwülem Blick und allem.» (BuA, S. 502) Aber so launig leicht fiel ihm, der kaum gewöhnt war, seiner Sexualität Zügel anzulegen, der dauernde Verzicht auf intime Männerbeziehungen keineswegs. «Mein Sexualleben – beziehungsweise sein Nicht-Vorhandensein während der vergangenen vier Monate – wird allmählich beunruhigend», schrieb er am 11. Oktober 1943 ins Tagebuch.

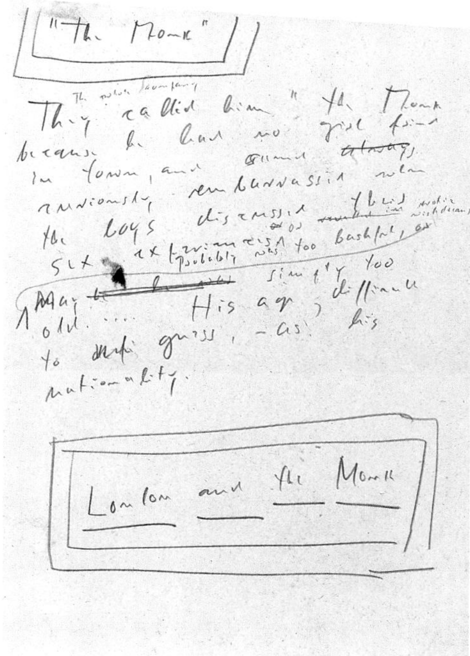
"The Monk"

They called him "the Monk" because he had no girl friend in town, and seemed always embarrassed when the boys discussed their sex experiences … simply too old. … His age, difference … – as his nationality.

London and the Monk

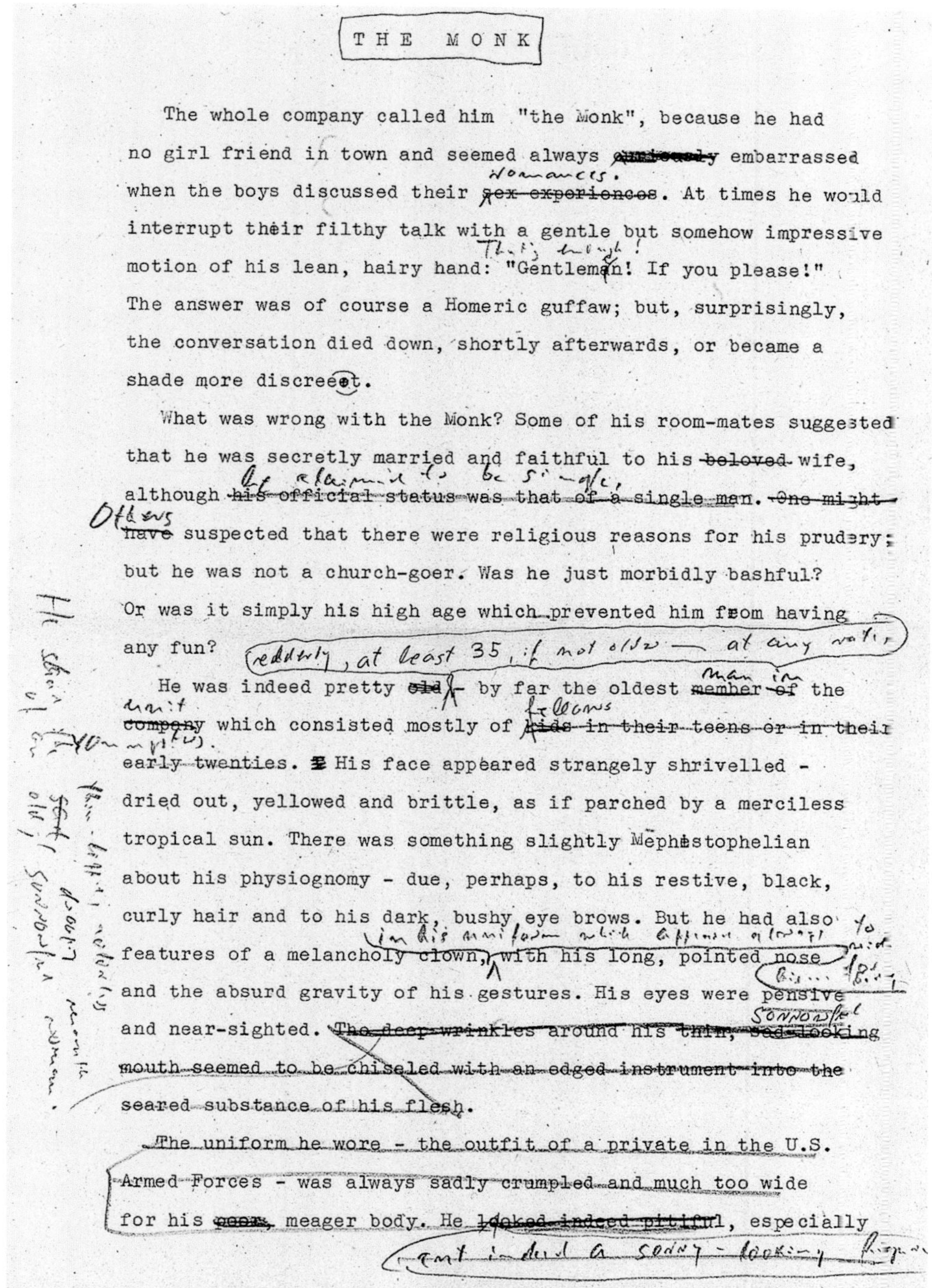
THE MONK

The whole company called him "the Monk", because he had no girl friend in town and seemed always anxiously embarrassed when the boys discussed their sex experiences. At times he would interrupt their filthy talk with a gentle but somehow impressive motion of his lean, hairy hand: "Gentleman! If you please!" The answer was of course a Homeric guffaw; but, surprisingly, the conversation died down, shortly afterwards, or became a shade more discreet.

What was wrong with the Monk? Some of his room-mates suggested that he was secretly married and faithful to his beloved wife, although his official status was that of a single man. One might have suspected that there were religious reasons for his prudery; but he was not a church-goer. Was he just morbidly bashful? Or was it simply his high age which prevented him from having any fun?

He was indeed pretty old – by far the oldest member of the company which consisted mostly of kids in their teens or in their early twenties. His face appeared strangely shrivelled - dried out, yellowed and brittle, as if parched by a merciless tropical sun. There was something slightly Mephistophelian about his physiognomy - due, perhaps, to his restive, black, curly hair and to his dark, bushy eye brows. But he had also features of a melancholy clown, with his long, pointed nose and the absurd gravity of his gestures. His eyes were pensive and near-sighted. The deep wrinkles around his thin, sad-looking mouth seemed to be chiseled with an edged instrument into the seared substance of his flesh.

The uniform he wore - the outfit of a private in the U.S. Armed Forces - was always sadly crumpled and much too wide for his poor, meager body. He looked indeed pitiful, especially

**Im Jahre 1943 entstand Klaus Manns Prosatext «The Monk». Darin werden die Erfahrungen eines Außenseiters in der US Army geschildert – mit unverkennbar autobiographischen Bezügen. Der Held erwirbt auf unfreiwillig-komische Art die Anerkennung seiner Kameraden, denen er dennoch ein Rätsel bleibt. Die letzten Sätze der Erzählung lauten: «Warum war er so geheimnisvoll? Warum konnten sie ihn nicht verstehen? Warum war er so anders?»**

*In der gesamten Kompanie hieß er «der Mönch», weil er kein Mädchen in der Stadt hatte und immer etwas verlegen wirkte, wenn die anderen sich ihre Frauengeschichten erzählten. Manchmal unterbrach er auch ihre Anzüglichkeiten mit einer sanften, aber irgendwie beeindruckenden Geste: «Es reicht! Bitte schön!» Natürlich war die Antwort ein homerisches Gelächter; aber überraschenderweise verstummte das Geschwätz kurz darauf oder wurde doch eine Spur zurückhaltender.*

*Was war mit dem Mönch nicht in Ordnung? Einige seiner Stubenkameraden vermuteten, daß er heimlich verheiratet sei und seiner Frau treu wäre, obwohl er behauptete, ein Junggeselle zu sein. Andere meinten, daß es religiöse Gründe für seine Prüderie gäbe; er war jedoch kein Kirchgänger. War er vielleicht krankhaft schüchtern? Oder war es einfach nur sein Alter, das ihn davon abhielt, sich zu amüsieren? […]*

*Er war ein miserabler Soldat, rührend hilflos bei all seinen Anstrengungen und trotz seines Einsatzes. Wie er sich auch bemühte, niemals beherrschte er die Gewehrgriffe, und unvermeidlich brachte er seinen Zug beim Exerzieren durcheinander. Der First Sergeant verachtete ihn. «So'n Schlappschwanz hat in der Armee nichts zu suchen», pflegte der Sergeant, entnervt von so viel Unbeholfenheit, zu brüllen. «Woher kommst du überhaupt, du komischer Vogel?»*

(Klaus Mann: Der Mönch. Ins Deutsche übersetzt von Monika Gripenberg und Heribert Hoven. Zit. n.: KM, Speed, S. 217 f.)

# Star-Spangled Banner

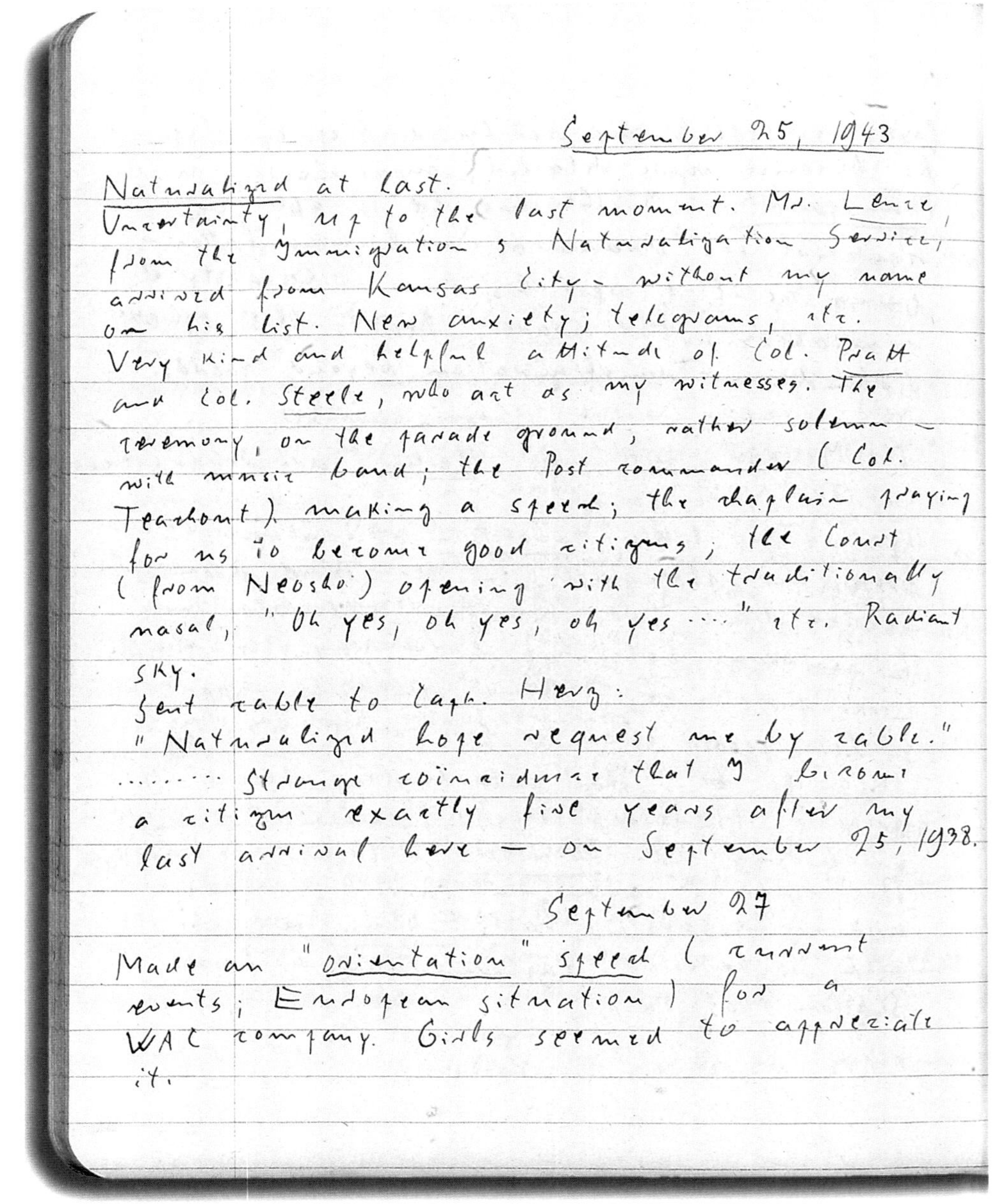

September 25, 1943

Naturalized at last.
Uncertainty, up to the last moment. Mr. Lence, from the Immigration & Naturalization Service, arrived from Kansas City – without my name on his list. New anxiety; telegrams, etc. Very kind and helpful attitude of Col. Pratt and Col. Steele, who act as my witnesses. The ceremony, on the parade ground, rather solemn – with music band; the Post commander (Col. Teachont) making a speech; the chaplain praying for us to become good citizens; the Court (from Neosho) opening with the traditionally nasal, "Oh yes, oh yes, oh yes ...." etc. Radiant sky.
Sent cable to Capt. Herz:
"Naturalized hope request me by cable."
....... Strange coincidence that I become a citizen exactly five years after my last arrival here – on September 25, 1938.

September 27

Made an "orientation" speech (current events; European situation) for a WAC company. Girls seemed to appreciate it.

**Aus Klaus Manns Tagebuch: Aufzeichnungen über den Tag seiner Einbürgerung. Ab 1942 sind seine Tagebücher durchgängig in englischer Sprache geschrieben.**

**Einen Brief an Fritz Landshoff** hatte Klaus Mann Ende Mai 1943 sarkastisch unterzeichnet als «US prisoner (not citizen!)». Er litt unter der Tatsache, daß seine Einbürgerung sich weiterhin verzögerte. Noch immer ermittelten die Geheimdienste über «subject Klaus Mann». Ein amerikanischer Freund ließ ihn wissen, man werfe ihm möglicherweise «premature antifascism» vor – «vorzeitigen Anti-Faschismus» (Tb 5, S. 158). Die seltsame Klassifizierung wurde staatlicherseits benutzt, um Menschen auszugrenzen, die sich schon vor dem Ende der amerikanischen Neutralitätspolitik engagiert hatten gegen Hitler und seine Verbündeten. Am 30. August 1943 wurde Klaus Mann erneut von einem Special Agent der Military Intelligence Division befragt. Der Bericht fiel uneingeschränkt positiv aus: «Subject is highly intelligent and possesses a wonderful command of the English language. [...] This Agent is of the opinion that Subject would be very useful in combat propaganda and [...] citizenship should be allowed Subject.» (Stephan 1995, S. 547)
Am 25. September 1943 war es soweit. Klaus Mann protokollierte im Tagebuch: «Endlich *eingebürgert*. [...] Die Zeremonie auf dem Paradeplatz, recht feierlich – mit Musikkapelle; der Kommandeur des Stützpunkts (Col. Teachont) hält eine Rede; der Geistliche betet für uns, auf daß wir gute Bürger werden; das Gericht (aus Neosho) eröffnet die Versammlung mit dem traditionell näselnden ‹Oh yes, oh yes, oh yes ...› u.s.w. Strahlender Himmel.» (Tb 5, S. 175)
Klaus Mann war «stolz und froh», wie er die Eltern sogleich wissen ließ (WP, S. 455). Jahre später schrieb er einem befreundeten Kollegen: «Ich weiß noch, wie festlich mir zumute war, als ich – es ist erst vier Jahre her – zu den Klängen des Star-Spangled Banner den Eid auf die American Constitution leisten durfte. Die Zeremonie spielte sich auf dem Exerzierfeld des Camp Crowder im Staate Missouri ab. Ich war ein rüstiger Staff-Sergeant. Es war ein feierlicher Augenblick, wirklich ein ‹Turning Point›.» (An Friedrich Walter, 20. September 1947; Original im KMA)
Nun mußte er auf den Marschbefehl nach Europa warten. Er malte sich aus, für amerikanische Leser aus seiner früheren Heimat zu berichten: «Den Zusammenbruch des Nazismus und die verschiedenen Reaktionen der Deutschen darauf zu beschreiben – das wäre in der Tat eine der aufregendsten, befriedigendsten Arbeiten, die ich mir vorstellen kann.» (An Sergeant McCarthy, 1. November 1943, KMA; Übersetzung: Naumann)

THE UNITED STATES OF AMERICA

ORIGINAL
TO BE GIVEN TO
THE PERSON NATURALIZED

No. 6015471

CERTIFICATE OF NATURALIZATION

Petition No. M-334

Personal description of holder as of date of naturalization: Age 36 years; sex Male ; color White ; complexion Light ; color of eyes Grey ; color of hair Brown ; height 5 feet 9 inches; weight 145 pounds; visible distinctive marks None
Marital status Single ; former nationality Czechoslovakian
I certify that the description above given is true, and that the photograph affixed hereto is a likeness of me.

Klaus Henry Mann
(Complete and true signature of holder)

State of Missouri } ss:
County of Newton }
Be it known, that at a term of the Circuit Court of Newton County held pursuant to law at Neosho, Missouri on September 25, 1943 the Court having found that Klaus Henry Mann then residing at 118 East 40th St., New York, N. Y. intends to reside permanently in the United States (when so required by the Naturalization Laws of the United States), had in all other respects complied with the applicable provisions of such naturalization laws, and was entitled to be admitted to citizenship, thereupon ordered that such person be and (s)he was admitted as a citizen of the United States of America.
In testimony whereof the seal of the court is hereunto affixed this 25th day of September in the year of our Lord nineteen hundred and Forty-three and of our Independence the one hundred and Sixty-eighth.

Seal

Glenn Morgan
Clerk of the Circuit Court.
By Deputy Clerk.

It is a violation of the U.S. Code (and punishable as such) to copy, print, photograph, or otherwise illegally use this certificate.

DEPARTMENT OF JUSTICE

Die Einbürgerungs-
urkunde

Hermann Kesten

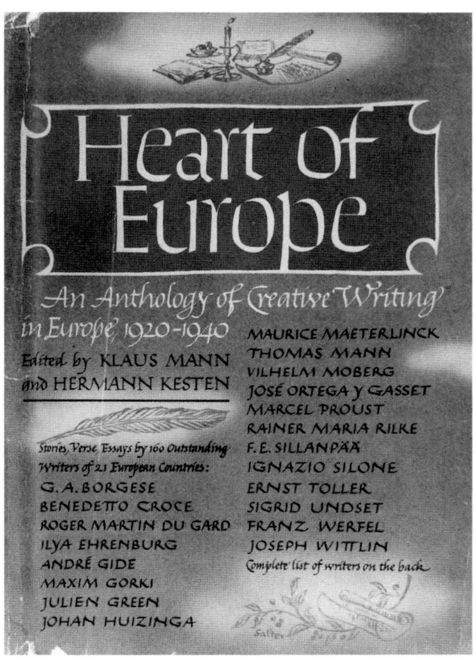


Umschlag
der Anthologie, 1943

Zunächst aber wurde Ende 1943 ein Buch ausgeliefert, in dem Klaus Mann für die Leser der USA das kulturelle Erbe Europas dokumentierte: «Heart of Europe». Die dickleibige Anthologie, die er zusammen mit Hermann Kesten herausgab, enthielt Beiträge von nicht weniger als 141 Autoren aus 21 europäischen Ländern. Eine vergleichbare Sammlung hatte es auf dem amerikanischen Markt noch nie gegeben. Thomas Mann urteilte, der Band sei «eine recht großartige Revue des geistigen Europa geworden», und auch Katia Mann fand das Buch «sehr glücklich» zusammengestellt (Kroll 1996, S. 84). Binnen weniger Monate konnte der Verlag L. B. Fischer sechs- bis siebentausend Exemplare von «Heart of Europe» verkaufen (Hermann Kesten an Klaus Mann, 16. April 1944; KMA).

# Tatendurst und Gottvertrauen

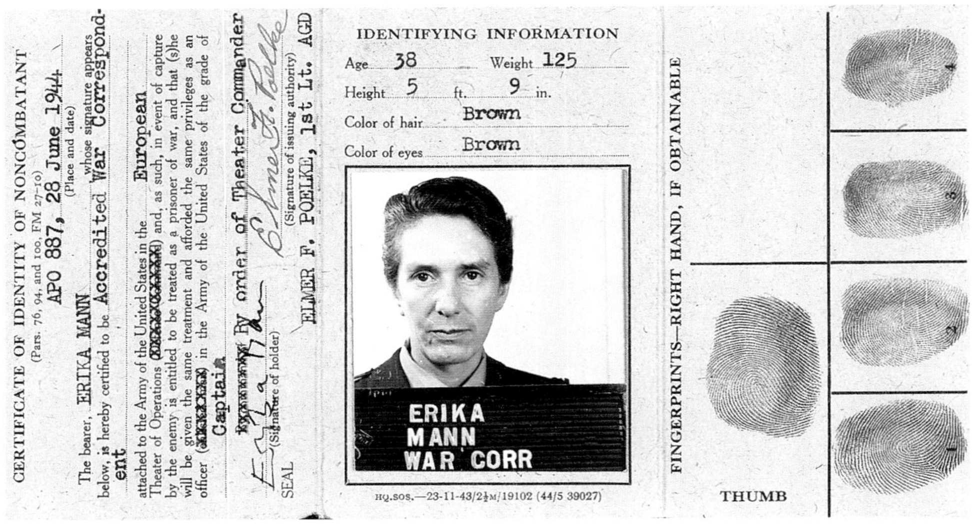


**Ausweis der Kriegskorrespondentin Erika Mann**

Bevor Klaus Mann das neue Heimatland in Richtung Europa verließ, gab es Anfang Dezember 1943 in Kansas City ein kurzes Wiedersehen mit den Eltern und Erika. Auch die älteste Schwester war im Einsatz für die Sache der Alliierten. Sie hatte als Kriegskorrespondentin unter anderem in Ägypten und Palästina Dienst getan und verfolgte nun, wie Klaus nicht ohne Irritation notierte, neue «beunruhigend geheimnisvolle Pläne» (Tb 5, S. 182). Das Familientreffen verlief ansonsten harmonisch; der Vater verabschiedete den Sohn mit einer Umarmung – «was noch nie zuvor geschehen ist» (ebd.).

Während der Tage in Kansas City wartete man, wie Thomas Mann im Tagebuch festhielt, gespannt auf Nachrichten aus Teheran: Dort trafen sich vom 28. November bis zum 1. Dezember 1943 die ‹Großen Drei› – Roosevelt, Churchill und Stalin –, um über den Fortgang des Krieges und die künftige Weltordnung zu beraten. Die Regierungschefs der führenden Anti-Hitler-Mächte beschlossen – was die Öffentlichkeit nicht erfuhr – die Errichtung einer zweiten Front in Nordfrankreich ab Mai 1944; und sie stellten die Weichen für die Zukunft Deutschlands nach dem Krieg.

In Thomas Mann sahen viele Zeitgenossen bereits den designierten Präsidenten eines befreiten Deutschland. Er selbst hatte im November 1943 in Washington sondiert, ob die Vereinigten Staaten ein repräsentatives «Council for a Democratic Germany» offiziell anerkennen würden, in dem er den Vorsitz führen sollte. Die negative Antwort des State Department hatte ihn erleichtert – denn sie ersparte es ihm, ein politisches Amt zu übernehmen, das er nicht als seine Sache empfand.

**Die ‹Großen Drei› in Teheran: Josef Stalin, Franklin Delano Roosevelt und Winston Churchill, 1943**

Links: US-Kriegsschiffe im Atlantik, bereit zur Landung in Nordafrika

Mitte: Truppentransporter vor der sizilianischen Küste

Unten: Alliierte Soldaten landen bei Anzio, Nettuno.

Klaus Mann verließ den amerikanischen Kontinent am 24. Dezember 1943 mit einem Truppentransport von 8000 Mann. «Ich bin voll Tatendurst und Gottvertrauen», hatte er wenige Tage zuvor an Lotte Walter geschrieben (BuA, S. 522). Die Atlantik-Überfahrt auf dem völlig überfüllten Schiff und bei miserabler Verpflegung war «scheußlich», wie er seiner Mutter unverblümt mitteilte; und er war froh, als er sich wieder «auf dem lieben Festland» befand (WP, S. 458).

Am 2. Januar 1944 landete der Transport in Casablanca. Klaus Mann notierte: «Gerührt und bezaubert von der verarmten, doch anziehenden Stadt.» (Tb 6, S. 9) Er hatte einige Tage Zeit, an literarischen Texten zu arbeiten. Die Hoffnung, in Nordafrika seinen geistigen Mentor André Gide wiedersehen zu können, erfüllte sich indes nicht.

Die Army-Vorgesetzten hatten entschieden, Klaus Mann in der psychologischen Kriegführung einzusetzen. Er wurde einer Einheit der Psychological Warfare Branch zugeteilt. Am 22. Januar traf er in Algier ein, am 29. Januar in Tunis; am 13. Februar landete er mit der «SS John Campbell» in Syrakus auf Sizilien. Zwei Tage später erreichte er Neapel, wo ihn Kameraden seiner alten Einheit aus Camp Ritchie, der First Mobile, abholten. Sie brachten ihn ins Kampfgebiet in der Nähe von Cassino – und nun wurde es wirklich Ernst: «Die Detonationen ... Zerstörte Dörfer. Die Straße wird bombardiert, nicht weit von unserem Jeep.» (Tagebuch, 18. Februar 1944)

## «Deutsche Soldaten!»

Klaus Mann schreibt Flugblätter für die Fifth Army. Im Hintergrund an der Wand sind zahlreiche Leaflets der Psychological Warfare Branch (PWB) zu sehen.

Von Klaus Mann verfaßtes Flugblatt

Für Hitler sterben – oder für die Heimat leben?

T/36

**Klaus Mann** nahm – als Mitglied einer Spezialeinheit der Fifth Army – am Feldzug der alliierten Streitkräfte teil, die von Süden kommend die deutschen Truppen aus Italien zurückdrängten. Sein Arbeitsfeld war die psychologische Kriegführung. Er schrieb und redigierte Flugblätter, die sich an die Soldaten auf der anderen Seite der Front richteten und die Landser dazu aufriefen, sich freiwillig zu ergeben. Flugzeuge warfen die Blätter über den deutschen Truppen ab. Auch für alliierte Radiosender und für Grabenlautsprecher verfaßte Klaus Mann Texte, mit denen die feindlichen Soldaten im Frontlinienbereich zur Aufgabe aufgefordert wurden. Er stellte seine Formulierungskünste der «gerechten Sache» zur Verfügung – ein Schriftsteller im Kriegseinsatz. Themen und Tenor seiner Texte variierten nur geringfügig: Der Krieg sei längst entschieden, lautete die Grundaussage, und der deutsche Soldat stehe folglich auf verlorenem Posten. «Wer jetzt noch stirbt, ist umsonst gestorben», heißt es in einem Flugblatt; ein anderes appellierte eindringlich: «Denkt an Stalingrad! Denkt an Tunis! Denkt an die zerstörten Städte des Rheinlandes! An die Trümmerhaufen in Berlin und Bremen, in Mannheim und Wilhelmshaven, in Hamburg und Stuttgart, Königsberg und München! Muß ganz Deutschland in Schutt und Asche verwandelt werden? Müssen eure Frauen und Kinder zu Grunde gehen, damit ihr endlich einseht, daß ihr die Welt nicht erobern könnt? Nehmt Vernunft an!»

Klaus Mann mit anderen Angehörigen der PWB

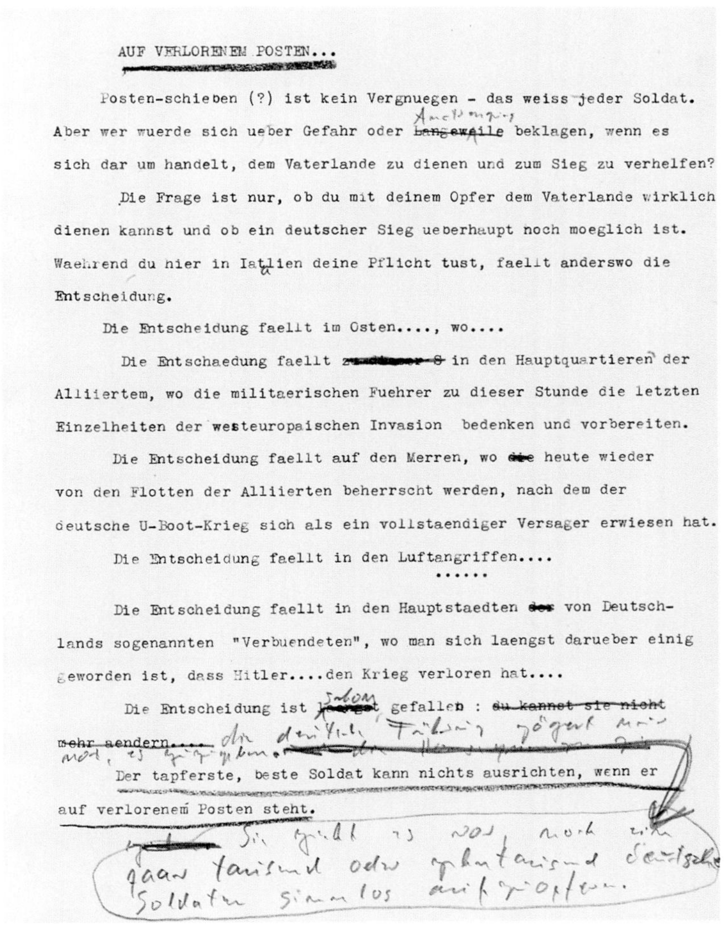

AUF VERLORENEM POSTEN...

Posten-schieben (?) ist kein Vergnuegen - das weiss jeder Soldat. Aber wer wuerde sich ueber Gefahr oder ~~Langeweile~~ Anstrengung beklagen, wenn es sich dar um handelt, dem Vaterlande zu dienen und zum Sieg zu verhelfen?

Die Frage ist nur, ob du mit deinem Opfer dem Vaterlande wirklich dienen kannst und ob ein deutscher Sieg ueberhaupt noch moeglich ist. Waehrend du hier in Iatlien deine Pflicht tust, faellt anderswo die Entscheidung.

Die Entscheidung faellt im Osten...., wo....

Die Entschaedung faellt in den Hauptquartieren der Alliiertem, wo die militaerischen Fuehrer zu dieser Stunde die letzten Einzelheiten der westeuropaischen Invasion bedenken und vorbereiten.

Die Entscheidung faellt auf den Merren, wo heute wieder von den Flotten der Alliierten beherrscht werden, nach dem der deutsche U-Boot-Krieg sich als ein vollstaendiger Versager erwiesen hat.

Die Entscheidung faellt in den Luftangriffen....

......

Die Entscheidung faellt in den Hauptstaedten von Deutschlands sogenannten "Verbuendeten", wo man sich laengst darueber einig geworden ist, dass Hitler....den Krieg verloren hat....

Die Entscheidung ist ~~laengst~~ schon gefallen : ~~du kannst sie nicht mehr aendern....~~ die deutsche Führung zögert nur noch, es zuzugeben.

Der tapferste, beste Soldat kann nichts ausrichten, wenn er auf verlorenem Posten steht.

[illegible] noch ein paar tausend oder zehntausend deutsche Soldaten sinnlos aufzuopfern.

Typoskript eines Flugblatts mit handschriftlichen Korrekturen Klaus Manns

Am 1. März 1944, keine drei Wochen nach seiner Ankunft in Italien, hatte Klaus Mann offenherzig an Hermann Kesten geschrieben: «Es ist seltsam und aufregend, wieder in Europa zu sein – unter solch ungewöhnlichen Umständen. Ich bin glücklich, daß ich gekommen bin, und meine Arbeit hier ist recht interessant. Aber ich wünschte, die ganze Schweinerei wäre endlich vorbei und ich könnte in mein Hotelzimmer und an meinen Schreibtisch zurückkehren und über den Krieg schreiben, anstatt an ihm teilzunehmen.» (BuA, S. 767)

Auch für die alliierten Soldaten war der Feldzug alles andere als eine Vergnügungsreise: Gehaust wurde meist in Zelten, unter oft strapaziösen Bedingungen; und die Dörfer, durch die man kam, waren großenteils «Trümmerhaufen», wie Klaus Mann berichtete. «Das Leben der ‹liberators›», betonte er, habe durchaus «seine trüben Seiten», nicht zuletzt sei das Essen miserabel; aber, fügte er hinzu: «Die Hauptsache ist, daß wir siegen; lange kann's nicht mehr dauern.» (WP, S. 464)

Die militärische Lage war für die gegnerische Seite längst hoffnungslos. «Das Ende des Kriegs scheint in Sicht», schrieb Klaus Mann unter dem Datum des 22. Juni 1944 – und doch gingen die Kämpfe weiter, wollten «diese wahnsinnigen Deutschen» noch immer nicht begreifen, «daß sie erledigt sind» (WP, S. 464, 468).

## «Ihr wisst – also handelt!»

**Die Stimmungslage** in der deutschen Truppe wurde von der Psychological Warfare Branch genauestens eruiert: durch Gespräche mit gegnerischen Soldaten, die in Gefangenschaft geraten waren. Auch Klaus Mann führte Dutzende von Verhören mit deutschen Kriegsgefangenen durch und wertete sie in ausführlichen Protokollen aus. Diese waren wiederum die Basis für die weitere Flugblattarbeit.

Überwog in den Flugblättern anfangs die politische Agitation, ging man bald zunehmend von der konkreten Situation der Landser aus. Verführerischer als jedes noch so einleuchtende Argument war das Versprechen, daß das Leben in Schlamm und Dreck ein Ende haben werde: «Du wirst bei uns als Soldat – das heißt: anständig – behandelt. Und nach dem Krieg – und das heißt vielleicht: *bald!* – wirst du in deine Heimat zurückkehren.» Um den deutschen Soldaten die Angst vor möglichen Repressalien gegen die Familie zu Hause zu nehmen, versicherte man ausdrücklich: «Unter keinen Umständen werden irgendwelche Einzelheiten über eure Gefangennahme veröffentlicht.» Am wichtigsten aber war die Zusage: «Reichliches, gutes Essen». Bei besonderen Aktionen wurden die Flugblätter sogar zusammen mit kleinen Zigarettenpäckchen abgeworfen, um die materielle Überlegenheit der Alliierten unmißverständlich zu demonstrieren. Und auf der Rückseite der Leaflets war häufig ein Blitzkurs «Fünf Minuten Englisch» abgedruckt – über die dringlichsten Fragen und Antworten, beginnend mit dem Wunsch: «Bitte noch eine Tasse Kaffee», dessen englische Version dann auch in phonetischer Umschrift präsentiert wurde: «Sam mor koffi, plies.»

" Misshandlung deutscher Kriegsgefangener durch alliierte Soldaten "

**WIE MAN SICH ERGIBT**

Einzelne Soldaten oder kleine Gruppen bis zu drei Mann legen Waffen und Koppel ab und ergeben sich, indem sie die Hände hochheben und ein Taschentuch oder ein Flugblatt schwenken. (Jedes Flugblatt kann als Passierschein verwendet werden).

**BEHANDLUNG VON KRIEGSGEFANGENEN**

1. Anständige Behandlung. Auf Grund der Genfer Konvention werden deutsche Kriegsgefangene als Soldaten, dass heisst, gut und korrekt behandelt.
2. Sofortige Entfernung aus dem Kampfgebiet.
3. Gute Verpflegung. Sie erhalten dieselbe Kost wie alliierte Soldaten.
4. Lazarettbehandlung. Deutsche Verwundete und Kranke erhalten die gleiche ärztliche Pflege wie alliierte Soldaten.
5. Schreibgelegenheit. Jeder Kriegsgefangene kann monatlich vier Karten und vier Briefe nach Hause schreiben.
6. Rückkehr. Nach Kriegsende werden Kriegsgefangene so bald wie möglich nach Hause zurückgeschickt.

# Ein deutscher Junge

Der Junge auf dem Bild ist fünfzehn Jahre alt. Er schoss aus dem Hinterhalt auf alliierte Truppen — bis er geschnappt wurde und sich ergeben musste. Da war es aus mit der Soldatenspielerei; der Knabentraum von Krieg und Heldentum war vorüber...

Es ist ein tragisches Bild. Die Tragödie, die wir auf ihm dargestellt finden, ist nicht nur die der Niederlage und der Kriegsgefangenschaft. Das Gesicht des Knaben hat eine lange, bittere Geschichte zu erzählen. Seine Züge sind tief gezeichnet von frühen, harten Erfahrungen und schlimmen Abenteuern.

Er ist in einem Alter, wo es nichts als Lernen und Spielen für ihn geben sollte. Aber statt einen vernünftigen und gesitteten Menschen aus ihm zu machen, hat man ihn zum Morden abgerichtet. Ein harmloser Lausbub — das ist alles, was er im Grunde ist, oder sein sollte. Indessen haben die Nazis einen gefährlichen Fanatiker aus ihm gemacht.

Die Nazis haben diesen jungen Menschen um seine Jugend betrogen — ihn und seine ganze Generation. Millionen von jungen Deutschen werden von einer verantwortungslosen Führung vergiftet und missbraucht — genau so wie das unglückselige, verstörte und verderbte Kind auf unserem Bild. Unreife, ahnungslose, von Propaganda-Lügen verwirrte Knaben glauben, dem Vaterlande zu dienen, wenn sie mit ihrer schwachen Kraft dazu beitragen, den verlorenen Krieg zu verlängern, und damit weiter unsägliches Unheil über ihre Familien und sich selber bringen!

Wir wünschten, dass die deutschen Kriegsherren und Vernichtungspolitiker das Bild dieses verzweifelten Buben sehen könnten. In ihren Träumen sollte es ihnen erscheinen — das schmerzensvolle Antlitz einer aufgeopferten Jugend. Wenn die bitter aufeinandergepressten Lippen dieses Knaben reden könnten — was für schreckliche Anklagen würden die Führer und Verführer zu hören bekommen!

Aber der grosse Abenteurer, der diesen jungen Menschen wie unzählige andere auf dem Gewissen hat, ist wohl gar nicht willens oder dazu imstande, die Schreie seiner Opfer zu vernehmen. Erstarrt in Eigenliebe und Grössenwahn, lauscht er nur noch den fürchterlichen Ratschlägen seiner eigenen berühmten «inneren Stimme.» Immer mehr Opfer — das ist es, was seine verfluchte «innere Stimme» verlangt; immer mehr junges Leben, Ozeane von Blut und Tränen, sinnlose Zerstörung, ohne Ziel, ohne Ende...

Aber wenn er, der Führer, blind und taub ist für menschliches Leid — du, deutscher Soldat, hast doch noch Ohren zu hören und hast noch Augen zu sehen! Schau ihn dir an, den Knaben auf diesem Bild! Er könnte dein Bruder sein, oder dein Sohn, oder dein jüngerer Kamerad Hast du kein Erbarmen mit ihm? Willst du weiterkämpfen, bis die ganze deutsche Jugend diesem Bild des Jammers und Entsetzens gleicht?

**Die Verlängerung des Krieges bedeutet die Vernichtung des deutschen Volkes!**

T/30

# Opfer sehen dich an - - -

# Ihr wisst

- dass Nazi-Deutschland den Krieg unwiderruflich verspielt hat, und dass das grosse Morden nur noch deshalb weitergeht, weil Hitler und seine Freunde vor dem kommenden unvermeidlichen Strafgericht zittern,
- dass mit jedem Tag, den der Krieg noch dauert, die Zerstörung der deutschen Städte unbarmherzig fortschreitet — und ihr müsst euch im Klaren darüber sein, dass es sinnlos ist, hier in Italien weiterzukämpfen, während die Alliierten schon im Westen und Osten auf deutschem Boden stehen,
- dass jeder neue Tag hier im Einsatz für euch nicht nur neues Elend und neue Entbehrungen bedeutet, sondern auch neue tödliche Gefahr. Solange ihr uns als feindliche Soldaten gegenübersteht, ist es unsere Pflicht, so viele wie möglich von euch zu vernichten — und ihr wisst auch, dass wir dieser Aufgabe gewachsen und technisch gut für sie gerüstet sind,
- dass Deutschland für den Wiederaufbau nach dem Krieg nicht tote Helden braucht, sondern lebendige Männer. Eure Familien wollen euch zurück! Die Heimat wartet auf euch!
- dass es nur einen sicheren Weg zurück in die Heimat gibt: er geht über die alliierte Kriegsgefangenschaft. Aus den Briefen kriegsgefangener Freunde und Verwandten ist euch längst bekannt, dass in den anglo-amerikanischen Lagern Behandlung und Verpflegung ausgezeichnet sind.

Deutsche Soldaten! Genug der zahllosen und ziellosen Opfer!
IHR WISST BESCHEID —

# also handelt!

# WERTVOLLE RATSCHLAEGE

Solltest Du in eine Lage kommen, wo jeder Widerstand nutzlos ist, so mache es dem Gegner ganz klar, dass Du aus dem Gefecht scheiden willst. Die folgenden Verhaltungsmassregeln sind dabei zu beachten:

- **Lege alle Waffen ab — auch Dein Seitengewehr!**
- **Stahlhelm und Koppel herunter!**
- **Beide Hände hochheben oder eine weisse Fahne schwingen (ein Taschentuch oder dieses Flugblatt genügt)!**
- **Gehst Du zum Feinde vor, so tue es in kleinen Gruppen — nicht über drei Mann!**
- **Rufst Du Anglo-Amerikaner an, so sage » Ai sörrender « (I surrender=ich ergebe mich) oder » Ui sörrender « (We surrender=wir ergeben uns)!**

Manche Deiner Kameraden haben sich freiwillig ergeben, weil sie erkannten, dass es keinen Sinn mehr hatte, weiterzukämpfen; andere wurden ohne ihr eigenes Zutun in hartem Gefecht geschnappt. Gleichgültig aber, unter was für Umständen und aus welchen Gründen Du in Gefangenschaft gerätst, — Du wirst vom Gegner **als Soldat**, d. h. anständing und korrekt, behandelt.

**ENTSPRECHEND DEM GENFER ABKOMMEN STEHEN DIR IN ALLIIERTER KRIEGSGEFANGENSCHAFT DIE FOLGENDEN VERGUENSTIGUNGEN ZU:**

1. Du wirst sofort aus der Kampfzone entfernt.
2. Du erhältst die gleiche Verpflegung wie alliierte Truppen.
3. Als Kranker wirst Du im selben Lazarett behandelt wie unsere Soldaten.
4. Regelmässiger Briefverkehr mit der Heimat durch Vermittlung des Roten Kreuzes.
5. Und nach Kriegsende — möglichst baldige Heimkehr!

# Die Erziehung Deutschlands

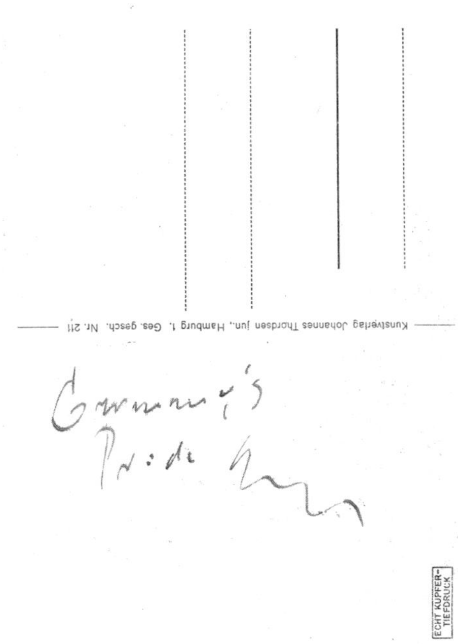

Deutsche Propaganda-Postkarte aus Klaus Manns Besitz. Auf der Rückseite findet sich sein handschriftlicher Kommentar: «Germany's pride» – «Deutschlands Stolz».

**Schon im April 1943** hatte Klaus Mann in der New Yorker Zeitschrift «Tomorrow» Gedanken über die notwendige Umerziehung der Deutschen nach dem Krieg veröffentlicht. Mit dem Aufsatz nahm er Stellung zu einer aktuellen Kontroverse um Emil Ludwig, der in einer Rede «vansittartistische» Vorstellungen geäußert hatte und dafür von anderen deutschen Exilierten heftig kritisiert wurde. Ludwig plädierte für rigide Maßnahmen, mit denen die Alliierten nach Kriegsende das deutsche Volk zivilisieren müßten. Klaus Mann stimmte Ludwig in vielen Punkten zu: «Es ist schon seit langem töricht geworden, so zu tun, als opponiere die Mehrheit des deutschen Volkes entschieden, wenn auch insgeheim, der von ihr gewählten Regierung. Die meisten Nazigegner im Exil (ich übrigens auch) schwelgten in diesem beruhigenden Irrtum, bis uns der Lauf der Dinge eine schmerzhafte Lektion erteilte.» (Posten, S. 44)

Die Verhöre mit Kriegsgefangenen, die Klaus Mann während des Italien-Feldzugs führte, desillusionierten ihn vollends. «Die große Mehrheit des deutschen Volkes stellt täglich ihre hündische und idiotische Loyalität der regierenden kriminellen Bande gegenüber unter Beweis», schrieb er im Herbst 1944 unter der Überschrift «Notes about the Re-Education of the Germans», und er konstatierte bitter, aus dem Volk der Dichter und Denker sei in den Augen der Welt inzwischen «ein Volk der Verbrecher und Größenwahnsinnigen geworden» (Posten, S. 140, 148). Am Ende seiner Überlegungen, die damals unveröffentlicht blieben, zwang er sich dennoch zu einem halbwegs optimistischen Fazit.

Kriegsverherrlichende deutsche Postkarte, ebenfalls aus Klaus Manns Nachlaß

Flugblatt der Alliierten

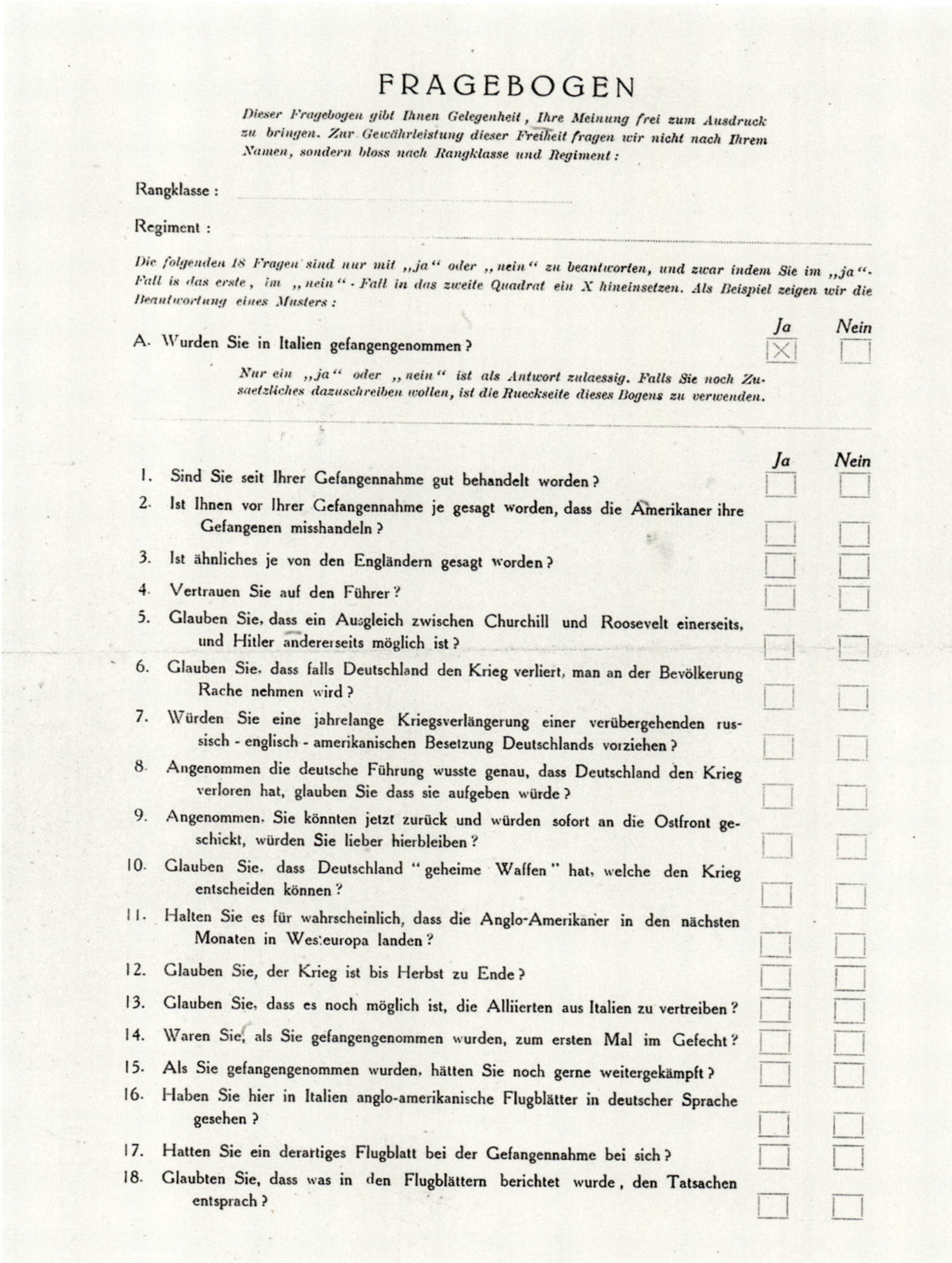

FRAGEBOGEN

*Dieser Fragebogen gibt Ihnen Gelegenheit, Ihre Meinung frei zum Ausdruck zu bringen. Zur Gewährleistung dieser Freiheit fragen wir nicht nach Ihrem Namen, sondern bloss nach Rangklasse und Regiment:*

Rangklasse : ........................

Regiment : ........................

*Die folgenden 18 Fragen sind nur mit „ja" oder „nein" zu beantworten, und zwar indem Sie im „ja"-Fall in das erste, im „nein"-Fall in das zweite Quadrat ein X hineinsetzen. Als Beispiel zeigen wir die Beantwortung eines Musters:*

| | Ja | Nein |
|---|---|---|
| A. Wurden Sie in Italien gefangengenommen? | X | |

*Nur ein „ja" oder „nein" ist als Antwort zulaessig. Falls Sie noch Zusaetzliches dazuschreiben wollen, ist die Rueckseite dieses Bogens zu verwenden.*

| | Ja | Nein |
|---|---|---|
| 1. Sind Sie seit Ihrer Gefangennahme gut behandelt worden? | | |
| 2. Ist Ihnen vor Ihrer Gefangennahme je gesagt worden, dass die Amerikaner ihre Gefangenen misshandeln? | | |
| 3. Ist ähnliches je von den Engländern gesagt worden? | | |
| 4. Vertrauen Sie auf den Führer? | | |
| 5. Glauben Sie, dass ein Ausgleich zwischen Churchill und Roosevelt einerseits, und Hitler andererseits möglich ist? | | |
| 6. Glauben Sie, dass falls Deutschland den Krieg verliert, man an der Bevölkerung Rache nehmen wird? | | |
| 7. Würden Sie eine jahrelange Kriegsverlängerung einer vorübergehenden russisch-englisch-amerikanischen Besetzung Deutschlands vorziehen? | | |
| 8. Angenommen die deutsche Führung wusste genau, dass Deutschland den Krieg verloren hat, glauben Sie dass sie aufgeben würde? | | |
| 9. Angenommen, Sie könnten jetzt zurück und würden sofort an die Ostfront geschickt, würden Sie lieber hierbleiben? | | |
| 10. Glauben Sie, dass Deutschland "geheime Waffen" hat, welche den Krieg entscheiden können? | | |
| 11. Halten Sie es für wahrscheinlich, dass die Anglo-Amerikaner in den nächsten Monaten in Westeuropa landen? | | |
| 12. Glauben Sie, der Krieg ist bis Herbst zu Ende? | | |
| 13. Glauben Sie, dass es noch möglich ist, die Alliierten aus Italien zu vertreiben? | | |
| 14. Waren Sie, als Sie gefangengenommen wurden, zum ersten Mal im Gefecht? | | |
| 15. Als Sie gefangengenommen wurden, hätten Sie noch gerne weitergekämpft? | | |
| 16. Haben Sie hier in Italien anglo-amerikanische Flugblätter in deutscher Sprache gesehen? | | |
| 17. Hatten Sie ein derartiges Flugblatt bei der Gefangennahme bei sich? | | |
| 18. Glaubten Sie, dass was in den Flugblättern berichtet wurde, den Tatsachen entsprach? | | |

Unter den Kriegsgefangenen, die Klaus Mann verhörte, gab es positive Ausnahmen – wie Hans Reiser, einen ehemaligen Schauspieler aus München. Dessen antinazistische Haltung beeindruckte ihn tief, wie Klaus Mann im ‹Wendepunkt› beschrieb. Was er nur dem Tagebuch anvertraute: er verliebte sich in den jungen ‹Prisoner of War›. «Glücklicher als ich je war seit – wann?» notierte er am 28. Juni 1944 nach einem Treffen mit Feiser.

*Wann wird es möglich sein, die Deutschen – diese schuldbeladenen Komplizen eines unseligen Systems – wieder als vertrauenswürdige Mitglieder der Völkerfamilie aufzunehmen? Fraglos ist das deutsche Volk als kollektives Ganzes bis zu einem gewissen Grad verantwortlich für die Greueltaten des Nationalsozialismus. Aber bis zu welchem Grad? Und wieso? Und was kann man tun, um sie von ihrer moralischen Perversion zu heilen? […]*
*Ich rufe mir nochmals die Gesichter der zahlreichen Kriegsgefangenen ins Gedächtnis, mit denen ich während der letzten Monate gesprochen habe. […] Ja, es gab ein paar schlimme Burschen darunter – dumpf, brutal, selbstgefällig, unfähig jeder höheren Regung oder eines ehrlichen unabhängigen Gedankens. Sind sie erziehbar? Werden sie jemals empfänglich sein für einen Appell an Vernunft und Anständigkeit? Ehrlich gesagt, ich glaube nicht daran; und ich weiß auch nicht, was man mit ihnen anfangen soll. Das einzige Argument, das sie verstehen, ist rohe Gewalt. Wir werden sie in vielen Fällen anwenden müssen.*
*Aber ich erinnere mich auch an die Hilflosen und Verwirrten unter ihnen, die eher Opfern als Tätern glichen. Sie werden sich unserem erzieherischen Anliegen nicht verweigern. Vom Nazismus enttäuscht, scheinen sie sich in einer Art von intellektuellem Vakuum zu befinden – sie warten auf einen Rat, auf moralische Unterstützung und Anleitung. Ihre Sehnsucht ist unklar und wirr – überwiegend unbewußt, sprachlos. Und doch ist sie vorhanden – und es wird unsere Aufgabe sein, diesen rudimentären Impuls zu wecken und zu entwickeln – fort von Barbarei und Rückschritt, hin zu höheren und besseren Formen des zivilisierten Lebens.*
(Klaus Mann: Notizen zur Umerziehung der Deutschen; Posten, S. 139f., 151f.)

# Hölderlin in the Barracks

**Anfang Januar 1944** war in der «Saturday Review of Literature» ein Artikel Klaus Manns erschienen, in dem er eine neue englische Hölderlin-Übersetzung besprach. Den «reinsten und vielleicht größten aller deutschen Dichter» in einem amerikanischen Army Camp zu lesen, dazu in englischer Sprache, sei schon ein merkwürdiges Erlebnis, gestand Klaus Mann; doch gerade angesichts der besonderen Umstände empfinde er, «welch tiefer und höchst willkommener Trost» in Hölderlins Texten liege: «Ihre Stärke durchbricht alle Grenzen von Zeit und Raum.» (Posten, S. 117, 121) Seine Rezension beschloß er mit einem berühmten Vers Hölderlins, den er gewiß auch als Bestätigung des eigenen Schaffens verstand: «Was bleibet aber, stiften die Dichter.» Die englische Version, die Klaus Mann zitierte, lautete: «Yet all that endures is given us by the poets.»

Knapp ein Jahr später, im Dezember 1944, berichtete er den Lesern der «Chicago Sun Book Week» von den Büchern, die er während des Italien-Feldzugs las. Klassiker seien zur Zeit seine Lieblingslektüre wie auch die der meisten seiner Kameraden, denn: «Große Bücher haben den Vorzug ewiger Jugend.» Voltaires «Candide» habe ihm auf wunderbare Weise geholfen, «für eine Weile die Schrecken und den Stumpfsinn des modernen Krieges zu vergessen», bekannte Klaus Mann. Auch ein anderes Werk der Weltliteratur habe ihn begeistert: Stendhals «Kartause von Parma» – eine «herrliche Vision der menschlichen Schönheit und Leidenschaft» (Posten, S. 153 bis 155).

## Hölderlin in the Barracks

*An Army Sergeant Reports on A New Translation*

KLAUS MANN

TO read Hölderlin in English, in an American Army camp! To be captivated, once more, by this purest and perhaps greatest of all German poets, while we are fighting the Germans (not only the Nazis)! To be absorbed in these sublime auguries and invocations while the radio blares, "This Is the Army, Mr. Brown . . .," and my barrack-mates discuss apprehensively such ominous topics as night-guard, rifle-cleaning, and K. P. Life is amazingly rich in paradoxical, suggestive situations. . . .

The edition I read—sprawling on my bunk as comfortably as possible—is the one recently published, "Some Poems of Friedrich Hölderlin,"* translated by Frederic Prokosch. The slim booklet contains fifteen of Hölderlin's finest pieces—presented in both the English adaptation and the German original.

disposition. His own style has a compellingly poetic cadence—and this is true, not only of his verse, but also of his winged, irridescent prose, the sensual charm of which is manifest again in his recent novel, "The Conspirators"—a book, tenuous and problematical in some respects, but enchantingly saturated with music and mystery.

Yet, it was not without slight apprehension that I began to read these foreign adaptations of masterpieces so familiar, so beloved—translations which (to quote from Prokosch's modest introductory note) "are offered, apologetically, as humble versions of a poetry which uniquely transcends translatability." Would I recognize the splendor and persuasion of the original?

At certain moments I was perturbed, disappointed. I tried "Socrates and Alcibiades"—a jewel in two short stanzas: concise, lucid, a poetic epigram

visualizes, incidentally, is not "sobering" but sober: its capacity of sobering the birds "drunk with your kisses" is but a secondary, accidental feature).

This amazing piece—"The Half of Life," written shortly before Hölderlin's mental collapse, in 1803—anticipates and surpasses a whole school of German poetry in the twentieth century—the expressionistic school—just as Rimbaud's "Le Bateau Ivre" became the model and fetish of generations of poets to come. Prokosch's version, al-

though falling inevitably short of the original, maintains at least partly its miraculous accents and images:

Laden with yellowing pears
And with wild roses filled
Lies the land in the sea:
Beautiful swans,
Drunk with your kisses you
Dip your heads in the
Saintly sobering water.

Hope this reaches you!

PAGE 2 THE CHICAGO SUN BOOK WEEK, DECEM

## Midwest Christm

## The Impact of the Holiday Season

*Classics of Literature Are First Choice Of Soldiers Abroad, Klaus Mann Finds*

By Klaus Mann

IN THE evening I have time to read. I don't care for the movies (or rather, I do care for them, but the recent Hollywood output curiously fails to appeal to me); nor am I particularly attracted by USO shows or crap shooting. So reading remains my favorite pastime—in the field as in civilian life.

They sent me some recent books from back home—not quite new publications, but new to us over here: "Strange Fruit," for instance, which I have just started reading; Seidel Canby's "Walt Whitman" (quite a treat for an old Whitman fan like me) and "Arrival and Departure" by that uncannily intelligent chap, Arthur Koestler, who always has something worth while to say and always knows how to make his

brilliant and more attractive than the women in contemporary novels or contemporary life.

Reading "La Chartreuse de Parme" is an excursion into a spirited and chivalrous world—a

*Klaus, the gifted son of Thomas Mann, began his writing career auspiciously with the publication of his first novel, first play and first volume of short stories in the same year. Just before Mann entered our Army, he collaborated in editing "Heart of Europe," an anthology of European literature between two wars.*

tality or melodramatic exaggeration in his concise, elegant, virile prose. If Balzac's novels have the sweeping force of a young democratic society, Stendhal's disciplined style is consciously, proudly aristocratic. Not that the author of "Le Rouge et le Noir" is snobbish in the strangely obsolete sense of Marcel Proust or Henry James; his conception of aristocratic values is rather akin to Nietzsche's—who, incidentally, admired Stendhal more than any other author of the 19th century.

As for "La Chartreuse" in particular, as competent a critic as Andre Gide considers it, not only Stendhal's masterpiece, but the greatest novel ever written in French—a verdict to which I subscribe after having enjoyed once more (and under rather trying circumstances) this literary miracle of psychological insight and creative imagination.

If Voltaire—not the crusader, but the skeptic—reminded me of the fact that it doesn't pay to take the antics and follies of human life too seriously, Stendhal's

**Oben: Aus der «Saturday Review of Literature», 8. Januar 1944**

**Unten: «The Chicago Sun Book Week», 3. Dezember 1944**

Thomas Mann

JOSEPH, DER ERNÄHRER

Roman

1943

BERMANN-FISCHER VERLAG
STOCKHOLM

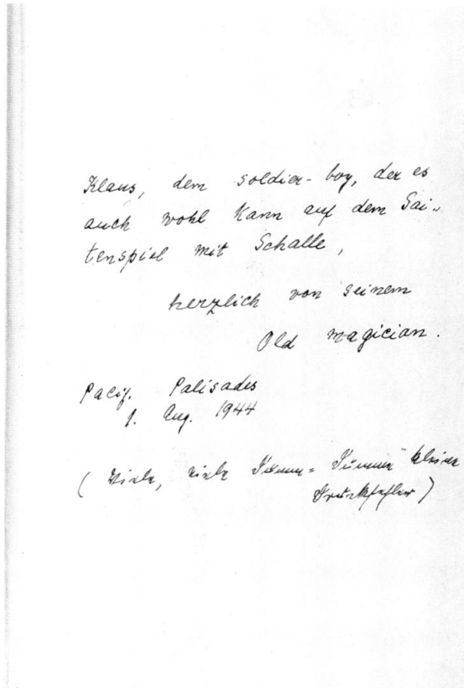

Klaus, dem soldier-boy, der es auch wohl kann auf dem Saitenspiel mit Schalle,

herzlich von seinem

Old magician.

Pacif. Palisades
1. Aug. 1944

**Widmung Thomas Manns für seinen Sohn Klaus**

Ein weiteres Buch, das Klaus Mann im Kriegsjahr 1944 las und als «Trost und Stärkung» empfand (WP, S. 470), war der vierte Band der «Joseph»-Romane seines Vaters. In einem Brief an Thomas Mann berichtete er: «Ich habe das Buch studiert – gierig und gründlich, wirklich von Anfang bis Ende – unter ziemlich eigentümlichen und manchmal beschwerlichen Umständen nachts, in Zelten oder zerstörten italienischen Bauernhäusern, ohne Licht außer einer schwach flackernden Kerze, und meistens mit der leicht irritierenden Begleitmusik von Artilleriefeuer. Aber das alles konnte mich nicht stören. Ich war konzentriert, absorbiert immer interessiert, häufig amüsiert, manchmal gerührt, niemals gelangweilt ...» (BuA, S. 768f.)

Der Vater hatte dem ältesten Sohn ein Widmungsexemplar geschickt: «Klaus, dem soldier-boy, der es auch wohl kann auf dem Saitenspiel mit Schalle, herzlich von seinem Old Magician». Klaus Mann nahm darauf Bezug in seinem Brief: «Was meine eigene Leier betrifft, so ist sie dabei einzurosten. Wirklich, ich weiß nicht einmal, was für eine Art Buch ich schreiben soll, wenn ich je wieder frei bin, mich solch luxuriösen Beschäftigungen wie Bücherschreiben hinzugeben.» (BuA, S. 770)

Kurz vor dem Weihnachtsfest 1944 verfaßte der Sohn den Artikel «Feierlich bewegt», der im folgenden Jahr in der «Neuen Rundschau» erschien: als Gruß zum 70. Geburtstag Thomas Manns. Der kleine Essay war eine Hommage an den eigenen Vater und zugleich ein Bekenntnis zum «feierlichen Witz» und zur «geistvollen Frömmigkeit» des vierten «Joseph»-Buches (WP, S. 470). Auch in den «Wendepunkt» nahm Klaus Mann den Artikel später auf.

**Klaus Mann im Army-Dienst; an der Wand links neben alliierten Flugblättern ein Foto seines Vaters**

# «The Stars and Stripes»

**Am 10. August 1944** reichte Klaus Mann ein Gesuch auf Entlassung aus der US Army ein – mit der Begründung, er wolle lieber als Zivilist in ein von den Alliierten besetztes Deutschland oder Österreich zurückkehren. Er könne dann dort von der Psychological Warfare Branch als Theaterdirektor, Rundfunkkommentator, Zeitungs- oder Zeitschriftenherausgeber oder als Berater für kulturelle Fragen eingesetzt werden. «In all diesen Funktionen jedoch könnte mein gegenwärtiges Dienstverhältnis als einfacher Soldat nichts anderes sein als ein ernsthaftes Handikap – besonders weil mein Name nun einmal ziemlich bekannt ist in den deutschsprachigen Ländern.» (Brief an E. M. Culligan, KMA) Mit den Gedanken war Klaus Mann längst wieder in der alten Heimat. Doch sein Gesuch auf Entlassung aus der Army wurde abgelehnt: In der aktuellen Kriegslage seien leider keine Entlassungen möglich.

Am 31. Dezember 1944 erschien zum erstenmal ein Artikel Klaus Manns in der Zeitung «The Stars and Stripes». Das Blatt war die Tageszeitung für die Soldaten der US Army; die «Mediterranean Edition» wurde in Rom redigiert und gedruckt. Im Februar 1945 wurde Klaus Mann in die Redaktion von «Stars and Stripes» nach Rom versetzt. An Hermann Kesten berichtete er, nun schreibe er «eifrig Artikel, was im Grunde das einzige ist, wozu ich tauge. Ich liefere Sonderberichte für unsere Sonntagsausgabe, tatsächlich ein viel hübscheres Sonntagsblatt als viele ähnliche Publikationen in den Vereinigten Staaten – und ich sage mein Teil über so vertraute Dinge wie die deutschen Junker, die Stadt Berlin, Wagners Einfluß auf die Nazi-Philosophie, und so weiter.» (BuA, S. 773)

**Rechte Seite: Klaus Manns erster Artikel für «The Stars and Stripes», erschienen am 31. Dezember 1944**

**Unten: Titelseite von «The Stars and Stripes», 28. Februar 1945**

THE STARS AND STRIPES
MEDITERRANEAN

Vol. 1, No. 197, Wednesday, February 28, 1945 — Printed In Italy — TWO LIRE

1st, 9th Speed Toward Rhine

War Now At Double Peak -- Churchill

World Organization Prepared To Employ Force To Win Peace

LONDON, Feb. 27—In one of the most significant speeches of his career, Prime Minister Winston Churchill told the House of Commons today that the Crimea Conference would form the basis for an enduring world order which would not hesitate to use force against aggressors.

Other major points were:

1. The war has reached a double peak. It has been prolonged in Europe many months beyond the hopes of last autumn. It has been brought forward in the Pacific thanks to American victories.

2. He insisted that Russia's good faith in commitments for the future was beyond doubt.

3. He hinted, according to the Associated Press, that Russia may enter the war against Japan during or before the San Francisco world security conference on April 25.

4. He said flatly that the United States intends to cooperate in European affairs.

5. He said that the Allied powers are ready for the collapse of Germany—even if it should occur tomorrow.

6. He gave full support to Russia's claim to a western boundary along the Curzon Line, adding that Poland would have both freedom and ample new territory.

Churchill's two-hour speech opened a three-day debate in the Commons on the results of the Crimea Conference. The House was packed, and the Prime Minister was greeted with roars of cheers when he took the floor.

Churchill made it clear that the Government wished an overwhelming vote of confidence on the de-

The western front appeared to break wide open today and the U. S. 9th and 1st Armies raced far beyond where they were reported when this map was drawn. Late dispatches tell of 9th Army troops fighting in the streets of Munchen-Gladbach and report 9th and 1st Armies to be converging along the Erft River line, eight miles from Cologne.

Japs Lose 233 Aircraft To Daring Carrier Force

PACIFIC FLEET HEADQUARTERS, Guam, Feb. 27 (ANS)—Carrier aircraft of Vice Admiral Marc A. Mitscher's task force heavily damaged two Japanese aircraft factories, destroyed or damaged 233 … three miles away. The Ota plants have been 75 percent destroyed as a result of this attack and B-29 raids, Nimitz reported, and 15 percent of the remainder damaged. The Kaizumi factory was described

Shelling Of Cologne Said Under Way

SHAEF, Feb. 27—The great American drive into the Rhineland continued in high speed today at a pace which the Associated Press said might bring General Dwight D. Eisenhower's forces to the Rhine River within 48 hours.

Front-line dispatches said German defenses were reeling.

The front broke wide open, according to the United Press, and spilled a flood of Allied armor and infantry across the Cologne Plains, up to the line of the Erft River and to within eight and ten miles respectively of Cologne and Neuss on the west bank of the Rhine. Cologne itself was reported under artillery fire. Neuss, about 18 miles to the northwest is across the Rhine from the great Ruhr city of Dusseldorf.

A security blackout was imposed on the progress of the U. S. 9th Army tonight to withhold as much information as possible from the disorganized German defenders north of Cologne.

The 1st Army, driving toward Cologne from Duren and forming the southern prong of the twin-drive on the Rhine, captured Blatzeim and pushed on almost to the Erft, a little less than eight miles

Soviets Near Baltic In New Offensive

MOSCOW, Feb. 27 — Slashing ahead 45 miles in a new offensive that has been under way for four days, Marshal Konstantin Rokossovsky's 2nd White Russian Army Group has reached a town within 29 miles of the Baltic coast, according to an Order of the Day from Marshal Stalin tonight.

Revealing for the first time the extent to which Rokossovsky's troops have moved into the province of Pomerania in Germany proper, Stalin's announcement said that among the important strongpoints and communication centers taken were Schochau, Stegers, Hammerstein, Baldenborg and Bublitz.

Bublitz is 29 miles from the Baltic about midway between Stettin and Danzig.

Although not continuous, the front stretches for 160 miles from the Mewe area southwest to the region of Stargard, 19 miles east of Stettin. A Berlin military spokesman acknowledged that the Germans were falling back, the Associ-

# My Old Countrymen

## A German-Born Yank Tells Why He Fights The Reich

By Sgt. KLAUS MANN
*Special to The Stars and Stripes*

*Sgt. Klaus Mann, with the U. S. Army in Italy, is the son of Thomas Mann, world-famous German writer and novelist.*

FIRST came the greetings from the President, then came the physical examination. When I was through with the physical, and was found all right, the psychiatrist had a word with me. He was a busy man, the psychiatrist at the Grand Central Palace, New York. Rather in a hurry, he seemed to be. He asked me only one question:

"You're of German origin, aren't you? —Well then, do you really feel capable of fighting Germans?"

I said, "Yes, Sir, I do!" And I am afraid that I grinned a little while saying it. The question struck me as funny.

But in the course of my life in the Army, I was asked the same question repeatedly: "How do men like yourself, of German birth and, until recently, of German citizenship, feel fighting against former countrymen?"

Maybe the question isn't so very funny, after all. It is not quite easy, perhaps, for any non-German person to understand why those most familiar with Germany are most eager and most determined to fight Nazism and to help wipe out that obnoxious plague. I am sure that I speak also for the thousands of other former German citizens now active in the various armies of the United Nations in saying that our militant resolution has a two-fold psychological and moral source: first, our natural loyalty to a new homeland to which we are deeply indebted; and second, our intimate, first-hand knowledge of the mortal danger which Hitlerism means to civilization.

To me, as to most of the other German fugitives from Nazi terrorism, it was a matter-of-course to contribute our humble bit to the war effort of the democracies. In fact, I hardly felt that I was changing my status or the essential purpose of my life when I became an American soldier. Rather, it seemed to me that my new job was to continue doing with new weapons and under new conditions what I had been doing all along for the past ten years. To fight Hitler and everything he stands for, was indeed my main occupation, ever since the Nazi dictatorship was established, in 1933.

MY FAMILY and I left the Reich voluntarily, as did many other Germans, as soon as Hitler came to power. We left although—not being Jews and not being affiliated with any political party—we might have been acceptable to the ruling gang. We left because we felt that a country taken over by the Nazis would be an impossible place to live in—a place where the very air was stifling and poisonous. We left because we realized that Hitler would inevitably lead the German nation to war, to disgrace, and to disaster.

We might have thought and acted differently—in fact, we might have found that it would be more useful and more honorable to stay at home if there had been a chance to fight Nazism within Germany. But there was no such chance—especially in the case of people who were so notorious, from the Nazi point of view, as was the Mann tribe. There was my father, who had given quite a bit of trouble to the German nationalists, even before 1933; my uncle, Heinrich Mann—a veteran champion of German liberalism and anti-Fascism; my sister Erika, now a U. S. war correspondent, and my scholarly but tough younger brother, Golo—also a member of the American Army. Too numerous and too conspicuous to go underground, we had to choose between compromise and exile. We had to make up our minds—either to play ball with the Nazis or to give up our country. We preferred the latter.

By doing so, we did not betray what had been fine and lovable in pre-Hitler Germany; on the contrary, we made a desperate effort to save it.

THE GERMAN anti-Nazis in exile—that is, those among them who were politically conscious and active—had the double mission of warning both the world and their former countrymen against Nazism. We kept imploring the Germans: Get rid of Hitler! He is your undoing, he will ruin you! . . . But the Germans were deaf. Most of them believed in Hitler as the Messiah—sent by God to increase the greatness and glory of the Fatherland.

Thousands of arms raised in salute to Fuehrer Adolf Hitler in Berlin during a May Day address in 1935. But the world was neither looking nor listening.

This is only a small part of the huge, fervid crowd that gathered in the Lustgarten, Berlin, more than nine years ago to hail the official return of the Saar to Nazi Germany. The date was March 1, 1935.

So we cried out to the world: Beware of Hitler and of the German people who follow him! Hitler means war. Get rid of him, lest you have war on a world-wide scale! . . . But the world was not able, or not willing, to accept or even to consider any advice or warning from those who had no illusions about the dead seriousness of the Hitler challenge. The world wanted peace at any price—even at the price of appeasing the arch-enemy of peace. Adolf Hitler.

The arch-enemy, meanwhile, became stronger and stronger. In the end he was so powerful that he could no longer be appeased. The great showdown had become inevitable.

Could people of our kind stay aloof under such circumstances? Could we waver? Could we hesitate?

We had failed twice in our historical duty. We had not succeeded in preventing Nazism in Germany, and our voices had been too weak to arouse world public opinion to the imminence of the Nazi danger. Now we had the opportunity to make good, to a certain extent, our previous failures. Now we had the chance to prove the sincerity of our convictions by participating in the fight against Nazi barbarism—the fight which the Germans themselves failed to wage in 1933.

I FIND it difficult to understand those German refugees who objected to taking up arms "against former countrymen"—in other words, who excluded themselves from the fight against Nazism. One—Prince Hubertus Zu Loewenstein, a German politician and lecturer who used to play a certain role in American liberal circles—came out with a public statement to the effect that he, for one, could never bring himself to shoot at German troops for—the Prince argued—by doing so he would risk killing some upright German anti-Nazi and meritorious member of the Underground.

Not to fight Nazism, out of fear of killing anti-Nazis! What a preposterous paradox!

To begin with, there are, alas, few, upright anti-Nazis or meritorious members of the Underground in the German Army—or, for that matter, anywhere in Germany. But if there are any, they will certainly be the first to disapprove sharply of such an hypocritical, unrealistic and illogical view. Those among my, and the Prince's, former countrymen who have maintained any common sense and are still capable of thinking honestly and independently cannot but realize that whatever we do to lick Hitler and to break, once and for all, the evil power of German militarism, is also done in the interest of all sincere German anti-Nazis.

THE COMPLETE defeat and extinction of the Hitler regime is a vital necessity, not only for my new homeland, the United States of America, but also for the whole world and, in particular, for my former country, Germany. The Germans who still fail to see this will have to be taught a terrible, lasting lesson.

I do not hate my former countrymen. I agree—as, I suppose, most Americans do—with the generous statement President Roosevelt made in his speech of 22 October, 1944:

"We bring no charge against the German race as such, for we cannot believe that God has eternally condemned any race of humanity; for we know in our land how many good men and women with German ancestry have proved loyal, freedom-loving, peace-loving citizens."

But if we, Americans of German stock, cherish freedom and peace, we have to help in defending those supreme values—even if the aggressors happen to be our former countrymen.

PAGE FOUR . THE SUNDAY STARS AND STRIPES MAGAZINE

# «Evviva i liberatori!»

Das befreite Rom, Juni 1944

**Die Stadt Rom** war schon Anfang Juni 1944 durch alliierte Truppen befreit worden – und Klaus Mann hatte, wie er im «Wendepunkt» beschreibt, zu den ersten gehört, die in die Stadt einzogen: «Was für ein Empfang! Die Leute waren außer Rand und Band. Jubel, Blumen, Musik, Hochrufe, Tränen der Rührung, Umarmungen, wo immer wir uns zeigten! So huldigt man nicht Siegern, nur Befreiern. Evviva i liberatori!! Überall der gleiche Schrei ...» (WP, S. 463f.)
Auch andere europäische Städte und Regionen wurden in den folgenden Monaten befreit: am 25. August 1944 zogen alliierte Truppen in Paris ein, am 3. September erreichten sie die belgische Hauptstadt Brüssel. Die Gegenmaßnahmen des Hitler-Reiches – wie die Einrichtung des «Volkssturms» und der Einsatz der als «Wunderwaffe» gepriesenen Raketen V 1 und V 2 – glichen eher Verzweiflungstaten, de facto war der Krieg bereits entschieden. Die verbissene Gegenwehr der Deutschen und ihrer Verbündeten hatte allerdings fatale Konsequenzen: Die alliierten Luftstreitkräfte legten mit ihren Bomben immer mehr deutsche Großstädte und Industrieregionen in Schutt und Asche.
Klaus Mann schrieb für «Stars and Stripes» über den Kriegsverlauf in Deutschland. Seine besonderen Kenntnisse waren jetzt nützlich, um manche Hintergründe der Ereignisse auszuleuchten. Im Februar 1945 erschien ein Artikel von ihm über Berlin: «Drama Of The Reich Capital»; im März kommentierte er den Rheinübertritt der alliierten Truppen; im April die Eroberung der Städte Weimar und Nürnberg: «Tale Of Two Well-Known Reich-Cities».

Berlin – nach alliierten Bombenangriffen, Anfang Februar 1945

Dieses Foto eines deutschen Landsers, der ein alliiertes Flugblatt liest, verschickte Klaus Manns Vorgesetzter Martin Herz als Weihnachtsgruß 1944.

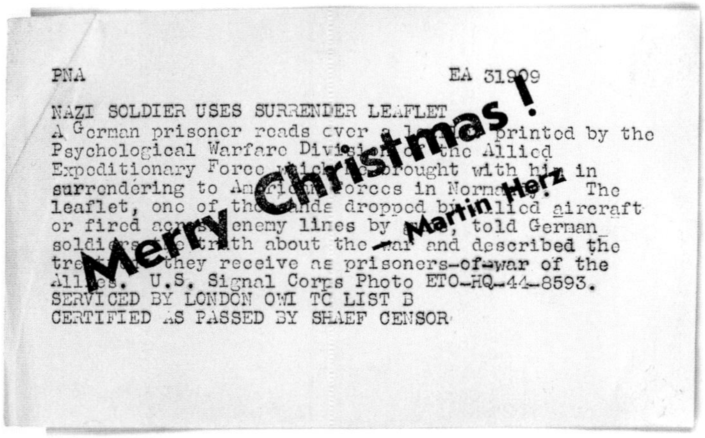

PNA EA 31909

NAZI SOLDIER USES SURRENDER LEAFLET
A German prisoner reads over a [illegible] printed by the Psychological Warfare Divi[illegible] the Allied Expeditionary Force [illegible] brought with him in surrendering to Am[illegible] forces in Norm[illegible]. The leaflet, one of th[illegible]ands dropped b[illegible]llied aircraft or fired acr[illegible] enemy lines by [illegible], told German soldiers [illegible] truth about the war and described the tre[illegible] they receive as prisoners-of-war of the Allies. U.S. Signal Corps Photo ETO-HQ-44-8593.
SERVICED BY LONDON OWI TC LIST B
CERTIFIED AS PASSED BY SHAEF CENSOR



Unten: Zur Jahreswende 1944/45 verteilten die alliierten Truppen diese Landkarte, auf der deutlich zu sehen ist, wie der Herrschaftsraum des Nationalsozialismus in Europa von Anfang 1944 bis zum Ende desselben Jahres geschrumpft war.

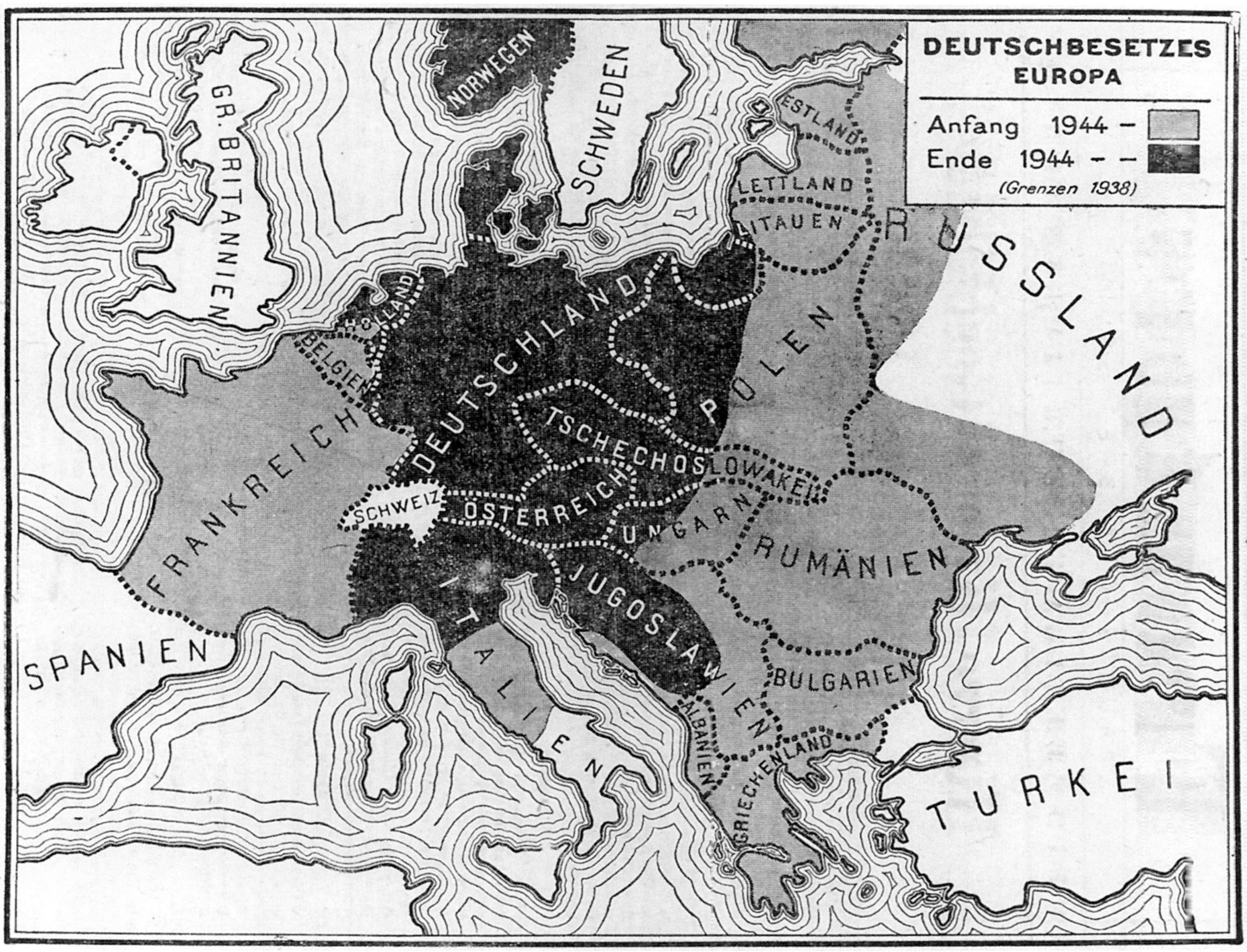

# Bitter ist die Verbannung ...

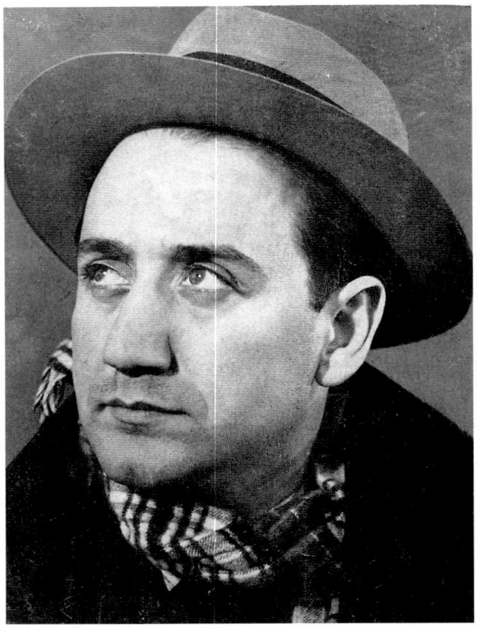

Ignazio Silone

«Danses de Galánta». Aufführung der Balletttruppe von Aurel Milosz, Rom 1945. Bühnenbild von Giorgio De Chirico

**Er schreibe** «relativ ernsthafte und gründliche Artikel, meist über deutsche Probleme», berichtete Klaus Mann in seiner Autobiographie unter dem Datum des 20. März 1945, und er fügte hinzu: «Eine Stellung, wie ich sie mir sogar im Zivilleben nicht besser wünschen könnte.» Nicht zuletzt genoß er es, endlich wieder in einem richtigen Hotel wohnen zu können («mit fließendem Wasser!»), und er zeigte sich begeistert vom kulturellen Leben in der befreiten Stadt Rom. (WP, S. 473)
In der italienischen Metropole schloß er neue Bekanntschaften: mit Alberto Moravia zum Beispiel («als Schriftsteller beachtenswert, als Mensch freilich etwas sauertöpfisch und unergiebig»; WP, S. 475); sah sich Aufführungen der Balletttruppe von Aurel Milosz an; interviewte Politiker wie Carlo Graf Sforza, der in der nachfaschistischen Regierung Badoglio mitarbeitete. Häufig war er mit einigen Army-Kameraden unterwegs, die er bereits aus der Zeit seiner Militärausbildung kannte – darunter der Schriftsteller Peter Viereck und Hans Busch, ein Sohn des berühmten Dirigenten Fritz Busch.
Mit der Malerin Leonor Fini freundete Klaus Mann sich an, und er saß ihr auch Modell. Im «Wendepunkt» hat er in einem (vermutlich fiktiven) Brief an Thomas Quinn Curtiss seine Eindrücke von Leonor Fini festgehalten: «Kennst Du ihre Bilder? In Paris dürften Arbeiten von ihr zu finden sein: Sie hat lang dort gelebt, was ihrer Malerei anzusehen ist: Der Einfluß der Surrealisten fällt sofort ins Auge. Indessen hat alles, was von ihr kommt, sehr eigenen Stil, eine Mischung aus Zartheit und Vitalität, weiblich-sinnlicher Grazie und männlicher Kraft, die es weder bei Max Ernst noch bei Dalí gibt. Da Chirico, dessen Anfänge so faszinierend waren, seit geraumer Zeit nicht mehr in Frage kommt (er scheint völlig verkalkt und produziert veritable Scheußlichkeiten), ist Leonor Fini heute wohl die stärkste und originellste Begabung unter den italienischen Malern. Und ihr persönlicher Charme kommt mindestens dem ihrer Bilder gle ch. Sie ist dynamisch, sehr intelligent, auch schön oder doch attraktiv, mit üppig stolzem Mund und weiten, goldgrün phosphoreszierenden Katzenaugen. (WP, S. 474 f.)
Wiedersehen feierte Klaus Mann mit Ignazio Silone, einem Bekannten aus Züricher Vorkriegstagen. Der Verfasser des berühmten Romans «Fontamara» war in seine italienische Heimat zurückgekehrt, doch mache er einen «fast verstörten Eindruck», schrieb Klaus Mann – Silones Buch sei nun endlich auch in Italien erschienen, aber es werde dort «nicht verstanden oder doch nicht gebilligt», und die «fast gehässige Reserviertheit» der Kritiken kränke den Autor sehr. Seinen Bericht über Silone im «Wendepunkt» (S. 475 f.) schloß Klaus Mann mit den Worten: «Bitter ist die Verbannung. Bitterer noch die Heimkehr.»

Leonor Fini.
Selbstbildnis, 1945

Klaus Mann.
Porträt von Leonor Fini,
März 1945

«Sphinx Amalburga».
Ölgemälde von Leonor
Fini, 1942. Klaus Mann
besaß eine Reproduktion
des Bildes.

M.M.

## Kapitel 10

# Es gibt keine Heimkehr

### Die letzten Jahre (1945 – 1949)

*Heimkehr oder Exil? Falsche Problemstellung! Überholte Alternative! Die einzig aktuelle, einzig relevante Frage ist: Wird aus diesem Kriege eine Welt erstehen, in der Menschen meiner Art leben und wirken können? Menschen meiner Art, Kosmopoliten aus Instinkt und Notwendigkeit, geistige Mittler, Vorläufer und Wegbereiter einer universalen Zivilisation werden entweder überall zu Hause sein oder nirgends. In einer Welt des gesicherten Friedens und der internationalen Zusammenarbeit wird man uns brauchen; in einer Welt des Chauvinismus, der Dummheit, der Gewalt gäbe es keinen Platz, keine Funktion für uns. Wenn ich das Kommen einer solchen Welt für unvermeidlich hielte, ich folgte noch heute dem Beispiel des entmutigten Humanisten Stefan Zweig …*

Klaus Mann, Der Wendepunkt, S. 435

## Wiedersehen mit München

**Am 1. Mai 1945** notierte Klaus Mann im Tagebuch: «Spät nachts verkündet der deutsche Rundfunk Hitlers Tod.» Am 4. Mai: «Krieg in Europa praktisch vorbei.» Am 5. Mai: «Rom etwa um 7 h verlassen, im Jeep, mit Tewksbury.» (Tb 6, S. 82) Zusammen mit dem Fotografen John Tewksbury hatte er den Auftrag, für «Stars and Stripes» in Österreich und Deutschland zu recherchieren – in der Stunde der Befreiung vom Nazi-Joch. Über Innsbruck, Berchtesgaden und Salzburg gelangten sie am 9. Mai 1945 nach München, einen Tag nach der Kapitulation der deutschen Wehrmacht.
«Auf diese Aufgabe hatte ich zwölf Jahre gewartet. [...] Ich bin in Bayern geboren und aufgewachsen. München ist meine Vaterstadt; 1933, als Hitler an die Macht kam, habe ich den Ort verlassen und seither nie mehr wieder betreten. Deshalb war ich sehr gespannt, wie die herrliche Stadt an der Isar die Stürme der letzten Jahre und Monate überstanden hatte. [...]
Als wir uns München näherten, erwartete ich, eine schwer getroffene, halb zerstörte Stadt vorzufinden. Die Wirklichkeit war weit schlimmer. München ist tot; die Stadt existiert nicht mehr. Was einmal als die schönste Stadt Deutschlands galt, als eine der attraktivsten Städte Europas, hat sich in einen riesigen Friedhof verwandelt. Im gesamten Zentrum ist, ohne Übertreibung, kein einziges Gebäude stehengeblieben. Nichts als Schutthaufen und einige wenige scheinbar kaum oder gar nicht zerstörte Fassaden, hinter denen aber ebenfalls Schutt liegt. Nur mühsam fand ich meinen Weg durch die einst vertrauten Straßen. Es war wie ein böser Traum.» (Posten, S. 224, 227)

**Theatinerkirche**
**München im Mai 1945.**
**Foto: John Tewksbury**

# Das zerstörte Elternhaus

Der Jeep der US Army vor der Villa

10. Mai 1945: Klaus Manns Wiedersehen mit dem Elternhaus in der Poschingerstraße. Alle Fotos: John Tewksbury

**Am 10. Mai 1945** suchte Klaus Mann das Haus seiner Kindheit und Jugend auf – die Villa in der Poschingerstraße 1. Die Außenviertel Münchens waren nicht so stark bombardiert worden wie die Innenstadt. «Als ich mich unserem früheren Haus näherte, war mein erster Eindruck: Da ist es noch, es steht noch und ist unzerstört! Es hat den Sturm überstanden! Aber das stimmte nicht. Wie so viele Gebäude in der Stadt hatte das Haus nur als leere Hülse überlebt; die einigermaßen wohlerhaltene Fassade hatte mich für einen Augenblick getäuscht. Innen war alles kaputt.
Es gelang mir, ins Haus zu kommen, und ich stellte sofort Veränderungen fest, die nichts mit den Bombardements zu tun hatten. Es gab Wände und Türen, die ich noch nie gesehen hatte. Alle Räume waren kleiner geworden, als ob sie sich vor Ekel und Abscheu zusammengezogen hätten. Das Arbeitszimmer meines Vaters, früher geräumig und würdevoll, wirkte nun seltsam verkleinert. Wo einmal unser Eßzimmer gewesen war, fand ich die häßlichen Reste einer Kücheneinrichtung. Der Salon meiner Mutter – einst ein Heiligtum, das wir Kinder nur zu besonderen Anlässen betreten durften – hatte Aussehen und Charakter völlig verändert.» (Posten, S. 227 f.)
Auf dem Balkon vor seinem ehemaligen Zimmer im zweiten Stock entdeckte Klaus Mann schließlich eine fremde Person. Eine junge Frau hatte sich – da sie keine eigene Wohnung mehr besaß – dort vorübergehend eingerichtet. Es war eine ausgebombte Stenotypistin; von ihr und durch Gespräche in der Nachbarschaft erfuhr Klaus Mann, was mit der Villa nach 1933 passiert war. Einige Jahre lang hatte die SS dort einen «Lebensborn» eingerichtet: stramme SS-Männer zeugten mit ausgewählten Frauen deutschen Nachwuchs. Später war das Haus an bayrische Ministerialbeamte vermietet worden. «Es ist alles ziemlich bedrückend. Das Haus steht völlig leer – es wurde nach einem schweren Bombenangriff geräumt», berichtete Klaus Mann seinem Vater in einem Brief nach Kalifornien (BuA, S. 776).

Im Gespräch mit der jungen Frau, die auf dem Balkon im zweiten Stock hauste

Klaus Mann auf der Gartentreppe

Im Innern des Hauses

# «Diese beklagenswerte, schreckliche Nation»

Das Münchner Nationaltheater, Mai 1945

**Klaus Mann** reiste als Sonderkorrespondent von «Stars and Stripes» durch das befreite Deutschland. Er suchte alte Bekannte auf und sprach mit Menschen aus allen Bevölkerungsschichten. Ihm wurde das Schrekkenslager Dachau gezeigt, mit «Folterkammer, Öfen und Galgen» (WP, S. 589f.); er war unter den Reportern, die einen der «Oberschurken» befragen durften: Hermann Göring, nun ein schwitzender Gefangener der Alliierten, der versicherte, er sei mit Hitler seit langem verkracht gewesen und von den Greueln in den KZs habe er nichts geahnt (WP, S. 490f.). Klaus Mann besuchte auch Künstler wie den achtzigjährigen Richard Strauss, der in Nazi-Deutschland weiterkomponiert hatte, und war erschüttert über dessen «Selbstsucht und Naivität» (BuA, S. 775).

Deutschland lag in Trümmern, und die Menschen litten Not – aber nicht nur in materieller Hinsicht war das Zerstörungswerk der Nazi-Herrschaft unübersehbar. Klaus Mann zog am 13. Mai 1945 eine erste Bilanz seiner Eindrücke und Begegnungen: «Die Deutschen zeigen nicht die Spur einer Empfindung von Verantwortung, geschweige denn ein Gefühl von Schuld. Sie begreifen nicht, daß ihre gegenwärtige Misere das unmittelbare, unvermeidliche Ergebnis dessen ist, was das deutsche Volk als Ganzes in den letzten fünf Jahren der Welt angetan hat.» (Posten, S. 217) Am 16. Mai 1945 berichtete er Thomas Mann: «Es wird Jahre oder Jahrzehnte in Anspruch nehmen, diese Städte wieder aufzubauen. Diese beklagenswerte, schreckliche Nation wird Generationen lang physisch und moralisch verstümmelt, verkrüppelt bleiben.» (BuA, S. 779)

Anstehen um Brot. München, Ismaninger Straße, im Mai 1945

Hermann Göring als Gefangener der Alliierten
Alle Fotos: John Tewksbury

Rechte Seite:
Artikel von Klaus Mann in «Stars and Stripes», 13. Mai 1945

**The efficient Germans will overcome physical chaos, but they'll need help in regaining a moral balance. Right—A supervised primary class at Aachen.**

# The Job Ahead In Germany

## Military Victory Is Just The Start In Reeducation Of German People

By Cpl. KLAUS MANN

Staff Writer

BREAKING the power of Hitler's formidable war machine was a colossal task. That job, however, has been done. But the military victory is just a start, for ahead lie crucial problems that will have to be solved lest we spoil our triumph by jeopardizing the peace.

One of the vital issues confronting the victors in Europe is the re-education of the vanquished German people. If we fail in this task, the war will have been fought in vain. For there will be no lasting peace, unless we succeed in changing the German mentality. No matter what kind of conditions—military, economic, territorial—the "Unconditional Surrender" formula may imply, the issue of Germany's moral and political re-education remains of paramount, immediate significance. The German people will have to be disarmed, policed, in many cases punished; but they will also, and above all, have to be mentally cured.

IF WE want to fight a disease, we have to know its origins and symptoms. In what frame of mind are the men, women and children with whom Allied soldiers have had to deal as they have taken over German cities, towns and villages?

It may be too early yet, at this point, for any definite picture of the civilian Germany of the future to emerge. Even now, however, certain typical German reactions are becoming more and more evident. And all available reports confirm one basic and alarming fact: that the shock of defeat, however dazing and bewildering, has utterly failed, so far, in enlightening and purifying the average German's mind.

The German people realize that they have lost the war, but they seem incapable of grasping the moral implications of their present debacle. Allied observers, both correspondents and soldiers, are struck and irritated by the Germans' complacency, self-pity and ignorance. They don't seem to regret anything, except their own unpleasant plight. They don't see why they, of all people, should have to suffer so much. "What have we done to deserve this?" they will ask you—all wide-eyed naivete and bland innocence. "Haven't we always been hard-working, law-abiding citizens?"

THE GERMAN people show no trace of a sense of responsibility, much less a sense of guilt. They don't understand that their present calamity is the direct, inevitable consequence of what the German nation, as a collective body, has done to the world during the past five years.

They don't understand the necessity and the meaning of their humiliation, even though many of them appear meek and obedient. Allied military government officials seem to agree that the German population is less difficult to handle than was anticipated. So far, acts of sabotage are virtually unknown. Overawed by the terrific display of Allied military force, the former masters of the continent forget, or prefer not to show, their usual arrogance. Their attitude is described as varying from apparently sincere desire to cooperate to sullen acceptance of a situation that cannot be changed.

WE SHOULD not be too impressed by such stories. For, to begin with, it is impossible to predict whether the situation in Germany will remain, in the long run, as calm as it has been up to now in most areas. The docility shown at present by many of the bankrupt "supermen" may be just a transitory, almost automatic reaction to the stunning blow of defeat.

BUT EVEN if we presume that the majority of the German people will continue to be fairly tractable, that would only mean a servile acknowledgment of our physical superiority—not a recognition of error in the way of Nazism.

For if there is anything the Germans understand, it is the voice of authority: they accept it, yield to it without questioning. As Nazi authority crumbled, the perplexed Germans turned to the next, which was military government, taking orders from Allied soldiers and officials just as they used to take them from the SS and Gestapo. But they don't see that the "law" of the Gestapo was indeed the lawlessness and brutal anarchy of the jungle. Nor do they understand that they were wrong in electing and supporting such a terroristic regime, and that it would have been their duty as civilized human beings to protest against its outrages. They don't understand.

They believe in success, and if many of them appear now only too ready to deny their former affiliations with the once all-mighty party, they do so simply because success has failed the Nazi cause. To them, "success is the ultimate and only proof of the correctness of an idea," as one of their leaders, Dr. Robert Ley, has put it, concisely and cynically.

If Der Fuehrer had won the war, he would have been worshipped by the entire German nation. The axiom that "might makes right" has been hammered into German brains. They don't understand that Hitler's concept of a "master race" and his world-conquering scheme were essentially wrong—a glaring insult to human reason and dignity—and that no temporary or even lasting success could possibly have altered this absolute evilness. They don't understand the difference between right and wrong, between good and evil.

IT WILL be our job to make the German people understand the fundamentals of human ethics. They must not go on believing that Nazism would have been all right, if only it hadn't flopped. As long as they abide by this basic misconception, they will not be able to overcome their present condition of moral blindness and confusion.

They must not get away with their hypocritical pretense that they "didn't know" about all the ghastly things going on under Nazi rule, both at home and in the occupied countries. Of course, they knew—and if they didn't, it was just because they found it more convenient to ignore certain ugly realities. Nobody in Germany felt like worrying about the horrors of Dachau and Buchenwald, as long as the Nazi regime seemed to be otherwise advantageous for business and Fatherland.

They "didn't know" that Hitler broke international treaties and that he was insatiable in his imperialistic demands. Was it really the Fuehrer who prepared and provoked this war? The German civilians, in their ivory-towered ignorance, had been under the impression that their government loved nothing as much as peace, but was forced into the present conflict by a sinister international conspiracy. "That is what Dr. Goebbels told us," they will insist, unblushingly.

They will have to go to school again and learn history—especially the history of the last 15 years. For they won't be able to find a constructive approach to the future, unless they revise their distorted view of the past.

TO THE average German, the future is just a blank space. Not the slightest sign of a reawakening of political consciousness or organization has been noticed anywhere in Germany. It seems that the Germans—traditionally lacking in political instinct and initiative—have now reached a state of complete apathy. I have found this discouraging indifference in the faces and voices of many German prisoners of war with whom I tried to discuss political ideas and prospects. What kind of government would they like to see established in Germany, after Hitler? My question was always followed by a stony, embarrassing silence. Finally one of them would speak up: "Rudolf Hess might be a good man to take over . . ." And another *Landser* would suggest, somewhat reluctantly: "Or some kind of democracy wouldn't be so bad, perhaps . . ."

Some kind of democracy! They don't understand the meaning of the word. They live in a moral, intellectual and political vacuum—which is the legacy of National Socialism. For the Nazi movement has never been based on anything like an authentic faith or a

*(Please turn to page 12)*

**If the German people "didn't know" about the ghastly things going on under Nazi rule, it was because it was more convenient to ignore them. After capture of the murder camp of Buchenwald by General Patton's forces, the citizens of Weimar (above) were brought to view the brutal work of their government.**

*MAY 13, 1945*

PAGE FIVE

# Es gibt keine Heimkehr

Klaus Mann, 1945

Noch im Mai 1945 besuchte Klaus Mann auch die befreite Tschechoslowakei. Er interviewte Präsident Edvard Beneš, ließ sich das KZ Theresienstadt zeigen und traf die erste Frau seines Onkels Heinrich wieder. «Mimi» Mann war mehrere Jahre in Theresienstadt inhaftiert gewesen – der Neffe fand sie völlig abgemagert und halbseitig gelähmt vor, «nur noch ein trauriger Schatten der munteren Dame von einst» (Posten, S. 233).

«**Wir müssen zurück**», hatte Klaus Mann seine Romanfigur Marion von Kammer sagen lassen. «Ungeheure Aufgaben werden sich stellen, wenn der Alptraum ausgeträumt ist. Wer soll sie denn bewältigen – wenn wir uns drücken?! Die alten Gruppierungen und Gegensätze – ‹rechts und links›, ‹bürgerlich und proletarisch› – werden keine Geltung mehr haben. Die Menschen, die guten Willens sind – die anständigen Menschen finden sich, vereinigen sich, arbeiten miteinander.» (Der Vulkan, S. 474)

Nun war Klaus Mann unter den Rückkehrern der allerersten Stunde. Aber der Autor, der im Exil so unermüdlich vom ‹Anderen Deutschland› geschrieben hatte, fand davon allzuwenig vor in den «Ruinenstädten unserer verfluchten Ex-Heimat» (BuA, S. 549). Besonders frappierte ihn die verbreitete Heuchelei, ‹nichts gewußt zu haben› von «all den schrecklichen Dingen, die sich sowohl daheim als auch in den besetzten Ländern unter der Naziherrschaft abspielten» (Posten, S. 218 f.). Den eigenen Vater beschwor Klaus Mann, keinesfalls an Rückkehr zu denken: «Die Zustände hier sind zu traurig. Alle Deine Bemühungen, sie zu verbessern, wären hoffnungslos vergeudet.» Er selbst sei froh, daß er nicht in Deutschland bleiben und Redakteur bei irgendeiner Zeitung werden müsse. «Ich bevorzuge The Stars & Stripes.» (BuA, S. 778 f.)

«You can't go home», «es gibt keine Heimkehr» – so lautete die bittere Einsicht Klaus Manns nach seinem Wiedersehen mit der einstigen Heimat im Frühsommer 1945. Die zahlreichen Artikel, die er in den ersten Monaten nach Kriegsende schrieb, gehören zu den aufschlußreichsten Analysen, die damals über Deutschland in der angeblichen «Stunde Null» veröffentlicht wurden.

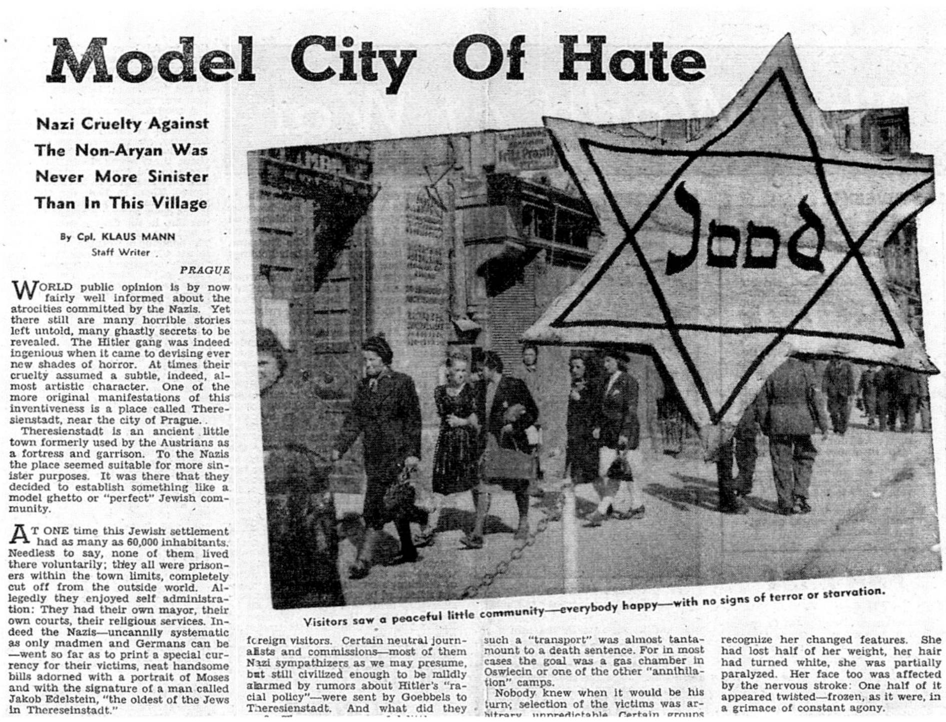

**Model City Of Hate**

**Nazi Cruelty Against The Non-Aryan Was Never More Sinister Than In This Village**

By Cpl. KLAUS MANN
Staff Writer

*PRAGUE*

WORLD public opinion is by now fairly well informed about the atrocities committed by the Nazis. Yet there still are many horrible stories left untold, many ghastly secrets to be revealed. The Hitler gang was indeed ingenious when it came to devising ever new shades of horror. At times their cruelty assumed a subtle, indeed, almost artistic character. One of the more original manifestations of this inventiveness is a place called Theresienstadt, near the city of Prague.

Theresienstadt is an ancient little town formerly used by the Austrians as a fortress and garrison. To the Nazis the place seemed suitable for more sinister purposes. It was there that they decided to establish something like a model ghetto or "perfect" Jewish community.

AT ONE time this Jewish settlement had as many as 60,000 inhabitants. Needless to say, none of them lived there voluntarily; they all were prisoners within the town limits, completely cut off from the outside world. Allegedly they enjoyed self administration: They had their own mayor, their own courts, their religious services. Indeed the Nazis—uncannily systematic as only madmen and Germans can be—went so far as to print a special currency for their victims, neat handsome bills adorned with a portrait of Moses and with the signature of a man called Jakob Edelstein, "the oldest of the Jews in Thereseinstadt."

Visitors saw a peaceful little community—everybody happy—with no signs of terror or starvation.

foreign visitors. Certain neutral journalists and commissions—most of them Nazi sympathizers as we may presume, but still civilized enough to be mildly alarmed by rumors about Hitler's "racial policy"—were sent by Goebbels to Theresienstadt. And what did they

such a "transport" was almost tantamount to a death sentence. For in most cases the goal was a gas chamber in Oswiecin or one of the other "annihilation" camps.

Nobody knew when it would be his turn; selection of the victims was arbitrary, unpredictable. Certain groups

recognize her changed features. She had lost half of her weight, her hair had turned white, she was partially paralyzed. Her face too was affected by the nervous stroke: One half of it appeared twisted—frozen, as it were, in a grimace of constant agony.

Rechte Seite:
Headlines von Artikeln Klaus Manns in «Stars and Stripes»

THE STARS AND STRIPES
Jannings, Lehar Hark Back To Old Triumphs
Friday, June 1, 1945
END OF THE LUFTWAFFE
May 12
THE STARS AND STRIPES WEEKLY
Berchtesgaden Now Symbol Of Adolf Hitler's Total Defeat
Page 2
What's the lowdown on this "hara-kiri" business?
ACID
Last Days Of Hitler And
For The Nazi Leaders
By Cpl. KLAUS MANN
Staff Writer
Austria, Nazi Fort?
Towering Alps May Provide Setting For Last Act Of War
Auf Wiedersehen
KESSELRING!
Allied Soldiers In Italy Are Well Acquainted With 'Smiling AlBert'
America Abroad
Diplomatic Life Is No Longer The Fabulous Whirl Of Intrigue And Glitter It Used To Be
CONSULATE
Potsdam: City With A Past
Ghosts Of Junkers Will Stalk The Halls While Big Three Talk
BERLIN
Wir grüßen den ersten Arbeiter Deutschlands Adolf Hitler!
Drama Of
THE STARS AND STRIPES
Women Blamed For Nazism By Allied Appointee In Reich
Friday, June 29, 1945
SWEATIN' IT OUT...
By Mauldin
FILL OUT FORMS PROPERLY

# Honorably Discharged

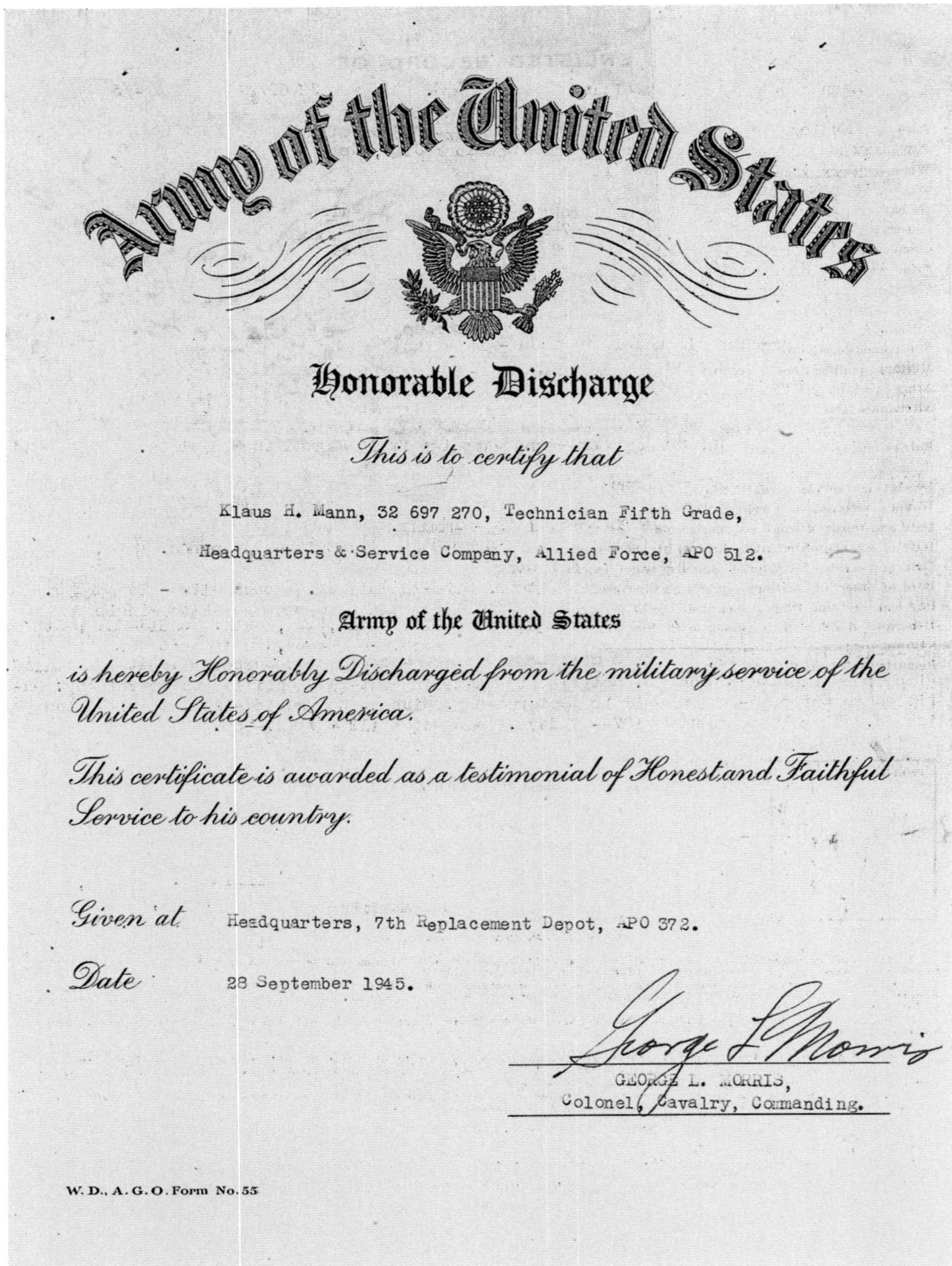

Army of the United States

Honorable Discharge

This is to certify that

Klaus H. Mann, 32 697 270, Technician Fifth Grade,
Headquarters & Service Company, Allied Force, APO 512.

Army of the United States

is hereby Honorably Discharged from the military service of the United States of America.

This certificate is awarded as a testimonial of Honest and Faithful Service to his country.

Given at Headquarters, 7th Replacement Depot, APO 372.

Date 28 September 1945.

George L. Morris

GEORGE L. MORRIS,
Colonel, Cavalry, Commanding.

W. D., A. G. O. Form No. 55

Urkunde der Army of the United States, 28. September 1945

**Am 28. September 1945** wurde Klaus Mann «honorably discharged» aus dem Dienst der US Army – «in Ehren entlassen». Im Tagebuch hatte er wenige Wochen zuvor festgehalten, mit welch gemischten Gefühlen er dem Ereignis entgegensah: «Entlassung. Unsicherheit. Entwurzeltsein. Ekel», notierte er unter dem 29. August 1945 (Tb 6, S. 95). Die ungewisse Zukunft bedrückte ihn; der Armeedienst hatte immerhin einen gewissen politisch-moralischen Rückhalt geboten.

In der Autobiographie liest es sich anders. Dieser Tag der Entlassung sei «ein großer Tag, ein Wendepunkt», heißt es dort in einem fiktiven, auf den 28. September 1945 datierten Brief: «Erst jetzt, erst heute spüre ich so recht, daß der Krieg zu Ende ist. Nun geht es weiter, nächste Episode! Fragt sich nur, in welcher Richtung es weitergeht. Dies hängt von uns ab, an jedem Wendepunkt hat man die Wahl.» (WP, S. 508 f.)

Seine Entlassung sei ein großer Tag, schrieb Klaus Mann, «obwohl es in meinem Leben zunächst kaum drastische Veränderungen geben wird. Morgen fahre ich nach Rom zurück, um dort die schon begonnene Arbeit an einem Filmmanuskript fortzusetzen. Für den späteren Teil des Winters sind journalistische Reisen geplant, nicht mehr im Auftrag des Soldatenblattes, sondern unter den Auspizien einer New Yorker Revue: Es läuft auf dasselbe hinaus … (Nur, daß die zivilen Redakteure wahrscheinlich mäkliger und weniger tolerant sein werden als meine Freunde von den ‹Stars and Stripes›!) Keine drastischen Veränderungen, sogar die Uniform muß ich bis auf weiteres anbehalten, mangels irgendwelcher Zivilgarderobe.» (WP, S. 508) Rom blieb auch für die folgenden Monate sein bevorzugter Aufenthaltsort.

August 28, 1945 THE ESS AND ESS 3

NINE OLD MEN WITH BUT A SINGLE THOUGHT

These characters, all over 38, will be getting out of the Army any day now. In case you don't recognize them, from left to right, they are Klaus Mann, Gino Bardi, Clarence Kidby, Howard Taubman, Marty Kennedy, Nate Jackson, Chas. Delmonico, Bob Kupsick and Chick Levere. A tenth 38-er, George Rowland, wasn't around when the picture was taken.

38-Year-Old Men Eyeing Discharges

Ten tired old men are finally getting their chance to slip quietly … from Cornell to the New York Times, where he started out on … like five consecutive weeks on a trial basis. He's not married now,

Zeitungsbericht in «Stars and Stripes», 28. August 1945, über die bevorstehende Entlassung Klaus Manns und anderer Kameraden aus der Armee. Klaus Mann ganz links im Bild

Eines der letzten Fotos in Uniform – zusammen mit Fritz Landshoff und dessen Frau Rini, 1945

Klaus Mann in Rom, von ihm selbst signiert mit den Worten: «Wieder ganz zivil: old K.»

# Das «Paisà»-Projekt

ROME OPEN CITY

The film you are going to see is based on events that have actually place. While Allied troops were fighting their way to the Italian capital, another Battle of Rome was going on within the "open city" itself. Those who faced the Nazi-Fascist enemy on the beachhead of Anzio or in the Cassino area were hardly aware, at the time, of that other war which had to be waged in darkness and secrecy.

But later, after the liberation of the capital, some of us came in contact with former members of the Resistance movement and were told the story of Rome's underground struggle.

The film, ROME OPEN CITY, has the accuracy and freshness of such a firsthand account. It's a factual report -- enacted by poeple who have witnessed, or participated in, the real drama.

Anyone who has lived in Rome will find familiar faces among the characters appearing on the screen. This brave and humorous priest, this passionate, sturdy girl, this spirited little boy, all these children, housewives,workers, intellectuals -- they are indeed the plain people of Rome: we recognize their features, gestures, voices.

That is not to say that all Romans were actively opposed to Fascism or that the city's population consists only of freedom - loving heroes. Quite the contrary, there is a lot of corruption, selfishness, obscurantism and snobbery -- in Rome as anywhere else. But it would be unfair and superficial to think that a clique of decadent parasites typifies a great community. There is another Rome -- the real Rome which those of us who know it cannot but respect and like; the Rome described in this picture.

ROME OPEN CITY will be welcome to the American public as a significant document and as a promising, candid message from liberated Italy.

Cpl. KLAUS MANN,
of The Stars and Stripes,
Mediterranean Edition,
ROME, AUGST, 1945

Links: Aus dem Pressefolder für «Roma, città aperta»

Anna Magnani

Klaus Mann, der Produzent Rod Geiger und Roberto Rossellini

**Bereits im Juli 1945** hatte Klaus Mann den Regisseur Roberto Rossellini kennengelernt. Dieser beendete gerade die Arbeit an seinem Film «Roma, città aperta» («Rom, offene Stadt»), der ihn bald darauf weltweit berühmt machen sollte. Rossellini hatte ganz neue filmische Mittel entwickelt, um Krieg und Befreiung glaubwürdig darstellen zu können: er bezog zahlreiche Laiendarsteller in die Dreharbeiten ein, filmte an Originalschauplätzen und montierte Dokumentaraufnahmen in die fiktive Handlung hinein. Die weibliche Hauptrolle in «Roma, città aperta» spielte Anna Magnani; für sie brachte dieser Film den internationalen Durchbruch. Klaus Mann schrieb für die Präsentation des Films den Pressetext:
«Der Film, den Sie sehen werden, beruht auf wahren Begebenheiten. Während die alliierten Truppen sich den Weg in die italienische Hauptstadt freikämpften, fand innerhalb der ‹offenen Stadt› eine weitere Schlacht um Rom statt. Diejenigen, die den Truppen der Achsenmächte am Landekopf von Anzio oder in den Bergen von Cassino gegenüberstanden, waren sich damals wohl kaum des anderen Krieges bewußt, der im Schutz der Dunkelheit und im verborgenen geführt wurde. Später jedoch, nach der Befreiung der Hauptstadt, kamen einige von uns mit ehemaligen Mitgliedern der Widerstandsbewegung in Kontakt, und man erzählte uns die Geschichte von Roms Kampf im Untergrund. […] Es gibt ein anderes Rom – das echte Rom, das man einfach respektieren und mögen muß, wenn man es kennt; nämlich das in diesem Film beschriebene Rom.» (Posten, S. 290 f.)

**Szenen aus «Paisà»**

Für sein folgendes Filmprojekt zog Rossellini Klaus Mann als Mitarbeiter heran. Als Drehbuchautor wurde er Mitte August 1945 unter Vertrag genommen; der Arbeitstitel des Projekts lautete: «Seven from the U.S.». Der fertige Film erhielt schließlich den Titel «Paisà». Gegenstand des Films waren sechs (ursprünglich sieben) Episoden aus dem Italien-Feldzug der US Army, in denen es jeweils um «einen bestimmten Aspekt des menschlichen Verhältnisses zwischen ‹Befreiern› und ‹Befreiten›, zwischen amerikanischem Militär und der italienischen Zivilbevölkerung» ging, wie Klaus Mann erläuterte (WP, S. 506). Der Film folgt den amerikanischen Truppen auf ihrem Weg von Süditalien bis hinauf in die Po-Ebene. Wieder verknüpfte Rossellini die fiktiven Szenen mit Dokumentaraufnahmen der tatsächlichen Kriegshandlungen. «Paisà» wurde – nach «Roma, città aperta» – ein weiteres Meisterwerk des italienischen Neorealismus.

Klaus Mann hatte schon Anfang der dreißiger Jahre, noch vor seinem Exil, eigene Filmprojekte entworfen. Er war zeitlebens ein begeisterter Kinogänger wie nicht zuletzt viele Einträge in seinem Tagebuch zeigen. Nun bekam er endlich Gelegenheit, sich im Medium Film zu betätigen – doch die Kooperation mit den italienischen Kollegen endete mit einem Eklat. Es kam zum Streit vor allem mit Sergio Amidei, der ebenfalls am Drehbuch mitwirkte. Viele der umfangreichen Dialogentwürfe Klaus Manns wurden verworfen oder umgeschrieben. Noch vor Beginn der Dreharbeiten schied Klaus Mann aus Rossellinis Team wieder aus. Als «Paisà» schließlich am 18. September 1946 auf der Biennale in Venedig seine Uraufführung erlebte, wurde Klaus Manns Mitarbeit weder im Vorspann noch im Abspann des Films erwähnt.

# Kunst und Politik

Gustaf Gründgens bei seinem ersten Auftritt nach dem Krieg in «Der Snob», Deutsches Theater Berlin, 3. Mai 1946

Klaus Mann, um 1946

**Die meisten Projekte** Klaus Manns in den frühen Nachkriegsjahren brachten Mißerfolge und Enttäuschungen. Sein Drama «Der siebente Engel», ein Stück über Geisterglauben und Spiritismus, wurde weder gedruckt noch von einer Bühne angenommen. Verschiedene Filmpläne, auf die er große Hoffnungen setzte – ein Mozart-Film unter Mitarbeit Bruno Walters, eine «Zauberberg»-Verfilmung, ein Film über den Kunstfälscher Han van Meegeren – zerschlugen sich. Ein Roman über Homosexuelle im 20. Jahrhundert (Arbeitstitel: «Windy Night, Rainy Tomorrow») blieb ein Fragment, weil kein Verlag ernsthaftes Interesse zeigte.

Klaus Mann reiste durch Europa; hielt Vorträge; führte Gespräche in Wien und Prag, Berlin und Weimar. Er beobachtete und analysierte, wie der zerstörte Kontinent allmählich wieder aufgebaut wurde. Im kulturellen Leben der Westzonen Deutschlands dominierten die Stimmen der sogenannten Inneren Emigration. Aber auch Künstler, die während der Nazi-Zeit Karriere gemacht hatten – «die Müthel, Klöpfer, Jannings, Werner Krauss und Heinrich George; die Furtwängler, Clemens Krauss und Karajan» – drängten erneut an die Öffentlichkeit, wie Klaus Mann nicht ohne Bitterkeit vermerkte (Posten, S. 327).

Im Frühjahr 1946 wurde bekannt, daß auch Gustaf Gründgens, den die sowjetische Besatzungsmacht vorübergehend inhaftiert hatte, schon bald wieder auftreten werde – im Deutschen Theater Berlin in der Titelrolle von Sternheims «Der Snob». Klaus Mann schrieb unter der Überschrift «Kunst und Politik» einen sarkastischen Kommentar: «Aus Berlin wird berichtet, daß Staatsrat Gründgens, gerade erst aus dem Gefängnis entlassen, demnächst in einer Komödie Carl Sternheims zu sehen sein wird. Ein Witz – wie von Carl Sternheim! Nicht als ob ich etwas gegen Gründgens hätte. Ein ungewöhnlich begabter Komödiant; übrigens ist er einmal mein Schwager gewesen; persönlich bin ich eher für ihn eingenommen. Aber mir scheint doch, diese Busenfreunde Görings sollten es nicht gar so eilig haben. Wenn Gründgens schon wieder salonfähig ist – warum dann nicht gleich Emmy Sonnemann? Vielleicht hat einer der in Auschwitz Vergasten irgendein Bühnenwerk hinterlassen, in dem die hohe Frau ihr zweites Début machen könnte. Von Auschwitz hat die Gute sicher nichts gewußt – und übrigens, was hat Kunst mit Politik zu tun?» (Posten, S. 327)

Am 3. Mai 1946 saß Klaus Mann im Publikum, als Gründgens im Deutschen Theater tatsächlich auf die Bühne trat. Schon Tage vorher waren Eintrittskarten nur noch auf dem Schwarzmarkt zu haben gewesen. Sobald sich der Vorhang hob zur ersten Szene, die den Titelhelden allein auf der Bühne zeigte, gab es minutenlange Ovationen – die Zuschauer bejubelten ihren alten und neuen Star. Gustaf Gründgens war wieder der Liebling von Berlin ...

Berlin 1947.
Foto: Friedrich Seidenstücker

Die Schriftstellerin Grete Weil-Jockisch, die Klaus Mann seit den zwanziger Jahren kannte, berichtet, er sei nach dem Zweiten Weltkrieg «von einem unglaublichen Haß auf Deutschland besessen» gewesen und habe «alles und alle dort entsetzlich und verabscheuenswert» gefunden (Täubert 1981, S. 8). Auch andere Zeitgenossen bezeugen, wie radikal er über seine einstige Heimat urteilte. Die ergriffenen Maßnahmen zur sogenannten Entnazifizierung fand er halbherzig und inkonsequent.

In Aufsätzen und Interviews kritisierte er scharf, wie wenig die westlichen Besatzungsmächte unternahmen, um die Werke der antifaschistischen Exilierten im befreiten Deutschland zu verbreiten. «Bücher von Exil-Schriftstellern sind in Nachkriegsdeutschland nicht erhältlich!» stellte Klaus Mann 1947 in einem Essay fest (Posten, S. 393). Von seinen eigenen im Exil entstandenen Werken wurde kein einziges zu Lebzeiten des Autors in einem deutschen Verlag publiziert.

Die Entwicklung im östlichen Teil Deutschlands empfand er nicht als wirkliche Alternative. Zwar spielten dort aus der Emigration zurückgekehrte Künstler wie Johannes R. Becher und Friedrich Wolf schon bald eine bedeutende Rolle im Kulturleben – aber Klaus Mann hatte die Intoleranz der Kommunisten allzuoft am eigenen Leibe erfahren, als daß er nun in ihrem Konzept von «Volksdemokratie» eine Perspektive hätte sehen können.

# Kein Ort. Nirgends

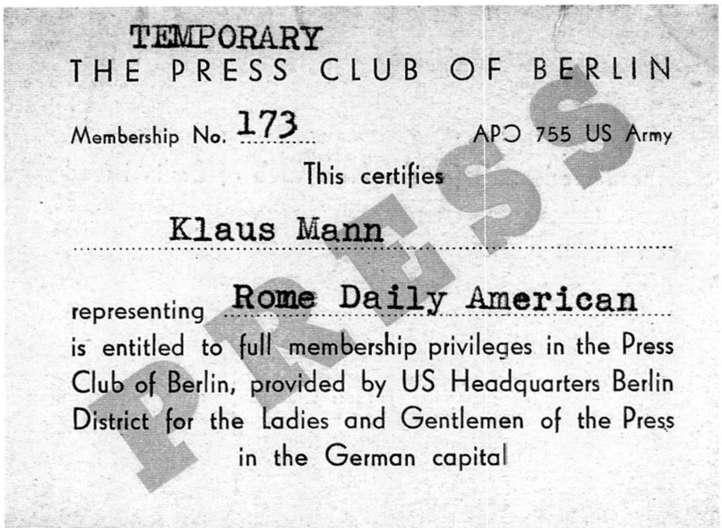

TEMPORARY
THE PRESS CLUB OF BERLIN

Membership No. 173 APO 755 US Army

This certifies

Klaus Mann

representing Rome Daily American

is entitled to full membership privileges in the Press Club of Berlin, provided by US Headquarters Berlin District for the Ladies and Gentlemen of the Press in the German capital

PRESS

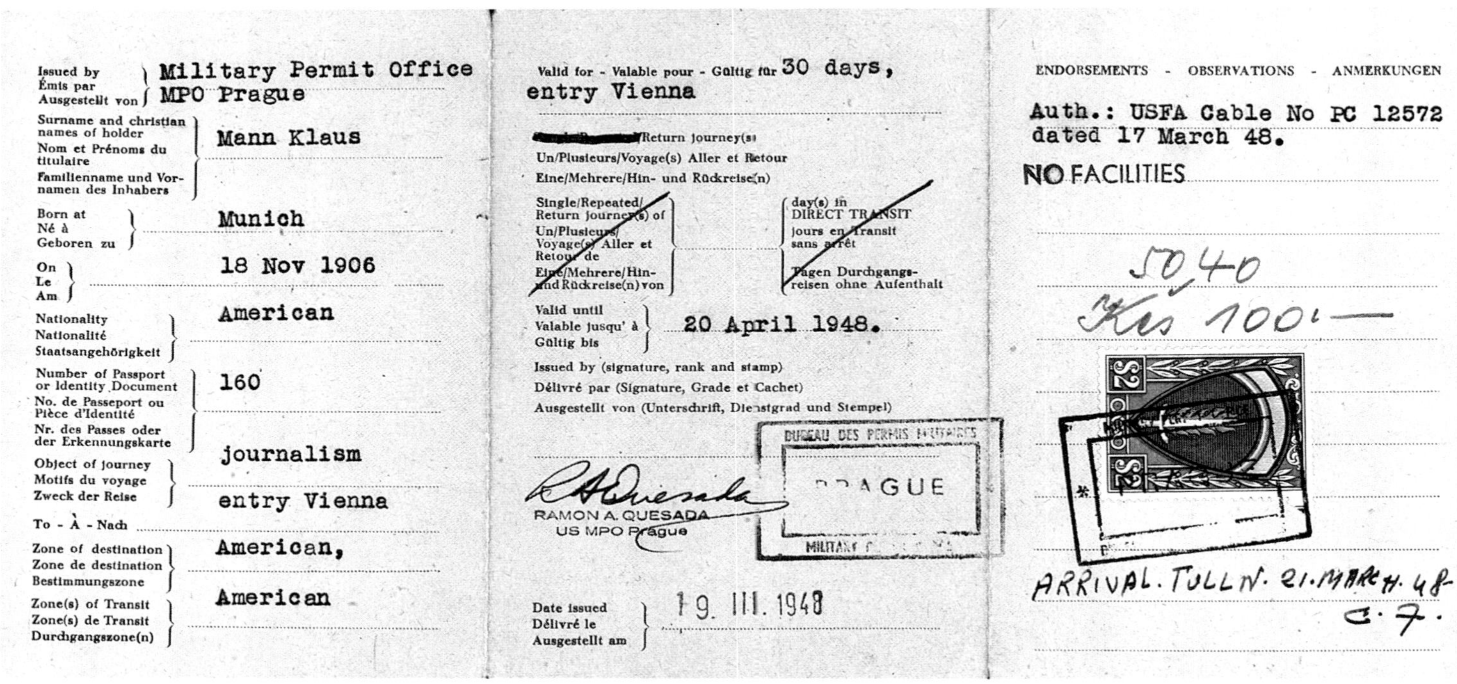

Issued by / Émis par / Ausgestellt von: Military Permit Office MPO Prague

Surname and christian names of holder / Nom et Prénoms du titulaire / Familienname und Vornamen des Inhabers: Mann Klaus

Born at / Né à / Geboren zu: Munich

On / Le / Am: 18 Nov 1906

Nationality / Nationalité / Staatsangehörigkeit: American

Number of Passport or Identity Document / No. de Passeport ou Pièce d'Identité / Nr. des Passes oder der Erkennungskarte: 160

Object of Journey / Motifs du voyage / Zweck der Reise: journalism, entry Vienna

To - À - Nach

Zone of destination / Zone de destination / Bestimmungszone: American,

Zone(s) of Transit / Zone(s) de Transit / Durchgangszone(n): American

Valid for - Valable pour - Gültig für 30 days, entry Vienna

[redacted] Return journey(s) / Un/Plusieurs/Voyage(s) Aller et Retour / Eine/Mehrere/Hin- und Rückreise(n)

Single/Repeated/Return journey(s) of / Un/Plusieurs/Voyage(s) Aller et Retour de / Eine/Mehrere/Hin- und Rückreise(n) von — day(s) in DIRECT TRANSIT / jours en transit sans arrêt / Tagen Durchgangsreisen ohne Aufenthalt

Valid until / Valable jusqu' à / Gültig bis: 20 April 1948.

Issued by (signature, rank and stamp) / Délivré par (Signature, Grade et Cachet) / Ausgestellt von (Unterschrift, Dienstgrad und Stempel)

RAMON A. QUESADA
US MPO Prague

BUREAU DES PERMIS MILITAIRES ... PRAGUE ... MILITARY ...

Date issued / Délivré le / Ausgestellt am: 19. III. 1948

ENDORSEMENTS - OBSERVATIONS - ANMERKUNGEN

Auth.: USFA Cable No PC 12572 dated 17 March 48.

NO FACILITIES

50,40
Kčs 100.—

ARRIVAL. TULLN. 21. MARCH. 48.
C. 7.

**Ein dauerhaftes** äußeres Lebenszentrum hat Klaus Mann nach 1945 nicht mehr gefunden. Er pendelte zwischen Europa und Amerika – lebte für Wochen oder Monate in New York, Kalifornien, Rom, Amsterdam, Paris und Cannes. Nach Deutschland kam er nur für kurze Besuche. Wiederholt unternahm er Vortragsreisen durch europäische Länder. In einem Brief an Peter de Mendelssohn beschrieb er sein unstetes Leben und bekannte: «Ich improvisiere. Übrigens finde ich das Leben überall gleich problematisch.» (17. September 1948; Original im KMA)

Als er sich 1947 ein neues Adreßverzeichnis anlegte, entstand ein Dokument, das seine umhergetriebene Existenz eindrucksvoll spiegelt: In ein erstes Buch notierte Klaus Mann alphabetisch die Freunde und Bekannten in den USA, auf die übliche Weise; in ein zweites Buch schrieb er die ihm wichtigen europäischen Adressen, und er ordnete sie nach Ländern und Städten – von «Budapest» und «Berlin» über «Holland», «Italy» und «London» bis «Switzerland» und «Vienna» reicht das Spektrum der Seiten, die er anlegte.

Aus Klaus Manns Adreßbüchern: Die Adressen sind nach Ländern und Städten geordnet.

# «... jetzt stocke ich in zwei Zungen»

Klaus Mann, porträtiert von Harald Isenstein in Kopenhagen, November 1947

**Nicht einmal** eine sprachliche Heimat blieb Klaus Mann in den letzten Lebensjahren. Er verstand sich als Weltbürger, und er formulierte Briefe und literarische Texte teils in englischer, teils in deutscher Sprache. Doch dem einst so leichthin schreibenden Autor ging die Arbeit nur noch mühsam von der Hand. Die Drogensucht dürfte daran einigen Anteil gehabt haben; aber auch anhaltende sprachliche Verunsicherung machte Klaus Mann zu schaffen.

«Das Sprach-Problem» hieß ein Aufsatz, den er 1947 publizierte. Darin bekannte er, wie schwer ihm der durch das Exil erzwungene Verzicht auf die Muttersprache gefallen war – und weiterhin fiel. Der Preis, den er für den versuchten Wechsel ins englische Idiom zahlte, war in der Tat hoch, wenn man die Arbeiten seiner letzten anderthalb Lebensjahrzehnte bilanziert: in den Exiljahren bis 1939 schrieb Klaus Mann vier Romane und eine Novelle, im folgenden Jahrzehnt dagegen entstanden fast nur noch essayistische Texte. Seine umfangreichsten Schriften der Nachkriegszeit waren Übersetzungen eigener Werke: Er fertigte eine deutsche Fassung des Gide-Buchs an und eine erweiterte deutschsprachige Fassung der Autobiographie.

In einem Brief an den Jugendfreund Herbert Schlüter hat Klaus Mann das Dilemma unmißverständlich formuliert. Das Schreiben falle ihm «schwerer als in den flotten Kindertagen», gestand er ein. «Damals hatte ich *eine* Sprache, in der ich mich recht flink auszudrücken vermochte; jetzt stocke ich in zwei Zungen. Im Englischen werde ich wohl nie *ganz* so zuhause sein, wie ich es im Deutschen *war* – aber wohl nicht mehr *bin*...» (BuA, S. 603)

1947 erhielt André Gide den Nobelpreis für Literatur. Ein Jahr darauf erschien im Züricher Steinberg Verlag eine deutschsprachige Ausgabe von Klaus Manns Gide-Buch.

Ebenfalls 1948 publizierte der New Yorker Verlag Allen, Towne & Heath eine überarbeitete englischsprachige Ausgabe von Klaus Manns Tschaikowsky-Roman. Der Autor schrieb für diese Edition ein ganz neues Anfangskapitel, in dem er die Situation des homosexuellen Künstlers in den Mittelpunkt rückte, und strukturierte den gesamten Roman neu.

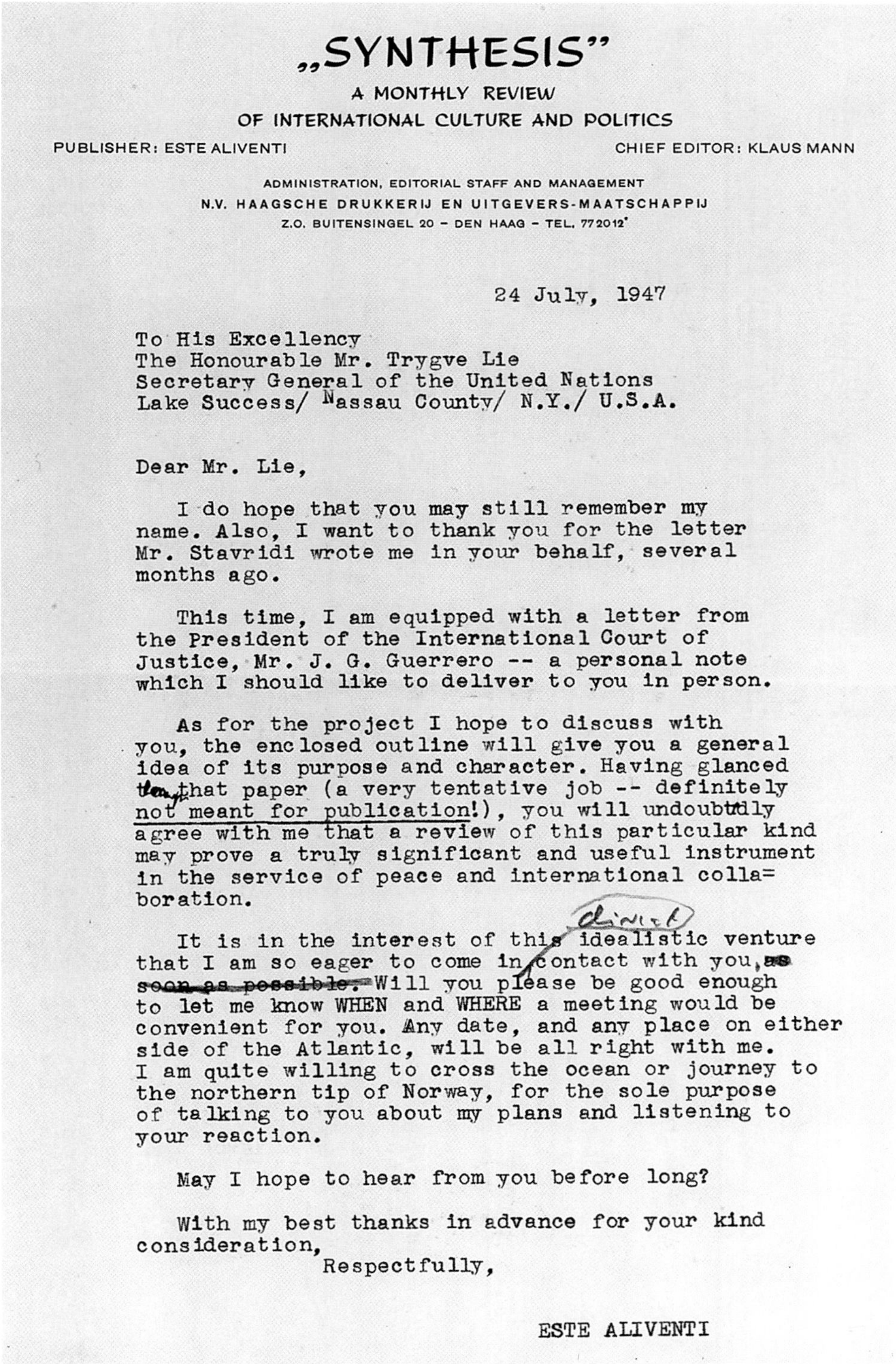

„SYNTHESIS"
A MONTHLY REVIEW
OF INTERNATIONAL CULTURE AND POLITICS

PUBLISHER: ESTE ALIVENTI — CHIEF EDITOR: KLAUS MANN

ADMINISTRATION, EDITORIAL STAFF AND MANAGEMENT
N.V. HAAGSCHE DRUKKERIJ EN UITGEVERS-MAATSCHAPPIJ
Z.O. BUITENSINGEL 20 – DEN HAAG – TEL. 772012

24 July, 1947

To His Excellency
The Honourable Mr. Trygve Lie
Secretary General of the United Nations
Lake Success/ Nassau County/ N.Y./ U.S.A.

Dear Mr. Lie,

I do hope that you may still remember my name. Also, I want to thank you for the letter Mr. Stavridi wrote me in your behalf, several months ago.

This time, I am equipped with a letter from the President of the International Court of Justice, Mr. J. G. Guerrero -- a personal note which I should like to deliver to you in person.

As for the project I hope to discuss with you, the enclosed outline will give you a general idea of its purpose and character. Having glanced at that paper (a very tentative job -- definitely not meant for publication!), you will undoubtedly agree with me that a review of this particular kind may prove a truly significant and useful instrument in the service of peace and international collaboration.

It is in the interest of this idealistic venture that I am so eager to come in direct contact with you, ~~as soon as possible.~~ Will you please be good enough to let me know WHEN and WHERE a meeting would be convenient for you. Any date, and any place on either side of the Atlantic, will be all right with me. I am quite willing to cross the ocean or journey to the northern tip of Norway, for the sole purpose of talking to you about my plans and listening to your reaction.

May I hope to hear from you before long?

With my best thanks in advance for your kind consideration,

Respectfully,

ESTE ALIVENTI

**Entwurf eines Briefes (mit handschriftlichen Korrekturen Klaus Manns) an den UN-Generalsekretär Trygve Lie**

Im Sommer 1947 arbeitete Klaus Mann am Konzept einer neuen Zeitschrift unter dem Titel «Synthesis». Die Zeitschrift sollte in vier Sprachen erscheinen. In einem programmatischen Papier schrieb Klaus Mann: ‹An kosmopolitischen, humanitären Idealen festzuhalten, mag utopisch erscheinen in einem Jahrhundert, das bereits zwei Weltkriege erlebt hat und gerade jetzt mit der Möglichkeit eines dritten weltweiten Konflikts konfrontiert ist; in einem Jahrhundert, das alle geographischen Barrieren überwunden hat – nur um mit bisher nie gekannter Verbitterung politische und ideologische Grenzen zu ziehen […]. Wenn auch unsere Epoche nur allzu empfänglich ist für die Todsünden der Intoleranz und des Isolationismus, so existiert doch auch eine gegensätzliche Tendenz – eine Tendenz zur Vereinigung.› (Posten, S. 415 f.)
Realisiert wurde das ambitionierte Vorhaben der Zeitschrift «Synthesis» jedoch nicht.

# Sozialismus und Demokratie

**Im Juli 1947** begann Klaus Mann, «The Turning Point» ins Deutsche zu übertragen. Es wurde ein neues Buch – dem Umfang nach erheblich erweitert gegenüber der englischen Fassung, in der Chronologie fortgeführt bis zum Herbst 1945. «The Turning Point» endet mit Klaus Manns Entscheidung für den Army-Eintritt, «Der Wendepunkt» mit dem Datum seiner Entlassung aus der Armee. Das neue Schlußkapitel besteht aus fiktiven Briefen der Jahre 1943 bis 1945 und ist ein Spiegel der politischen Erfahrungen Klaus Manns.

Der Begriff «Wendepunkt» ist in der deutschen Fassung stärker vom Persönlichen gelöst und auf die Epochenentwicklung bezogen. Die historische Situation 1945 wird als Chance zur Weichenstellung gedeutet; unter dem Datum des 28. September 1945 heißt es: «Das Bündnis zwischen Ost und West, zwischen Sozialismus und Demokratie, noch besteht es und könnte von Dauer sein. Aus der Waffenbrüderschaft, die den zwei großen Rivalen und Antagonisten – Russen und Angelsachsen – von Adolf Hitler aufgezwungen wurde, muß die Zusammenarbeit im Dienst des Friedens werden: und wir sind alle gerettet! Alle übrigen Probleme, auch das deutsche, wären relativ leicht zu lösen. Einigen sich die westlichen Alliierten mit der Sowjetunion, eine Weltordnung müßte zustande kommen oder würde sich fast von selbst ergeben, in deren Rahmen auch Deutschland, dies hochbegabte gefährlich-gefährdete Sorgenkind Europas, seinen Platz und seine Würde hätte. Die aufrichtige Verständigung zwischen Ost und West ist die *conditio sine qua non*: ohne sie geht es nicht.» (WP, S. 509) Das Kriegsende sei ein Wendepunkt: in Richtung auf eine geeinte Welt oder zum Abgrund.

**Klaus Mann, 1947**

**Das Erscheinen des «Wendepunkts» erlebte Klaus Mann nicht mehr: Erst 1952 kam das Buch im S. Fischer Verlag heraus.**

**Unten: «Es gibt so ein Tier!» Mit dieser Karikatur illustrierte die Zeitung «The Rome Daily American» im Juni 1946 eine Reportage Klaus Manns über das Leben hinter dem sogenannten Eisernen Vorhang.**

**"There is such an animal!"**
Vicky in the London Daily News Chronicle

Trauernde Menschen in Prag

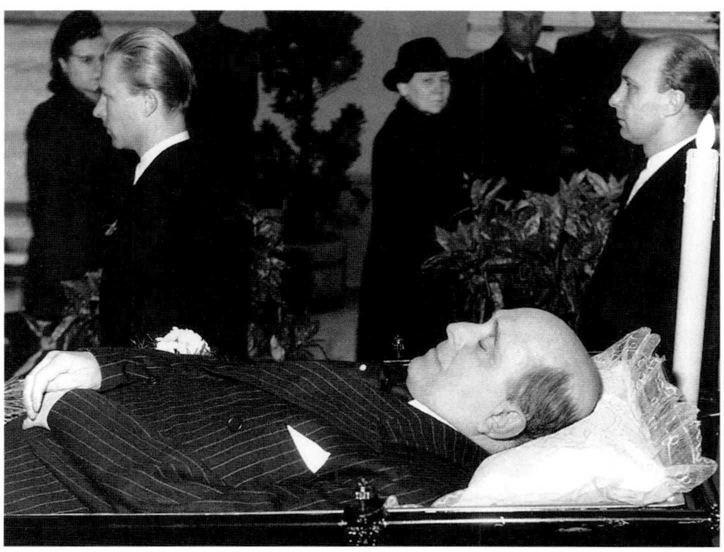

März 1948: der aufgebahrte Jan Masaryk im Hradschin

Doch die Hoffnungen der ersten Nachkriegsmonate hatten sich nicht erfüllt. In der weltpolitischen Realität waren die Weichen längst anders gestellt: der Kalte Krieg brachte Ost und West in scharfe Konfrontation. Klaus Mann, sein Leben lang auf Ausgleich und Vermittlung bedacht, stand auch jetzt zwischen den Fronten.

Am 7. März 1948 reiste er nach Prag. In einem Brief berichtete er, die Situation in der tschechoslowakischen Metropole sei «etwas bedrückend, aber doch viel weniger katastrophal, als es sich in unserer kriegshetzerischen Gazetten ausnimmt» (BuA, S. 583). Am 10. März, während Klaus Mann in Prag weilte, beging der Außenminister Jan Masaryk Selbstmord. Er hatte als Parteiloser in einer von den Kommunisten beherrschten Regierung mitgewirkt. Klaus Mann verwahrte sich gegen im Westen verbreitete Gerüchte, die Kommunisten hätten Jan Masaryk (den Sohn des Republikgründers Tomáš Masaryk) ermordet. Zugleich konnte er den Konflikt, vor den sich der Tschechoslowake gestellt sah, zutiefst nachvollziehen. In einem Artikel beschrieb Klaus Mann «Die Tragödie Jan Masaryk»: «Er liebte das Volk und er liebte die Demokratie, aber die neue ‹Volksdemokratie› war nicht seine Sache. Hätte er sich von ihr lossagen, sie bekämpfen sollen […]? Sollte er im Kampf zwischen Ost und West Partei nehmen, gegen den Osten, zu dem doch sein Land mit einem essentellen Teil seines Wesens, seiner Tradition gehört? Sollte er für das Kapital optieren, gegen den Sozialismus? Aber indem er diesem die Treue hielt, opferte er, was ihm am teuersten war: die Freiheit … Es gibt Probleme, hat ein weiser Mann gesagt, über denen nur der nicht den Verstand verliert, der keinen hat.» (Posten, S. 475)

# Euphemismen

**Klaus Mann beim Rundfunkinterview in Berlin, Mai 1948**

**Klaus Mann** reiste von Prag aus weiter durch Europa: Wien, Salzburg, München, Frankfurt, Amsterdam hießen die nächsten Stationen, wie er im Tagebuch festhielt. Am 3. Mai 1948 flog er via Frankfurt nach Berlin, wo er zehn Tage blieb. Er hielt Vorträge über das Thema «American Literature» (im Amerika-Haus) und über André Gide (im Hebbel-Theater), besuchte Theater- und Kabarettvorstellungen, sprach mit Schriftstellerkollegen.

Zeitungs- und Rundfunkreporter befragten ihn nach seinen Eindrücken. «Der Sohn Thomas Manns», notierte eine Korrespondentin ungeniert, «ist 41 Jahre alt und sieht müde aus.» (Kroll 1996, S. 387) Einen Tag vor seinem Abflug gab Klaus Mann ein kurzes Rundfunkinterview, von dem eine Tonaufzeichnung im Deutschen Rundfunkarchiv dokumentiert ist. Es handelt sich um eine der ganz wenigen erhalten gebliebenen Aufnahmen von Klaus Manns Stimme. Er spricht schnell, ein wenig gehetzt, mit leicht nasalem Tonfall, und urteilt präzise und entschieden über die Situation in der geteilten ehemaligen Reichshauptstadt. Nachfolgend wird der vollständige Text des Interviews zum ersten Mal in gedruckter Form veröffentlicht. (Die in einigen Publikationen vertretene Auffassung, der Interviewer sei Friedrich Luft gewesen, hat sich nicht verifizieren lassen.)

*Interviewer:* Klaus Mann ist wieder in Berlin, und wir sitzen uns in einem kleinen Zimmerchen in einem Hotel in Zehlendorf-Mitte gegenüber; und ich freue mich sehr, Herr Mann, daß ich wieder Gelegenheit habe [unverständlich], zuletzt, das war wohl 1946, als wir uns in Berlin – bei Becher war es wohl? – …

*Klaus Mann:* Bei Johannes R. Becher!

*Interviewer:* … bei Johannes R. Becher sprachen. Die Jahreszeit war auch dieselbe, es war Frühling, also ist für mich die Frage berechtigt: Finden Sie Berlin nun verändert oder nicht?

*Klaus Mann:* Der Frühling ist immer schön, und der Flieder ist immer schön, Berlin präsentiert sich jetzt wieder von seiner besten Seite. Es hat sich natürlich ein wenig verändert, man sieht neue Läden, man sieht ein bißchen, daß die Ruinen aufgeräumt sind; man hätte gewünscht, daß der Wiederaufbau etwas schnellere Fortschritte gemacht hätte – es ist ja noch nicht sehr viel zu bemerken –, aber kleine Verbesserungen sind doch da, und man freut sich daran.

*Interviewer:* Sind Sie überhaupt schon in einem Berliner Theater gewesen?

*Klaus Mann:* Doch, doch, ich habe Mehreres gesehen, ja, das war natürlich mein Hauptinteresse. Ich habe das Stück von Borchert gesehen, «Draußen vor der Tür», und ich habe das «Ulenspiegel»-Cabaret gesehen, mit besonderem Vergnügen, das finde ich sehr interessant –

*Interviewer:* Das hat Ihnen Spaß gemacht?

*Klaus Mann:* Ja, das finde ich sehr interessant, auch politisch sehr interessant, sehr gut ausgewogen polemisch und sehr geistvoll – dieser Neumann ist wirklich ein Talent, und auch schauspielerisch ist es gut.

*Interviewer:* Und, Herr Mann, haben Sie etwas von der Berliner Atmosphäre, von der politischen Atmosphäre schon mitbekommen? Das muß ja auf Sie eigentlich eingestürmt sein! Wir haben hier das Gefühl, in einer immerhin etwas gespannten Situation zu leben – wie ist es Ihnen ergangen?

*Klaus Mann:* Gespannte Situation ist noch ein euphemistischer Ausdruck! Das spürt man natürlich sofort; die gespannte Situation ist natürlich in ganz Europa, aber nirgends so stark zu spüren wie in Berlin. Ich komme jetzt zum Beispiel aus Wien – und sogar dort empfinde ich die Spannungen und die Gegensätze weniger dramatisch als in Berlin. In Berlin ist natürlich der Ost-West-Gegensatz ganz besonders stark spürbar, er geht ja bis in die kulturellen, intellektuellen und literarischen Kreise, was ich aus vielen Gründen natürlich sehr, sehr bedaure. Ich kann mir kaum vorstellen, daß eine wirkliche Verbesserung der Verhältnisse hier in Berlin oder überhaupt in Deutschland möglich ist, ehe dieser Ost-West-Gegensatz in irgendeiner Form geregelt sein wird und behoben sein wird.

*Interviewer:* Nun sind Sie ja durch ganz Deutschland schon gefahren. Sind Sie auch der Meinung, daß Berlin in dieser Beziehung ein entscheidender Punkt ist?

*Klaus Mann:* Ein absolut vitaler Punkt! Es ist einerseits die anregendste und andererseits die gefährdetste Stadt. Es ist der Ort, wo der Gegensatz sich am dramatischsten zuspitzt, aber es ist auch, finde ich, der lebendigste Ort in Deutschland – das hat natürlich diese zwei Seiten.

*Interviewer:* Um nun von Ihnen noch etwas zu erfahren – Sie arbeiten an einem Buch, wurde mir erzählt?

*Klaus Mann:* Ich arbeite jetzt gerade an der deutschen Fassung einer Autobiographie, die ich erst englisch geschrieben habe, «The Turning Point», «Der Wendepunkt», die ich jetzt auf deutsch fertigstelle; und sowie ich mit dieser deutschen Version fertig bin will ich einen neuen Roman anfangen, der sogar wahrscheinlich teilweise in Berlin spielen wird und in dem ich eben diesen Ost-West-Gegensatz erzählerisch behandeln will.

*Interviewer:* Und in dem Sie auch Ihre persönlichsten Eindrücke verwerten werden?

*Klaus Mann:* In einer indirekten Form, ja, es wird kein autobiographischer Roman, aber in dem ich natürlich meine Eindrücke hier verwerten will, ja.

*Interviewer:* Wie lange werden Sie noch in Berlin sein?

*Klaus Mann:* Leider nur ganz kurz. Ich fahre morgen weg – ich fahre morgen nach Amerika zurück.

*Interviewer:* Und werden wir zwei Jahre wieder warten müssen, bis Sie wiederkommen?

*Klaus Mann:* Ich hoffe nicht, nein, nein – ein Jahr!

# La difficulté d'être

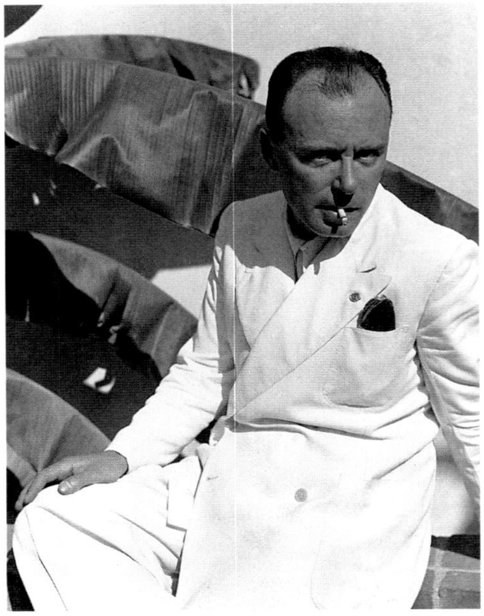

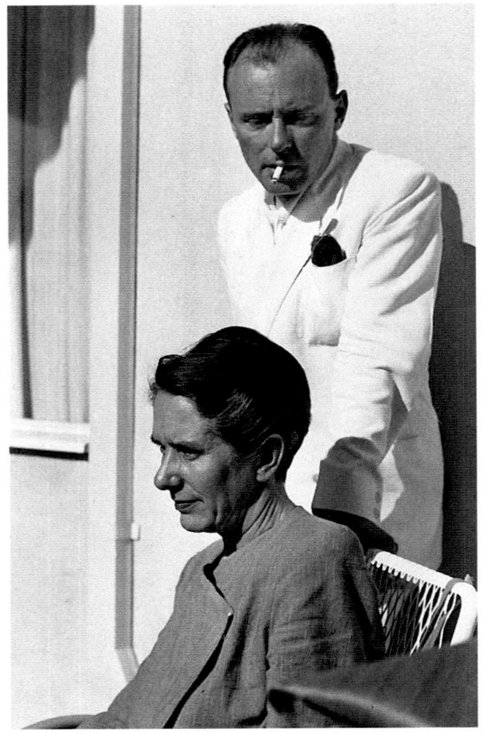

Klaus und Erika Mann in Kalifornien, vermutlich 1948. Fotos: Florence Homolka

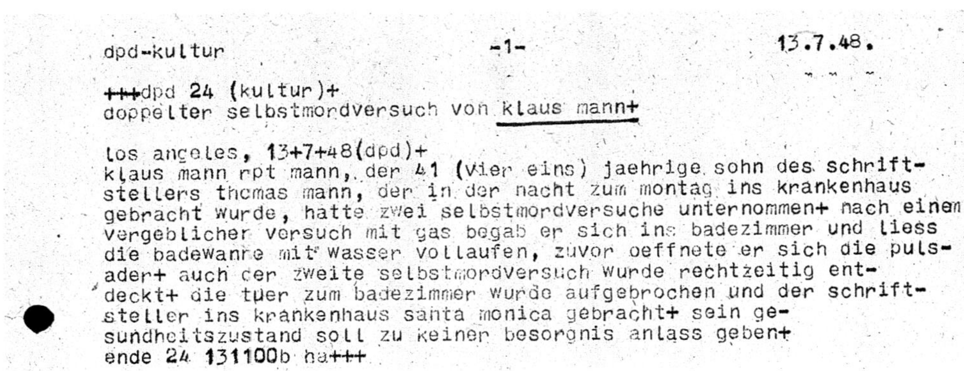

dpd-kultur -1- 13.7.48.

+++dpd 24 (kultur)+
doppelter selbstmordversuch von klaus mann+

los angeles, 13+7+48(dpd)+
klaus mann rpt mann, der 41 (vier eins) jaehrige sohn des schrift-
stellers thomas mann, der in der nacht zum montag ins krankenhaus
gebracht wurde, hatte zwei selbstmordversuche unternommen+ nach einem
vergeblicher versuch mit gas begab er sich ins badezimmer und liess
die badewanne mit wasser vollaufen, zuvor oeffnete er sich die puls-
ader+ auch der zweite selbstmordversuch wurde rechtzeitig ent-
deckt+ die tuer zum badezimmer wurde aufgebrochen und der schrift-
steller ins krankenhaus santa monica gebracht+ sein ge-
sundheitszustand soll zu keiner besorgnis anlass geben+
ende 24 131100b ha+++

Pressemeldung über Klaus Manns Suizidversuch

**Mitte Mai 1948** war Klaus Mann zurück in den USA. Die weltpolitischen Spannungen nahmen zu, und Jan Masaryks Dilemma war auch das Klaus Manns: den kapitalistischen Westen nicht als geistige Heimat akzeptieren zu können, in den neu entstehenden sozialistischen Gesellschaften dagegen den liberalen Freiheitsanspruch nicht ausreichend realisiert zu finden. Für Klaus Mann nahmen politische wie auch private Enttäuschungen überhand – er wurde der Depressionen nicht mehr Herr. Am 11. Juli 1948 machte er in Kalifornien einen Selbstmordversuch, der jedoch mißlang.

Die Nachricht ging weltweit durch die Presse, und von vielen Seiten kamen Zeichen der Freundschaft. «Wir alle haben Sie gern, und Sie haben es oft auf sich genommen, eine Generation zu repräsentieren, und so einfach Bankrott anzusagen, das können wir Ihnen nicht erlauben, Klaus», schrieb ihm Vicki Baum (16. Juli 1948, Original im KMA). Einigen Freunden nannte er Gründe für sein Handeln: seine Angst vor einem neuen Krieg; die eigenen Schreibprobleme; Mißlichkeiten des Alltags. In einem Brief bekannte er: «Eine Müdigkeit? Ja, darum dürfte es sich wohl gehandelt haben. ‹La difficulté d'être› lastet auf mir, jede Stunde, jeden Augenblick – ich finde es oft fast untragbar, beinah unausstehlich. Die Versuchung, sich dieser ungeheuren Bürde zu entledigen, ist immer da. In einem Moment der Schwäche, der Müdigkeit erliegt man ihr wohl einmal.» (Brief an Pavel Eisner, 12. August 1948, KMA)

Klaus sei in den Nachkriegsjahren persönlich einsamer geworden, berichtet der Bruder Golo (BuA, S. 655f.). Selbst die Schwester Erika entfernte sich spürbar, da sie sich zunehmend darauf konzentrierte, den Vater und dessen Werk zu betreuen.

Im August 1948 flog Klaus Mann nach Amsterdam. Fritz Landshoff verschaffte ihm für einige Wochen Arbeit im Querido Verlag, der inzwischen nicht mehr an der Keizersgracht residierte – Singel 262 lautete nun die Adresse. Klaus Mann schrieb Klappentexte, unter anderem für Bücher von Martin Gumpert und Leonhard Frank; er lektorierte Manuskripte; und parallel dazu arbeitete er weiter an der deutschen Fassung seiner Autobiographie.

Ende Oktober 1948 traf ihn ein neuer Schlag: Das Münchner Blatt «Echo der Woche» diffamierte in einem Leitartikel Erika Mann als «kommunistische Agentin», der Bruder Klaus sei «auch so ein ‹volksdemokratisch› beeinflußter Tausendsassa» – beide wurden beschimpft als «Salonbolschewisten» und «‹Fünfte Kolonne› des Kreml». Die Behauptungen des Journalisten Harry Wilde waren absurd, aber politisch gefährlich, denn in den USA – zu deren Bürgern Klaus Mann zählte – waren die Kalten Krieger auf Kommunistenjagd: Der sogenannte Ausschuß zur Untersuchung unamerikanischer Aktivitäten unter Joseph McCarthy trieb dort sein Unwesen. Klaus und Erika Mann verteidigten sich in einem Artikel im New Yorker «Aufbau», aber die gezielte Verleumdung verletzte die Geschwister sehr. Ihre Verbitterung nahm zu.

NEUE BÜCHER

AUS DEM

QUERIDO VERLAG

AMSTERDAM

1948–1949

*Mit vollständigem Verlagsverzeichnis*

*Im Frühjahr 1949 erscheint:*

*Heinrich Mann*

DER ATEM

ROMAN

Heinrich Mann fügt dem gewaltigen Zyklus seiner Romane ein neues Werk hinzu, in dem wie in seinen schönsten Schöpfungen die unerbittliche Schärfe des alles registrierenden Beobachters mit der Farbenglut des großen Malers zusammengeht. Mit einer an Goya erinnernden Potenz im Visionären und einer an den großen Franzosen geschulten Meisterschaft der Seelenkunde entwirft er das Porträt einer sterbenden Frau und deren seltsamen Abschied von einem Leben, dessen ganzen Reichtum er im Reflex des Niedergangs an uns vorbeiziehen läßt.

*In Vorbereitung:*

*Klaus Mann*

DER WENDEPUNKT

AUTOBIOGRAPHIE

Unersättliche Neugier gegenüber allem, was draußen ist — die Ferne lockt und das Nahe will ergründet sein —, aber auch der forschende, vor Konventionen nicht anhaltende Blick ins eigene Dunkel verleihen diesen Erinnerungen eine exemplarische Bedeutung, die weit über die private Sphäre hinausreicht. Klaus Mann, von frühester Jugend an ein Weltenbummler, kehrt immer wieder mit seiner bangenden Liebe nach Europa zurück. Es ist die Heimat seiner Träume, und seine Sorge gilt der Unverlierbarkeit des abendländischen Geistes in allen seinen Erscheinungsformen. Ein Stück europäischer Kultur der letzten Jahrzehnte hat in diesem Buch einen sehr persönlichen Ausdruck gefunden.

7

Prospekt des Querido Verlags, mit der Ankündigung von Klaus Manns Autobiographie «Der Wendepunkt». Das Buch erschien aber erst 1952 im S. Fischer Verlag.

MÜNCHEN, 22. OKTOBER 1948 | 2. JAHRGANG / NUMMER 63

Deutscher Journalismus 1948 –!
Diese Gemeinheit zu Ihrer Information.

**Harry Wilde:**

# Vor einem neuen Novemberputsch?

## Erika Mann als kommunistische Agentin — Stalins 5. Kolonne am Werk

Lüge! Ihr erinnert Euch. WAS ich sage!

*„Wie kann Amerika Deutsche retten, die sich zur Demokratie bekennen, wenn wir nicht einmal von irgendeiner Gruppe von Deutschen wissen, daß sie das tatsächlich tut? Ich glaube, es gibt gegenwärtig nicht genug Demokraten in Berlin, die eines Kampfes wert sind."*

Diese Worte von Erika Mann, der Tochter jenes Thomas Mann, der einmal als deutscher Schriftsteller den Nobelpreis erhielt, verdienten keine Erwähnung, wenn sie nicht schlaglichtartig den Grad der kommunistischen Zersetzung in den demokratischen Staaten aufzeigten. Daß Erika Mann im Effekt nichts an-

Im „kalten Krieg" gegen die Demokratie haben es die Sowjets verstanden, bis in die Vorzimmer wichtigster Persönlichkeiten ihre Agenten zu plazieren. Und in diesem „kalten Krieg" kommt es, wie in jedem Krieg, noch nicht einmal so sehr darauf an, welche Absichten für den Erlaß einer bestimmten Verordnung sprechen, sondern welche Wirkungen damit erzielt werden. Nicht zum wenigsten waren wir deshalb Gegner des Morgenthau-Planes, weil die Auswirkungen nur den Kommunisten zugute kommen konnten! Dasselbe gilt für die Demontagen, für die Gebietsabtretungen im Westen und Norden Deutschlands, deren Bedeutung für die Siegermächte gleich

— wie die Geschichte lehrt — durch Konzessionen an Diktaturen gerettet. Nur eines wäre damit erreicht:

**Nach den psychologischen Mißerfolgen und Fehlgriffen der letzten Monate würde die Preisgabe Berlins ohne Garantien und ohne Gegenleistung den Bankrott des demokratischen Gedankens in Deutschland und Europa bedeuten.**

Und genau das ist das Ziel der Sowjets und ihrer Propaganda-„Männer" in den demokratischen Ländern!

Als die polnische Krise begann, setzte Hitlers 5. Kolonne das Schlagwort in die Welt: „Mourir pour Dantzig?" ... Sterben für Danzig?"

«Echo der Woche», 22. Oktober 1948, mit wütenden Randbemerkungen von Erika Mann

# Klaus Mann macht Männchen / Erikas Bruder droht mit Klage und schickt eine „Erklärung"

Das „Echo der Woche" griff in Nr. 63/22. Oktober 1948 im Leitartikel Erika und Klaus Mann an und schrieb wörtlich:

**„Daß Erika Mann im Effekt nichts anderes als eine kommunistische Agentin ist, mußte auch dem Einfältigsten nach ihren Artikeln das „neue" Polen klar werden . . .**

**Ihr Bruder Klaus, auch so ein „volksdemokratisch" beeinflußter Tausendsassa, war vor einigen Monaten in Berlin — als Gast der kommunistischen Schriftsteller. Vorher war er Gast der kommunistischen tschechischen Regierung, just zu dem Zeitpunkt der Ermordung Jan Masaryks . . ."**

Anlaß zu diesen — ich gebe es zu: scharf formulierten Sätzen gab ein Interview von Erika, in dem sie behauptete:

**„Ich glaube, es gibt gegenwärtig nicht genug Demokraten in Berlin, die eines Kampfes wert sind."**

Klaus Mann schickte mir nun durch einen Amsterdamer Rechtsanwalt eine „Erklärung" zu, die nachstehend zum Abdruck kommt, obwohl sie keinesfalls den gesetzlichen Vorschriften entspricht. Doch soll unseren Lesern dieses Dokument Mannscher Arroganz nicht vorenthalten bleiben:

**Der Leitartikel von Harry Wilde „Vor einem neuen Novemberputsch" enthält unwahre und beleidigende Behauptungen über meine Schwester Erika und mich. Es ist nicht meine Absicht, mich auf eine Polemik mit Wilde einzulassen. In einem so krassen Fall gibt es keine publizistische Auseinandersetzung. Wilde wird an anderer Stelle zur Rechenschaft gezogen werden.**

**Indessen halte ich es doch für angebracht, von seinen zahlreichen Fälschungen gleich jetzt wenigstens eine richtig zu stellen, die geeignet scheint,**

**amerikanische Literatur, den zweiten, am 10. Mai, im Hebbeltheater, über André Gide — ein Autor, der sich bekanntlich bei den Kommunisten nicht großer Beliebtheit erfreut. Beide Veranstaltungen wurden in der deutschen Presse auch außerhalb Berlins ausführlich besprochen. Wilde wird also kaum Unwissenheit vorschützen können. Er hat bewußt gelogen, und nicht nur, was meinen Besuch in Berlin betrifft!**

**gez. Klaus Mann**

**Amsterdam, den 27. X. 1948**

Nun, es ist ein alter Trick, etwas zu widerrufen, was für die Beweisführung unerheblich ist. Wesentlich in meinem Artikel war der Satz:

**„Daß Erika im Effekt nichts anderes als eine kommunistische Agentin ist . . ."**

Meine Behauptung, Klaus sei Gast der kommunistischen Schriftsteller in Berlin gewesen, gewann erst ihre Bedeutung durch meine Annahme, daß er es gewesen sei, der seine Schwester informiert hat. Das bestreitet Klaus jedoch nicht, wie er auch nicht bestreitet, Gast der tschechischen Regierung gewesen zu sein. Ich könnte heute weiteres Material beibringen und sagen, welches Ministerium ihn eingeladen hat und wer die Flugzeugkarte Zürich-Prag bezahlte! Doch das soll erst im Prozeß zur Sprache gebracht werden.

Immerhin möchte ich Klaus Mann fragen, ob er im Mai in Berlin nicht doch einmal Gast kommunistischer Schriftsteller gewesen ist. Wohlgemerkt, ich behaupte es nicht, ich frage vorläufig nur!

Grotesk ist es geradezu, wenn Klaus nun Männchen macht und glaubt, sich schützend vor die Amerikanische Militärregierung stellen

In einem Punkte scheine ich mi
tatsächlich geirrt zu haben. Ich hatt
tet, Erika sei nicht in Berlin gew
den unzähligen Zuschriften, die mir i
zugingen, will ich nur eine herausg
einen Artikel des Berliner „Montags-
20. September 1948 wiedergibt:

**„ . . . nun, Erika ist bekanntlich vo**
**Kindheit an das enfant terrible der Fa**
**gewesen, dem, wie das leider bei Di**
**häufig der Fall ist, von Anfang an die**
**sten Sinne des Wortes — leitende Hand**
**lichen Erziehers gefehlt hat. Nur so ist i**
**Pubertät datierender snobistischer Kultu**
**mus erklärlich, aus dem sie dann mang**
**Fähigkeiten eine schriftstellerische Ein**
**gemacht hat. Bei der sie es im übrig**
**Wahrheit nicht allzu ernst zu nehmen**
**sonst hätte sie in ihrer Unterhaltung mi**
**rikanischen General erwähnen müssen,**
**diesbezüglichen Berliner Eindrücke — a**
**bei der Prominenz der Berliner SEP ges**
**Und insofern hat sie Recht: bei einem na**
**liegenden Rittergut, in das sich Familie**
**wohl und Fechner teilen, bei den 20-Z**
**mit zentralgeheizten Wintergärten, bei**
**erster Güte und der die schußfertige Pi**
**Tasche tragenden Leibwache des Einheitsva**
**man weder Lebensmittel noch Schutz aus**

Ich hatte zu wenig behauptet!
Mann Gast von Pieck und Grotewoh
ist — eine Tatsache, die mir bis d
kannt war — ist eine bessere Erklär
Haltung von Erika Mann, als ich sie
Klaus Mann beabsichtigt, im De
Deutschland Vorträge zu halten. Vie
antwortet er bis dahin, wie er zu d

«Echo der Woche», Ausgabe vom 12. November 1948

# Das letzte Jahr

8. Februar 1949: Klaus Mann als Trauzeuge bei der Hochzeit der Jugendfreundin Lotte Walter mit Karl Ludwig Lindt. Links mit erhobenem Glas der Vater der Braut

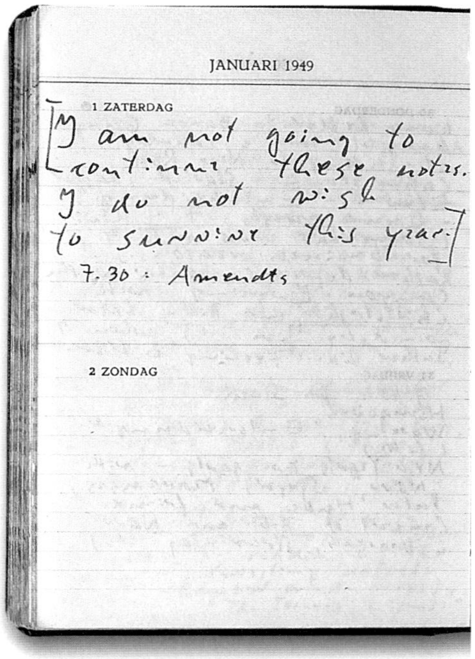

JANUARI 1949

1 ZATERDAG

[I am not going to continue these notes. I do not wish to survive this year.]

7.30: Amendts

2 ZONDAG

**Klaus Manns Tagebuch** des Jahres 1949 beginnt mit dem Eintrag: «Ich werde diese Notizen nicht weiterführen. Ich wünsche nicht, dieses Jahr zu überleben.» Die dann doch fortgeführten Aufzeichnungen spiegeln – so fragmentarisch sie sind – zunächst eine wenig veränderte Lebensweise: Verabredungen; Konzertbesuche; Korrespondenz; Arbeit am Schreibtisch.

Die ersten Monate des Jahres verbringt Klaus Mann in Pacific Palisades. Am 8. Februar ist er Trauzeuge bei der Hochzeit der Jugendfreundin Lotte Walter. Fünf Tage später notiert er: «‹Der Wendepunkt› zu Ende geschrieben.» Veröffentlicht wird die deutsche Fassung seiner Autobiographie jedoch erst im Jahre 1952 – der Autor erlebt dieses Ereignis nicht mehr.

Am 20. März fliegt Klaus Mann an die Ostküste nach New York, drei Tage später besteigt er das Flugzeug nach Europa. Amsterdam und Paris heißen die ersten Stationen. In der französischen Hauptstadt sieht er Leonor Fini wieder, trifft Mopsa Sternheim und lernt einen jungen schwarzen Autor kennen: James Baldwin. Am 2. April reist Klaus Mann mit dem Zug weiter nach Marseille. Am 4. April kommt er in Cannes an.

Zunächst hält er sich einige Tage in Cagnes-sur-mer auf. Am 10. April bezieht er in Cannes ein Zimmer in der Pension «Pavillon Madrid». Er versucht zu arbeiten; verbringt manchen Abend im Spielcasino. Häufig trifft er sich mit Doris von Schönthan, einer alten Freundin aus den frühen dreißiger Jahren, und ihrem Mann Bruno von Salomon. Eine anhaltende Regenperiode verdüstert die Stimmung.

Doris von Schönthan.
Dieses einzige bekannte
Foto von ihr stammt aus
dem Jahr 1927.

Cannes

Links: Der «Pavillon Madrid»

Unten: Bewirtungsbeleg des «Pavillon Madrid» für Klaus Mann

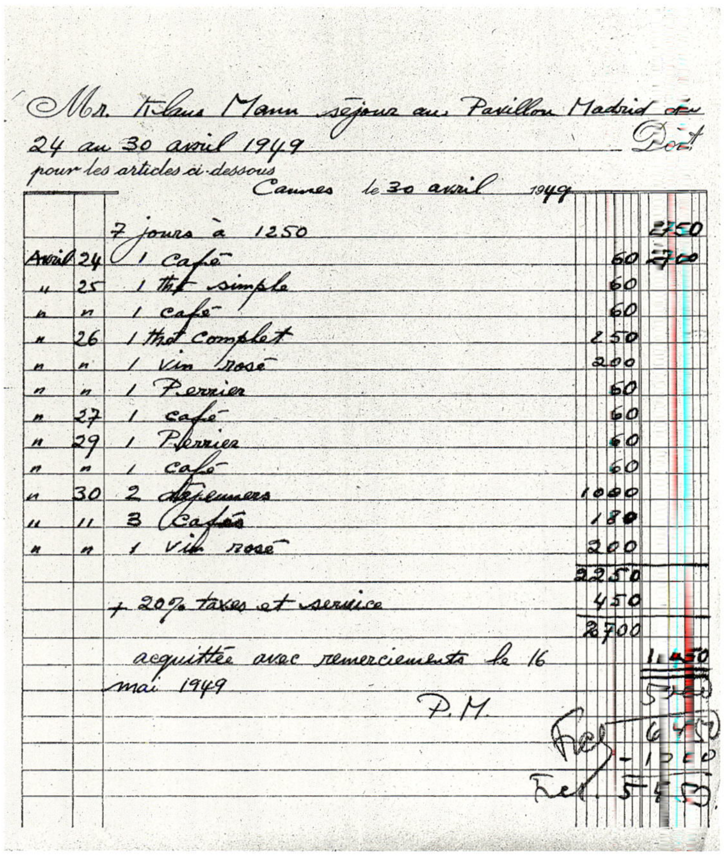

Mr. Klaus Mann séjour au Pavillon Madrid du
24 au 30 avril 1949 Doit
pour les articles ci-dessous
Cannes le 30 avril 1949

| | | | | |
|---|---|---|---|---|
| | | 7 jours à 1250 | | 8750 |
| Avril | 24 | 1 café | 60 | 2700 |
| " | 25 | 1 thé simple | 60 | |
| " | " | 1 café | 60 | |
| " | 26 | 1 thé complet | 250 | |
| " | " | 1 vin rosé | 200 | |
| " | " | 1 Perrier | 60 | |
| " | 27 | 1 café | 60 | |
| " | 29 | 1 Perrier | 60 | |
| " | " | 1 café | 60 | |
| " | 30 | 2 déjeuners | 1000 | |
| " | " | 3 cafés | 180 | |
| " | " | 1 vin rosé | 200 | |
| | | | 2250 | |
| | | + 20% taxes et service | 450 | |
| | | | 2700 | |
| | | acquittée avec remerciements le 16 mai 1949 | | 11450 |
| | | | | 5000 |
| | | P.M. | Rel. | 6450 |
| | | | | - 1000 |
| | | | Rel. | 5450 |

# Wer sein Leben verliert ...

In Cannes, 2. Mai 1949. Die Fotos des Studios Francesca (siehe auch S. 296) sind vermutlich die letzten Aufnahmen Klaus Manns.

Die Clinique St. Luc in Nizza

**Am 4. Mai 1949** fährt Klaus Mann mit Doris von Schönthan nach Nizza, um einen Arzt aufzusuchen. Die Drogensucht erschwert ihm zunehmend das Arbeiten. Doktor Bougeant rät dringend zu einer Entgiftungskur. Klaus Mann willigt ein und begibt sich schon am folgenden Tag in die Clinique St. Luc. Im Tagebuch notiert er lakonisch: «Beginn der Kur: ‹désintoxication›.» (Tb 6, S. 216) Zehn Tage bleibt er in der Klinik; am 15. Mai kehrt er nach Cannes in den «Pavillon Madrid» zurück.
Noch am selben Tag schreibt er einen launigen Brief an Erika und Katia Mann. Mit dem verspielten Charme, der für seine Korrespondenz so typisch ist, fragt er, ob denn nicht Thomas Mann sich zum Präsidenten des westdeutschen Staates ernennen lassen könne (dessen Gründung unmittelbar bevorsteht), und malt die Phantasie genüßlich aus: «Das Dichterschicksal würde sich bedeutend runden, es wäre ein fette Pointe für die Biographen da. Und die Deutschen könnten sich ins Fäustchen lachen. Wer stünde ihnen sonst zur Verfügung? Dieser Präsident wäre in *beiden* Zonen akzeptabel und angesehen; er gehört zum Westen, wird aber vom Osten höflich anerkannt. Und was für eine schöne Familienpolitik wir machen könnten! Major Hindenburg und Papen sind nichts dagegen. Ich würde dafür sorgen, daß nur Schwule gute Stellungen kriegen; der Verkauf des heilsamen Morphiums wird freigegeben; E[rika] amtiert als graue Eminenz in Godesberg, während der Vater in Bonn mit dem russischen Gesandten Rheinwein schlürft ...» (BuA, S. 619) Doch heitere Formulierungen wie diese Briefpassage habe sein Bruder zuletzt fast nur noch unter dem Einfluß von Drogen zustande gebracht, vermutet Golo Mann (BuA, S. 660).

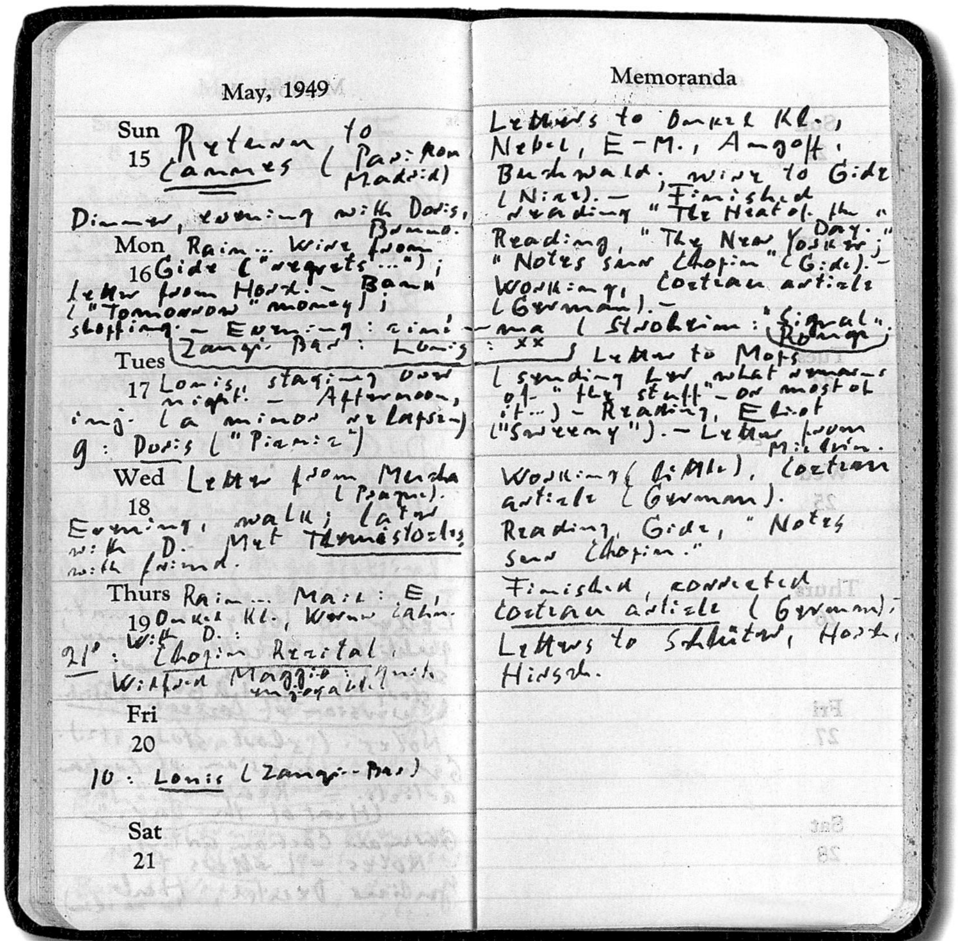
May, 1949

Sun 15 Return to Cannes (Paris – Rom – Madrid)
Dinner, evening with Doris, Bruno.
Mon 16 Rain... Wire from Gide ("regrets..."); letter from Horst – Bank ("Tomorrow" money); shopping. – Evening: cinema (Stroheim: "Signal Rouge"). Zanzi-Bar: Louis: xx
Tues 17 Louis, staying over night. – Afternoon, ...ing: (a minor relapse) 9: Doris ("Pianist")
Wed 18 Letter from Mercha (Prague). Evening: walk; later with D. Met Themistocles with friend.
Thurs 19 Rain... Mail: E, Onkel Kl., Werner Lahm. With D.: 21': Chopin Recital. Wilfrid Maggie ...
Fri 20 10: Louis (Zanzi-Bar)
Sat 21

Memoranda

Letters to Onkel Kl., Nebel, E-M., Angoff, Buchwald; wire to Gide (Nice). – Finished reading "The Heat of the Day." Reading, "The New Yorker"; "Notes sur Chopin" (Gide). – Working; Cocteau article (German). – Letter to Mops (sending her what remains of "the stuff" – or most of it...) – Reading, Eliot ("Sweeney"). – Letter from Mildred.
Working (little), Cocteau article (German). Reading, Gide, "Notes sur Chopin."
Finished, corrected Cocteau article (German); Letters to Schlüter, Horst, Hirsch.

Letzte Seite von Klaus Manns Tagebuch

Klaus Manns handschriftliche Notiz mit dem Bibelwort Lukas 9, 24

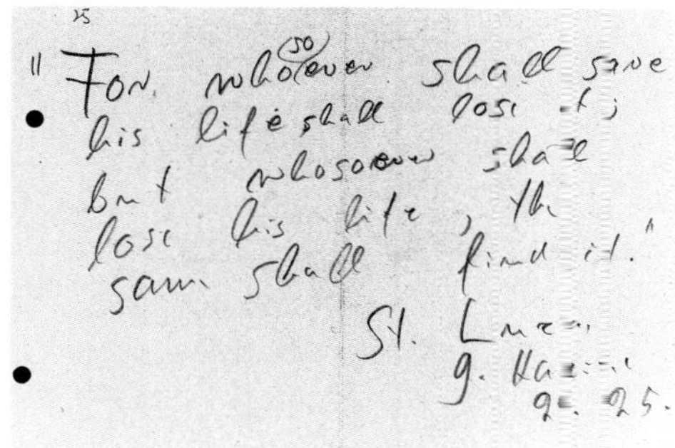
"For whosoever shall save his life shall lose it; but whosoever shall lose his life, the same shall find it."
St. Luke 9. ...
9. 25.

Bereits am 17. Mai ist im Tagebuch ein «kleiner Rückfall» in bezug auf die Drogen festgehalten. Klaus Mann ist bemüht, sich wieder auf das Schreiben zu konzentrieren, das ihm schon so oft über Krisen hinweggeholfen hat. «Ich versuche zu arbeiten», heißt es am 19. Mai in einem Brief (BuA, S. 623). «Ich versuche, mich auf meinen neuer Roman zu konzentrieren», teilt er Hermann Kesten am 20. Mai 1949 mit (BuA, S. 624). Auch an Katia und Erika Mann schickt er an diesem Tag einen Brief, berichtet von akuter Geldnot, von dem seit Tagen deprimierenden Regenwetter und fragt, ob man sich Ende Juni in Österreich treffen könne.
Am Abend dieses 20. Mai nimmt Klaus Mann in seinem Pensionszimmer eine Überdosis Schlaftabletten. Er wird am Mittag des folgenden Tages bewußtlos aufgefunden und in die Clinique Lutetia eingeliefert. Dort stirbt er, allen ärztlichen Bemühungen zum Trotz, am frühen Abend gegen 18 Uhr. Es ist der 21. Mai 1949.
Klaus Mann wird in Cannes begraben; auf seinem Grabstein steht als Inschrift ein Bibelwort, das er als Motto für sein letztes Romanprojekt «The Last Day» notiert hatte:
«Denn wer sein Leben erhalten will,
der wird es verlieren;
wer aber sein Leben verliert [...],
der wird's erhalten.»

Clinique Lutetia, Cannes

# Warum starb Klaus Mann?

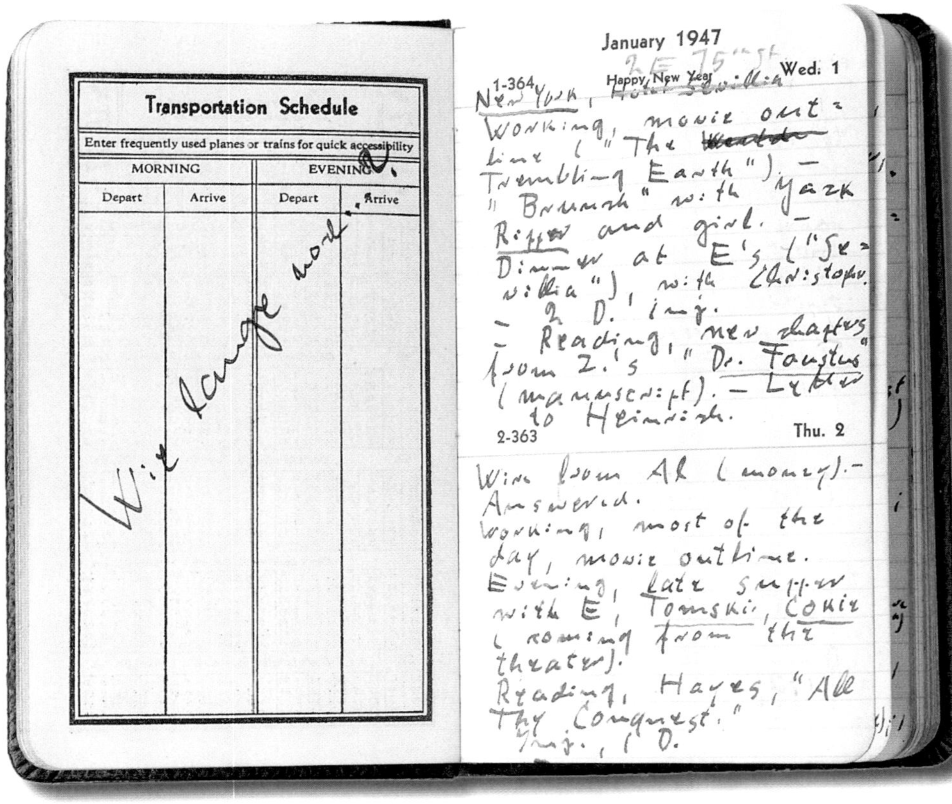


Der Anfang von Klaus Manns Tagebuch für das Jahr 1947

Der Grabstein auf dem Friedhof in Cannes

**Eine lange geplante** oder vorbereitete Handlung war sein Suizid nicht, wenn man den Dokumenten der letzten Lebenstage vertraut. In den Briefen, die Klaus Mann nach seinem Aufenthalt in der Clinique St. Luc schrieb, ist immer wieder von Reiseplänen und literarischen Projekten die Rede. Vor allem das Romanvorhaben «The Last Day», das er wenige Wochen vor seinem Tod zu realisieren begann, empfand er selber als «ziemlich wichtig» und «ganz aufregend», wie er seinem Tagebuch anvertraute (Tb 6, S. 212f.).

Eine Kurzschlußhandlung war der Freitod jedoch auch nicht. Für Klaus Mann hatte der Gedanke an das Sterben nichts Erschreckendes, im Gegenteil. Der Wunsch, im Tod Erlösung zu finden, hat sein Denken und Fühlen spätestens seit den frühen dreißiger Jahren beherrscht. Wohl wenige Schriftsteller des 20. Jahrhunderts haben in Essays und erzählerischen Werken so häufig und einfühlsam über Selbstmörder geschrieben wie er; und Klaus Manns Tagebuch ist ein beeindruckender Spiegel seiner eigenen Depressionen und anhaltenden Todessehnsucht. Daß er der Neigung zum Selbstmord nicht schon eher nachgab, war einerseits durch politische und literarische Aktivitäten begründet, andererseits durch ein Gefühl der Verpflichtung seiner Familie gegenüber – vor allem der Mutter und der Schwester Erika. Hinzu kam eine Art ethisch-religiöses Empfinden, an das irdische Leben durch einen höheren ‹Auftrag› gebunden zu sein.

Daß er im Alter von 42 Jahren schließlich den Freitod wählte, ist durch ein Zusammenspiel verschiedener Umstände und Ursachen zu erklären: den lange Zeit mühsam abgedrängten Todeswunsch, eine ganze Kette politischer und persönlicher Enttäuschungen seit 1945, dazu aktuelle äußere Anlässe. Das bedrückend schlechte Wetter; akute Geldnot und vielleicht fehlender «Stoff»; möglicherweise ein Liebhaber, der ihn versetzte – dies alles dürfte eine Rolle gespielt haben. Doch kein einzelnes Ereignis gab den Ausschlag, sondern die Summe vieler Faktoren; und am Ende genügte vermutlich ein eher nichtiger Anlaß, um die Todessehnsucht übermächtig werden zu lassen.

**Thomas und Katia Mann, August 1949**

Katia und Thomas Mann erfuhren vom Tod ihres Sohnes während einer Reise nach Skandinavien, die sie gemeinsam mit der Tochter Erika unternahmen. Nach eingehender Beratung entschloß man sich, die Vortragstournee nicht abzubrechen. Als Klaus Mann am 24. Mai zu Grabe getragen wurde, war von der Familie nur der jüngste Bruder Michael anwesend. Erika Mann reiste erst Mitte Juni nach Cannes, um den Friedhof aufzusuchen und einen Grabstein zu bestellen.

Thomas Mann hielt seine Empfindungen am 22. Mai 1949 im Tagebuch fest: «Bei Ankunft im Hotel schwerster Chock. Telegramm, daß Klaus in der Klinik von Cannes in verzweifeltem Zustand liege. Bald darauf Telephonat von seiner u. Erikas Freundin dort: Mitteilung seines Todes. Langes Beisammensein in bitterem Leid. Mein Mitleid innerlich mit dem Mutterherzen und mit E. Er hätte es ihnen nicht antun dürfen. Die Handlung offenbar von ihm selbst unerwartet geschehen, mit Schlafkapseln, die er aus einer New Yorker Drogerie bezog. Sein Aufenthalt in Paris verhängnisvoll (Morphium). Viel über ihn und den von langer Hand unwiderstehlich wirkenden Todeszwang. Das Kränkende, Unschöne, Grausame, Rücksichts- und Verantwortungslose. Beratung auch über unsere Reisezukunft, ob alles abzubrechen und direkte Heimkehr geboten. In völliger Erschöpfung gegen 2 zu Bette.» (Tagebücher 1949–1950, S. 57f.)

Erika Mann schrieb der einstigen Weggefährtin Pamela Wedekind, nachdem sie in Cannes gewesen war: «Es ist entsetzlich viel mit ihm dahingegangen – und nicht nur für mich und uns. Wüßte ich meinerseits nichts weiter über den Zustand unseres unseligen Planeten, als daß Klaus nicht mehr leben konnte, auf ihm, mir bangte erheblich. [...] Aber ich glaube, er ist so unschuldig gestorben, wie er gelebt hat. Diese Depressionen kamen über ihn und waren umnachtend, – so sehr, daß er, bei aller Umsicht in dem, was er tat, kaum wußte, daß er es tat und ‹warum›. Natürlich entstammten sie der tiefsten, der entscheidenden Schicht seines Wesens, so wie es nach allem, was ihm widerfahren, schließlich war. Und nämlich war sterben zu dürfen sein sehnlichster Wunsch. Da er aber wußte, daß er *nicht* ‹durfte›, hätte er, der so bemüht, so brav, so treu war, es nicht über sich gebracht, wäre er wirklich Herr seiner Sinne gewesen. Man hat in Cannes alles nach Abschiedsbriefen, nach irgendeinem ‹letzten Wort› abgesucht. Aber mir stand völlig fest, daß man *nichts*, – keinen Zettel, keinen Gruß, – *gar* nichts finden würde. Hätte er unser, – unserer Mutter und meiner auch nur *gedacht*, oder hätte er uns angeredet, er hätte es nicht vermocht.» (EM 1984, S. 260, 264)

Golo Mann, dem Klaus in seinen letzten Lebensjahren besonders nahegestanden hatte, bilanzierte 1975 in einem Essay die möglichen Gründe für den Freitod seines älteren Bruders: «Ein Reihe heterogener Ursachen, Kummer über Politik und Gesellschaft, Geldnot, Mangel an Echo, Drogenmißbrauch, addieren sich, aber summieren sich nicht zu dem Ganzen, welches hier der Tod war. Die Neigung zum Tod war in ihm gewesen von Anfang an, er hatte nie alt werden können oder wollen, er war am Ende; günstigere Bedingungen im Moment hätten sein Leben verlängert, jedoch nur um ein geringes Stück. Damit wird nichts erklärt; nur etwas festgestellt. Auch die These, er sei am Vater gescheitert, erklärt nichts. Gescheitert, nach einem kurzen, selten glücklichen, aber intensiven, auch schöpferischen Leben, ist diese Identität; welche bei einem anderen Vater allerdings eine andere gewesen wäre.» (Golo Mann, Erinnerungen an meinen Bruder Klaus, in: BuA, S. 660)

# «Die Heimsuchung des europäischen Geistes»

**Im Juni 1949** erschien in der amerikanischen Zeitschrift «Tomorrow» Klaus Manns Aufsatz «Europe's Search for a New Credo». Der umfangreiche Essay, den der Autor laut Tagebuch am 18. März 1949 fertiggestellt hatte, wurde nun zu einer Art Vermächtnisschrift. Der Text enthielt eine kritische Bilanz der «Gesamtkrise, die jetzt unsere Zivilisation in ihren Grundfesten erschüttert» (Posten, S. 527). Klaus Mann diagnostizierte eine Schlacht der Ideologien, die mit der weltweiten politischen Zerrissenheit einhergehe und die besten europäischen Köpfe in Bann halte. Er ging die wichtigsten Positionen der europäischen Intellektuellen durch – die von Marxisten wie Anna Seghers und Ilja Ehrenburg, von Ex-Kommunisten wie Arthur Koestler, Anhängern eines religiösen Mystizismus wie Alfred Döblin, Existentialisten wie Karl Jaspers und Jean-Paul Sartre.
Nichts davon fand er für sich akzeptabel, keine der gängigen Ideologien bot nach seiner Überzeugung einen Ausweg aus der globalen Krise.

*In Berlin erzählte die berühmte Schriftstellerin Anna Seghers, Verfasserin von «Das siebte Kreuz», mir ausführlich von ihrem jüngsten Besuch in der Sowjetunion. Wie herrlich es gewesen sei. Wie angenehm und anregend es sich lebe unter der wohlwollenden Aufsicht des Politbüros. Nein, Zensur gebe es nicht.* (Posten, S. 533)

*Unter den vielen hysterischen und schrillen Stimmen, die das heutige Europa durchgellen, sind die Stimmen gewisser Exradikaler und fanatischer Kommunistenfresser die mißtönendsten. [...] Sogar ein so klarer und urteilsfähiger Kopf wie Arthur Koestler hat viele seiner Bewunderer durch die besessene Maßlosigkeit seiner antikommunistischen Ausbrüche verwirrt und befremdet.* (Posten, S. 535)

*Der Existentialismus, wie die Sartre-Leute ihn lehren, ist schwer zu definieren, und zwar vor allem, weil dies bemerkenswert unsystematische philosophische System aus Widersprüchen und Unstimmigkeiten zu bestehen scheint. Ein willkürliches, wenn auch anregendes Gemisch von sich widerstreitenden Elementen, ist die Sartresche Lehre von französischen Akademikern als «une confusion des plus fâcheuses» abgetan worden.* (Posten, S. 538)

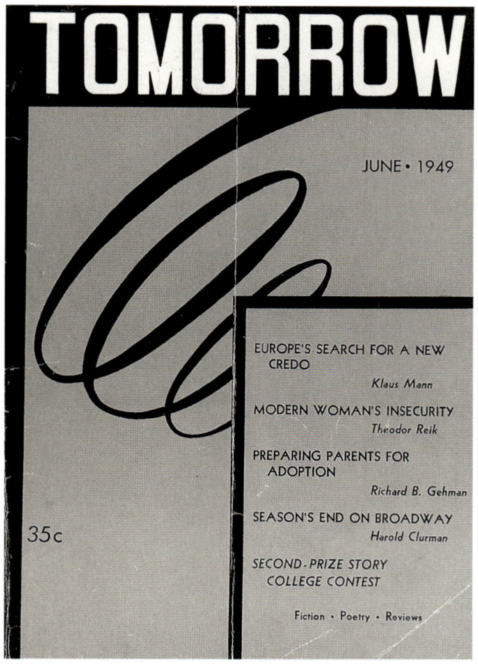


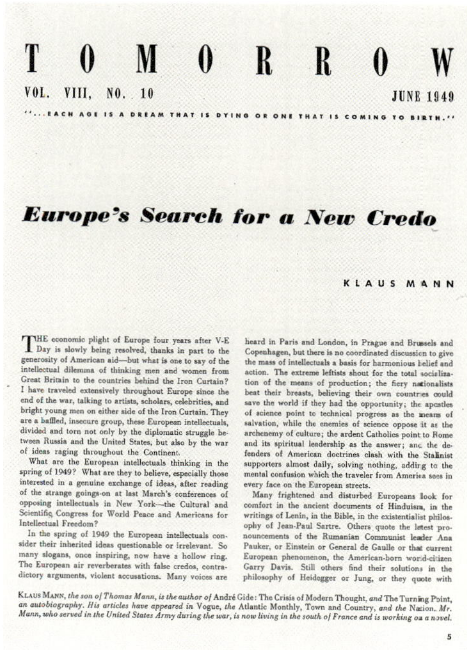

TOMORROW

VOL. VIII, NO. 10 — JUNE 1949

"... EACH AGE IS A DREAM THAT IS DYING OR ONE THAT IS COMING TO BIRTH."

**Europe's Search for a New Credo**

KLAUS MANN

THE economic plight of Europe four years after V-E Day is slowly being resolved, thanks in part to the generosity of American aid—but what is one to say of the intellectual dilemma of thinking men and women from Great Britain to the countries behind the Iron Curtain? I have traveled extensively throughout Europe since the end of the war, talking to artists, scholars, celebrities, and bright young men on either side of the Iron Curtain. They are a baffled, insecure group, these European intellectuals, divided and torn not only by the diplomatic struggle between Russia and the United States, but also by the war of ideas raging throughout the Continent.

What are the European intellectuals thinking in the spring of 1949? What are they to believe, especially those interested in a genuine exchange of ideas, after reading of the strange goings-on at last March's conferences of opposing intellectuals in New York—the Cultural and Scientific Congress for World Peace and Americans for Intellectual Freedom?

In the spring of 1949 the European intellectuals consider their inherited ideas questionable or irrelevant. So many slogans, once inspiring, now have a hollow ring. The European air reverberates with false credos, contradictory arguments, violent accusations. Many voices are heard in Paris and London, in Prague and Brussels and Copenhagen, but there is no coordinated discussion to give the mass of intellectuals a basis for harmonious belief and action. The extreme leftists shout for the total socialization of the means of production; the fiery nationalists beat their breasts, believing their own countries could save the world if they had the opportunity; the apostles of science point to technical progress as the means of salvation, while the enemies of science oppose it as the archenemy of culture; the ardent Catholics point to Rome and its spiritual leadership as the answer; and the defenders of American doctrines clash with the Stalinist supporters almost daily, solving nothing, adding to the mental confusion which the traveler from America sees in every face on the European streets.

Many frightened and disturbed Europeans look for comfort in the ancient documents of Hinduism, in the writings of Lenin, in the Bible, in the existentialist philosophy of Jean-Paul Sartre. Others quote the latest pronouncements of the Rumanian Communist leader Ana Pauker, or Einstein or General de Gaulle or that current European phenomenon, the American-born world-citizen Garry Davis. Still others find their solutions in the philosophy of Heidegger or Jung, or they quote with

KLAUS MANN, *the son of Thomas Mann, is the author of* André Gide: The Crisis of Modern Thought, *and* The Turning Point, *an autobiography. His articles have appeared in* Vogue, *the* Atlantic Monthly, Town and Country, *and the* Nation. *Mr. Mann, who served in the United States Army during the war, is now living in the south of France and is working on a novel.*

5

**Original-Illustration zum Erstdruck des Aufsatzes**

«Ein schwacher, dissonanter Chor, begleiten die Stimmen der europäischen Intellektuellen das ungeheure Drama. Ich höre viele Stimmen, manche sind frech und aggressiv; andere sanft und spöttisch, leidenschaftlich oder sentimental; aber ich höre nicht den Wohllaut koordinierter Klänge, das Konzert harmonierender oder friedlich wetteifernder Kräfte», schrieb Klaus Mann. Einem jungen Studenten legte er das Bekenntnis der eigenen Heimat- und Hoffnungslosigkeit in den Mund: «Der Kampf zwischen den beiden antigeistigen Riesenmächten – dem amerikanischen Geld und dem russischen Fanatismus – läßt keinen Raum mehr für intellektuelle Unabhängigkeit und Integrität.» Helfen könne nur noch eine verzweifelte «Rebellion der Hoffnungslosen», mit der Bereitschaft auch zur letzten Konsequenz. «Wir sind an einem Punkte angelangt, wo nur die dramatischste, die äußerste Geste noch irgend Aussicht hat, bemerkt zu werden und den blinden, hypnotisierten Massen ins Gewissen zu reden. […] Hunderte, ja Tausende von Intellektuellen sollten tun, was Virginia Woolf, Ernst Toller, Stefan Zweig, Jan Masaryk getan haben. Eine Selbstmordwelle, der die hervorragendsten Geister zum Opfer fielen, würde die Völker aufschrecken aus ihrer Lethargie, so daß sie den tödlichen Ernst der Heimsuchung begriffen, die der Mensch über sich gebracht hat durch seine Dummheit und Selbstsucht.» Posten, S. 541 f.)

Der Essay, der in deutscher Sprache erstmals im Juli 1949 unter dem Titel «Die Heimsuchung des europäischen Geistes» erschien, war ein wohldurchdachter Aufruf zum politisch motivierten, demonstrativen Selbstmord. Der ewige Außenseiter Klaus Mann wollte zumindest seinen Tod als Teil eines kollektiven Vorgangs gedeutet wissen. Er war noch für diesen Moment radikalster Vereinzelung eines Menschen um das bemüht, was er in seiner Autobiographie als nie erreichtes Lebensziel formulierte: «den Anschluß an irgendeine Gemeinschaft» (WP, S. 425).

# «The Last Day»

THE LAST DAY

A NOVEL

BY

KLAUS MANN

**Als eine Art Vermächtnis** lassen sich auch die Aufzeichnungen zum Romanprojekt «The Last Day» lesen. Die Konturen des Werkes waren bereits entworfen, ein genauer Zeitplan für die Niederschrift gemacht und erste Textpassagen formuliert, als der Autor starb. Erika Mann schrieb, nachdem sie die Manuskripte in Cannes gesehen hatte, an Pamela Wedekind: «Viel Fertiges war noch nicht da, was den Roman angeht, – nur eine Unmenge von Vorarbeiten, Notizen und Exzerpten. Besonders eindringlich hatte er sich mit Kierkegaard beschäftigt.» (EM 1984, S. 260)

«The Last Day» sollte ein Roman über den Kalten Krieg und die in Ost und West gleichermaßen erstarrten Systeme werden. Konzipiert war das Buch in zwei parallelen Handlungssträngen: einer in New York angesiedelt, mit dem kosmopolitischen Julian Butler als Hauptfigur; der andere im östlichen Berlin spielend, mit dem deutschen kommunistischen Schriftsteller Albert Fuchs im Mittelpunkt, der sich von der Partei abwendet. Die Helden sterben am selben für sie «letzten Tag» – Julian durch Selbstmord, Albert wird erschossen von russischen Offizieren. Beide waren zuletzt bitter verzweifelt über die Vergeblichkeit ihres Kampfes für humanistische Ideale.

Viele Figuren des Romans hätten – wie so oft bei Klaus Mann – Züge von realen Zeitgenossen getragen. Namen wie Anna Seghers, Otto Katz, Egon Erwin Kisch und Wolfgang Weyrauch tauchen in den Vorarbeiten auf; auch der des amerikanischen Publizisten Melvin J. Lasky, der 1948 die antikommunistische Zeitschrift «Der Monat» begründet hatte. «The Last Day» war – ganz wie der «Mephisto»-Roman von 1936 – als kritische Bilanz einer Epoche angelegt. Doch das Werk blieb ein Fragment.

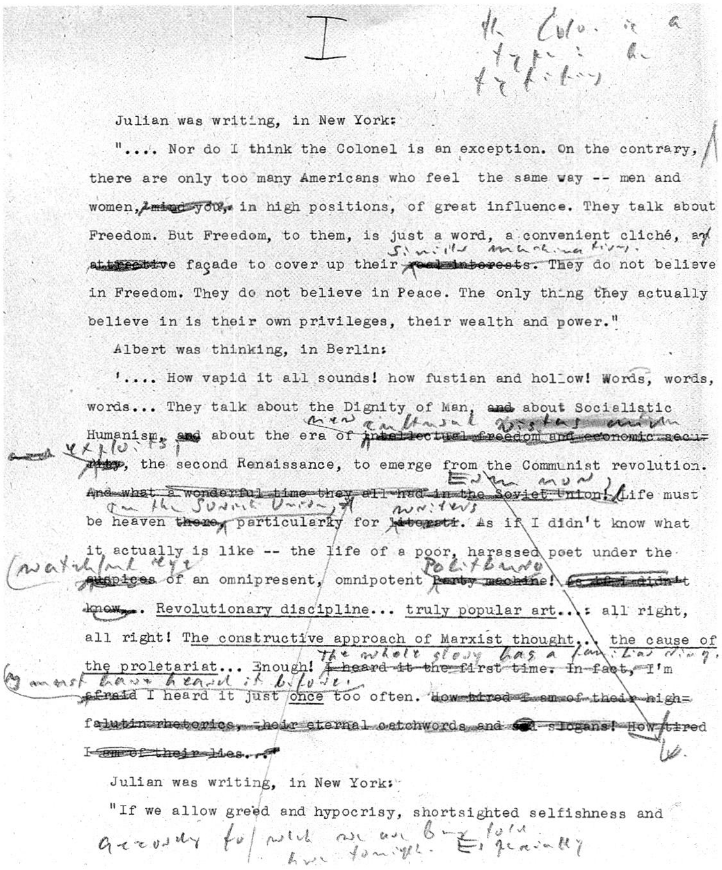

I

Julian was writing, in New York:

"…. Nor do I think the Colonel is an exception. On the contrary, there are only too many Americans who feel the same way -- men and women, ~~mind you,~~ in high positions, of great influence. They talk about Freedom. But Freedom, to them, is just a word, a convenient cliché, a ~~attractive~~ façade to cover up their ~~real interests~~. They do not believe in Freedom. They do not believe in Peace. The only thing they actually believe in is their own privileges, their wealth and power."

Albert was thinking, in Berlin:

'…. How vapid it all sounds! how fustian and hollow! Words, words, words… They talk about the Dignity of Man, ~~and~~ about Socialistic Humanism, ~~and~~ about the era of ~~intellectual freedom and economic security~~, the second Renaissance, to emerge from the Communist revolution. ~~And what a wonderful time they all had in the Soviet Union!~~ Life must be heaven ~~there,~~ particularly for ~~literati~~. As if I didn't know what it actually is like -- the life of a poor, harassed poet under the ~~auspices~~ of an omnipresent, omnipotent ~~Party machine~~! ~~As if I didn't know~~… Revolutionary discipline… truly popular art…: all right, all right! The constructive approach of Marxist thought… the cause of the proletariat… Enough! ~~I heard it the first time. In fact, I'm afraid~~ I heard it just once too often. ~~How tired I am of their high-falutin rhetorics, their eternal catchwords and slogans! How tired I am of their lies….~~

Julian was writing, in New York:

"If we allow greed and hypocrisy, shortsighted selfishness and

Aus den Aufzeichnungen für «The Last Day»

Melvin Joseph Lasky

1. Deutscher Schriftstellerkongreß, Berlin 1947

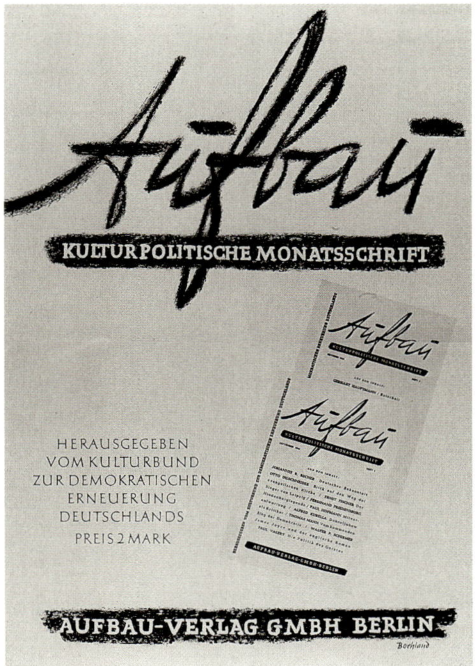


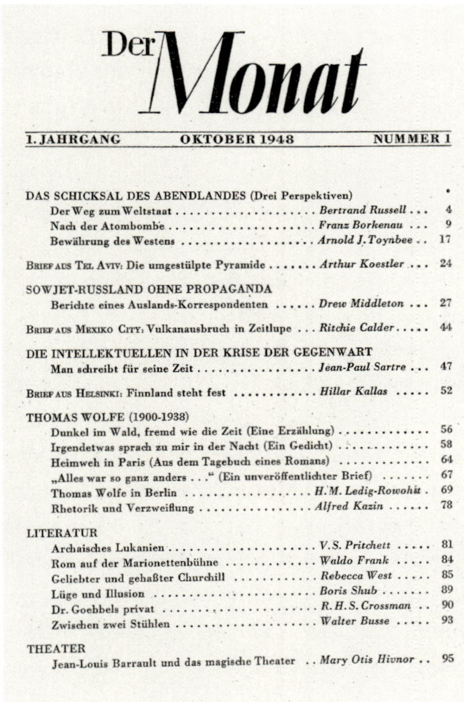

Der Monat

1. JAHRGANG — OKTOBER 1948 — NUMMER 1

| | | |
|---|---|---|
| DAS SCHICKSAL DES ABENDLANDES (Drei Perspektiven) | | |
| Der Weg zum Weltstaat | Bertrand Russell | 4 |
| Nach der Atombombe | Franz Borkenau | 9 |
| Bewährung des Westens | Arnold J. Toynbee | 17 |
| Brief aus Tel Aviv: Die umgestülpte Pyramide | Arthur Koestler | 24 |
| SOWJET-RUSSLAND OHNE PROPAGANDA | | |
| Berichte eines Auslands-Korrespondenten | Drew Middleton | 27 |
| Brief aus Mexiko City: Vulkanausbruch in Zeitlupe | Ritchie Calder | 44 |
| DIE INTELLEKTUELLEN IN DER KRISE DER GEGENWART | | |
| Man schreibt für seine Zeit | Jean-Paul Sartre | 47 |
| Brief aus Helsinki: Finnland steht fest | Hillar Kallas | 52 |
| THOMAS WOLFE (1900-1938) | | |
| Dunkel im Wald, fremd wie die Zeit (Eine Erzählung) | | 56 |
| Irgendetwas sprach zu mir in der Nacht (Ein Gedicht) | | 58 |
| Heimweh in Paris (Aus dem Tagebuch eines Romans) | | 64 |
| „Alles war so ganz anders . . .“ (Ein unveröffentlichter Brief) | | 67 |
| Thomas Wolfe in Berlin | H. M. Ledig-Rowohlt | 69 |
| Rhetorik und Verzweiflung | Alfred Kazin | 78 |
| LITERATUR | | |
| Archaisches Lukanien | V. S. Pritchett | 81 |
| Rom auf der Marionettenbühne | Waldo Frank | 84 |
| Geliebter und gehaßter Churchill | Rebecca West | 85 |
| Lüge und Illusion | Boris Shub | 89 |
| Dr. Goebbels privat | R. H. S. Crossman | 90 |
| Zwischen zwei Stühlen | Walter Busse | 93 |
| THEATER | | |
| Jean-Louis Barrault und das magische Theater | Mary Otis Hivnor | 95 |

*Albert dachte, in Berlin: Sie sprechen über Sozialistischen Humanismus, die konstruktive Haltung des marxistischen Denkens, Stalins exzellenten Stil, die begeisternde Aufgabe der Intellektuellen im Rahmen der kommunistischen Gesellschaft. Gut, gut: ich habe es doch beim ersten Mal begriffen – warum wiederholen sie sich so? Sie sprechen von Menschenwürde, vom Zeitalter neuer kultureller Perspektiven und Taten, von der zweiten Renaissance, die aus der Russischen Revolution hervorgeht. Wie schal sich das alles anhört! Wie phrasenhaft und nichtssagend! Meine Kollegen, die kürzlich an der Vergnügungsreise nach Moskau teilnahmen, übertreffen sich gegenseitig an Enthusiasmus und Dankbarkeit. Ihren überschwenglichen Berichten zufolge muß das Leben in der Sowjetunion geradezu wundervoll sein, besonders für Schriftsteller … Als ob ich nicht wüßte, wie es wirklich ist – als ein armer, ständig belästigter Dichter zu leben und zu arbeiten unter dem wachsamen Auge des allgegenwärtigen allmächtigen Politbüros. Ich habe meine Erfahrungen …*

*Julian schrieb, in New York: Meine eigenen Erfahrungen lassen mich erkennen, welche Art von Freiheit es ist, die wir genießen, in diesen Vereinigten Staaten des Jahres 1948. Jeder kritische und unabhängige Geist, jeder Nonkonformist täte gut daran, sich auf einen schweren Kampf vorzubereiten. Unter den gegenwärtigen Umständen kann niemand Ansichten oder Überzeugungen äußern, die von der offiziellen Linie abweichen, ohne in sehr ernsthafte Schwierigkeiten zu geraten. Wer zufällig anderer Meinung ist als das State Department, das «Wall Street Journal» und die Herren vom FBI, ist praktisch ein Geächteter … Ein freies Land? Ein Polizeistaat – das ist es. Die Mächtigen aus Wirtschaft und Militär rauben uns die Freiheiten …*

(Aus den Aufzeichnungen für «The Last Day», KMA. Übersetzung: Uwe Naumann)

# Klaus Mann zum Gedächtnis

**Anfang Juli 1950** erschien das Buch «Klaus Mann zum Gedächtnis». Es war die letzte Veröffentlichung des deutschsprachigen Querido Verlags in Amsterdam. Ursprünglich hatte Fritz Landshoff selbst das Buch herausgeben wollen; als ihn eine gesundheitliche Krise daran hinderte, übernahm Erika Mann die Federführung. Wenngleich ihr Name nicht auf dem Titelblatt erschien, war sie de facto die Herausgeberin des Bandes. Er wurde in kleiner Auflage gedruckt und war «im Handumdrehen vergriffen», wie Erika Mann überliefert hat (EM 1985, S. 77).
«Klaus Mann zum Gedächtnis» war eine Hommage an den Verstorbenen mit Beiträgen von Zeitgenossen und Weggefährten, Freunden und Verwandten. Nachfolgend einige Auszüge aus dem Gedächtnis-Buch.

Max Brod
Wir trafen einander recht oft, und die Diskussionen gingen aus Persönlichem ins Allgemeine, Große, sie nahmen kein Ende. Dabei erlebte ich eine Freude, die sehr selten ist: Klaus Mann war einer der wenigen Köpfe, die ständig auf der Suche sind, er sperrte sich nicht wie die meisten, die den Eindruck erwecken wollen, als hätten sie nichts zu lernen, als seien sie gleichsam fertig zur Welt gekommen. Diese, die grenzenlos stark und entschieden sein wollen, wirken am Ende doch nur verknöchert. Klaus Mann trat einem dagegen immer frei beweglich entgegen, in allen Gelenken zitternd, – er hatte in seinem wachen Herzen immer Raum zum Aufnehmen.

Lion Feuchtwanger
Unter den erzählenden Werken Klaus Manns haben mich am meisten angerührt die Romane «Mephisto» und «Der Vulkan». Beide haben zum Gegenstand Themen aus der jüngsten Vergangenheit, und gemeinhin gibt es keine größere Ferne als das Gestern. Trotzdem, und das scheint mir der stärkste Beweis für den Schriftsteller Klaus Mann, wirken die beiden Bände heute, beim zweiten Lesen, stärker als zur Zeit ihres Erscheinens. Und wenn beide Werke einen bittern Geschmack hinterlassen, wenn sie keine Lösung der dargestellten Probleme geben, so spricht es, scheint mir, für die Ehrlichkeit des Autors, daß ihn die üblichen billig optimistischen Antworten auf seine Fragen nicht befriedigten. Seine Probleme sind heute ihrer Lösung noch ferner als damals. [...] Man hat diesem Schriftsteller viel Unrecht getan. Man hat ihm zu oft auf die Schulter geklopft und hat zu selten erkannt, was an ihm Gewichtiges war. Ich glaube, wenn sich die Wasser verlaufen haben, wenn sich zeigt, welche von den deutschen Büchern unserer Tage Bestand haben, dann werden unter diesen nicht vielen Büchern die beiden Romane Klaus Manns genannt werden.

Christopher Isherwood
His character had a dark underside of melancholy, seldom shown to others. He felt, with an extraordinary intensity, the sadness and cruelty of life, the coldness of the insensitive, the trivialty of pseudo-optimists, the pain and nuisance of growing older. He respected, but could not bring himself to share in the consolations of religious belief. The consolations of blind political hatred – such as they are – were also denied him: he fought unjustice unwaveringly, but without hysteria. He must often have been bitterly lonely, despite his many friends and the affection of his large, closely-knit family. A wanderer himself, he was temperamentally drawn to other wanderers, the confused, the lost, the astray. I believe that he helped many of them, but they could give him little in return. He found no permanent companion on his journey.

Hermann Kesten
Sein Gespräch war zerstreut und intensiv zugleich; er hatte elegante Gebärden und glückliche Formulierungen; seine Klugheit war unaufdringlich. In den vielen Hotelzimmern, wo wir uns trafen, beide von unterwegs, ging er unruhig auf und ab, mit einem Glas in der Hand, oder einer Zigarette zwischen den Fingern, hörte zu und sprach mit der gleichen zerstreuten Intensität und blickte wohl zwischendurch mit aufmerksamer Neugier in den Spiegel.

Annette Kolb
Es kam nichts Kleinliches und nichts Schäbiges an Klaus Mann heran. Er war klug, talentiert, kurzweilig, schnell angeregt, hilfsbereit, kameradschaftlich, gütig. [...] Er hätte nicht gehen sollen. Wir vermissen ihn: seine gentillesse, diese so gewinnende Eigenschaft, für die es kein entsprechendes Wort in der deutschen Sprache gibt, und die ganz unbewußte Eleganz seiner Natur.

Heinrich Mann
Er war in seiner Generation keine vollendete Ausnahme; bestimmt und auf den Weg geschickt von der gefährlichen Zusammensetzung ihres Beginnes waren alle. Er aber hatte sowohl Geist wie ein feines Herz. Den Leidenschaften, die ihn überkamen, wurde nicht lange nachgehangen: er befriedigte sie, ohne erklärte Absicht, obwohl im ungefähren Sinn einer frühchristlichen Spielart von Moralisten, die dem Laster entrinnen

wollte, indem sie es abnützte. Ungebändigten Fanatikern konnte das Verfahren schwerlich helfen; einen tragischen Ausgang sicherte es allenfalls. Ein nachdenklicher Zivilisierter wird mehr Erfolg haben, gesetzt, die tragische Pforte, um abzugehen, wäre ihm nicht ohnedies erbaut.

Thomas Mann
Im Verhältnis zu der kurzen Spanne seines Daseins und zu der Unrast seiner Lebensführung ist der Umfang seines Werkes enorm. [...] Ein solcher Fleiß ist nach meiner Meinung etwas mehr, als eben er selbst. Kein Mensch ist so fleißig ins Blaue hinein, ohne drängende Begabung, ohne das Bewußtsein eines Auftrags. Und wieviele Raschheiten und Leichtigkeiten seinem Werk, all diesen Romanen, Reisebüchern, biographischen und autobiographischen Produkten, Theaterstücken und unzähligen, in zwei Sprachen geschriebenen Aufsätzen abträglich sein mögen, ich glaube ernstlich, daß er zu den Begabtesten seiner Generation gehörte, vielleicht der Allerbegabteste war.

Herbert Schlüter
Die deutsche Literatur hat mit ihm verloren, was sie in ihrer Geschichte nur selten gezeitigt und noch seltener zu schätzen gewußt hat: einen deutschen Schriftsteller, der ein geborener Europäer war. Deshalb mußte er in einer Zeit, in der Europa vom deutschen Nationalismus okkupiert war, Amerikaner werden. Aber er starb in dem Land, das er liebte und das ihm wie kein anderes Europa bedeutete: in Frankreich.

Upton Sinclair
Klaus poured out his heart to me in more than one letter. He was an unhappy man; he had been born in the time of terrific strain and stress for all mankind, and of bitter disappointments for the more idealistic members of the world community. He loved truth and sought for it, and spoke it honestly, and his untimely death is a loss to all of us.

Bruno Walter
Heiter, lebensvoll, gesprächig aufgeschlossen, Güte ausstrahlend, so fand ich Klaus Mann, als ich ihn zum letzten Mal sah. Er war Trauzeuge und Gast bei der Hochzeit meiner Tochter im Februar 1949, und seine freudige Anteilnahme am Glück der Kindheitsfreundin erwärmte unsere Herzen, seine unbeschwert heitere Laune verschönte den Tag. Erst wenige Monate vorher aber hatten wir ihn in einem Zustande seelisch-nervlichen Zusammenbruchs gesehen. Und so erhielten wir innerhalb einer kurzen Zeitspanne einen ergreifenden Eindruck von dem bedrohlichen Konflikt, der das Gemüt des Freundes zerriß, von dem Kampf zwischen erhaltenden und zerstörerischen Kräften in seiner Seele.

Friedrich Walter
Diejenigen, die das Glück hatten, zu seinen Bekannten oder gar Freunden zu zählen, werden ihn nicht vergessen. Von seiner Nähe ging eine mehr als belebende, eine verwandelnde Kraft aus. In der freien, heiteren und offenen Weltluft, die er mit sich brachte, spürte man die eigene Erdenschwere und Sorgenlast von sich abfallen. Seine Liebenswürdigkeit, sein Witz, seine Gescheitheit und Urbanität versetzten den, der mit ihm zusammen war, in eine Atmosphäre geistiger Hochgestimmtheit und Entspannung zugleich. Man glaubte, mit einem Luftgeist in Berührung gekommen zu sein.

Otto Basler
Das Schicksal, das ihn aus seiner deutschen Heimat vertrieb und in der unruhevollen Welt aussetzte, hatte scheinbar mit diesem Emigranten weniger Übles im Sinne als mit allen andern; denn das Wandernmüssen entsprach bei ihm einem Wandernwollen, und die eigene Weltoffenheit kam der Offenheit der Welt entgegen. [...] Die Unruhe war sein Hauptmerkmal. Es war die Unruhe des zu früher Vollendung Auserwählten. Unruhe liest sich aus seinen herzlich-hastigen Briefen; Unruhe übersteigerte sein Temperament und trieb ihn an, seine Talente aufs höchste und in allen Richtungen anzuspannen. Die Unruhe wuchs sich aus zur Ungeduld, und unter ihrem Zeichen vollendete sich seine kurze Erdenlaufbahn. [...] Er mußte sich verzehren im eigenen Feuer von Unruhe und Ungeduld. Und selber brennend beteiligte er sich am Lö-

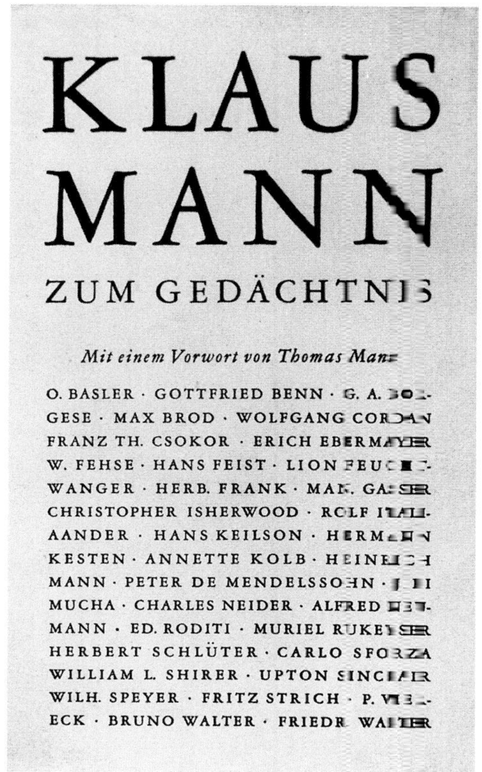
KLAUS MANN

ZUM GEDÄCHTNIS

*Mit einem Vorwort von Thomas Mann*

O. BASLER · GOTTFRIED BENN · G. A. BORGESE · MAX BROD · WOLFGANG CORDAN · FRANZ TH. CSOKOR · ERICH EBERMAYER · W. FEHSE · HANS FEIST · LION FEUCHTWANGER · HERB. FRANK · MAN. GASSER · CHRISTOPHER ISHERWOOD · ROLF ITALIAANDER · HANS KEILSON · HERMANN KESTEN · ANNETTE KOLB · HEINRICH MANN · PETER DE MENDELSSOHN · JIRI MUCHA · CHARLES NEIDER · ALFRED NEUMANN · ED. RODITI · MURIEL RUKEYSER · HERBERT SCHLÜTER · CARLO SFORZA · WILLIAM L. SHIRER · UPTON SINCLAIR · WILH. SPEYER · FRITZ STRICH · P. VIERECK · BRUNO WALTER · FRIEDR. WALTER

schungswerk des Weltenbrandes. Das allzu früh verbrauchte Herz hielt den hochgestellten neuen Ansprüchen nicht mehr stand und brach an Überfülle. Geblieben ist die Getrostheit seiner Worte, leuchtende Kristalle, als Wegerhellung für die nach ihm Kommenden. Und geblieben ist sein menschliches Beispiel.

# «Mephisto» – und kein Ende

**Max Brod** wagte in seinem Beitrag zum Gedächtnis-Buch eine Prognose, die sich erst Jahre später bewahrheiten sollte: Er pries den «Mephisto»-Roman Klaus Manns als «eines der schärfst geschliffenen Florette gegen das Nazitum», und er sagte voraus, daß für dieses Werk und für andere Bücher seines Autors «die Zeit der stürmischen Neuauflagen noch kommen wird» (KMzG, S. 23f.).
Doch zunächst waren die Weichen anders gestellt. Klaus Mann selbst hatte sich nach dem Krieg vergeblich um eine Neuausgabe des «Mephisto» in Deutschland bemüht. Wenige Tage vor seinem Selbstmord erhielt er einen Brief des Berliner Verlegers Georg Jacobi, in dem dieser es für zu schwierig erklärte, den «Mephisto» herauszubringen – «denn Herr Gründgens spielt hier eine bereits sehr bedeutende Rolle» (BuA, S. 798). Das Schreiben Jacobis war symptomatisch für den restaurativen Geist, der das Kulturleben der Bundesrepublik in den folgenden Jahrzehnten bestimmte: Klaus Manns Werke blieben – wie die Bücher vieler anderer Exilautoren – ‹draußen vor der Tür›; Gustaf Gründgens dagegen feierte erneut Triumphe – trotz seiner verhängnisvollen Verstrickung in die Geschichte des Nationalsozialismus.
1963 begann die Nymphenburger Verlagshandlung endlich eine Edition der Schriften Klaus Manns. Das Vorhaben, auch den «Mephisto»-Roman herauszubringen, wurde jedoch gerichtlich unterbunden: das Oberlandesgericht Hamburg verbot 1966 die Verbreitung des «Mephisto» in der Bundesrepublik Deutschland, da die Figur des Hendrik Höfgen eine «Beleidigung, Verächtlichmachung und Verunglimpfung von Gründgens» darstelle und die Allgemeinheit nicht daran interessiert sei, «ein falsches Bild über die Theaterverhältnisse nach 1933 aus der Sicht eines Emigranten zu erhalten» (Naumann 1984, S. 86). Dieses skandalöse Urteil wurde 1971 vom Bundesverfassungsgericht höchstinstanzlich bestätigt. Eines der Hauptwerke Klaus Manns – und der Exilliteratur überhaupt – durfte in der BRD nicht publiziert werden.

BUNDESVERFASSUNGSGERICHT — Ausfertigung

- 1 BvR 435/68 -

# IM NAMEN DES VOLKES

## In dem Verfahren über die Verfassungsbeschwerde

der Nymphenburger Verlagshandlung, Gesellschaft mit beschränkter Haftung, vertreten durch ihren Geschäftsführer Berthold Spangenberg, München 19, Romanstr. 16

- Bevollmächtigter: Rechtsanwalt Dr. Gerth Arras, Stuttgart, Eugenstr. 16 -

gegen 1. das Urteil des Bundesgerichtshofs vom 20. März 1968 - I ZR 44/66 -,

2. das Urteil des Hanseatischen Oberlandesgerichts in Hamburg vom 10. März 1966 - 3 U 372/1965 -

hat das Bundesverfassungsgericht - Erster Senat - unter Mitwirkung

des Präsidenten Dr. Müller

und der Richter

Dr. Stein,
Ritterspach,
Rupp-v.Brünneck,
Dr. Böhmer,
Dr. Brox

am 24. Februar 1971 beschlossen:

Die Verfassungsbeschwerde wird zurückgewiesen.

Herrn
Rechtsanwalt
Dr. Gerth Arras

7000 Stuttgart
Eugenstraße 16

Erst 1979 setzte die Wiederentdeckung Klaus Manns und seiner Werke ein: Das Pariser Théâtre du Soleil von Ariane Mnouchkine brachte eine dramatisierte Fassung des «Mephisto» auf die Bühne – und stieß auf begeisterte Resonanz. Zwei Jahre später veröffentlichte – trotz des formal fortbestehenden Verbots – der Rowohlt Verlag eine Taschenbuchausgabe des «Mephisto»-Romans. Binnen weniger Monate wurde das Buch zum Bestseller. Im Herbst 1981 kam dann István Szabós Verfilmung des «Mephisto» in die Kinos und trug maßgeblich dazu bei, daß Klaus Mann heute ein international anerkannter Schriftsteller ist.

Die Wirkungsgeschichte Klaus Manns in ihren Einzelheiten nachzuzeichnen gehört nicht mehr zum Thema des vorliegenden Bildbandes – zumal eine ausführliche Dokumentation des «Mephisto»-Skandals bereits vorliegt (Spangenberg 1982). Erstaunlich genug bleibt das Phänomen, daß in den achtziger Jahren ein weitgehend vergessener Dichter in kurzer Zeit zu einem wahren Kultautor avancierte. Mittlerweile liegen fast alle Schriften Klaus Manns in Neuausgaben vor – der Autor hat endlich die Akzeptanz gefunden, die er sein Leben lang ersehnte. Seinem Helden Martin Korella im Roman «Der Vulkan» diktierte er die sorgenvollen Fragen in die Feder: «Wer wird mir zuhören? Wer wird Anteil nehmen? Wo ist die Gemeinschaft, an die ich mich wenden könnte … Unser Ruf geht ins Ungewisse – oder stürzt er gar ins Leere? Bleibt ein Echo aus?» Martin Korella – wie sein Autor Klaus Mann – mußte sich mit der Hoffnung trösten, von künftigen Generationen gelesen und geschätzt zu werden: «Das Lächeln einer flüchtigen, zerstreuten Dankbarkeit, mit der die jüngeren Kameraden unserer vielleicht gedenken werden, muß des Lohnes genug für uns sein.»

MEPHISTO
Le roman d'une carrière/d'après Klaus Mann
Théâtre du Soleil
Atelier Théâtral. Louvain-la-Neuve
Cartoucherie . Route de la Pyramide . 75012 Paris
Tel: 374 88 50 . M° Château de Vincennes . Autobus 306
Relâche dimanche soir et lundi . Tarif réduit : 18 F

## Siglenverzeichnis

Beim Nachweis von Zitaten werden im vorliegenden Band folgende Siglen verwendet:

**EM** = Erika Mann
**HM** = Heinrich Mann
**KM** = Klaus Mann
**TM** = Thomas Mann
**KMA** = Klaus-Mann-Archiv in der Monacensia, Stadtbibliothek München

**Eltern** = Klaus Mann: Die neuen Eltern. Aufsätze, Reden, Kritiken 1924–1933. Reinbek 1992
**Zahnärzte** = Klaus Mann: Zahnärzte und Künstler. Aufsätze, Reden, Kritiken 1933–1936. Reinbek 1993
**Wunder** = Klaus Mann: Das Wunder von Madrid. Aufsätze, Reden, Kritiken 1936–1938. Reinbek 1993
**Zweimal** = Klaus Mann: Zweimal Deutschland. Aufsätze, Reden, Kritiken 1938–1942. Reinbek 1994
**Posten** = Klaus Mann: Auf verlorenem Posten. Aufsätze, Reden, Kritiken 1942–1949. Reinbek 1994

**BuA** = Klaus Mann: Briefe und Antworten 1922–1949. Hg. von Martin Gregor-Dellin. Reinbek 1991
**KdZ** = Klaus Mann: Kind dieser Zeit. Reinbek 1967
**KMzG** = Klaus Mann zum Gedächtnis. Amsterdam 1950
**Tb** = Klaus Mann: Tagebücher. 6 Bände. Hg. von Joachim Heimannsberg, Peter Laemmle und Wilfried F. Schoeller. Reinbek 1995
**WP** = Klaus Mann: Der Wendepunkt. Ein Lebensbericht. Reinbek 1984

Die übrigen Schriften Klaus Manns werden, sofern nicht explizit anders vermerkt, nach den im Abschnitt 2 der Bibliographie angeführten lieferbaren Taschenbuchausgaben zitiert. Bei Publikationen anderer Autoren werden in der Regel nur Verfassername und Erscheinungsjahr angeführt; die ausführlichen bibliographischen Angaben zu diesen Titeln finden sich im Abschnitt 3 der nachfolgenden Bibliographie.

# Bibliographie

## 1. Erstausgaben der Schriften Klaus Manns


Vor dem Leben. Erzählungen. Hamburg (Enoch) 1925

Anja und Esther. Ein romantisches Stück in sieben Bildern. Berlin (Oesterheld) 1925

Der fromme Tanz. Das Abenteuerbuch einer Jugend. Hamburg (Enoch)1926

Kindernovelle. Hamburg (Enoch) 1926

Revue zu Vieren. Komödie in drei Akten. Berlin (Oesterheld) 1926

Anthologie jüngster Lyrik. Hg. von Willi R. Fehse und Klaus Mann. Geleitwort von Stefan Zweig. Hamburg (Enoch) 1927

Heute und Morgen. Zur Situation des jungen geistigen Europas. Hamburg (Enoch) 1927

Anthologie jüngster Prosa. Hg. von Erich Ebermayer, Klaus Mann und Hans Rosenkranz. Berlin (J. M. Spaeth) 1928

Anthologie jüngster Lyrik. Neue Folge. Hg. von Willi R. Fehse und Klaus Mann. Geleitwort von Rudolf G. Binding. Hamburg (Enoch) 1929

Rundherum. (Zusammen mit Erika Mann.) Berlin (S. Fischer) 1929

Gegenüber von China. Komödie in sechs Bildern. Berlin (Oesterheld) 1929

Abenteuer. Novellen. Leipzig (Reclam) 1929

Alexander. Roman der Utopie. Berlin (S. Fischer) 1929

Geschwister. Vier Akte nach Motiven aus dem Roman «Les Enfants terribles» von Jean Cocteau. Berlin (Kiepenheuer) 1930

Auf der Suche nach einem Weg. Aufsätze. Berlin (Transmare) 1931

Das Buch von der Riviera. Was nicht im «Baedeker» steht, Bd. XIV. (Zusammen mit Erika Mann.) München (Piper) 1931

Treffpunkt im Unendlichen. Roman. Berlin (S. Fischer) 1932

Kind dieser Zeit. Berlin (Transmare) 1932

Athen. Fünf Bilder. (Unter dem Pseudonym Vincenz Hofer.) Berlin (Oesterheld) 1932

Die Sammlung. Literarische Monatsschrift. Unter dem Patronat von André Gide, Aldous Huxley und Heinrich Mann, hg. von Klaus Mann. Amsterdam (Querido) September 1933 – August 1935

Flucht in den Norden. Roman. Amsterdam (Querido) 1934

Symphonie Pathétique. Ein Tschaikowsky-Roman. Amsterdam (Querido)1935

Mephisto. Roman einer Karriere. Amsterdam (Querido) 1936

Vergittertes Fenster. Novelle um den Tod des Königs Ludwig II. von Bayern. Amsterdam (Querido) 1937

Der Vulkan. Roman unter Emigranten. Amsterdam (Querido) 1939

Escape to Life. (Zusammen mit Erika Mann.) Boston (Houghton Mifflin) 1939

The Other Germany. (Zusammen mit Erika Mann. Übersetzung ins Englische: Heinz Norden.) New York (Modern Age) 1940

Decision. A Review of Free Culture. Ed. by Klaus Mann. New York, Januar 1941 – Februar 1942

The Turning Point. Thirty-five Years in this Century. New York (L. B. Fischer) 1942

Andé Gide and the Crisis of Modern Thought. New York (Creative Age) 1943

Heart of Europe. An Anthology of Creative Writing in Europe 1920–1940. Ed. by Hermann Kesten und Klaus Mann. New York (L. B. Fischer) 1943

Der siebente Engel. Drei Akte. Zürich (Europa) 1946

Pathetic Symphony. A Novel about Tchaikovsky. New York (Allen, Towne & Heath) 1948

André Gide. Die Geschichte eines Europäers. Zürich (Steinberg) 1948

Der Wendepunkt. Ein Lebensbericht. Frankfurt a. M. (S. Fischer) 1952

Prüfungen. Schriften zur Literatur. Hg. von Martin Gregor-Dellin. München (Nymphenburger) 1968

Heute und morgen. Schriften zur Zeit. Hg. von Martin Gregor-Dellin. München (Nymphenburger) 1969

Briefe und Antworten. Band I: 1922–1937. Band II: 1937–1949. Hg. von Martin Gregor-Dellin. München (Ellermann) 1975

Abenteuer des Brautpaars. Die Erzählungen. Hg. von Martin Gregor-Dellin. München (Ellermann) 1976

Woher wir kommen und wohin wir müssen. Frühe und nachgelassene Schriften. Hg. von Martin Gregor-Dellin. München (Ellermann) 1981

Mit dem Blick nach Deutschland. Der Schriftsteller und das politische Engagement. Hg. von Michel Grunewald. München (Ellermann) 1985

Letztes Gespräch. Erzählungen. Hg. von Friedrich Albrecht. Berlin–Weimar (Aufbau) 1986

Briefe. Hg. von Friedrich Albrecht. Berlin–Weimar (Aufbau) 1988
Der siebente Engel. Die Theaterstücke. Hg. von Uwe Naumann und Michael Töteberg. Reinbek (Rowohlt) 1989
Tagebücher. 6 Bände. Hg. von Joachim Heimannsberg, Peter Laemmle und Wilfried F. Schoeller. München (edition spangenberg) 1989–1991
Maskenscherz. Die frühen Erzählungen. Hg. von Uwe Naumann. Reinbek (Rowohlt) 1990
Speed. Die Erzählungen aus dem Exil. Hg. von Uwe Naumann. Reinbek (Rowohlt) 1990
Escape to Life. Deutsche Kultur im Exil. (Zusammen mit Erika Mann.) Hg. von Heribert Hoven. München (edition spangenberg) 1991
Distinguished Visitors. Der amerikanische Traum. Hg. von Heribert Hoven. München (edition spangenberg) 1992
Die neuen Eltern. Aufsätze, Reden, Kritiken 1924–1933. Hg. von Uwe Naumann und Michael Töteberg. Reinbek (Rowohlt) 1992
Zahnärzte und Künstler. Aufsätze, Reden, Kritiken 1933–1936. Hg. von Uwe Naumann und Michael Töteberg. Reinbek (Rowohlt) 1993
Das Wunder von Madrid. Aufsätze, Reden, Kritiken 1936–1938. Hg. von Uwe Naumann und Michael Töteberg. Reinbek (Rowohlt) 1993
Zweimal Deutschland. Aufsätze, Reden, Kritiken 1938–1942. Hg. von Uwe Naumann und Michael Töteberg. Reinbek (Rowohlt) 1994
Auf verlorenem Posten. Aufsätze, Reden, Kritiken 1942–1949. Hg. von Uwe Naumann und Michael Töteberg. Reinbek (Rowohlt) 1994
Fluch und Segen. Fragment einer Kantate aus dem Nachlaß. Hg. von Uwe Naumann. Schriesheim (Frank Albrecht) 1997

**2. Lieferbare Taschenbuchausgaben von Büchern Klaus Manns**

Alexander. Roman der Utopie. Mit einem Vorwort von Jean Cocteau. Reinbek 1983
André Gide und die Krise des modernen Denkens. Reinbek 1984
Auf verlorenem Posten. Aufsätze, Reden, Interviews 1942–1949. Hg. von Uwe Naumann und Michael Töteberg. Reinbek 1994
Briefe und Antworten 1922–1949. Hg. von Martin Gregor-Dellin. Neubearbeitung des Anhangs: Joachim Heimannsberg. Reinbek 1991
Distinguished Visitors. Der amerikanische Traum. Hg. und mit einem Nachwort von Heribert Hoven. Reinbek 1996
Escape to Life. Deutsche Kultur im Exil. (Zusammen mit Erika Mann.) Hg. und mit einem Nachwort von Heribert Hoven. Reinbek 1996
Flucht in den Norden. Roman. Mit einem Nachwort von Martin Gregor-Dellin. Reinbek 1981
Der fromme Tanz. Das Abenteuerbuch einer Jugend. Reinbek 1986
Kind dieser Zeit. Mit einem Nachwort von William L. Shirer. Reinbek 1967
Maskenscherz. Die frühen Erzählungen. Hg. von Uwe Naumann. Reinbek 1990
Mephisto. Roman einer Karriere. Mit einem Vorwort von Berthold Spangenberg. Reinbek 1981
Die neuen Eltern. Aufsätze, Reden, Kritiken 1924–1933. Hg. von Uwe Naumann und Michael Töteberg. Reinbek 1992
Rundherum. Abenteuer einer Weltreise. (Zusammen mit Erika Mann.) Mit Originalfotos. Nachwort von Uwe Naumann. Reinbek 1996
Der siebente Engel. Die Theaterstücke. Hg. von Uwe Naumann und Michael Töteberg. Reinbek 1989
Speed. Die Erzählungen aus dem Exil. Hg. von Uwe Naumann. Reinbek 1990
Symphonie Pathétique. Ein Tschaikowsky-Roman. Mit einem Nachwort von Martin Gregor-Dellin. Reinbek 1981
Tagebücher 1931–1949. 6 Bände. Hg. von Joachim Heimannsberg, Peter Laemmle, Wilfried F. Schoeller. Neubearbeitung des Anhangs unter Mitarbeit von Fredric Kroll und Roger Perret. Reinbek 1995
Treffpunkt im Unendlichen. Roman. Mit einem Nachwort von Fredric Kroll. Reinbek 1998
Der Vulkan. Roman unter Emigranten. Mit einem Nachwort von Martin Gregor-Dellin. Reinbek 1981
Der Wendepunkt. Ein Lebensbericht. Mit einem Nachwort von Frido Mann. Reinbek 1984
Das Wunder von Madrid. Aufsätze, Reden, Kritiken 1936–1938. Hg. von Uwe Naumann und Michael Töteberg. Reinbek 1993
Zahnärzte und Künstler. Aufsätze, Reden, Kritiken 1933–1936. Hg. von Uwe Naumann und Michael Töteberg. Reinbek 1993

Zweimal Deutschland. Aufsätze, Reden, Kritiken 1938–1942. Hg. von Uwe Naumann und Michael Töteberg. Reinbek 1994

**3. Sekundärliteratur**

Adler, Wulf-Jürgen (Red.) Klaus Mann (1906 bis 1949). Leben und Werk in Texten und Dokumenten. Ausstellung zum 75. Geburtsjahr. Ahlen 1981

Altmann, Peter, und andere: Der deutsche antifaschistische Widerstand 1933–1945. In Bildern und Dokumenten. 2. verbesserte Auflage Frankfurt a. M. 1978

Arndt, Gudrun: Spaziergänge durch das literarische New York. Zürich–Hamburg 1997

Arnold, Heinz Ludwig (Hg.): Ernst Bloch. «Text + Kritik», Sonderband, München 1985

Arnold, Heinz Ludwig (Hg.): Klaus Mann. «Text + Kritik», Heft 93/94, München 1987

Badenhausen, Rolf (Hg.): Gustaf Gründgens. «Laß mich ausschlafen». Neue Quellen zur Wirklichkeit und Legende des großen Theatermannes. München–Wien 1982

Benn, Gottfried: Doppelleben. Zwei Selbstdarstellungen. Wiesbaden 1950

Berliner Kulturrat (Hg.): Eine Kulturmetropole wird geteilt. Literarisches Leben in Berlin (West) 1945 bis 1961. Ausstellungskatalog. Berlin 1987

Bollé, Michael (Red.): Eldorado. Homosexuelle Frauen und Männer in Berlin 1850–1950. Geschichte, Alltag und Kultur. Berlin 1984

Brecht, Bertolt: Schriften zur Literatur und Kunst 1. Gesammelte Werke, Bd. 18. Frankfurt a. M. 1967

Canetti, Elias: Das Geheimherz der Uhr. Aufzeichnungen 1973–1985. München 1987

Chrambach, Eva, und Ursula Hummel: Erika und Klaus Mann. Bilder und Dokumente. München 1990

Cocteau, Jean: Vollendete Vergangenheit. Band 1: Tagebücher 1951–1952. Hg. von Pierre Chanel. München–Zürich 1989

Cocteau, Jean: Das Blut der Liebe. Gedichte, in deutsch geschrieben. Hg. von Franz Joseph Hall. Bielefeld 1992

Corino, Karl: Robert Musil. Leben und Werk in Bildern und Texten. Reinbek 1988

Freund, Gisèle: Photographien. Mit autobiographischen Texten und einem Vorwort von Christian Caujolle. München 1985

Goertz, Heinrich: Gustaf Gründgens. Reinbek 1982

Goodbye to Berlin? 100 Jahre Schwulenbewegung. Ausstellungskatalog des Schwulen Museums und der Akademie der Künste. Berlin 1997

Graf, Oskar Maria: Reise in die Sowjetunion 1934. Mit Briefen von Sergej Tretjakow. Hg. von Hans-Albert Walter. Darmstadt–Neuwied 1974

Gründgens, Gustaf: Briefe – Aufsätze – Reden. Hg. von Rolf Badenhausen und Peter Gründgens-Gorski. Hamburg 1967

Grunewald, Michel: Klaus Mann 1906–1949. 2 Bände. Bern–Frankfurt a. M.–New York 1984

Grunewald, Michel: Klaus Mann 1906–1949. Eine Bibliographie. München 1984

Gutsche, Reinhardt: Die Sammlung. Amsterdam 1933–1935. Bibliographie einer Zeitschrift. Mit einem Vorwort von Günter Hartung. Berlin–Weimar 1974

Härle, Gerhard: Männerweiblichkeit. Zur Homosexualität bei Klaus und Thomas Mann. Frankfurt a. M. 1988

Harpprecht, Klaus: Thomas Mann. Eine Biographie. Reinbek 1995

Heißerer, Dirk: Wo die Geister wandern. Eine Topographie der Schwabinger Bohème um 1900. München 1993

Hermann, Frank: Auf der Suche nach einem Weg. Klaus Mann (1906 München – 1949 Cannes). Ausstellungskatalog. Mit einem Essay von Uwe Naumann. Düsseldorf 1994

Hesse, Hermann: Beim Lesen eines Romans. In: «Die Neue Rundschau», Mai 1933, S. 698–702

Heuschele, Otto (Hg.): Junge deutsche Lyrik. Eine Anthologie. Leipzig 1928

Hohmann, Joachim S. (Hg.): Der heimliche Sexus. Homosexuelle Belletristik in Deutschland von 1900 bis heute. Frankfurt a. M. 1979

Kästner, Erich: Gemischte Gefühle. Literarische Publizistik aus der «Neuen Leipziger Zeitung» 1923 bis 1933. Bd. 1. Hg. von Alfred Klein. Berlin–Weimar 1989

Karl, Willibald (Hg.): Bogenhausen. Vom bäuerlichen Pfarrdorf zum noblen Stadtteil. München 1992

Keiser-Hayne, Helga: Erika Mann und ihr politisches Kabarett «Die Pfeffermühle» 1933–1937. Texte, Bilder, Hintergründe. Reinbek 1995

Kellen, Konrad: Als Sekretär bei Thomas Mann.

## Bibliographie

In: «Neue Deutsche Hefte», Nr. 81, Mai/Juni 1961, S. 37–46
Klaus Mann zum Gedächtnis. Amsterdam 1950
Klemperer, Victor: Leben sammeln, nicht fragen wozu und warum. Tagebücher 1925 bis 1932. Hg. von Walter Nojowski unter Mitarbeit von Christian Löser. Berlin 1996
Kolbe, Jürgen, unter Mitarbeit von Karl Heinz Bittel: Heller Zauber. Thomas Mann in München 1894 bis 1933. Berlin 1987
Kroll, Fredric (Hg.): Klaus-Mann-Schriftenreihe, Bd.1: Bibliographie. Wiesbaden 1976
Kroll, Fredric (Hg.): Klaus-Mann-Schriftenreihe, Bd. 2: 1906–1927. Unordnung und früher Ruhm. Wiesbaden 1977
Kroll, Fredric (Hg.): Klaus-Mann-Schriftenreihe, Bd. 3: 1927–1933. Vor der Sintflut. Wiesbaden 1979
Kroll, Fredric (Hg.): Klaus-Mann-Schriftenreihe, Bd. 4/I: 1933–1934. Sammlung der Kräfte. Wiesbaden 1992
Kroll, Fredric (Hg.): Klaus-Mann-Schriftenreihe, Bd. 5: 1937–1942. Trauma Amerika. Wiesbaden 1986
Kroll, Fredric (Hg.): Klaus-Mann-Schriftenreihe, Bd. 6: 1943–1949. Der Tod in Cannes. Hannover 1996
Krüll, Marianne: Im Netz der Zauberer. Eine andere Geschichte der Familie Mann. Zürich 1991
Künzli, Lis (Hg.): Hotels. Ein literarischer Führer. Frankfurt a. M. 1996
Landshoff, Fritz H.: Amsterdam, Keizersgracht 333. Querido Verlag. Erinnerungen eines Verlegers. Berlin–Weimar 1981
Lühe, Irmela von der: Geschwister im Exil: Erika und Klaus Mann. In: Exilforschung. Ein internationales Jahrbuch, Bd. 11, München 1993, S. 68–87
Lühe, Irmela von der: Erika Mann. Eine Biographie. Frankfurt a. M. 1996
Mann, Erika: Briefe und Antworten. Hg. von Anna Zanco Prestel. Bd. I: 1922–1950. München 1984. Bd. II: 1951–1969. München 1985
Mann, Erika: Mein Vater, der Zauberer. Hg. von Irmela von der Lühe und Uwe Naumann. Reinbek 1996
Mann, Erika: Zehn Millionen Kinder. Die Erziehung der Jugend im Dritten Reich. Mit einem Geleitwort von Thomas Mann und einem Nachwort von Irmela von der Lühe. Reinbek 1997
Mann, Golo: Erinnerungen und Gedanken. Eine Jugend in Deutschland. Frankfurt a. M. 1986
Mann, Katia: Meine ungeschriebenen Memoiren. Hg. von Elisabeth Plessen und Michael Mann. Frankfurt a. M. 1976
Mann, Monika: Vergangenes und Gegenwärtiges. Erinnerungen. München 1956
Mann, Monika: Mein Bruder Klaus. In : «Neue deutsche Hefte», 1974, S. 520f.
[Mann, Thomas:] Thomas Mann an Ernst Bertram. Briefe aus den Jahren 1910–1955. Hg. von Inge Jens. Pfullingen 1960
Mann, Thomas: Briefe. 3 Bände. Hg. von Erika Mann. Frankfurt a. M. 1961, 1963, 1965
Mann, Thomas: Tagebücher. 10 Bände. Bd. 1–5 hg. von Peter de Mendelssohn. Bd. 6–10 hg. von Inge Jens. Frankfurt a. M. 1977–1995
Mann, Thomas: Späte Erzählungen. Hg. von Peter de Mendelssohn. Frankfurt a. M. 1981
Mann, Thomas: Lotte in Weimar. Roman. Hg. von Peter de Mendelssohn. Frankfurt a. M. 1982
Mann, Thomas: Über mich selbst. Autobiographische Schriften. Hg. von Peter de Mendelssohn. Frankfurt a. M. 1983
Mann, Thomas: An die gesittete Welt. Politische Schriften und Reden im Exil. Hg. von Peter de Mendelssohn. Frankfurt a. M. 1986
Mann, Thomas, und Heinrich Mann: Briefwechsel 1900–1949. Hg. von Hans Wysling. Frankfurt a. M. 1995
Mann, Thomas, und Agnes E. Meyer: Briefwechsel 1937–1955. Hg. von Hans Rudolf Vaget. Frankfurt a. M. 1992
Meder, Thomas: Vom Sichtbarmachen der Geschichte. Der italienische «Neorealismus», Rossellinis PAISÀ und Klaus Mann. München 1993
Mendelssohn, Peter de: Der Zauberer. Das Leben des deutschen Schriftstellers Thomas Mann. 3 Bände. Frankfurt a. M. 1996
Naumann, Uwe: Klaus Mann. Reinbek 1984
Overwien-Neuhaus, Anne (Hg.): Eva Herrmann. Zeugin des Exils. Köln 1995
Reich-Ranicki, Marcel: Nachprüfung. Aufsätze über deutsche Schriftsteller von gestern. München–Zürich 1977
Reinhold, Ursula, Dieter Schlenstedt und Horst Tanneberger (Hg.): Erster Deutscher Schriftstellerkongreß, 4.–8. Oktober 1947. Protokolle und Dokumente. Berlin 1997

**Bibliographie**

Riemenschneider, Heinrich (Red.): Gustaf Gründgens. Katalog zur Ausstellung anläßlich seines achtzigsten Geburtstages am 22. Dezember 1979. Düsseldorf 1980

Roussel, Hélène, und Lutz Winckler (Hg.): Pariser Tageblatt / Pariser Tageszeitung. Konzepte und Praxis der Tageszeitung der deutschen Emigranten in Frankreich. Bremen 1989

Sauder, Gerhard (Hg.): Die Bücherverbrennung. Zum 10. Mai 1933. München 1983

Schachner, Rainer: Im Schatten wächst das Werk. Familie und Selbstmord in Klaus Manns erster Autobiographie «Kind dieser Zeit». Diss. Universität Salzburg 1996

Schilling, Heinz Dieter (Hg.): Schwule und Faschismus. Berlin 1983

Schmitt, Hans-Jürgen (Hg.): Die Expressionismusdebatte. Materialien zu einer marxistischen Realismuskonzeption. Frankfurt a. M. 1973

Schmitt, Hans-Jürgen, und Godehard Schramm (Hg.): Sozialistische Realismuskonzeptionen. Dokumente zum 1. Allunionskongreß der Sowjetschriftsteller. Frankfurt a. M. 1974

Schock, Ralph (Hg.): Haltet die Saar, Genossen! Antifaschistische Schriftsteller im Abstimmungskampf 1935. Bonn 1984

Schoeller, Wilfried F.: Heinrich Mann. Bilder und Dokumente. München 1991

Schröter, Klaus: Thomas Mann. Reinbek 1995

Schröter, Klaus: Heinrich Mann. Reinbek 1996

Selbmann, Rolf: Vom Jesuitenkolleg zum humanistischen Gymnasium. Zur Geschichte des Deutschunterrichts in Bayern zwischen Gegenreformation und Gegenwart am Wilhelmsgymnasium München. Frankfurt a. M. 1996

Skierka, Volker: Lion Feuchtwanger. Eine Biographie. Hg. von Stefan Jaeger. Berlin 1984

Spangenberg, Eberhard: Karriere eines Romans. Mephisto, Klaus Mann und Gustaf Gründgens. Ein dokumentarischer Bericht aus Deutschland und dem Exil 1925–1981. München 1982

Stephan, Alexander: Im Visier des FBI. Deutsche Exilschriftsteller in den Akten amerikanischer Geheimdienste. Stuttgart–Weimar 1995

Stern, Guy: Exiles and the War of Minds. In: Ders., Literarische Kultur im Exil/Literature and Culture in Exile. Gesammelte Beiträge zur Exilforschung/Collected Essays on the German Speaking Emigration after 1933. Dresden 1997, S. 291–304

Sternweiler, Andreas (Hg.): Frankfurt, Basel, New York: Richard Plant. Berlin 1996

Strohmeyr, Armin: Traum und Trauma. Der androgyne Geschwisterkomplex im Werk Klaus Manns. Augsburg 1997

Stümke, Hans-Georg, und Rudi Finkler: Rosa Winkel, Rosa Listen. Homosexuelle und «Gesundes Volksempfinden» von Auschwitz bis heute. Reinbek 1981

Täubert, Klaus (Red.): Klaus Mann zum 75. Geburtstag. «europäische ideen», Heft 52, Berlin 1981

Töteberg, Michael: Nachwort. In: Klaus Mann, Der siebente Engel. Die Theaterstücke, Reinbek 1989, S. 419–438

Vahle, Skirner: «Arts and Sciences Finding Refuge in the U.S.A. – Die geistige Emigration» von Arthur Kaufmann und eine Unbekannte, 1938. In: «Exil», Nr. 1/1981, S. 57–63

Walter, Bruno: Thema und Variationen. Erinnerungen und Gedanken. Stockholm 1947

Walter, Hans-Albert: Fritz H. Landshoff und der Querido Verlag 1933–1950. Mit einer Bibliographie Querido. «Marbacher Magazin», Heft 78. Marbach 1997

Winckler, Lutz: Klaus Mann: Mephisto. Schlüsselroman und Gesellschaftssatire. In: Exilforschung. Ein internationales Jahrbuch, Bd. 1, München 1983, S. 322–342

Wysling, Hans, und Yvonne Schmidlin (Hg.): Thomas Mann. Ein Leben in Bildern. Zürich 1994

# Filmographie

**1. Filme unter Mitwirkung von Klaus Mann**

Paisá. Italien, 1946. 127 Minuten. Buch: Roberto Rossellini, Federico Fellini, Vasco Pratolini, Padre Vincenzo. Regie: Roberto Rossellini, Federico Fellini, Massimo Mida. Darsteller: Robert Van Loon, Carmela Sazio, Dotts Johnson, Alfonsino Bovino u. a.

**2. Filme nach Werken Klaus Manns**

Mephisto. Ungarn / Österreich / Bundesrepublik Deutschland, 1981. 138 Minuten. Buch: István Szabó, Péter Dobai. Regie: István Szabó. Darsteller: Klaus Maria Brandauer, Krystina Janda, Rolf Hoppe, Ildikó Bánsági u. a.

Treffpunkt im Unendlichen. Fernsehfilm, Erstsendung: Norddeutscher Rundfunk, 3. Programm, 10. November 1984. 159 Minuten. Buch und Regie: Horst Königstein. Darsteller: Angelika Thomas, Till Topf, Cas Enklaar, Vera Tschechowa u. a.

Flucht in den Norden. Bundesrepublik Deutschland / Finnland, 1986. 126 Minuten. Buch und Regie: Ingemo Engström. Darsteller: Katharina Thalbach, Jukka-Pekka Palo, Lena Olin, Käbi Laretei u. a.

Der Vulkan. Deutschland/Frankreich 1998. 103 Minuten. Buch: Rebecca Hughes, Ursula Grützmacher-Tabori, Ottokar Runze. Regie: Ottokar Runze. Darsteller: Nina Hoss, Meret Becker, Christian Nickel, Udo Samel, Katharina Thalbach u. a.

**3. Filme über Klaus Mann**

Treffpunkt im Unendlichen. Die Lebensreise des Klaus Mann. Dokumentarfilm von Heinrich Breloer. Redaktion: Horst Königstein, Christhart Burgmann. 121 Minuten. Erstsendung: Norddeutscher Rundfunk, 3. Programm, 29. Oktober 1983

Bitter is de verbanning. Dokumentarfilm von Bart van Esch und Tom Verheul. 58 Minuten. Erstsendung: Holländisches Fernsehen, 3. Programm, 23. März 1998. Sprecher der deutschen Texte: Bruno Ganz

Dichtung und Wirklichkeit. Klaus Manns «Mephisto». Dokumentarfilm von Veronika Vogel. Redaktion: Rudolf von Bitter. 29 Minuten. Erstsendung: Bayerischer Rundfunk, 3. Programm, 15. Mai 1998

## Namenregister

Die *kursiv* gesetzten Zahlen bezeichnen die Abbildungen


Alexander der Große 92ff., *92f.*
Alfieri, Dino *181*
Alkibiades 134, *134*
Allert de Lange (Verlag) 148f., 232
Amendt, Rudolf, genannt Buschi 57
Amidei, Sergio 309
Aminoff, Hans 128, 134, 165, *128*
Anders, Günther *221*
Anderson, Sherwood 248, *250*
Anker, Ella 50f., *51*
Aragon, Louis *169*
Arnheim, Rudolf 93
Arnold, Heinz Ludwig 165
Asch, Nathan 121
Auden, Wystan Hugh 167, 201, 248, *167*
Augsbourg, Gea 169

Babel, Isaak *169*
Bach, Friedemann 195
Bach, Johann Sebastian 195
Badenhausen, Rolf 194
Badoglio, Pietro 294
Balász, Béla 208
Baldwin, James 322
Ballhaus, Charly *119*
Balser, Ewald 108
Bang, Herman 42, 244
Bansagi, Ildiko *190*
Barbusse, Henri 168, *168*
Basler, Otto 156, 333
Baudelaire, Charles 42
Baum, Vicki 148, 218, 320
Becher, Johannes Robert 153, 192, 311, 319
Beethoven, Ludwig van 106f.
Bell, Andrea Manga *191*
Benda, Julien *169*
Beneš, Edvard 217, 304
Benn, Gottfried 106f., 118, 144f., 192, 208, *107, 144*
Berber, Anita 65
Bergner, Elisabeth 192, 226
Bermann Fischer (Verlag) 232
Bermann Fischer, Gottfried 154, 257, *155*
Bernus, Baron von 53
Bertram, Ernst 72
Bloch, Ernst 82, 153, 165, 176, 208, *82, 209, 221*
Bloch, Jean-Richard 163, *162, 169*
Boeck, Gertraud von *74*
Böök, Frederik 94
Borchert, Wolfgang 319
Borgese, Angelica 266, *267*
Borgese, Dominica 266
Borgese, Giuseppe Antonio 248, 266, *243*
Bougeant, H. 324
Boyd, Karin *190*
Braak, Menno ter 153
Brandauer, Klaus Maria *184f., 189, 190*
Brauer, Max 166
Brausewetter, Hans 57
Brecht, Bertolt 73, 153, 168, 208, 250, *152, 209*
Bredel, Willi *163*
Breitensträter, Hans 69
Brewer, Joseph 90
Brod, Max 148, 332, 334
Bronnen, Arnolt 68, 106f.
Bruckner, Ferdinand *221*
Brüning, Heinrich 126
Büchner, Georg 42
Buhle, Lothar 57
Busch, Fritz 294
Busch, Hans 294, *261*

Canetti, Elias 197
Casson, Jean *169*
Chagall, Marc 251
Chamberlain, Arthur Neville 216, 239, *217*
Chamisso, Adelbert von 248
Chateaubriand, François René Vicomte de 244
Chirico, Giorgio De 294
Chrambach, Eva 40, 160
Churchill, Winston Leonard 239, 280, *280*
Ciano, Galleazzo, Graf von Cortelezzo *217*
Citroën, Paul 176
Clere, Henri *169*
Cocteau, Jean 83, 93, 101, 108ff., 153, 231, 233, *109*
Coudenhove-Kalergi, Richard Nicolas Graf 82, *82*
Crevel, René 83, 169, 232, *168*
Culligan, E. M. 290
Curtiss, Thomas Quinn 204ff., 253, 294, *204f., 253*
Curtius, Ernst Robert 53

Dabit, Eugène *169*
Daladier, Edouard 216, 239, *217*
Dalí, Salvador 294
Dardell, Niels de 57
Davidson, J. R. 264
Dawidow, Wladimir L., genannt Bob *173*
Deutsch, Julius 214
Deutsch, Wolfgang 118
Döblin, Alfred 116, 148, 154f., 237, 328
Dohm, Ernst (Urgroßvater) 21
Dohm, Hedwig (Großmutter) s. u. Hedwig Pringsheim
Dohm, Hedwig (Urgroßmutter) 21, 35, *35*
Dolbin, Benedikt Fred 81, 120, *221*
Dos Passos, John 52, 121
Douglas, Melvyn 271
Draper, Muriel *249*
Dujardin, Edouard *169*
Durtain, Luc *169*
Duse, Eleonora 244
Dvorák, Antonin 244

Ebermayer, Angelika 136
Ebermayer, Erich 4, 10, 68, 80, 106, 120, 136, 138, 144, *138*
Ebermayer, Ernestine 36
Ebermayer, Ludwig 136
Eggebrecht, Axel 81, *81*
Ehrenburg, Ilja 153, 168, 328, *152, 169*
Einstein, Albert 153, 227, *221*
Eisler, Hanns 208
Eisner, Pavel 320
Elisabeth, Kaiserin von Österreich-Ungarn, genannt Sissi *207*
Eloesser, Arthur 74
Emma, Königin der Niederlande 147
Engel, Erich 182
Engström, Ingemo 165
Enklaar, Cas *119*
Enoch, Gebrüder (Verlag) 56f., 68
Ernst, Max 294
Esch, Bart van 195

Feakins, William B. 210
Fehse, Willi 80, 96, *80*
Feist, Hans 57, 83, *98*
Feuchtwanger, Lion 148, 192, 211, 226, 233, 237, 332, *152, 232*
Feuermann, Emanuel *221*
Figner, Nikolai N. 172
Fini, Leonor 294f., 322, *295*
Finkler, Rudi 64
Fischel, Albert 44, *44*
Fischer, Samuel 42, 120, 154, *90, 121*
Fischer, Samuel (Verlag) 86f., 95, 116, 316, 321
Fitzgerald, Francis Scott 52
Flanner, Janet 250
Floch, Joseph *221*

## Namenregister


Forster, Edward Morgan 168, *169*
Franco, Francisco 212, 214
Frank, Bruno 42, 232, *221, 232*
Frank, Leonhard 166, 320
Frank, Liesl 232
Frank, Waldo 168, *169*
Franz, Herbert 108, 126, *127*
Freud, Sigmund 226
Freund, Gisèle 168
Friedemann, Ulrich *221*
Furtwängler, Wilhelm 310

Garbo, Greta 86
Gartmann, Uto 47, *47*
Gaus, Friedrich *238*
Geffcken, Karl *40*
Geffcken, Lisbeth *40*
Geheeb, Paul 45f., 48f., 217, *46*
Geiger, Rod *308*
George V., König von England 239
George, Heinrich 310
George, Stefan 42, 53, 82, 103, 133, 157, 170, 250
Germain, André 192
Gérôme, Pierre *169*
Gide, André 83, 103, 116, 150, 152, 168, 211, 231, 268f., 281, 314, 318, *151, 169, 269, 314*
Giehse, Therese 108, 122, 135, 160, 201, 205, *108, 135, 161*
Giraudoux, Jean 83
Glock, Karl Theodor 135
Godal, Erich 171
Goebbels, Joseph 183, *181*
Göring, Hermann 138, 180f., 183, 185, 188f., 191, 302, *181, 302*
Goertz, Heinrich 180
Goethe, August von 225, *225*
Goethe, Johann Wolfgang von 39, 47, 180, 225, 244f., 258
Gold, Käthe *180*
Gold, Michael *169*
Goldstein, Franz 98f., 130f., 174, 206, *174*
Goldstein, Kurt *221*
Goll, Claire 83, 251
Goll, Yvan 83, 251
Gorki, Maxim 171
Goslar, Lotte 201, *221*
Graeser, Wolfgang 80, *80*
Graf, Oskar Maria 10, 153, *221*
Greco, El Greco, eigentlich Dominikos Theotokópulos 231
Green, Julien 83
Gregor-Dellin, Martin 170
Gripenberg, Monika 277
Grosz, George 52, 189, *221*
Gründgens, Gustaf 55, 57–60, 68, 78f., 83, 119, 176, 179–183, 186ff., 190ff., 194f., 310, 334, *58–60, 79, 119, 180f., 191, 195, 310*
Gudden, Bernhard von *207*
Guéhenno, Jean *169*
Günther, Hans 153
Gumpert, Martin 218, 269, 320, *269*
Gutzkow, Karl 117

Haas, Willy 81, *81*
Habe, Hans 261, *261*
Hallgarten, Ricki 38, 41, 57, 74, 110, 118, 124ff., 134, 169, *40, 44, 124*
Harbort, Christine *189*
Harden, Maximilian 20, 44
Hatvany, Christa 194
Hatvany, Jolan 202f.
Hatvany, Baron Ludwig 202ff., 222, *202*
Hauser, Kaspar 67, 69, *67*
Heartfield, John 166
Hebbel, Christian Friedrich 318
Heiden, Konrad 211
Heine, Heinrich 42, 163
Heine, Thomas Theodor 4, 72
Hellmert, Wolfgang 80, 165, 169, 232, *80, 164*
Hemingway, Ernest 52, 153
Henning, Magnus 135, 160, 201, *135*
Herold, Jorge 124, 128
Herrmann, Eva 87, 151f., 249
Herz, Ida 70
Herz, Martin 293
Herzfelde, Wieland 158, 163
Hesse, Hermann 120, 122, 212, *121*
Heym, Stefan 261, *261*
Hiller, Kurt 64, 192
Hindenburg, Paul von 132, 186, 324, *132*
Hirschfeld, Magnus 64f., *64*
Hitler, Adolf 50, 106f., 132, 136, 144, 148, 180, 183f., 200, 210f., 216, 218, 220, 222, 227, 234, 238ff., 242f., 245f., 255, 260f., 262, 272, 278, 280, 292, 298, 302, 316, *122, 132, 163, 217, 238, 240*
Hölderlin, Friedrich 288, *288*
Hofmannsthal, Hugo von 42, 90, 103
Holl, Gussy *89*
Homolka, Florence 320
Hoover, J. Edgar *262*
Hoppe, Marianne 191, *191*
Hoppe, Rolf *185, 189*
Horváth, Ödön von 226, 234, *234*
Houghton Mifflin (Verlag) 226
Hoven, Heribert 277
Howard, Brian 212
Hugenberg, Alfred 216
Hummel, Ursula 40, 160
Hutton, Barbara 255
Huxley, Aldous 116, 150, 152, 168, 250, *151, 169*

Isenstein, Harald 314
Isherwood, Christopher 246, 250, 332, *247*

Jacobi, Georg 334
Jacobi, Lotte 243
Jahnn, Hans Henny 116, *116*
Janda, Krystina *190*
Jannings, Emil 86, 310, *89*
Jannings, Ruth *89*
Jaspers, Karl 328
Jelinek, Hans *221*
Jhering, Herbert 59, 79, 192
Johst, Hanns 192
Juliana, Kronprinzessin der Niederlande 147

Kästner, Erich 68
Kafka, Franz 202, 245, 276, *245*
Kahle, Hans *212*
Kaiser, Joachim 112
Kanová, Maria s. u. Maria Mann
Karajan, Herbert von 310
Kasack, Hermann 93
Katz, Otto 330
Kaufmann, Arthur 220, *220f.*
Keiser-Hayne, Helga 201
Kellen, Konrad 264
Kesten, Hermann 11, 13, 141, 149, 174, 182f., 191, 235, 244, 268, 279, 283, 290, 325, 332, *149, 182, 225, 279*
Keun, Irmgard 148
Kiepenheuer (Verlag) 148f.

## Namenregister


Kierkegaard, Søren 330
Kirchwey, Freda 248
Kisch, Egon Erwin 138, 330, *169*
Kleitos 92
Klemperer, Otto *221*
Klemperer, Victor 69
Klöpfer, Eugen 310
Klopstock, Robert 202, 245, *202*
Koch, John 251
König, René *80*
Körner, Theodor 41
Koestler, Arthur 328, *328*
Kolb, Annette 20, 332
Kolzow, Michail *169*
Korrodi, Eduard 156
Kortner, Fritz 226
Kosleck, Martin *119*
Kotzebue, August von 41
Kracauer, Siegfried 121f., *121*
Krauss, Clemens 310
Krauss, Werner 310
Kroll, Fredric 68, 72, 80, 98, 120, 128, 138, 166, 252, 254, 262, 279, 318
Kurella, Alfred 208

Lagerkvist, Pär 153
Laminit, Johann Georg 67
Landauer, Walter 149, *149*
Landshoff, Fritz H. 148f., 157, 186f., 191, 253, 257, 278, 320, 332, *149, 186, 304*
Landshoff, Sara Catharina, genannt Rini *307*
Lang, Fritz *221*
Lányi, Jenö 248, 267
Lasky, Melvin Joseph 330, *330*
Latouche, John 201
Lazare, Christopher 252ff.
L. B. Fischer (Verlag) 256f., 269, 279
Lehmann, Lotte *265*
Leonardo da Vinci 170
Levy, Rudolf 57
Lewis, Sinclair 200, 250
Lie, Trygve 315
Liebeneiner, Wolfgang 108, 110, *108*
Liepmann, Heinz 186, *186*
Lion, Ferdinand 225, *225*
Liszt, Franz 21
Litwak, Israel 251
Löhr, Fritz 134
Löwenstein, Hubertus Prinz zu 200, 218, 243, *243*
Ludendorff, Erich 107
Ludwig II., König von Bayern 206f., *206f.*
Ludwig, Alois 30
Ludwig, Emil 86, 148, 200, 286
Ludwig, Karl *322*
Lücke, Theodor 50, *50*
Lühe, Irmela von der 60, 122
Luft, Friedrich 318
Lukács, Georg 208, *209*
Lurçat, Jean *169*
Luther, Martin 237

Maaß, Joachim 80
Magnani, Anna 308, *308*
Malraux, André 168, *169*
Mann, Angelus Gottfried, genannt Golo (Bruder) 12, 26, 28f., 32, 38f., 39, 41, 74, 139, 150, 158, 192, 225, 258, 261, 264ff., 272, 320, 324, 327, *26f., 29, 33f., 38ff., 74, 241, 266f.*
Mann, Carla (Tante) *23*
Mann, Elisabeth (Schwester) 12, 14, 29, 38f., 243, 258, 266, 268, *38f., 71, 95, 123, 133, 267*
Mann, Elisabeth (Urgroßmutter) 22
Mann, Erika (Schwester) 12, 15, 18, 26, 28f., 32f., 38f., 41, 44f., 50, 57–60, 68, 72, 74, 76ff., 83, 86, 88, 90, 94, 96, 98ff., 108, 110, 115, 118, 122, 124ff., 128, 135, 138, 156, 160f., 165, 167, 187, 190, 192, 194, 198, 201, 205, 212, 214f., 222, 226f., 239, 242, 253f., 258f., 262, 264ff., 269, 276, 280, 320f., 324–327, 330, 332, *26–29, 33f., 38ff., 44, 58, 60, 69, 71, 74, 76–79, 84, 86f., 88ff., 95, 98, 108–111, 119, 126f., 133, 157, 160, 167, 200, 212, 221f., 226, 261, 265f., 280, 320*
Mann, Fridolin, genannt Frido (Neffe) 266, 268, *267, 268*
Mann, Gret, geb. Moser (Schwägerin) 266, *267*
Mann, Heinrich (Onkel) 12, 18, 20, 23, 32, 34, 81f., 96, 103, 148, 150, 152, 168, 175, 183, 185, 192, 211, 217, 225f., 233, 250, 304, 332, *23, 74, 82, 151, 169, 185, 221, 241*
Mann, Johann Sigmund (Urgroßvater) 22
Mann, Julia (Großmutter) 22f., *22*
Mann, Julia (Tante) *23*
Mann, Katia (Mutter) 12f., 18, 20f., 26f., 32ff., 37f., 42, 45, 48, 56f., 66, 70, 74ff., 95, 130, 133, 139, 156, 164, 190, 203, 205, 222, 225, 239, 249, 253f., 258f., 264, 271, 278–281, 300, 324–327, *19, 27, 34, 38, 71, 74f., 95, 123, 133, 157, 222f., 241, 258f., 266, 327*
Mann, Maria, genannt Mimi (Tante) 304, *74*
Mann, Michael (Bruder) 12, 29, 38f., 74, 174, 258, 266, 327, *38f., 71, 123, 133, 267*
Mann, Monika (Schwester) 12, 26, 28f., 38f., 41, 172, 258, 266, *27, 29, 33f., 38f., 40, 71, 74, 95, 123, 241, 266f.*
Mann, Thomas (Vater) 10–14, 18, 20–23, 26ff., 30, 32ff., 37ff., 41f., 45, 48, 56f., 59, 64, 70–74, 86, 94ff., 103, 106ff., 110, 123, 130, 136, 154–157, 167, 170, 174, 192, 205, 207, 214, 222, 224ff., 231ff., 239, 248, 253ff., 258, 264f., 274, 278ff., 289, 300, 302, 304, 318, 320, 324, 327, 333, *19, 23, 27, 39, 70ff., 74, 94f., 107, 123, 133, 157, 221–223, 225, 241, 254, 258f., 264ff., 327*
Mann, Thomas Johann Heinrich (Großvater) 22, *22*
Mann, Toni (Neffe) 266
Marcks, Gerta 41
Marcuse, Ludwig 153, 192
Marenbach, Leny *195*
Martens, Kurt 18
Masaryk, Jan 317, 320, 329, *317*
Masaryk, Tomaš 244, 317
Masereel, Frans 107
Matisse, Henri 115
Matter, Herbert 200
Maugham, William Somerset 248, *250*
Maupassant, Guy de 183
May, Karl 245, *245*
McCarthy, Joseph 320
McCarthy, Sergeant 278
McCullers, Carson 250, *250*
Meegeren, Han van 310

**Namenregister**


Mehring, Walter *152*
Mendelssohn, Peter de 18, 30, 312
Meyer, Agnes E. 22, 254, 264, *254*
Michelangelo 175
Milosz, Aurel 294
Mnouchkine, Ariane 335
Modern Age (Verlag) 242
Mörike, Eduard 39
Moissi, Alexander 86
Molière, eigentlich Jean-Baptiste Poquelin 24
Molotow, Wjatscheslaw *238*
Montez, Lola 244
Morath, Rudolf *40*
Moravia, Alberto 294
Mozart, Wolfgang Amadeus 24, 310
Mühsam, Erich 79, 138, 189
Münzenberg, Willi 183
Müthel, Lothar 310
Musil, Robert 154f., 168
Musset-Kaufmann, Elisabeth *221*
Mussolini, Benito 115, 216, *217*

Nahuys, Alice van 148, *149*
Neher, Carola 166
Neider, Charles 252, *252*
Neumann, Alfred 154
Neumann, Günter 319
Nexø, Martin Andersen *169*
Nicolson, Harold 12f.
Nietzsche, Friedrich 42f., 107, 157, *43*
Nizan, Paul *168f.*
Novalis, eigentlich Friedrich von Hardenberg 42f., *43*
Nymphenburger Verlagshandlung (Verlag) 334

Ohser, Erik 125
Olden, Balder *163*
Orlik, Emil 114
Ossietzky, Carl von 138, 189
Osten, Maria, eigentlich Maria Greßhöner *162*
Oswald, Richard 65

Palfi, Marion 146
Palo, Jukka-Pekka *165*
Papen, Franz von 126, 216, 324
Pasternak, Boris 153, 168, *169*
Paz, Magdeleine *169*
Peters, Werner *184*
Pfitzner, Hans 42
Picasso, Pablo 109
Pinthus, Kurt 79
Piscator, Erwin 166, *221*
Plant, Richard, eigentlich Plaut 252, *252*
Plisnier, Charles *169*
Pöysti, Tom *165*
Poulaille, Henri *169*
Pringsheim, Alfred (Großvater) 20, 34, *20*
Pringsheim, Erik (Onkel) 20, 35, *21*
Pringsheim, Hedwig (Großmutter) 20f., 34f., 42, 96, *20*
Pringsheim, Heinz (Onkel) 20, 66, *21*
Pringsheim, Katia (Mutter) s. u. Katia Mann
Pringsheim, Klaus (Onkel) 20, 56, 78, *21*
Pringsheim, Olga (Tante) 66
Pringsheim, Peter (Onkel) 20, *21*
Proust, Marcel 273

Querido (Verlag) 148ff., 152, 157, 166, 174, 186, 192f., 206, 232f., 320f., 332
Querido, Emanuel 148, *149*

Radek, Karl 163, *162*
Rainer, Luise *221*
Rappoport, Charles *169*
Reclam (Verlag) 96
Regler, Gustav 148, *162f.*
Reich-Ranicki, Marcel 11
Reinhardt, Max 192, 226, *221*
Reiser, Hans 287, *287*
Reisiger, Hans 74
Remarque, Erich Maria 148
Renn, Ludwig 214, *212, 221*
Révy, Richard 108, *108*
Ribbentrop, Joachim von *238*
Riess, Curt 218, 228, 232, 261, *261*
Rilke, Rainer Maria 42, 103, 228, 231
Rimbaud, Arthur 42
Ripper, Rudolf von 98, 218, 230, 254, *98*
Rodig, Wolf *80*
Röhm, Ernst 171, *122, 170*
Rolland, Romain 153
Romains, Jules 250
Roosevelt, Franklin Delano 198, 265, 280, *198, 280*
Rosenberg, Alfred 163
Rossellini, Roberto 308f., *308*
Roth, Joseph 148, 153, 160, 191, 234, *234*
Rukeyser, Muriel 252f., *252*
Runze, Ottokar 229

Saint-Exupéry, Antoine de 136
Salomon, Bruno von 322
Salter, Georg 116
Sartre, Jean-Paul 250, 328, *328*
Savonarola, Girolamo 27
Schickele, René 154f., *155*
Schloss, Sybille 201, *161*
Schlüter, Herbert 66, 80, 314, 333, *80*
Schmeller, Joseph 225
Schmitt, Otto J. *162*
Schönberg, Arnold *221*
Schoenberner, Franz 153
Schönebeck-Bedford, Sybille 272f.
Schönthan, Doris von 322, 327, *323*
Schünzel, Reinhold 65
Schulz, Fritz 65
Schwarzenbach, Annemarie 124, 126, 158, 165, 200, 205, *126f., 158, 163f.*
Schwarzschild, Leopold 243, *243*
Seger, Gerhart 166
Seghers, Anna 148, 168, 208, 233, 328, 330, *328*
Seidenstücker, Friedrich 311
Seidlin, Oskar 100, *174*
Sekula, Sonja *158*
Sforza, Carlo Graf 294
Shakespeare, William 24
Silone, Ignazio 294, *294*
Silva-Bruhns, Julia da s. u. Julia Mann
Sinclair, Upton 333
Sintenis, Renée 63
Sklenka, Hans 187, *161*
Sokrates 42f., 134, 170, *43*
Sonnemann-Göring, Emmy 188f., 310
Sonnenschein, Heinz-Hermann *81*
Soupault, Philippe 153, *152*
Spangenberg, Eberhard 13, 112, 186, 191, 194
Spender, Stephen 238
Spengler, Oswald 80
Spreti, Hans Joachim Graf von *170*
Stalin, Josef, eigentlich Jossif Wissarionowitsch Dschugaschwili 238, 243, 260, 262, 280, 331, *238, 280*
Starke, Ottomar 81, 96

## Namenregister


Staudte, Wolfgang 184
Steed, Wickham 153
Steegemann, Paul (Verlag) 56
Steiner, Rudolf 53
Stendhal, eigentlich Henri Beyle 288
Stephan, Alexander 262 f.
Stern, Guy *261*
Stern, William *221*
Sternheim, Carl 78, 192, 310
Sternheim, Thea, genannt Mopsa 4, 15, 78, 83, 98, 322, *98*
Sternweiler, Andreas 252
Strauss, Richard 20, 302
Strich, Fritz 14, 117
Stroheim, Erich von *250*
Stümke, Hans-Georg 64
Süskind, Wilhelm Emanuel, genannt Willi 41, 50, 57, 74, 80, 93, 120, 144, *40, 121*
Suttner, Bertha von 35
Swedenborg, Emanuel 231
Szabó, István 184 f., 189 f., 335

Täubert, Klaus 100, 311
Teachont, Colonel 278
Tewksbury, John 298, 300, 302
Thalbach, Katharina *165*
Thimig, Helene *221*
Thompson, Dorothy 200
Tillich, Paul *221*
Toch, Ernst *221*
Töteberg, Michael 59, 72, 79
Toller, Ernst 148, 153, 200, 234, 329, *221, 234*
Tolstoi, Alexej 168, *168*
Topf, Till *119*
Tretjakow, Sergej *162*
Trier, Walter 115, 125
Trösch, Robert *161*
Trotzki, Leo 153, 244
Tschaikowsky, Peter Iljitsch 172–175, 314, *172 f.*
Tucholsky, Kurt 81, 234, *234*

Vaillant-Couturier, Paul *169*
Valentin, Curt *221*
Veidt, Conrad 65
Verdi, Giuseppe 24
Verlaine, Paul 42
Vesper, Will 152
Viereck, Peter 294
Viertel, Berthold 250, *221, 250*
Vildrac, Charles *169*
Vogeler, Heinrich 208
Voltaire, eigentlich François Marie Arouet 288

Wagner, Elsa *180*
Wagner, Richard 20, 24, 157, 206 f., 290, *207*
Walden, Herwarth 208
Walter, Bruno 38, 42, 226, 264, 310, 333, *44, 322*
Walter, Elsa *44, 265*
Walter, Friedrich 278, 333
Walter, Gretel 38, 41, 44, *44*
Walter, Hans-Albert 149
Walter, Lotte 38, 41, 44, 265, 276, 281, 322, 333, *44, 322*
Wangenheim, Gustav von 171, 187, 208
Wassermann, Jakob 42, 153, *152*
Wedekind, Frank 42, 50, 79, 103, 157
Wedekind, Kadidja 61
Wedekind, Pamela 50, 57–61, 78, 83, 86, 98, 187, 327, 330, *51, 58, 60 f., 69, 78 f., 83, 119*
Wedekind, Tilly 57, 61
Weil-Jockisch, Grete 66, 100, 311
Weill, Kurt *221*
Weinert, Erich 166
Werfel, Franz 226, 250
Wertheimer, Max *221*
Weyrauch, Wolfgang 330
Whitman, Walt 42 f., 170, 255, *43*
Wilde, Harry 320
Wilde, Oscar 42
Wilder, Billy 218
Wilder, Thornton 200
Wilhelmina, Königin der Niederlande 147
Williams, William Carlos 250
Williams-Ellis, Amabel *169*
Winckler, Lutz 192
Wolf, Friedrich 311
Wolfe, Thomas 200
Woolf, Virginia 116, 329

Zarek, Otto 174
Ziegel, Erich 187
Ziha, Erika *108*
Zucker, Paul *221*
Zweig, Arnold 148, *221*
Zweig, Stefan 64, 90, 105 ff., 154 f., 174, 248, 297, 329, *107*

## Bildquellen

Stadtarchiv München: 18 r., 30/31 u., 31 o.
Thomas-Mann-Archiv der Eidgenössischen Technischen Hochschule Zürich: 19 u., 20 o., 20 Mitte, 20/21 Mitte, 35 o. r., 75 o., 94, 95, 123 o., 155 o. l., 157 o., 167 u., 223 u., 241 o. l., 241 r., 327
Sammlung Anita Naef, München: 20/21 u., 27 u., 29 o., 51 u. r., 102 u., 122 o., 126 u., 127
Privatsammlungen: 21 o. r., 30 o., 35 Mitte o., 35 u., 43 l., 64 o. r., 78 o., 97 o., 99 l., 115 u., 118, 131, 165 o., 165 Mitte, 202 u. r., 261 o. l., 314 u. r., 321 o.
Heinrich-und-Thomas-Mann-Zentrum, Lübeck: 22, 23 u. l., 23 u. r.
Arquivo Noronha Santos, Iphan, Rio de Janeiro: 23 o.
Stadtmuseum München, Graphik-Sammlung: 24/25
Ullstein Bilderdienst, Berlin: 32, 33 u., 57 u., 66, 71 o., 71 Mitte, 86, 107 u., 109 u. r., 122 u., 137, 142, 152 Mitte u., 152 u. r., 162 Mitte r., 168 u. r., 170 u., 180 o., 181 o., 181 u., 280 u., 310 r.
Bilderdienst Süddeutscher Verlag, München: 34 o., 50 u., 64 o. l., 99 r., 129 Mitte, 129 u., 132 o., 199 u., 217 o., 217 u., 232 u. r., 238, 240, 260 o., 281 Mitte, 292 u., 294 o., 323 o. r., 328 Mitte, 328 u.
Archiv des Wilhelmsgymnasiums, München: 36, 37
Sammlung Annemarie Süskind, Münsing: 41 u. r., 44 o. l., 50 o. l., 51 o. l., 53 l., 121 o. r.
Rowohlt-Archiv: 43 Mitte o., 43 r., 52, 81 o. r., 96 u., 107 o., 109 u. l., 134 o. r., 145 o. r., 178, 181 Mitte, 184 o., 185 o. l., 188, 257 o. l., 314 u. l., 335
Schloß Weißenfels, Museum: 43 Mitte u.
Deutsches Theatermuseum, München: 44 u. l., 44 u. r., 287 o. r.
Sammlung Fredric Kroll, Freiburg: 45 o. (Foto: Marion Schneider-Böhm), 47 u., 79 u., 119 u., 324 u. (Foto: Marlis Thiel)
Archiv der Odenwaldschule, Oberhambach: 45 u., 46, 47 o., 48, 49 l.
George Grosz Estate, Princeton, N. J.: 52, 189 o.
Stift Neuburg, Archiv: 53 o.
Antiquariat Hartmut Erlemann, Amsterdam: 56 o. l., 56 Mitte r., 73 o. r., 114, 116 o. r., 129 o., 226 o. l., 226 r., 246 l., 279 u. l.
Staatsbibliothek zu Berlin/Preußischer Kulturbesitz: 56 o. r., 59, 104
Börsenverein des Deutschen Buchhandels, Historisches Archiv, Frankfurt: 56 Mitte l.
Archiv für Kunst und Geschichte, Berlin: 57 o., 92/93 u., 244/245 u., 247 o., 247 u. r.
Sammlung Blahak, Hannover: 60 r., 325 u.
Antiquariat Querido, Düsseldorf: 62 o., 68 r., 90 o. Mitte, 90 o. r., 164 u., 228 o. l., 242 o.
Aus: Hans Siemsen, Das Tigerschiff – Jungensgeschichten, Frankfurt a. M. 1923: 63 u.
Schwules Museum, Berlin: 64 Mitte r., 252 u. r.
Aus: Magnus Hirschfeld, Geschlechtskunde, Bd. 4, Stuttgart 1930: 64 u.
Stiftung Deutsche Kinemathek, Berlin: 65, 165 u., 185 u., 190, 195 o., 195 u., 309 u.
Sammlung Wilfried Weinke, Hamburg: 68 Mitte o. und Mitte u., 186 o. r.
Sammlung Klaus Täubert, Berlin: 79 o., 80 o. r., 87 o. r., 102 o.
Sammlung Herta Haas, Hamburg: 81 o. l.
Deutsches Literaturarchiv, Marbach a. N.: 81 Mitte u., 82 o. l., 103 o. r., 107 Mitte, 116 u. l., 116 u. r., 120, 121 o. l., 121 u. l., 138 o. r., 143, 154 o. r., 155 u. l., 234 o. l., 243 o. l., 243 u. l., 257 o. r., 275 u., 288 o. l., 289 u., 331 u. r.
Österreichische Nationalbibliothek, Wien: 82 o. r., 304 o.
Akademie der Künste, Archivabteilung Literatur, Berlin: 82 u. l., 168 u. l., 185 o. r., 185 u. r., 234 u. l.
Jan R. Bloch, Kiel: 82 u. r.
Museo Nazionale, Neapel: 93 o.
Stadtarchiv Leipzig: 96 o.
Sammlung Wolfgang Wendler, Hamburg: 98 o. r.
Aus: Jean Cocteau, Opium, Paris 1929 : 100, 101
Institut für Zeitungsforschung, Dortmund: 106 o., 136
Bildarchiv Preußischer Kulturbesitz, Berlin: 106 u., 173 u., 198 u., 281 o., 281 u.
Aus: Jean Cocteau, Les Enfants terribles, Paris 1935: 109 o.
Norddeutscher Rundfunk Hamburg, Gita Mundry: 117, 119 o. l., 119 o. r.
Sammlung Leo Löwenthal, Berkeley: 121 u. r.
Ostpreußisches Landesmuseum, Lüneburg: 123 Mitte, 123 u.
Harenberg Kommunikation Verlags- und Medien GmbH & Co. KG, Dortmund 1989, Jahrgangschronik 1932: 132 u.
American School of Classical Studies, Athen: 134 u.
Goethe-Institut, Amsterdam: 147
Steffen Bock, Düsseldorf: 148 o., 149 u. r., 199 o.
Sammlung Andreas Landshoff, Amsterdam: 149 o. l., 149 u. l., 174 u. l., 186 r. u., 232 o.
Aus: Eva Herrmann – Zeugin des Exils, Hg. von Anita Overwien-Neuhaus, Köln 1995: 151 Mitte o., 152 o. l., 152 o. Mitte
Roger-Viollet, Paris: 152 Mitte r.
Saarländische Universitäts- und Landesbibliothek, Saarbrücken: 159 o.
Gisèle Freund/© Agence Nina Beskow, Paris: 162 Mitte l., 168 o.
Aus: Ludwig Hoffmann und Karl Siebig, Ernst Busch, Berlin 1987: 162 u.
Aus: Wilfried F. Schoeller, Heinrich Mann – Bilder und Dokumente, München 1991: 169 r.

## Bildquellen

Deutsche Bibliothek, Deutsches Exilarchiv, Frankfurt: 171 u., 187 u., 193 u., 211
Berlin Museum: 171 o.
Aus: Pjotr Iljitsch Tschaikowski, Leipzig 1978: 172, 173 o. l.
Sammlung Gret Mann, Orinda: 174 o. r.
Aus: Gustaf Gründgens, Katalog zur Ausstellung des Dumont-Lindemann-Archivs, Düsseldorf 1980: 180 Mitte, 180 u., 336
Deutsches Institut für Filmkunde, Frankfurt: 189 u., 195 Mitte, 309 o., 309 Mitte
Verlag Kiepenheuer & Witsch, Köln: 191 o. l.
Brandenburgisches Landeshauptarchiv, Potsdam: 191 o. Mitte
KZ-Gedenkstätte Dachau: 191 o. r.
Aus: Curt Riess, Gustaf Gründgens – Eine Biographie, Hamburg 1965: 191 u.
Keystone Pressedienst, Hamburg: 198 o.
Thomas Quinn Curtiss, Paris: 202 u. l., 204 o., 205, 253 u.
Aus: Georg Jacob Wolf, König Ludwig II. und seine Welt, München 1926: 206 Mitte, 206 u., 207 o. l., 207 o. r., 207 u. l.
Aus: Elisabeth – Bilder einer Kaiserin, Hg. von Brigitte Hamann, Wien/München 1982: 207 u. r.
Aus: Georg Lukács, Hg. von Éva Fekete und Éva Karádi, Stuttgart 1981: 209 o. l., 209 o. r., 209 u. r.
Röderberg-Verlag, Frankfurt: 217 Mitte
Lis Künzli, Berlin: 219 o. l.
Städtisches Museum Mülheim a. d. R.: 220 o., 221
Aus: «Direction», Darien/Connecticut, Dezember 1939: 220 u.
Princeton University Library: 223 o.
Stiftung Weimarer Klassik, Weimar: 225 u. r.
Antiquariat List & Francke, Meersburg: 228 o. r., 261 u. l.
Ottokar Runze Filmherstellung, Berlin: 229
Aus: Rilke – Leben, Werk und Zeit, Hg. von Horst Nalewski, Frankfurt/Leipzig 1992: 231 o.
Fotos Eric Schaal / © Weidle Verlag, Bonn: 234 u. r., 250 o. l., 250 u. r., 258 o. l., 269 u. r.
Aus: Hermann Kesten, Lauter Literaten, Wien/München/Basel 1963: 234 o. r.
Karl-May-Museum, Radebeul: 245 o. r.
National Portrait Gallery, London: 247 u. l.
Aus: «Decision», New York 1941/42: 250 u. l., 250 r. Mitte, 251, 254 u. r.
Arche-Verlag, Hamburg: 252 o. l.
Charles Neider, Princeton/N. J.: 252 o. r.
Thomas Mann Collection, Yale University: 254 o. r.
National Archives, College Park/Maryland: 260 u.
Guy Stern, Detroit/Michigan: 261 o. r.
Aus: Hans Habe, Im Jahre Null, München 1966: 261 Mitte l.
Carolyn Busch, Bloomington/Indiana: 261 Mitte r.
Associated Press, Frankfurt: 262 o. r., 318 l.
Alexander Stephan, Gainesville/Florida: 262 o. l., 262 u. r., 263
Sammlung Barbara Murken, München: 269 u. l.
US Army Military History Institute, Carlisle/Philadelphia: 273, 292 o.
Aus: Constantin Jelenski, Leonor Fini, Starnberg 1968: 295 o. r.
Sammlung Thomas Meder, Frankfurt: 308 u. r.
Aus: Eine Kulturmetropole wird geteilt, Berlin 1987: 311, 331 u. l.
Schirner/DHM/DER SPIEGEL/XXP: 318 r.
Aus: «Der Querschnitt» 1927, 7. Jg., Bd. 1: 323 o. l.
Sammlung Ruth Radvanyi, Berlin: 328 o.
Fotos Abraham Pisarek / © Ruth Gross, Berlin: 330 u., 331 o.
© VG Bild-Kunst, Bonn 1999: 52, 63 u., 72 o. l., 81 u. r., 87 o. r., 100, 101, 107 o., 109 o., 115 o. r. (Succession H. Matisse), 120, 140, 151 o. Mitte, 151 o. r., 152 o. l., 152 o. Mitte, 169 r., 189 o., 231 o., 250 r. Mitte, 251 l., 295
Alle übrigen Bildvorlagen stammen aus dem Literaturarchiv der Monacensia, München.
In Fällen, bei denen ein exakter Nachweis nicht möglich war, bittet der Verlag die Inhaber des Copyrights um Nachricht.

## Danksagung

Ein Buch wie das vorliegende kann nur verwirklicht werden mit der Hilfe und Zuarbeit vieler Institutionen, Unterstützer und Ratgeber.

Für Kooperation und wichtige Anregungen möchten Verlag und Herausgeber sich namentlich bedanken bei Frank Albrecht (Schriesheim), Helene Andreas (München), Ingrid Beck-Mann (Leverkusen), Cornelia Bernini (Zürich), Stefan Blahak (Hannover), Anne Blankenberg (München), Sigrid Bock (Berlin), Steffen Bock (Düsseldorf), Peter Boerner (Bloomington/Indiana), Angela Bornemann (Bremen), Norbert Bosslet (Heidelberg), Heinrich Breloer (Köln), Carolyn Busch (Bloomington/Indiana), Thomas Quinn Curtiss (Paris), Volker Duvigneau (München), Hartmut Erlemann (Amsterdam), Thomas Feitknecht (Bern), Katrin Finkemeier (Hamburg), Detlef Grumbach (Hamburg), Sven Hanuschek (München), Klaus Harpprecht (La Croix-Valmer), Doris Heidhoff (Paris), Dirk Heißerer (München), Frank Hermann (Düsseldorf), Stefan Heym (Berlin), Karl-Ludwig Hofmann (Heidelberg), Heribert Hoven (München), Roland Jaeger (Hamburg), Willibald Karl (München), Pia Kipphardt (München), Hans-Gerd Koch (Wuppertal), Horst Königstein (Hamburg), Fredric Kroll (Freiburg), Andreas Landshoff (Amsterdam), Christian Lenhardt (Meersburg), Irmela von der Lühe (Göttingen), Kathrin Lussi (Bern), Elisabeth Mann Borgese (Halifax/Kanada), Frido Mann (Göttingen), Gret Mann (Orinda/Kalifornien), Doris Maurer (Bonn), Thomas Meder (Frankfurt a. M.), Barbara Murken (München), Anita Naef (München), Charles Neider (Princeton/New Jersey), Roger Perret (Zürich), Martina Peter (Zürich), Alan Posener (Berlin), Rainer Schachner (Paris), Claudia Schoppmann (Berlin), Rolf Selbmann (München), Thomas Sprecher (Zürich), Alexander Stephan (Gainesville/Florida), Guy Stern (Detroit/Maine), Andreas Sternweiler (Berlin), Annemarie Süskind (Seeheim), Patrick Süskind (München), Klaus Täubert (Berlin), Margit Thies (Hamburg), Michael Töteberg (Hamburg), Tom Verheul (Soest/Holland), Klaus Wagenbach (Berlin), Stefan Weidle (Bonn), Grete Weil (Grünwald), Wilfried Weinke (Hamburg), Wolfgang Wendler (Hamburg) und Hans Wißkirchen (Lübeck).

Auch zahlreiche Archive, Bibliotheken und Forschungseinrichtungen haben zur Realisierung des vorliegenden Bildbandes mit Hinweisen und Materialien beigetragen; soweit sie Bildvorlagen lieferten, sind sie im Quellenverzeichnis der Abbildungen aufgeführt.

Ein besonders nachdrücklicher Dank gilt den Kolleginnen und Kollegen, die in München an der Vorbereitung der Ausstellung zum 50. Todestag Klaus Manns mitgewirkt haben: Ursula Hummel, Sabine Kinder, Elisabeth Tworek, Mano Wittmann und Wolfgang van Elst. Sylvia Schütz war in der Endphase der Bildrecherchen eine wichtige Helferin. Gabriele Weber von der Monacensia München, wo der Nachlaß Klaus Manns verwahrt und betreut wird, hat viele Anfragen nach Materialien geduldig über sich ergehen lassen – auch dafür von Herzen Dank.

Mein Sohn Sebastian war ein geduldiger Lehrer in allen Fragen der Handhabung des Computers – eine Hilfestellung von buchstäblich unschätzbarem Wert. Meine Tochter Merle hat durch mancherlei Fragen das Nachdenken ihres Vaters immer wieder vorangetrieben.

Nicht entstanden wäre dieses Buch ohne die vielfältige Unterstützung und den Zuspruch meiner Frau Elisabeth. Seit nunmehr zwanzig Jahren begleitet sie mein anhaltendes Interesse für die «Dynastie Mann» mit Neugier, Verwunderung und kritischer Distanz. Ihr ist dieses Buch in Liebe gewidmet.

Hamburg, im Januar 1999
Uwe Naumann